개설
서양법제사

GAISETSU SEIYOUHOUSEISHI
by ARITSUNE KATSUTA, SEIICHI MORI, SUSUMU YAMAUCHI
ⓒ MINERVA SHOBO LTD. 2004, Printed in Japan
Korean translation copyright ⓒ 2020 by MINSOKWON
First published in Japan by MINERVA SHOBO LTD.
Korean translation rights arranged with MINERVA SHOBO LTD.
through Imprima Korea Agency.

이 책의 한국어판 저작권은 Imprima Korea Agency를 통해
MINERVA SHOBO LTD.와의 독점계약으로 민속원에 있습니다.
저작권법에 의해 한국 내에서 보호를 받는 저작물이므로 무단전재와 무단복제를 금합니다.

법사학
번역총서
1

개설
서양법제사

편저　가츠다 아리츠네
　　　모리 세이이치
　　　야마우치 스스무
번역　문준영 · 성중모 · 조지만

민속원

역자서문

우리나라에서 일본과 마찬가지로 서양법의 역사적 기초를 이해하는 연구는 실정법학과 기초법학의 심화를 위해 중요한 의미와 가치를 가지고 있다. 그러나 일본과 비교하면 우리나라의 서양법제사 연구가 활발하고 진행되고 풍부한 성과를 내고 있다고 평가하기는 어렵다. 이러한 열악한 상황에서 우리나라에서는 선배 학자들의 고투苦鬪로 서양 각국의 법제사에 대하여 개별적, 통시적으로 고찰한 표준적인 개설서가 꾸준히 출간되어 왔다. 특히 로마법사와 근대민법학사 연구로 범위를 좁히면 세계에 내놓아도 손색없을 몇몇 훌륭한 연구서와 입문서가 출간되었다. 그러나 국제國制 또는 헌법, 형사법, 재판제도, 법의식과 법생활을 폭넓게 아우르며 고대부터 근대까지 서양법의 역사를 통시적으로 다루고 있는 개설서는 찾아보기 힘들다. 본 번역서는 이 간극을 메워주는 개설서이다.

이 책의 원서는 일본의 출판사인 미네르바서방에서 출간한 勝田有恒·森 征一·山内進,『概說 西洋法制史』(ミネルヴァ書房, 2004년)이다. 이 책은 서양법사 연구성과와 최근의 경향과 함께 일본의 서양법사 연구수준을 집약적으로 보여주는 한편, 서양법사에 입문하는 학생과 일반인을 위해 서양법사의 전반적 흐름과 다양한 주제를 적절한 수준

에서 개설하고 있다. 역자들이 이 책을 번역한 이유는 원서 저자들의 목표와 같이 학부와 대학원에서 서양법사 교육을 위한 교재로 이용하기 위해서이다. 이 책의 번역 출간은 아주대학교 법학전문대학원에서 법제사를 교육하는 조지만 교수의 의지와 노고 덕분이다. 조지만 교수는 2004년 일본 출장의 기회에 서점에서 이 책을 접하고 우리나라에서도 서양법사 교재로서 충분히 이용가치가 있다고 판단하여 홀로 『개설 서양법제사』를 초역하고 나머지 2명의 역자에게 번역 출간 작업에 동참할 것을 요청하였다. 이에 다른 역자들이 조지만 교수의 요청에 화답하여 작년 1년 동안 함께 번역원고를 검토하고 수정하였다. 조지만 교수와 문준영 교수는 서양법제사 비전공자이기 때문에 이 책의 번역 출간에 심적인 부담이 있었지만, 다행히 로마법과 서양법제사를 전공한 성중모 교수가 동참하여 이 책의 내용과 번역어를 검토하는 데 크나큰 도움이 되었다. 역자들은 이 책의 역어를 선정할 때 서양사 관련 번역서들을 끊임없이 참고하며 수시로 의견을 교환하였다. 이 책의 출간 이후에는 이 책도 또 하나의 번역 기준으로 작동할 가능성이 있고, 서양법제사 관련 서적이 다시 출간될 가능성도 크지 않기 때문이었다. 그러나 항상 이런저런 이유로 역어선정에 후회가 따르기 마련이지만, 이 또한 역자들이 감당해야 할 몫이다.

이 책은 일본에서 출간된 서적인 만큼 일본의 시점이 곳곳에 녹아들어 있다. 이를 일일이 우리의 시각에서 평가할 수는 없었지만, 문준영 교수는 보론에 우리의 시점에서 본 전통법과 근대법에 대한 논의를 따로 집필하여 수록하였다. 우리나라의 독자라면 보론을 먼저 읽는 것도 한 방법일 수 있다. 말미에 있는 용어설명은 독자들이 생소한 서양법제사의 용어들에 좀 더 편하게 접근할 수 있도록 원서에는 없는 간략한 용어설명을 해두었다. 용어의 선택과 설명은 성중모 교수가 수고해 주었다.

아울러 이 책의 내용과는 관계없는 사항들이지만 번역본은 일어판과 약간 차이가 있음을 밝혀준다. 일어판에는 독자의 이해를 돕기 위한 도판이 많이 실려 있으나 번역본에서는 저작권 문제로 아쉽게도 도판을 싣지 못하였다. 또한, 일어판 각장의 말미에는 해당 장의 주제와 관련된 대표적인 연구서를 간략히 소개하고 독자의 심화 학습을 위한 정보를 제공하는 부분이 있는데, 주로 일본인 독자를 염두에 둔 내용이고 국내에서 쉽게 입수하기 어려운 일본어 저술과 역서들이 많아서 번역판에서는 생략하였다. 대신에 우리나라 독자를 위해 일어판에는 없는 몇 가지 사항을 추가하였다. 첫째, 이 책에서 소개된 많은 인물과 서책 중 일어판 원문에 몇몇 주요한 인물과 서책을 제외하고는 서양어 인명, 법령명, 서명 등이 기재되지 않은 경우가 많지만, 번역본에서는 가능한 한도에도 모두 조사하여 이를 밝히고자 하였다. 둘째, 일어판 원문에는 각주가 없으나 우리나라의 독자를 위해 몇몇 군데에서 역주를 추가하였다. 본문에 있는 각주는 모두 역자들이 달아 놓은 것이다. 셋째, 원저자들이 제시한 참고문헌 외에 국내 참고문헌도 제시하여 독자들이 서양법제사 일반 및 특정주제에 대한 국내 연구현황을 접할 수 있게 하였다. 다만, 역자들이 알고 있는 범위에 한정되므로 모든 관련 문헌이 망라된 것은 아니다.

마지막으로, 이 책의 번역 출간을 흔쾌히 허락해준 일본 미네르바 서방 출판사에 감사의 말씀을 드린다. 또한, 번역서의 출판 준비 및 편집과정에서 도움을 준 민속원 홍종화 사장님과 박정대 부장님, 조정화 팀장을 비롯한 편집부 여러분에게도 감사를 표하고 싶다. 이 책 번역 출간을 계기로 한국과 일본 법사학계의 학문적 소통을 증진하고 한국의 문제의식과 성과를 바탕으로 한 법제사 교재의 출간을 촉진할 수 있기를 바라는 마음이다. 아무쪼록 이 책이 서양법사와 서양사에 관심이 있는 우리나라의 독자들을 위한 좋은 길잡이가 되기를 희망한다.

2020년 2월
역자 일동

차례

역자서문   5

프롤로그 - 유럽법의 시간과 공간   15

|제1부| 유럽 고대의 법과 사회   26

　제1장 로마 시민법의 세계   30
　　1. 로마의 유산 ……… 30
　　2. 로마의 건국신화 ……… 31
　　3. 국제의 전개-왕정에서 공화정으로- ……… 33
　　4. 로마 시민법의 특질 ……… 41

　제2장 고전기 로마의 법조와 법학   49
　　1. 국제의 전개-공화정에서 제정으로- ……… 49
　　2. 고전기 로마의 법학자들 ……… 54

　제3장 고대 게르만의 법과 사회   65
　　1. 고대 게르만의 국제 ……… 65
　　2. 가와 친족의 법 ……… 72
　　3. 위법행위 ……… 75

| 제2부 | 유럽 중세의 법과 사회(1) 80
　　　　프랑크왕국 시대

　　제4장 부족법전과 유스티니아누스 법전 84
　　　　1. 부족법전 ……… 84
　　　　2. 유스티니아누스 법전 ……… 90

　　제5장 프랑크왕국의 법과 국제 97
　　　　1. 살리카 법전 ……… 97
　　　　2. '교회'로서의 국가와 제국 ……… 103
　　　　3. 프랑크왕국의 국제 ……… 108

| 제2부 | 유럽 중세의 법과 사회(2) 113
　　　　봉건사회

　　제6장 봉건사회 -'신분'의 성립과 전개- 114
　　　　1. 봉건제란 무엇인가? ……… 114
　　　　2. 봉건사회의 기본원리와 신분 ……… 121
　　　　3. 귀족·농민·시민 ……… 124

　　제7장 중세법의 이념과 현실 132
　　　　1. 중세적 법관념 ……… 132
　　　　2. 법의 채록과 공간화 ……… 136
　　　　3. 중세의 사법과 형사법 ……… 143

　　제8장 유럽법시스템으로의 전환 150
　　　　1. 교황혁명 ……… 150
　　　　2. 페데와 프리데 ……… 156
　　　　3. 형벌의 탄생 ……… 160

|제2부| 유럽 중세의 법과 사회(3)   166
       근세의 태동

   제9장 볼로냐대학과 로마법의 르네상스   168
      1. 도시의 성립 ········ 168
      2. 대학의 탄생—볼로냐대학— ········ 173
      3. 로마법의 르네상스 ········ 178

   제10장 중세로마법학과 조례이론   182
      1. 주석과 주해 ········ 182
      2. 법조언 ········ 190
      3. 조례이론 ········ 190

   제11장 카논법—교황권과 법의 합리화—   197
      1. 카논법 ········ 197
      2. 카논법학의 전개 ········ 204
      3. 카논법과 사회 ········ 207

|제3부| 유럽 근세의 법과 사회(1)   216
       로마법의 계수

   제12장 학식법조와 로마법 계수   220
      1. 학식법과 사회 ········ 220
      2. 로마법 계수의 이념 ········ 225
      3. 로마법 계수의 현실 ········ 226

제13장 제실법원과 종파대립　　　　　　　　　　　　　　236
　　1. 제국개혁 ……… 236
　　2. 제실법원의 설치 ……… 239
　　3. 제국궁내법원 ……… 244
　　4. 종파대립과 제국법원 ……… 247

제14장 규문소송과 마녀재판　　　　　　　　　　　　　　254
　　1. 규문소송이란 무엇인가? ……… 254
　　2. 카롤리나 형사법전 ……… 260
　　3. 마녀재판과 카르프초프의 공과功過 ……… 265

제15장 로마법의 상대화-인문주의법학과 콘링-　　　　　270
　　1. 인문주의법학 ……… 270
　　2. 헤르만 콘링 ……… 281

|제3부| 유럽 근세의 법과 사회(2)　　　　　　　　　　　　290
　　　근대의 태동

제16장 신분제의회와 절대주의 국가　　　　　　　　　　292
　　1. 구 유럽의 신분제의회 ……… 292
　　2. 근대국가의 기초이론-주권이론과 신스토아주의- ……… 299
　　3. 절대주의의 시대-사회적 규율화와 폴리차이- ……… 302

제17장 판덱텐의 현대적 관용　　　　　　　　　　　　　310
　　1. 유스 콤무네와 유스 프로프리움 ……… 310
　　2. 판덱텐의 현대적 관용 ……… 314
　　3. 판덱텐의 현대적 관용의 전개 ……… 319

제18장 자연법론의 진전 326
1. 자연법론과 인간이성 326
2. 유럽 대륙에서의 자연법론의 전개 330
3. 잉글랜드의 자연법론 336

제19장 계몽주의와 법전편찬 338
1. 계몽이란 무엇인가? 338
2. 형사사법에서의 계몽주의 341
3. 법전편찬의 시대 346

|제4부| 유럽 근·현대의 법과 사회 356

제20장 역사법학파 361
1. 1814년의 법전논쟁 361
2. 독일 역사법학파의 활동 367
3. 영미법권의 역사법학 373

제21장 판덱텐법학과 사법실증주의 377
1. 판덱텐법학 378
2. 판덱텐법학에 대한 비판자들 382
3. 판덱텐법학연구의 새로운 전개 387

제22장 근대 공법학의 탄생 389
1. 근대 공법학이란 무엇인가? 389
2. 프랑스의 공법학 393
3. 독일의 공법학 398

제23장 근대법시스템의 완성   408

    1. 독일 민법전의 편찬 ……… 408

    2. 다른 유럽 여러 나라의 민법전편찬 ……… 417

    3. 독일 형법전의 편찬 ……… 418

제24장 근대법시스템의 동요 －바이마르에서 나치즘으로－   421

    1. 근대법시스템의 동요 ……… 421

    2. 바이마르 공화국 시대 ……… 423

    3. 나치 정권시대 ……… 430

에필로그 － 19세기 유럽법의 계수에서 20세기 미국법의 수용으로   443

보론ㅣ우리나라 독자를 위한 에필로그: 한국법사에서 전통법과 근대법의 시대 _ 문준영   459

일본어판 후기   469

용어해설   473

참고문헌   483

    일본의 서양법제사 기본문헌 ……… 507

    국내 참고문헌 ……… 514

연표   521

색인   527

    인명색인 ……… 527

    사항색인 ……… 532

프롤로그

유럽법의 시간과 공간

유럽법의 역사

이 책은 '서양법제사'의 개설서이다. 대학과 대학원, 또는 법학전문대학원의 교과서로 이용되는 것이 이 책의 첫째 목표이다.

따라서 집필자 일동이 특히 염두에 둔 것은 현시점에서 이해해 두어야 할 사항을 중심으로 기술하는 것이다. 우리는 최신의 성과를 수용하면서도 서양에서 적어도 200년 이상 이루어진 연구성과의 무게에 발을 딛고 그 기본이 되는 사고방식과 원리를 명확히 하는 것, 또한 이를테면 통설로 생각되는 것을 중심으로 논의를 구성하고 서양법제사 연구와 교육의 기축이 될 수 있는 개설을 기술하는 데 힘썼다.

그러나, 기축적인 개설을 시도한다고 해도 사실 그 스타일은 그다지 명확하지는 않다. 우리는 지금까지의 다양한 국내외의 연구성과와 최근의 경향을 탐구하고 현대에 살아가는 우리 자신의 판단에 따라 이 책과 같은 구성을 취하여 서술하였다. 이 책이 목표로 삼고 있는 것은 그러한 의미에서 어디까지나 21세기 초에 어울리는 기본서이다. 그러면서 우리는 두 가지 요소를 중시하였다.

하나는 대상이다. 이 책의 대상은 서양, 특히 미국을 제외한 유럽 즉 지리적, 정치·

경제적 공간만이 아니라 문화적, 역사적 공간으로서의 유럽이다. 일찍이 법제사란 예컨대 독일법제사, 영국법제사와 같은 국가별 법제사를 의미하였다. 그러한 역사기술이 생성되고 필요하게 된 것은 19세기의 국민국가의 흥기 때문이다. 국민국가의 확고한 존재가 국가법의 역사적 이해를 무엇보다도 중시하게 하였고 또 필요로 하였다.

그런데 20세기 중엽 특히 후반부터 사태가 크게 변하고 있다. 최초의 큰 움직임은 제1차 세계대전 이후 범유럽(Pan-Europa) 운동이었다. 프랑스 외무장관 브리앙Aristide Briand은 운동의 주창자인 쿠덴호프-칼레르기Coudenhove-Kalergi의 이념을 구체화하기 위하여 『각서』(1930년)을 쓰고 국제연맹 총회에서 '유럽연합'을 실현하도록 유럽 여러 나라에 제언하였다. 그러나 이 구체화 움직임은 브리앙의 죽음(1932년)과 함께 종식되었다.

다음 운동은 제2차 세계대전 후에 시작되었다. 1951년에는 파리조약에 의하여 유럽석탄철강공동체가, 다시 1957년에는 로마 조약에 의하여 유럽경제공동체EEC와 유럽원자력공동체EURATOM가 창설되었다. 이를 기초로 하여 유럽경제공동체가 발전하여 1992년에 서명되고 1993년 11월 1일에 발효된 유럽연합조약(마스트리흐트 조약 Maastricht Treaty)에 의하여 유럽연합EU이 성립되었다. 구성국은 더욱 확대되고 있다.

이러한 상황을 기초로 이 책도 국가별 법제사에 연연하지 않고 유럽이라는 관점에서 법의 역사를 추적하는 것을 서술의 한 기둥으로 삼았다. 사실 이러한 시도는 이미 유럽 사법사私法史로서 독일이나 프랑스, 네덜란드, 벨기에, 이탈리아나 영국 등에서 추진되고 있고, EU법의 발전에도 큰 역할을 하고 있다. 그 성과는 이 책에서도 충분히 활용되고 있다.

시공사時空史

또 하나의 중요한 요소는 시공사라는 방법적 입장이다. 여기서 말하는 시공사란 유럽법을 가능한 한 과거의 현실 속에서 구조적으로 포착하는 동시에 또한 역사적 흐름 속에서 포착하려고 하는 것이다. 좀 더 구체적으로 말하면 시공사란 '공시共時'와 '통시通時'라는 두 개의 시간축 속에서 어떤 '공간'의 역사를 총체적으로 포착하려는 방법이다.

'공시'와 '통시'라 하면 꽤 어려운 개념이라고 생각될 수 있으나, 요컨대 어떤 공간의 역사를 횡으로 잘랐을 때 나타나는 공통의 시간축이 '공시'이고, 종으로 연속된 시간축이 '통시'이다. 역사를 구조적으로 보려 하면 공시적인 것이 되고, 발전사적으로 이해하려 하면 통시적인 것이 된다.

공시의 의미

법을 공시적 관점에서 고찰한다는 것의 의미를 조금 더 설명해 보자.

법을 공시적 관점에서 시공에 따라 고찰한다는 것은, 어느 특정의 시공, 예컨대 유럽 중세에 사는 사람들이 일반적으로 어떠한 감성과 사고방식을 가지고 무엇을 옳고 무엇을 옳지 않다고 판단하고 그것에 대하여 어떻게 행동하고 그것이 어떻게 처리되는 것이 바람직하다고 믿었는가, 요컨대 정의에 관한 공통감각이 어떻게 구체화, 제도화되어 있었는가 하는 것으로 귀착된다.

왜냐하면, 법이란 최종적으로는 그 사회가 용인하는 무엇인가의 실력행사에 의해 실현되거나 수호되어야 하는 규범이기 때문이다. 법은 그러한 한에서 사람들의 공통감각과 사회규범의 더 엄격하고 명확한 표현 형태이다. 어떤 지역의 일정한 수의 사람들이 어느 정도 보편적으로 정의롭다고 생각하고 그것을 힘에 의해서라도 지켜야 한다고 생각할 때 거기에 '법'이 있다.

그 힘이 개개의 사람들에게 맡겨지는가 또는 특정한 사람들이나 기관에 맡겨지는가 하는 것은 그 정치형태 즉 넓은 의미에서의 국제國制(Verfassung, constitution)의 문제이다. 이 국제도 또한 사람들의 상식과 감성의 산물이라 말해도 좋다.

그러나 법과 국제 그리고 그 아래에서 생활하는 사람들의 의식과 감각은 상호적이고 관계적이다. 그러므로 법과 국제가 사람들의 법의식과 행동양식을 규정하는 측면이 있는 것도 부정할 수 없다. 사람은 이 세상에 살기 위해 태어난 그때부터 그 사회에 적합하게 살아가기 위한 규범을 몸에 익혀 나간다. 개개인의 사고방식과 행동양식을 규정하는 다양한 규칙과 규율이 의식적, 무의식적으로 가르쳐지고, 그 과정에서 규범이

체화되고 감각화된다.

다양한 규범의 그물망은 개인이 이 세상에 나타나기 훨씬 오래전부터 존재한다. 사람들의 상식과 감성, 규범감각과 법관념 또한 그에 적합한 것으로 되는 것은 자명한 일일 것이다.

그 때문에 극히 일반적으로 말하면, 법, 국제, 사람들의 감정구조와 규범의식은 대체로 혼연일체를 이루고 있고 서로 영향을 미치고 있다. 한쪽이 일면적으로 다른 쪽을 규정하고 어느 특정한 '하부구조'로부터 마치 모든 것이 유출해 나오는 것처럼 '법'을 이해할 수는 없다.

어느 인적 공동체의 안팎에 통용되는 불문의 관습은 말할 것도 없고, 제정된 법, 사법司法에 의하여 창조되거나 확인되는 판례법, 법률가에 의해 형성되는 학식법學識法과 법이론, 법조법法曹法조차도 어느 특정한 시공에 살고 있는 사람들의 감정구조와 미의식, 공통감각과 규범의식과 불가분의 관계에 있다. 즉 그러한 것 총체가 바로 '공시로서의 법'이다.

통시의 유럽법

그러나 '법'은 결코 고정적인 것이 아니다. 사람들의 감정과 정신의 구조, 행동 양식과 규범의식은 변화한다. 사람과 사람의 관계, 집단과 집단의 관계, 이것들을 포함하는 국제國制는 변화한다. 그에 따라 규범적인 감정과 의식, 나아가 학식 이론 역시 변용을 겪고, 새로운 독자적인 관계와 공통감각, 규범의식을 낳는다. 그 위에서 새로운 정치하고 기술적인 법학식法學識도 전개된다. 요컨대 어느 시공을 구성하는 역사적 세계는 변용한다. 그 변용의 시간이 '통시'이다.

통시적 고찰은 공시의 법을 하나의 분절로 삼아 이를 세로축 속에 엮어 넣는 작업이다. 이는 공시로서의 법이 변화하는 과정을 고찰하는 것이라고 해도 좋을 것이다. 이 책에서는 그 구분을 'Ⅰ. 유럽 고대의 법과 사회', 'Ⅱ. 유럽 중세의 법과 사회', 'Ⅲ. 유럽 근세의 법과 사회', 'Ⅳ. 유럽 근·현대의 법과 사회'라고 표현하기로 하였다. 그 각각에 '총설'을 서술하여 공시적인 법관념과 법제도를 개관하고, 각각의 장에서 각론적으로 중요한 주제와 역사적 흐름을 명확히 하였다.

통시적 접근에 대하여 두 가지를 지적하고 싶다.

하나는, 어느 시공의 법으로부터 다음 시공의 법으로의 이행은 통시적으로 설명되어야 한다는 것이다.

이 테제는 '유럽 근·현대의 법과 사회'로의 흐름을 각 시공의 공시적 고찰과 동시에 고찰하고, 그 작업에 의하여 근대법과 근대법학 성립으로의 발걸음을 이해하는 것을 의미한다. 현행의 법시스템은 어떻게 성립한 것일까? 이것을 아는 것은 과거에 법이 어떤 것이었는지를 아는 것과 마찬가지로 중요하다. 그런 까닭에 이 책에서는 예컨대 '유럽 중세의 사회와 법'이란 장 속에서 '근세의 태동'이라는 항목을 두고 중세적 학식법학의 특성을 보여주고, 동시에 그것이 근대법과 근대법학의 형성에 큰 역할을 하였음을 명확히 하였다. 이 통시적 관점에 의하여 19세기의 근대적·학문적 법 및 법률학의 성립과 발전에서의 불가결한 전제를 알 수 있을 것이다.

또 하나는, 통시적으로 법의 역사를 고찰하여 변화 속에서 변하지 않는 것, 공통적으로 존속하는 어떤 관계를 아는 것이다.

공시의 '세계'의 변화는 확실히 대규모적이다. 그러나 그것이 반드시 과거와의 전면적인 단절을 의미하지는 않는다. 그것은 커다란 변화이고 단절의 요소를 상당히 포함하는 것은 틀림없지만, 이해 불가능한 '세계'가 되는 것은 아니다. 어떤 의미에서는 변화하지 않는 '구조'가 '유럽법의 시공'을 관통하고 있다고도 할 수 있다. 두 가지 정도 예를 들어보자.

권리의 체계

첫째, 유럽법은 일관되게 '권리의 체계'라는 것이다. 서구인의 권리의식은 일반적으로 매우 강하다고 말해지고 있다. 이것은 과거부터 현대에 이르기까지 변하지 않는다. 본문에서 기술하는 것처럼 고대 로마법은 로마 시민의 권리체계였고, 중세 유럽인들은 자신에 대한 권리침해에 대하여 자신의 판단으로 자신의 무력으로 대항하였다. 권리침해에 대한 그와 같은 무력(실력)행사는 복수 또는 페데Fehde(私戰)로 불리며 합법적인 행위로 이해되고 있었다.

물론 재판제도도 존재하고 있었다. 그러나 그것은 일반적으로 페데와 양자택일적 관계에 있는 데 지나지 않았다. 공권력에 의한 검찰檢察 활동은 원칙적으로 존재하지 않았다. 더욱이 그 재판 중에는 '결투재판'처럼 문자 그대로 결투로 결말이 지어지는 것조차 있었다. 여기서는 당사자의 관여 정도가 결정적으로 높다.

'유럽 중세'의 이와 같은 공시의 '법문화'를 알아야 비로소 현재의 서구형 재판에서의 당사자주의나 권리주장의 중요성 및 필연성을 이해할 수 있다. 서구형 재판, 특히 미국의 재판은 권리를 위한 무력항쟁을 말에 의한 항쟁으로 바꾼, 독자적인 평화적 전투공간이라는 측면이 있다.

각자의 권리 수호와 실현이 각자의 실력행사에 맡겨져 있는 '세계'와 공권력에 맡겨져 있는 '세계'는 명백히 이질적이다. 그 두 세계 사람들의 사고방식과 감성 그리고 규범의식 즉 법관념과, 그에 걸맞는 다양한 법과 제도, 조직의 존재양태는 서로 근본적으로 또 구조적으로 다르다. 거기에 있는 것은 두 개의 이질적인 법세계이다.

그러나 이 두 개의 서로 다른 법세계에 공통적으로 관철되는 것이 강렬한 권리의식과 자기의 권리를 지키고 실현하기 위하여 끝까지 스스로 '싸운다'라는 신념이다. 그리고 이를 자명한 것으로 보는 법제도이다. 분명히 '재판'은 '진실'을 확정하는 장場이다. 그러나 그 이상으로 중요한 것은 당사자가 서로 공정하게 '싸운다'라는 것이다. 재판에 기대되는 것은 어디까지나 그것을 위한 '장'이 되는 것에 불과하다.

서구의 재판, 특히 절대주의의 멍에로부터 도망쳐 공권력을 혐오하는 사람들이 만든 미국의 재판 아래에서 '적법절차(due process of law)'가 무엇보다도 중시되는 것은 왜일까? 그것은 단순히 '근대적인' 인권을 지키기 위하여 불가결하기 때문이라는 말로는 충분하지 않다. 왜냐하면 '적법절차'가 중세·근세 유럽 법문화의 정수를 근대적으로 변용하여 표현하는 것이기도 하기 때문이다.

학식적인 법문화

현대에 이르는 유럽 법문화의 또 하나의 정수는 중세

이래의 학식적인 법문화이다.

이 학식적인 법문화는 다른 어떤 지역에도 없는 유럽의 독특한 것이다. 그것은 주로 고대 로마법을 소재로 하여 만들어진 중세 로마법과 로마법학 그리고 그 담지자인 법학식자의 활동과 권위로 이루어져 있다. 여기에 신학으로부터 독립하여 발달한 합리적인 카논법과 카논법학 및 카논법학자가 더해져 유럽 독자의 학식적인 법문화와 법시스템이 형성되어 갔다.

유럽에서 발전하여 '근대'를 만들어내고 그 중요한 구성요소를 이루는 이 합리적, 학식적 법문화의 성과인 근대법과 근대법학 그리고 각종의 법제도는 일본은 말할 것도 없고 거의 모든, 이른바 '개화된' 비유럽국가에 계수 또는 수용되어 오늘날에 이르고 있다. 그러므로 이 학식적인 법문화의 성립과 발전을 탐구하는 것은 특별히 현실성이 있는 과제라 할 수 있다. 이 책의 제9장부터 제14장은 학식적 법문화의 성립과정과 내용을 상세하게 다루고 있다.

그 과정에서 전문적인 법기술이 확인, 강화, 세련화되었음은 말할 필요도 없다. 그 전문화와 전문가집단의 형성과정을 적확하게 묘사하는 것, 그 의미와 의의를 탐구하고 고찰하는 것이 이 책의 주요한 과제이다.

학식적인 법문화의 내용은 본론에서 서술하기로 하고, 여기서는 비교법문화적인 관점에서 중요하다고 생각되는 것 하나만을 지적해 두고자 한다. 그것은 전문성의 배후에 있는 사상과 정신의 존재이다.

유럽에서는 고대 로마는 물론 게르만사회와 중세에 이미 법 그 자체를 존중하고 높이 평가하는 사상, 정신, 에토스가 있었다. 법을 존중하는 자세, 그것도 사람들의 정당한 세속적 이익 즉 권리를 중시하는 사고방식과 불가분한 형태로 나타난 법존중주의가 학식적인 법문화를 낳고 지탱하고 있었다.

법이 지배의 도구이며 수단에 불과한 세계, 혹은 법이 애초에 무시되고 있는 세계에서는 학식적인 법문화는 태어날 수 없다. 거기에서의 법의 담지자는 권력에 봉사하는 관원이거나 명령을 단지 실천하고 처벌하는 형리刑吏에 불과하다.

법의 지배

유럽에서 학식법과 그 담지자는 권력과 선을 긋고 권력을 법의 아래에 두는 것을 지향하였다. 법학자와 법률가는 전문적인 직업인으로서 그 지위를 높이고 학식을 무기로 법실무를 지배하였다. 그들은 황제와 국왕, 교황조차 따르지 않으면 안 되는 법이 있음을 논하고, 그것을 실현하기 위한 정치한 법이론, 법학설을 벼리고 다듬어 실무에 활용하고 있었다.

법률가는 정의의 담지자였다. 중세로마법학의 대표적 법학자인 바르톨루스는 로마법에 대한 주해 속에서 "법은 정의에서 유래한다고 한다."라는 입장에서 "정의란 각자에게 각자의 권리를 분배하는 것이다."라는 로마법의 말을 되풀이하였다. 바르톨루스는 세계의 지배자인 황제라도 지상에 있는 모든 물건의 소유자는 아니며 모든 사람의 재판권자도 아니라고 명확히 기술하였다. 바르톨루스의 후계자인 발두스 역시 군주라도 신하의 지배권과 사적 소유권을 이유 없이 박탈할 수 없다고 주장하고 있다.

로마법과는 다른 모습으로 관습법(코먼로common law)을 발달시킨 잉글랜드에 대해서도 똑같이 말할 수 있다. 여기에서도 잉글랜드 독자적인, 권위 있는 법조집단이 육성되어 법을 존중하는 정신과 그 법문화가 형성되고 있었다.

잉글랜드에 절대왕정을 확립하고자 한 제임스 1세에게 나중에 '권리청원'(1628년)을 작성하고 코먼로의 옹호에 노력한 법률가 에드워드 쿠크Edward Coke(1552-1634년)가 말한 바는 그 정신을 선명하게 전하고 있다. 쿠크 자신의 기록에 따르면, 왕이 어떤 사건을 둘러싸고 "법은 이성에 기초하며 더구나 왕과 그밖의 자도 법관과 똑같이 이성을 가지고 있다고 생각한다고 말하였다." 이에 대해 쿠크는 "법과 소송은 자연적인 이성이 아니라 인공적인 이성(artificial reason)과 그것을 알기까지 장기간의 공부와 경험이 필요한 행위인 법의 판단에 따라 결정된다."라고 주장하였다.

왕은 쿠크의 말에 크게 감정이 상하여 "그렇다면 왕은 법 아래에 있는 것이 된다."고 하였다. "이것을 긍정하는 것은 왕이 말한 것처럼 반역죄였다." 그러나 쿠크는 기가 꺾이지 않았다. 그는 이에 대하여 "브랙톤Henry de Bracton(?-1268년)은 왕은 사람 아래 있지는 않으나 신과 법률 아래에 있어야 한다(quod Rex non debet esse sub homine set sub deo et lege)고 말하고 있다."(메이틀랜드, 『잉글랜드 헌법사』)라고 단언하였다고 한다.

브랙톤은 잉글랜드의 코먼로를 학식적으로 서술한 12세기의 권위 있는 법학자이다(제7장 참조). 법의 존중과 학식적인 법조법 문화의 긍지와 권위가 여기에서 훌륭히 표현되고 있다.

법·역사·문화

중세 유럽의 시공사적인 연구로 저명한 역사가 아론 귀레비치Aaron Gurevich(1924-2006년)에 따르면, 중세 유럽을 특징짓는 것은 무엇보다도 '법의 지배'였다. 귀레비치가 '법'에 착목하는 까닭은 '사회와 법의 관계' 속에서 '사회와 개인의 관계'가 명시되기 때문이다. 법의 지위는 개인의 지위의 반영이다.

> "법을 경시하는 것, 사회관계의 체계 가운데 법에 하찮은 역할만 갖도록 하는 것은 사회의 성원인 개인의 인권침해를 초래하게 된다. 반대로, 법을 높이 평가하는 것은 사회가 인간존재를 존중하고 인간존재에 대한 일정한 보증이 있다는 사실과 연관되어 있다."
> 귀레비치, 『중세문화의 카테고리』

이와 같은 법에 대한 높은 평가는 이미 중세 유럽에서 존재하고 있었다고 한다. 그것은 부르주아적 시민계급이 성장하기 훨씬 전부터 봉건제 아래에서 이미 존재하고 있었다. 분명히 중세 이슬람교 사회도 "유럽 봉건제에 가까운 일련의 특징을 가지고 있었다." 그러나 "유럽에서는 교회의 강한 권력에도 불구하고 법이 비교적 독립된 힘"이었다면, "아랍세계에서 법은 종교의 불가분한 일부를 구성하고 있었다. 이슬람교의 법은 교회법과 세속법의 구별을 모른다." 즉 "아랍인 아래에서는 순수하게 세속적인 법은 형성되지 않았기 때문에 법은 그 신성한 본성으로 말미암아 변경이 거의 가능하지 않고 새로운 사회조건에 적응시키는 데 큰 곤란이 따를 수밖에 없었다. 법이라는 것이 현저히 보수적인 힘이었다."(위의 책).

이슬람법의 이해에 관해서는 어쩌면 유보가 필요할지 모른다. 다만, 법에 대한 존중우, 제8장에서 볼 수 있는 것처럼, 유럽에서의 성속 분리와 깊이 관련되어 있다. 이것은 현대사회에서도 여전히 매우 중요한 논점 중 하나이다.

귀레비치는 중국에 대하여도 거기에서는 법률은 선이 아니라 악으로 여겨지고 권리의 관념은 사물의 자연적 질서와 모순된다고 말한다, 중국에서는 "자신이 받아야 할 권리를 엄격히 요구하는 것은 반사회적인 행위이며 좋은 풍속에 반한다." 질서를 형성하는 것은 국가를 지배하는 사람들이며, "그 때문에 법질서의 원리—법치국가의 이상—는 중국문명에는 뿌리내리고 있지 않다."라고 말한다.

이러한 인식에 대해서도 틀림없이 다른 견해가 있을 것이다. 중국에서의 권리관념, '법치'를 둘러싼 이 논의 역시 매우 현대적인 테마임은 분명하다. 유럽은 법과 권리를 내재적으로 깊이 결합하여 학식적인 법문화를 성립시켰다. 그 인류사적 의미는 중요하다. 우리는 그 의미를 계속하여 질문해나가야 할 것이다.

유럽은 그 독자적인 법문화와 법제도 위에서 근현대의 법시스템을 산출하였다. 그 시스템은 현재 세계에서 큰 영향력을 가지고 있다. 그 시스템의 성립과정에 대하여 배우는 것은 똑같은 시스템을 운영하는 데 있어 매우 중요하다.

물론, 이 시스템에 여러 가지 난점이 있음은 말할 나위 없고, 유럽 법문화의 특수성을 포함하고 있는 것도 확실하다. 그러므로 이 법시스템을 곧바로 보편적이라고 생각할 수는 없다. 그렇게 해서도 안 될 것이다.

그러나 유럽법의 역사를 배우는 것은 시스템을 역사적으로 배우는 것만이 아니라 법을 존중하는 것, 개인과 그 권리를 존중하는 것을 배우는 것이다. 법과 개인의 권리를 존중하는 것은 그 자체로서는 보편적이지 않다. 그것은 유럽에서 문화적, 역사적으로 성립한 것에 불과하다. 그러나 그 역사를 배움으로써 법과 권리의 존중을 뛰어난 성과로 생각하고 그것을 적합성 있게 도입하고 체화하는 것은 가능하다. 그것은 자유로운 선택이다. 일본은 메이지 시대 이래 서양의 법제도, 법시스템을 도입해 왔다. 그러나 그 정수인 법과 권리의 존중을 과연 어느 정도 자각적으로 도입해 왔는지는 의문이 없지 않다.

이 책은 유럽에서 법의 역사를 극명하게 묘사하고 이를 통해 유럽의 법과 법시스템을 알고 유럽이라는 것을 법의 관점에서 생각하는 것, 또한 우리 자신을 성찰하는 것, 특히 권리의 존중이라는 문제를 다시 생각하기 위한 단서를 주는 것을 지향하고 있다. 역사는 과거의 사실을 기술하는 것이다. 그러나 그것은 현재와 미래를 생각하기 위한 불가결한 수단이기도 하다. 이 책이 법과 법시스템에 대해 또한 그 장래의 모습을 생각하는 데 도움이 되기를 바란다.

제1장 로마 시민법의 세계
    1. 로마의 유산
    2. 로마의 건국신화
    3. 국제의 전개-왕정에서 공화정으로-
    4. 로마 시민법의 특질
제2장 고전기 로마의 법조와 법학
    1. 국제의 전개-공화정에서 제정으로-
    2. 고전기 로마의 법학자들
제3장 고대 게르만의 법과 사회
    1. 고대 게르만의 국제
    2. 가와 친족의 법
    3. 위법행위

유럽 고대의 법과 사회

| 제 1 부 |

전체상

유럽 법문화의 기층을 이루고 그 형성에 결정적인 영향을 준 고대법이라면 고대 로마법과 고대 게르만법이다. 물론 이 두 개의 고대법만으로 유럽 고대의 법과 사회를 남김없이 말할 수는 없다. 예를 들어, 지리적으로 나중에 '유럽'이 되는 지역에는 속하지 않지만, 고대 바빌로니아 법(함무라비 법전)이나 고대 유대법이 구약성서를 통하여 기독교 세계의 법에 준 영향을 결코 과소평가될 수 없다.

그러나 이 책을 서양법제사의 개설로 자리매김하였음을 고려할 때 독자를 너무 세밀한 법사학적 논의로 끌어들여 정작 본줄기를 놓치게 하는 일은 피해야 할 것이다. 그래서 제1부에서는 유럽 고대의 법과 사회를 개설하면서 고대 로마법과 고대 게르만법이라는 가장 중요한 고대법에 전념하기로 하였다.

로마법과 게르만법

독자의 이미지를 환기하기 위하여 도식적으로 말하면, 게르만 법문화의 토양에 로마의 법제도가 이식된 것이 현대 유럽법이라 할 수 있다. 물론 이러한 도식화는 오해의 뿌리가 되고 로마법과 게르만법 이외의 요소를 모두 사상해 버리기 때문에 타당할 수가 없다. 더욱이 실제로는 게르만법적 요소와 로마법적 요소는 상호 구별이 어려울 정도로 결합해 있기 때문에 이미 현행 법제의 어떤 측면이 둘 중 어디에서 유래하는지 판단해보려고 해도 헛일이며 불가능하기까지 하다.

특히 게르만법이란 개념의 경우 세라 테루시로오世良晃志郎가 지적한 바와 같이 차라리 '비-로마법'이라고 칭하는 게 나을 듯한, 엄밀한 학문적 검증을 견딜 수 없는 개념이라고까지 말할 수 있을지도 모른다. 그러나 비교적 확실한 것처럼 보이는 로마법의 개념에 관해서도 무엇이 '진짜' 로마법인가에 대해 반드시 합의가 있는 것도 아니다. 본래 문화적 소산인 법시스템에 대해 다른 시스템의 영향을 제거한 순수한 본질을 추출하는 것 자체가 헛일이다. 그러한 '본질적 특징'을 추출하기 위해서는 어떤 형태로든 논점을 선취할 수밖에 없기 때문이다.

그렇다고 하더라도 유럽법의 시공을 이해하려는 사람에게는 그 기본적 구성요소인 로마법과 게르만법의 특징을 개관하여 두는 것은 반드시 필요한 준비작업이라 할 것이다.

고대법의 특색

일반적으로 고대사회의 법은 주술적·종교적 성격을 강하게 띠고 있다. 고대법은 종종 도덕이나 종교와 불가분한 일체를 이루고, 신탁神託이 판결을 결정짓는 방법이 되는 경우도 적지 않다. 이러한 사회에서는 제사공동체祭祀共同體로서 씨족이나 가족이 사회생활상의 단위로서 앞에 나타나게 된다. 그 때문에 고대법의 주체로서 기능하는 것은 개인이 아니라 씨족·가족이다.

가부장제

이러한 씨족·가족을 거느리는 것이 가부장이다. 자력구제가 기조를 이루는 고대사회에서는 강력한 가부장권이 가족원의 재산과 권리를 지키기 위하여 반드시 필요하였다. 생산수단이 미숙한 단계에서는 종종 약탈이 경제적이고 합리적인 행동이고, 공권력이 발달하지 않은 단계에서는 권리를 주장하거나 실현하는 것 모두 자신의 실력에 의존해야 했기 때문이다. 예컨대 고대사회에서는 공적인 판결이 내려진 경우에도 판결의 집행은 자주 당사자의 손에 위임되었는데, 그렇게 되면 무장능력이 없는 자에게는 권리와 판결이 그림의 떡에 지나지 않는다.

게르만법과 초기 로마법에서의 민회 시스템에도 이러한 고대사회의 특징이 잘 나타나고 있다. 무장시민자격이 있는 자들에 의한 직접민주제 시스템은 실력과 현물성現物性을 중시한 고대인의 정신에 어울렸다.

다만 강력한 가부장권이라고는 하지만 로마법과 게르만법의 가부장권은 약간 성격이 달랐다. 로마의 가부장권(patria potestas)이 각 개인을 가족이라는 단체로 묶기 위한 권력이라는 성격을 가졌던 데 대하여 게르만의 가부장권Munt은 개인에 선행하여 존재하는 단체에서의 하나의 직무 혹은 권능이라는 성격을 가졌다.

그 결과 개인주의적인 로마법의 가부장권이 단체주의적인 게르만법의 가부장권보다 훨씬 전단적인 형태를 취하게 되었다.

탈주술화

그 위에서 로마법과 게르만법의 차이는 로마가 도시국가에서 지중해 상업제국으로 발전해 가는 과정에서 단번에 벌어졌다. 게르만법이 고대법의 성격을 탈피하지 못한 것과 달리 고전기 이후의 로마법에서는 합리주의적인 법시스템이 발달하고 종교·도덕과의 준별이 진행되어 고대법의 특징이 매우 희박해졌다. 로마법은 본래의 개인주의적 특징을 한층 강화함과 아울러 주술적 성격을 탈각하고 활발한 인적·물적 교류에 대응한 합리적인 민사법시스템을 발전시키고, 광대한 제국 지배를 가능하게 하는 관료제도를 만들어내었다.

하지만 이는 지나치게 도식적인 설명일지 모른다. 실제로는 로마법이라 해도 고대법적 성격을 완전히 버린 것은 아니었다. 게르만법에서는 로마법의 발전과 같은 역동성도 없었던 것이 사실이라고 해도 과도하게 정태적으로 파악해버리는 시각도 금물이다. 제1부의 각 장에서 해설하는 법사의 사건과 현상들을 배움으로써 독자들이 자기 나름의 구체적 이미지를 그려내기를 바란다.

제1장
로마 시민법의 세계

'로마는 세계를 세 번 정복하였다'라는 말처럼 로마법은 유럽 법문화를 규정하는 위대한 문화적 유산이다. 전적으로 법철학에 공헌한 고대 그리스인과는 달리 고대 로마인은 현실사회의 법적 문제에 대하여 현실적인 해결법을 발견하는 것에 장점이 있었다. 로마법은 원래 농업공동체에 적합한 엄격법이었지만, 로마가 지중해 상업제국으로 발전함에 따라 법무관의 활동을 지렛대로 하여 더 유연한 형평법으로 변모하였다.

1. 로마의 유산

로마의 유산　　　　　19세기 독일의 위대한 법학자 루돌프 폰 예링Rudolf von Jhering (1818-1892년)은 1852년의 저서 『로마법의 정신』 제1권의 첫머리에서 "로마는 세계를 세 번 정복하였다."라고 썼다. 로마제국에 의한 지중해 세계의 지배(이른바 '로마의 평화 pax romana')와 세계종교로 발전한 기독교와 나란히 로마법이 로마의 위대한 유산이라는 것에는 의문의 여지가 없을 것이다. 뒤에서 여러 장에 걸쳐 상세히 해설하는 바와 같이 현대 유럽 여러 나라의 법제도와 법이론은 모두 어떤 형태로든 로마법이라는 공통의 지반(유스 콤무네Ius commune) 위에 축조되어 있다.

물론 현재의 서양법사학에서는 로마법의 지위가 상대화되어 있고, 예컨대 로마법만이 특별한 인류사적 사명을 띠고 있다는 식의 주장에 귀 기울이지 않는다. 그러나 과거 게르만법 연구자들(게르마니스텐)에게서 볼 수 있듯이 로마법의 존재(presence)를 과도하게 의식한 탓에 헛되이 '비로마적인 법'을 추구하려는 노력도 공허하다고 생각되고 있다. 실제로, 대상이 되는 법사료가 당시 사회에서 가진 현실적 기능을 탐구하려 한다면, 로마법적 요소는 아주 자연스러운 것으로서 도처에서 출현한다. 이러한 의미에서 현대의 서양법사학도 로마법의 유산상속인이다.

로마법의 시공 여기서 논의를 더 명확히 하기 위하여 '로마법'이라는 개념의 윤곽을 간단하게 제시해 두고자 한다. 로마법이란, 시간적으로 보면, 기원전 449년에 성립한 12표법으로부터 기원후 534년에 편찬된 유스티니아누스의 입법사업(「법학제요法學提要」,「학설휘찬學說彙纂」,「칙법휘찬勅法彙纂」)까지 약 1000년에 걸쳐 '로마'에서 형성되고 발전된 법이다. 공간적으로는, 이탈리아의 작은 농업공동체적 도시국가 로마로부터 지중해 전역을 지배하는 대상업국가를 거쳐 콘스탄티노플(오늘날의 이스탄불)을 중심으로 한 비잔틴제국으로 변천한 '로마'의 법이 여기서 말하는 로마법이다. 본장은 이 중에서 건국부터 공화정기까지를 다루고, 이어서 로마법의 황금시대('고전기')는 다음 장에서, 이후 유스티니아누스의 법전편찬까지를 제4장에서 다루기로 한다.

2. 로마의 건국신화

건국신화 그리스의 지장知將 오뒷세우스의 계략('트로이의 목마')에 의해

소아시아 서안의 풍요로운 도시국가 트로이가 멸망하였을 때 트로이 왕의 사위였던 무장 아이네아스Aeneas는 늙은 아버지를 등에 업고 자식을 거느리고 몇몇 친구와 함께 불타는 도시에서 탈출하는 데 성공하였다. 아이네아스의 어머니인 미의 여신 베누스Venus가 자식을 죽음에서 구한 것이다. 고난스러운 유랑 끝에 아이네아스는 일행과 함께 이탈리아에 상륙하였고, 라티움Latium의 왕 라티누스Latinus의 마음에 들어 딸 라비니아Lavinia와 결혼하여 비로소 안주할 땅을 찾게 되었다. 로마의 건국신화는 보통 이렇게 이야기가 시작된다.

로물루스와 레무스   수백 년 후 라티움은 아이네아스의 자손인 누미토르Numitor와 아물리우스Amulius 형제의 공동통치 아래 있었다. 그러나 단독으로 통치하고 싶었던 아물리우스는 형을 추방하고 형의 자식들을 모두 살해하였다. 유일하게 죽음을 면한 딸인 레아 실비아Rhea Silvia는 아들을 낳지 못하도록 무녀가 되었지만, 군신 마르스Mars가 첫눈에 레아에 반하여 레아는 쌍둥이 형제를 임신하였다. 격노한 왕에 의하여 티베리스 강에 떠내려 보내진 쌍둥이는 운 좋게 기슭에 도착하여 거기서 암늑대에 의하여 길러졌다. 성인이 된 쌍둥이는 마침내 그들의 신상에 대하여 알게 되어 고향으로 돌아와 아물리우스 왕을 살해하고 할아버지인 누미토르에게 왕위를 돌려주었다. 이 쌍둥이가 바로 로마건국의 아버지 로물루스Romulus와 레무스Remus이다.

　　로물루스와 레무스는 곧 라티움을 떠나, 전에 떠내려오다 표착한 하구 근처 강기슭에 새로운 도시를 건설하였다. 도시의 이름을 결정하기 위해 쌍둥이는 각자 선택한 언덕 위에서 보이는 새의 마릿수로 승부를 겨루었는데, 팔라티누스 언덕(현대 이탈리아어: 팔라티노 언덕)을 택한 로물루스가 승리하여 신도시는 로마로 불리게 되었다. 쌍둥이는 서로 세력권을 획정하기 위해 하나의 도랑을 파고 성벽을 쌓고 이 벽을 넘는 자는 살해한다고 서약하였다. 그러나 레무스가 서약을 어기고 벽을 파괴하였기 때문에 로물루스는 레무스를 서약대로 살해하였다. 이 일이 있었던 기원전 753년 4월 21일에 로마가 건국되었다고 한다.

로마인의 심성   물론 이것은 어디까지나 전설이고 결국 신화에 불과하다. 그러나 중요한 것은 전설의 내용 자체가 역사적 사실에 입각하고 있는가가 아니라, 이러한 내용을 가지는 전설을 로마인들이 즐겨 이야기하고 대대로 전승해 왔다는 '사실'이 의미하는 바이다.

로마인은 여신 베누스가 사랑한 무장 아이네아스의 후예이며 군신 마르스의 아들인 로물루스를 건국의 시조로 가지고 있다. 이러한 종교적·정신적 자부심이 용맹과 과감함을 중시하고 군사軍事에 뛰어난 로마인의 정체성의 밑바탕에 존재한다. 레무스가 살해되었다고 전해지는 날을 건국일로 삼은 '사실'도 중요하다 할 것이다. 법을 파괴한 자는 설령 그가 친형제일지라도 가차 없이 엄정하게 처벌한다. 로마는 그러한 엄격한 법 위에 건설되었으며 이러한 전통적인 법이야말로 로마인의 정신적 지주이다.

이와 같은 법관념은 로마법의 발전과정에서 되풀이하여 나타나는 로마인의 보수성을 미리 보여주고 있다. 전통적인 법에 대한 고집과 사회적 필요에 따른 변화 사이의 항쟁이 로마법을 걸출하게 높은 위치까지 이끌었음을 생각한다면, 이러한 건국신화가 즐겨 이야기되고 전승되었다는 사실의 의미는 실로 깊다고 할 것이다.

3. 국제의 전개 —왕정에서 공화정으로—

로마의 왕정   현실의 로마가 독립된 도시국가로 성립된 것은 대략 기원전 600년경이라고 한다. 티베리스 강가에 정주하고 있던 라틴 족(기원지는 라티움)과 사비니 족(기원지는 사비니움)은 씨족장(pater gentis)을 지배자로 하는 씨족(gens) 집단이었다. 이것이 에트루스키 족(기원지는 에트루리아)에 의하여 통일되어 성립된 것이 도시국가 로마이다. 로마의 지배자는 씨족장의 정치적 권력을 차츰 흡수하여 왕(rex)이 되고 절대적인 명령권(imperium)을 가지게 되었다. 다른 한편, 씨족장의 사법私法상의 권력은, 씨족을 대신하여 국제國制의 단위로 부상한 가족에서 가부장(pater familias)이 가지는 가부장권(patria potestas)

으로 변화하였다.

로마 왕정에서 왕은 신권적·전제적인 지배자였다. 왕은 신들과 인간 사이의 중개자로서 조점鳥占으로 신의 뜻을 듣고 사람들에게 그 준수를 명하는 대신관大神官이자, 길흉의 역일曆日을 정하여 길일에 재판을 행하는 최고법관이었다. 명령권(임페리움)이란 이러한 군사·행정·사법의 최고권력을 포괄적으로 표현한 말이었다. 정치적 권력을 박탈당한 씨족장들은 왕의 고문기관인 원로원元老院(senatus)을 구성하였다. 원로원의원(patres)은 유서 있는 씨족에 한정되었기 때문에 이들 가문은 파트리키patricii로 불렸는데, 이윽고 로마의 귀족신분을 구성하게 되었다.

신분투쟁의 시대 전승에 따르면 기원전 509년에 왕이 추방되고 곧바로 공화정이 성립되었다고 한다. 그러나 실제로 제도가 확립되기까지는 150년 가까이 걸렸고, 로마 공화정은 기원전 4세기 전반에야 비로소 성립하였다고 보아야 할 것이다. 에트루스키 족의 지배를 뒤엎은 파트리키는 신관과 원로원 직을 독점하였을 뿐만 아니라 왕을 대신하여 최고행정관·군사령관이 된 집정관執政官(consul)직도 독점하였다. 무장을 하고 국방에 임하는 것도, 민회民會(comita curiata)에 참가하여 국정에 참여하는 것도 파트리키에 한하였다.

그러나 주로 군사적 필요에 따라 평민신분 즉 플레브스plebs의 사회적 중요성이 커졌고 곧 격렬한 신분투쟁이 일어났다. 성산聖山 사건(기원전 494년)을 시초로 하는 신분투쟁의 결과, 평민회(concilia plebis)의 개최와 평민회에서의 호민관護民官(tribuni plebis) 선출이 인정되었다. 처음에는 2명이었다가 나중에 10명으로 증원된 호민관은 플레브스의 권리구제를 주요한 임무로 하고 파트리키가 독점하는 정무관政務官(magistratus)의 직권행위에 대하여 개입(intercessio = 이의)하고 취소까지 할 수 있는 권한을 가졌다.

12표법의 제정 호민관에 의한 플레브스의 개별적인 구제 가능성이 확보되었다고는 해도 법지식 자체는 여전히 파트리키의 독점물이었다. 왜냐하면 법이 성문화되어 있지 않고 판결을 담당하는 신관직을 파트리키가 독점하고 있었기 때문이다. 당연하게도 이렇게 해서는 법적 안정성을 기대할 수 없고, 특히 플레브스의 눈에는 파트리키가 편의적인 판결을 자의적으로 블랙박스로부터 골라내는 것처럼 비쳤을 것이다.

10년에 걸친 교섭의 결과, 가까스로 기원전 452년에 파트리키만으로 구성된 10인위원회(Decemviri)가 설치되었고, 다음 해에 10표의 법안이 작성되었다. 법안은 민회(comitia centuriata)를 통과하였으나, 다시 추가규정이 필요하였기 때문에 기원전 451년에 플레브스를 위원으로 넣어 10인위원회가 재편되고 2표가 새로 기초되었다. 추가규정은 기원전 449년에 민회를 통과하였다. 이렇게 완성된 12표법(lex duodecim tabularum)은 12매의 나무판에 새겨져 시장市場에서 공시되었다.

◆ 12표법의 복원

12표법의 법문 정본이 수록된 원본은 갈리아 인에 의한 로마 약탈 당시(기원전 390년) 소실되었다. 그 후 종교적 규정을 제외하고 다시 공시되었으나 현재는 공화정 말기와 원수정기 문헌에서 인용된 단편들을 재구성하는 것으로 겨우 그 내용을 알 수 있다.
복원 정도는 법문에 따라 크게 다르다. 복수의 문헌에서 법문이 인용되고 있는 덕분에 거의 원전 그대로 복원하였다고 볼 수 있는 행운의 조항도 있는 반면, 문헌에 있는 간접적 언급으로부터 '이러한 내용의 조항이 존재하였을 것이다'라고 추정될 뿐 문장의 형식을 이루지 못하는 조항도 있다. 제4표 제2법문 a조 "법률이 아버지에게 아들에 대한 생사여탈권을 부여하기 때문에"는 후자의 예이고, 같은 곳 b조 "만약 아버지가 아들을 3회 매각하였다면 아들은 아버지로부터 자유롭게 된다."는 전자의 예이다.   (R)

12표법의 의의   12표법을 제정한 때 그리스(아테네)에서 솔론의 입법을 모델로 하였다는 전승이 있지만, 기본적으로 로마의 전통적인 관습법을 성문화한 것으로 생각해도 좋다. 실제로 12표법은 "모든 공법 및 사법의 원천(fons omnis publici privatique iuris)"(리비우스,『로마사』)으로서 로마의 전통에 깊이 뿌리박혀 로마 법생활의 기초가 되었다. 12표법을 암송하는 것이 로마 소년들의 관례였다(키케로,『법률에 대하여』).

하지만 놀랍게도 그 정도로 높은 법적 수준을 뽐내었던 로마인은, 12표법 이후 유스티니아누스 법전의 편찬까지, 전주정기의 칙법집勅法集과 같은 종류의 것은 별개로 하고, '법전'이라 부를 수 있는 것을 제정하지 않았다. 민회의 의결에 기초한 '법률(lex)'이라는 입법형식의 경우 200개 정도의 입법례가 알려져 있고 그중에는 불법행위에 관한 아퀼리우스법(기원전 286년경)과 같이 중요한 것도 있지만, 어느 것이나 개별문제를 취급한 단행법규에 지나지 않는다. 로마인이 '법률'이라고 할 때 12표법만을 의미하는 일이 흔하였을 정도이다.

법적 안정성의 향상 채무자에 대한 엄격한 태도가 보여주는 것처럼 12표법이 반드시 플레브스의 권리를 우선시하지는 않았다. 예컨대 제3표 제5법문에 따르면, 변제 불능에 빠진 채무자는 60일 동안 쇠사슬 또는 족쇄로 결박되고, 그 기간에 값을 치르고 풀려날 기회가 부여되었지만, 화해금을 지급할 자가 아무도 없는 경우에는 살해되거나 노예로 매각되었다. 그럼에도 불구하고 12표법의 제정은 플레브스의 권리상태를 대폭 개선하게 되었다. 왜냐하면 그때까지 블랙박스에서 꺼내어지고 있던 신관의 판결이 이제는 시장에서 공시된 성문법의 적용이라는 형식을 취하게 되었기 때문이다. 플레브스로서는 자의적으로 권리를 박탈당할지도 모른다는 두려움이 사라지고, 법적 안정성이 현저하게 높아지게 되었다.

공화정의 성립 그리고 카눌레이우스법의 제정(기원전 445년)으로 파트리키와 플레브스의 통혼이 가능하게 되었다. 플레브스 중에서 파트리키에 필적하는 사회적·경제적 실력을 쌓은 자도 나타나 플레브스와 파트리키의 신분적 격차는 해소를 향해 갔다. 기원전 4세기 중엽에는 플레브스도 각종 정무관직에 취임할 수 있게 되고, 집정관이나 법무관과 같은 고관을 거친 경우에는 플레브스에게도 등록의원(conscripti)으로서 원로원 의석이 부여되었다. 또한, 기원전 286년의 호르텐시우스법에 의하여 그때까지 평민만 구속하였던 평민회 의결은 민회 의결(lex = 법률)과 동등한 법적 효력을 부여받아 원로원의 인가를 받지 않고도 모든 로마 시민을 구속하게 되었다. 이렇게 해서 평민회는 실질적으로 민회와 동격이 되었다. 기원전 3세기 말에는 형식상으로도 이미 뚜렷이 그 수가 감소하고 있던 파트리키를 참가시켜 평민회가 민회(comitia tributa)로 승격하였다. 이렇게 하여 파트리키와 플레브스의 신분투쟁이 해소되고 로마 국민이 일체가 된 공화정이 완성되었다.

민회의 기능 그러나 신분투쟁의 종결로 로마 시민이 사회경제적·정치적으로 보아 평등하고 균질적으로 되었다고 성급하게 결론지어서는 안 된다. 공화정에서 로마 국민의 일체성이란 어디까지나 관념상의 문제에 지나지 않는다.

원래 로마의 민회에는 그 성립 순서에 따라 쿠리아회, 켄투리아회, 트리부스회의 세 가지가 있었다. 그중 씨족제를 기초로 하는 쿠리아회(comitia curiata) 혹은 귀족회는 상당히 일찍 형해화되었기 때문에 여기서는 다른 두 민회에 대하여 상세히 살펴보기로 하자.

켄투리아회 로마의 군단편성을 기초로 하는 켄투리아회(comitia centuriata) 혹은 '병원회兵員會'는 '최대집회(comitiatus maximus)'라고도 불리며 가장 중요한 민회로 자리매김 되었다. 켄투리아회는 집정관, 법무관, 호구총감 등의 고등정무관 선출권을 보유하고 사형에 관한 형사재판권도 장악하였다. 켄투리아회에서는 193개의 부대마다 각각 1표를 던질 수 있었는데, 그 구성은 현저히 부유층에 유리하였다. 왜냐하면 파트리키가 18개의 기사부대를 구성하고 재산액에 따라 구분된 5계급 중에서 제1계급이 80개의 중장보병부대를 구성하였으므로 그것만으로도 이미 과반수를 이루었기 때문이다. 투표는 기사로부터 계급순으로 행해졌기 때문에 통상 부유층의 투표만으로 의결이나 선거가 결정되어 버렸다. 더욱이 무장은 자비부담이 원칙이었으므로 무산자(proletarii)는 병역의 의무도 없고 처음부터 민회에 참가할 자격도 없었다.

트리부스회 이에 대하여 지구地區(트리부스)를 단위로 하여 편성된 민회가 트리부스회(comitia tributa) 혹은 구민회區民會이다. 성립 시기는 세 개의 민회 중에 가장 나중이지만, 늦어도 기원전 5세기에는 활동하고 있었던 것으로 보인다. 트리부스회의 정무관 선출권은 재무관이나 안찰관 등 하급직에 한정되었다. 재판권도 벌금형에 관한 형사재판권을 가지는 데 불과하였다. 그렇지만 켄투리아회보다 입법절차가 간소하였기 때문에 트리부스회는 곧 입법에서 중심적 역할을 담당하게 되었다. 트리부스회의 의결 방법은 트리부스별로 구성원이 투표하여 각 트리부스의 의사를 결정하고 이를 민회에서의 1표로 세었기 때문에 각 트리부스의 유력자의 의사가 강하게 반영되고 있었다.

지배계급의 재편   호르텐시우스법 이후 평민회가 입법권을 가지는 민회로 승격하였다고 할 때의 '민회'란 바로 여기에서 말하는 트리부스회이다. 그러나 그 의결은 유력자의 의향에 좌우되는 경향이 있었다. 또한, 로마공화정 하에서 민회를 소집하고 의사議事를 주도한 것은 정무관이다. 이러한 의미에서 집정관 등의 고급정무관 선출권을 독점한 켄투리아회가 여전히 가장 중요한 위치에 있었다고 생각해야 할 것이다.

이렇게 생각하면, 신분투쟁의 결과 파트리키와 플레브스의 평등화가 초래되었다기보다는 파트리키와 유력 플레브스의 합류로 새로운 지배계층이 형성되었다고 보는 편이 적절할 것이다. 다만, 권리의 측면에서 양자의 구별이 거의 해소됨으로써 실생활이라기보다는 멘탈리티 속에서 '로마 국민'의 일체화를 가져온 것이다.

정무관의 기능   민회는 입법권을 가졌으나 민회를 소집하고 의사議事를 주도한 것은 정무관(magistratus)이었다. 정무관을 선출한 것은 민회이지만, 그 후보를 선정하여 민회에 제안한 것은 전임 정무관이고, 민회는 그 인선에 찬성한다는 뜻을 표명하는 것일 뿐이었다. 실제로 본래 정무관의 후보자 인원수는 정무관의 정원과 같은 수인 것이 통상적이었고, 정원을 초과하여 입후보가 있더라도 전임자는 미리 부적절한 후보자의 입후보 신고를 거부하거나 기대에 반하는 투표결과를 무효로 하였다. 이처럼 민회에 대한 정무관의 권한은 압도적이었다.

정무관에는 과거의 왕을 대신하는 자로서 명령권을 보유하는 자와 단순히 직권職權

만 가지는 자가 있었다. 전자에는 집정관執政官(consul), 법무관法務官(praetor), 독재관獨裁官(dictator)이 속하고, 후자에는 호구총감戶口總監(censor), 안찰관按察官(aediles), 재무관財務官(quaestor)이 속한다.

재무관 · 안찰관   로마의 젊은이가 정계에 뜻이 있을 때 최초의 등용문이 된 것이 재무관직이다. 그 직무는 국고지출의 감독과 벌금 · 세금의 징수였다. 임기는 1년이며 정원은 당초 2명에서 점차로 증가하여 결국 20명에까지 이르렀다. 이 직책을 잘 수행하면 임기 1년, 정원 4명의 안찰관직에 입후보할 수 있다. 안찰관의 직무는 공공건조물의 관리나 시장거래의 감독과 로마시의 경찰업무를 담당하는 것이었다.

법무관   이렇게 해서 법무관의 지위에 도전할 수 있게 된다. 원래 법무관은, 집정관이 군사적 사무로 출정하는 경우 동료제의 원리에 따라 2인의 집정관이 동시에 로마에 부재하게 되기 때문에 그 기간에 직무를 대행하는 자였다. 그러나 평시에 법무관은 사법司法에 관여하였다. 그 점에 대하여는 제4절에서 자세히 설명하겠지만, 정치가인 법무관이 말하자면 재판관의 임무를 맡았다는 것이, 한편으로는 정치가로서 사회적 필요에 대응하여 법을 형성하는 동기가 되었고, 다른 한편으로는 전문적인 조언자를 필요로 하였기 때문에 법률가계층의 발달을 촉진하게 되었다. 법무관은 로마법사의 요체였다. 법무관의 임기는 1년이고 정원은 1명이었는데, 로마가 지중해제국으로 변모하는 과정에서 국제거래가 증대하였기 때문에 기원전 242년에 외국인 상호간 또는 로마 시민과 외국인의 분쟁을 해결하기 위하여 외국인 담당 법무관(praetor peregrinus)이 설치되었다(이후 기존의 법무관은 '시민 담당 법무관 preator urbanus'으로 불리었다). 또한, 집정관의 대리직으로서는 속주屬州가 증가함에 따라 속주장관으로서의 법무관이 증설되어 기원전 1세기에는 정원이 8명이 되었다.

호구총감   다음으로 중요한 직책은 호구총감이다. 호구총감은 5년마다 호구와 재산액을 조사하고 그에 기초하여 징세부와 호적부를 작성하였다. 원로원의원명부의 작성도 담당하였다. 명부를 작성할 때 품행조사도 하였기 때문에 풍기단속이 직무에 더해졌다. 정원은 2명이지만 직무의 내용 때문에 예외적으로 동료제의 적용을 받지 않으며 임기도 1년 반이었다.

집정관   관직의 정점에 있었던 것은 집정관이다. 집정관은 국가를 대표하는 최고행정·군사령관이다. 임기는 1년, 정원은 2명으로 동료제의 원리에 의하여 한 명이 발한 명령을 집행 전에 다른 한 명이 개입(intercessio = 이의)하여 취소할 수 있었다. 집정관의 명령권 자체는 절대적이지만, 또 하나의 별개의 명령권을 설정하는 것으로 남용이 방지된 것이다. 집정관은 로마 도시구역(domi)에서는 임기와 동료제 외에 호민관의 개입이나 민회로의 상소(provocatio)[1]에 의한 제약도 받았지만, 전지戰地(militiae)로 불리는 도시 구역 밖의 장소에서는 예전의 왕처럼 절대적이었다.

독재관   비상사태 시에는 집정관의 임명에 의하여 독재관이 설치되고, 말하자면 '일시적인 왕정복고'가 되어 그가 단독으로 명령권을 행사하였다. 그 대신 임기는 반년으로 제한되었다.

원로원의 기능   이렇게 정계의 이력을 끝까지 오른 자는 원로원의원이 된다. 정무관직은 모두 무급의 명예직이었기 때문에 로마인에 의해 극히 높은 명예를 부여받는 원로원의원의 지위야말로 최종 목표였다. 그 때문에 의원들의 결의인 원로원의결(senatus consultum)은 원래 정무관에 대한 권고·조언에 불과하였으나 정무관들은 원로원의결의 권위를 인정하지 않을 수 없었다.

실질적으로 정무관이 주도한 민회의 입법이나 선거도 최종적으로 원로원으로부터 권위(auctoritas)라는 형태로 승인이 주어져야 하였다. 그러므로 정무관은 법안의 작성이

---

[1] 정무관의 명령으로 처벌받을 위기에 처한 시민이, 시민의 마지막 보루인 민회에 권리구제(불처벌)를 구하는 것을 가리킨다. 이하 모든 각주는 역자주임을 밝혀둔다.

나 후보자의 선정에 원로원의 이해를 구하는 것이 통례였다. 또한, 동료제에 따라 1일 교대제로 근무하고 임기도 1년으로 교대해버리는 정무관이 전쟁이나 외교 등의 중요한 과제를 장기적인 시야에서 취급하고 처리해 나가기는 곤란하였다. 그래서 법적으로는 별 권한이 없는 원로원이 내정·외교의 중추로서 기능하게 되었다. 로마인이 (특히 대외적으로) 로마국가를 'SPQR' 즉 '원로원과 로마국민(senatus populusque Romanus)'라고 칭한 이유 또한 여기에 있다.

4. 로마 시민법의 특질

로마의 가와 가부장권   고대사회 일반에서 볼 수 있는 것처럼 로마의 가家도 조상숭배를 축으로 한 제사적 혈연단체였다. 그런데 로마인은 이러한 사실상의 가를 법적인 '가'와 완전히 별개로 관념하였다. 로마의 가는 법적으로 단지 원자적인 개인의 집합에 불과하지만, 이들을 결속시켜야 하는 가부장권은 공법상의 '명령권'에 필적하는 절대적인 권력이 되었다. 그 때문에 처, 아들, 손자 그리고 며느리나 손자며느리조차도 가부장의 권력에 직접적으로 복종하였다. 이것은 단체를 법적 실재가 아닌 개체의 집합으로 간주하는 로마법의 개인주의적 성격이 나타난 것이다.

확실히 가에 속한 아들이라도 자유로운 로마인 남자라면 민회에서의 투표권, 정무관에 선출될 권리 그리고 혼인할 권리와 재산거래를 하는 권리를 가졌다. 그러나 혼인뿐 아니라 이혼조차도 가부장의 결정에 복종하였고 가에 속한 아들이 취득한 재산은 모두 가부장의 소유에 속하였다. 거기에 그치지 않고 민회에서 법률의 제안을 하고 있던 호민관을 그 법안을 악법이라고 생각한 가부장이 데리고 귀가해버린 사례도 있다.

생사여탈권   이처럼 로마의 가부장권은 극히 강대하였다. 가내에서 유일한 자권자自權者(sui iuris)로서 가부장은 물건과 노예 등의 가산家産(familia)을 자유로이 사용·수익·처분하였을 뿐 아니라 가에 속한 아들을 가산과 마찬가지로 매각할 수 있었다. 더욱이 고전기 법학자 파피니아누스Papinianus의 저작으로 재구성된 12표법(IV.2.a.)의 유명한 규정에 있는 것처럼(앞의 칼럼 '12표법의 복원' 참조) 로마의 가부장권은 가족원에 대한 생사여탈권(ius vitae necisque)에까지 미쳤다.

법과 도덕의 준별   그러나 적절한 가내재판家內裁判의 절차에 의하지 않는 징계권 행사나 정당한 이유 없는 매각권 행사는 호구총감이 품행조사를 할 때 '조상의 관습(mores maiorum)'에 위반한 가부장권 남용으로 간주될 위험이 있었다. 현실의 로마사회에서 가부장의 권력행사는 상당히 제약되어 있었다. 그러나 그것은 어디까지나 도덕적인 규제이고, 법적으로는 가부장권은 거의 제약이 없는 절대적 권리였다. 이 점이 그리스 법문화와 게르만 법문화 등 습속·윤리·도덕·종교적인 규범과 법규범을 명확하게 구별하지 않는 다른 고대법문화와 로마법문화 사이의 큰 차이라 할 것이다.

3회 매각규정   이러한 가부장권 규정은 명백히 농업사회의 대가족제도에 적합한 것이었다. 그렇다면 로마가 상업사회로 발전하는 과정에서 로마의 가부장권은 어떻게 변화하였을까? 울피아누스Ulpianus의 『요약집』 및 가이우스Gaius의 『법학제요法學提要』를 통해 재구성된 12표법의 3회 매각규정을 예로 구체적으로 검토하기로 하자.

이 규정의 취지는 원래 가에 속한 아들에 대한 가부장의 매각권 남용을 금지하는 데 있었다(다른 견해도 있다). 더 오래된 시대에는 가에 속한 아들을 노예로 국외에 매각하는 것(venditio trans Tiberim)까지도 인정되었던 것 같으나, 그것이 폐지된 후에도 국내에서 준準노예(in mancipio)로서 매각하는 일이 행해졌다. 그런데 매수인이 이 준노예(가에 속한 아들)를 해방하여도 가부장권이 여전히 존속하기 때문에 결국 원래의 가부장 아래로 돌아가게 된다. 이 제도를 이용하여 아들을 독립시키려는 가부장은 미리 가장매수인과 신탁(fiducia)을 약정하여 가에 속한 아들의 해방을 확보한 후 3회의 가장매매를 되풀이하고 가부장권 면제를 행하게 되었다.

이는 농업사회에서 상업사회로의 이행에 대응한 변화라 할 것이다. 로마인은 구태의연한 12표법의 규정을 폐지하기는커녕 거기에서 시대에 맞는 적극적인 활용법을 찾아낸 것이다. 이와 같은 보수성과 진보성 사이의 절묘한 균형이 로마법의 진수였다.

로마의 민사소송   여기에서 공화정기 로마의 민사소송의 구조를 살펴보자. 요점은 법무관과 심판인審判人(iudex)의 분업체제이다.

법무관의 역할은 소송 전체를 지휘·감독하는 것이다. 특히 중요한 업무는 법무관이 사건에 적용해야 하는 법률이 무엇인지 심판인에게 제시하는 것이다. 심판인은 일반인이었으므로 필요한 법률지식을 결여하였기 때문이다. 그러나 바로 항간에 있는 일반 사인이기 때문에 심판인은 현실에서 무엇이 일어났는가에 대하여 전문법률가보다 오히려 적절하게 판단할 수 있기도 하다.

로마의 소송절차는 두 단계의 구성을 취하였다. 법무관이 관여한 것은 소송의 제1단계뿐이었다. 이것은 법정절차法廷節次(in iure)라고 불렸다. 법무관은 원고의 소송능력을 조사하고 원고의 청구가 시민법이나 해석(interpretatio)에서 인정되는 것이라면 소권訴權을 부여한다(datio actionis). 이에 대하여 피고에게는 인낙認諾하거나(confessio in iure) 부인하여 쟁점을 결정하는(litis contestatio) 선택지가 있다. 쟁점결정이 이루어지면 심판인이 선정되고 소송은 제2단계로 이행한다. 이 심판절차審判節次(apud iudicem)의 개시와 함께 법무관의 역할은 완료되었다. 심판인은 당사자의 진술을 듣고 증인이나 증거서류를 조사하여 사실관계를 확정한다. 심판인의 판단(sententia)은 그대로 사건의 종국판결이 되었다. 법무관은 사실심리에 입회하지 않고 판결 선고조차 하지 않는다.

심판인은 무작위 추출의 방법이 아니라 주로 원로원의원으로 이루어진 심판인명부(album iudicum selectorum)에서 당사자 쌍방의 합의로 선정되었다. 그 인원수도 원칙적으로 1인이었다. 이러한 의미에서 심판인은 오히려 중재인과 유사할지 모르겠다. 하지만 중재인과는 달리 심판인이 내린 판단은 유권 판결이 되었다. 왜냐하면 그를 선정할 때 당사자가 합의한 후보자를 법무관이 승인하는 절차를 밟음으로써 심판인의 지위에 공적인 성격이 부여되었기 때문이다.

만민법의 형성 위와 같이 로마의 민사소송은 정치가인 법무관에 의한 소권의 부여 및 쟁점결정(법정절차)과 일반인인 심판인에 의한 판결(심판절차)로 구성되었다. 그런데 이것은 시민에게만 적용되었다. 외국인 담당 법무관은 시민 담당 법무관처럼 12표법에 기초하여 분쟁을 해결할 수 없었다. 시민법(ius civile)인 12표법은 어디까지나 시민(cives)의 법이며, 시민간의 분쟁에만 적용되기 때문이다.

법률소송 게다가 12표법을 기초로 하는 로마 시민법은 너무나 경직되어 융통성이 없었다. 전통적인 법률소송(legis actio)은 극단적인 형식주의에 지배되어 법적 구제의 대상이 되는 권리와 당사자가 법정에서 행해야 하는 방식도 모두 법률(lex)로 엄중하게 정해져 있었다.

> "옛사람이 이용하고 있던 소송은 법률소송으로 불리고 있었다. 이것은 법률소송이 법률에 의하여 창설되었기 때문이거나(확실히, 여러 가지 소송을 도입한 법무관의 고시는 당시는 아직 이용되지 않았다), 법률 자체의 문언에 맞추고 또 그로 인해 법률과 마찬가지로 불변하는 것으로 존중되고 있었기 때문이다. 그래서 절단된 포도나무에 대하여 소를 제기하고 그 소송에서 '포도나무'라는 단어를 사용한 자는, 포도나무에 대한 소를 제기할 수 있는 근거가 되는 12표법이 일반적으로 나무의 절단에 대해서만 기술하고 있으므로 '나무'라는 단어를 사용해야 하였기 때문에 패소하였다고 전해지고 있다."
>
> 가이우스, 『법학제요』

엄격법 이처럼 12표법의 권위는 신성시되었기 때문에 겨우 한마디의 말이 잘못되거나 사소한 동작이 잘못되어도 패소로 이어졌다. 이러한 엄격법嚴格法(ius strictum)은 적어도 로마 시민에 관해서는 로마 시민이 스스로 바란 것이었지만, 이를 외국인에게 적용하는 데는 무리가 있었다.

그래서 외국인 담당 법무관은, 한편으로는 그리스·헬레니즘 문화권에서 전해진 자연법自然法(ius naturae) 사상에 의거하고, 다른 한편으로는 현실의 상관습의 배경에 있는 여러 원리를 찾아냄으로써 신의성실(bona fides) 등의 도덕적 규범을 근거로 삼아 소송을 운용하게 되었다. 소송방식의 점에서도 외국인에게는 잘못 말을 하면 패소할 위험이 큰 구두진술 대신에 서면에 의한 쟁점결정이 행해졌다.

방식서소송 이렇게 성립된 것이 방식서소송方式書訴訟(litigare per formulas) 이다. 전통적인 법률소송에서의 법정절차와 심판절차의 분리는 유지되었으나, 이제 법정절차의 주안점은 심판절차의 지도서指導書가 될 방식서의 작성으로 향해졌다. 법무관은 방식서에서 새로운 소권(actio)이나 항변(exceptio)을 승인하거나 부인함으로써 실질적으로 시민법을 수정해 갔다. 방식서소송에서는 다양한 의제(fictio)가 구사되고, 신의성실에 기초하여 각종의 낙성계약(contractus consensu)에 법적 보호가 부여되었다. 방식서소송은 처음에는 외국인 담당 법무관의 명령권에 기초한 소송이었으나, 기원전 2세기 전반 아에부티우스법(lex Aebutia)에 의하여 정규의 시민법상 소송이 되어 법률소송과 동격이 되었다.

형평법 법무관은 취임에 즈음하여 고시告示(edictum)를 게시하여 자신의 임기 중에 소송에서 이용될 수 있는 소권, 항변, 방식서의 서식 등을 열거하였다. 이렇게 하여 발달된 형평법衡平法(ius aequum)은 여러 국민들에 공통되는 법이라는 것에서 만민법萬民法(ius gentium)으로 불렸다. 이것은 또한 법무관의 활동에 의하여 형성된 것이기 때문에 법무관법(ius praetorium) 또는 정무관직이 무급의 명예직이었기 때문에 명예법(ius honorarium)으로도 불린다. 엄밀히 말하자면 시민법과 만민법의 구별은 속인주의적인 적용법의 차이를 나타내는 것이고, 시민법과 법무관법의 구별은 법의 성립 형식의 차이를 나타내는 것이지만, 실제로는 법무관법의 대부분은 외국인에게도 적용되는 만민법이었다.

시민법의 재생 이처럼 만민법은 원래 외국인 관계 소송의 필요에서 태어났지만, 곧이어 로마 시민 상호간의 분쟁에도 적용되게 되었다. 로마인 자신들도 경직적인 시민법보다는 융통성 있는 만민법 쪽을 좋다고 생각하였기 때문이다.

실제로 12표법이 제정되었을 즈음의 로마의 인구는 약 5만 명으로 추산되는데, 이 중에 무장능력이 있는 시민은 기껏해야 1/3에 지나지 않았다. 그러나 기원전 3세기 포에니전쟁을 계기로 지중해제국으로의 길을 걷기 시작한 로마의 인구는 비약적으로 증대하여 기원전 3세기말에는 백만 명에 달하고 있었다. 로마의 사회·경제의 기초는 이제는 농업이 아니라 상업이며, 상거래의 요구에 보다 잘 응하는 것은 유연한 점에서나 간편한 점에서나 명백히 만민법이었다.

악취행위   예컨대 악취행위握取行爲(mancipatio)에 대하여 보자.

"그런데 악취행위는 우리가 앞에서 말하였듯이 일종의 가장매매假裝賣買이다. 이 자체도 로마 시민에게 고유한 법이고 그 행위는 다음과 같이 이루어진다. 즉 5명보다 적지 않은 로마 시민이자 성년 남자인 증인 및 같은 자격을 가진 1명 즉 구리저울을 가진 '저울잡이(libripens)'로 불리는 자가 입회한 가운데, 만키피움macipium권權으로 받아들이는 자가 구리조각을 잡고 다음과 같이 말한다. 즉 '나는 이 노예를 퀴리테스의 법에 근거하여 나의 것임을 선언한다. 그리고 이것을 구리와 구리저울에 의하여 내가 매수한다.'라고. 이어서 구리로 저울을 치고, 그 구리를 만키피움권으로 받아들이는 자가 마치 대금인 것처럼 준다."

가이우스, 『법학제요』

이탈리아의 토지·지역권地役權·노예·우마 등의 가축은 1명의 저울잡이와 5명의 증인(testes)의 입회를 요하는 엄격한 요식행위(구리저울식 매매, 銅衡式賣買)인 악취행위에 의하여만 소유권을 이전할 수 있었다. 이들 물건은 소유권이전에 악취행위를 요하기 때문에 수중물手中物(res mancipi)이라고 불린다. 그밖의 물건 즉 비수중물(res nec mancipi)은 단순한 인도引渡(traditio)로 충분하였다. 악취행위는 원래 점유의 이전을 수반한 현물의 즉시매매였으나 이윽고 일반적인 소유권 이전방식으로 이해되었다.

농업경제를 기본으로 한 시대라면 중요한 재산거래를 신중히 하기 위해 악취행위와 같은 의식적인 절차가 요구된 것도 합리적이었다고 할 수 있다. 그러나 상업경제로 이행한 후 이러한 요식성은 번잡한 것으로 여겨졌다.

법무관법상의 소유권

예컨대 매매에 의하여 수중물이 인도된 경우, 악취행위가 행해지지 않으면 시민법상의 소유권은 이전되지 않지만, 법무관은 여기서 매수인 보호를 위한 항변을 인정함으로써 실질적으로 소유권이 이전된 것과 같은 효과를 가지게 하였다(법무관법상의 소유권). 이러한 변화는 상업경제로의 이행에 대응한 것이다. 물론 전통적인 시민법규정이 폐지된 것은 아니므로 시민법상의 소유권이 이전되는 것은 동산 1년, 부동산 2년의 사용취득使用取得(usucapio) 기간이 경과한 후였다. 그러나 실질적으로는 인도가 행해진 시점에 매도인의 소유권은 이미 허유권虛有權(nudum ius)이 되었다.

문답계약

문답계약問答契約(stipulatio)에서도 시민법과 만민법의 병존이 나타났다. 문답계약이란 당사자 일방의 물음에 대하여 상대방이 답하는 것으로 채권채무관계를 설정하는 구술의 요식행위이다. 문답계약에 의한 채권채무관계는 편무적이었기 때문에 쌍무적인 거래를 하기 위해서는 쌍방향의 문답이 필요하였다. 그러므로 예컨대 매매에 이 방식을 사용한다고 하면 매매물을 인도한다고 하는 문답계약과 매매대금을 지급한다고 하는 문답계약이 함께 성립할 필요가 있었다.

그런데 이 전통적인 계약방식에서 "당신은 줄 것을 서약하는가?/나는 서약한다"라는 문답은 시민법에 속하는 것이고 로마 시민 상호간에만 유효하였다. 이에 대하여 "당신은 주는가?/나는 준다", "당신은 약속하는가?/나는 약속한다", "당신은 신의에 의하여 약속하는가?/나는 신의에 의하여 약속한다", "당신은 하는가?/나는 한다"라는 문답은 만민법에 속하고, 로마 시민이든 외국인이든 모든 사람 사이에 유효하였다. 만민법상의 문답계약은 라틴어가 아닌 그리스어로 행하여져도 유효하였으므로 더 유연한 방식이기도 하였다.

이러한 시민법과 만민법의 병존은 마침내 시민법이 만민법을 흡수하는 모습으로 종료되었다. 기원전 90년경 동맹시 전쟁에서의 회유책으로 로마 시민권이 이탈리아 반도 전역에 확대되자 무장능력이 있는 시민은 110만 명으로, 인구도 400만 명으로 한꺼번에 증가하였다. 이 시점에서 이탈리아의 자유인은 기본적으로 모두 로마 시민법 속으로 들어오게 되었다. 마침내 원수정 시기인 기원후 212년 카라칼라 황제의 칙법으로 제국영역 내의 모든 자유인에게 로마 시민권이 일괄적으로 부여되자 이제는 시민법과 만민법의 구별은 의미를 잃고 만민법의 규칙을 흡수한 새로운 '시민법'이 일원적으로 적용되었다.

제2장
고전기 로마의 법조와 법학

고전기 로마법학이 꽃을 피운 것은 공화정이 아니라 권위주의적이고 억압적인 원수정에서의 일이다. 원수정에서는 국가와 사회가 명확하게 분리되고, 일종의 안전판으로서 비교적 광범위한 자유가 사법私法 영역에 확보되었다. 결과적으로 제반의 정치적·경제적인 고려로부터 해방된 법학은 순수하게 법적 추론의 발전에 전념할 수 있었다. 2천년의 시공을 넘어 바야흐로 세계를 지배하기에 이른 고전기 로마법학은 이렇게 하여 탄생하였다.

1. 국제의 전개 — 공화정에서 제정으로 —

시민자격과 군대 로마공화정 하의 군대는 로마 시민이 담당하였다. 군대에 참가하는 것은 시민으로서는 명예스러운 의무이자 권리였다. 원래 군복무에 봉급이 지급되지 않고 무장을 자기비용으로 하였던 것은 군대에 참가하는 것이 권리였기 때문이다. 그러나 재력에는 격차가 있었으므로 결과적으로 재력에 따른 무장이 요구되었다. 다른 한편으로 군대에 참가하는 것은 의무였기 때문에 국가(res publica)에 대한 공헌 정도에 따라서 민회에서의 발언권이 달랐던 것 역시 당연하다고 생각되었다. 외국인이나 노예는 말할 것도 없고 무산자에게는 군복무가 요구되지 않는 한편, 민회 참가도 인정되지 않았던 것은 이러한 이유에서이다.

시민군의 위기   그러나 군사적 성공으로 로마의 판도가 점차 확대되고 포에니전쟁과 같이 장기간에 걸친 전쟁이 일어나게 되자, 로마 시민군의 편성은 점차 곤란하게 되었다. 종래와 같은 단기간의 군대 참가로는 작전행동에 지장을 초래하였으나, 그렇다고 해서 장기간에 걸친 군역을 반복하여 시민에게 요구한다면 장기간의 부재와 무장부담으로 인하여 로마 시민의 몰락을 초래할 수도 있었다. 실제로 이 두 가지 문제가 모두 발생하고 있었다.

본래 병사는 1년 근무가 원칙이었으나 군무에 익숙한 병사를 반복하여 징집하는 방법이 취해졌기 때문에 곧 군대복무기간이 6년에 이르는 일이 통례가 되었다. 이렇게 되면 종군하는 유산시민의 생업에 당연히 지장을 초래하게 되어 징집된 시민들은 빨리 제대할 수 있기만을 고대하여 사기가 저하되었다. 그중에서도 몰락이 현저하였던 농민층은 토지를 잃고 무산자가 되어 로마 시내로 흘러들었다. 무장을 스스로 마련하고 용감하게 나아가 싸우는 유산시민 병사의 수가 감소하고, 그 결과 로마군대는 점차 약체가 되어 갔다.

관직과 명령권의 분리   마찬가지로 작전행동상의 이유에서 기원전 327년 이후 군사령관의 임기에도 변화가 생겼다. 집정관의 1년 임기제는 유지되었지만, 그것은 관직에 대한 제약이지 '명령권의 연장(prorogatio imperii)'을 방해하지는 않는다고 해석하게 된 것이다. 명령권은 '후임이 도착하기까지', '원로원이 소환할 때까지', '전쟁이 종료될 때까지'라고 하는 불확정 종기終期를 붙여 연장되고, 이윽고 장기간에 걸쳐 특정 인물이 군사령권을 장악하는 것이 일상화되었다.

포에니전쟁이 한창이던 기원전 211년에는 강적 한니발에 대항하기 위한 것이라고는 하나, 전사한 동생 스키피오의 아들에게 '집정관으로서(pro consule)' 히스파니아의 군사령권이 맡겨졌다. 그는 불과 24세로 아직 명령권을 보유하는 정무관직에 취임한 적이 없었기 때문에 드디어 '정무관이 아닌 명령권 보유자(privatus cum imperio)'가 탄생한 것이다. 카르타고 본국의 공략에 성공하여 스피키오 아프리카누스라고 칭해진 그는 기원전 205년에 집정관에 선출되어 기원전 201년까지 명령권이 연장되었으므로 실로 11년에 걸쳐 군사령권을 보유하였다. 이러한 관직과 명령권의 분리는 당장은 로마의 군사적 복권에 공헌하였지만, 머지않아 원수정의 성립을 가져오게 되었다.

직업군대의 탄생 기원전 104년 군사령관 마리우스의 시대에 로마의 병제에 마침내 근본적인 변화가 일어났다. 봉급제는 이미 기원전 4세기에 도입되어 있었고, 또한 기원전 2세기 동생 그라쿠스Gracchus의 개혁으로 곤궁한 자에게 군장비가 지급되도록 하고 있었다. 원래 형 그라쿠스의 농지개혁 역시 시민층이 몰락하자 자작농의 창설을 통해 병역의무자의 증가를 꾀한 것이었다.

마리우스는 비정규군(tumultuarius exercitus)을 편성할 수 있는 군사령관의 권한에 의거하여 무산자가 지원병(volones)으로 입대하는 것을 허가하고 유능한 병사를 모아 군사적 성공을 거둘 수 있었다. 이리하여 로마군은 스스로 자신들의 것(res publica = 나라)을 지키는 시민군에서, 고용되어 직업적으로 전투하는 직업군대로 변용되었다.

이것은 로마의 국제에 중대한 귀결을 초래하였다. 확실히 직업병제를 취함으로써 로마로 흘러들어온 대량의 무산자에게 호구책을 제공할 수 있었고 유산 시민들은 자신의 생업에 힘쓸 수 있었다. 그러나 군복무가 직업이라면 제대는 해고·실업을 뜻하게 된다. 이리하여 무산자 병사들은 로마의 국가가 아니라 고용자인 군사령관 개인에 대하여 충성심을 갖게 되었다. 바야흐로 양자 사이에는 보호자(patronus)와 피호민被護民(clientes)의 관계가 발생하였다.

사병화 이제는 군대 징집의 이유를 따지는 일 없이 군사령관이 적당한 이유를 붙여 군대를 사병처럼 유지하였다 해도 오히려 무산자 병사들은 수입을 얻을 수 있게 되었기 때문에 환영하였다. 군사령관은 또한 동원을 해제할 때 농지법(lex agraria)을 민회에 제안하여 노병(veterani)에게 이를테면 은급恩給으로서 토지를 할당하고 식민시킴으로써 여생을 즐기도록 하였다. 토지할당 시에는 부대 전원을 한 장소로 모두 식민하는 것이 일반적이었기 때문에 감사함을 느끼는 식민자와 그 자손은 전쟁뿐만 아니라 선거와 투표를 하는 때 동원되어 과거의 보호자를 위해 봉사하게 되었다. 마리우스의 정적인 술라가 건국 이래 처음으로 로마시를 군사점령하는 폭거를 일으킨 것이나 카이사르가 자신을 왕으로 만드는 왕정복고를 기도하였던 것도 사병화한 군대가 있었기 때문이다.

삼두정치   로마군대를 국군(exercitus Romanus)으로서의 본래의 모습으로 되돌려 로마의 평화(pax Romana)를 재건한 것은 카이사르의 양자 옥타비아누스이다. 기원전 43년의 티티우스법에 따라 민회가 '국가의 질서 확립을 위한 3인관(triumviri rei publicae constituendae)'을 정식으로 설치함으로써 안토니우스, 레피두스와 함께 옥타비아누스는 무제한의 비상대권을 5년 동안(나중에 5년 더 연장) 보유하게 되었다(제2차 삼두정치). 이윽고 기원전 36년에 레피두스가 탈락하자 서부 라틴 지방을 장악한 옥타비아누스와 동부 헬레니즘 지방을 장악한 안토니우스의 대립이 선명해졌다. 안토니우스가 이집트 여왕 클레오파트라와 결합하여 이탈리아를 이집트의 속주로 만들려 한다는 소문이 퍼지고, 동방의 여러 왕들이 이들과 한패가 되어 로마원정을 준비하고 있다고 전해지자, 이탈리아 및 서부의 여러 주는 옥타비아누스에게 충성을 선서하고 일치단결하였다. 로마 국민으로부터 명령권을 부여받은 로마 국군의 군사령관으로서 기원전 31년 악티움해전에서 승리한 옥타비아누스는 전 시민의 환호성을 들으며 개선하였다.

아우구스투스   이제 한 명이 된 '3인관'이지만 옥타비아누스는 '선서(coniuratio)'와 '전 시민의 승인(consensus universorum scil. civium)'을 법적 근거로 3인관의 직에 머물렀다. 옥타비아누스가 비상대권을 '원로원과 로마 국민'에게 반환한 것은 기원전 27년이었는데, 원로원은 그에게 '아우구스투스(지존)'라는 존칭을 헌상하였다. 이때 아우구스투스가 장악하고 있었던 로마의 모든 속주에 대한 명령권(imperium)은 원로원과 민회에 의해 정식으로 승인되고, 지역개념으로서의 '임페리움 로마누스'(훗날의 로마제국)가 성립하였다.

기원전 13년 히스파니아·갈리아를 평정함에 따라 '로마의 평화'가 확립되자 항구적인 평화를 유지하기 위하여 상비군이 설치되었다. 상비군의 규모는 광대한 판도를 수비해야 할 필요에서 정규군(로마 시민) 및 보조부대(속주민)를 합쳐 약 30만 명에 이르렀다.

원수정의 성립 기원전 31년부터 (본래는 위법하였지만) 계속하여 집정관직에 있었던 아우구스투스는 이윽고 기원전 23년 집정관직을 사임하였으나 그 후에도 전前 집정관(proconsul)으로서 종신의 명령권(imperium proconsulare)을 보유하였다. 같은 해 '매년 갱신되는 영구의 호민관직권(tribunicia potestas annua et perpetua)'을 취득하여 신성불가침권, 권리구제권, 취소권, 민회·원로원의 소집권 등 호민관의 직권을 종신으로 보유하게 되었다. 이로써 로마공화정이 사실상 종언을 고하고, 원수정元首政이 성립하였다.

원수정의 특징 그 권위·권력을 객관적으로 평가한다면 아우구스투스는 이제 황제가 되어 로마는 제정帝政으로 이행하였다고 할 만하다. 그러나 당시 사람들의 견해는 달랐다.

아우구스투스는 어디까지나 '원수(princeps)' 즉 '시민 중의 제1인자(princeps civium)'이고 로마공화정은 여전히 존속하고 있다고 생각되었다. 원로원과 민회도 개최되었고 정무관직도 예전과 마찬가지로 존속하고 있었다. 로마 국제사에서 아우구스투스부터 군인황제시대(기원후 3세기)까지를 '원수정 시대'라 부르고, 공화정 제도가 종국적으로 소멸한 진정한 제정인 '전주정專主政 시대'와 구별하는 것은 그 때문이다.

그렇지만 실질적으로 아우구스투스의 지위는 황제에 상응하는 것이었다. 왜냐하면 아우구스투스의 지배는, '명령권의 연장'에 의해 가능하게 된 명령권과 관직의 분리에 기반하고 있던, 동료제와 임기제의 제약을 받지 않는 종신이자 단독의 전前 집정관

명령권 및 호민관 직권에 의한 지배였기 때문이다.

　공화정이면서 제정이기도 하다는 기묘한 원수정체는 아우구스투스와 같은 유례 드문 훌륭한 인격이 있었기 때문에 존속할 수 있다고 생각해야 할 것이다. 로마의 원수정은 아우구스투스 사후 지중해제국 유지의 필요성과 점차 강해지는 그리스·헬레니즘 문화권의 영향에 의하여 서서히 제정의 성격을 강화해 나갔다. 원수정은 이윽고 군인황제시대(기원후 235-284년)의 혼란을 거쳐 디오클레티아누스 황제의 즉위와 함께 전주정으로 변모하게 된다.

2. 고전기 로마의 법학자들

정치체제와 법학　　고전기 로마법학이 꽃피운 것은 공화정이 아니라 원수정 체제에서였다. 분명 고전기 법학의 전성기는 로마 국제의 역사에서 기원후 96년부터 180년까지의 이른바 5현제 시대(네르바, 트라야누스, 하드리아누스, 안토니누스 피우스, 마르쿠스 아우렐리우스)와 거의 일치한다. 로마제국의 판도가 최대에 달하고 이른바 '로마의 평화(pax romana)'가 실현된 시대이다. 그러나 고전기 전기의 황제로 말할 것 같으면 아우구스투스를 제외하고는 칼리굴라, 네로, 도미티아누스라고 하는 평판이 좋지 않은 인물들이 계속되고 있다. 또 고전기 후기는 이미 세베루스 왕조시대부터 군인황제시대에 이르기까지 쇠퇴의 시대였다는 데 유의해야 한다.

　이렇게 생각하면, 고전기 로마법학의 번영은 19세기 독일의 판덱텐법학(제21장 참조)의 번영과 비슷한 측면이 있음을 알 수 있다. 즉 권위주의적이고 억압적인 정치체제 아래에서 국가와 사회가 명확하게 분리됨과 동시에 일종의 안전판으로서 비교적 광범위한 자유가 사법私法 영역에 확보된다는 구조이다.

　그 결과, 제반 정치적·경제적인 고려로부터 해방된 법학은 더 순수하게 법적 추론의 발전에 집중할 수 있었다. 이렇게 해서 19세기 독일의 판덱텐법학이 당시 전 유럽의 법학에 절대적인 영향력을 과시한 것처럼, 아니 그것을 훨씬 웃도는 수준에서 고전기 로마법학은 2천 년의 시공을 넘어 실로 세계를 지배할 수 있을 만큼의 수준까지 도달한 것이다.

고전기 이전의 법학

고대 로마법학의 수립자로 여기는 사람은 일반적으로 공화정 후기인 기원전 95년에 집정관을 담당하였던 정치가 퀸투스 무키우스 스카이볼라 Q. Scaevola이다. 스카이볼라는 18권에 이르는 『시민법론(De iure civili)』을 저술하여 로마 시민법 전체의 조감도를 제시하고 이후의 법학발전을 위한 길을 열었다고 평가받는다. 고전기 이전의 시대에는 그리스·스토아 철학의 영향을 받으면서 일반적으로 신의성실(bona fides)과 형평(aequitas)이라는 원리를 중시하는 자연법론의 영향이 강하게 나타났다. 키케로가 법정변호사法廷辯護士로서 활약한 것도 이 무렵이다.

고전기 전기

아우구스투스는 원수정을 확립함과 동시에 '해답권解答權(ius respondendi)'이라는 독특한 제도를 도입하였다. 원수는 칙법勅法(constitutio principis)을 제정할 수 있었는데, 그 대부분은 일반적 입법으로서의 고시(edictum)가 아니라 개별적인 법적 문제에 대한 유권해석을 제시한 칙답勅答(rescriptum)이었다. 아우구스투스가 주요 법학자에게 해답권을 부여하여 원수의 권위를 가지고 법적 문제에 해답을 주는 것을 허용한 것은, 아마도 유권해석을 구하는 사람들이 원수 앞에 쇄도하는 것을 피하기 위해서였을 것이다.

사비누스학파

이 무렵 로마에는 사비누스학파와 프로쿨루스학파라고 하는 두 개의 법학파가 성립하였다. 사비누스학파의 창시자는 카피토Capito였지만, 진정하게 학파를 확립한 것은 그의 뒤를 이은 사비누스Sabinus이다. 기원후 1세기에 활약한 사비누스는 스카이볼라의 영향을 받은 저작 『시민법 3권(De iure civili tres libri)』을 통해 학파를 지도하였다.

프로쿨루스학파   사비누스학파에 대항하여 창설된 것이 라베오Labeo로 시작되는 프로쿨루스학파이다. 이쪽도 마찬가지로 학파의 진정한 확립자가 된 것은 그 후계자인 프로쿨루스Proculus였다. 사비누스와 프로쿨루스는 동시대의 법학자로서 조금 다른 법적 접근방법을 취하고 있었다. 사비누스가 개별적 문제에 타당한 해결을 도출하는 데 탁월하였다면, 프로쿨루스는 더 엄밀하고 일관성 있는 해석을 선호하였다고 한다.

가해자위부委付   가해자위부加害者委付(noxae deditio)를 예로 더 자세히 살펴보자.

> "가家에 속한 아들이나 노예가 절도를 범하였거나 인격침해를 범한 때는 그들의 불법행위를 원인으로 하는 가해소권加害訴權이 부여된다. 즉, 가부장이나 주인은 소송물의 평가액을 지급하든지 가해자를 위부할 수 있다. 왜냐하면 가해자 본인의 나쁜 성격이 가장이나 주인에게 그의 신체(를 위부하는 것) 이상의 손해를 끼치는 것은 부당하기 때문이다."
>
> 가이우스, 『법학제요』

로마법에서 가에 속한 아들이나 노예에게는 책임능력이 없었기 때문에 그들이 불법행위를 한 경우 책임은 가부장에게 발생하였다. 현대법에서도 불법행위에서 사용자책임을 인정하는 규정이 있는데 이와 유사한 제도라 할 수 있다. 다만 현대법과 달리 로마법에서는 당해 가에 속한 아들이나 노예를 피해자에게 인도함으로써 가부장은 책임을 면할 수 있었다. "가해책임은 가해자(가해물)에 수반한다."라는 것이다.

가해자를 인도받은 피해자는 새롭게 취득한 가부장권을 행사하여 당해 아들이나 노예를 자유롭게 징계하든지 혹사하든지 매각할 수 있었다. 다만 징계나 혹사가 너무 심하면 호구총감의 감독을 받아 사회적 지위를 상실할 우려가 있었기 때문에 피해자의 복수에도 저절로 제약이 가해지고 있었다는 점에 유의하여야 한다. 이러한 가해자위부는 점차 원시적인 관습으로 여겨져서 시대의 흐름과 함께 금전배상이 주류가 되었다.

학파의 대립   그런데 이렇게 해서 가해자가 피해자의 가부장권에 복속하게 된 경우 피해자의 가해소권은 어떻게 되는 것일까? 가이우스는 이어지는 개소에서 다음과 같이 서술하고 있다.

"그런데 가에 속한 아들이 그의 가부장에게 또는 노예가 그의 주인에게 손해를 가한 경우에는 어떠한 소권도 발생하지 않는다. 왜냐하면 일반적으로 나와 나의 권력하에 있는 자 사이에 채권채무관계가 발생하는 일은 있을 수 없기 때문이다. 따라서 예컨대 설사 그들이 타인의 권력에 복속하게 되었거나 자권자自權者가 된 경우라 할지라도 그들을 상대방으로 하든 그들이 새로 그 권력에 복속하게 된 자를 상대방으로 하든 소송을 할 수는 없다. 그래서 노예 또는 아들이 나에게 손해를 가하고 그 후 나의 권력에 복속하게 된 경우 소권이 소멸하는지 또는 정지하는지가 문제된다. 우리 학파의 선생들은 소권이 존재할 수 없는 사태에 이르렀기 때문에 소권은 소멸하며, 따라서 이들이 나의 권력으로부터 이탈한 때에도 내가 소송을 하는 것은 불가능하다고 생각한다. 반대 학파의 선생들은 나 자신이 나를 상대로 소송을 할 수는 없으므로 이들(노예 또는 가에 속한 아들)이 나의 권력 아래 있는 동안에는 소권이 정지되지만, 이들(노예 또는 가에 속한 아들)이 나의 권력으로부터 이탈한 때는 소권이 부활한다고 생각하고 있다."

여기서 말하는 '우리 학파'는 사비누스학파이고 '반대 학파'는 프로쿨루스학파이다. 인용문에 있는 것처럼 프로쿨루스학파는 순이론적으로 가해자가 피해자의 권력 아래에 있는 동안에는 소송이 실행될 수 없는 상태에 있다고 해석하였고, 그에 대해 사비누스학파는 더 실질적인 견지에서 소권 자체가 소멸해 버린다고 해석한 것이다.

양학파의 공통점   그러나 두 학파의 차이를 지나치게 강조하는 것은 오해의 뿌리일 뿐 그들 사이에 어떤 정치적·경제적인 이해 대립이 있지는 않았다. 대립은 철학적인 것까지도 아니고 어디까지나 법적 접근방법의 차원에 그치는 것이었다.

그것보다 주목해야 할 것은 오히려 두 학파의 공통점일 것이다. 그 어느 쪽이든 법원리를 일반적으로 표현하는 것을 싫어하였다(D. 50. 17. 202 야볼레누스 Javolenus: "시민법에서 모든 정의定義는 위험하다 Omnis definitio in jure civili periculosa est."). 고전기 로마의 법학자들이 일반적인 법원리를 싫어한 것은 그들이 일반화의 능력을 결핍하고 있던 탓이 아니라 오히려 법적용 시 예외를 두는 것을 싫어하였기 때문이다. 왜냐하면 일반적인 원리를 제시하는 것에 따른 필연적인 결과로 법을 적용할 때 예외가 증가하여 법적 행위에서의 예측가능성을 해칠 우려가 있기 때문이다.

법의 정통자   이들 학파의 지도자에게는 원수가 해답권을 부여하였다. 원수의 권위로써 법적 문제에 해석을 제시할 수 있다는 것은 틀림없이 많은 우수한 젊은 이들을 법학의 세계로 유인하였을 것이다. 왜냐하면 법학자에 의한 법적인 조언에는 사례금이 지급되는 일이 있기는 해도 경제적 성공을 가능하게 할 정도의 보수가 지급되지는 않았기 때문이다.

해답권을 부여받은 법학자는 보통의 법학자(iuris studiosus)와 구별되어 '법의 정통자(iuris consultus)'로 불리며 특별한 존경을 받았다.

고전기 성기   사비누스학파와 프로쿨루스학파의 학파대립은 그 후에도 이어졌지만, 고전기 성기가 되면 두 학파의 학설이 수렴하는 방향으로 나아갔고 종종 '절충적 견해(media sententia)'를 낳았다. 바꿔 말하면, 현대와 마찬가지로 한 사람의 법학자가 서로 다른 접근방법들을 두루 고찰하게 된 것이다.

이 시대를 대표하는 법학자로는 사비누스학파에서는 율리아누스Iulianus와 가이우스를 들 수 있고, 프로쿨루스학파에는 켈수스Celsus의 이름을 들 수 있다. 켈수스는 "법이란 선과 형평의 기예이다(ius est ars boni et aequi)."(D. 1. 1. 1 pr)라는 정의定義로 유스티니아누스 「학설휘찬」의 첫머리를 장식하게 되었다.

영구고시록   율리아누스의 명성은 무엇보다도 영구고시록(edictum perpetuum)의 편찬에 따른 것이다. 공화정의 종언과 함께 법무관의 고시에 의한 법발전은 거의 이루어지지 않게 되었다. 실제로 원수정 시기의 법무관의 고시에는 원로원의결을 통한 원수의 의항이 강하게 반영되고 있었다. 이렇게 하여 고정화된 법무관 고시의 내용은 하드리아누스 황제의 명을 받은 율리아누스의 손으로 고등안찰관의 고시와 함께 하나의 법전으로 집성되었다. 영구고시록은 원로원의결로 효력이 확정되고, 이후에는 법무관에 의한 고시변경이 금지되었다.

가이우스 반면, 2세기 로마 사회에서 가이우스Gaius의 명성은 그다지 대단하지 않았다. 해답권이 없는 일개 법학교사였던 가이우스는 그의 완전한 이름조차 전해지지 않는다. 그러나 현대 로마법연구에서 가이우스만큼 중요한 고전기 법학자는 없을 것이다. 왜냐하면 가이우스의 입문서 『법학제요(Institutionum commentarii quattuor)』 (161년)는 서술이 매우 평이하고 이해하기 쉬워서 고전기 이후에도 계속해서 널리 읽혔기 때문이다. 실제로 유스티니아누스 법전의 일부를 이루는 「법학제요」는 가이우스의 그것에 의거하여 작성되었다.

◆ 『법학제요』의 재발견

가이우스의 『법학제요』는 「학설휘찬」을 매개하지 않고 현대에 전해지고 있는 거의 유일한 고전기 문헌이다. 그러나 그 사본은 12세기 「학설휘찬」의 재발견 이후에도 오랫동안 소실 상태에 있었다. 그러다가 19세기가 되어 재발견된 것은 뜻밖의 우연이 가져다준 선물이었다.

1816년 프로이센공사公使로 교황청으로 부임하는 도중 우연히 베로나의 교회부속도서관을 방문한 니부르Niebuhr는 성 히에로니무스의 편지를 기록한 팔림프세스트palimpsest(양피지의 재기록 사본)를 손에 넣었는데 그 팔림프세스트의 아래 겹에 법률문헌이 기록되어 있는 것을 알아챘다. 이 문헌을 『법학제요』의 일부라고 감정한 사비니의 감정의견을 받아들여 프로이센 정부는 곧 조사단을 파견하였다. 조사단은 세심한 주의를 기울이면서 약품 처리를 하여 윗겹의 문자를 삭제하고 아랫겹의 문자를 복원하였다. 이렇게 해서 가이우스의 『법학제요』가 재발견된 것이다.

베로나 사본은 판독이 불가능한 개소나 결락된 부분이 있고 그 성립 연대도 고전기 당시가 아니라 5세기이다. 그러나 이 사본을 통해 「학설휘찬」을 이용한 재구성에 의하지 않고

> 직접 고전기의 저작에 접하는 것이 가능해졌다. 『법학제요』의 재발견은 실로 극적인 방식으로 로마법 연구의 발전에 공헌하였다.　(R)

법학제요의 체계　　가이우스의 『법학제요』는 소권(악티오)을 축으로 발달한 로마법 시스템을 인법人法(ius personarum), 물법物法(ius rerum), 소송법訴訟法(ius actionum)의 3편으로 정리하는 데에 성공하였다. 로마에서는 권리를 정태적으로 구성하지 않고 권리침해가 있는 경우의 구제수단인 악티오actio라는 형태로 권리를 동태적으로 파악하고 있었기 때문에 소송법이 실체사법 안에 유기적으로 편입되어 있었다.

　이러한 법학제요 방식의 체계는 동시대 법학자들에게는 별로 중시되지 않았지만 (훗날 소송법이 분리되었다 할지라도) 프랑스 민법전을 효시로 근대의 여러 법전에 채용되어 현대의 법생활에 영향을 미치고 있다.

고전기 후기　　고전기 성기에 이루어진 법학설의 발전은 고전기 후기에 집대성되었다. 이 시대의 대표적인 법학자는 모두 원수 바로 다음의 지위에 해당하는 근위장관, 말하자면 제국의 체제 그 자체가 되어 있었다는 것이 중요하다. 이 시대를 대표하는 법학자로는 사비누스학파에서는 파울루스Paulus, 프로쿨루스학파에서는 파피니아누스Papinianus, 울피아누스Ulpianus를 들 수 있다.

　파피니아누스는 고전기 로마의 가장 위대한 법학자로 거명된다. 파피니아누스의 저작은 그리스적인 교양과 로마적인 실제성을 겸비한 고전기 로마법학의 정수로 일컬어지고 있다. 그러나 그의 명성은 오히려 그 비극적인 최후에서 비롯된다 할 것이다. 카라칼라Caracalla(211-217년) 황제가 그의 공동통치자였던 동생 게타Geta를 살해한 일을 정당화할 것을 요구받은 파피니아누스는 강직하게도 "살인을 정당화하는 것은 살인하는 일처럼 쉬운 일이 아니다."라고 잘라 말하여 황제의 노여움을 사서 처형되었다고 전해지고 있다. 말하자면 자신의 생명을 걸고 학문적 신념을 관철한 인물로서 파피니아누스는 고결한 법학자의 귀감으로 평가되어왔다. 하지만 그가 평판이 그렇게 좋지 않은 세베루스Septimius Severus(193-211년) 황제의 친구이며, 세베루스, 카라칼라 부자의 두터운 신뢰를 얻어 근위장관직에 있었던 것에 비추어 보면 이러한 평가는 다소 일면적일지도 모르겠다.

울피아누스와 파울루스는 모두 세베루스 알렉산데르Marcus Aurelius Severus Alexander(222-235년) 황제 아래에서 근위장관직에 있었고 둘이 함께 사비누스의 『시민법』과 영구고시록에 대한 방대한 주석서를 저술하여 고전기 법학의 집대성에 공헌하였다. 울피아누스의 『사비누스 주해(Libri ad Sabinum)』는 미완성이지만 51권에 달하고, 『고시주해(Libri ad edictum)』는 물경 81권에 이른다. 파울루스의 것은 전자가 16권, 후자가 78권이기 때문에 분량은 약간 못 미치지만, 학설의 독창성이라는 점에서는 울피아누스를 능가한다고 인정된다. 이러한 왕성한 저술활동의 결과 유스티니아누스의 「학설휘찬」에는 울피아누스의 법문이 전체의 1/3, 파울루스의 법문이 1/6에 달하여 두 사람의 것만 「학설휘찬」 전체의 절반을 차지한다.

고전기 이후의 법상황

울피아누스의 제자인 모데스티누스Modestinus가 여전히 건재하였다 할지라도 근위병의 반란으로 울피아누스가 피살된 223년에 사실상 로마법의 고전기는 끝난다. 이후 로마 법학은 쇠퇴의 길을 걸었다.

전주정의 성립

디오클레티아누스 황제의 즉위와 함께 로마 원수정이 붕괴하고 황제는 이제 '만물의 주인이자 신(dominus et deus)'이 되었다. 신격화된 황제는 '법의 창조자(conditor legum)', '법의 해석자(interpres legum)'로서의 기능을 당연히 독점하고, 법학자는 그의 꼭두각시로 영락하였다. 이로써 활력을 잃은 법학은 더는 뜻있는 젊은이들에게 매력적이지 않게 되고, 재능 있는 젊은이들은 대두하고 있던 기독교 신학의 세계에 뜻을 두게 되었다.

직권심리절차

소송절차의 면에서도 큰 변화가 나타났다. 아우구스투스는 이미 행해지지 않고 있던 전통적인 법률소송을 폐지한 데서(기원전 17년) 한발 더 나아가 직권심리절차(cognitio)를 사인 간의 소송에 도입하였다. 이것은 원래 국가와 사인 간의 소송을 처리하기 위한 특별심리절차였던 것을 사인 간의 소송 일반으로 확대한 것이다.

법률소송과 방식서소송은 둘 다 피고의 법정소환을 원고에게 맡기고 있는 점, 판결의 집행을 당사자에게 맡긴 점, 그리고 심판인의 선임이 중재계약의 성격을 가진 점 등을 고려하면, 자력구제를 공적으로 뒷받침하는 성격이 강하였다. 그런 의미에서 법정소환부터 판결집행까지 소송의 모든 국면을 법관이 직권으로 수행하는 직권심리절차의 도입은 공적인 분쟁해결 시스템을 정비하여 소송에서 자력구제적인 측면을 대폭 삭제한 것이었다. 이 직권심리절차는 속주에서부터 점차 전국으로 보급되어 원수정 말기에는 마침내 방식서소송을 몰아내었다. 법학자는 그가 활약할 무대를 잃었다.

법학의 쇠퇴   고전기 이후 로마에서는 울피아누스나 파울루스의 방대한 주석서가 아니라 간편한 가이우스의 교과서가 선호되었다. 이것은 명백히 법학의 수준이 저하된 것을 반영하는 것이기는 하나, 이 사회적인 혼란과 쇠퇴의 시기에 즐겨 읽혔다는 점이 후대까지 기적적으로 그 사본이 살아남게 되는 한 요인이라고 말할 수 있을지 모른다. 하지만 곧 가이우스의 『법학제요』마저 너무 어려운 것이 되자 『울피아누스의 법규칙(regulae Ulpiani)』, 『파울루스의 판단록(Pauli sententiae)』, 『가이우스의 일상법률편람(Gaires cottidianae)』과 같은 수준 낮은 요약본이 유포되었다. 여기에서 울피아누스, 파울루스라는 거장과 나란히 가이우스가 얼굴을 내민 것을 보아도 고전기 이후의 로마에서 가이우스가 누렸던 인기가 느껴질 것이다.

인용법   테오도시우스 황제에 의해 제국이 동서로 분할될 무렵에는 법학의 수준도 완전히 땅에 떨어져 법관이 법을 적용할 때 의거해야 할 학설을 스스로 결정하는 것조차 곤란하게 되었다. 이러한 법상황에서 다다른 곳은 동로마황제 테오도시우스 2세와 서로마황제 발렌티아누스 3세가 426년에 공동으로 공포한 인용법引用法(lex citationum)이었다.

"…… 파피니아누스, 파울루스, 가이우스, 울피아누스 및 모데스티누스의 모든 저작에 대하여 짐朕은 다음과 같이 확인한다. 파울루스, 울피아누스, 그밖의 자에 수반되는 것과 똑같은 권위가 가이우스에도 수반되고 그의 모든 저작으로부터의 인용이 원용될 수 있는 것으로 한다. 자신의 작업을 통해 저작과 해답을 함께 제공한 위의 모든 사람의 학식은, 스카이볼라, 사비누스, 율리아누스, 마르켈루스 및 위 5인이 인용한 그밖의 사람들과 마찬가지로 이들 5인의 저작도 저 고대의 불확실성이 있는 까닭에 사본의 편집에 의해 그 학식이 확정되기만 한다면 효력을 가진다고 짐은 정한다.

그러나 상이한 해답이 원용될 수 있는 경우에는 저자들 중 다수가 결정해야 할 것이며, 만일 그 수가 같으면 특히 탁월한 재능을 가진 인물인 파피니아누스가 남보다 특출하게 서는 쪽의 권위가 이기는 것으로 한다. 다만, 그도 한 사람 한 사람에게는 이기나 두 사람에게는 진다. 파울루스 및 울피아누스가 파피니아누스의 작업에 가한 주석은 앞에 기술한 것처럼 효력이 없다고 정한다. 그러나 권위가 동등한 것으로 정해진 사람들의 해답이 같은 수로 인용되는 경우 누구를 따를지는 재판하는 자의 결정이 이를 선택하는 것으로 한다. 파울루스의 판단록도 또한 항상 효력이 있다고 짐은 정한다. ……"

CT 1, 4 De responsis prudentium

즉 인용법에 따르면, 파피니아누스, 파울루스, 울피아누스, 모데스티누스, 가이우스의 저서에 기재된 학설을 법원이 인용할 수 있다. 이 다섯 명이 저서에서 언급한 다른 법학자의 학설에 의거하는 경우 먼저 사본을 비교·검토하여 신빙성을 확인할 필요가 있었기 때문에 실제상으로는 이 다섯 명 법학자의 저서만이 인용되었다. 이 다섯 명의 견해가 나뉘는 때는 다수설에 의거하고, 같은 수인 때는 파피니아누스가 지지하는 설에 의거해야 하였다. 동수이며 파피니아누스가 침묵하는 경우에만 법관은 어떤 학설에 의거할지 독자적으로 판단할 수 있었던 것이다.

고도의 법적 판단력을 요구하는 작업을 이처럼 법을 적용할 때 의거할 학설의 선택이라는 단순한 기계적 처리로 폄하하는 것과 다름없는 법률이 제정될 정도로 고전기 이후 로마의 법적 수준은 저하되고 있었다. 더욱이 인용법에 나오는 다섯 명의 법학자

중에 해답권이 없는 일개 법학교사였던 가이우스가 들어있던 점에서 고전기 이후의 가이우스에 대한 높은 평가가 잘 나타난다.

제3장
고대 게르만의 법과 사회

오늘날 유럽의 중심부라고 하면 프랑스와 독일을 중심으로 하는 지역을 가리킨다. 갈리아인과 게르만인이 이 지역에 살고 있었다. 특히 게르만인은 대이동에 의해 훗날 다수의 유럽 국민의 선조가 되었다. 그러므로 이 시기의 '게르만의 법과 사회'를 아는 것은 유럽 중심부 법제도의 원형을 아는 것과도 통한다. '고대 게르만의 법과 사회'는 로마법과 함께 유럽의 법발전에 중요한 의미가 있다.

1. 고대 게르만의 국제

게르마니아　　　　공화정 로마 시대에 유럽 대륙에는 주로 켈트인과 게르만인이 살고 있었다. 본래 켈트인이 거의 전역에 정착하고 있었으나, 기원전 500년경부터 유트레히트 반도와 북부 독일 근방에 살고 있던 서西게르만어계 족속인 게르만인이 남하하여 켈트인을 몰아내었다. 카이사르 시대에는 라인강이 켈트인과 게르만인의 자연적 경계선을 이루고 있었다. 게르만인들은 라인강의 서쪽에서 도나우강 중류 지역을 거쳐 바르샤바를 관통하는 큰 강인 비스와강에 이르는 중유럽 일대를 지배하였다.

카이사르의 후계자 아우구스투스의 시대가 되자 갈리아 총독 네로 클라우디우스 드루수스 게르마니쿠스Nero Claudius Drusus Germanicus가 기원전 12년부터 라인강을 건너 모곤티아쿰(현재 독일 마인츠 지역) 등 각지에 기지를 설치하고 라인강에서 북해에 이르는 운하를 개통하고, 게르만의 유력 부족인 프리지Frisii족과 카티Chatti족을 종속시켰다. 기원전 9년에는 엘베강까지 도달하였다. 그러나 반란이 잇달아서 로마의 게르만 지배는 불안정하였다. 그중에서도 결정적이었던 것은 기원후 9년에 일어난 빌레펠트Bielefeld 남동쪽에 있는 토이토부르크Teutoburg 숲의 전투이다. 이는 케루스키Cherusci족의 수장 헤르만(아르미니우스 Arminius)이 지휘하는 게르만 부족들이 바루스Varus가 지휘하는 로마의 3개 군단과 사흘 동안 싸워 로마군을 섬멸한 전투였다. 약 2만 명에 이르는 로마군 병사가 대부분 전멸하였다고 한다. 바루스는 자살하였다.

이리하여 라인강의 동방지역 '게르마니아'는 로마인의 정복을 면하였다. 로마인은 이곳을 '야만족의 게르마니아'라고 부르고 로마가 지배하는 라인강 서부의 게르마니아 즉 '로마의 게르마니아'와 구별하였다. 이 시기 게르만사회를 알 수 있는 가장 좋은 자료는 로마인인 타키투스의 『게르마니아』(98년경)이다. 거기에서 그가 생기 있게 묘사한 게르만인과 그 사회는 바로 동방의 '게르마니아'의 것이었다.

고전학설 이 게르만사회는 어떠하였을까? 게오르크 폰 마우러Maurer 등 19세기 역사가가 제시한 과거의 통설은 고전학설이라고 불리는데, 노자키 나오지 野崎直治에 따르면 고전학설은 다음과 같이 게르만인의 사회를 생각하고 있었다.

> "게르만 고대에 주민의 근간을 이루었던 것은 일반 자유인이며, 이것이 마르크 공동체를 구성하고 토지는 공유였다. 그러나 민족 이동기가 되자 곧 토지의 사유제가 발생하고, 이를 매개로 점차 경제적·신분적 불평등이 증대하여 귀족층과 대토지소유가 광범위하게 출현할 수 있었지만, 기본적으로 카롤링거 왕조기가 될 때까지 사회구조를 특징

짓는 기초는 마르크 공동체(Markgenossenschaft)였다. 그리고 카롤링거 왕조기에 그룬트헤르샤프트Grundherrschaft의 급격한 발전이 종래의 마르크 공동체를 해체하고 이를 구성하는 일반 자유인의 몰락과 농노신분으로의 전환을 촉진하였다. ……"

노자키 나오미野崎直治, 『독일중세 농촌사 연구』

이 학설에는 세 가지의 기본적 인식이 있다.

(1) 고대 게르만 시대에는 '계층분화' 정도가 낮고 '사회구성상으로는 자유롭고 평등한 자작농인 일반자유인이 압도적인 비중을 차지하고 있었다.' 이를 '일반자유인설'이라 한다. 봉건사회의 성립은 이 '일반자유인'의 몰락 즉 농노화를 의미한다.

(2) 게르만인의 토지소유형태는 총유 또는 공유이며, 개인이 사유하는 토지는 존재하지 않는다. 개별적으로 특정 부분을 이용하였을지라도 그것은 '분할되지 않는 공유지(Almende)'와 함께 모두 공동체에 속하고 있었다. 이를 '토지총유설土地總有說'이라 한다. 토지의 사유성은 이 마르크 공동체의 붕괴, 영주제의 출현을 의미한다.

(3) 게르만인 고유의 정주형태는 집촌형의 집락이고(집촌시원설集村始源說), 이는 남계의 혈족단체인 집페Sippe(씨족공동체)를 주체로 하였다.

이상과 같은 기본적 관점 아래 고전학설은 고대 게르만인의 사회를 소박하고 원시공산제적인 사회로 규정하였다. 그러나 이러한 마르크 공동체설은 비非관헌국가적 시스템의 연원을 고대 게르만사회에서 인식하고자 한 19세기 독일의 자유주의적 역사학의 이데올로기에 불과하고, 오늘날에는 도저히 그대로 유지될 수가 없다. 그중에서도 '토지총유설'과 '집촌시원설'은 최근의 고고학적 연구로 실증적으로 거의 완전히 부인되고 있다. 고대 게르만의 사회에서도 이미 사유私有가 있었고, 집페의 존재는 별론으로 하고, 사람들은 오히려 산거散居 형태로 모여 살았다.

그러나 '일반자유인설'은 전면적으로는 부정할 수 없다고 생각된다. 확실히 이것을 고전학설과 완전히 동일한 문맥 속에서 말하는 것은 더는 불가능할 것이다. 그렇지만 고대 게르만 사회체제의 근간을 이루는 것은 '자유인'이고, 그 존재양태와 변용이 이후의 유럽사회의 형성에 깊이 영향을 미치고 있다는 인식은 여전히 설득력이 있다.

러시아의 역사가 귀레비치Gurevich와 일본의 대표적인 서양사학자 아베 킨야阿部謹也의 유럽 중세사회론은 명백히 그러한 인식을 전제로 하고 있다. 쿠마노 사토시熊野聰 등은 북유럽 사회 연구를 소재로 이를 실증적으로 증명하고 있다. 이에 대해 독일 법제사가 칼 크뢰셀Karl Kroeschell과 같이 북유럽 세계의 자료에 근거하여, 고대 게르만사회의 양태를 탐구하는 방법을 부정하는 입장도 있다.

어느 쪽이 타당한지는 앞으로 연구의 진전을 기다려야 할 것이다. 그렇지만 여기서는 '자유인'의 광범위한 존재를 인정하는 입장에서 기술하고자 한다. 그 이유는 지금부터의 논술을 통해 밝혀질 것이다.

귀족지배제설   19세기 독일의 위대한 법사학자로서 중세 독일법에 관한 기본학설을 만들어 낸 하인리히 브룬너H. Brunner(1840-1915년)에 따르면, 고대 게르만의 법과 사회에서 기본단위는 근대처럼 개인이 아니라 집페Sippe였다. 집페는 이른바 국가에 비견될 수 있는 기능과 중요성이 있는 법·평화공동체임과 동시에 경제·군사공동체였다. 현대 독일의 표준적인 교과서의 하나인 하인리히 미타이스H. Mitteis의 『독일법제사개설』도 이 브룬너의 견해를 이어받고 있다.

그러나 현재는 집페가 매우 긴밀한 공동체로는 이해되고 있지 않다. 미타이스도 집페를 '강력한 지배단체'가 아니라 '오히려 하나의 생활권生活圈'이었다고 기술하고 있다. 크뢰셀은 더 나아가 명확하게 집페의 법단체적 성격을 부정하였다. 그는 고대 게르만의 시대에 이미 게노센샤프트Genossenschaft(동료)가 아니라 헤르샤프트Herrschaft(지배)의 요소가 더 강하게 발견되는 점을 지적하고, 사람들에게 평화와 안전을 보장한 것은 친족의 상호 원조를 본질로 하는 집페가 아니라 주군의 지배였다고 말한다.

동료적 혈연관계가 아니라 처음부터 '지배'가 있었다는 이 인식은 1930년대부터 1940년대 전반에 걸쳐 활약한 하인리히 단넨바우어H. Dannenbauer의 '귀족지배제설'에서 이미 선명하게 제시된 바 있다. 그는 다음과 같이 말한다.

"타키투스의 시대에는 오래되고 고귀한 가문이 게르만의 부족들을 지배하고, 전시에는 그들이 지휘를 맡고 평화시에는 재판을 하고 있었다. 그들은 자신의 출신, 부, 힘 때문에 다른 인민 위에 우뚝 서서 국토와 주민을 지배하고 전사적 종사단從士團과 부르크를 소유하고 있었다. 이렇게 해서 그들은 자신의 뜻대로 존경을 받을 수 있었고, 위급할 때는 인민에게 보호의 손길을 뻗칠 수 있었다. 그들은 태어날 때부터 자신의 부족 구성원의 장 즉 수장首長이었고, 그들의 지배권은 어떠한 이의도 없이 승인되었다."

단덴 바우어, 이시카와 미사오 옮김, 『고대 게르만의 사회상태』

사람의 평화와 보호의 기능을 무엇이 또는 누가 갖고 있었는가 그리고 그것은 법과 어떻게 관계되는가 하는 문제는 정치적 공동체의 기본적인 존재양태 즉 국제國制와 밀접하게 결부되어 있었다. 고대 게르만의 국제는 자유였던가, 아니면 지배로 관철되고 있었던 것일까?

◆ 코르넬리우스 타키투스(Cornelius Tacitus, 56/7-117경)

씨족명과 가족명이 확정되어 있지는 않지만, 아마도 기사신분이고 남 갈리아·북부 이탈리아 가문 출신이라고 추측된다. 법무관과 집정관을 역임하고 『게르마니아』를 기술하여 게르만에 관한 가장 중요한 자료를 후세에 전하였다. 또 『연대기』 등에서 로마의 현실정치를 사실적으로 묘사하여 16세기에는 정치적 현실주의로서의 타키투스주의가 나타났다. (Y)

민회   고전학설과 귀족지배제설 양쪽이 중요한 논거로 삼고 있는 것은 타키투스의 '민회'에 대한 기술이다. 다음과 같다.

"11. 회의(민회)

작은 일은 수장들이, 중대한 일은 (부족의) 부족민 전원이 심의를 관장한다. 그러나 그 결정권이 인민에게 있을 것 같은 문제도 미리 수장들의 수중에서 정밀히 심사되는 구조이다. 예기치 못한, 그리고 돌발적인 사건이 일어나지 않는 한 그들은 일정한 시기 즉 초승이나 보름을 기약하여 집회한다. 이때가 일을 벌이는 데는 가장 좋은 첫 때라고 믿기 때문이다. …… 집회한 그들이 딱 좋다고 생각한 그때 그들은 무장을 한 채 착석한다. 그리고 이때, 구속의 권한까지 가지는 사제司祭들이 침묵을 명한다. 이윽고 왕 또는 수장들이 각각 그 연령의 많고 적음, 신분의 높고 낮음, 전공戰功의 크고 작음, 연설의 재능에 상응하여, 명령의 힘보다는 설득의 권위를 가지고 (발언하고) 경청된다. 만약 의견이 뜻에 맞지 않으면 청중은 웅성거리며 이를 일축한다. 그러나 만약 뜻에 맞으면 그들은 프라메아frámea(게르만족의 투창)를 서로 부딪쳐 소리를 낸다. 가장 명예로운 찬성방법은 무기로 칭찬하는 것이다."

타키투스, 『게르마니아』

'중대한 일'이란 국왕의 선출, 무장능력의 부여, 다른 지방으로의 이주와 침공, 전쟁의 선포, 평화조약의 체결, 중대한 사건의 재판이다. 결정방법은 전원일치이다. 이것을 보면 독립한 자유인들이 민회를 구성하고 중요한 문제에 결정권을 가졌던 것처럼 보인다. 실은 고전학설이 그렇게 독해한다.

그러나 단넨바우어는 이 번역문에 있는 '수장首長'에 주목하였다. 수장이란 원문에서는 'principes'인데, 단넨바우어는 이것이 실은 귀족이라고 이해한다. 이 귀족들이 '작은 일'은 결정하고 '중대한 일'에 대하여도 그들이 미리 '정밀히 심사한다'. 그래서 민회의 결정은 모두 귀족들의 의향에 지배되었다고 한다.

그러나 윗글을 읽으면, 예컨대 수장이 귀족이었다 하더라도 중대한 일의 결정권이 부족민 전체에 있음은 명백하다. 왕이나 수장(귀족)이 '명령의 힘'이 아닌 '설득의 권위'에 의지하여야 하고 청중이 찬성·반대를 명시적으로 표할 수 있기 때문이다. 게다가 청중은 무기를 가지고 찬성의 뜻을 표현하기 위하여 프라메아를 서로 부딪쳐 소리를 냈다. 이것은 '가장 명예로운 찬성방법'이라고 말해지는데, 높이 우뚝 서 있는 귀족의 지배 아래 있는 농민에게 과연 그러한 것이 허용될 수 있을까?

민회를 구성한 것은 무기를 가진 자유인들이었다. 무기를 가지고 집회에 참가하는 것은 자유와 자립의 증명이다. 그런 까닭에 그들이 서로 싸우는 것도 자유였다. 복수도 있었고, 집폐나 인척을 포함하는 혈연집단 상호간의 끝없는 무력항쟁도 있었다. 후자를 페데Fehde라 한다. 그들이 서로 화해하는 것도 자유였다. 만약 강력한 지배자가 존재하고 귀족과 예속자밖에 없었다면, 페데나 자발적인 화해도 억압되었을 것이다. 자유로운 복수, 페데, 화해는 지배와 질서를 침식하기 때문이다.

자유   그런데 타키투스에는 다음과 같은 기술이 있다.

"21. 아버지 또는 혈연자가 포함되어 있는 (다종다양한) 적대관계는 (다종다양한) 우호관계와 함께 (후계자가) 인계하여야 한다. 그러나 매듭지어지지 않은 채로 언제까지나 계속되는 것은 아니다. 살인조차도 소 또는 양의 (각각에 대해 정해진) 일정한 액수에 따라 배상되며 피해자의 일족 전부가 이 배상을 만족스럽게 받아들이기 때문이다."

『게르마니아』

이 적대관계는 독일어로는 종종 페데Fehde로 번역된다. 여기에는 피의 유대를 축으로 하는 전쟁과 평화의 세계가 있다. 전쟁을 하는 것도 끝내는 것도 당사자의 의사이다. 그들의 일상생활도 이러한 의미에서의 자유로 채색되어 있었다.

타키투스에 따르면, 낮부터 밤까지 줄곧 술을 마셔도 누구 하나 비난받지 않았다. 술에 취한 결과 싸움이 빈번히 일어나는데, 욕설, 언쟁으로 끝나는 경우는 드물고, 많은 경우 살상에까지 이르렀다고 한다. 그러나 또한 적대관계를 화해시키고, 혼인관계를 맺고, 수령들을 선출하고, 평화와 전쟁에 대하여 논의하는 일이 많은 경우 연회 석상에서 이루어졌다. 확실히 이는 자유라고도 방탕이라고도 할 수 있는 세계였다.

2. 가와 친족의 법

가부장권　　　　『게르마니아』에 나타난 사람들의 행태를 보면, 혈연이 중요하다고 할지라도 집페라는 집단이 아니라 개인이 움직임의 중심에 있다.

이 개인은 물론 자유인이고, 혈연적 논리에서 보면 가부장이다. 집페란 "집페 의식과 연대감에 의하여 상호결합되어 있음을 자각한 혈연자의 단체이고, 따라서 중세적인 의미에서 어디까지나 단체로 이해해야 할 것"(H. K. 슐체, 치바 노리오千葉德夫 옮김, 『서구중세사사전』)이다. 그러나 실생활은 물론 법생활에서도 주체는 오히려 가부장이고 국제의 기본단위도 가家였다. 가부장은 남계의 집페에 속하면서 혼인으로 새로운 인척관계를 설정하여 넓은 범위의 친족과 서로 돕고, 그럼으로써 가와 가의 구성원을 지키는 데 힘썼다.

오토 브룬너Otto Brunner에 따르면, "가家는 중세에 또 중세를 넘어서도 광의의 헌법(국제)의 기본적인 요소"였다. 그것은 하나의 '자유권自由圈'이고, 거기에서는 특별한 평화 즉 가의 평화가 지배하였다. 가 안팎의 '평화' 즉 안전을 보장하였던 존재가 가부장이다. 가는 가부장을 지배자로 하는 단체이며, 대외적으로 정치적인 권리와 사법私法적인 권리를 행사하는 것도 가부장뿐이었다. 집페는 이러한 가의 혈연적 연합체에 지나지 않고, 시대가 흐르면서 그 독자성은 희박해져 갔다. 그러나 가는 계속되고, 인척관계의 설정을 포함하는 혈연적 상호부조의 체제는 존속하였다.

가부장은 가에 귀속하는 모든 사람과 물건에 대한 지배 권한을 가졌다. 이 지배의 권한을 가부장권(Munt)으로 불렸다. 독일의 저명한 민법학자 디터 슈밥Dieter Schwab에 따르면, 이 문트 아래 "젊은이는 언제나 가족이라는 가부장제적인 지배단체에 들어가 있다는 식의 느낌이었다. 초기의 법원法源에 의하면 아버지는 아들을 살해하거나 양도하더라도 처벌받지 않았다. 슈바벤슈피겔(1270년경)에도 긴급한 경우에는 처와 아들을 매각하는 남편의 권리가 기재되어 있다."(『독일 가족법』)

그러나 가부장권은 단지 지배하는 것만은 아니다. 가부장권은 그의 권력 아래 있는 처와 아들, 예종자들을 보호할 의무이기도 하였다. 특히 문트는 이 성격이 강하다. 남자 자유인은 성년이 되어 무장능력을 갖추고 경제적으로 자립하면 문트에서 이탈하였다. 또한 종사從士가 되어 유력자(수장)의 저택에 옮겨 살고 그 유력자의 문트에 복종하면 가부장의 문트로부터 이탈한다. 딸도 혼인으로 남편의 문트에 복종하게 되면 가부장의 문트에서 이탈하였다. 요컨대 가부장의 문트에 복종하는 것은 처와 미혼인 딸, 미성년자와 불구 기타 원인으로 무장능력이 없는 자, 성년에는 달하였으나 경제적으로 독립하지 못한 자이다. 즉 더 강한 힘에 의하여 보호받지 않으면 살 수 없는 사람들이었다. 가家는 그들을 지키는 것이며, 그러한 의미에서 가는 '성채'였다.

게르만의 문트는 보호라는 관점에서 처자의 재산을 관리하고 재판을 수행하는 것을 가부장에게만 허용하였다. 그 때문에 여성은 기본적으로는 항상 아버지나 남편 또는 친족의 보호 아래 놓여 살아있는 동안 법적 주체가 될 수 없었다. 그것은 여성이 항상 무장능력을 갖출 수 없었기 때문이다.

고대와 중세사회에서는 스스로 무장하고 싸울 수 있는 것이 완전한 인격의 불가결한 전제였다. 사람은 그러한 경우에만 법적 주체가 될 수 있었다. 자신의 생명과 재산은 스스로의 힘으로 지켜야 하는 사회였다.

사법私法 물건에 대한 가부장의 지배권을 게베레Gewere라 불렀다. 게베레는 옷을 입힌다는 의미의 wern에서 유래하는 개념으로, 점유의 실행에 의하여 확인되는, 물건에 대한 지배권이다.

토지, 노예, 가의 재산이 게베레의 대상이었다. 게베레는 물건에 대하여는 소지, 토지에 대하여는 이용으로 구체화되는 물권의 현상 형태로, 실제 물리적으로 지배하고 있는 것과 소유라는 법적 권한이 일체화한 것이다. 이것은 물건을 공개적으로 지배하고 있다는 공시성公示性을 불가결한 요소로 하였다. 공시되고 있음에도 불구하고 이에 도전하는 자가 없다면 그 물건은 게베레 소지자의 물건으로 간주된다. 힘이 있으면 물건을 지배하고, 물건을 지배하면 게베레가 발생한다. 반대로 힘이 없으면 게베레는 기능하지 않는다. 자력구제의 세계에 상응하는 물권의 개념이었다.

게베레로 표현, 보호되는 소유에 대해 살펴보면, 고대 게르만 시대에는 소유에 개인적인 것과 친족적인 것이 있었던 것으로 보인다. 동산은 일반적으로 개인의 소유에 속하여 금, 은, 보석, 가축, 운반하여 움직일 수 있는 모든 물건, 의복이나 무기, 살림살이나 일상용구 등은 일반적으로 가부장의 게베레에 속하였다. 사람이 죽었을 때 죽은 사람이 생전에 중요하게 여기고 있던 것, 즉 남자라면 무기, 여자라면 가장 좋은 의복, 아동이라면 장난감 등을 함께 매장하는 관습이 게르만사회에 있었다고 한다. 이것은 동산에 대한 개인소유 의식이 있었던 증거라 할 것이다.

친족적 소유   토지나 가옥과 같은 부동산은 이와 달랐다. 고전학설처럼 토지가 마르크 공동체의 총유에 속하였다고 생각할 수는 없지만, 그렇다고 개인적인 소유에 속하였다고 주장하기도 어렵다. 카이사르의 기록은 다음과 같이 개인적 소유를 명확히 부정하고 있다. 게르만인은 "농경에 힘쓰지 않고 주로 우유와 치즈, 고기를 먹으며 살고 있다. 어떤 사람도 일정한 농경지나 고유한 소유지란 것을 갖고 있지 않다. 각 지구나 각 향촌의 지도자가 1년마다 함께 사는 민족이나 친족 집단에게 적당하다고 인정한 면적과 장소를 지정하여 토지를 나누어 주고, 다음 해에는 또 다른 토지로 옮기도록 강제한다."(카이사르, 『갈리아전기』)

이는 마르크 공동체설에 유리한 기록이라고 생각되지만, 고고학적 발굴을 통해 정연하게 분할된 농경지가 다수 발견되고 있는 이상, 더는 공동체적 총유설을 취하기 어렵다. 오히려 독일의 법사학자 베젤Uwe Wesel이 주장하는 것처럼 카이사르의 기술은 그리스-로마인이 꿈꾼 황금시대의 알레고리를 내포하는 것으로 생각할 수 있다.

그런 까닭에 토지는 가의 재산으로서 가부장의 지배권 아래에 있었다 하더라도 그것을 타인에게 양도하는 것은 결코 가부장의 자유가 아니다. 적어도 양도에는 상속인들의 동의가 필요하였다. 양도가 행해지는 경우에는 이를 위한 엄격한 형식(요식행위)을 준수해야 하였다. 토지를 이전할 때 서게르만 부족들에서는 게베레의 이전을 상징하는 의미에서 창을 건넸다. 정식으로 양도가 행해지는 때에도 중세 북프랑스의 관습법은 매매 후 1년과 1일 이내에는 친족이 같은 금액으로 환매還買하는 것을 허용하였다(「성 루이 법령집」 제168조). 다른 지역에도 유사한 관습이 발견된다.

상속에서도 재산은 가부장의 자유가 아니었다. 유언의 제도가 없었기 때문이다. 타키투스에는 다음과 같은 기술이 있다. "그러나 상속자가 되고 후계자가 되는 것은 각자의 아들들이다. 그들에게는 유언장이란 것이 없다. 아들이 없는 경우 상속의 최초의 단계는 형제, 아버지 쪽의 백(숙)부, 어머니 쪽의 백(숙)부이다. 혈연자가 많으면 많을수록, 또 (혼인을 통한) 인척의 수가 많으면 많을수록 그의 노년은 더욱더 애지중지하게 모셔진다. 아들이 없는 것은 아무 좋을 게 없다."(『게르마니아』)

부족에 따라 상속인의 범위와 순위가 반드시 같지는 않다. 하지만 친족은 항상 상속가능성을 가졌다. 유증제도가 없었기 때문에 이것을 친족적인 소유라고 할 수 있을 것이다.

3. 위법행위

복수와 페데 게르만사회에서는 가家 밖으로 한 걸음 나가면 항상 위험이 도사리고 있었다. 가족 중 누군가가 불명예스럽게도 타인에게 뒤져 상해를 입었거나 살해당한 경우 가부장은 친족 또는 집페를 규합하여 때로는 총력을 기울여 가해자와 그의 가 및 친족에게 복수함으로써 피해자의 명예를 회복하려 하였다. 상대방은 가해자 본인이든 그와 동일한 혈연관계자이든 상관없었다. 어느 쪽이든 친족과 그 구성원이 일체화되어 있었기 때문이다. 이것이 혈연자의 복수이자 집단적 항쟁으로서의 페데였다.

10세기 초에 프륌의 레기노Regino of Prüm가 기술한 재판입문서는 이렇게 말한다. "우리는 친족의 복수를 페데Fehde라 부른다."

게르만사회에서는 그 때문에 범죄의 개념 및 행위에 대한 대처방식이 오늘날과 다르다. 게르만사회에서 발생하는 사건은 크게 페데Fehde 사건과 아흐트Acht(=평화상실) 사건으로 나뉘었다. 통상의 절도, 간통, 상해, 공연한 살인 등의 사건은 공권적으로 처벌되지 않고, 단지 친족의 복수 또는 소송에 맡겨졌다. 이를 페데 사건이라고 한다. 피해자 측이 복수에 구애되지 않고 가해자 측의 친족이 즉시 피해자에게 배상하면 사건은 해결된다. 그러나 무력으로 대응하면 페데가 시작되고 해결은 그 싸움의 결과에 맡겨졌기 때문이다.

현행범　　　　　　현행범의 경우 범인을 현장에서 살해하거나 추적하여 살해하였더라도 이는 아직 페데에 해당하지 않는다. 단적으로 복수일 뿐이다. 피해자는 범죄의 진행 중 큰소리로 부르짖는 소리 즉 '외침'[1]을 하여 감시와 원조를 구한다. 이 '외침'을 들은 자—대부분의 경우 친족—는 즉시 달려와야 한다. 그것은 의무였다. 피해자는 현장에서든 추적하여 체포한 경우이든 범인을 살해하는 것이 허용되었다.

외침을 듣고 달려온 자들은 슈라이만넨Schreimannen(schrei는 '외치다'라는 의미)이라고 불리며, 살해 후에 개정開廷되는 죽은 자를 소추하는 긴급재판(죽은 자에 대한 소송)에서 범인의 사체 앞에서 피해자가 하는 선서를 보증하였다. 이 역할로 인해 슈라이만넨은 보통 '선서보조자'로 번역된다. 선서보조자는 증인이 아니라 선서자의 선서가 신뢰할 수 있음을 보증하였다. 법원에서 선서를 하는 것은 살해된 범인의 친족에 의한 복수를 방지하기 위해서다.

현행범에 대한 복수가 항상 살해를 허용하였는지는 분명하지 않다. 미타이스는 모든 범죄에 대해 그랬다고 단언하지만, 절도나 방화, 살인이나 간통에 한정된다는 견해도 있다. 간통의 경우 피해자인 남편은 처를 살해할 수 있었고 상대방을 살해하는 것도 합법적이었다. 그러나 남편이 간통한 경우 처 또는 처의 친족에 의해 처벌되는 일은 없었다. 남편이 처에게 자유로이 벌을 내릴 수 있었던 것은 남편이 문트권을 가지고 있었기 때문이다.

---

[1] '규환(叫喚)'이라고도 한다. 중세 영국법에서는 이를 'hue and cry'라 하였다. 오늘날 준현행범 체포에 관한 규정에 그 흔적이 있다. 즉, 누군가 "범인으로 호창되어 추적되고 있는 때"는 그를 현행범으로 간주하여 누구든지 영장 없이 체포할 수 있다(형사소송법 제221조 제2항 제1호).

페데   "범행이 더는 현행범이 아니게 된 경우 즉 범행이 '하루 밤을 넘어' 발견된 경우에는 조직적인 복수 즉 페데가 일어난다."(미타이스, 『독일법제사개설』) 페데는 친족집단에 의한 복수행위이므로 화해도 가능하였다. 화해하는 것을 우르페데 Urfehde라고 한다. 우르페데에는 정형적인 문언이 있었고 선서가 필요하였다. 타키투스가 전하고 있는 것처럼 이 경우에는 배상 즉 속죄금贖罪金이 지급되었다. 속죄금은 고액이었기 때문에 화해가 반드시 쉬운 방법은 아니었다.

복수와 페데는 거의 완전히 당사자의 의사에 맡겨져 있었다. 그러나 당사자의 손에서 벗어나 당시의 의미에서 공적인 처벌의 대상이 되는 중대 사건도 있었다. 이것이 아흐트Acht 사건이다.

아흐트Acht 사건   아흐트 사건은 크게 '인민이나 국가 그 자체의 법익이 침해된 경우'와 '파렴치죄의 경우'로 나뉜다. 전자에는 종교적 범죄(사원寺院과 사체死體의 약탈, 암살 등), 대역죄 등이 있고, 후자에는 야간 범죄, 강간 등이 있다. 공익에 현저히 관련되거나 비밀리에 이루어지는 파렴치한 행위라는 것이 그 기준이었다고 생각된다.

평화상실   이러한 사건을 일으킨 자는 평화상실자가 되었다. 평화상실이란 친족이나 가의 보호(평화)를 상실하는 것을 뜻하고 친족이 그를 지키거나 숨겨주는 것이 금지되었다. 하인리히 브룬너의 표현을 쓰면, 그들은 "국왕과 인민의 적, 국왕과 그 친구의 적, 신의 적"이고, 따라서 "모든 자가 추적, 살해할 수 있으며 또 그렇게 해야 한다."

평화상실자는 법의 보호를 상실하였다. 처는 과부가, 자식은 고아가 되며, 그의 재산은 파괴되었다. 그들이 몸 둘 수 있는 장소는 늑대가 사는 숲뿐이고, 그래서 늑대인간이 된다고 전해졌다. 11세기 잉글랜드의 에드워드 참회왕(Edward the Confessor)의 법(6. 2a)에는 평화상실자는 "평화를 상실한 그 날부터 늑대의 머리(lupinum caput)를 갖는다."라고 기재되어 있다.

6세기 초엽의 「살리카 법전」 제55장 제2조(또는 제4조)에도 다음과 같은 규정이 있었다.

"그가 이미 매장된 사체를 발굴·약취하고 그것이 그의 소행으로 입증된 경우, 그가 죽은 자의 친족과 화해하고 그들(죽은 자의 친족)이 그를 위해 그가 사람들 속에 나오는 것이 허락될만하다는 뜻으로 요청하는 날까지 그는 늑대(vuargus)이어야 한다. 그가 (죽은 자의) 친족에 배상하기 전에 그에게 빵을 주거나 거처를 제공하는 자는 (그의) 친족이거나 (그의) 최근친인 처라면 600 데나리우스denarius 즉 15 솔리두스solidus의 책임이 있다고 판결해야 한다."

초기의 독일법제사 연구자들은 이 규정을 평화상실형平和喪失刑의 전형으로 여겼으나 최근의 연구는 회의적이다. 최근의 연구에 따르면, 이 법문은 범인을 평화상실의 이유로 살해하라고 기술한 것이 아니라, 죽은 자의 친족과 화해하기까지는 'vuargus이어야 한다'라고 기술한 것에 불과하다. 이 단어는 언어학적으로도 '강도'라는 의미만 있고 '늑대'는 아니다. 그러므로 이를 근거로 평화상실형의 존재를 뒷받침할 수 없다고 한다. 이러한 비판은 여기서도 크뢰셸에게서 선명하게 들을 수 있다.

이 비판은 대체로 타당하다고 생각된다. 확실히 평화상실자를 신의 적으로서 적극적으로 살해하여야 한다는 사실을 「살리카 법전」 제55장으로부터 도출할 수는 없다. 'vuargus'인 상태는 곧바로 죽음을 의미하는 것이 아니라 기한부 간접강제의 수단으로 이용되고 있는 데 불과하다. 따라서 이제는 평화상실이라는 개념 자체를 검토하는 것마저 필요해졌다.

그러나 제55장의 법문을 보면, 기한을 붙여 친족이나 처에 대해 범인과의 접촉과 범인의 보호를 금지하고 있다. 친족의 보호가 없는 상태는 이 시대에는 평화의 향수나 법의 보호를 잃는 것과 거의 같은 뜻이다. 이러한 의미에서 'vuargus'를 '평화상실'이라고 이해하는 것이 반드시 부당하다고 생각되지는 않는다. 캐서린 피셔 드류Katherine Fisher Drew의 영문 번역도 이것을 법상실(outlaw)로 번역하고 있다. 평화상실이란 법의 보호를 받지 않는 법상실이라 생각해도 좋을 것이다.

확실한 지배와 형벌이 존재하지 않던 시대에 법공동체 전체와 관련된다고 생각될 정도로 중대한 범죄에 대하여 그 분쟁해결을 당사자에게 맡기지 않고 가해자 측 친족의 보호를 배제함으로써 범인을 고립시키고 공동체로부터 축출하거나 범인의 친족의 복수권을 부정한 것이 평화상실=법상실이었다. 그것은 과거의 학설이 주장하는 것처럼 살해해야 할 적극적 의무까지 발생시키지는 않더라도 누가 그를 살해하더라도 책임을 묻지 않는다는 효과를 낳았다고 생각된다. 이것은 일종의 공적인 제재이고 맹아적인 단계의 형벌이라 할 수 있다.

사형선고 이러한 점은 자유인 전원이 참가하는 민회에서 재판하고 평화상실=법상실에 해당하는 특정한 범죄에 대하여 사형을 선고하고 집행한 사실과 모순되지 않는다. 범인을 체포하여 민회로 연행할 수 있으면 민회에서 재판하였기 때문이다. 이 경우 재판에서 범인의 평화가 박탈되고 그 후 사형이 확정되었다. 게르만 민회에 대하여 기록한 타키투스는 민회의 재판에 관해서도 귀중한 증언을 남기고 있다.

"12. 회의에서 소송을 제기하거나 생사에 관한 판결을 촉구할 수도 있다. 양형은 죄질에 따른다. 배신자와 도망범은 나무에 목매달고, 겁쟁이, 비겁한 자 혹은 수치스러운 죄(파렴치범)를 범한 자는 머리에 발을 씌워 늪에 빠뜨린다."

『게르마니아』

하인리히 미타이스는 이를 '평화상실자의 처형'이라고 전하고 있다.

제4장 부족법전과 유스티니아누스 법전
    1. 부족법전
    2. 유스티니아누스 법전
제5장 프랑크왕국의 법과 국제
    1. 살리카 법전
    2. '교회'로서의 국가와 제국
    3. 프랑크왕국의 국제

유럽 중세의
법과 사회(1)
프랑크왕국 시대

| 제 2 부 |

전체상

일반적으로 유럽의 중세라고 할 때 그 대상이 되는 기간은 대체로 500년부터 1500년경까지를 가리킨다. 제2부가 취급하는 시기도 대략 이 구분에 따르고 있다. 그런데 최근의 연구에서는 오히려 12세기부터 13세기 경을 커다란 획기적 시기로 보는 견해가 유력하다. 그래서 제2부에서는 '근세의 태동'이라는 시기 구분을 설정하여 이 견해를 반영하였다.

유럽의 중세는 고대의 전통이 여전히 강하게 남아 있는 시기(프랑크왕국 시대), 유럽 중세의 전형이라고 할 수 있는 시기(봉건사회), 근세·근대로의 큰 변화를 겪은 시기(근세의 태동)로 나눌 수 있다. 앞의 두 시기는 부족제적인 혈연사회로서 '전前유럽'으로, 마지막의 한 시기는 포스트-부족제적인 혈연사회로서의 '유럽'의 시작으로 묶을 수도 있다. 그러나 프랑크왕국 시대와 봉건사회 사이에도 큰 차이가 있으므로 제2부에서는 세 시기로 구분하여 기술한다.

프랑크왕국 시대

지중해 세계로부터 갈리아(대체로 현재의 프랑스에 해당하는 부분)와 게르만(현재의 독일과 그 인근 지대)이라는 현재 유럽의 중심부에 해당하는 지역으로 유럽의 중심이 옮겨가기 시작한 시기이다. 이 시기에 게르만 부족들의 부족 법전이 서서히 나타나 그 위세를 보이는 한편, 고대 로마제국의 영광을 부활시키는 데 뜻을 둔 유스티니아누스 황제가 위대한 유스티니아누스 법전(이른바 「시민법대전」)을 편찬, 공포하였다. 이는 무력뿐만 아니라 정치·문화면 에서도 격심한 패권 투쟁이 있었음을 보여주고 있다.

로마교회도 이 투쟁에 관여하고 있었다. 로마교회는 살리 족의 왕 클로비스와 접촉을 유지하며 가톨릭으로의 개종을 지원하였다. 클로비스가 아리우스파의 여러 부족을 상대로 승리한 것은 가톨릭교회의 승리이기도 하였다. 클로비스가 건국한 프랑크왕국은 로마와 견고한 유대를 가졌다. 클로비스가 제정한 「살리카 법전」에서는 자력구제를 자명한 것으로 보는 게르만 관습법과 함께 가톨릭적 평화지향이 엿보인다.

가톨릭과의 유대를 더욱 결정적으로 만든 것은 카롤링거 왕조였다. 그중에서도 로마 교황에 의하여 황제로 대관된 샤를마뉴 대제는 성과 속의 최고권력자로서 군림하였는데, 이교도와 싸우고 지배하여 기독교 세계를 확대하는 데 공헌하였다. 그의 통치도 기독교적이고, 무엇보다 정의의 실현을 사명으로 삼았다. 통치와 재판도 그러한 관점에서 수행되었다. 샤를마뉴 대제의 국가는 '광의의 교회'이며, 국왕(황제)의 칙법도 입법이라기보다는 협의의 교회敎會 사항을 포함하는 지령에 가까운 것이었다.

'광의의 교회'는 세속적인 관료제 국가가 아니다. 그것은 보편적이지만, 그 때문에 다양성을 허용하는 느슨한 지배밖에 실현하지 못하였다. 각지의 유력자나 권력자는 자립적이며 독자적인 지배권역을 가지고 있었다. 국왕은 그들의 지배권역을 왕국으로 편입시키기 위하여 그들과 인적인 결합관계를 가졌다. 이 인적인 결합 관계를 중심으로 하면서 토지(봉토)를 매개물로 하는 정치·사회제도로까지 고양된 것이 봉건제封建制(feudalism)이다.

봉건사회

봉건제는 중세 유럽에 특유한 제도이다. 그것은 봉주封土의 봉신封臣에 대한 토지(봉토封土, Lehen) 대여를 전제로 하는 쌍무계약에 기초하여 보호와 봉사의 상호적 의무를 부담하는 관계이다. 이 관계는 실은 영주와 농민 사이에도 마찬가지로 존재하였다. 영주는 농민을 보호하고 농민은 토지를 경작하며 역무를 제공하였다. 다만 봉주와 봉신의 계약은 1대마다 갱신되었지만, 농민의 경우는 종신이고 대대로 신분적으로 계속 이어진다는 데 큰 차이가 있었다. 농민은 신분적으로 영주에게 예속되었다.

보호와 봉사의 관계가 신분화하고 그것을 위로는 황제로부터 아래로는 농민에 이르기까지의 기본적인 제도로 하는 사회를 마르크 블로크는 봉건사회라고 불렀다. 봉건사회는 자립적이고 지역적인 권력의 존재를 전제하기 때문에 법과 재판도 최고권력자의 직접적인 지배 아래 놓이는 일은 없었다. 신분마다 지역마다 법권法圈이 달랐다. 봉건사회의 법은 다양하고 중층적이라는 것에 그 특질이 있다. 제국법과 왕국법, 도시법과 촌락법이 있고 각각 독자적으로 기능함과 동시에, 교회법, 레엔법, 장원법, 상인법 등이 각 신분에 적용되어 공간성과 인적 관계가 다양한 형태로 서로 얽혀 있었다. 여기서 관습이 큰 의미가 있었다.

근세의 태동

이와 같은 관계를 크게 변화시킨 것이 성직서임권聖職敍任權 투쟁에 따른 성속聖俗분리 혁명이었다. 교황은 황제와의 대립 속에서 교황권의 절대성을 주장하고 교황을 정점으로 하는 위계제를 명시하였다. 지배는 최고권력으로부터 아래로 내려온다는 사상은, 쌍무적 계약관계를 축으로 하는 봉건제와는 이질적인 사고방식이고 합리주의적이었다. 한편 속권俗權 역시 성스러운 성격[聖性]을 잃게 되면서 세속화를 추진하였다. 세속적인 권력으로서 그 존재근거를 찾던 황제나 국왕은 알맞은 소재를 발견하였다. 로마법이다.

11세기부터 12세기에 걸쳐 로마법의 중요성이 재인식되고, 볼로냐에서 최초의 법학교(대학)가 탄생하였다. 로마법은 황제 권력의 최고성을 전해주는 것에 더해 고도의 사법私法 개념을 다수 포함하고 있었다. 도시가 발흥하고 상업활동이 국제적으로 이루어지기 시작하던 시대의 요청에 로마법은 잘 맞았다.

로마법의 재생은 카논법 즉 중세 교회법을 낳고 발전시키는 데 기여하였다. 본격적인 카논법학은 볼로냐에서 시작되어 볼로냐에서 연마되었다. 카논법은 로마법과 함께 학식법이 되어 보통법(ius commune)으로서 유럽 각지에 큰 영향력을 떨쳤다.

제2부는 부족법과 유스티니아누스 법전의 성립으로부터 이 보통법(ius commune)의 흥륭에 이르는 과정을 다룬다.

제4장
부족 법전과 유스티니아누스 법전

고대 지중해 세계를 제패하고 우수한 법과 법학을 낳았던 로마도 오현제 시대 이후가 되면 쇠미함을 보이고 북방의 게르만인이 침략하기 시작하였다. 게르만인은 민족대이동을 거쳐 독자의 왕국을 만들어내고 로마를 모범으로 삼아 법전을 만들어 법에 의한 지배를 하고자 하였다. 이에 대하여 6세기의 동로마황제 유스티니아누스는 고대 로마의 부활을 꿈꾸고 고대 로마법의 정수와 다수의 칙법을 법전화하였다. 이 유스티니아누스 법전은 나중에 유럽 법문화의 형성에 결정적이라 할 발자국을 남기게 된다.

1. 부족 법전

게르만 민족의 대이동 이른바 게르만 민족의 대이동이 시작된 것은 375년이었다. 그 도화선이 된 것은 서西고트족이다. 서고트족은 동쪽에서 이동해온 훈족에게 밀려나 같은 해 도나우강을 건너 로마령 모에시아Moesia로 이동하였다. 378년 그들은 아드리아

노플Adrianople에서 로마군과 싸워 승리하고 황제 발렌스를 살해하였다. 이 위기에 직면하여 황제 그라티아누스Gratianus는 379년에 군사적 능력이 풍부한 테오도시우스를 공동 황제로 임명하여 동쪽의 지배를 위임하였다. 테오도시우스 황제는 로마군의 재건을 도모하여 많은 게르만인을 받아들였다. 테오도시우스 황제는 또한 서고트족과 공존을 고려하여 382년 그들과 동맹조약을 체결하고 군사적 원조와 맞바꾸어 도나우강과 발칸산맥 사이에 정주하는 것을 인정하였다.

그러나 게르만인의 로마제국령 진출은 이것이 끝이 아니었다. 서고트족은 그 후 이탈리아를 떠나 갈리아 남부로 진출하여 415년에 서고트 왕국을 세우고 스페인도 그 산하에 두었다. 도나우강 중·하류의 반달족도 갈리아, 이베리아반도로 건너갔다가 서고트족에게 쫓겨나 429년 아프리카 북부에 반달왕국을 건설하였다. 엘베강과 오데르강 사이에 살고 있던 부르군트족은 라인강을 넘어 프랑스 남서부 일대를 제압하고 443년에 제네바를 중심으로 한 부르군트 왕국을 건설하였다. 493년에는 동고트왕국이 라벤나를 수도로 하여 성립되고, 세느강, 루아르Loire강을 따라 남하한 살리 계 프랑크족은 클로비스 치하에서 486년 수아송Soisson에 건국하였다.

게르만인의 지배   이러한 일련의 움직임 속에서 서로마제국은 지속적으로 게르만인의 압력을 받은 끝에 476년 황제 로물루스 아우구스툴루스가 게르만 용병대장 오도아케르Odoacer(433-493년)에 의해 폐위당하고 멸망하였다. 그러나 이 일련의 사건들을 게르만인이 로마제국을 정복, 해체, 지배하고 자신으로 동화시키는 과정이라고 생각하는 것은 꼭 적절하지는 않다. 게르만인은 로마제국의 존재를 인정하고 그 권위를 존중하고 있었다.

서고트족이든 부르군트족이든 형식적으로는 로마황제의 동맹자였다. 오도아케르는 서로마황제를 퇴위시킨 후 동로마황제에 의하여 파트리키우스patricius(=귀족)로, 이어서 콘술로 임명되었다. 부르군트의 왕 군도바드Gundobad는 갈리아 총독이었다. 동고트왕국의 테오도릭Theodoric 대왕도 484년 동로마황제에 의하여 콘술로 임명되고, 493년에 오도아케르를 쓰러뜨린 후 파트리키우스의 칭호를 얻었다. 나아가 프랑크 왕 클로비스Clovis도

507년에 서고트 왕 알라릭Alaric을 쓰러뜨리고 동로마황제 아나스타시우스에 의해 콘술로 임명되었다. 원래 프랑크인은 이미 4세기의 단계에서 로마의 정치에 깊이 관여하여 콘술의 칭호를 받은 자를 여럿 배출하고 있었다. 프랑크인은 로마제국의 강력한 군사적 지원자이며 로마적 국가사상에도 정통하였다.

그런 까닭에 게르만인은 왕국을 만들면서 헛되이 로마인을 박해하지 않고 오히려 로마적인 스타일로 왕국을 통치하고자 하였다. 그 전형적인 사례가 법전의 편찬이다. 게르만인의 왕은 법전을 편찬한다는 방법 및 그 내용의 면에서 로마의 법률사업으로부터 다대한 영향을 받게 된다.

테오도시우스의 칙법휘찬   여기서 당시 게르만인에게 영향을 준 법전에 대하여 알아보자. 로마의 전주정기는 로마법사에서는 쇠퇴기이지만, 황제에 의한 통치와 관료제적인 지배는 게르만인에게는 오히려 문명적이고 선진적이었다. 이러한 통치하에서 황제의 칙법은 중요한 법원法源이었다. 칙법은 차차 증가하였는데 재판과 행정실무 그리고 법학교육을 위하여 정리가 필요하게 되어, 사인私人이 편찬한 「그레고리우스의 칙법집」(291년)과 「헤르모게니아누스의 칙법집」(295년)이 나타났다.

그 후에도 칙법은 계속 증가하여 이윽고 동로마황제 테오도시우스 2세가 435년에 16명으로 구성된 법전편찬위원회를 설치하여 공식적으로 법전을 편찬하도록 하였다. 2년 후에 총 16권으로 구성된 법전이 완성되어 438년 2월 15일에는 동로마제국에서, 439년 1월 1일에는 서로마제국에서 효력이 발생하였다. 콘스탄티누스 황제부터 테오도시우스 2세까지의 칙법(313-437년)을 선별하여 편찬하였고 총 2,529개의 칙법으로 구성되었기 때문에 「테오도시우스의 칙법휘찬」 또는 「테오도시우스 법전」이라고 부른다. 제1권이 관료, 제2권부터 제5권 처음까지와 제8권 마지막 부분이 사법私法, 나머지는 제15권까지가 공법이며, 제16권이 교회법이다.

로마법의 비속화   「테오도시우스의 칙법휘찬」이 로마제국에 통용된 것은 말할 필요도 없으나 게르만인의 왕국에서도 중요한 역할을 하였다. 「테오도시우스의 칙법휘찬」은 게르만 왕들의 법전편찬을 촉진하고 그 내용에 영향을 주어 유럽대륙에서는 이탈리아와 동로마 이상으로 계속 생명력을 유지하였다.

게다가, 이동을 통해 로마제국 내에 왕국을 만든 게르만의 왕들은 로마인에 대한 동화정책을 취하지 않고, 종종 자기 민족과 로마인에게 다른 법을 사용하기로 하고 별개로 법전을 작성하였다. 이는 속인주의屬人主義로 불리는 원리에 기초한 것으로, 지배지역 일대에 공통의 법규범을 이용하는 방법(속지주의屬地主義)에 의하지 않고 당사자가 속하는 법을 재판의 법원法源으로 삼는 것이었다. 게르만의 여러 부족 상호간에서도 마찬가지였다.

이렇게 해서 게르만 부족국가에서도 로마법은 효력을 가졌다. 그러나 이 로마법은 어디까지나 부족국가가 정리한 간소하고 한정적인 것이고, 내용의 면에서도 고전기 로마법의 고도의 기술성과 정밀성을 갖추지 못하고 독자적인 해석과 변경이 가해졌기 때문에 일반적으로 '비속 로마법'이라고 부른다. 이 현상을 로마법의 비속화卑俗化라 한다.

부족 법전 게르만의 왕들이 로마를 모범으로 삼아 제정한 부족 법전에는 자신의 부족민을 대상으로 하는 법전과 로마인을 대상으로 하는 법전, 양쪽에게 통용되는 법전이 있었다. 여기에서는 번잡을 피하고자 부족별 법전명을 들고 어떠한 성격의 것인가를 설명하기로 한다.

【서고트족의 법전】
(1) 「에우릭왕의 법전(codex Euricianus)」: 서고트족 에우릭왕이 로마인의 도움을 받아 475년경에 제정하였다. 서고트족 관습법의 채록이 아니라 왕의 제정법이라는 형식을 취하고 있다. 내용적으로도 로마법에 가깝고 고트인과 로마인에게 공통적으로 적용되는 것이었다.
(2) 「서고트의 로마 법전(Lex Romana Visigothroum)」: 후에 「알라릭 초전抄典(Breviarium Alarici)」이라 불렸다. 프랑크족의 공격을 목전에 두고 에우릭Euric왕의 아들인 알라릭 2세가 영역 내 로마인의 협력을 얻기 위하여, 아마도 로마법학자의 조력을 받아 506년에

편찬하였다. 스페인과 남프랑크에 사는 로마인에 대한 것으로 12세기까지 이탈리아를 제외한 유럽에서 로마법의 주요한 법원이 되었다.

이 법전의 내용은 실질적으로 로마법 그 자체이고, 다음과 같은 순서로 편찬되어 있다. ①「테오도시우스의 칙법휘찬=테오도시우스 법전」16권, ② 테오도시우스 2세 등의「신칙법휘찬」, ③ 가이우스의『법학제요』2권, ④「파울루스의 견해록」5권, ⑤「그레고리우스의 칙법집」, ⑥「헤르모게니아누스의 칙법집」, ⑦「파피니아누스의 해답록」제1권.

이 법전은 제정법인 '법률(leges)'과 로마 법학자의 저작인 '법(jus)'으로 분류하며 가이우스를 빼고는 모두 해석이 부가되어 있다.

(3)「레케스빈트Recceswinth왕의 서고트법전」: 654년에 편찬. 게르만인과 로마인의 구별 없이 서고트 전역에 통용되는 것으로 만들었지만, 로마법에 의거하고 있다.「알라릭 초전」이 중시되었다.

【동고트족의 법전】

「테오도릭 왕의 고시법전(Edictum Theodorici)」: 동고트왕 테오도릭 대왕(재위 471-526년)에 의해 500년경에 제정되었다. 내용은 로마법으로「테오도시우스 칙법휘찬」과「신칙법휘찬」 등에서 발췌된 154개의 법문으로 구성된다. 동고트왕은 형식적으로는 동로마제국의 총독으로서 통치하고 있어서 입법권이 없고 고시권만 있었기 때문에 고시법전告示法典이라고 하였다. 로마인과 게르만인에게 평등하게 적용되었다. 이탈리아에서는 554년에 유스티니아누스 황제에 의해 동고트왕국이 멸망하였기 때문에 유스티니아누스 법전(533-534년)이 사용되게 된다.

【부르군트족의 법전】

(1)「부르군트의 로마법전(Lex Romana Burgundionum)」: 군도바드Gundobad왕(재위 480-516년)이 500년경에 편찬. 내용은「테오도릭 왕의 고시법전」과 마찬가지로「테오도시우스 법전」등으로부터 발췌한 것이다.

(2) 「부르군트 법전(Lex Burgundionum)」: 군도바드왕은 또한 501년에 부르군트인을 대상으로 하여 「군도바드왕의 법전」을 작성하였다. 현존하지는 않지만, 그의 아들인 지기스문트Sigismund왕이 개정·증보한 것이 「부르군트 법전」이다. 그러므로 이 법전은 516년 이후에 편찬된 것이다. 하지만 부르군트는 프랑크인에게 공격당하여 지기스문트는 살해되고 534년에 병합되었다. 법전은 게르만인에게 적용되었지만, 로마법의 영향, 특히 「테오도시우스 칙법휘찬」의 영향이 크다고 한다.

【랑고바르드족의 법전】

「로타리 왕의 고시(Edictum Rothari)」: 568년에 랑고바르드 인이 이탈리아에 침입하여 그 땅을 지배하였다. 통상 이 해에 민족대이동이 끝났다고 한다. 572년 파비아를 수도로 정하였다. 로타리 왕(재위 636-652년)이 643년에 랑고바르드 인의 법관습을 채록하여 작성하였다. 고시라고 한 것은 역시 동로마제국 총독이었기 때문이다. 그 후의 국왕도 법학식자들과 협력하여 법전을 추가하였다. 특히 유명한 것은 「류트프란드Liutprand왕 부가附加왕령」(713-735년)이다.

【프랑크족의 법전】

(1) 「살리카 법전(Lex Salica)」(507-511년): 벨기에, 북프랑스의 살리-프랑크인의 국왕 클로비스(재위 481-511년)가 편찬. 가장 중요한 부족 법전으로 프랑크인의 관습이 많다고 한다. 이 법전에 대하여는 다음 장에서 다시 살펴볼 것이다.
(2) 「리부아리아 법전(Lex Ribuaria)」: 쾰른 근교의 리부아리아-프랑크인을 위한 법전. 7세기 전반에 작성. 「살리카 법전」을 기초로 하며, 실질적으로는 수정된 살리카 법전이라 할 수 있다.

【앵글로색슨족의 법전】

(1) 「에셀베르트왕 법전」(600년경): 모두 90조로 켄트Kent왕 에셀베르트Æthelberht of Kent가 기독교로 개종하였을 때 작성되었다고 한다. 기독교의 영향과 로마의 영향이 모두

인정된다. 대륙의 부족 법전이 라틴어로 기재되어 있는데 대비하여, 서게르만어에 속하는 고대 영어로 썼다. 이 점에서는 극히 게르만적이다. 나중에 「알프레드대왕의 법전」(885-899년경)에도 일부 채용되었다.

(2) 「이네왕 법전」(688-694년경): 서 색슨인 또는 웨섹스Wessex의 왕 이네Ine(재위 688-726년)가 편찬. 「에셀베르트왕 법전」과 마찬가지로 속죄금의 규정들로 구성되어 있다. 이것도 부분적으로 「알프레드대왕의 법전」에 들어가 있다.

이상이 부족 법전으로 불리는 것이다. 부족 법전에는 게르만인의 독특한 제도와 당시의 비속화된 로마법이 기록되어 있는 것이 특징이다. 특히 독자적인 부족 법전의 경우 범죄적 행위를 포함한 분쟁을 속죄금(손해배상금)을 지급하는 것으로 해결하고자 하는 규칙이 많고 그 시공간적 성격을 보여주고 있어 흥미롭다. 속죄금에 대하여는 제5장에서 자세히 논할 것이다.

2. 유스티니아누스 법전

동로마황제 유스티니아누스 게르만 국가들의 부족 법전이 편찬된 것은 대체로 5세기 후반부터 6세기 초엽이었는데, 그보다 조금 후인 530년경부터 동로마제국에서도 법전편찬 사업이 시작된다. 그 추진자는 동로마황제 유스티니아누스Justinianus(재위 527-565년)였다.

유스티니아누스는 위대한 황제였다. 그는 옛날의 로마제국의 영광을 부활시키고자 장군 벨리사리우스Belisarius를 파견하여 아프리카의 반달왕국을 533년에 정복하였다. 535년에는 프랑크인과 동맹하여 동고트왕국을 공격하고 553년에는 마침내 이탈리아에서 고트인을 몰아내어, 단기간이지만 동서 로마의 일체화를 실현하였다. 황제는 그동안 성 소피아 교회당을 건립하는 등 문화면에서도 많은 업적을 남겼다. 그러나 황제의 최대의 위업은 로마법의 집대성이다.

> ◆ 유스티니아누스 황제와 테오도라 황후
>
> 유스티니아누스 황제의 통치 시 최대의 위기는 니카Nika의 난(532년)이었다. 반란자들이 궁정으로 밀어닥칠 위기에 처하자, 유스티니아누스 황제는 망명을 하려고 하였지만, 테오도라가 이를 저지하였고, 정신을 가다듬은 유스티니아누스 황제가 결국 반란자들을 축출하였다고 전해진다. 테오도라는 자선사업에 진력하였던 것으로도 유명하다. (Y)

구칙법휘찬   유스티니아누스는 황제가 되자 곧 법전편찬 사업에 착수하였다. 528년 2월 10인으로 구성된 위원회를 설치하고 「테오도시우스 칙법휘찬」 등 과거의 세 칙법집성 및 그 후의 칙법을 정리하여 새로 하나의 법전을 편찬할 것을 명하였다. 또한, 하나의 법전으로 집약하기 위하여 불필요한 서문이나 반복, 모순, 애매한 사항을 삭제하고, 세 칙법집에 있는 법문들을 적당하게 구성된 각 장章 속으로 편입시키는 것을 명하였다. 필요하다면 원래의 칙법의 문장에 부가, 삭제, 변경을 가하되, 공포된 연도와 콘술의 명칭을 기재하고 연대순으로 배열하도록 요청하였다.

편찬위원회에는 황제의 총무장관(magister officiorum)이었던 트리보니아누스Tribonianus(545년 사망?)와 콘스탄티노플의 법학교 교수 테오필루스Theophilus가 임명되었다. 법, 적어도 법전편찬의 천재라고 할 수 있는 트리보니아누스의 적확한 운영 아래 529년 4월 16일에 「유스티니아누스 칙법휘찬(Justinianeus Codex)」이 완성되어 공포되었다.

유스티니아누스 황제는 '극히 곤란하고 실로 불가능하다가 생각'하였음에도 불구하고 '예상을 뛰어넘는 성과'를 거두었다고 이 작업을 높이 평가하였다. 그는 이후 다른 칙법휘찬들은 효력이 없고 이 신 법전만 효력을 가지도록 명하기도 하였다. 그러나 이 법전은 「유스티니아누스 법전」 즉 훗날의 「시민법대전市民法大全」에 속하지 않고 곧 효력을 잃는다. 이 법전의 의의는 작품 그 자체보다도 오히려 「유스티니아누스 법전」 편찬의 준비와 트리보니아누스라는 천재 법률가를 발견한 것에 있다.

학설휘찬 「유스티니아누스 칙법휘찬」의 완성 이듬해, 유스티니아누스 황제는 새롭게 트리보니아누스를 위원장으로 하여 16명으로 구성된 법전편찬위원회를 설치하고 해답권이 있는 법률가들의 저작에서 발췌된 학설법으로 이루어진 법전을 편찬할 것을 명하였다. 기한은 10년으로 하였지만, 트리보니아누스, 법학교 교수 도로테우스Dorotheus와 아나트리우스Anatrius가 전력을 다하여 거의 3년의 기간으로 작업이 완수되었고, 533년 12월 16일에 발해진 칙법에 따라 12월 30일부터 시행되었다. 이것은 학설법의 요약 및 집대성이었기 때문에 '학설휘찬(Digesta)' 또는 '회전會典(Pandectae)'이라 불린다.

「학설휘찬」은 로마 법조의 2,000권 300만 행에 이르는 방대한 저작에서 그 정수를 선별하여 총 50권 15만 행으로 압축한 것이다. 선정된 학설은 주로 고전기 법조의 것으로서 39명의 법조가 이용되었다. 파피니아누스, 파울루스, 울피아누스, 모데스티누스, 가이우스의 저작이 가장 많고, 그중에서도 파울루스는 거의 1/6, 울피아누스는 1/3을 차지하여 이 두 사람이 전체의 반수에 이른다. 사법私法을 중심으로 하는 그 뛰어난 법 내용은 후술하는 것처럼 근대법 및 근대법학의 형성과 발전에 결정적인 영향을 주었다.

법학제요 「학설휘찬」은 정수를 엄선한 것이었지만 여전히 방대한 내용을 포함하고 있었다. 그 때문에 유스티니아누스 황제는 초학자의 편의를 위하여 간결한 입문서를 법학교의 강의를 위한 관찬 교과서로 작성할 것을 명하였다. 트리보니아누스를 중심으로 하는 3명이 편자가 되어 가이우스 저작에서 연유하는 「법학제요(Institutiones)」라고 이름 붙이고, 533년 11월 21일에 공포하였다. 이것도 같은 해 12월 30일부터 법적 효력을 가졌다.

칙법휘찬 그 사이 유스티니아누스 황제는 많은 칙법을 발하였기 때문에 앞의 「유스티니아누스 칙법휘찬」을 개정할 필요가 생겼다. 트리보니아누스가 새로운 칙법집 편찬에 종사하여 534년 11월 16일 새롭게 「칙법휘찬(Codex)」이 공포되었다. 총 12권으로 이루어졌고, 하드리아누스 황제의 즉위(117년)부터 공포 직전까지의 중요한 칙법 약 4,600개를 수록하고 있다. 법전이 효력을 가진 것은 534년 12월 29일로, 예전의 「유스티니아누스 칙법휘찬」은 무효가 되었다. 「유스티니아누스 칙법휘찬」은 이후 '구칙법휘찬'으로 불리게 되었다.

신칙법휘찬   그 후에도 많은 칙법이 발포되었기 때문에 유스티니아누스 황제는 '신칙법집'을 작성할 것을 예고하고 있었지만, 이는 이루어지지 못하였다. 그러나 사적으로 이를 편찬한 것이 있는데 일반적으로 '신칙법휘찬(Novellae)'으로 불린다. 535년부터 565년까지의 칙법을 포함한다. 이에는 몇 가지 판이 있는데 가장 큰 것이 165개 또는 168개의 칙법을 포함하는 그리스어 판이다. 또 콘스탄티노플의 법학교 교수였던 율리아누스Iulianus의 손으로 이루어진 라틴어판 「율리아누스 초록(Epitome)」(124개의 칙법), 나아가 그리스어 텍스트로부터 작성한 라틴어판(134개의 칙법)도 있는데, 이것은 나중에 가장 권위 있는 것으로 인정되었기 때문에 '권위의 서(Authenticum)'(일반적으로 '공찬서共撰書'로 번역된다. 이하 「공찬서」)로 불렸다.

◆ **인테르폴라치오**interpolatio

유스티니아누스 황제는 법전을 편찬할 때 적절히 원문을 삭제, 수정, 개찬하거나 새로운 문장을 삽입하는 것을 인정하였다. 이것은 「유스티니아누스 칙법휘찬」과 마찬가지로 법전을 현행법으로 이용하기 위한 것이었는데, 이 작업을 인테르폴라치오(修正)라고 한다. 현존하는 「학설휘찬」과 이전 원문의 차이를 밝히는 인테르폴라치오 연구는 종전 로마법연구의 가장 중요한 과제였다.   (Y)

시민법대전   이들 4개의 (엄밀하게 말하면 3개의) 법전을 일반적으로

유스티니아누스 법전이라고 한다. 유스티니아누스 자신은 이 4개의 법전에 포괄적인 명칭을 부여하지 않았다. 16세기 프랑스의 법률가 디오뉘시오스 고토프레두스Dionysios Gothofredus가 이들 법전을 그때까지의 관행에 입각한 '시민법대전市民法大全(corpus iuris civilis)'이라는 이름으로 일괄적으로 간행한 것에서 오늘날까지 유스티니아누스 법전을 '시민법대전' 혹은 '코르푸스 유리스'라고 부르는 것이 일반적이다. 이 「시민법대전」을 구성하는 4개의 법전을 공포 순서에 따라 다시 정리하면 다음과 같다.

법학제요(Institutiones) 533년 12월 21일 공포, 12월 30일 시행
  총 4권. 제1권 '사람에 관한 법', 제2-3권 '물건에 관한 법', 제4권 '소송에 관한 법'
  인용은 권 · 법문 · 절로 한다.
  (예: '법학제요 제1권 제1법문 제2절'. 서양문헌의 경우 'I.1.1.2')

학설휘찬(Digesta sive Pandectae) 533년 12월 16일 공포, 12월 30일 시행.
  총 50권. 제1권 '총론', 제2-46권 '사법私法', 제47-48권 '불법행위(형벌법규를 포함)', 제49권 '소송법 · 군사관계법', 제50권 '행정법'
  인용은 권, 장, 법문, 절로 한다.
  (예: 학설휘찬 제1권 제1장 제1법문 제1절. 서양어 문헌의 경우 'D.1.1.1')

칙법휘찬(Codex) 534년 11월 16일 공포, 12월 29일 시행.
  총 12권. 제1권 '교회법 · 법원法源, 행정법', 제2-8권 '사법私法', 제9권 '형법', 제10-12권 '재정법, 행정법'.
  인용은 권, 장, 법문(조), 절(항)으로 한다.
  (예: 칙법휘찬 제1권 제1장 제1법문 제1절. 서양어문헌의 경우 'C.1.1.1')

신칙법휘찬(Novellae) 565년 이후.
  내용은 행정법, 교회법.
  인용은 법문, 절, 분절로 한다.
  (예: 신칙법휘찬 제1법문 제1절 제1분절. 서양어문헌의 경우 'N.1.1.1')

로마의 재생   유스티니아누스 황제가 이렇게까지 방대한 법전을 편찬한 것은 그가 헬레니즘의 영향으로 고전주의적인 성향을 가지고 있었기 때문이다. 그렇지

만 그보다 더 큰 이유는 동서 로마를 포괄하는 장대한 법전을 편찬함으로써 로마제국 및 로마 이념의 부활과 재생을 꾀한 것에 있었다.

그가 모든 법전에 현행법으로서 효력을 부여한 것은 그 때문이었다. 이것은 또한 게르만의 여러 왕이 로마를 모범으로 하여 완성한 부족 법전과 대비하여, 로마제국 본체의 위대함을 증명하려는 의도도 있었다. 제국과 게르만의 왕국들은 경쟁적 관계였다. 제국은 모든 면에서 우뚝 솟아 있어야 한다. 유스티니아누스 황제는 「법학제요」에 붙인 11월 21일의 칙법에서 이렇게 쓰고 있다.

"황제의 권력은 무기로 치장될 뿐만 아니라 법률로도 무장되어야 한다. 황제의 권력은 전시에도 평시에도 확실히 통치할 수 있어야 하기 때문이다. 로마황제는 전투에서의 승자로서 드러날 뿐만 아니라 법의 면에서도 기만적인 사람들의 부정직함을 막는다. 로마황제는 적을 정복하는 승자일 뿐 아니라 정의의 최고 수호자여야 한다."

유스티니아누스 법전 즉 나중의 「시민법대전」에는 절대적인 권위가 부여되었다. 법학교에서는 이것을 '완전하고 유일한 것'으로 적용하고 준수해야 하였다. 서로마에서도 법전의 준수가 요구되었다. 그러나 랑고바르드인이 568년에 이탈리아를 석권하였기 때문에 이탈리아에서 유스티니아누스 법전을 이용하는 것은 불가능하게 되었다. 게다가 이탈리아에서는 「테오도시우스 법전」을 중심으로 하는 비속 로마법이 지배적이었고, 새롭게 고전 로마법의 정화를 사용할 필요는 없었다. 다른 게르만 국가들도 마찬가지이다. 그 때문에 유스티니아누스 법전은 동로마제국에서만 실효성이 있었다.

그러나 이 동쪽에서도 이슬람 세력과의 전투 중에 법학교가 폐쇄되는 등 유스티니아누스 법전이 적용될 수 있는 조건이 상실되어 갔다. 나중에 바실리우스 황제Basilius(재위 867-886년)는 유스티니아누스 법전을 수정한 대법전의 편찬을 기획하였고, 그의 사후 「바실리카Basilica 법전」이 완성되었다. 그 결과 동로마제국의 법학은 유스티니아누스 법전을 무시하고 「바실리카 법전」을 기초로 발달하게 된다.

유스티니아누스 법전을 현행법으로서 광대한 로마제국 전역에 통용시키려 하였던 유스티니아누스의 시도는 이처럼 완전히 실패하였다. 그러나 유스티니아누스 법전의 편찬은 역사적 대사업이었을 뿐만 아니라 진정 위대한 역사적 의의가 있다. 이 점은 결코 부정될 수 없다. 왜냐하면, 유스티니아누스 법전은 로마법이라는 '고대 세계의 유산'을 '후대에 전해주는 역사적인 역할'을 담당하고 나중에 유럽의 형성 및 뛰어난 유럽적인 학식법학과 법률가들의 창설에 결정적이라 할 역할을 다하였기 때문이다. 여기서 '후대'란 11세기 말 이후이다.

제5장
프랑크왕국의 법과 국제

게르만 부족왕국 중 특출한 것은 프랑크왕국이었다. 프랑크왕국은 게르만적인 성격을 남긴 「살리카 법전(Lex Salica)」을 발포하고 가톨릭의 나라로 발달하였다. 프랑크왕국은 특히 카롤링거 왕조하에서 신의 나라로 의식되었다. 국왕은 정의를 담당하고 법과 평화의 유지를 지향한다. 왕국은 보편적인 '넓은 의미의 교회'였다. 이 '교회'는 관료제 국가가 아니다. 지역이나 부족의 자립과 전통을 인정한, 다양성을 특질로 하는 왕국이었다. 중세의 보편이란 다양성을 의미하였다.

1. 살리카 법전

「살리카 법전」의 성립   게르만 왕국들의 일련의 부족 법전은 로마법의 영향을 강하게 받았다. 그중 프랑크왕국의 「살리카 법전」은 게르만적인 요소를 강하게 보여주고 이채로움을 발산하였다.

이 법전은 유럽의 형성에 결정적이라 할 역할을 담당한 프랑크왕국의 법으로, 프랑크왕국 아래 장기간에 걸쳐 부가, 개정이 이루어지며 실정법으로서의 의미를 계속 유지하였다. 또한, 왕위계승을 둘러싼 싸움에서 발단한 영국과 프랑스의 백년전쟁 시기에 「살리카 법전」 제59장이 여성의 왕위계승권을 부정하는 논거로 거론되었고, 나중에는 그것이 프랑스에서 법원칙으로까지 격상된 것도 유명한 이야기다. 「살리카 법전」의 역사적 의의는 멀리 근세까지 미친다.

법전을 작성한 것은 프랑크왕국의 창건자로서 가톨릭으로 개종하여 프랑크왕국을 이교의 나라에서 그리스도교 국가로 전환시킨 살리 계 프랑크인 클로비스Clovis이다. 클로비스는 영웅적인 왕으로 「군도바드왕의 법전」을 편찬한 부르군트 왕 군도바드나 「알라릭 초전」을 작성한 서고트 왕 알라릭을 격파하고 중남부 프랑스에 살고 있었던 갈로-로마인을 지배하였다. 왕은, 프랑크인의 지파支派에 해당하는 부족으로서 쾰른을 중심으로 거주하고 있던 리부아리아 족도 산하에 두고, 수도를 수아송에서 파리로 옮겨 프랑크왕국의 지배를 확고히 하는 작업에 힘을 쏟았다.

법전이 편찬된 것은 클로비스가 알라릭을 전사시킨 507년부터 사망한 511년 사이라고 일컬어진다. 가톨릭으로의 개종을 매개로 로마와의 제휴를 강화한 왕은 그의 만년에 법전을 반포하는 것으로 로마적 지배를 더욱 지향하였던 것으로 보인다. 법전은 라틴어로 기술되었다는 점에서 또 법전으로 문장화되었다는 의미에서 로마적이었다. 다른 부족 법전과 마찬가지로 법전을 작성하면서 로마인 법률가의 조력을 받았다고 전해진다.

속죄금 그러나 「살리카 법전」의 내용 자체는 로마적이지 않았다. 로마법은 사법을 중심으로 하고 있으나, 「살리카 법전」은 상속이나 증여, 계약 등은 거의 언급하지 않고 주로 범죄와 불법행위에 대하여 고정화된 금전배상을 정하고 있다. 「살리카 법전」 제13장의 일부를 예로 들어보자.

제13장 자유인의 약탈에 대하여
    1. 3인의 남자들이 1인의 자유인인 소녀를 집이나 일하는 방실에서 약탈한 경우,

　　　 3인은 1,200 데나리우스, 즉 30 솔리두스를 지급하여야 한다.
2. 3인 이상의 자가 있는 경우에는, 3인 이외의 자는 각각 200 데나리우스, 즉 5 솔리두스를 지급하여야 한다.
4. 약탈자는 2,500 데나리우스, 즉 62 솔리두스 반을 지급하여야 한다.
6. 그러나 약탈된 소녀가 국왕의 평화보호 아래에 있는 경우, 요구되는 평화금은 2,500 데나리우스, 즉 62 솔리두스 반이다.
7. 그러나 국왕의 노예 또는 해방자유인이 자유인인 여성을 약탈하는 경우, 그 자는 생명으로 갚아야 한다.
8. 그러나 자유인인 소녀가 자신의 의사로 노예 1인을 쫓아가 결혼한 경우, 소녀는 자유신분을 상실한다.

「살리카 법전」

　제1조와 제2조, 제4조에서 금전배상이 나타나고 있다. 법제사에서는 이것을 특히 속죄금이라 부른다. 이 속죄금은 피해자 측의 친족에게 지급되는, 말하자면 화해금이다. 그러나 제13장의 예와 같이, 설사 살인이 범하였더라도 노예라면 사형이 되었으나 자유인이라면 속죄금을 지급하는 것으로 끝났다. 오늘날과 같은 형벌은 전혀 없다. 공법과 사법이라는 구별이 없고 양자가 혼재되어 있었다.

　여기에서의 법은 동일한 사건에 대하여 민사와 형사의 양쪽에 관해 책임이 발생하는 근대법과는 명백히 다르다. 그 이유는 프랑크왕국의 왕권이 행위자를 처벌할 수 있을 정도의 힘을 갖고 있지 않았다는 데 있다. 여전히 자력구제가 원칙이고, 재판 외 및 재판상의 화해가 대안적인 조치로서 존재하고 있었다. 적어도 양자가 병존하고 있었다. 「살리카 법전」은 그러한 현실을 반영하고 있다.

　그렇지만 속죄금은 싸지 않았다. 그중에서도 살인에 대한 속죄금은 고액으로 특히 인명금人命金이라고 불렀다. 예컨대 「살리카 법전」 제15장은 "누군가 한 사람의 자유인을 살해하거나 타인의 처를 남편의 생존 중에 빼앗았고 그것이 증명된다면, 그는 8,000 데나리우스, 즉 200 솔리두스를 지급하여야 한다."라고 규정하여 속죄금의 액수가 상당히 높다. 미타이스에 따르면, 이는 거의 소 60마리 값에 맞먹는다.

물론 벌금에 상당하는 것이 없었던 것은 아니다. 평화금平和金이라 불리는 것이 그 것인데, 예컨대 앞서 인용한 제13장 제6조에서 볼 수 있다. 평화금은 국왕이 보장하는 평화침해에 대한 처벌로서, 일부는 국왕에게, 다른 일부는 법관에게 지급되었다. 「살리카 법전」을 보면, 평화금이라는 말을 명시적으로 쓰고 있는 예는 적지만, 일반적인 속죄금에도 평화금이 포함되어 있었던 것 같다. 이 경우 통상적으로 1/3이 국왕에게 귀속되고, 나머지 2/3는 피해자의 친족에게 귀속되었다고 한다. 7세기 후반에 이르면 평화금, 즉 재판은 국왕이나 그 대리인의 귀중한 수입원이 되었다.

기독교의 영향   「살리카 법전」뿐만 아니라 다른 부족 법전도 다양한 사건에 대하여 개별적으로 속죄금 액수를 기술하고 있다. 개개 사건마다, 예컨대 젖먹이 새끼 돼지를 빼앗는 경우 3 솔리두스, 암소를 빼앗는 경우 35 솔리두스라고 하는 식이다. 근대법에서는 '절도'라는 개념으로 모두 포섭될 수 있는 다수의 사례에 대하여 법전은 개별적으로 법을 정하고 있다. 이러한 방식을 '개별사례주의(casuistic)'라 한다. 개별사례주의는 개념의 추상화가 결여된 구체적인 중세법의 한 특징이다. 이리하여 게르만의 부족 법전은 말하자면 '속죄금의 카탈로그'가 되었다.

속죄금 시스템은 로마에서 거의 보이지 않는다. 그러므로 이것은 로마적 제도가 아니다. 오히려 게르만적이다. 최근에는 기독교적이라고 하는 유력한 설도 있다. 이 설은 법전의 기독교적인 성격을 강조한다. 예컨대 이 책 제3장에서 든 평화상실에 관한 법문(「살리카 법전」 제55장)의 게르만적인 성격을 부정하고, 완전히 유사한 문장이 이미 프랑크의 속죄규정서(기독교도가 중죄를 교회에서 보속補贖하기 위한 지침서, Book of penitence)에 있는 것을 지적하고 있다. 유혈을 혐오하고 평화를 희구한 기독교가, 배상제도로써 페데를 방지하고자 「살리카 법전」에 속죄금 시스템을 도입시켰다는 것이다.

그러나 기독교가 평화를 희구하고 분쟁의 화해에 관심을 보인 것은 확실하다고 해도, 속죄금에 의한 해결이 본래 기독교적이라고는 반드시 말할 수 없다. 타키투스가 전하는 게르만인의 관행 중 "살인조차 일정한 마릿수의 소 또는 양으로 갚고, 피해자의 일족은 이 배상을 만족하며 받아들인다."라는 문장이 있음을 상기하는 것이 좋을 것이다. 그것은 전통적인 제도였다.

> ◆ 살리카 법전의 주요한 판본
>
> 「살리카 법전」에는 현재 80개를 넘는 필사본이 남아 있다. 크게 3개의 그룹으로 나뉜다.
>
> (1) 클로비스가 작성한 '65장章' 판版. '살리카법 협약'으로 알려져 있다. 클로비스의 아들 킬데베르트Childebert 1세와 클로타르Chlothar 1세, 손자인 킬페릭Chilperic 1세에 의해 '서문'과 6개의 칙령이 부가되었다.
> (2) 페팽 3세의 법개혁 시 만들어진 '100장' 판. 「65장」보다 긴 '서문'과 메로빙거의 여러 왕의 칙령이 덧붙여져 있고, 법원에서 이용되던 프랑크어 주석, 이른바 말베르크 주석 Malberg Glosses(말베르크는 법원法院을 의미한다)이 붙어있다. 이것은 798년에 샤를마뉴 대제에 의하여 개정되어 「개정 살리카 법전」으로 알려져 있다.
> (3) 샤를마뉴 대제에 의해 802년부터 803년에 걸쳐 개정된 '70장' 판. '65장'에 몇 개의 칙령을 덧붙인 것으로 말베르크 주석은 아니다. 샤를마뉴 대제가 왜 이 판을 내었는가는 수수께끼이다. 일반적으로 「샤를마뉴의 살리카 법전」으로 불린다.   (Y)

게르만적 전통   「살리카 법전」의 성격을 생각할 때 중요한 것은 매우 이른 시기(6세기)에 쓰인 것으로 보이는 '서문'이다. 이를 아래에서 살펴보자.

"팍투스 레기스 살리카이pactus legis Salicae가 시작된다.
1. 프랑크인 및 그들의 수장들은 신의 가호에 따라 다음과 같이 합의하고 협정하였다. 즉, 그들은 평화를 향한 노력을 그들 사이에 유지하기 위하여 폭력에 의한 쟁투의 모든 싹을 제거해야 하고, 또한 그들은 인근의 다른 부족들보다 완력이 탁월하므로 법의 권위에서도 그들을 능가해야 하고, 형사소송이 사건의 성질에 따라 결말을 지을 수 있도록 하여야 한다.

2. 그러므로 그들 중 다수의 사람들로부터 4인이 선발되었다. 그 이름은 라인강변의 마을들인 보드헴, 살레헴 및 비위도헴의 위소가스투스, 아로가스투스, 살레가스투스 및 비위도가스투스이다. 이들은 세 번의 재판집회에 모여 여러 소송사건의 온갖 원인을 세심하게 논의한 후에 각 사건에 대하여 다음과 같이 판결을 결정하였다."

「살리카 법전」

「살리카 법전」이 성립한 것은 클로비스의 개종 이후이기 때문에 기독교의 영향이 있어도 이상하지는 않다. 이 '서문'에도 명확히 '신의 가호'라는 말이 들어 있다. 그러나 그 외에 신에 관계되는 것은 하나도 없다. '서문'은 프랑크인 사이에서 볼 수 있는 '쟁투'의 원인을 없애고 '평화'를 유지하는 것, 이를 위하여 프랑크의 자유인이나 수장 혹은 귀족들이 '법의 권위'를 확립하기 위하여 자주적으로 '합의협정'하였다는 것을 전하고 있다. '기독교의 가르침에 따라'와 같은 문구는 어디에도 씌어 있지 않다. 오히려 "법의 권위에 있어서도 그들을 능가해야 한다."라는 문구는 유스티니아누스 황제의 533년 11월 21일의 칙법의 문구와 가까운 것으로 생각된다.

'서문'은 프랑크인과 그 수장들 중에서 4인이 선정되고, 과거의 재판례에 기초하여 법전이 만들어졌다고 기술하고 있다. 판례법 또는 관습법이 채록되었다는 점에서 그 내용이 대체로 게르만적이었다고 할 것이다. 게르만인의 관습에 기초하여 프랑크인과 그 수장들이 행한 '합의협정'이기 때문에 이 법전은 처음에 '팍투스·레기스·살리카이' 즉 '살리카법 협약'으로 불렸다.

페데와 속죄금은 게르만 사회의 전통에 깊이 뿌리내린 제도였다. 유혈과 복수는 집폐와 가家의 명예와 깊이 관련되어 있다. 속죄금은 그 명예를 손상시키지 않을 정도의 금액이어야 한다. 속죄금이 고액이란 사실 속에는 프랑크인의 강한 명예감정이 잠재해 있다. 기독교적인 용서와 사랑의 정신만이 속죄금의 제도를 가져왔다고 생각하는 것은 프랑크인에게 화해가 없었다고 생각하는 것과 같으며 부당하다.

시카르의 페데　　　그러나 교회가 속죄금 제도를 존중하고 추진하려고 하였음은 명확하다. 이 시대에는 그것이 반복된 유혈을 피하고 평화를 확립하는 데 현실적이었기 때문이다.

6세기 후반 메로빙거 왕조 시대에 일어난 '시카르의 페데'는 그 좋은 예이다. 그것은 다음과 같은 사건이었다.

투르Tours에 시카르Sicard라는 남자가 있었다. 어떤 일이 계기가 되어 그와 그의 친족은 아우스토레기시르라고 하는 남자 및 그의 친족과 서로 격하게 싸워서 서로 죽이고 약탈로 되갚음하며 나날을 보냈다. 재판이 열리고 속죄금의 지급이 결정된 적도 있었으나 양쪽은 계속하여 싸웠다. 법관은 이에 대하여 무력하였다. 집행할 의욕도 실력도 의무도 없었다. 자유인들의 싸움을 힘으로 억누를 수 있는 힘을 갖지 못하였기 때문이다. 하지만 이 일에 필사적으로 개입한 투르의 수도사가 있었다. 나중에 『프랑크사』의 저자로서 유명해진 투르의 그레고리우스이다. 그레고리우스는 '평화'를 위하여 화해를 권하고, 속죄금을 대신 떠맡는 것까지 자청하였다. 교회의 중개로 양쪽은 앞으로 서로 공격하지 않을 것을 '서약'하고, 드디어 싸움이 끝난다.

속죄금의 카탈로그가 있었다 할지라도 그것이 유효하게 기능하고 있었다는 보증은 없다. 하지만 '시카르의 페데'의 예를 보면 교회가 평화를 위하여 활동하고, 그 실효성을 높이기 위하여 노력하여 조금씩이지만 성과를 거두고 있었음을 알 수 있다. 틀림없이 이것은 프랑크왕국 전역에서 이루어지고 있었을 것이다. 이윽고 기독교는 프랑크왕국의 내부로 깊이 침투하여 갔다.

2. '교회'로서의 국가와 제국

신국 기독교가 프랑크왕국에서 가졌던 의의는 막대하다. 특히 로마교황의 양해 아래 왕위를 찬탈하고 국왕으로서 성유聖油의 축성을 받은 페팽 3세(재위 751-768년)가 개창한 카롤링거 왕조에서 기독교는 국가의 성격을 규정할 정도로 중요하였다. 왕국의 기독교화는 진전되어 763년 혹은 764년경에 고쳐 쓴 것으로 보이는 「살리카 법전」의 새로운 '서문'에는 다음과 같은 기술이 보인다.

"1. 신의 힘으로 창건된 모든 프랑크인은 전투에 강하고 사려 깊고 평화의 맹약이 굳건하며, 신체가 순수하고 용모가 뛰어나며 용감하고 민첩하며 기율이 바르다. 근래에 가톨릭 신앙으로 개종하여 이단에 사로잡히지 않고 신의 도움으로 야만인의 의식을 거절하고 신앙을 지키고 있다. 그 관습에 따라서 지혜의 열쇠를 구하고 정의를 갈망한다.
4. 프랑크인을 존중하는 자는 이 칙령에 따라 살게 하라. 그리스도여, 프랑크왕국을 지키고, 그들에게 통치자를 주고, 그들을 자비롭고 깊은 빛으로 충만하게 하고, 그들의 군대를 지키고, 그들의 신앙을 지켜 주소서. 그리스도여, 주인된 자들의 주여, 자비롭고 깊은 사랑으로 프랑크인에게 평화의 기쁨과 행복의 시간을 주소서. ……"

이것을 앞에서 인용한 초기의 '서문'과 비교해보면 기독교적인 색채가 명백할 것이다. 이가라시 오사무五十嵐修에 따르면, 사실 이즈음 로마 교황 파울루스 2세는 "프랑크인은 새로운 계약의 백성이며 '성스러운 백성, 충실한 백성'이다."라고 쓴 서한을 페팽에게 보냈다. 즉 새로운 '서문'은 프랑크인은 신에 의하여 선택된 백성이라는 사상을 표명한 것이었다. 프랑크왕국은 '신국神國'이었다.

유럽의 아버지   신국 프랑크왕국이라는 사상은 페팽Pepin(또는 피핀Pippin) 3세의 아들인 샤를마뉴 1세(칼 1세 / 카를 1세)의 시대에 더욱 강화되었다. 샤를마뉴는 800년 12월의 크리스마스에 로마 교황 레오 3세에 의해 기름바름의 축성을 받고 로마황제의 관을 받았다. 프랑크왕국은 제국이 되고 서로마제국의 부활로 간주되었다. 제국은 기독교와 밀접하게 결합하면서 유럽을 형성하게 된다.

그러나 황제 대관으로 로마 교황과 프랑크황제의 결합이 강화된 것은 확실하지만, 황제는 로마 교황의 보호자이기는 해도 시종은 아니었다. 프랑크황제, 그리고 그에 앞서 프랑크국왕은 본래부터 성스러운 존재였다.

해롤드 J. 버만Harold J. Berman이 적확하게 지적하였듯이 황제는 '그리스도의 대리인'이며 사람들의 종교적 지도자로 생각되었다. 프랑크 국왕이 되는 자, 그리고 황제가 되는 자에게는 대주교나 로마 교황에 의해 도유塗油식 즉 기름바름의 의식이 거행되었는데, 그것은 그들을 성스러운 존재로 만들기 위한 것이었다. 왕이나 황제는 성유에 의하여 치유력을 가지며 기적을 행한다고 믿어졌다. 황제는 기독교세계에서 최상위 존재에 다름 아니었다.

샤를마뉴 대제는 성聖의 권위와 세속의 권위 양자를 동시에 갖춘 신성한 군주였다. 샤를마뉴는 협의의 교회에 관한 명령을 발하고, 신뢰할 수 있는 자들을 교회의 요직에 종사하게 하였다. 802년에는 교황 하드리아누스 1세가 제시한 교회법의 집성인 「하드리아누스 법전」(제11장 참조)을 교회가 따라야 하는 규범으로 할 것을 명하였다. 황제는 교회의 수호자였다.

샤를마뉴의 통치하에서는 세속적인 면과 종교적인 면은 서로 구별되지 않을 정도로 긴밀하게 결부되어 있었다. 프랑크 제국은 광의의 교회였다. 협의의 교회를 담당하는 성직자는 황제를 지지하고, 황제는 그들의 의견을 존중한다. 이러한 의미에서 이 광의의 교회는 "현실로 존재하는 '신국', '그리스도의 몸'으로서의 '교회'였다."(야마다 킨고山田欣吾, 『교회에서 국가로』)

국왕 그리고 황제는 성서에 나타난 신의 의지를 실현하고자 하였다. 그들은 다비드 왕을 모범으로 삼아 기독교 신앙을 확립하고 보급시키며 기독교에 기초한 정의로운 사회질서를 형성하는 것과 이단이나 이교도에 대항하여 '교회'를 지키고 성스러운 전쟁을 실행하는 것을 자신의 사명으로 하였다. 이교도인 작센인Sachsen과 아바르인Avari, 스페인의 이슬람교도 등과 싸우면서 프랑크왕국·제국은 확대되고 기독교 세계의 초석을 쌓았다. 당시의 어떤 시에서는 샤를마뉴 대제를 이미 '유럽의 아버지'라고 부르고 있다.

정의의 집행–프랑크왕국의 재판 정의로운 사회질서를 유지하고 형성하는 것이 국왕이자 황제의 의무였다. 샤를마뉴 대제는 이를 위해 교구敎區 제도를 정비하고 백관구제伯管區制를 발전시켰다. 또한, 백伯(Graf, comte)의 행정을 감찰하는 국왕순찰사(missi dominici)

제도를 만들어 왕국을 정의롭게 통치하는 것을 지향하였다.

국왕은 나아가 정의로운 통치를 실현하기 위하여 국왕벌령권國王罰令權을 보유하였다. 국왕벌령이란 평화벌령, 행정벌령, 칙법벌령으로 구성되는 명령·처벌권을 말한다. 이 벌령에 위반하면 벌령위반금이 부과되었다. 그러나 그뿐이다. 국왕에게는 자유인의 생명이나 신체를 빼앗을 권한은 없었다. 프랑크국왕은 왕국과 제국 전역을 포괄적으로, 관료제적으로 지배한 것이 아니다. 국왕의 평화 역시 페데를 금지하는 왕국 전역의 질서유지를 의미하지 않고, 빈자와 약자, 과부와 고아의 보호, 여행자, 순례, 이방인, 상인, 교회, 도로, 삼림의 보호라는 특정한 사람들이나 장소의 보호를 지향한 것에 지나지 않았다.

국왕은 왕국 안을 여행하며 궁정을 각지로 이동시키고 스스로 재판을 행하여 각각의 지역에 정의를 가져다주는 것을 사명으로 하였다. 국왕이 궁정의 이동과 함께 열었던 것이 국왕법원이다.

국왕이 또는 궁재宮宰 등의 특별수탁자가 법관이 되고, 정신廷臣은 판결발견인이 되며, 왕궁에 거주하였던 사람들이 입회하는 군중이 되었다. 원칙적으로 국왕의 봉건적 신하와 수도원 등이 그 대상이 되고, 이것은 특권이기도 하였다. 한편, 형평의 관점에서 국왕 쪽에서 다음에 설명하는 그라프법원으로부터의 사건이관을 명할 수도 있었다. 국왕의 보호 아래에 있는 자들과 다른 법원에서의 판결에 이의가 있는 자도 국왕에게 상소할 수 있었다.

그러나 이는 항상 열려 있는 상소법원이 아니라 이동하는 궁정법원이었기 때문에 그 기회를 만날 필요가 있었다. 오히려 프랑크 재판제도 하에서는 국왕이 행해야 할 정의의 실현이 일반적으로는 백(그라프)에게 맡겨져 있었다. 이것이 정기적으로 개최되었던 그라프법원이다.

그라프법원은, 6주마다 3일간 개최되었던, 게르만 시대의 정기 재판집회인 훈데르트샤프트Hundertschaft(百人管區)법원에서 유래한다. 그라프 또는 그 대리인, 통상적으로는 부백副伯(vicarius, centenarius)이 법관이 되며, 7명의 판결발견인이 집회참가자에게 판결을 제안하였다. 피고를 포함하여 집회에 참석한 군중 전원이 이에 찬동하는 것이 필요하였다. 참가자는 누구라도 제안을 비난(판결비난)할 수 있었다. 이 경우 비난자와 판결발견인은 결투로 그 당부를 결정한다. 법관은 재판을 운영하는 데 그쳤고, 판결의 무게와 권위, 판결에 따르는 위험은 지역의 유력가문에 속하고 관습에 정통하였던 판결발견인이 부담하고 있었다.

당초 판결발견인은 라킨부르기rachinburgi라고 불리며 재판을 할 때마다 선출되고 있었다. 라킨부르기는 샤를마뉴 대제 시대에 상설·종신의 관리가 되고 스카비니scabini라고 불렸다. 스카비니는 독일어로 셰페Schöffe이고 참심인參審人을 뜻한다. 스카비니는 12명이 선출되고 그중 7명이 재판에 참가하면 되는 것으로 하였다. 이 개혁을 통해 민중이 참가하는 재판집회인 그라프법원은 연 3회 개최하고, 나머지 임시의 재판은 법관과 스카비니만으로 운영하게 되었다.

그라프법원 아래에는 더 경미한 사건을 취급하는 하급법원이 있었다. 이것은 부백이 담당하였다. 부백은 백이 임명하며, 백관구는 복수의 부백관구로 나뉘었다. 여기서도 재판에 판결을 부여한 것은 스카비니였다. 기타 면제특권(Immunität)을 가지는 영주법원, 교회와 수도원의 법원이 있었고 부백의 하급법원과 경합하였다.

왕국의 부족 법전 라킨부르기나 스카비니는 지역의 법에 정통한 자들이었으나, 법은 속인적이었다. 「살리카 법전」은 프랑크인의 것이고, 예컨대 갈로-로마인이나 교회에 적용된 것은 「테오도시우스 법전」이나 「알라릭 초전」이었다.

판결발견인은 먼저 어떤 법과 관습을 재판에 적용할 것인가를 문제로 삼아야 하였다. 로마인, 부르군트인, 랑고바르드인에게는 이미 법전이 있었지만, 법전이 없는 부족도 있다. 프랑크 국왕은 정의의 담지자로서 그들에게 법전의 편찬을 재촉하고 작성을 명하였다. 그 성과는 다음과 같다.

(1) 「알레만넨 법전(Lex Alamannorum)」(712-720년): 슈바벤에서 7세기 초엽에 작성된 『알레만넨 법 협약』을 기초로 샤를 마르텔 시대에 알레만넨 대공 란트프리트Lantfrid가 제정한 법전. 교회의 영향이 크다.

(2) 「바이에른 법전(Lex Baiuvaiorum)」(741-743년): 바이에른 대공 오딜로Odilo가 제정한 법전. 「에우릭왕의 법전」과 「알레만넨 법전」을 모방하고 있다.

(3) 「작센 법전(Lex Saxonum)」(802년): 작센인에게 해당되는 칙법(작센지방의 항복문서, 작센칙령 등)이나 작센의 관습법을 기록한 법전. 샤를마뉴 대제 시대에 아헨의 제국회의帝國會議(802년)에서 제정되었다.

(4) 「카마비 법전(Lex Francorum Chamavorum)」(802년): 라인강 하류지역에 살고 있었던 프랑크 카마비Chamavi족의 법에 관한 판고록(Weistum). 아헨의 제국회의에서 법전으로 인정되었다.

(5) 「튀링엔 법전(Lex Thuringorum)」(802년): 튀링엔의 북부에 살고 있던 앙엘 족Angeln과 바르넨 족Warnen의 관습법을 아헨의 제국회의에서 성문화한 법전. 「앙엘 족과 바르넨 족, 즉 튀링엔 족의 법전(Lex Angliorum et Werinorum, hoc est Thuringorum)」이라고 불린다.

(6) 「프리젠 법전(Lex Frisionum)」(802년): 프리스란트Friesland의 관습법과 프리스란트인에 대한 칙법을 수집한 법전. 아헨의 제국회의에서 법전화하기 위하여 준비된 것으로 생각되지만, 제정되지 않고 사찬 법서로 계속되었다.

이와 같이 프랑크왕국에는 다양한 법이 시행되고 있었다.

3. 프랑크왕국의 국제

백관구제　　　　　법의 다양성은 프랑크왕국의 다양성과 결부되어 있었다. 물론 왕국을 전체로서 통치하기 위한 조직은 있었다. 그중에서도 가장 큰 단위는 대공령大公領이다. 대공은 장군에서 유래하는데, 광대한 지역을 관할하고 종종 프랑크왕국에 정복된 부족의 지배권역을 그대로 인수하였다. 그러나 이것은 국왕에 대항할 수 있을 정도의 존재가 되어 왕권은 그 억제에 노력하였다. 이러한 의미에서 왕국통치에 있어

더 유익하고 중요하였던 것이 백伯관구제였다.

백관구제는 왕국을 큰 관구로 나누고 그 행정과 재판을 백(그라프)에게 위임하는 것으로, 이미 메로빙거 왕조 시대부터 존재하여 왕국 국제상의 요체가 되어 있었다. 일찍이 고전학설은 이 백관구제를 중심으로 프랑크왕국의 국제를 꽤 근대적으로 이해하고 있었다. 이에 대하여는 모리 요시노부森義信의 적확한 설명이 있기에 여기에 인용해 둔다.

"중세사 연구에서 19세기 이래의 통설적인 이해에 따르면, 국왕을 정점으로 한 프랑크 왕국에는 '그라프샤프트(백관구제)'라고 하는 행정조직이 구석구석까지 확장되어 있었고, 왕국민은 그 아래에서 평등한 자유인으로서 국왕의 직접적인 통치에 복종하고 있었다. 학설상 '일반자유인'이라고 불리는 이들 왕국민은 무장능력을 보유하고 국왕의 병사로서 언제라도 소집에 응할 의무를 부담하고 있다. 그들은 백관구의 하급단위로서 '훈데르트샤프트(백인관구)'라고 불리는 자치적인 조직을 구성하고, 그들이 선출하는 수장 예하에서 군대로 동원되고 재판에도 소집된다. 이러한 군역과 재판 출석은 단순한 의무만은 아니며 동시에 권리이기도 하다. 그러나 그러한 프랑크의 국가제도는 봉건제의 진전에 따라 해체되기 시작하여 그라프의 권한은 봉건귀족에 의해 횡령되고, '일반자유인'도 과중한 부담 때문에 몰락하여 봉건영주의 지배하에 들어가게 되었다."

모리 요시노부森義信, 『서구 중세 군제사론－봉건제 성립기의 군제軍制와 국제國制』

그러나 모리 요시노부도 지적하듯이, 프랑크 국왕의 백관구는 이와 같이 높은 수준의 행정기구는 아니다. 그라프를 국왕이 임명하였다고는 해도, 그중에는 관리에 가까운 자도 있었고, 자립성이 높은 재지在地의 호족·귀족도 있었다. 자유인이 확실히 존재하였으나 평등한 자유인들만이 사회를 구성한 것도 아니다.

프랑크왕국 시대에는 계층분화가 상당히 진행되어 귀족과 자유인이 병존하고 있었다. 페팽과 샤를마뉴 대제를 낳은 카롤링거 가문 자체가 유력한 대토지소유 귀족이었다. 카롤링거 가문이 궁재가 되고 왕위를 얻는 데 성공한 것은 다른 토지소유 귀족의 지원을 얻었기 때문이다.

다원적 보편   페팽과 샤를마뉴 대제가 확장한 왕국하에서는 각 부족의 유력한 토지소유 귀족이 각지에 뿌리를 내리고 있었다. 국왕은 그들의 실력과 존재를 인정해야 하였다. 그 때문에 토지소유 귀족 자신이 백(그라프)이 되는 일도 드물지 않았다. 백은 적어도 그들을 억압하기보다는 그들과 협조하며 재지화在地化하는 길을 택하고 있었다.

그런 까닭에 백은 단지 국왕의 고급관료였던 것이 아니다. 그것은 중앙집권적인 행정기구의 일부라기보다는 할거하는 지역권력을 제국의 내부로 편입시켜 제국에 연합적인 통합을 제공하기 위한, 말하자면 꺾쇠 같은 존재였다.

명백히 샤를마뉴 대제는 광의의 교회를 통솔하기 위하여 성·속 각 1명으로 구성된 국왕의 대리인인 국왕순찰사 제도를 설치하고, 각지를 순회시켜 궁정의 명령을 전달하고, 때로는 그라프를 해임하기조차 하였다. 그러나 이 역시 샤를마뉴 대제 사후 유명무실화되어 그 기능을 잃는다. 프랑크왕국(제국)이라는 관료제적 국가가 봉건귀족의 '횡령', 찬탈에 의하여 해체된 것은 아니다. 애당초 그러한 의미에서의 '국가'는 존재하지 않았다. 최초에 존재한 것은 부족과 유력귀족의 할거였다고 생각하는 것이 적절할 것이다.

프랑크왕국은 지역과 부족의 전통과 자립성을 인정하면서 그들을 통째로 우산처럼 덮어 싸는 '광의의 교회'였다. 그 지도자인 국왕과 황제는 그러한 지도자로서 칙령(카피톨라리아)을 발하여 전역에 지시하고 나아갈 길을 제시하였다.

그에 따라, 칙령은 종래의 관습법이나 그것을 수록한 「살리카 법전」, 기타의 부족법전과는 다른 종류의 새로운 법이기는 해도 근대적 입법은 아니다. 그것은 법률임과 동시에 협의의 교회 사항과 약자 보호, 구체적인 안건에 대한 지시 등을 중심으로 하는 지령, 행정명령이었다. 칙령은 확실히 불완전한 부족 법전을 보충하고 왕국에 공통하는 통일적인 법의 측면을 가지고 있다. 하지만 그것은 그 대상이 된 지역이나 시기에 따라 종종 내용을 달리하고 모순을 포함하고 있어서 왕국의 통일적인 법전으로 귀결되지는 않았다.

프랑크왕국은 이념적으로는 통일적이고 보편적인 '교회'였지만, 현실적으로는 다원적이고 다양한 권력의 집합체였다. 이는 근대적 관점에서 보면 모순이다. 그러나 프랑크인에게는 이것이 모순이 아니었다. 프랑크왕국이란 지역의 자립성을 불가결한 전제로 하는 '보편'이었기 때문이다.

제6장 봉건사회 - '신분'의 성립과 전개 -
   1. 봉건제란 무엇인가?
   2. 봉건사회의 기본원리와 신분
   3. 귀족·농민·시민
제7장 중세법의 이념과 현실
   1. 중세적 법관념
   2. 법의 채록과 공간화
   3. 중세의 사법과 형사법
제8장 유럽법시스템으로의 전환
   1. 교황혁명
   2. 페데와 프리데
   3. 형벌의 탄생

유럽 중세의
법과 사회(2)
봉건사회

| 제 2 부 |

제6장

봉건사회
'신분'의 성립과 전개

유럽 중세를 특징짓는 국제(정치·사회체제)로 들 수 있는 것이 봉건제이다. 어떤 것을 봉건제라고 부를지는 반드시 일의적이지는 않다. 이 책에서는 레엔Lehen 제와 장원莊園제를 포함하는, 보호관계를 기축으로 하는 사회체제라고 이해하기로 한다. 이러한 형태로 봉건제를 이해하는 방법을 일반적으로 봉건사회론이라고 한다. 봉건사회론은 봉건사회를 유럽의 특징적인 시스템으로 간주하므로, 이를 고찰하는 것은 유럽의 법문화적 특질을 탐구함에 있어 중요하다.

1. 봉건제란 무엇인가?

봉건제의 성립   프랑크왕국(제국)에는 관직대공官職大公과 백관구 등 중앙과 지방을 결합하는 행정기구가 있었으나 일원적인 관료제적 지배를 관철하기 위한 제도는 아니었다. 오히려 그것은 광대한 영역을 지배하기 위하여 많든 적든 자립적인 다수의 지역권력의 협력을 구하는 성격을 강하게 갖고 있었다. 국왕이 유의해야 하는 것은 무엇보다도 이 협력관계를 넓게 만들어내고 그 네트워크를 단단히 유지하는 것이었다.

프랑크 국왕이 네트워크의 형성, 유지를 위해 취한 방법은 아주 독특한 것이었다. 그것은 국왕이 물건이나 토지 또는 백伯 등의 관직을 지역권력에 대여하는 것을 매개로 봉사와 보호라는 상호 협력을 서약하는 계약을 주고받는 것이었다. 이 계약은 원래 자립하기 어려운 자유인이 국왕에 대하여 종속 계약을 체결한 데에서 발단하였는데, 지역권력을 국왕에게 복종시키는 역할도 담당하게 되었다. 바이에른 대공 타씰로 3세가 8세기 중반경 프랑크 국왕 페팽 3세에게 신종의 서약을 하고 봉건적 신하가 된 것은 초기의 유명한 예이다.

계약은 나아가 각 지역의 수준에서도 이들 지역권력과 그보다 하위의 지역권력 사이에 반복적으로 체결되었다. 이리하여 무력과 재력을 가진 지역권력의 상대적 자립성을 중층적으로 형성하고 용인하는 것을 전제로 하는, 물적이고 인적인 계약관계에 기초한 권리의무의 사회시스템이 8세기의 프랑크왕국에서 성립하였다.

이것은 특히 루아르 강과 라인 강 사이에 있는 왕국의 중핵지역에서 시작되어 이윽고 독일, 이탈리아, 잉글랜드, 스페인 등 유럽 전역으로 퍼져나갔다. 이렇게 하여 성립된 정치·사회 상태를 일반적으로 봉건제라고 한다.

세 개의 개념 봉건제라는 개념은 학문적임과 동시에 정치적이다. 프랑스혁명은 구체제를 비판하기 위하여 봉건제라는 개념을 만들어내고 구체제와 봉건제를 일체화하여 이를 단죄하였다. 제2차 세계대전 직후의 일본에서 가장 중시된 연구 주제도 봉건제였다. 그것은 천황제와 전근대적인 정치·사회체제를 봉건적 유제로 간주하고 그에 대한 근본적 비판 및 이를 위한 역사적인 연구를 급선무로 삼았다.

이러한 의미에서 봉건제는 폭넓고 애매한 개념이다. 따라서 이 복잡한 개념을 우선 정리해 둘 필요가 있다. 몇 가지 방법이 있는데, 세라 코오지로오世良晃志郎가 『봉건제 사회의 법적 구조』에서 한 세 가지 분류가 알기 쉽고 또 여전히 적실하므로 그것에 따라 다음과 같이 정리해 두고자 한다.

(1) 봉건제=레엔Lehen제라는 개념: 이에 따르면 봉주와 봉신의 인적 지배관계(보호와 봉사의 쌍무적인 성실의무)와 물권적 관계(봉주가 레엔 즉 봉을 대여하고 봉신이 이것을 보유하는 관계)가 결합된 통일적인 제도, 즉 레엔제가 봉건제이다.
(2) 봉건제=장원제(영주제)라는 개념: 이에 따르면 장원 영주와 예속적 농민 사이의 지배 예속관계를 기축으로 하는 사회·경제체제가 봉건제이다.
(3) 봉건제=봉건사회라는 개념: 이는 13세기경까지 유럽의 중세사회 전체를 하나의 사회 유형으로 이해하고 그것을 표현하는 개념으로서 봉건제 또는 봉건사회라는 개념을 이용한다. 그 특질은 사회의 구석구석까지 미치는 신분적 계층성에 있고, 동시에 주로 토지를 매개로 하는 보호·봉사의 계약관계도 중시된다. 이 개념의 제창자인 마르크 블로크에 의하면, 봉건사회는 11세기 중반을 경계로 교류와 교환이 빈약한 제1기와 '경제혁명'을 수행하는 제2기로 구분된다.

◆ 마르크 블로크Marc Bloch(1886-1944년)

소르본대학 경제사교수로 '새로운 역사학'의 개척자. 전통적인 정치사건사 중심의 역사연구에 반기를 들고, 넓은 의미에서의 사회사, 인간 환경 전체를 대상으로 하는 역사 연구의 필요성을 강조하였다. 역사는 자료의 연구가 아니고 과거의 연구이며, 역사가의 첫째 목적은 사실을 수집하는 것이 아니라 질문하는 것이라고 블로크는 주장하였다. 사건보다 구조가, 단기보다 장기가, 국내적인 것에 침잠하는 것보다 장대한 비교가, 배타적인 역사연구보다 학제적인 협력이 중시되었다. 블로크는 1929년에 또 한 명의 역사학 혁명의 추진자인 뤼시앙 페브르와 함께 잡지 『경제사회사연보(Annales d'histoire économique et sociale)』를 창간하고 제2차 대전 후에 화려하게 활약하게 될 아날학파의 거점을 형성하였다. 블로크의 저작은 『왕의 기적』 등 많은 주제에 걸쳐있지만, 가장 중요한 저작은 *La société féodale* (1939, 40년) (『봉건사회』)이다. 그 시야의 폭넓음과 풍부한 서술은 획기적으로 오늘날까지 여전히 봉건제에 관련된 최고의 저작으로 평가되고 있다. (Y)

이 책에서는 특히 '봉건사회'론의 관점에서 카롤링거 제국으로부터 봉건제 성기에 이르는 유럽의 법과 국제의 역사를 고찰하려고 한다. '봉건사회'라는 개념은 레엔제와 장원제를 포괄하는 개념임과 동시에 중세성기中世盛期 유럽의 인간관계를 총체적으로 이해하는 관점을 제시해 주기 때문이다.

레엔제

유럽 봉건사회를 구성하는 중요한 인자는 레엔Lehen제이다. 레엔이란 독일어로 '대여하다'는 뜻의 라이엔leihen이라는 단어에서 유래한다. 대여하는 것은 물건이나 토지이다. 레엔이라는 단어는 바로 이 '물건'과 '토지'를 의미하였다. 이 레엔의 완성된 형태에 대하여 하인리히 미타이스는 이렇게 설명하고 있다.

> "레엔이란 [봉신의] 봉사와 성실에 대한 대가로서 봉주Senior가 봉신(Vassallen)에게 기한부로 수여한 재화이다. 계속적인 수익을 가져오는 것은 모두, [유체의] 물건, 특히 토지와 성城, 나아가 권리, 물건과 권리의 집합체 — 예컨대 하나의 지배지역 전체 —, 또는 정기금이나 공적 수입 등도 레엔의 재화가 될 수 있었다."
>
> 미타이스, 『독일법제사개설』

이러한 형태에 이르는 데는 두 가지의 역사적인 요소가 필요하였다. 첫째로 인적인 요소로서 탁신託身과 종사제從士制이고, 둘째로 물적인 요소로서 은급제恩給制이다.

인적 요소

탁신(commendatio)은 메로빙거 시대에 이미 나타나고 있는데, 자유인이 자유신분을 보유한 채로 강자의 보호와 지배 아래 들어가는, 즉 몸을 의탁하는 것이었다. 그 보호는 우선 무엇보다 의복과 식료 등의 경제적 원조였다. 그 대신에 탁신자 즉 봉신은 성실히 봉사勤務하고 복종할 의무를 부담한다. 탁신은 봉신이 양손을 합쳐 주군 즉 봉주의 손안에 두는 의식으로 이루어졌다. 이렇게 하여 만들어진 관계를 봉신제(Vasalität, vassalage, 家士制, 主從制)라고 한다. 나중에 탁신의 의식은 오마기움Homagium(오마주, 신종臣從선서)이라 불리며 봉건계약에 불가결한 법적 행위가 되었다.

또 하나의 기원은 게르만의 종사제이다. 종사從士(comitatus)란, 재력 있고 명망 높은 인물 아래 기숙하며 그의 문트Munt에 복종하고 함께 전장에 나가는 자유인 소년들을 말한다. 타키투스에 따르면, 유력자나 귀족에게는 "큰 무리의 선발된 젊은이들에 늘 둘러싸여 있는 것이 평화 시에는 긍지이며 전장에서는 방위이다."(『게르마니아』). 종사와 주군의 결합은 견고하여 시대가 내려오면, 청년이 주군의 문트를 이탈한 후에도 평생 계속되고 주군과 함께 전쟁터에 나가 중심적인 역할을 하게 되었다. 종사는 자유의사로 하는 서약에 따라 주군의 보호를 받고 복종하였다. 여기서 관철된 원리는 상호 성실이다.

이 성실의 원리는 레엔제의 발달에 큰 영향을 미쳤다. 종사제에서의 성실의 관념이 오랜 봉신제와 결합하여 봉신의 복종보다도 봉주와 봉신 상호간의 성실의무를 중시하게 되었기 때문이다. 종사제하에서 행해진 성실선서가 탁신과 일체화되어 봉신제는 봉주와 봉신의 쌍무적 관계로서 높은 위신을 획득하였다.

물적 요소 봉주와 봉신을 묶는 성실의무라는 끈은 봉주가 주는 경제적 원조와 표리관계에 있었다. 봉신제가 물질적 원조의 측면을 강하게 가지고 있었음을 생각하면 이는 당연하다 할 것이다. 봉주로부터 식료와 의복이 지급되는 경우도 적지 않았지만, 특히 봉신의 지위가 높으면 그에 맞는 독립된 경제적 수입을 보증할 필요가 있었다. 이 때문에 대여된 것이 은급지恩給地(Beneficium)이다.

은급지는 단순히 토지만이 아니라, 거기에서 생산하는 사람들, 마을과 농가, 경지를 포함하였다. 은급으로서의 레엔은 성城과 백령伯領, 관직에도 미쳤다. 성, 영역, 관직의 레엔은 영지를 대여하는 것인데, 이 영지에는 재판권이나 조세징수권 등의 정치적 지배권도 포함되어 있었다.

다만, 은급지에 대하여 봉신이 보유하는 것은 완전한 소유권은 아니다. 그것은 현실적으로 점유하고 이익을 얻을 권리, 그리고 봉주의 동의 아래 처분할 수 있는 권리, 이른바 게베레Gewere였다. 그러나 이 게베레는 강력해서 봉주에게 은급지가 복귀하는 일은 드물었다. 특히 독일에서는 레인은 상속되는 것이 원칙이 되어(수봉강제授封强制) 지배가 한층 더 분산화되어 갔다. 이와 같은 레엔제의 물적 기반을 은급제라고 한다.

레엔법 레엔제는 봉신제와 은급제의 결합물이다. 그것은 계약과 레엔을 둘러싼 여러 권리의 총체로서 그로부터 독자의 관습법이 발달하였다. 이 관습법을 레엔법이라고 한다. 레엔을 둘러싼 분쟁을 취급한 것은 레엔법원이다. 통상적으로는 봉주를 재판관으로 하며, 판결은 레엔법에 기초하여 판결발견인이 제안하였다. 레엔을 박탈할 수 있는 것은 이 레엔법원의 판결뿐이었다.

장원제 장원제(Grundherrschaft, Manor)는 봉건사회에 특유한 신분적 경제형태이다. 슐체Schulze에 의하면, 장원제란 "토지를 대여받아 그 토지를 자기의 경영으로 경작하고 경제적으로 이용하는 사람들에 대한 토지소유자의 지배"이다. 이 "토지대여를 통하여 영주·농민의 법적 관계가 창출되었다. 토지를 수여받은 자(예속농민)는 토지용익의 반대급부로 장원영주에게 공조貢租의 의무를, 그리고 많은 경우 노동급부[賦役]의 의무도 부담하였다."(슐체, 『서구중세사 사전』)

이러한 의미에서의 장원은 영주직영지와 농민보유지로 구성되는 대규모 영지로서 영주의 광범위한 지배 아래에 있다. 보유농은 예속농민이고, 영주와 보유농 사이에는 결정적인 신분적 차이가 있었으며, 영주는 농민에 대한 재판권까지 가졌다. 이러한 대규모의 장원이 카롤링거 사회 전체를 덮고 있었다는 것이 종래의 통설이다. 이를 다른 경우와 마찬가지로 고전학설이라고 한다.

고전학설이 묘사한 장원의 존재양태를 고전적 장원제(Villikation)라 한다. 이 역시 엄혹한 비판을 받아 왔다. 특히 알폰스 돕쉬Alfons Dopsch 등이 이 고전장원에 편입되지 않는 자유농민이 광범위하게 존재함을 밝힌 것이 중요하다. 최근의 연구에서도 프랑스에서는 자립적인 농민이 10세기경까지 계속 존재하였다는 점이 강조된다. 10세기 이후에 결정적으로 되는 카롤링거 제국의 해체와 귀족·영주 권력의 확립('봉건혁명')에 의하여 비로소 봉건사회가 확립되고 장원제가 등장한다는 것이다. 독일에서도 마찬가지였다고 한다.

그러나 이러한 비판은 일면적이다. 오히려 최근에는 페르휠스트A. Verhulst에 의해 고전장원의 의의가 재평가되고 있다. 그것을 발판으로 삼아 극히 일반적으로 말한다면,

고전장원은 프랑크왕국 시대에 이미 상당히 광범위하게 존재하였으며, 동시에 자유인의 후예인 독립자유농민도 여전히 적지 않게 건재하였다고 생각할 수 있을 것이다. 자유농민이 대폭 감소하는 것은 10-11세기의 일이다.

공조와 부역   고전장원의 담지자는 다양하다. 장원 영주가 되는 자는 국왕, 대공과 백 등의 대귀족, 중소귀족, 대주교와 주교, 대수도원장과 수도원장 등이다. 요컨대 성속의 지배계층이 장원 영주였다. 그들은 농민에게 토지를 대여하고 경작시켰다. 농민은 토지보유농이 되고 예속화되었다. 농민은 영주에게 다양한 의무를 부담한다. 크게 공조貢租와 부역賦役으로 나뉜다.

(1) 공조
- 지대地代: 곡물 또는 화폐로 납부하였고 가장 기본적인 공조
- 보유지 이전료: 영주의 동의하에 보유자가 이전될 때 납부하는 공조
- 사망세: 농민이 사망한 때 영주에게 남겨야 하는 유산의 담보로 내는 공조. 가축 1마리 등. 상속인이 냈는데 보유지 이전료의 의미가 있었다.
- 인두세: 농민의 예속성을 확인하기 위한 공조. 액수는 적지만 상징적인 의미가 있었다.
- 십일조: 수확물의 1/10을 납부하는 것. 원래 교회에 대한 것이었으나 영주가 이를 징수하였다.
- 사용강제: 영주가 독점하는 물레방아(곡식 찧기), 화덕(빵 굽기), 양조장(포도주) 등의 사용료를 납부하였다.

(2) 부역
영주 직영지의 경작(일반적으로 주 3일), 운반부역 등 영주를 위한 일

이와 같이 고전장원제는 많은 부담을 예속농민에게 부과하였다. 이 부담과 지배·예속관계를 봉건제의 본질로 생각한다면, 장원제 또는 영주제와 봉건제는 일체화된다.

영주는 종종 예속적 농민, 즉 (家의 사람 = '파밀리아familia'로 불린) 장원민(장원농민)들에 대하여 재판권을 가지고, 장원 속에서 발달한 관습법에 따라 재판을 하였다. 이 관습법을 장원법莊園法이라고 한다. 장원법은 나중에 촌락법(촌락공동체의 법)으로 이행하였다. 독일에서는 장원법과 촌락법은 종종 재판이라는 형식으로 기록되고, 그 채록은 바이스튀머Weistümer(판고집)로 불렸다.

2. 봉건사회의 기본원리와 신분

보호관계 레엔제와 장원제는 차원이 다른 제도이다. 레엔제는 레엔을 매개로 하는 봉주와 봉신의 계약적 성실관계이고, 장원제는 영주와 예속농민 사이의 지배·복종관계이다. 이 양자는 이질적이다. 그렇지만 두 개의 시스템을 총괄하는 사회로서 봉건사회가 존재한다고 한다면, 거기에 양 쪽을 관통하는 동일한 원리가 존재할 것이다. 그것은 무엇인가? 상호 이익을 전제로 하는 보호-복종관계 즉 보호관계가 그 답이다.

게르만 사회 및 메로빙거 왕권하의 프랑크왕국에서는 국왕, 귀족과 더불어 다수의 독립된 자유인이 존재하였다. 그들은 무장과 아울러 경작을 하는 전사戰士적 농민이다. 그들은 예속민은 아니었다. 그러나 그 다수가 자신의 이익을 위하여 유력자 또는 귀족과 결합할 필요성이 있었다. 귀족은 그들을 보호하고 경제적 원조를 주었다. 귀족들은 보호자(patron)이다.

한편 피호민被護民은 그 보답으로 보호자에게 협력과 원조를 아껴서는 안 된다. 일단 일이 있으면 피호민은 보호자에게 달려와서 무력을 제공하였다. 이러한 상호적 보호-복종관계가 보호관계이다.

물론 함께 전투하는 것은 피호민에게도 큰 이익을 주었다. 중세의 전투에는 약탈이 으레 따르기 마련이었다. 승자는 패자로부터 막대한 전리품을 얻을 수 있었다. 생산성이 낮은 시대에는 전리품을 획득하는 것이야말로 가장 중요한 경제활동이었다. 그 때문에 전사들은 싸운다. 어떤 의미에서 피호민에게 보호자는 무엇보다도 전투에 승리하여 이익을 얻는 데 필요한 지휘관, 크게 한몫을 가져다주는 통솔자였다.

종사가 주군을 선택하는 기준도 마찬가지였을 것이다. 그러한 강하고 대범한 유력자들이 명예로운 인물로 찬양되었다. 유력자 또한 위신과 승리를 얻기 위하여 많은 피호민이 필요하였다. 수여하는 재화는 전리품에 그치지 않고 일상적인 급부를 포함하였다. 봉신제나 종사제 모두 피호민에게 식사나 의복을 지급하였다. 특히 토지의 지급 즉 레엔 관계의 설정은 명예로운 보호관계의 구축을 의미하였다.

보호관계와 봉건사회 최고의 보호자는 국왕이다. 강하고 약한 것은 상대적이며, 보호관계는 국왕과 대귀족 간 및 귀족 상호간에도 만들어졌다. 지위가 높은 자들 사이에는 은급지가 보호와 복종·봉사를 서로 맺어주었다. 레엔제는 비교적 강하고 경제력 있는 자들 상호간의 보호관계였다. 계약적 요소가 강한 이 관계에서는 봉신의 권리도 강하였다. 봉신은 봉주가 보호의무를 다하지 않으면 스스로 그 관계를 해소할 수 있었다. 군사적 봉사 의무도 40일을 넘지 않았다.

레엔과 광대한 자기 소유지自主地를 보유하는 영주와 토지를 부여받아 영주에게 예속되는 농민 사이의 관계도 보호관계의 망 속에 있었다. 자유농민은 영주의 지배에 복종하는 경우 역시 성실선서를 한다. 이는 영주의 보호와 자신의 복종을 주고받는 거래이며 계약이었다. 중세 독일의 유명한 법서인「슈바벤슈피겔」(1275-76년경)에는 다음과 같은 유명한 규정이 있다. "우리들이 영주에게 봉사해야 하는 것은 영주가 우리들을 보호하기 때문이다. 영주가 우리들을 지키지 않는다면, 우리들은 영주에게 봉사할 의무는 없다. 이는 법에 따른 행위이다."

영주는 생명과 재산에 대한 다양한 위험으로부터 농민들을 지킬 의무가 있었다. 그러나 또한 영주는 농민에게 수여한 토지를 마음대로 박탈할 권리가 없었다. 반대로 농민은 토지를 용익하고 그 용익을 상속하는 강한 권리를 갖고 있었다. 토지보유농은 보유농지에서 상당한 정도로 경영의 자유를 가지고 생산성을 높여 갔다. 12-13세기 이후가 되면 장원제는 붕괴하고 농민의 법적, 경제적 지위는 더욱 개선되었다. 그때까지의 인격적 부자유는 서유럽 지역에서는 대체로 해소되었다.

이러한 보호관계가 위로는 국왕에서 아래로는 예속농민에 이르기까지 여러 수준과 형식으로 사회의 구석구석까지 덮고 있었던 것이 봉건사회이다. 이러한 관계는 다소간은 어떠한 시대에나 나타난다. 그러나 계약에 의한 보호관계가 사회와 국가의 기본적이며 공적인 시스템으로서 존재한 것은 역시 이 시기 유럽의 특질이라 할 것이다.

봉건사회의 이 특질은 유럽 근세, 근대의 법사상과 법제도의 발달에 깊은 영향을 미쳤다.

'신분'의 성립   봉건사회가 보호관계로 이루어진 사회라는 인식은 봉건제를 전제專制와 예종, 자의적이고 폭력적인 지배의 체계로만 보는 것을 부정한다. 그러나 이것이 결코 봉건사회가 근대적인 계약사회였다는 것을 의미하는 것은 아니다. 이 사회는 명백히 신분사회였다.

이는 전사적 자유인의 신분적 분화의 결과이다. 귀족을 포함하는 게르만의 전사적·농민적 자유인은 특히 카롤링거 시대에 일부는 귀족적 영주계층, 일부는 예속적 농민계층으로 나뉘고, 또 일부는 자유농민으로 존속하였다. 특히 영주계층으로 상승하지 못한 자유인이 맺은 보호관계는 고정적인 신분적 종속을 가져오는 것이었다. 그렇기 때문에 이 신분은 봉건적 '신분'이다.

그 분수령이 어디에 있고, 언제부터 그 분화가 시작되었는가를 알기는 쉽지 않다. 다만, 대략 샤를마뉴 대제 무렵으로 생각하면 좋을 것 같다. 샤를마뉴의 시대에 많은 영세한 자유인은 무장을 자비로 마련해야 하는 전쟁에 참가할 수가 없어서 소집을 회피하기 시작하고 있었다. 한편, 영주나 주교 등 지역의 유력자는 영세한 전사적 농민으로 하여금 토지를 자기에게 팔거나 위탁하게 하고 그들을 예종화하는 것을 노리고 있었다. 기마를 주력으로 하고 있었던 이 시대의 전쟁에서 영세한 전사는 이미 전쟁의 주체가 될 수 없었다. 말과 무기를 갖추고 훈련을 쌓는 데는 막대한 재력이 필요하였다. 빈자에게는 그것이 불가능하였다. 자유인의 분해는 필연이었다.

예전의 사회는 법적으로는 자유인과 반자유인(해방자유인), 비자유인(노예)의 구별밖에 알지 못하였다. 그런데 이와 같이 자유인이 분화하여 지배계층으로서의 귀족과 예속계층으로서의 농민이라는 직능신분職能身分이 9세기부터 10세기에 걸쳐 성립하였다. 자유로운 농민도 존속하였으나, 장원제가 일반화되고 농민은 거기에서 예속적인 신분으로 그 지위가 고정되었다. 신분적인 예속관계는 자손 대대로 미쳤다. 봉건사회가 만들어낸 '신분'이라는 중압은 시민혁명에 이를 때까지 계속되었다.

3. 귀족·농민·시민

세 신분 봉건사회를 구성하는 주요한 신분은 셋이다. 귀족, 농민, 시민이다.

귀족 봉건사회의 지배신분은 귀족이었다. 귀족은 전사적 영주계급이며 게르만의 부족 시대 이래 소수의 명문가와 새롭게 영주계급에 들어온 자로 이루어진다. 귀족 중에는 고위성직자가 되는 자도 있고 정치의 세계에서 큰 역할을 하기 때문에 고위성직자를 포함하여 귀족이라 칭한다.

국왕과 대공, 변경백邊境伯, 백 또는 대주교 등은 고급귀족, 그의 대관代官이라고 할 수 있는 성주, 부백副伯을 중급귀족, 자립적인 소영주와 고급·중급귀족에 기식하는 가내전사家內戰士가 하급귀족이다. 대영역을 지배하는 고급귀족, 적어도 변경백 정도까지의 귀족은 제후로 불렸다. 또한, 특히 이들 제후나 성주의 가사家事를 집행하고 전시에는 주군을 위하여 싸운 비자유민 전사(Ministerialen, 가신家臣)도 하급귀족에 속하는데, 이는 13세기의 일이다.

극히 일반적으로 말하면, 하급귀족에 속하는 전사들이 특히 기사(knight)로 불렸다. 기사는 처음에는 그다지 명예로운 존재는 아니었고, 부유한 자유농민과의 경계도 유동적이었던 것 같다. 그러나 봉건사회의 진전과 함께 폐쇄적으로 되고, 기독교 교회의 이념적인 추상화와 성 베르나르에 의해 진행된 이상화(기독교 교회를 위해 싸우는 '새로운 기사') 등에 의하여 그 위신이 높아졌기 때문에 13세기경부터 기사는 고급귀족 등과 융합되어 그 구별이 애매해졌다. 기사는 귀족이 되고, 귀족도 또한 기사가 되었다.

귀족 간의 레엔관계는 당연히 이 위계에 기초하여 이루어졌다. 이 관계는 통상 중세 독일의 유명한 법서 「작센슈피겔」(제7장)의 단어를 사용하여 헤르쉴트Heerschild 제라고 불린다. 「작센슈피겔」 제1권 제3조 2절에 의하면 헤르쉴트의 피라미드는 다음과 같다.

국왕은 최고의 봉주, 장군, 법관이었다. 국왕은 재판권과 특권부여권, 입법권, 그 위에 화폐주조권, 관세징수권, 시장개설권, 상인호송권, 유대인 보호권, 성벽축조권, 채염권, 광업권 등의 국왕대권國王大權(regalia)을 가지고 나라를 통치하였다.

프랑크 국왕·황제 및 그 계통을 이어받은 독일 국왕·신성로마제국 황제(제8장 참조)는 모두 이와 같이 나라를 통치하였다. 그러나 신성로마제국에서는 특히 12세기 이후 레엔제를 매개로 하여 고급귀족인 종교제후와 세속제후가 독립화된다. 그들은 재판권을 필두로 국왕에게 다수의 레갈리아를 확인시키고 왕국 속에 독자의 지배권(영방領邦)을 형성하였다. 「금인칙서金印勅書」(1356년)는 그 하나의 도달점으로서 여기서 영방국가領邦國家가 성립하였다.

한편, 중급귀족도 고급귀족과의 관계에서 역시 자립적이었다. 성城을 갖추고 있는 자도 적지 않았고, 성속의 제후도 이 귀족들과 협조하지 않을 수 없었다. 프랑스에서는 성주가 되는 귀족이 11세기부터 다수 나타나 성을 중심으로 주변 주민의 안전을 지키고 조세를 징수하며 통행자에게서 통행세를 받고 재판을 하는 등 지배자로 군림하였다(Bann = 영주지배). 독일에서도 영방은 귀족적 영주들의 결합체를 의미하였다. 오토 브룬너의 표현방법을 빌리면 영방 = 란트Land란 귀족의 것이었다.

귀족은 분쟁이 있으면 서로 싸우고, 때로는 봉건계약을 해제하여 봉주와도 무력충돌하였다. 이러한 싸움은 복수로서의 페데(제5장 참조)일 뿐만 아니라, 봉건사회에 특유한 자력구제로서의 기사 페데(제8장 참조)라고 할 수 있다.

재판에서 참심인이 되는 참심자유인과 함께 하급귀족 중에 가인층이 있었다. 가인家人은 프랑크왕국 시대에 국왕과 고급·중급 귀족이 전쟁과 행정을 위하여 사용하였던 비자유인(출생 부자유인 또는 전쟁포로)인데, 전사 또는 관리로서 활약하고 나중에 기사가 되어 하급귀족으로 되었다. 많은 기사가 가인 출신이라고 한다. 그들은 레엔을 받는 것만 아니라 레엔을 주는 것도 허용되었다.

농민   농민은 자유로운 농민과 예속적인 토지보유농(반자유농민) 및 가복家僕이나 품팔이꾼으로 불리는 부자유농민으로 나뉘었다.

자유농민은 자기 자신의 소유지(자주지)를 가지며, 재판에서도 스스로 당사자가 될 수 있었다. 그러나 페데와 강도, 약탈이 횡행하는 자력구제의 세계에서 농민이 단독으로 살아가기는 쉽지 않았기 때문에 다수의 농민은 강자의 보호를 찾아 장원민, 토지보유농이 되었다. 그들은 영주에 인격적으로 종속되었을 뿐만 아니라 그 재판권에 복종하였다. 영주의 동의 없이 장원을 떠날 수도 없었다. 한편, 과거의 부자유인은 반대로 다수가 토지보유농으로 상승하여 노예제는 거의 소멸하였다. 극히 일부가 부자유농민으로 남은 것에 불과하다.

토지보유농민은 예속적이기는 하였지만, 보유지(후페 Hufe)에 대한 그들의 권리는 강고하였다. 장원이 매매되는 경우에도 보유농은 보유지와 함께 양도되었다. 재판에서는 영주까지도 구속하는 장원법이 존중되었다. 토지보유농은 그 보유농지에서 경영의 자유를 가졌으며 삼포제三圃制로 생산성을 높였다.

농민의 경제력이 상승한 12-13세기경이 되면 고전장원제가 약화되고 지대의 지급만을 의무로 하는 지대장원제地代莊園制가 발달하였다. 이 지대장원제로의 흐름 속에서 농민의 신분적 해방이 진행된다. 또한, 개간과 프로이센, 발트의 여러 나라, 폴란드 등 동방으로의 식민을 통해 농민은 더 유리한 조건에서 일하고 자유를 획득하는 예도 많이 나타났다. 장원이 아닌 자치적인 촌락도 형성되기 시작하였다. 그 과정은 도시의 발전과 그리 차이가 없다.

촌락은 일반적으로는 영주에게 종속되어 있었다. 촌락에는 영주의 가계家計를 관장하는 집사나 영지관리인이 있었다. 그들은 영주의 대리인임과 동시에 촌락공동체의 대표가 되고, 그 직역은 상속되었다. 이들은 촌락민 간의 분쟁을 해결하기 위한 법원을 지휘하고, 때로는 범죄를 재판하였다.

11세기 이후의 변혁으로 농민의 예속성은 대부분 사라졌으나 14세기 농업위기로 인해 북동 독일에서는 '재판농노제再版農奴制(second edition of serfdom)'[1]가 시작되었다. 거기에서는 귀족영주가 광대한 자기의 영지를 농장화하고 그곳에 거주하는 농민에게서 다시 제반 권리를 박탈하고 예속화시키는 데 성공하였다. 이 예속화된 농민에게 부과된 직영지 부역에 기초하는 봉건적 대농장 경영을 농장영주제農莊領主制(Gutsherrschaft)라고 한다. 이 농장영주제는 19세기 초엽까지 남아 근대 프로이센 국가에 독특한 성격을 부여하게 된다.

---

[1] 15세기 중엽 이후 동유럽 여러 지역에서 농민이 경작지를 소유할 수 있는 권리를 완전히 박탈당하고 토지에 묶여 영주에게 강제노동을 제공해야 하는 의무를 지게 되었는데, 이를 서유럽에서는 거의 사라진 농노제가 다시 나타났다는 의미에서 '재판농노제'라 한다. 서울대학교 역사연구소, 『역사용어사전』, 서울대학교 출판문화연구원, 2015. 일본어 원문에서는 '제2차 체복제(體僕制)'라는 용어를 쓰고 있다.

도시의 탄생

봉건사회는 기본적으로는 농업사회였다. 농민의 숫자도 전 인구의 90%라고 할 정도로 압도적으로 많았다. 이것은 장원제와 봉건제가 동일시되는 하나의 이유이다. 그러나 봉건사회의 신분에 귀족과 농민만 있는 것은 아니다. 또 하나의 주요한 신분이 있었다. 시민이다. 시민은 도시의 구성원이며 도시를 전제로 성립하는 신분이다. 따라서 먼저 도시의 성립에 대하여 설명하기로 한다.

중세 유럽의 도시는 크게 세 가지로 구분하여 생각할 수 있다. 첫 번째는 로마인이 만들고 정주하고 있던 도시이다. 쾰른, 마인츠 등을 들 수 있는데, 이 고대 이래의 도시에는 주교가 정착하여 점차 주교도시가 되었다. 왕궁이 있었던 국왕도시도 있다.

두 번째는 상인정주지(비쿠스vicus)로부터 발달한 도시이다. 농업사회에서도 유통과 거래는 존재하고 있었고, 원격지 상업은 중세 초기에도 행해지고 있었다. 그 때문에 비쿠스라 불리는 상업지가 주요 하천과 해안선을 따라 존재하였다. 비쿠스에 거주하는 상인은 국왕에 의해 보호되었다. 그들은 국왕의 문트 하에 있는 자유인이었다. 함부르크 등 특히 북해, 발트 지역의 도시는 이 상인정주지에서 발달하였다고 한다.

세 번째는 주로 북프랑스와 플랑드르, 라인강 중류 지역에서 발달한, 시장이 개설된 부르구스burgus(시장집락)로부터 생겨난 도시이다. 부르거Burger(Bürger)나 부르주아Bourgeois 등 시민을 표현하는 독일어와 프랑스어의 어원이 된 것은 이 시장집락이다.

부르구스 즉 시장집락은 고전장원과 결부되어 있었다. 그것은 고전장원이 공간 조직으로서의 기능을 가지고 있었기 때문이다. 장원은 단순히 생산조직에 그치지 않고 유통조직이기도 하였다. 광대한 영지인 고전장원에서 농업만 경영되고 있지는 않다. 영주는 가인과 농민을 부려서 잉여농산물과 장원수공업자에 의해 생산된 수공업품을 시장집락에서 거래하였다.

그뿐만 아니라, "자립적인 상인도 대영주의 보호를 희망하여 영지에 속하게 되고, 나아가 농민도 영주가 통괄하는 지역내 시장을 이용하는 것과 아울러 운반부역에 따라 이동할 때에는 꽤 멀리 떨어진 지역으로 가서 매매할 가능성이 있었다."(모리모토 요시키 森本芳樹, 「영지에서의 생산·유통·지배」)

도시의 평화　　프랑크왕국의 도시는 대체로 로마시대 이래의 주교·국왕도시였지만, 카롤링거 시대에는 상인정주지, 영주의 성, 수도원 등과 인접해 있으며 그 보호를 바라는 시장집락이 발달하였다. 국왕이 시장의 평화를 보장하였다. 평화의 침해자에게는 60 솔리두스의 국왕벌령 위반금이 과해진다. 이를 위해 설치된 것이 시장법원市場法院이었다. 시장 법관은 영주의 위임을 받아 시장과 관련된 분쟁의 해결을 담당하였다.

이 시장집락 혹은 반半도시적인 집락이 11세기경부터 성과 일체화되거나 새롭게 성벽을 축조하여 도시로 발달하여 갔다. 원래 부르구스(독일어로는 Burg)에는 성벽이라는 의미가 있다. 인근에 사는 사람들은 위험이 있으면 이 성으로 피해 들어오곤 하였다. 성과 시장집락이 합체되어 만들어진 도시는 안전 즉 평화를 보장하는 공간이 되었다.

이 '도시의 평화'에 착목한 것이 플라니츠Hans Planitz의 '선서공동체설'이다. 선서란 모든 시민이 맹세하는 평화서약이었다. 시민들의 서약으로 도시는 일체화되고 하나의 단체가 되어 평화의 공간이 되었다. 도시는 때로는 도시영주와 대립하며 자치로의 길을 걸었다. 모든 도시가 선서단체였던 것은 아니지만, 도시의 자유를 생각하는 경우 이 점은 중요하다.

12세기 이후가 되면, 9세기 무렵부터 지역의 지배자에 의해 창설된 시장집락을 기초로 한 뤼벡 등의 건설도시도 다수 출현한다(자연발생적 도시를 '자생도시'라고 한다). 영주들은 자치나 자유를 비롯한 다양한 특권을 주어 도시의 건설에 노력하였다.

중세도시는 단순한 주민의 집합은 아니었다. 그것은 정치·행정의 중심지로서의 기능 또는 시장중심지로서의 기능을 가지는, 이를테면 지역의 중핵적 존재였다. 그뿐인가, 플랑드르Flandre 지방과 북 이탈리아의 도시들은 북해와 지중해를 무대로 하는 상업활동의 거점이 되어 국제적인 상업도시로서 번영하였다.

도시의 공기는 자유롭게 한다　　도시의 주요한 담당자는 자유인인 상인이었다. 도시는 재력이 있는 상인을 중심으로 성장하였다. 상인의 도시는 지방영주나 고위성직자 등 도시의 지배자(도시영주)에게서 자치를 획득하여 독자의 법과 재판권을 가지게 되었다. 여기에서 성립한 법을 도시법이라고 한다.

상인에 이어서 도시로 이주하여 도시의 자치를 위해 상인과 함께 싸운 자들도 있었다. 수공업자이다. 그들은 조합(쭌프트 Zunft)으로 결집하여 도시에서의 지위를 높이고, 상인과 함께 도시의 주역이 되었다. 이리하여 12세기 무렵에는 주로 상인과 직인, 기타 영업자로 이루어진 시민신분이 성립되었다.

시민이란 도시공동체에 소속하여 도시법원에서 당사자가 되는 자격을 가지고 도시에 대해 납세와 병역의 의무를 부담하고 있는 자유민이다. 그의 처와 자식도 시민에 포함되어 있었지만, 여성에게 정치적인 권리는 없었다.

도시는 농촌으로부터 수공업자나 농민을 받아들였다. 당초 예속농민은 원래의 지배자와의 관계를 끊어버릴 수 없었다. 그러나 도시의 자유와 자치가 확립되는 과정에서 "도시의 공기는 자유롭게 한다."라는 법원리가 확립되어 갔다. 12세기 초엽에 독일 국왕 하인리히 5세는 슈파이어Speyer와 보름스에 부여한 특허장에서 "1년과 1일 이상" 거주한 식민자에게 토지와 자유를 주는 것을 인정하고 있다. 비슷한 시기 프랑스 로리스Lorris의 증서에도 신참자의 자유를 인정하는 규정(제12조)이 담겼다. 전형적인 표현의 예로 아이제나흐Eisenach의 특허장(1283년) 제2조를 들어보자.

"우리 도시에 1년과 1일 거주한 자는 누구에 의해서도 반환청구를 당하지 않는다. 그 자가 설령 어떤 신분에 속하고 있더라도 그는 항상 우리 자유로운 시민으로 간주되어야 한다."

신분적 농촌사회 아래 있던 예속민도 도시에 1년과 1일 거주하면 자유신분을 획득할 수 있었다. 이는 도시의 혁신성을 보여주고 있다.

시민신분 그러나 식민자나 유입자 모두가 시민이 되는 것은 아니다. 시민이 되는 데는 시내에서 토지를 취득하거나 상당한 정도의 자산 증명이 필요하였다. 통상적인 유입자는 거류민 지위에 머물고 도제나 직인, 일용노동자로서 도시의 하층계층을 구성하였다. 또한, 빈민과 거지, 매춘부 등의 주변인도 도시에 존재하였다. 그들은 시민은 아니다.

    시민이란 시민권을 가지는 자들이었다. 도시와 그 시민은 봉건사회의 일익을 담당하고 있었다. 시민은 단체적이고 배타적이었다. 시민은 명확히 '신분'이었다.

제7장

중세법의 이념과 현실

유럽 중세사회는 '오래되고 좋은 법'이라는 법관념에 의해 지배되었다. 법은 올바르고, 오래되면 오래될수록 효력이 있다고 여겨졌다. 최근의 연구는 이러한 사고방식에 비판적이다. 그렇지만 중세에 관습법 또는 관습적인 권리가 중요하였다는 것은 여전히 부정할 수 없다. 법은 불문법이며 다양하였다. 그러나 다른 한편으로 이를 요동시키는 움직임이 일어나고 있었다. 12세기 무렵부터 법의 채록에 의한 법의 문서화가 각지에서 진행되었고, 영역적인 법 관념도 서서히 침투하기 시작하고 있었다. 중세법이라고 할 때 이 두 가지 움직임에 주의할 필요가 있다.

1. 중세적 법관념

"그러므로 중세인들에게 법은 오래된 것이어야 하였다. 그리고 법이 오래되면 그것은 좋은 것이기도 하였다. 법에 해당하는 고대 게르만어가 독일어로 '영원', '공정'으로 번역되는 라틴어 aequus와 동일하게 e어간에 속하는 것은 결코 우연이 아니라 깊은 이유가 있다. 왜냐하면 중세에는 법과 올바른 것의 구별을 모르고 있었기 때문이다. 법과 공정은 또한 같은 의미였다. 실정법과 관습법 사이도 아직 구별이 이루어지지 않았다. 법은 공정하고 또 도덕적일 터이고, 당연히 본원적인 세계질서에 상응하고 있을 것이었다. 그래서 법은 최종적으로 신에서 유래하고도 있었다."

귄터 프란츠Günther Franz, 『독일농민전쟁』

오래되고 좋은 법 위의 인용문은 독일법제사에서 통설이 되어 온 중세적인 법관념의 내용을 간결하게 나타내고 있다. 이러한 중세적인 법관념은 또한 '오래되고 좋은 법'이라고 표현된다. 이 '오래되고 좋은 법'이라는 개념으로 중세적인 법관념에 관한 이른바 고전학설을 창시한 것은 독일의 역사가 프리츠 케른Fritz Kern이다. 케른에 따르면 중세법의 특질은 대략 다음의 다섯 가지로 집약된다.

(1) 법은 오래된 것이다.
(2) 법은 좋은 것이다.
(3) 오래되고 좋은 법은 비제정적이며 불문의 것이다.
(4) 오래된 법은 더 새로운 법을 파괴한다.
(5) 법을 개신하는 것은 오래되고 좋은 법을 재흥하는 것이다.

즉, 케른이 말하는 바로는 중세적인 법관념 아래에서는 법이란 태고의 시대부터 이미 좋은 것, 올바른 것으로서 존재하고 있다. 그런 까닭에 법은 새롭게 제정되는 것이 아니라 발견되는 것이었다. 법은 자기목적적 존재였다. 얼핏 보면 새롭게 제정되었다고 보이는 경우에도 그것은 '오래된 법의 재흥'에 지나지 않는다. 존재하는 것은 입법이 아니라 '법발견'이다.

'오래되고 좋은 법'에 관한 이 케른의 주장은 중세시대 전체에 걸쳐 통용되기 때문에 시대를 거슬러 올라갈수록 유효하다고 생각되어 왔다. 일본에서도 세라 테루시로世良晃

志郞가 이 견해에 따라 다수의 논문을 남기고 있다. 그러나 이에 대해서도 엄격한 비판이 등장한다. 게르하르트 쾨블러Gerhard Köbler와 칼 크뢰셸Karl Kroeschell의 비판이다. 쾨블러는 6세기부터 11세기에 이르는 자료를 정밀히 조사하여 '오래되고 좋은 법'이라는 단어의 존재를 나타내는 증거가 없음을 증명하였다. 그 결과 오래되고 좋은 법이라는 개념 자체가 중세 초기에 널리 존재하였다는 주장은 현재 의문시되고 있다.

그러나 오래되고 좋은 법이라는 개념 자체가 부정된 것은 아니다. 오히려 12세기 이후에 발견된다는 것이 쾨블러의 주장이다. 무라카미 준이치村上淳一에 따르면, 중세 성기에 자립적인 지역권력과 광역지배를 추구하는 국왕 등의 중앙권력 사이에 길항이 시작되었기 때문에 전통적 권리의 집적을 법규범으로 삼는 의식이 발생하고, 오래되고 좋은 법=권리(라틴어와 독일어에서는 법과 권리는 같은 단어로 표현된다)라는 개념이 성립하였다고 한다.

다음 장에서 보는 바와 같이 이 시기에 유럽의 구조전환이 시작되어 점차 황제법과 왕법, 교황의 교령이 유력한 법원法源이 되어가고 있었던 점을 생각하면, 오래되고 좋은 법이 그것들과의 길항개념으로서 의식화되었다고 하는 것은 가능한 이야기라고 생각된다.

법판고法判告　　오래되고 좋은 법이라는 말이 함의한 것은, 왕과 신민이 함께 따라야 하는 선조로부터 내려오는 신성하고 올바른 질서 또는 관습이 존재한다고 하는 사고방식이다. 그러한 사고방식은 고대 게르만 시대와 초기 중세부터 존재한다. 프랑크왕국과 신성로마제국 시대의 적어도 초기에는 국왕의 의무는 새로운 법을 정하는 것이 아니라 영원하다고 할 수 있는 질서와 관습을 지키는 것이었다. 따라서 오래되고 좋은 법이란 관습법 또는 관습적인 권리를 규범적으로 표현하는 말이었다고 이해해 두면 그것으로 충분할 것이다. 중요한 것은 유럽 중세에는 불문의 관습법이 큰 힘을 떨치고 있었음을 인식하는 것이다.

중세에는 근대법처럼 모든 사람을 포괄하는 일관된 법규범과 정밀하고 합리적인 법시스템은 존재하지 않았다. 중세법은 완결된 시스템을 구성하는 명확한 규범이 아니라 다양한 개별사례마다 발견되는, 즉 '개시開示되는 법(한스 슐로써Hans Schlosser)'이었다.

> "다종다양한 형식상의 풍부함은 구체적인 생활의 필요에서 출발하여 그 위에 어느 특정한 개별적 사건을 매듭짓기 위하여 끊임없이 관습적으로 법을 창조한 것에 따른 결과였다. 오로지 그때그때의 생활관계와 관련하여 비로소 소송에 등장한 것만이 일반적으로 구속력 있는 법으로 간주되었다. 그리고 오로지 이 개별적인 사건을 재판하기 위해 관습에 뿌리내린, '법명망가'(참심인, 판결발견인)의 법적 표상과 법적 확신으로부터 그들의 사회적 명성과 권위에 의해 무엇이 올바른가가 확정되었다."
>
> 한스 슐로써, 『근세사법사요론』

참심인은 제5장에서 기술하였듯이 샤를마뉴 대제의 사법개혁에서 태어났으며 지역의 하급귀족층이 담당하였다. 그들은 지역의 관습법에 정통하고, 개별적인 안건에 대해 판결을 제안하였다. 법관은 법원의 평화에 책임을 지지만 판결에 관해서는 참심인의 제안에 따랐다. 참심인이 발견하는 법은 계속해서 기억되고 있는 관습법이었다. 그런 까닭에 중세에는 종종 '판결의 발견' 또는 '법과 판결의 발견'과 같은 말이 사용되었다.

법과 판결은 일체화되어 있었다. 크누트 W. 뇌르Knut W. Nörr가 지적한 것처럼 "법은 추상적·일반적인 형태로 존재한 것이 아니라, 그 법원에서 판결로서 선고되는 언명으로서 존재하였다. …… 우리가 지금 객관적인 레히트Recht(법)라고 부르는 것은 원래는 다름 아니라 개개의 법원에서 시간과 함께 축적된 판결의 집적에 다름 아니었다."(크누트 W. 뇌르, 『유럽법사입문』)

판결은 법의 선언으로서 종종 기록되었다. 기록된 선언을 일반적으로 법판고法判告라 하고, 법판고의 집성을 법판고집이라 한다. 법판고집으로 특히 유명한 것은 야콥 그림Jakob Grimm에 의해 정리된 농민의 법판고집이다. 이 때문에 그냥 법판고라고 할 때는 농민의 법판고만을 가리키는 경우도 있다(좁은 의미에서의 법판고).

2. 법의 채록과 공간화

법서 법판고는 창조된 법이 아니라 법의 선언에 따라 기록된 법이다. 법의 선언은 제정법이 존재하지 않던 시대에 매우 중요하였다. 그것은 무엇보다 농민 사이에서, 그리고 시민과 귀족 중에서 행해졌다. 황제의 궁정법원이나 제국회의에서 선언된 법의 기록(제국 법판고)도 많이 있다.

"중세 독일의 황제들은 몇 백 년이나 되는 긴 기간에 걸쳐 그때그때 궁정에 봉직하고 있는 수도 일정치 않은 귀족들에 의해 발견되는 제국법판고를 이용하여 수없이 많은 개별사례에 관하여 통용되고 있는 법의 확인에 노력하였다."(『독일입법사』) 이는 집회에서 법의 선언이라는 형식을 이용한 일종의 입법으로 이해된다. 그러나 이 경우에도 궁정법원이 구체적인 사건에 따라서 재판의 형태로 법을 선언하였다.

'법과 판결'을 기록한다는 것은 단순히 구술로 전해져 온 것을 문서로 확정하는 것만을 의미하지는 않는다. 독일의 법사학자 디스텔캄프B. Diestelkamp에 따르면, 법판고에 의하여, '법의 발견으로부터, 근대적인 법적용에서와 같은 텍스트에 의한 법의 적용으로의 전환'이 이루어졌다. 이는 입법을 향한 커다란 일보였다. 동시에 그것은 '실체법의 형성 및 실체법의 중시'라는 근대적인 법시스템을 향한 궤도 변환으로도 연결되고 있었다.

이와 같은 역사적인 흐름 속에 12세기부터 13세기에 걸쳐 불문의 관습법을 기록하는 움직임이 강하였다. 당연하지만, 애매하고 범위가 넓은 관습법 중에서 특히 중요하다고 생각되는 것만이 편자의 관점에 따라 채택되었기 때문에 이 작업은 기록이라기보다는 채록採錄이었다. 편자는 법지식이 있는 사인私人이었으므로 그들이 채록한 법집성을 법전法典이 아니라 법서法書라 한다.

주요한 법서 지역별로 주요 법서의 이름을 소개하면 다음과 같다.

■ 이탈리아의 법서

「봉건법서(Libri feudorum)」(1150-1220년): 11세기 롬바르디아의 봉건법을 채록한 것. 나중에 「시민법대전」에 부가되었다.

■ 독일의 법서

(1) 「작센슈피겔Sachsenspiegel」(라틴어로 된 원래의 초고는 1221-24년, 저지低地 독일어판은 1224/25년): 독일에서 가장 중요한 법서. 동東작센의 귀족이자 참심자유인이었던 아이케 폰 레프고우에 의해 편찬되었다. 작센의 관습법을 '거울(Spiegel)'처럼 정확하게 비춰낸다고 전해지고 있지만, 레프고우의 사상도 들어 있다고 생각된다. 란트법과 레엔법의 2부로 구성되어 있다. 란트법은 작센인, 레엔법은 작센귀족의 관습법이다. 작센에 로마법이 진출하는 것을 저지하고 독일 각 지역에서 법서의 출현에 자극을 주는 등 후세에 깊은 영향을 주었다.

◆ 아이케 폰 레프고우-Eike von Repgow(1180년경-1233년 후)

작센 오스트팔렌의 마을 레피샤우Reppichau에서 태어나 참심인으로 활동하였다. 그의 생애는 거의 알려져 있지 않다. 「작센슈피겔」, 『작센 세계 연대기』(1231년경)의 저자이다. 풍부한 학식을 가지고 작센 특히 동작센 지방의 관습법을 라틴어로 채록하였다. 그러나 「작센슈피겔」의 '서시序詩'에서 전해지는 바로는 이 라틴어를 독일어로 바꾸도록 그의 주군인 크베들린부르크Quedlinburg 수도원의 대관代官 팔켄슈타인Falkenstein 백작 호이어Hoyer에게서 청받아 '마지못해' 독일어(저지 독일어)로 바꾸었다고 한다. 당시의 학문용어는 라틴어였기 때문에 이것은 꽤나 어려운 일이었지만, 레프고우는 이를 완성하였다. 「작센슈피겔」은 이러한 의미에서도 획기적이고, 그것이 독일 각지로 퍼져 "독일의 법생활에 가늠할 수 없는 큰 영향을 미치게"(이시카와 다케시石川武) 된 이유의 일단이 여기에 있다고 한다. (Y)

(2) 「도이첸슈피겔Deutschenspiegel」(1275-76년): 「작센슈피겔」의 고지高地 독일어 번역

을 포함한다. 아우크스부르크의 프란체스코회 수도사의 손으로 이루어졌다.

(3) 「슈바벤슈피겔Schwabenspiegel」(1275-76년): 역시 아우크스부르크의 프란체스코회 수도사가 편찬한 것이다. 「도이첸슈피겔」이 시도한 「작센슈피겔」의 개작을 더욱 진전시켰으며 체코어와 프랑스어로도 번역되었다.

(4) 「프라이징 법서(Freisinger Rechtsbuch)」(1328년): 대언인代言人인 프라이징의 루프레히트Rupprecht가 자신이 이용하기 위해 기록한 법서. 「슈바벤슈피겔」과 「아우크스부르크의 도시법」 등을 기초로 하고 있다.

(5) 「뮐하우젠 제국법서(Mühlhäuser Reichsrechtsbuch)」(1230년경): 튀링겐에 있는 뮐하우젠시의 도시법서. 프랑크법을 포함하며, 제국과의 관련이 강하였기 때문에 '제국법서'라고 불렸다.

■ 프랑스의 법서

(1) 「노르망디 대관습법서(Summa de legibus Normanniae in curia laicali: Grand coutumier de Normandie)」(1250년경): 모카엘이라고 하는 성직자에 의해 라틴어로 기록되고, 곧바로 프랑스어로 번역되어 노르망디에서 16세기에 이르기까지 법원에서 적용되었다.

(2) 「성 루이 법령집」(1270년): 루이 9세 때 북프랑스의 관습법을 채록한 것. 서두에 루이 9세의 왕령이 있기 때문에 이러한 이름이 붙었지만, 익명의 사인이 편찬한 것이다.

(3) 「보베지 관습법서(Commentaire coutumes de clermont-en–beauvaisis)」(1283년): 중세 프랑스의 가장 중요한 법서. 오를레앙과 아마도 볼로냐에서 법학을 배우고 보베지Beauvaisis에서 지방법관(bailli)을 하고 있던 필립 드 보마누와르P. de Beaumanoir(1247년경-96년)가 파리 북쪽 보베지 지방의 관습법을 편찬한 것. 아르투와, 파리 등의 관습과 파리고등법원의 판례, 국왕의 명령 등을 포함한다.

(4) 「자크 다블레쥬의 프랑스 대관습법서」(1388년경): 파리 샤틀레법원에서 활동한 법률가 자크 다블레쥬Jacques d'Ableiges의 손으로 만들어진 것으로 파리 샤틀레법원의 소송절차를 기록한 것이다.

(5) 「파리대관습법서」(1510년, 1580년 개정): 샤를 8세가 정한 절차에 따라 루이 12세

의 치세하에 성문화된 가장 중요한 관습법서. 이것을 바탕으로 프랑스의 공통관습법이 완성되었다. 1580년의 개정은 가장 위대한 관습주해학자인 샤를 뒤물랭Charles Dumoulin (1500-1566년)의 주석서에서 큰 영향을 받고 있다.

- 스페인의 법서

(1) 「아라곤 관습법서」: 페로Fuero(지방관습법)라고 불린 일련의 관습법서의 하나. 그 외에 레온, 카스티야, 나바라 관습법서가 있다.

(2) 「7부 법전」(1256-65년): 스페인에서 가장 중요한 법서. 카스티야·레온 국왕 알폰소 10세 시대에 개작되고 1348년 알폰소 11세하에서 7부로 나뉘고, 보충적인 효력을 가지는 것으로 시행되었다.

- 아이슬란드의 법서

「그라가스Grágás」(1258/71년): 고대 아이슬란드의 관습법서. 1117년 전국 집회에서 기록된 「하블리지Hafliði의 법서」를 핵심으로 하여 성립된 스칸디나비아 최대 규모의 법서. 노르웨이에 의한 정복 후 마그누스 하코나르손(=호콘손) 왕의 법서에 의해 13세기 후반에 효력을 부정당하였다.

- 스웨덴의 법서

(1) 「에스트에타 법전」(1300년경): 동예탈란드 지방의 관습법을 채록한 것. 마그누스 에릭손 왕의 「국법」(1347년)에서 이용되었다.

(2) 「베스트에타 법전」(1220년경-): 서예탈란드 지방의 관습법을 채록한 것. 최초의 채록자는 에스킬 마그누스손이라고 한다.

- 덴마크의 법서

「스코네 법서」(1210년)

「스칸스케 로」(1200/10년)

■ 잉글랜드의 법서

(1) 「헨리 1세의 법률」(1115년경): 헨리 1세 통치기의 잉글랜드법을 라틴어로 기록한 것. 웨섹스의 프랑스인 성직자가 채록하였다고 한다.

(2) 『잉글랜드의 법과 관습』(1187년경): 헨리 2세의 법률고문 라눌프 드 글란빌Ranulf de Glanvill에 의해 기록된 것으로 잉글랜드의 법원에서 형성된 관습법을 서술하고 있다. 중세 잉글랜드 관습법(코먼로)의 가장 오래된 '권위의 서.' 통칭 「글란빌」.

(3) 『잉글랜드의 법과 관습』(1250년경): 잉글랜드의 국왕법원 법관 헨리 드 브랙톤 Henry de Bracton이 국왕법원의 2천 개 정도의 판결을 기초로 기록한 것으로, 중세 잉글랜드 관습법(코먼로)의 가장 좋은 기술이다.

다양하고 중층적인 법   법서는 법의 한 발전단계를 보여주고 있다. 법서는 오래되고 좋은 법이라 할 관습법을 채록하고 있다는 점에서 초기 중세적이다. 한편, 구술의 관습법을 기록화하고 있다는 점에서 새로운 시대의 도래를 나타내고 있다. 그 새로움은 법의 문서화뿐만이 아니다. 그것은 법을 속인적이 아니라 속지적으로 생각하는 관점이 나타나고 있다는 점에서도 찾을 수 있다. 예컨대 「작센슈피겔」에서는 다음과 같은 기술이 있다.

> "1·30 (작센에) 들어온 사람은 누구나 작센 지방(란트) 내에서는 그 지방(란트)의 법에 따라 상속재산을 수령한다. 그 사람(의 법)에 따르지 않는다, 그가 바이에른 사람이거나 슈바벤 사람이거나 프랑크 사람이라 할지라도."
>
> 『작센슈피겔 란트법』

이로부터 중세 성기에는 법의 공간적인 이해가 진전되고 있었다고 볼 수 있다. 제국에는 제국법帝國法(황제법, 로마법), 왕국에는 왕국법(왕법, 란트법), 농촌에는 촌락법莊園法, 도시에는 도시법圖示法이, 그리고 모든 기독교도에게 적용되는 것으로서 제국 또는 그이상의 공간적 적용범위를 가지는 카논법이 속속 생겨나고 있었다. 한편, 인적인 요소는 출신부족과의 관계를 거의 상실하지만, 봉건사회에 특유한 신분과 결부되었다. 성직자에게는 카논법, 귀족에게는 레엔법, 농민에게는 장원법, 시민에게는 상인법商人法이나 도시법이 적용되었다. 공간성과 인적인 관계가 다양한 형태로 서로 얽혀 있는 것이 중세의 법세계였다.

이 얽히고설킨 법세계를 분석적으로 정리하면서 설명하기는 쉽지 않지만, 다행히 스위스의 법사학자 마르셀 센Marcel Senn이 13세기 독일에서의 법권의 병존상황을 알기 쉽게 그림으로 나타내었으므로 여기에 소개한다.

중세 후기의 법권法圈

카논법			세속법		
↓					
교회	제국	레엔	란트	도시	농촌
교황	황제	귀족	대공·백작	시민	영주·농민
교령	칙법	레엔법	란트평화령	도시법	촌락법
교황교령	제국란트평화령		란트법		장원법
	로마법				

앞에서 이미 신분과 관련하여 귀족, 시민, 농촌과 그 법에 대해 설명하였다. 새롭고 합리적인 학식법으로서의 교회법과 로마법은 제9장 이하에서 다룰 것이다. 여기에서는 공간 관계에서 제국법, 란트법, 도시법에 대해 간단히 언급한다.

제국법 제국 법판고와 칙법, 「봉건법서」에 채록된 레엔법, 제국제후의 특권을 확인한 「제후의 이익을 위한 법규(The Statutum in favorem principum)」(1231년)와 「금인칙서」(1356년) 등이 제국법이다. 수가 적은 제국입법의 예로서는 평화 위반자(범죄자)를 처벌하는 것 등을 결정한 제국란트평화령을 들 수 있다. 란트평화령에 대하여는 다음 장에서 자세히 논한다.

란트법   「작센슈피겔」의 란트법은 부족법의 흐름을 이어받은 일반법으로 국왕에서 농민에 이르는 자유인을 대상으로 한다. 농업사회이기 때문에 농민관습법의 성격이 강하다. 영방이 성립되는 과정에서, 란트법은 영방법의 성격을 가지기 시작하여 영방군주가 제정하는 법을 포함하게 되었다. 영방군주는 1231년의 제국법 '제후의 이익을 위한 법규'에 의해 영방귀족의 협력과 동의 아래 법을 제정할 권리를 부여받았다. 이미 지적한 것처럼 「작센슈피겔」도 영역적 법관념을 보이고 있다.

도시법   도시법은 원래(10-11세기) 상인의 관습법으로 구성되어 있었으나 곧 일반화, 성문화되어 갔다.

우선 도시군주에 의해 특권으로서 허여된 몇 개의 중요한 원칙과 란트법에서 추출하여 부여된 법이 도시법으로 정해졌다. 여기에 시민이 자치적으로 정한 자치 제정법(협약법)이 부가되었다. 중세 후기에는 법학식자가 관여하는 도시법서(개혁법전)도 나타난다(제15장 참조).

도시의 법은 종종 기록되어 다른 도시에도 전해졌다. 법을 같이하는 일련의 도시를 도시법 가족이라고 한다. 독일의 북부와 동부에서는 막데부르크와 뤼벡, 남부에서는 프라이부르크(브라이스가우) 등이 모母 도시가 되었다. 모 도시의 법원은 자子 도시의 항소법원이 되었다. 도시는 자립한 법권法圈이 되고, 상급시민이 구성한 도시참사회參事會의 결의와 도시법원의 판결이 도시법을 발전시켜 나갔다. 그 주요 내용은 매매와 거래에 관한 규정, 수공업과 영업에 관한 규칙, 채무에 대한 소송절차 등이다.

특히 도시토지보유라고 불리는 형태(잉글랜드)와 부동산등기(독일)라는 형태로 시민이 토지나 건물을 개인적으로 획득할 수 있었던 것이 주목된다. 도시토지보유는 봉건적인 토지보유와 다르게 토지를 유언으로 유증할 수 있었고, 매도, 저당, 대여도 가능하였다. 그것은 근대적인 소유권에 아주 가까운 것이었다.

도시법은 카논법, 로마법과 함께 농촌적이고 봉건적인 관습법의 바깥에서 발달하여 법의 유럽적인 발전에 일익을 담당하였다.

3. 중세의 사법과 형사법

(1) 사법私法

가족 중세법의 현실적 내용으로 조금 들어가 보자. 사법私法의 세계에서는 친족의 힘이 약하고 가족이 중심적인 역할을 하였다.

그러나 중요한 재산인 토지의 매매에서는 여전히 친족이 갖는 의의가 적지 않았다. 11-12세기부터 토지의 양도를 자주 볼 수 있게 되었으나, 친족이 여전히 거기에 관여하였다. 토지는 친족집단에 귀속하는 것으로 의식되었기 때문이다.

상속에 관해서도 프랑크시대에는 친족상속권이 존재하였다. "재산은 피와 같이 흐른다."가 원칙이었다. 그 순위는 아들, 딸, 아버지와 어머니, 형제자매의 순이고, 처에게는 상속권이 없었다. 친족의 상속은 남편과 아내 양쪽의 친족으로 똑같이 흘렀다. 자유처분은 본래 알려져 있지 않았으나, 12세기에는 처에 대한 생전증여, 13세기에는 교회에 대한 기증과 관련하여 유언이 발달하였다. 친족의 불만은 뒤로 물러났다.

혼인에 관해서도 교회의 영향 아래 12세기 무렵부터 문트권자의 결정이 아니라 당사자의 의사가 존중되어 "합의가 혼인을 창설한다."라는 원칙이 나타났다. 문트혼과 함께 자유혼이 일반화되었다. 교회는 이 두 가지 혼인에 성사聖事의 성격을 부여하고 이혼을 금지하였다. 일찍이 문트혼에서는 남편이, 자유혼에서는 쌍방이 이혼을 실현시킬 수 있었지만, 이혼의 금지가 일반화되어 갔다.

부동산 물건에는 동산과 부동산의 구별이 있었다. 동산으로는 가축, 의복, 무기 등이 중시되었고, 부동산은 가장 중요한 재산이었다.

부동산은 그 보유자의 위신의 원천이었다. 토지소유는 봉건사회에서 줄곧 개인화되고 있었지만, 레엔 관계가 토지에 대하여 복수의 사람들에게 각각 강한 권한을 부여하고 있었기 때문에 개인소유는 이러한 면에서도 관철되지 않았다. 소유권 관념 일반도 토지와 깊이 관련되어 있었기 때문에 애매모호하였다. 소유와 점유의 관계도 불명확하여, 게베레는 사실적인 물건 지배와 같은 뜻이 아니라 권리의 외피라고 생각되었다. 그것은 사실적인 소지뿐만 아니라 용익권 또는 점유권을 의미하였다. 게베레를 가지는 자는 공격에 대하여 재판으로 방어하고 물건을 빼앗긴 경우에는 그 반환을 청구할 수 있었다. 근대적인 의미에서의 배타적인 소유라는 사고는 아직 존재하지 않았다.

하지만 '아이겐Eigen'(나에게 완전히 귀속한다)이라는 단어는 있었다. 그 결과 12세기가 되면 아이겐을 가지는 자는 자유로이 대상을 처분할 수 있다는 인식이 퍼진다. 아이겐은 완전한 소유권을 가리키는 경우도 있었으나 점유권만을 의미하는 경우도 있어, 완전한 소유권으로의 이행은 아직 유동적이었다. 소유권(아이겐툼 Eigentum)이라는 새로운 단어가 나타난 것은 13세기 이후이다. 이는 로마법과 관련된다.

토지 소유권의 이전은 재판에서 소유자가 취득자에게 양도할 것을 선언하고, 그것이 판결에 의하여 인정되어야 하였다. 모든 상속인이 이것을 인정하는 것이 이전을 위하여 필요하였다. 이것을 에르벤라우프Erbenlaub라고 한다. 「작센슈피겔」 란트법(1·52·1)에는 다음과 같이 되어있다.

> "어떠한 사람도 상속인의 승낙 없이, 또는 정규의 (정기의) 재판집회(echt dink)를 거치지 않고 그의 소유지(egen) 또는 그의 종속민(lude)을 양도할 수 없다."
>
> 「작센슈피겔 란트법」

상속인 중 한 사람이라도 1년과 1일 이내에 반대하면 처분은 가능하지 않았다. 도시에서의 등기도 그러한 확인이 행해진 후에 허가되었다. 어쨌든 1년과 1일을 경과하면 취득자는 정당한 게베레를 취득하였다.

동산   동산의 경우 이러한 제도는 없었고, 선의취득자는 즉시 취득하였다. 「작센슈피겔」 란트법(2·60·1)은 타인에게 말馬 또는 기타의 동산을 대여하거나 담보로 제공한 경우, 소유자는 그것을 자신의 게베레에서 놓아버린 것이므로 새롭게 자신의 게베레 안으로 그것을 받아들인 자가 임의의 방식으로 제3자에게 매각하거나 담보로 제공하여도 그 반환을 그 제3자에게 직접 청구할 수 없다고 전하고 있다. 소유자가 반환을 청구할 수 있는 자는 소유자가 대여하거나 담보로 제공한 바로 그 상대방이었다.

이 사례가 보여주는 것은 "손이 손을 지켜라."라는 당시 법언法諺 그 자체였다. "손이 손을 지켜라."란, 게베레를 맡긴 경우에 선의의 제3자에게 직접 반환을 청구할 수 없다는 것을 의미하였다. 중세법에는 소유권에 기초한 소송은 없으며, 있는 것은 게베레의 침해에 기초한 소송뿐이었다.

게베레를 맡은 자에게 반환청구를 할 수 있었던 까닭은 계약을 이유로 하는 것이 가능하였기 때문이다. 프랑크왕국 시대에 계약은 형식을 중시하였다. 채무를 이행하지 않는 것은 일종의 범죄로서 속죄금의 지급이 필요한 행위였다. 채무계약을 기초 짓는 것은 형식을 준수한 약속이고 성실선서였다.

그러나 상업의 발달과 함께 계약위반은 속죄금이 아니라 손해배상으로 처리되었다. 공법과 사법의 분리가 시작된 것이다. 계약도 낙성계약이 되고, '손 마주치기'와 같은 계약체결시의 요식행위[1]도 부수적인 것으로 생각하게 되었다. 무방식의 낙성계약의 발달에는 카논법의 영향이 컸다.

(2) 형법과 형사절차

화해의 체계   게르만 시대와 프랑크왕국 시대에 일반적이었던 속죄금제

---

[1] 제1장에서 본 로마의 엄격법상의 요식행위와 같이 게르만법에서도 법률행위의 성립을 위해 언동, 물건의 교부, 증인 입회 등의 형식이 요구되었다. 예를 들어, 구두계약의 일종인 신약(信約, Treugelöbnis, fides facta)에서는 채무자가 급부를 성실하게 이행하겠다는 요식문언 언명과 함께 손으로 하는 신체적 동작을 하였다. 채무자가 오른손을 들고 검지 또는 검지와 중지를 세운 후 채권자에게 요식문언에 따라 서약하거나 그의 손바닥을 채권자의 손바닥 위에 얹어놓고 급부를 성실하게 이행할 것을 언명하는 것이다. 양 당사자가 두 손을 들고 손바닥을 마주치거나 서로 잡기도 하였다. 현승종·조규창, 『게르만법』(제3판), 박영사, 2001.

도는 손해배상과 복수가 혼재된 것으로, 속죄형법이라고도 일컬어진다. 그것은 이른바 "화해의 체계(Eberhard Schmidt)"였다. '화해의 체계'란 많은 사건을 당사자의 합의 아래 속죄금의 부과와 그 지급으로 결정짓는 것이다. 엄밀한 의미에서의 형법은 없고, 있는 것은 속죄금의 체계였다.

이 시대에는 복수에 커다란 여지가 주어져 있었기 때문에, 행위의 주관적 의도가 무엇이든 결과적으로 손해와 모욕이 가해졌다면 책임이 발생한다고 생각하였다. 이를 결과책임주의라고 한다. "행위가 사람(범인)을 죽인다."라고 한 것도 그 때문이다. 이 복수주의와 결과책임주의를 완화한 것이, 피해자나 추적자도 들어가지 못하는 교회 등의 아쥘Asyl(피난소)와 속죄금이었다. 속죄금은 말하자면 복수감정을 매수하는 의미가 있었다. '화해의 체계'에서는 당사자의 의향이 큰 비중을 차지하였다.

재판은 양당사자가 소송계약을 체결할 때부터 시작된다. 피고가 거부한 경우에는 원고는 소환절차를 행하였다. 피고가 소환을 거부하면 평화상실이 선고되었다. 그러나 재판에서 불리한 판결이 제안된 경우에 피고는 판결발견인을 비난할 수 있었고, 판결이 선고된 후에도 이를 부인하고 스스로 자신의 억울함을 증명하는 것이 허용되었다. 그 증명방법은 선서(compurgation, 결백선서)[2], 신판神判, 결투였다. 증명에 성공하는 경우와 실패하는 경우가 있기 때문에 법관은 미리 본래의 속죄금과 증명에 실패한 경우에 부과될 더 높은 금액의 속죄금을 동시에 판결하였다(두 혀의 판결).[3]

---

2) 'compurgation'은 결백증명(purgatio, '씻다'의 뜻)을 위해 피고와 선서보조자가 '함께'(con-) 행하는 선서를 말한다. 일본어 원문에서는 '설원선서'(雪冤宣誓)로 번역하였고, 일본학계에서는 이 역어가 정착되어 있는 것 같다. 우리나라 문헌에서는 '무죄선서, 면책선서, 결백선서, 설원선서' 등 일정하지 않다. 무죄선서와 면책선서도 좋은 번역이지만 원어의 뉘앙스가 충분히 살지 않는다. '설원'은 'purgation'의 어의와도 잘 맞고 '원통함・억울함'(冤・抑)을 '펴다・씻다'(伸・雪)와 같이 우리나라의 옛말에도 익숙한 표현이지만, 현대 독자에게 쉽게 뜻이 전달되지 않은 단점이 있다. 이에 '결백선서'라는 역어를 택하였다.
3) 본문의 내용에서 알 수 있지만, 여기에서의 판결은 증거판결임과 동시에 (입증의 성부에 따라) 조건이 붙은 종국판결이기도 하였다. 하나의 판결이 두 혀를 가졌다는 뜻에서 '두 혀의 판결'이라 한다.

선서·신판·결투 자유인은 원칙적으로 선서로 자신의 혐의와 판결을 부정할 수 있었다. 선서는 엄격한 요식행위로서 말이 틀리는 것이 허용되지 않았다. 또 반드시 선서자의 인격을 보증하는 선서보조자가 필요하였다. 그 수는 사건의 중요성과 피고의 사회적인 지위에 따라 다른데, 일반적으로는 피고를 포함하여 3명, 7명 또는 12명이었다. 그들은 피고의 선서가 허위가 아니라는 것을 선서하고, 사건 내용의 진위에 대하여는 전혀 관계하지 않는다. 즉 오늘날의 의미에서의 증인은 아니다.

신판[4]에는 물의 재판(judicium aquae frigidae), 끓는 물의 재판(judicium aquae ferventis), 달군 쇠의 재판(judicium ferri candentis) 등이 있었는데, 모두 초자연적인 기적을 일으키는 것에 의하여 그 진위를 헤아리는 것이었다. 끓는 물 안에 손을 집어넣는다거나 달군 쇠를 손으로 잡고 걸어가게 한 후에 붕대를 감았다가 화상의 유무로 정사正邪를 판단하였다. 비자유인에게 과하는 것이 보통이었으나, 자유인이라도 간통이나 친부 여부를 둘러싼 다툼, 암살이나 야간 절도, 이단이나 이교의 판단 등 비밀성이 높거나 윤리성이 강하게 의심되는 사건에 대하여는 신판이 적용되었다.

결투재판도 오래전부터 이용되었다. 이것은 어느 시점에선가 신판과 결부되어 신판의 성격을 강하게 갖고 있으나, 기본적으로는 자력구제를 재판의 장에서 실력으로 행사하는 것이다. 이것도 선서를 이용하는 것이 불가능한 사건이나 특별한 사안에 적용되었다. 소를 제기할 때 미리 결투를 신청하여 선서의 여지를 없애거나, 죽은 자를 대신하여 결투하는 것 등이 정해져 있었다.

이 결투재판이 널리 유포되어 있었음은 「작센슈피겔」, 「보베지 관습법서」, 『잉글랜드의 법과 관습』 등에서도 그 방식이 상세히 묘사되어 있는 점에 비추어 명백하다. 잉글랜드에서는 토지를 둘러싼 분쟁의 경우 피고는 '대 아사이즈(Grand Assize)'[5]라는 일종

---

[4] judicium Dei, ordeal(중세 영어는 ordal), ordalie(중세 프랑스어는 joïse), Gottesurteil 또는 Urteil(어떤 시대에는 Urtheil로 표기)로 불렸다. '시죄법(試罪法)' 또는 '신명(神明)재판'으로 번역되기도 한다.

[5] 아사이즈(assize)는 '앉다'는 말에서 나온 것으로 회의·제정법·재판 등 여러 사람이 앉아서 논의하는 일과 관련된다. '법률'을 뜻할 때도 있으나 '대 아사이즈', '아사이즈 점유소송' 등에서는 배심제 형태의 재판을 의미한다.

의 배심에 의한 국왕재판을 받거나 결투로 부인하는 것을 선택할 권리를 가졌다.

프랑크왕국 시대의 소송에서는 당사자 소환과 나란히 출두명령 즉 법원의 직권소환이 등장하였다. 또한, 당사자소송(고소주의告訴主義)과 함께 새로이 탄핵절차와 관헌적인 범죄소추도 탄생하였다.

탄핵절차 탄핵절차彈劾節次[6]는 국왕순찰사가 임명한 지방명망가에게 선서를 시키고 그 지방에서의 범죄를 탄핵할 의무를 부과하였다. 탄핵된 자는 출두명령을 받고 선서나 신판에 의해 증명을 하여야 하였다. 이 선서탄핵인은 잉글랜드의 (고발)배심원의 선구였다. 관헌적인 범죄소추는 직권에 의한 체포와 소추의 초기 모습을 보여주고 있다. 법관이 증인을 심문하는 절차(직권심문절차)도 행해졌으나 이는 어느 순간 쇠퇴하였다.

화해의 체계는 서서히 물러나고 있었다. 대신 나타난 것이 공익을 중시하는 '형법'이다. '형법'이라는 개념이 나타난 것은 1200년 무렵이라고 하지만, 11세기부터 13세기

---

6) 여기에서의 '탄핵절차'에서 말하는 '탄핵'은 현재의 표현으로 '고발'과 그에 따른 범죄의 소추에 해당한다. 이 탄핵절차는 본래 게르만적 소송절차에 필요하였던 피해자 측의 소추(고소)를 대신하는 것이다. 여기에서의 탄핵절차는 현대 법학에서 일반적으로 형사소송의 모델로서 규문주의·직권주의(inquisitorial system)와 대비되어 거론되는 당사자주의·탄핵주의(adversarial or accusatorial system)와 혼동하지 말아야 한다. 이때의 탄핵주의는 심판자와 고소자(또는 소추자)를 분리하여 고소자에 그 소의 진실성을 입증시키고 고소된 자는 그에 대해 반증을 하고 심판자가 판단한다는 형태로서 원고-피고-법관의 삼자 대등 관계 속에서 심리가 진행되는 소송제도를 뜻한다. 반면, 규문주의적 절차는 재판관(규문관)이 수사·심리·판단의 과정을 직권에 의해 장악·진행하는 절차이다(자세한 것은 이 책 제14장 규문소송과 마녀재판).
지금까지 본 중세 전기의 소송절차는 현재의 의미에서는 피해자소추주의(고소주의), 당사자주의, 탄핵주의적 성격을 갖는데, 여기에 본문에서 말하는 '탄핵절차'는 국왕순찰사의 명령, 법명망가의 범죄 탄핵(고발) 의무, 탄핵에 의한 범죄인의 소추, 부분적인 직권심문절차 등 관헌적인 범죄소추의 요소를 도입한 것이다. 따라서 본문의 '탄핵절차'가 도입된 프랑크왕국의 소송은, 현재의 개념으로 표현하면, 본래의 탄핵주의적 절차에 규문주의 요소가 가미된 것이라 할 수 있다(半규문주의). 그 위에서 이후 유럽의 소송절차가 분기하고 전개되었다. 거칠게 말하면, 중세 잉글랜드에서는 여기에 배심제(고발배심, 심리배심)가 강화·결합함으로써 중세 전기의 '탄핵주의적' 성격이 보존, 발전하고, 반면 대륙에서는 관헌적인 범죄 소추의 측면이 전면화되면서 '규문주의' 소송제도를 발전해나갔다고 할 수 있다.

에 걸쳐 범죄자에 대하여 고통형이 널리 부과되기 시작하였다. 고통형이란 요컨대 신체형이다. 그것은 자유인과 비자유인에게 똑같이 적용되었다. 새로운 시대가 도래하고 있었다.

제8장
유럽법시스템으로의 전환

유럽 중세세계는 성속이 혼효된 세계인식 아래 움직이고 있었다. 황제와 국왕은 신권적이었다. 로마 교황과 주교는 상당히 세속적이고 황제와 국왕에 종속적이었다. 이 관계를 타파하고 성속 분리의 길을 개척한 것이 성직서임권 투쟁이다('교황혁명'이라고도 한다). 왕권은 세속화의 길을 걷기 시작하고, 실력에 의한 평화형성(란트평화령의 공포와 집행)을 개시하였다. 란트평화령은 페데를 제한하고 평화령 위반자에게 신체형을 부과함을 규정하였다. 여기에서 공적 형벌의 관념이 태어난다. 법의 세계에서 중세에서 근세로의 이행이 시작되고 있었다.

1. 교황혁명

자연과 초자연 중세적 세계의 한 가지 특색은 자연과 초자연이 불가분의 형태로 무매개적으로 결합되어 있다는 것이다. 선서와 신판이 널리 행해진 것도 신이

이 세상에서 행해지는 부정을 심판하고 초자연적 현상을 일으킴으로써 그 내용을 보여주는 것이라고 사람들이 믿고 있었기 때문이다. 본래 화상을 입는 것이 당연한 행위가 상처 없이 끝난다면 그것은 확실히 기적이며 초자연적인 것이리라.

자연과 초자연의 결합은 신판만이 아니다. 기독교 신앙과는 명확히 모순되는 행동을 전통적인 법의 세계에서 볼 수 있다. 대표적인 예로서 죽은 자를 법적으로 살아있는 것으로 취급하는 제도를 들 수 있다.

법적 주체로서의 죽은 자 하인리히 브룬너Heinrich Brunner는 게르만 시대에는 죽은 자도 법적으로 권리를 가질 수 있었다고 한다. 죽은 자가 그를 살해한 범인을 소추하는 일도 가능하였다. 브룬너는 이를 이렇게 설명하고 있다.

"게르만의 먼 옛날의 재판절차도 죽은 자가 계속 살아있다는 사상에 의해 작동하고 있다. 살인의 현행범에 대한 소송, 즉 범인이 즉시 체포된 살인을 둘러싼 소송은 죽은 자의 면전에서 이른바 죽은 자와 함께 하는 소송으로서 재판에 회부되어야 하였다. 피살자의 가장 가까운 친척에 해당하는 혈연자가 이를 행하고, 집페Sippe의 동료가 이를 보조하여 뒤따른다. 그들은 칼집에서 뽑은 칼을 지니고, 죽은 자를 관 받침대 위에 올리고 법관의 앞으로 데리고 간다. 죽은 자는 3번에 걸쳐 3걸음씩 법관의 앞으로 옮겨진다. 3보 전진할 때마다 그들은 관 받침대를 들어 올리고 부르짖는 소리, 이른바 '외침'을 한다."

하인리히 브룬너는 이것을 '죽은 자와 함께하는 소송'이라고 부른다. 물론 물리적으로 죽은 자는 범인을 소추할 수 없으므로 근대적 관점에서 보면 부자연스럽다. 실제로 범인을 소추하는 것은 혈연자였다. 혈연자가 죽은 자를 대동하고 소추한다. 피로 연결된 관계의 단단함을 보여주는 사례이다. 피는 부족적인 전통사회에서 결정적으로 중요하였다.

그러나 피의 원리와 함께 이 소송을 지지하고 있는 것은 '죽은 자가 계속 살아있다는' 초자연적인 생각이었다. 이것도 마찬가지로 중요하다. 브룬너는 이를 고대 게르만의 제도라고 생각하고 있지만, 아마 13세기에도 실효성을 가지고 있었을 것이다. 왜냐하면 「작센슈피겔」 제2부 제14장 제2조에 '죽은 자와 함께하는 소송'이 기록되어 있기 때문이다. 예컨대 다음과 같다.

> "그런데 사람이 죽은 자를 (매장하지 않고) 법원 앞에 데려가 그(죽은 자를 살해한 사람)를 소추하면, 그는 자신의 목을 걸고 응소하거나 죽은 자로 하여금 복죄服罪하도록 만들어야 한다. 또는 그는 그가 가한 (죽은 자를 사망하게 만든) 일격에 대하여, 어떠한 방식으로 책임이 물어지든 간에, 반드시 책임을 져야 한다."
> 「작센슈피겔 란트법」

이 소송은 단순히 죽은 자를 동석시키는 것이 아니다. 죽은 자는 당사자였다. 그러므로 죽은 자는 원칙적으로 항상 재판정에 계속 있어야 한다. 죽은 자를 매장하는 것은 소추하지 않는다는 것을 의미하였다. 「작센슈피겔」 제3부 제90장 제2조는 다음과 같이 기술하고 있다.

> "또한, 어떤 사람이 그의 친족이나 친구가 맞아 죽었다면, 누가 그(죽은 자)를 때려 죽였는지 알고 있더라도 그는 그(죽은 자)를 매장할 수 있다. 다만, 그가 죽은 자와 함께 법원에서 소송을 개시한 경우에는 그러하지 아니하다. 이 경우에는 그는 그(죽은 자)와 함께 소송을 수행하여야 하며, 그 소송이 종료되기 전에는 법관의 허가 없이 그의 (친족 또는 친구)를 매장해서는 아니 된다."
> 「작센슈피겔 란트법」

「작센슈피겔」에는 '죽은 자에 대한 소송'도 기술되어 있다. 그 제1부 제64장은 결투재판으로 죽은 자로 하여금 복죄服罪하게 할 수 있음을 보여준다. 죽은 자의 친족이 나타나지 않는 경우 원고는 '두 번 때리고 한 번 찌르는 것'으로 승리한다. 또한, 원고는 7인의 증인을 세우는 것으로 죽은 자와의 결투를 회피할 수 있지만, 이는 죽은 자의 친족이 결투를 신청하면 배제된다고 하고 있다.

초자연을 함유하는 전통적인 법관념이 죽은 자와 결투재판을 결부시켰던 것이다.

성聖과 속俗   자연과 초자연의 혼융은 또한 성聖과 속俗의 혼융이기도 하였다. 왜냐하면 기적은 신에 의하여 이 세속의 세계에서 초자연적으로 실현되기 때문이다. 신판은 성직자의 의식儀式과 당사자의 신에 대한 선서를 불가결한 요소로 하였다. 선서와 주장은 시적詩的으로 말해지고, 작은 나뭇가지나 장갑, 막대기 등의 상징이 이용되었다. 모든 것이 모호하고 얽혀 있으며 의식과 무의식이 서로 오고 갔다.

사람은 친족이나 공동체와 동일화되어 있었다. 신판은 범죄로 인해 만들어진 공동체의 터진 틈을 그 구성원 전원 앞에서 회복하기 위한 의식이기도 하였다. 피터 브라운 Peter Brown이 지적한 것처럼 손에 입은 화상의 판정도 공동체 전원에 의한 암묵의 합의(컨센서스)에 의해 결정되고 있었을지도 모른다. 주관과 객관의 경계는 불확실하였다.

신판은 자연현상을 매개로 하는 신의 개재이다. 이는 자연에 대한 신앙과 자연 속에 신들이 내재한다는 의식과 결부되어 있다. 게르만과 프랑크의 왕 또한 유력한 귀족들조차도 신들의 자손이라고 주장하고 있었다. 민중은 이를 소박하게 믿고 있었다.

기독교의 세계관은 이것과 근본적으로 다르다. 신은 하나이자 인간 위에 우뚝 솟아 있고, 자연계에 성스러움聖性은 없다. 자연은 신이 인류를 위해 창조한 것이며, 태양과 달, 숲과 강, 산과 바다에 초자연적인 요소는 내재하지 않는다. 그것은 모두 인간에 의해 정복되고 이용되는 존재에 지나지 않는다. 수도원이 선두에 서서 황무지를 경작, 개간하고 농업과 지역을 개발한 것은 그 때문이다.

그러나 초기의 기독교는 약체였고 교의教義도 확립되어 있지 않았다. 기독교는 어떤 면에서 게르만화되어 신판의 의식을 주최하였다. 프랑크 왕과 기타 왕들의 신성神性은 부정하였으나, 그들에게 종교적인 최고권위가 있음을 인정하고, 주교의 임명권과 종교적 사항을 관리하는 것을 인정하였다. 제5장에서 지적한 것처럼 프랑크왕국은 그러한 의미에서 '교회'였다.

황제와 로마 교황   962년에 오토 1세가 개창한 신성로마제국도 이 점에서는 조금도 다를 게 없다. 신성로마황제는 자신을 '그리스도의 대리인'으로 자리매김하고 대주교, 주교를 계속하여 임명하였다. 이것이 가능하였던 것은 대부분의 교회재산이 왕이나 봉건제후에게 속하였기 때문이다(이를 사유교회라고 한다). 독일왕(신성로마황제)은 종종 친족이나 자신의 심복을 주교로 임명하여 왕국의 행정과 전쟁에 관여시켰다. 이와 같은 통치체제를 왕국(제국)교회제라고 부른다.

　황제는 로마 교황에 대하여도 우위에 있었다. 제국 최초의 100년 동안 25명의 교황이 재직하였는데, 그중 황제에 의하여 21명이 임명되고 5명이 파면되었다. 오토 대제에 의해 제정된 이른바 '오토 대제의 특권장'은 로마 교황으로 선출된 자는 곧바로 황제에게 충성서약을 하여야 한다고 명하고 있다. 오토 대제에 이어 작센왕조 및 잘리어왕조의 황제는 이를 강제하였다. 잉글랜드나 프랑스에서도 사태는 거의 같았다.

　그러나 이와 같은 성속 혼융 체제도 11세기 후반에는 혁명적인 변혁을 맞이하고 와해된다. 전통적인 법제도·법관념도 그 무렵부터 서서히 뒤로 후퇴하고, 대부분은 사람들의 의식의 깊은 곳에 침전되어 갔다. 변혁 속에서 등장하는 것은 성속 분리의 세계와, 다른 문명권에서는 볼 수 없는 독자적인 유럽법시스템이다. 11세기 후반은 전환의 시대였다.

서임권투쟁   이 변혁을 일으킨 것은 남프랑스 클뤼니 수도원에서 발단한 교회개혁이었다. 그 요체는 성직매매(시모니아simonia)와 성직자의 결혼·축첩(니콜라이즘 Nicolaism)의 금지이다. 이것은 교회에서 세속적인 요소를 배제하려 한, 거룩한 것의 순화운동이었다. 대규모의 교회개혁운동은 모호한 형태로 유착되어 있던 성과 속의 분리로 이어졌다.

　이것을 결정적인 것으로 만든 것이 개혁파의 중심인물인 그레고리우스 7세이다. 그레고리우스 7세는 1075년에 교황의 지상성至上性을 전하는 '교황훈령서(Dictatus Papae)'를 써서, 주교의 임명을 둘러싸고 당시 독일 국왕인 하인리히 4세와 적대하였다. 1075년부터 1076년에 걸쳐 이 적대는 절정에 달하여 국왕은 그레고리우스의 폐위를 결정하였다. 교황도 하인리히 4세를 파문하였다. 이 파문에 부응하여 독일의 제후들은 국왕에게 적대하였기 때문에 하인리히 4세는 그레고리우스 7세에게 굴복하고 카노사에서 용서를 구하여 가까스로 위기를 탈출하였다('카노사의 굴욕').

그 후 하인리히 4세가 그레고리우스 7세를 습격하여 교황이 망명해야 하였지만, 황제의 성스러움聖性은 이것을 계기로 사라졌다. 보름스 협약(1122년)은 황제권력의 세속화를 대체로 확정하였다. 거의 같은 무렵 잉글랜드나 프랑스에서도 '거룩한 것(성聖)'에 대한 국왕의 지배권은 부정되었다.

교황은 교회 전체를 지배하게 되었다. 그는 공의회公議會를 소집하고 교령敎令으로 기독교도들에게 일원적인 지시를 발하며, 최고의 종신행정관 및 법관으로서 분쟁에 결말을 지었다. 교황은 또한 자연법과 실정적인 신법 이외의 어떤 것에도 따르지 않는다. 교회는 독자적인 위계적 계층성을 만들어내어, 게르만의 부족제 질서나 봉건질서와도 다른, 지적이고 합리적인 관료제 질서를 구축하기 시작하였다. 재판은 교황을 정점으로 하는 심급제를 취하고, 카논법은 교황입법이라 할 수 있는 교황의 교령을 중심으로 발달하였다.

교황혁명 교회가 이루어낸 성과는 그때까지의 성속 혼융의 질서를 근저부터 부정하고 새로운 질서를 창출하는 데 공헌하였다. 이 운동은 실로 성속 분리 혁명이었다. 교회는 원리적으로 '성聖'을 독점하고, 황제권력이나 왕권은 좋든 싫든 간에 '속俗'으로 비중을 옮겼다. 그들은 종교와 초자연으로부터 단절된 세속적 세계를 연마하여 합리적인 질서를 형성하는 방향으로 진전시켰다. 그의 앞에 놓인 것은 교회의 계층적 질서에 부응하는 집권적인 군주제 국가였다.

제국은 결국 그 높은 단계에는 도달할 수 없었으나, 황제 프리드리히 2세의 시칠리아 왕국이나 잉글랜드, 프랑스, 스페인 등은 이에 성공하였다. 정치뿐만 아니라 법, 경제, 사상, 문화의 레벨에 이르기까지 서임권투쟁의 파문은 광범위하게 퍼졌다. 독자적인 카논법과 세속의 합리적인 로마법의 발전에 의한 유럽법시스템의 형성은 그 파문의 가장 좋은 예이다.

그레고리우스 개혁은 법과 정치와 사회의 모습을 근본적으로 변형시킨 역사적인 대사건이었다. 미국의 법사학자 해롤드 버만Harold Berman은 그레고리우스 개혁의 극적이고 깊은 영향을 두고 '교황혁명(Papal Revolution)'이라고 부르고 있다.

2. 페데와 프리데

무장권   전통적인 중세세계는 또한 폭력적이었다. 사람들은 감정 기복이 격심하고 행동은 찰나적이었다. 명예를 위해 힘을 사용하는 것은 찬양받았으면 받았지 비난받지는 않았다. 피의 원리에 따라 복수하는 것 역시 자명하였다. 싸움의 결과는 신의 심판이고, 승자는 신에게 축복받는 자였다. 이를 배경으로 지배계층인 귀족과 기사는 싸우는 것을 직업으로 하고 있었다. 사회 전체가 폭력에 대하여 긍정적인 것은 당연하다.

그러나 중세성기의 봉건사회는 동시에 신분사회였다. 이 시대에는 싸우는 자는 귀족과 기사(이하 양자를 포함하여 기사라고 한다)에 한정되어 있었다. 한스 페르Hans Fehr의 표현을 빌리면, 완전한 무장권은 기사에게만 인정되었다. 무장권이란 ① 무기휴대권, ② 종군권從軍權, ③ 페데권, ④ 결투재판권, ⑤ 범인추적권을 말한다. 일찍이 자유인은 ①부터 ⑤까지의 모든 권리를 가지고 있었으나, 신분의 성립에 따라 농민은 기껏해야 피해자의 '외침'이나 영주의 명령을 듣고 달려가는 ⑤를 의무로서 행사할 수 있는데 지나지 않았다. 다만, 무기란 칼과 창을 가리키고 단검과 활은 거기에 포함되지 않았기 때문에 농민도 단검은 휴대하였다.

고대 게르만 사회에서는 현행범에 대하여 곧바로 행해지는 것이 복수이고, 하룻밤을 지난 후의 '조직적인 복수'가 페데였다. 둘 다 복수이나 차이는 '하룻밤'과 '조직적'이라는 점밖에 없다. 페데는 어디까지나 모든 자유인에게 허용된 친족집단 상호간의 복수였다. 이에 대해 봉건사회 하에 복수에 한정되지 않는 페데가 발달하였다. 그것은 기사와 도시공동체에게만 허용된 권리침해에 대한 자력구제의 전투이다.

기사 페데 이 신분적으로 한정된 전투는 일반적으로 기사 페데라고 불린다. 기사 페데의 경우 물리적 손해를 배상시키기 위한 것도 있고 정신적 손해의 회복을 지향하는 것도 있다. 권리는 명예와 거의 동일시되었기 때문에 그 범위는 대단히 넓었다. 게다가 무장권에 기초한 합법적인 행위였다. 기사가 이 정도 광범위한 사전권私戰權을 가졌던 것은 봉건사회가 말하자면 기사(귀족)사회이고 자력구제권이 기사에게 큰 폭으로 인정되었기 때문이다.

기사는 성을 가지고 자립적으로 할거하고 있었다. 폭력이 만연한 세계에서 자신의 명예와 이익을 지키는 것은 자신의 힘, 나와 친족이라는 혈연집단 및 친족과 유사한 유사혈연집단이었다. 오토 브룬너는 『란트와 헤르샤프트Land und Herrschaft』에서 페데를 '주먹의 권리' 즉 적나라한 폭력으로 보는 종래의 일반적 학설을 부정하고, 그 합법성을 강조하였다. 그것은 어디까지나 봉건사회에 상응하는 분쟁해결법이었다.

물론 모든 폭력행위가 허용되어 있었던 것은 아니다. 페데에도 정당한, 즉 합법적인 페데와 부정당한, 즉 위법한 페데가 있었다. 정당한 페데에는 다음과 같은 요건이 필요하였다. ① 주체적 실행자가 페데권을 가지고 있을 것. ② 그 실행은 권리의 존재를 전제로 할 것. ③ 실행할 때에는 반드시 페데의 통고를 하고, 일정한 기간(보통 독일에서는 최단 3일, 프랑스에서는 40일)을 둘 것. ④ 실행 시 허용된 수단을 취할 것. ⑤ 실행 시 법적인 제약을 지킬 것. ⑥ 그 실행은 화평의 체결로써 종료할 것.

그러나 그 판정이 쉽지 않은 점은 명백하여 페데가 빈번히 발생하였다. 하위징아Huizinga는 그것을 다음과 같이 절묘하게 표현하고 있다. "순수한 봉건제의 시기에는 도처에서 국지전로 한정된 사전私戰을 볼 수 있었다. 거기서 발견되는 경제적 요인이라면, 한쪽이 다른 쪽의 재산을 시기하고 있다는 것밖에 없다. 그렇지만, 시기의 대상은 재산만이 아니다. 명예 역시 확실히 그에 못지않을 정도로 격렬한 시기의 대상이었다. 일족의 평판, 복수욕, 수종자隨從者로부터는 정열 넘치는 성실, 이러한 것이 이 세계에서는 우선적으로 마음을 움직이고 행위에 동기를 부여하였다."(『중세의 가을』)

신의 평화   빈번한 페데는 다대한 피해를 사람들에게 초래하였다. 페데의 대상이 되는 '적'에는 상대측 당사자뿐만 아니라 그의 친족, 부하, 동맹자는 물론 그의 지배 아래에 있는 모든 자를 포함하였다. 그 때문에 성주와 영주의 지배 하에 있는 농촌과 농민은 알맞은 먹잇감이었다. 그들의 생명과 재산은 약탈되고 집은 방화의 대상이 되었다. 농민은 적의 공격을 피하기 위하여 영주의 성으로 도망쳐 들어가든지, 공격자에게 재산을 넘기고 못 본 체하든지, 아니면 공격에 몸을 맡기는 수밖에 없었다. 평화가 희구되었다.

페데가 특히 성행한 곳은 성을 거점으로 삼은 지역권력이 할거하여 왕권의 위엄이 다다르지 않았던 남프랑스였다. 이 남프랑스에서 보르도 대주교가 다른 주교들, 하위성직자와 수도사, 남녀 속인들을 모아 범죄행위를 근절하고 법에 맞는 행위를 정하기 위하여 평화회의를 개최하여 다음의 세 가지를 결의하였다.

(1) 교회에 침입하거나 교회로부터 무언가를 강탈하지 않을 것. 위반하면 파문.
(2) 농민이나 기타 가난한 자에게서 수소, 암소, 당나귀, 산양, 돼지 등을 약탈하면 안 된다. 배상하지 않으면 파문.
(3) 무기를 휴대하지 않고 다니는 성직자나 집 안에 있는 성직자를 습격하여 상처를 입힌 자는 그 성직자가 죄를 범하고 있지 않으면 속죄하지 않는 한 '신의 신성한 교회에서 추방되어야 한다.'

이것을 '샤를 주교구 회의의 결의'(989년)라고 한다. 평화회의는 이를 계기로 하여 남프랑스에서 보베Beauvais와 스와송Soissons, 캉브레Cambrai 등의 북프랑스와 플랑드르 그리고 쾰른과 함부르크 등의 독일에까지 퍼져, 11세기 전반에 같은 종류의 결의가 잇달아 이루어졌다. 평화회의는 12세기까지 계속되고 그 수도 90회를 넘었다. 일반적으로 주교가 회의를 개최하고, 주교구 내의 성직자와 귀족·기사를 포함하는 남녀 속인을 소집하여 집회참가자가 교회와 성직자와 그 재산 및 농민이나 상인, 여성 등 약자를 공격하지 않을 것 등을 '서약'하였기 때문에 이것을 '신의 평화'라고 한다.

신의 평화는 '신분'의 성립과 관계된다. 캉브레의 주교 게라르두스Gerardus가 11세기 초에 '기도하는 사람', '싸우는 사람', '경작하는 사람'이라고 구분한 것처럼 사람은 무기를 가진 자와 가지지 않은 자로 나뉘어 있었다. 무기를 가진 자에게, 무력행사로 공연히 약자를 해하지 않을 것, 약자로부터 약탈하지 않을 것을 요구한 것이 신의 평화이다. 이것은 무장권이 없는 특정한 사람들, 물건, 장소 등의 안전을 무력독점자인 기사계층에게 압박하는 것이었다. 학설상 이 특정한 사람과 장소에 한정된 안전 보장을 특별평화라고 한다. 특별평화의 대상은 교회, 성직자, 농민, 상인, 여성 등이었다.

이 특별평화가 시간과 관련하여 적용되는 경우, 이를 신의 휴전이라고 부른다. 제일祭日과 특히 신성한 요일인 목요일(또는 수요일 저녁)부터 다음 월요일까지는 원칙적으로 무력행사가 금지되었다.

◆ **일반평화·특별평화·아쥘Asyl**

국왕이 그의 지배 아래에 있는 지역 일대에 대하여 일반적으로 보장하는 것이 일반평화이며, 특정한 사람, 장소, 물건, 시간에 대하여 그 평화를 보장하는 것이 특별평화이다. 중세에는 일반평화라는 관념은 희박하고 실효성이 없었기 때문에 평화란 특별평화일 뿐이었다고 말해진다. 이 특별평화와 유사한 것이 아쥘Asyl(=피난소)이다. 아쥘은 권력이라도 들어갈 수 없는 공간으로 교회나 수도원 등이 해당한다. 잉글랜드에서는 성역(sanctuary)이라고 불렸다. 특별평화와 아쥘은 중첩되는 경우도 있지만, 그 본질은 다르다. 특별평화는 국왕이 특히 보호를 부여하였던 것을 의미하는 것에 비하여 아쥘은 자립한 자유이며 불가침한 영역이었다.

근세의 권력은 특별평화의 범위를 확대함으로써 일반평화를 만들어내었지만 아쥘은 오히려 그에 장해가 되었다. 이 과정에서 교회도 그 아쥘적 속성을 부정당하게 된다. 아베 킨야阿部謹也의 『이야기 독일사物語ドイツ史』(中公新書)는 아쥘을 축으로 독일사를 묘사하고 있어 일독을 권한다.　(Y)

신의 평화도, 신의 휴전도 모두 평화에 대한 지향을 보여주고 있다. 기사도 또한 서약에 의하여 평화 형성에 참가하였다. 기사들의 폭력지향, 정열적인 행동양식을 생각한다면, 신의 평화운동은 역시 새로운 질서형성을 위해 큰 역할을 담당하고 있었다고 해도 과언이 아니다.

3. 형벌의 탄생

란트평화령의 탄생　　신의 평화는 교회개혁, 교황혁명과도 관계하였다. 신의 평화는 무기를 지니지 않는, '거룩한 것'으로 순화된 성직자상像을 제시하기 때문이다. 실제로 르-퓌이Le-Puy의 신의 평화(994년)는 성직자가 무기를 지니는 것을 금지하고 있다. 또한 푸아티에Poitiers의 신의 평화는 성직자가 처를 가지거나 여성과 관계하는 것을 금지하고 있다. 십자군 참가를 요청한 것으로 유명한 클레르몽의 교회회의에서도 결의 자체는 성직자와 여성의 평화와 신의 휴전을 보장하고 성직매매를 금지하며 성직자의 규율화를 정하고 있다. 우르바누스 2세가 그레고리우스 7세의 혁명을 이어받은 교황이었다는 것을 생각하면 이는 조금도 기묘하지 않다.

　　로마 교황이 '성'을 독점하고 모든 기독교도를 지도하고 지배하려고 하였다면, 이에 대하여 독일 황제는 '신의 평화'의 세속판인「란트평화령」을 발포하여 제국 전역에 평화와 질서로의 길을 놓으려 하였다. 그 최초의 성과는 그레고리우스 7세와 사투를 벌인 하인리히 4세의「마인츠의 신의 평화」(1085년)이다. 이것은 여전히 황제의 성스러움[聖性]의 흔적을 남기고 있지만, 하인리히 4세는 12세기 초에 명백히 세속적인 지배로의 방향성을 보여주는「마인츠의 제국란트평화령」(1103년)을 공포하였다.

　　이것은 왕국의 유력자인 성속 제후의 서약 아래 4년이라는 한시적 효력을 가지는 제국법으로 제정되었다. 일방적인 명령이 아니라 서약이고, 그 점에 아직 큰 한계가 있기는 하지만, 기사 상호의 페데에 제동을 걸고, 제국 전역에 걸쳐 일정한 범죄행위에 대하여 속죄가 아닌 신체형을 부과할 것을 명기한 것에 그 혁신성이 있다.

이 제국의 란트평화령은 주거침입과 방화, 금전을 빼앗기 위한 상해와 살인에 대하여, 그리고 5 솔리두스 이상의 절도에 대하여 "두 눈 또는 손을 잃는다."라고 규정하고 있다. 5 솔리두스 미만의 절도에 대하여는 머리카락을 뽑고 채찍으로 치는 것도 정하고 있다. 이러한 신체형이 노예에게 일찍부터 행해지고 있었는데, 이 란트평화령에 따라 모든 사람에게 적용되었다.

마찬가지의 규정이 그 후에도 이어졌다. 그중에 특히 유명한 것은 프리드리히 1세의 「제국 대大란트평화령」(1152년), 하인리히 7세의 「제국란트평화령」, 이른바 '하인리히의 휴전'(1224년), 프리드리히 2세의 「마인츠의 제국란트평화령」(1235년), 막시밀리안 1세의 「영구란트평화령」(1495년)이다.

란트평화령의 특질　　란트평화령은 에벨Ebel이 지적하듯이 어디까지나 서약이고 제국이나 각 영방 유력자들의 협력과 합의 위에 성립하였다. 기간도 한정되어 있었다. 페데는 가장 중요한 억제대상이었으나, 「영구란트평화령」에 이를 때까지, 프리드리히 1세의 「제국 대란트평화령」을 예외로 하고, 페데가 전면적으로 금지되는 것은 아니었다. 평화령은 통고의 필요와 기한 등을 제시하여 규칙을 준수한 전투 방법을 요구한 것에 지나지 않는다.

그렇지만 자의적인 전투행위를 금지하고 평화령에 대한 위반을 처벌의 대상으로 한 것의 의미는 크다. 프리드리히 1세의 라이벌이었던 작센의 하인리히 사자공이 황제에게 패하여 1180년에 잉글랜드로 도망한 유명한 사건이 있다. 사자공의 실각이, 부정한 페데라는 평화령 위반의 소를 둘러싼 재판에서 내려진 제국 아하트 (추방) 판결에서 비롯되었다는 사실을 지적해둘만하다. 하인리히 사자공은 레엔법상의 절차에 따라 작센과 바이에른이라는 레엔을 상실하는데, 이때 사자공은 이미 평화(법) 상실자였다.

페데 억제의 시도는 계속되지만, 완전한 금지는 막시밀리안 1세의 「영구란트평화령」으로 비로소 달성된다.

고통형의 체계　　란트평화령의 의의는 페데의 억제를 넘어 공권적인 형벌관을 탄생시켰다는 점에 있다. 란트평화령이 보여주는 고통형의 체계는 사건을 당사자 사이의 분쟁으로 이해하는 전통적인 속죄 혹은 화해의 체계와 달리, 사건을 공공의 평온을 위협하는 강도, 기타의 범죄로 생각하고, 그 발호를 '신체와 생명에 대한 형벌'인 고통형 즉 사형과 신체형으로 진압하는 것을 목표로 삼았다. 평화령을 위반하는 유혈과 약탈은 이제 분쟁이 아니라 범죄였다.

형벌은 잔혹하였다. 위협이 주된 목적이라고 할 수 있지만, 그것은 또한 중세인의 격한 감정의 기복에 적합한 것이었다. 하위징아Huizinga는 처형에 대하여 이렇게 말하고 있다. "교수대의 광경이 주는 잔인한 흥분과 거친 연민은 민중의 정신생활에 중대한 영향을 미쳤다. 도덕적 선도라는 명목의 잔인한 광경이었으며, 무서운 범죄를 막기 위해 더 무서운 형벌을 고안해내는 식이었다."(『중세의 가을』)

사형에는 다양한 방법이 있었다. 가벼운 사형으로는 절도와 강도에 대한 교수형, 살인, 강도, 란트평화 위반, 간통에 대한 참수형이 있었다. 무거운 사형으로는 거륜형車輪刑, 사지 찢기, 화형, 익사, 끓는 물이나 뜨거운 기름에 빠뜨리는 형, 생매장 등을 들 수 있다. 마녀는 화형에 처하고 영아를 살해한 여성은 원칙적으로 꼬챙이에 꿰어 생매장한다고 하였으나 통례는 '자비를 베풀어' 익사시켰다.

신체형 또는 절단형도 다양하다. 평화위반의 상해에 대하여는 손의 절단, 가벼운 절도·허위선서·위증에 대하여는 손가락 절단이었다. 마찬가지로 허위선서, 위증, 신성모독, 비방에 대하여는 혀를 절단하는 형벌이었다. 형벌이 신체의 개개 부위에 부과되는 것은 일반적으로 '동해보복同害報服(talio)' 또는 '반영형反映刑'이라고 불린다.

동해보복은 '눈에는 눈, 이에는 이'의 원칙에 따르는 것으로 보복형이다. 반영형은 그 변종으로서 허위선서의 경우 손의 절단, 비방자에 대한 혀의 절단이 그 전형에 해당한다. 형벌은 아니지만, 결투재판의 대투사代闘士도 패한 경우에는 손을 절단 당하였다. 이는 그들이 결투에 앞서 선서하기 때문이며, 처벌의 근거는 동일하였다.

자유형은 아직은 적었다. 성城이나 시청사의 지하실에 구금되는 일은 있었으나 소송이나 처형을 기다리는 동안만이었다. 배상금을 지급하지 않는 자에 대한 형벌로서의 구금은 있었다. 14세기 이후 도시에 나타난 장기간의 구금은 자유형이라기보다는 신체형이었다고 평가된다. 그 혹독한 환경은 신체에 매우 격심한 고통을 부과하였기 때문이다.

합의에서 권위로   미타이스에 따르면, 신체형은 란트평화령 이전에는 금전으로 되사는 것이 가능하였다. 그러나 란트평화령의 신체형의 경우에는 금전으로 되사는 것이 허용되지 않았다. 그것은 형벌로서 자유인, 비자유인 구별 없이 부과되지 않으면 안 되었다. 이러한 변화의 이유에 관하여는 세 가지 이론이 있다.

첫째는 확장 이론으로 프랑크왕국 시대에 현행범에게 예외적으로 행해지고 있던 신체형이 이 시기에 확장되었다고 한다. 미타이스와 한스 히르쉬Hans Hirsch, 요아힘 게른후버Joachim Gernhuber 등의 학설이다. 둘째는 선서위반 이론으로 란트평화의 전제인 선서위반에 대한 처벌로서 등장하였다고 설명한다. 루돌프 히스Rudolf Hiss가 주장하였다. 셋째는 평준화 이론으로 노예에게 행사되고 있던 처분이 자유인에게도 확장되어 신분적 차이가 평준화되었다고 한다. 구스타프 라드브루흐Gustav Radbruch와 에버하르트 슈미트Eberhard Schmidt가 이 설의 주창자이다.

어느 이론이나 각각 어떤 하나의 국면에 대해서는 타당한 판단을 제시하고 있다. 그렇지만 그 모든 배후에 있는 것은, 11세기 후반에 시작된 성속 분리 혁명에 의하여 왕권이 현저하게 공권화, 세속화, 합리화되었다는 사실일 것이다.

'공公'이라는 공간인식이 있을 때 비로소 형벌, 형법의 사상이 나타난다. 행위를 되사는 것, 즉 사적 배상이 더이상 허용되지 않는 것도 '공'이라는 인식이 발달하였기 때문일 것이다. 12세기 유럽에서 '합의에서 권위로' 이행이 이루어진다고 하는 브라운의 지적은 이러한 의미에서도 적절하다. 물론 이 과정은 아직은 미발달 상태이고 앞으로 장기간이 필요하였다. '권위'적인 평화형성이라는 관점에서 본다면, 란트평화령이 아직 불충분하다는 점도 분명하다 할 것이다. 그렇지만 혁명의 임팩트는 결정적이었다.

지적 각성   성속 분리 혁명으로서의 교황혁명은 정신세계의 혁신이기도 하였다. 성속 분리라는 혁신 속에서 사람들에게 활기찬 지적 각성을 가져오고, 세계

인식을 변화시키는 새롭고 위대한 문화운동이 시작되었다. 그것은 법·정치·사회·문화의 모든 면에 침투하여 유럽의 지적형성에 큰 영향력을 행사하였다. 이는 유럽법시스템의 형성에도 큰 힘을 떨쳤다.

이 지적인 각성을 '12세기 르네상스'라고 부른다. 그것은 사회경제의 발전과도 깊이 관련되어 있었다. 지방 농업경제 속에서 도시형 상업경제가 등장하여 크게 도약하기 시작하였다. 사회경제적 세계 속에 개방적인 공간이 생겨나고, 그것이 상품의 교환, 사람들의 이동, 정신의 교류를 점점 더 활발하게 하였다. 특히 눈에 띄는 것은 이탈리아였다. 로마법의 르네상스는 이 이탈리아에서 일어난다.

개설
서양법제사

제9장 볼로냐대학과 로마법의 르네상스
    1. 도시의 성립
    2. 대학의 탄생-볼로냐대학-
    3. 로마법의 르네상스
제10장 중세로마법학과 조례이론
    1. 주석과 주해
    2. 법조언
    3. 조례이론
제11장 카논법-교황권과 법의 합리화-
    1. 카논법
    2. 카논법학의 전개
    3. 카논법과 사회

유럽 중세의 법과 사회(3)
근세의 태동

|제 2 부|

제9장
볼로냐대학과 로마법의 르네상스

로마법의 르네상스(재생)는 서양법제사에서 대사건이다. 만약 이 재생이 없었다면 오늘날의 정치精緻한 근대법학은 태어나지 않았을지도 모른다. 태어났다고 하여도 꽤 다른 모습을 보이고 있었을 것이다. 유럽에서 성립한 근대적인 법시스템이 서양뿐만 아니라 근대사회 일반에 규범적인 영향력을 떨치고 있는 현실을 생각하면 로마법의 재생은 세계사적인 의의를 가지는 사건이었다고 생각할 수 있다.

1. 도시의 성립

'자유'의 정신   "도시의 공기는 자유롭게 한다."라는 유명한 말이 있다(제6장 참조). 근대의 선구라고도 할 수 있는, 중세 이탈리아의 근대도시(코뮤네)의 발전, 대학의 탄생과 로마법의 르네상스는 이 '자유(libertas)'의 정신에 의해 촉발되었다.

중세 이탈리아는 이탈리아 왕국으로서 신성로마제국에 속해 있었지만, 13세기에 비테르보Viterbo의 죠반니Giovanni는 중세 이탈리아 도시국가(civitas)의 의미에 대해 다음과 같이 적고 있다.

"도시는 그 시민의 자유 또는 그 주민의 자유를 위하여 존재하고 있다고 말해진다. …… 도시를 나타내는 civitas라는 말은 약어이고, 따라서 그 의미는 civitas가 자기 안에 포함하는 ci, vi, tas라는 세 음절을 통해 이해된다. 즉 ci란 citra(… 없이), vi란 vim(힘), tas란 habitas(살다)이므로 civitas란 강제 받지 않고 산다는 의미이다. 사람은 도시 안에서 강제 받지 않고 생활한다. 왜냐하면 도시의 통치자는 약자가 힘 있는 자에게 맞아 상처를 입지 않도록 약자를 보호해 주기 때문이다. …… 마찬가지로 진정으로 자유가 있다. 왜냐하면 도시의 주민은 적의 힘을 저지하는 도시의 성벽과 탑에 의해 자유가 되고 또 지켜지기 때문이다."

『도시국가 통치의 서書』

도시국가의 발전 이탈리아의 중세 도시는 10세기 후반부터 발전한 농지의 개간과 농업기술의 개량과 더불어 농업생산이 증대하는 가운데 탄생하였다. 생산성의 향상으로 인구가 증가하고 봉건제의 토지경제 구조가 점차 완화되어 갔기 때문이다. 농산물의 잉여는 물건의 자유로운 유통을 촉진하고, 해운기술의 혁신도 더해져 상업교역이 활발해졌다. 상업활동과 함께 수공업 활동도 활발해지고 그에 따라 화폐경제가 발전하였다.

11세기가 되면. 고대 로마가 붕괴된 후 잠시 정체하고 있던 도시들도 각지를 돌아다니는 상인들의 무역 중계지와 교통 중심지가 되고, 거기에 제국의 백과 주교를 포함하여 증가하는 인구가 유입되어 상업도시로 성장하여 갔다. 이들 이탈리아 도시를 유럽 중세의 가장 번영한 도시로 도약시킨 것은 지중해 무역이었다. 지중해 연안에 있는 이탈리아반도 연안의 여러 도시를 경유하며 서유럽 세계와 오리엔트 세계의 교역이 이루어지고, 이는 아말피, 베네치아, 제노바, 피사 등의 해양도시를 발전시켰다. 그에 더해 십자군 원정은 이들 도시에 큰 번영을 가져다주었다. 하역된 동방의 물산은 각지로 운송되고, 이탈리아의 상업교역로에서는 밀라노, 파두아, 베로나 등 내륙도시가 발전하였다.

이들 도시 중에서도 특히 제권帝權과 교권敎權 사이에 끼어 있던 북중부 이탈리아의 도시들은, 10세기 후반의 교회개혁에서 발단한 황제와 교황의 서임권투쟁이 최고조에 달한 11세기 후반에 황제로부터 다양한 특권을 획득하고 자유로운 시민에 의한 공화제적인 자치도시로 발전하였다. 이들 도시에서는 봉건귀족, 상인, 직인 등으로 구성된 시민이 서약합의단체(conjuratio)를 결성하였고, 11세기 말에는 그 대표들인 콘술레에 의한 집단지도체제를 강고히 하고 시의 성벽을 넘어 그 주변의 농촌 지역으로 지배를 확대하였다. 나아가 도시는, 황제로부터 봉이 수여되어 그 지역에 지배권을 행사하고 있던 백과 주교를 배제하고, 점차 독립적인 영역적 도시국가로 성장해 나갔다.

황제의 이탈리아 정책 그러나 12세기 중엽 프리드리히 1세 바르바로사(붉은 수염 왕)가 황제가 되자(재위 1155-90년) 제권의 회복을 노리고 적극적인 이탈리아 정책을 전개하기 시작하였다. 그는 1158년 론칼리아Roncaglia에 제국회의를 소집하고, 이탈리아의 여러 도시가 행사하고 있는 재판권, 법관 임명권, 관세권, 화폐주조권 등은 법률상 이탈리아 국왕이기도 한 황제가 행사하는 '국왕의 제반 권리' 즉 레갈리아regalia에 속한다는 것을 확인하고 도시들에게 수탈당한 국왕의 권리들을 회수한다고 선언하였다.

이는 도시자치의 부정을 의미하였다. 도시는 장기간 누려온 그들의 공적 권리들을 '관습법상의 권리(consuetudines)'로 인식하고 그 위에 도시 지배권을 기초 지었기 때문이다. 롬바르디아 지방을 중심으로 여러 도시가 롬바르디아 동맹을 결성하고 관습법상의 제반 권리, 특히 사법司法과 행정行政이 일체가 된 공적인 지배권을 의미한 '재치권裁治權(iurisdictio)'의 승인을 요구하며 싸웠다. 1176년 동맹군은 레냐노legnano에서 황제의 군대를 격파하고 승리하였다. 여기에 그치지 않고 동맹 도시는 완전한 자치의 확립을 목표로 입법권까지 재치권에 넣어 그 승인을 요구하였다. 1183년 콘스탄츠에서 제국회의가 개최되어 롬바르디아의 도시들과 프리드리히 1세 바르바로사 사이에 강화조약이 체결되었다.

콘스탄츠의 화약和約   이 콘스탄츠 화약에 의해 황제는 도시들에 '재치권'을 승인하였으나, 이와 맞바꾸어 재치권을 가지는 콘솔레에게 황제로부터 서임받을 의무를 부과함으로써 지고권至高權을 확보하였다. 황제는 최고의 법관이자 중요사건의 최종심이다. 콘츠탄츠 화약은 또한 소송가액이 25리브라를 초과하는 상소 사건에 대하여는 황제가 사자使者를 통해 '도시의 관습과 법률에 따라(secundum mores et leges civitatis)' 재판하는 것으로 정하였다. 따라서 도시는 제1심 재판권 및 25리브라 이하의 상소사건에 대한 재판권을 행사할 수 있을 뿐만 아니라 도시의 관습법 및 도시가 제정한 법률 즉 조례條例(statutum)에 따라 재판할 수 있게 되었다.

콘스탄츠 화약으로 밀라노, 볼로냐 등 롬바르디아 동맹의 도시들은 '조례제정권(ius statuendi)'을 포함하는 자치권을 획득하였다. 이 화약은 동맹의 도시들뿐 아니라 동맹에 가담하지 않은 도시들에 대해서도 이후 도시와 제국의 관계를 규율하는 기본법이 되었다. 이 기본법은 그 후 계속 효력을 유지하였다. 특히 프리드리히 1세의 손자에 해당하는 프리드리히 2세가 1250년에 사망하여 황제권이 급속하게 쇠퇴하는 가운데 도시국가의 자치는 흔들릴 수 없는 것이 되었다.

도시관습의 성문화   콘스탄츠 화약 이전부터 도시의 관습은 이미 도시의 명령으로 문서형태로 편찬되고 있었다. 그중 가장 오래된 것은 1168년의 알렉산드리아의 것이다. 콘스탄츠 화약 후에는 도시 입법이 본격화되고 도시자치의 상징이라고 할 수 있는 조례의 편찬이 이루어지게 된다.

조례는 도시의 대표기관에 의해 정립된 규범이다. 가장 오래된 것은 콘솔레가 직무에 취임하는 때의 서약서(breve)이다. 조례는 당초 유효기간이 한정되어 관리가 임기를 마치면 효력을 잃었다. 그 때문에 조례에는 '짧다'라는 의미의 breve라는 단어가 사용되었다. 그러나 점차 유효기간의 한정도 사라지고 그 내용도 풍부해졌으며, 시민이 조례를 보고 읽을 수 있도록 시청사에 사슬로 매달아 두는 등 존숭의 대상이 되었다.

포데스타 제도   도시자치의 확립은 도시들 사이의 대립을 초래하였다. 또한,

도시 경제의 발전과 확대는 도시의 공적 생활 무대에 도시의 구 지배세력의 지위를 위협하는 새로운 세력을 등장시켜 도시 내 문벌 간의 항쟁을 불러일으켰다. 도시는 이러한 정치적 혼란을 수습하고 정의와 평화의 질서를 확립하기 위하여 12세기 말부터 13세기 초에는 콘술레 제도 대신에 권력을 한 사람에 집중시키는 포데스타podesta 제도를 도입한다.

포데스타는 일정한 임기(1년 또는 반년)로 도시의 통치를 위임받은 자이다. 공정한 통치를 실현하도록 통상 법적인 지식이 있고 다른 도시 출신이며 어느 당파에도 속하지 않는 귀족 중에서 선출되었다.

포데스타의 통치는 계약에 의한 것이었기 때문에 그에 대해 엄정하게 평가가 이루어졌다. 평가를 담당하는 일군의 사람을 평가위원(신디쿠스), 그 절차를 평가제도(신디카투스sindicatus)라고 하였다. 포데스타를 보좌하여 사법사무에 관여하는 자는 평가위원의 엄정한 감사에 대비하여 법률 사무, 무엇보다 판결에 임하여 가능한 한 확실한 법적 근거에 기초하기를 원하여 특히 그 도시의 법 및 로마법에 밝은 법학자의 조언을 구하게 되었다.

특히 주해학파(제10장 참조)가 이 조언 활동을 맡았다. 우수한 법학식이 현실 사회로부터 요구되고 있었다. 이탈리아에서 학식법학이 번영한 이유 중 하나가 이 포데스타 제도에 있었음은 특기할 만하다.

공화국의 종언 그러나 13세기에는 서임권을 둘러싼 제권과 교권의 투쟁에서 유래하는, 도시국가의 지배를 둘러싼 황제파와 교황파의 대립 항쟁까지 더해졌기 때문에 권력투쟁에 따른 도시의 혼란은 포데스타 제도에 의해서도 수습되지 않았다.

이에 13세기 후반에는 상인, 수공업자, 일반 주민이 포포로popolo(=민중) 정권을 만들고 도시의 문벌귀족에 대항하여 도시의 지배권을 장악하지만, 혼란은 수습되지 않았다. 이러한 상황 속에서 13세기 후반부터 14세기 전반에 걸쳐 도시 통치를 위한 모든 권력을 시뇨레signore(참주)로 불린 유력자 한 사람에게 위임하는 시뇨리아signoria 제도가 탄생하였다. 그러나 시뇨레는 그의 권력이 본래 유래하는 민회의 구속에서 해방되기 위해,

권력의 정통성을 인민의 의사가 아닌 황제와 교황에게서 찾으려 하였고 그들에게서 '군주(principe)'의 호칭을 받았다. 이에 따라 군주제가 성립되었다. 이렇게 해서 도시사회를 계속 괴롭힌 문벌정치가 종언을 맞지만, 그와 함께 이탈리아의 도시는 공화국에서 절대주의 국가로 이행하였다.

2. 대학의 탄생 —볼로냐대학—

대학의 탄생   대학은 12세기에 먼저 볼로냐(법학)에서 탄생하였고 얼마 지나지 않아 파리(신학·철학), 옥스퍼드(신학)에서도 탄생하였다. 이 고등교육 조직은 그 후 유럽 전체로 보급되어 15세기에는 약 80개에 달하게 된다. 볼로냐대학은 학생의 조직으로, 파리대학은 교사의 조직으로 자연발생적으로 탄생하였다. 이외에도 볼로냐에서 대학인이 이주하여 만들어진 파두아대학처럼 기존의 대학에서의 이동으로 탄생한 대학, 또는 황제 프리드리히 2세가 설립한 나폴리대학, 교황 베네딕투스 13세가 설립한 토리노대학, 자치도시 피렌체가 설립한 피렌체대학, 밀라노군주 갈레아초 비스콘티 2세가 설립한 파비아대학과 같이 창설을 통해 탄생한 대학이 있었다.

이탈리아에서 최초로 대학이 탄생한 것은 도시국가로 발전하고 있는 도시의 복잡한 행정기구를 원활히 기능하게 하기 위해서는 고도의 전문지식을 지닌 지식인이 필요하였기 때문이다. 따라서 최초로 탄생한 것이 법률전문가를 양성하는 법과대학이라는 것도 당연하였다. 중세 최고의 법학자 바르톨루스도 "국가의 행정을 위하여 조력을 요구받는 자가 법률가이다."라고 말하였다. 더욱이 상업도시로서 성립한 이탈리아의 도시에서는 현세적인 이익을 추구하는 상인들 쪽에서도 상거래에서 계약서 작성을 담당할 공증인과 세속적인 법률이 필요하였다 할 것이다.

중세의 교육   중세의 교육은 교회 부속학교를 중심으로 이루어지고 있었다. 거기에서는 3학學 4과科, 즉 문법학·수사학·변증(논리)학 및 수학·기하학·음악·천문학으로 이루어진 자유학예(artes liberales)의 7학과가 전통적으로 교양의 기초가 되고, 마무리로 신학이 교수되었다.

그런데 12세기 초기 이탈리아의 여러 도시에는 교회부속학교와 나란히 일종의 직업교육까지 시야에 넣은 세속의 사립학교도 존재하고 있었다. 볼로냐에도 세속의 공증인 양성학교가 있었는데, 자유학과를 기본으로 하면서 보충적으로 실용적인 법 지식을 가르치고 있었다. 볼로냐대학은 이 공증인 양성학교를 모체로 하여 태어났다. 볼로냐대학의 창립자이자 법학의 창시자인 이르네리우스Irnerius가 자유학예의 교사(magister artium)였다는 점은 그러한 의미에서 상징적이다.

볼로냐대학의 기원   11세기 후반부터 12세기 전반에 볼로냐에서 유스티니아누스 황제의 로마법에 대한 관심이 점차 높아져 텍스트 다시 읽기가 시작되었다. 13세기의 법학자 오도프레두스에 따르면, 페포Pepo라는 인물이 최초로 사적으로 로마법, 즉 유스티니아누스 법전의 「칙법휘찬」과 「법학제요」 재독해를 시도하였으나 성공하지 못하였다. 그 후 이르네리우스라는 인물이 나타나 「학설휘찬」까지 합쳐 로마법 전체의 재독해를 시도하였다. 그의 명성을 듣고 전 유럽으로부터 긴 여정 끝에 도착한 학생들에게 로마법을 가르치기 시작하고 최초로 로마법에 관한 저작을 저술하고 남겼기 때문에 이르네리우스는 볼로냐 법과대학의 창시자로 일컬어졌다.

볼로냐가 로마법연구가 발전하는 중심이 된 것은 마침 이르네리우스라는 위대한 교사가 있었다는 행운에 덧붙여 파비아 법학교로부터 멀리 있지 않은 점도 관계가 있다 할 것이다. 파비아 법학교는 로마법의 영향을 적지 않게 받은 랑고바르드법Lombarda의 연구로 11세기에 전성기를 맞았다가 그 후 로마법에 대한 관심이 높아짐에 따라 법학연구의 중심을 볼로냐대학에 양보하였다.

> ◆ 볼로냐대학의 창설과 마틸다
>
> 전승에 의하면 토스카나의 백작부인 마틸다(1049-1114년)가 이르네리우스에게 볼로냐대학을 창설시켰다고 한다. 마틸다는 성직서임권 투쟁에서 황제 하인리히 4세가 그레고리우스 7세에게 사죄하고 파문을 벗어난 사건으로 유명한 카놋사의 성주로서 교황파였다. 교황파인 마틸다가 황제 쪽에 선 라벤나의 법학교에 대항하여 볼로냐에 법과대학을 세우려 하였다고 해도 이상한 일은 아니지만, 이 전승은 오늘날에는 부정되고 있다. 다만, 그의 후원이 있었다고 생각할 수는 있다. (Y)

지식의 매매계약   큰 꿈을 품고 볼로냐에 모인 학생들은 경애하는 교사를 뽑아 교사의 자택 등에서 공동체적으로 생활하면서 수업료를 지급하고 로마법을 배웠다. 학생과 교사를 서로 결합시키는 것은 기본적으로는 사적인 계약이었다. 그것은 지식의 매매계약이었다.

교사는 지식을 생산하는 직인이자 지식을 상품으로 파는 상인이고, 학생은 지식을 사는 소비자였다. 지식의 수준이 보수 즉 수업료를 결정하였다. 그것은 참으로 상업도시 볼로냐에 들어맞는 방식이다. 볼로냐는 이렇게 상품으로서 로마법 지식을 매매하는 법과대학을 가진 최초의 대학도시가 되었다.

대학단의 결성   그러나 학생 다수가 외국인 학생이었고, 그로 인해 볼로냐시에서 법적 보호를 받을 수 없었다. 그런 까닭에 처음에는 출신지가 같은 학생들끼리 모여서 상호부조를 위해 향우회(natio)를 조직하였고, 이를 더욱 발전시켜 당시 이탈리아에서 상인이나 직인이 그들 자신의 이권과 자기방어를 위해 결성하고 있던 동업자조합(universitas)을 모방하여 몇 개의 향우회를 결합한 조합조직으로서 2개의 대학단大學團을 결성하였다. 하나는 이탈리아인이 아닌 학생들의 향우회가 모인 '알프스 이북 대학단'이고, 다른 하나는 이탈리아 출신 학생의 향우회가 모인 '알프스 이남 대학단'이다. 이렇게 하여 두 개의 대학단으로 구성되는 자치적인 학생조합으로서 볼로냐대학이 탄생하였다.

처음에는 교사들과 법학 분과 이외의 학생들이 이 법과대학단에서 배제되었다. 나중에 의학 및 여러 교양학 분과의 학생들이 모여 제3의 대학단 즉 의과 및 교양학과 대학단을 결성하였고, 법과대학단에 종속되어 있던 교사들도 13세기 후반에 단체화하여 로마법 교사조합과 카논법 교사조합을 결성하였다. 이 교사단체(collegium)는 법학의 교수자격을 의미한 학위(doctratus)를 수여하는 단체였다.

대학의 공적 승인   당연하게도 학생과 교사 모두 그들의 단체가 권력에 의해 공적으로 승인되기를 희망하였다. 학생은 외국인, 특히 독일 출신자가 많았으므로 제국에 이를 요구하였다. 교사의 경우 볼로냐 시민이 많았으므로 도시에 요구하였다. 권력 쪽도 학생과 교사단체에 관심을 가지고 그들을 보호와 통제 아래 두려 하였는데, 그 이유는, 성직서임권 투쟁에까지 거슬러 오르는, 올바른 세계질서는 어떻게 존재해야 하는가를 둘러싼 제권과 교권이라는 두 개의 보편적 권력 사이의 대립에 있었다.

로마법에 의거하여 이 대립을 극복하려고 한 황제는 볼로냐대학의 조력이 필요하였다. 이에 1158년 프리드리히 1세는 중세 대학의 기본법이 되는 특허장 '하비타Habita'를 발하여 학생과 교사의 요구에 부응하고 학생은 볼로냐시가 아니라 교사 또는 주교의 재판권에 복종한다는 등 일련의 특권을 부여하고 그들을 자신의 보호 아래에 두었다.

이에 대하여 교황은 교육에 관한 교회의 전권專權을 주장하며 1219년 호노리우스 3세는 볼로냐의 주교좌 대성당의 대부제大副祭(archdeacon)에게 교수면허 수여권을 부여하는 취지의 결정을 하였다. 이에 따라 학식 인정은 대부제에 의한 교수면허(licentia docendi) 수여와 교사단체에의 가입을 포함하는 교사에 의한 학위 수여라는 두 단계로 행해지게 되었다. 교사들은 교회라는 보편적 권력의 통제를 받는 대신에 그 보호 아래로 들어갔다. 1292년 니콜라우스 4세는 볼로냐대학의 졸업생(학사)들에게 유럽 어느 지역에서나 가르칠 수 있는 자격, 즉 만국교수권萬國教授權(ius ubique docendi)을 인정하였다.

대학의 국제성   교육기관으로서의 대학은 라틴어로 studium generale라고 불렸는데, studium이란 지식에의 욕구를 의미하였다. 실제로 볼로냐대학에 모인 학생은 재발견된 로마법 다시 읽기에 몰두하였다.

중세의 대학은 국제적이었다. generale라고 말해지듯이, 제권과 교권이라는 보편적 권력의 후원을 받고 있던 대학에는 국경도, 언어장벽도 없었다. 학생들은 유럽 전 지역에서 왔고, 대학에서는 공통어로서 라틴어가 사용되었으며, 수여되는 학위 역시 만국교수권이 뜻하는 바와 같이 어떤 나라에서든지 공통으로 인정되었다. 교사의 채용도 국제적이었다. 볼로냐에서 교수된 로마법도 보통법(ius commune)이라 말해지듯이 국제적인 것이 되었다.

그러나 13세기경부터 점차 도시가 교사에게 봉급을 지급하기 시작하고, 14세기경에는 그것이 일반적으로 되었다. 그 결과 대학은 자립적인 단체에서 도시와 국가가 관리하는 대상으로 변해 가게 된다.

교육의 방법   대학교육에서는 스콜라학적 방법이 이용되었다. 수업은 강독·강의(lectio)와 토론(disputatio)이 중심이 되었다.

강의·강독은 오전에 이루어진다. 처음에는 교사가 학생에게 텍스트, 예컨대 권위를 인정받고 있던 유스티니아누스 법전의 법문을 읽어 주고 자구를 설명하고 해석을 하는 형태를 취하였다. 그러나 12세기경에는 사례(casus)를 설명하고 그와 관련되는 법문 사이의 모순(contrarietates)을 지적하고 이를 해결하는 식으로 이루어지게 된다. 이렇게 해서 개개의 법문이 각각 고립된 것이 아니라, 모든 것이 결합하는 일체(corpus)로 파악된다. 이에 더해 오후 강의 중에 학생이 교사와 토론할 수 있게 되었다.

토론은 오후에 행해지는데, 교사가 문제(quaestio)를 선정하고 그에 대하여 학생과 논의하고 마지막으로 결론(determinatio)을 제시하였다.

필사본의 무게   강의에서 교과서는 이용되지 않았다. 당시의 서책은 필사본이어서 전부를 베끼는 데 시간이 걸렸고 양피지를 쓴 까닭에 값이 비쌌기 때문이다.

따라서 종이가 보급되는 14세기경까지 학생은 거의 서책의 도움을 빌리지 않고 수업내용을 전부 암기하여야 하였다. 그 때문에 수료 후 고향으로 돌아간 학생이 반드시 정확하게 교사의 가르침을 전달하지는 못하였다. 유럽 각지에서 법제도에 미묘한 차이가 발견되는 것은 이 점에서 기인할지도 모른다.

법학이 돈 되는 학문이라는 측면이 있다고 해도, 세속화될 수 없는 '가장 신성한 것(res sanctissima)'이라는 측면은 계속 남아 있었다. 책은 신성한 것으로 여겨지는 학문의 증거라는 이유에서 권위를 가졌다. 낡은 필사본은 다시 필사하고, 쓸모없게 된 인용은 이를 삭제한 후 그 위에 덮어쓰기를 하는 식으로 '양피지 재기록 사본(palimpsest)'이 만들어지고 있었다.

이러한 교육을 6년에서 7년 동안, 처음에는 로마법을, 이어서 카논법을 배운 후 구두시험을 치르고 교사로부터 학식의 증명으로서 학위가 수여되면 이제 학생은 어엿하게 박사(兩法박사 doctor iuris utriusque)가 되었다.

3. 로마법의 르네상스

로마법의 재발견   로마법 즉 동로마황제 유스티니아누스가 편찬한 법전에 대한 관심은 정치적인 로마 이념을 배경으로 하면서 11세기 이탈리아에서의 재발견에 통해 가속되었다. 로마법이 재발견된 것은 10세기 후반 교회개혁에서 비롯된 성직 서임권 투쟁이 한창이던 때였다. 서임권 투쟁이 최고조로 달한 11세기 후반, 제국과 교회 모두 논쟁 중에 자신의 주장을 정당화하기 위하여 법률에서 근거를 구하고자 하였다. 로마법이 재발견된 것은 바로 이 시기였다.

여기에서 로마법 즉「시민법대전」또는 코르푸스 유리스Corpus iuris란 11세기에 재발견된 유스티니아누스 법전 전체를 일컫지만, 원래 이 명칭은 중세로마법학자가 사용한 것이다. 유스티니아누스 법전은「학설휘찬」(총 50권),「칙법휘찬」(총 12권),「법학제요」

(총 4권) 및 「신칙법휘찬」의 네 부분으로 구성되어 있었다.

학설휘찬의 사본   코르푸스 유리스에서 「학설휘찬」은 가장 중요한 부분이다. 그러나 그 재발견에 관해서는 많은 부분이 수수께끼인 채로 있다. 「학설휘찬」은 7세기 이후 서유럽에 그 존재가 알려져 있기는 하였으나, 11세기(1030년경)가 되어 비로소 남이탈리아에서 6세기의 사본이 재발견되고 곧 피사Pisa로 넘겨졌다. 전승에 따르면 피사인은 12세기 초엽(1135년경)에 아말피Amalfi와의 전쟁에서 그 사본의 존재를 알고 이를 피사로 가져갔다고 한다. 그 이후 사본이 피사에서 보존되었기 때문에 '피사본Littera Pisana'으로 불린다. 이 전승의 진위는 별론으로 하고, 분명히 12세기 중반 무렵 볼로냐의 법학자들은 그들이 사용하고 있던 「학설휘찬」의 텍스트와 피사본의 법문 사이의 차이에 대하여 언급하고 있다.

그런데 1406년 피렌체인이 피사를 정복한 후 이를 피렌체로 가져갔기 때문에 이 사본은 '피렌체본Littera Florentina(Codex Florentinus)'이라고도 한다. 현재 성 로렌초 교회 내에 있는 메디치가의 라우렌티아나 도서관에 보관되어있는 이 '피렌체본'이 학설휘찬의 현존하는 가장 오래된 사본이다. '피렌체본'은 2편으로 구성되어 있는데, 제1편은 학설휘찬 제1권부터 제29권까지, 제2편은 제30권부터 제50권까지를 포함하고 있다.

「학설휘찬」에는 '볼로냐본Littera Bononiensis'으로 불리는 것도 있다. 이것은 아마도 1070년경 '피렌체본'을 원본으로 하여 필사되었을, 현존하지 않는 '제2사본(Codex Secundus)'에서 유래한다. 이 사본은 볼로냐의 법학자에 의해 정본定本으로 받아들여져 11세기 이후 연구와 교육에서 널리 텍스트로 이용되었기 때문에 '보급본(Littera vulgaris, vulgata)'으로도 불린다.

「칙법휘찬」은 중세 초기 이탈리아에서는 완전히 소실되지는 않고 요약판의 형태로 알려져 있었다. 「법학제요」의 텍스트 전체도 이탈리아에는 알려져 있었다. 「신칙법휘찬」의 경우 로마의 법학자 율리아누스가 124개의 신칙법을 라틴어로 요약한 '율리아누스 초록(Epitome Iuliani)'과 6세기경에 134개의 신칙법을 모아 라틴어로 쓴 '공찬서(Authenticum)'를 통해 알려져 있었다. '공찬서公纂書'의 현존하는 사본은 11세기까지 거슬러 올라간다.

법전의 재구성   중세의 법학자는 코르푸스 유리스를 다섯 개 편으로 분류하였다. 이는 유스티니아누스에 의한 법전의 편별과는 다르다. 유스티니아누스 법전은 볼로냐대학 시대에 재구성되어 5편이 되고 이 구성이 12세기부터 18세기까지 유지되었다.

처음의 제1편부터 제3편까지는 「학설휘찬」이다. 「학설휘찬」의 3편 구성은 '볼로냐본' 재발견의 전설에서 유래한다. 전설에 따르면, 이르네리우스(1130년경 사망)는 먼저 학설휘찬의 첫 부분부터 제24권 제2장까지를 포함하는 사본을, 다음으로 제39-50권의 사본을 입수하였다. 그래서 2개를 서로 대비시킨다는 의미에서 그 발견 순서에 따라 전자는 '구학설휘찬(Digestum vetus)', 후자는 '신학설휘찬(Digestum novum)'이라고 이름을 붙였다. 마지막으로, 결락되어 있던 「학설휘찬」 제24권 제3장부터 제38권까지를 포함하는 중간 부분이 발견되었다. 뜻밖에도 이 부분을 손에 넣을 수 있었던 이르네리우스는 "마침내 우리의 법은 보강되었다(Ecce ius nostrum infortiatum est)."라고 외쳤다고 한다. 이 때문에 '보강학설휘찬(Digestum infortiatum)'이라는 이름이 붙었다.

이와 같이 「학설휘찬」은 전체가 한 묶음으로 발견된 것이 아니라 세 부분으로 분리된 형태로 발견되었기 때문에 위와 같은 3편의 편별이 성립한 것으로 보인다.

제4편은 '칙법휘찬(Codex)'으로 불렸는데, 실제로는 「칙법휘찬」의 처음 9권만 포함하고 있었다. 제5편은 '권(Volumen)' 혹은 '빈약한 권(Volumen parvum)'이라고 불린다. 「법학제요」 총 4권, 「칙법휘찬」의 나머지 부분인 '3권서(Tres libri)', 그리고 '공찬서'로서 알려진 총 9서로 배열된 「신칙법휘찬」으로 편성되어 있다. 「칙법휘찬」의 마지막 3권이 '3권서'라는 이름이 붙어 따로 분리되어 제5편에 편입된 이유는, 이것들이 공법에 관한 규정이었기 때문에 이미 시대에 뒤처져 이용가치가 없었기 때문이라고 한다.

이상과 같이 코르푸스 유리스는 주석학파의 손으로 5편으로 재구성되는데, 1250년 무렵에 다시 흥미로운 보완이 이루어진다. 모두 아홉 개의 서書로 배열된 「신칙법휘찬」에 열 번째의 책이 부가된 것이다. 제10서에는 중세의 황제입법(constitutiones), 1183년의 콘스탄츠 화약, 그리고 1150년 무렵 밀라노의 제국법원 법관 오베르투스 데 오르토 Obertus de Orto가 편찬한 사찬 봉건관습법인 「봉건법서(Libri Feudorum)」 등도 포함되었다.

이렇게 하여 법학자의 손에 의한 유스티니아누스 법전의 중세적인 재편작업이 완료되고, 중세의 법질서를 지탱하게 되는 코르푸스 유리스가 그 전모를 드러내게 되었다.

제10장
중세로마법학과 조례이론

중세로마법학의 특질은 해석과 실무에 있었다. 그중 어느 것이나 중세로마법학의 전 시기에 걸쳐 발견되지만, 초기에는 해석이, 후기에는 실무가 우위에 선다. 각각의 특질을 근거로 초기의 학파를 주석학파註釋學派, 후기의 학파를 주해학파註解學派 또는 조언학파助言學派라고 한다. 대학교육에 근거를 둔 이 두 개 학파의 노력으로 로마법학은 학식법학이 되어 높은 수준의 법해석학과 법기술을 창조하고 단련하였다. 그 성과가 법률가의 높은 지위와 보수였다.

1. 주석과 주해

법해석의 학문   13세기의 법학자 오도프레두스Odofredus가 말한 바에 따르면, '로마법률의 책들'이 볼로냐에 나타났을 무렵, 자유학예 교사였던 이르네리우스가 로마법의 법문에 '주석'을 붙이고 그 의미 내용을 해명하여 법학의 창시자가 되었다.

그 덕분에 그는 '법의 등불(lucerna iuris)'로 불렸다. 이 일화는 법학이 교양학에서 독립하여 법해석의 학문으로 성립한 것을 상징적으로 이야기하고 있다.

중세에 법학이 법해석학이 되는 것은 숙명적이었다. 중세 기독교 사회에서는 신이 유일하고 진정한 법의 창조자이고, 그 신의 자연법은 영구불변한 것으로 관념되었다. 이러한 중세의 법관념하에서는 입법도, 관습법의 생성도, 또한 법실무도, 법이념도, 즉 인간의 모든 법적 활동은 궁극적으로 신법神法의 해석으로 간주된다.

스콜라학의 방법   중세로마법학은 12세기 전후에 탄생한 주석학파에 의해 기초가 쌓이고, 13세기 후반에 시작되는 주해학파에 의해 완성되었다.

중세로마법학은 아리스토텔레스의 변증법에 기초한 기독교 스콜라학의 사고방법에 입각하였다. 스콜라학은 중세사상에 특징적인, 권위(auctoritas)와 이성(ratio)의 미묘한 조화 위에 성립한다. 그것은 절대적인 권위자가 작품을 통해 표명한 사상을 이성에 기초한 추론에 의해 발전시키는 것이다. 중세의 법학도 유스티니아누스 법전(코르푸스 유리스)을 둘러싼 해석학이었다.

코르푸스 유리스는 황제의 입을 통해 신이 발한 것이기 때문에 그것은 정의正義이고 완전하고 무흠결이다. 법학자는 그렇게 주장하였다. 코르푸스 유리스는 성서와 같은 의심 없는 진리로서 절대적인, 따라서 초역사적인 권위를 인정받았다. 위대한 주석학자 아쿠르시우스Accursius(1260년 사망)가 말한 것처럼 그것에는 모든 법적 문제에 대한 해답이 준비되어 있다고 여겨졌다.

주석의 탄생   주석학자에게 법해석이란 법문에 숨겨진 입법자의 의사를 탐구하는 것이었다.

주석학파는 유일한 입법자인 황제의 권위를 강조하였기 때문에 유스티니아누스가 정한 법전에 있는 법문의 문언을 절대시하게 되었고, 그 결과 코르푸스 유리스 법문의 배열순서에 따라 각 법문 자구의 의미를 엄격하게 밝히는 해석방법을 채용하였다. 이 해석은 간결한 설명을 붙이는 방식으로 행해졌다. 이렇게 하여 법원法源 텍스트와 결합된 자구 분석적인 '주석(glossa)'이라는 문헌이 태어났다.

황제의 권위와 결부되어 코르푸스 유리스의 절대적인 구속성을 강조하는 태도는 스콜라 철학에 특징적인 '권위에 의한 추론'의 방법을 창출하였다. 법률가는 항상 코르푸스 유리스를 권위적인 전제로 받아들이고 그것에 준거하면서 논증해야 한다고 주장하였다.

유스티니아누스 법전 전체에 대한 주석은 아쿠르시우스에 의하여 완성된다. 그는 주석서 『표준주석(glossa ordinaria)』에서 96,940개의 주석을 하였는데, "주석이 인정하지 않는 것은 법정法廷도 이를 인정하지 않는다."라고 할 정도로 절대적 권위를 획득하였다.

◆ 주석학파의 거두들

주석학파는 페포Pepo, 이르네리우스Irnerius에서 시작되어 볼로냐대학의 4박사인 불가루스Bulgarus, 마르티누스Martinus Gosia, 야코부스Jacobus, 우고Hugo로 이어져 『칙법휘찬 및 법학제요 집성Summa Codicis』으로 유명한 아조Azo("아조를 가지지 않고 법정에 서지 말라(Chi non ha Azo, non vada al palazzo)"고 이야기되었다), 그의 제자 아쿠르시우스에 의해 이론화되고 완성되었다. 주석학파는 이 아쿠르시우스로 끝난다. 그 사이에 바카리우스Vacarius는 잉글랜드로 건너가 옥스포드에서 로마법을 강의하였다. 또한 플라켄티누스Placentinus는 볼로냐에서 로마법을 가르친 후 남프랑스의 몽펠리에에 법학교를 창설하여 로마법학을 전하였다.   (S)

황제권에 대한 뒷받침   주석학파 시대의 이탈리아는 황제의 권위를 배경으로 한 제국의 전통이 뿌리 깊었다. 제국은 주석학파의 법이론 구성의 기본적이고도 불가결한 요소였다. 주석학자(glossatores)는 제국 내에 사실상 '조례條例'에 따라서 생활하는 도시국가가 존재한다는 현실을 인정하면서도 제국의 절대적인 보편적인 통일이념을 고양하고 로마법의 보편적인 타당성을 강조하여, 법률상으로는 '하나의 제국, 하나의 법(unum imperium unum ius)', 즉 국가는 오직 하나 로마제국뿐이며, 그 법질서를 형성하는 법원法源은 오직 하나 로마법뿐이라고 주장하였다.

그들은 주의주의主意主義적인 이념에 서서 법의 본질을 이성보다도 권위=의사에서 찾았다. 법은 의사의 산물이었다. 코르푸스 유리스가 법의 효력을 가지는 것은 그것이 로마제국의 최고 입법권자인 유스티니아누스 황제의 의사를 표명하기 때문이라고 확신하였다. 이르네리우스는, '대권법(lex regia)'으로 국민은 그가 보유하는 모든 지배권을 황제에게 양도하였다고 규정하는 「학설휘찬」 제1권 제4장 제1법문을 근거로 "국민은 일찍이 법률제정권을 보유하고 있었"지만 "오늘날에는 이 권력이 '대권법으로써' 황제에게 양도되어 있다"라고 서술하고, 그런 까닭에 "군주가 의욕하는 것이 법률의 효력을 가진다."라고 하고 황제의 독점적인 입법권을 이론적으로 뒷받침하였다.

그러나 이러한 사고방식은 점차 변화를 보이기 시작한다. 도시국가가 제국 로마법에 반하는 도시조례를 제정하고, 그런 가운데 조례의 로마법에 대한 우선적 적용을 요구하였을 뿐만 아니라 조례를 방위하기 위해 조례에 대한 해석을 금지하는 데까지 이르렀다. 조례는 현실에서는 부정하기 어려운 존재가 되었다. 이에 따라 황제의 권위와 깊이 연관되어 있던, 제국의 유일한 법으로서의 로마법이라는 관념이 더는 유지되기 어렵게 된 것이다.

이러한 상황 속에서 권위와 이성의 관계를 구속과 자유의 관계로 치환하기 시작한 법학자가 등장한다. 아쿠르시우스의 『표준주석』 이후의 세대에 속하는 이들은, 『표준주석』에 대한 주해를 중심으로 해석을 하였다는 점 때문에 일반적으로 '주해학파(commentatores)'로 불린다. 그러나 그들의 특질은 오히려 주지주의主知主義적인 이념에 서서 권위에 대한 이성의 우위를 강조하고 법의 본질을 이성에서 찾은 데 있다. 그들에 의하여 법은 이성의 산물이 되었다.

법학자는 코르푸스 유리스를 이성에 기초하는 보편적인 최고의 법원리로서의 보통법(ius commune)으로 파악하기 시작하였다.

주해의 탄생   주해학자의 등장은 이념적인 발전뿐만 아니라 사회의 구체적인 요청에서 말미암은 바도 컸다. 12세기 후반경부터 도시는 끊임없이 법학자에게 지식의 제공을 요구하게 되었다. 고도화된 도시 생활과 상업활동이 그에 상응하는 법과 법기술을 필요로 하였기 때문이다.

그것은 주해학자를 주석학자 이상으로 깊이 실무에 접근시켰다. 그 결과 대학의 강의도 실무에서 발생한 문제를 취급하고 코르푸스 유리스의 법문에서 출발하여 변증적인 논증으로 문제의 해결을 꾀하는 해석방법으로 중점이 옮아갔다. 이때 코르푸스 유리스 법문에 대한 자구 분석적인 해석은 이미 『표준주석』이 존재하고 있었으므로 그것을 이용하면서도, 실제적인 문제와 결부시켜 법문 전체의 의미를 명확하게 밝히는 상세한 설명을 추가하는 형식이 취해지고, 그러면서 추가된 설명은 코르푸스 유리스와는 독립한 형태로 정리되었다. 그로부터 원전 텍스트와는 분리된, 문제사고問題思考적인 '주해(commetaria)'라는 문헌이 태어났다.

법학자는 종래의 학문전통 위에 서면서도 법학의 내적인 혁신을 추구해 갔다. 새로운 시대를 향하고 있던 도시사회의 복잡한 현실을 앞에 두고 법학은 그 연구대상을 코르푸스 유리스의 원전 텍스트에만 얽매이지 않고 카논법과 도시조례로도 넓혀가야 하였다.

법학자에게 부과된 역할은 로마법 속에 조례를 집어넣음으로써 법학을 재구축하는 일이었다. 이를 위하여 그들은 이성을 중심에 둔 법학의 확립을 지향하였다. 그들은 성숙한 아리스토텔레스 철학연구를 기초로 토마스 아퀴나스가 확립한 스콜라 철학의 변증법을 명확히 법학의 중핵에 위치시킴으로써 스콜라 법학을 완성하였다. 변증법이란 논리적 추론의 방법이다. 중세에 그것은 정의와 진리의 발견방법이었다.

이성주의   주석학자는 오직 코르푸스 유리스 원전에 있는 법문의 의미를 해명하기 위하여 이성을 사용하는 가운데 점차 이성에 따르면서도 원전 자체를 넘어서는 변증법적인 법적 추론 방법을 발전시키고, 이를 주해학자에게 넘겨주었다. 새로운 변증학의 전개가 시작되었다. 주해학자는 코르푸스 유리스의 해석이 오래된 법을 지키는 것이 아니라 새로운 법을 창조하기 위한 것이어야 한다고 생각하였다. 또한, 코르푸스 유리스에 흠결이 있는 경우에는 이성이야말로 이 새로운 법을 명할 수 있다고 하였다. 여기에서 변증적 추론의 절차, 그중에서도 유추적 확장이 중요한 역할을 한다.

주해학자에게도 법해석이란 '법률의 이성(ratio legis)' 즉 입법 이유를 명확히 하는 것을 의미하였다. 이성이란 다름 아닌 법률의 정신이다. 이는 이성주의의 선언이었다. 황제의 의사가 법의 효력을 가지는 것은 황제의 의사가 이성으로 인도되었기 때문이다.

이리하여 코르푸스 유리스의 법문은 이성이 법을 창조해 가는 변증법적인 추론절차에서의 출발점으로 점차 변화하였다. '법문에서 기술된 것처럼'이라는 표현형식은 이 때문에 이용되었다. 설문에 대한 결론 뒤에 논거로서 해당 법문이 제시되었다.

'쓰인 이성'   이처럼 코르푸스 유리스의 법문은 문제해결을 가져다주는 논거로 인용되게 되었다. 이것은 이성이 원전을 해석하기 위하여 이용되었을 뿐 아니라 원전이 이성의 증거로서 인용되었다는 것을 나타내고 있다.

이로부터 로마법은 '쓰인 이성(ratio scripta)'이며, 그 때문에 권위를 가진다는 관념이 발전한다. 이 관념에 기초하여 이 법을 적용하는 법원法院은 '이성의 전당'으로 불렸다. 법이 '쓰인 이성'이라고 이해됨에 따라 로마법의 법문 전체를 이성에 따라 질서 지으려는 시도가 시작되었다.

계승과 발전   주해학자는 권위 있는 학설의 맹목적인 추종에 반대하고 이성에 의한 비판적인 계승을 주장하였다. 즉, 로마법은 주석의 도움을 빌려 이해되어야 하지만, 동시에 주석의 견해는 로마법의 원전으로 돌아가서 재검토되어야 하였다. 그에 따라 형식적으로는 원전에 대한 오래된 해석을 받아들이면서도 실질적으로는 그것과는 다른, 시대의 요구에 부합하는 내용을 담는 새로운 해석을 산출할 수 있다. 계승이란 발전이다. 이 계승과 발전의 반복에 의해 로마법은 그 유효성을 계속 보존한다.

이리하여 주해학파는 주석학파의 후계자라는 것, 아니 바르톨루스Bartolus(1357년 사망)야말로 아쿠르시우스의 후계자라는 것이 확인됨과 아울러 사도使徒 계승적인 권위의 계승에 의한 학설 제공이 계속적으로 이루어지게 되었다. 키누스Cinus에서 바르톨루스로, 그리고 바르톨루스에서 발두스Baldus 기타 다음 세대의 법학자로 계승되어 가는 그들의 학설은 진리의 추정을 받는 '공통견해(communis opinio)' 즉 통설로서 황제권이 없는 이탈리아 법질서를 안정적으로 유지하게 된다.

법문의 탐구 이렇게 해서 이성이 법해석론의 무대로 나타났다. 바르톨루스는 법해석에서 어디까지나 법률의 문언 속에서 거기에 숨겨진 법률의 이성을 이끌어 내는 방법을 채용한다. 법문 중에서 그것을 기초 짓는 이유를 간파한다는, 이러한 법의 합리적인 해석을 행하기 위해서는 법문의 신중한 독해가 요구된다.

물론 이를 위해서는 정확한 법문을 아는 것이 전제이다. 실제로 그는 법해석에서 의문이 생기면 일부러 피사까지 가서 당시에 그를 포함하여 법학자가 이용하고 있었던 로마법 '보급본(볼로냐본)'과 로마법 원전 텍스트인 '피사본(혹은 피렌체본)'을 대조하여 법문을 확인하였다고 한다.

해석에 의한 법창조 중세의 법해석이론 일반에 대해 말한다면, 법학자는 '해석'을 광의로 이해하여 법률의 의사에 관한 해명뿐만 아니라 법률에 흠결이 있을 때 이를 보충하는 것도 '해석'에 포함시켜 생각하고 있었다. 중세의 법학자는 코르푸스 유리스의 법문을 시대의 요청에 응할 수 있도록 바꾸어 읽어 갔다. 법학자의 해석 작업은 형식적으로는 법문의 해석이었지만 실질적으로는 법창조였다.

로마법 원전은 이제 중세적인 정신에 의해 채워지는 그릇에 지나지 않았다. 확실하게 이 점을 말해주는 에피소드가 있다. 바르톨루스는 "나는 기억력이 좋지 않기 때문에"라는 이유로, 일정한 사안에 대하여 일정한 결론을 낸 후에 그의 친구에게 로마법대전의 해당 법문을 찾게 하였다고 한다. 로마법이 앞에 있는 것이 아니라 바르톨루스의 판단 즉 '해석'이 앞에 있었다.

숲의 비유 주해는 문답형식으로 전개되었다. 먼저 문제를 제시하고, 이어서 긍정하거나 부정하는 대립하는 견해를 제시하고 그것들을 비판적으로 검토하고, 마지막으로 일정한 법문을 인용하여 증거로 삼고, 그로부터 논리적으로 서로 대립하는 견해를 조화시킨 더 고차원의 견해를 해답으로 도출하는 형식이다. 이것은 법획득의 방법이었다.

그럴 때 '구별(distinctio)'의 방법이 이용되었다. 문제를 유類(genus)와 종種(species)로 구분하고, 이를 잘게 나누고 문제가 해결될 때까지 계속 세분하여 그 본질을 해명하여 간다. 잘 구별하는 자가 잘 아는 자라고 말해졌다.

이처럼 주해는 각각이 마치 법문이라는 줄기에서 가지와 잎이 자라는 한 그루의 나무와 같고, 그들이 모여 만들어지는 전체는 큰 숲과 같았다. 실로 그것은 숲으로 비유되는 중세의 장대하고 화려한 고딕 건축의 체계를 연상시키는 스콜라적인 개념의 계통수라고 할 수 있다. 개개의 요소가 전체로 조화되어 종합되는 고딕건축을 구상할 수 있도록 한 것이 바로 이성이었다. 거기에 중세 전체를 관통하는 이성주의가 있다.

◆ 주해학파의 거두들

바르톨루스와 발두스가 최고의 권위였다. 피사와 페루자에서 교편을 잡은 바르톨루스는 다방면에 걸쳐 우수한 업적을 남겼다. 그의 영향력이 절대적이었기 때문에 "바르톨루스의 생도가 아니면 좋은 법률가가 아니다(Nemo bonus iurista, nisi Bartolista)."라고 말해졌을 정도이다. 그의 권위는 입법과 재판 실무에까지 미쳐, 스페인에서는 그의 저작이 법으로서 효력을 가졌다고 한다. 페루자에서 바르톨루스에게 배운 발두스도 주로 페루자의 교수로서 계속 활동하며 2,800개나 되는 조언(consilia)을 남기고 재산도 모았다고 한다. 그밖에 초기의 학자로서 아쿠르시우스의 제자로 볼로냐의 교수였던 오도프레두스, 단테와 페트라르카 Petrarca의 친구이자 바르톨루스의 스승이었던 키누스 데 피스토이아Cinus de Pistoia, 실무가인 알베리쿠스 데 로사테Albericus de Rosate, 15세기에 활약한 야손 데 마이노Jason de Mayno, 오를레앙의 법학자 야코부스 데 라바니스Jacobus de Ravanis(쟈크 드 레비니 Jacques de Révigny), 마찬가지로 오를레앙의 교수 페트루스 데 벨라페르티카Petrus de Bellapertica(피에르 드 벨페르슈 Pierre de Belleperche)가 있다.   (S)

2. 법조언

법학의 황금시대　　12세기 후반에 시작되는 포데스타 제도는 끊임없이 법학자에게 지식의 제공을 요구하였다. 앞의 장에서 기술한 것처럼 도시는 포데스타의 임기종료 후에 그가 도시조례에 따라 올바르게 사법행정을 하였는가를 심사하고 엄격하게 책임을 물었다. 포데스타는 그 책임을 면하기 위해 법학자의 조언·감정을 구하였다.

　도시의 법관은 분쟁을 해결할 때 학식법률가에게 조언(consilium sapientis iudiciale)을 구하는 것이 보통이었다. 그것은 법학자(doctor iuris)의 커다란 권위에 근거한 것이었고, 그만큼 조언자(consiliatores)로서의 법학자의 활동이 커진 것이다.

　입법에 의한 법질서 형성이 여전히 불충분하였던 시대에 바르톨루스는 법학 즉 통설을 제공함으로써 법질서를 완전한 것으로 만들고자 하였다. 법이 무엇인지를 아는 자는 법학자 외에는 존재하지 않는다. 법은 법학자의 것이 되었다.

　그의 학설은 실무와 직결된 명쾌한 이론구성 하에 이루어지고 있었다. 따라서 그것은 법실무가에게도 아주 매력적이었다. 바르톨루스의 주해서와 감정집은 실무가에게 지침서 역할을 하였다. 바르톨루스는 법학 그리고 그것을 생업으로 삼는 법학자의 지위를 부동의 것으로 만들었다. 법학의 황금시대가 도래하였다.

3. 조례이론

조례제정권 이론　　시대가 법학자에게 해결을 구한 문제는 제국의 보편적인 통일이라는 이념과 도시자치라는 현실의 대립을 어떻게 조화시킬 것인가 하는 것이었다. 주석학자는, 이탈리아에서 황제권이 부재하다는 현실 속에서 상위자인 황제를 인정하지 않는 도시국가가 존재함을 사실상 인정하면서도, 법률상 주권은 상위자인 황제에게 귀속한다고 생각하였다. 주해학자의 작업은, 사실상 독립하고 있는 도시국가의 존재를 법률상 즉 로마법에 의하여 승인하는 것이었다.

도시국가의 조례제정권 문제는 주권 문제와의 관련 속에서 논해졌다. 바르톨루스에 따르면, 국민은 대권법에 의하여 황제에게 양도해버린 입법권을 더이상 철회할 수 없다. 그렇다면 도시국가는 조례제정권의 법적 근거를 어디에서 찾는 것이 좋을까?

먼저, 콘스탄츠 화약처럼 황제의 허가를 받는 방법을 생각할 수 있다. 그러나 그것은 황제에 의하여 언젠가 취소될지도 모른다. 도시국가의 조례제정권을 확실한 것으로 만드는 데는 그 근거를 더이상 황제의 취소가 허용되지 않을 정도로 흔들림 없는 것에서 찾을 필요가 있다. 그것은 도시자치의 현실 이외에는 없다. 이리하여 조례제정권은 도시국가가 그 통치를 위하여 사실상 행사하고 있는 공적인 지배권인 "재치권裁治權"에 기초를 두게 된다.

국민의 동의   바르톨루스는 사실事實이 최초로 표현되는 바인 관습의 문제로부터 시작한다. 「학설휘찬」 제1권 제3장 제32법문은 성문의 법률이 구속력을 가지는 것은 그것이 국민의 '동의'에 기초하기 때문이고, 따라서 암묵의 동의인 관습도 법률과 마찬가지의 구속력을 가진다고 규정하고 있는데, 그는 그에 대한 주해에서 다음과 같이 말한다.

> 법률의 효력은 국민의 동의에서 유래하고 다른 자의 승인을 필요로 하지 않는다. 그런 까닭에 관습은 도시 국민의 동의를 표현한 것이므로 그에 대하여 상위자인 황제의 승인이 필요 없다. 따라서 조례도 또한 상위자인 황제의 승인을 받을 필요가 없다. 왜냐하면 관습은 도시 국민의 암묵적인 동의이고 조례는 도시 국민의 명시적인 동의이므로 양자는 모두 동의라는 점에서 동일하고 동일한 효력을 가지기 때문이다.

바르톨루스의 생각으로는 조례는 국민의사의 산물이고 입법은 상위자 황제만의 독점물이 아니다.

도시의 자치   그는 이로부터 국민의 동의는 주권의 기본적인 요소인 상위자로서의 황제의 존재를 부정하는 것으로 이어진다 생각하였다. "상위자를 인정하지 않는 도시국가"는 "자유로운 국민"이라고 할 수 있다. 그리고 이 자유로운 국민은 황제가 제국 내에서 가지는 지배권인 '재치권'을 도시국가 내에서 가진다. '재치권'은 반드시 황제의 허가에 의하지 않아도 도시가 그것을 스스로 행사해 온 '사용'의 사실에 의하여 취득되기 때문이다. 그러므로 "도시는 그 자신이 황제이다." 이는 바로 황제에 대한 의존관계에서 해방되어 독립한 도시의 완전한 자치(주권) 확립의 표현이었다.

일체의 재치권을 보유하는 국민인 자유로운 국민은 그 의사가 의욕하는 바에 따라 상위자의 권위에 얽매이지 않고 조례를 제정할 수 있다. 바르톨루스는 조례제정권을 이와 같이 재치권의 한 발현형태로서 기초 짓는다.

도시국가는 이제 법인法人으로 파악되고, 따라서 그것과 동일시되는 국민이란, 개개의 구체적인 국민이 아니라 그것과는 별개의 통일체로서의 추상적인 국민이다. 그리고 도시국가의 통치기구인 평의회가 국민을 대표하여 동의를 수여한다. 바르톨루스에 따르면 "평의회는 국민의 정신을 대표한다." 거기에서의 의사결정은 다수결로 행해진다.

요컨대 도시국가는 재치권의 범위 내에서 황제의 허가를 받을 필요 없이 자신의 의사에 따라 어떠한 조례라도 제정할 수 있다는 의미에서 "그 자신이 황제"인 것이다. 로마법의 틀 내에서 도시국가의 입법주권을 표현하려고 한다면 이러한 표현 외에는 없을 것이다. 그리고 이 "상위자를 인정하지 않는 도시는 그 자신이 황제이다."라는 표현은 명백히 프랑스 왕권이 신성로마 황제에 대하여 주장한 명제인 "국왕은 그의 왕국 내에서 황제이다."를 응용한 것이었다.

주권과 재치권   그러나 제국의 보편적인 통일을 유지하면서 도시의 자치를 승인하려고 한 바르톨루스에게, 황제는 어디까지나 '세계의 지배자'이고 제국 내에서 법률상의 주권을 계속 보유한다. 사실상 상위자를 인정하지 않는 도시는 단지 '사실'에만 기초하여 주권을 획득할 수 있는 것에 불과하다. 도시가 진정한 주권을 가진다고 말한다고 해도 그것은 황제가 그 영역 내에서 보유하는 최고의 주권이 아니라 차위次位

에 있는 주권이다.

　황제가 '가장 완전한 재치권'을 가지는 데 반해, 도시는 '완전한 재치권'을 가진다. 제국은 도시국가와 동일한 수준에 서지 않는다. 즉, 제국은 대등한 다수 국가 중의 하나가 아니라 보편적이고 또 최고의 주권, 즉 지고권至高權을 가지는 국가이다.

　그의 주권이론은 단계적이라는 점에서, 대등한 영역적 주권성을 요구하는 근대적인 주권이론과는 질적으로 다르다. 그것은 중세적인 주권이론이었다.

조례우선이론　도시국가의 입법주권이 이론적으로 확립됨과 아울러 '하나의 제국, 하나의 법'이란 개념은 결정적으로 붕괴하였다. 그 대신, 제국과 도시국가가 로마적·기독교적인 보편적 질서와 특수한 질서로서, 또 로마법과 조례가 제국의 보편적인 법률=보통법(ius commne)과 도시국가의 특수한 법=특유법(ius proprium)으로서 서로 대치하는 관계 속에서 포착되었다.

　법학자는 로마법 중에서 그 근거를 찾으려고 하였다. 「학설휘찬」 제1권 제1장 제9법문에는 "법률과 관습에 의해 지배되는 모든 국민은 일부는 자신에 특유한 법(ius proprium)을, 일부는 모든 인류에 공통되는 법(ius commune)을 이용한다."(가이우스)라고 규정되어 있다. 이 가이우스의 법문에서 '공통되는 법'은 자연법·만민법을, 그리고 로마국민 또는 로마시(civitas)에 '특유한 법'은 로마 시민법을 의미하였다. 그러나 법학자는 이 법문을 해석이라는 이름 아래 바꿔 읽어 '공통되는 법'을 로마 시민법으로, 그리고 '특유한 법'을 도시(civitas)가 제정한 조례를 포함하는 지역 특별법으로 이해하였다.

　그 결과, 보통법과 조례의 충돌문제가 생기게 되었다. 보통법과 조례가 충돌할 때는 우선 종種으로서의 조례가 유類로서의 보통법에 대하여 우선적으로 적용되고, 조례에 흠결이 있는 때 보통법이 보충법으로 적용된다. 이것을 조례우선이론이라고 한다.

조례충돌법이론　도시국가의 주민은 제국의 국민임과 동시에 도시국가의 국민이기도 하였다. 도시국가는 그 재치권의 범위 내에서 어떠한 조례라도 제정할 수 있다는 의미에서 '그 자신이 황제'임과 동시에 시민권을 부여함으로써 그 자신의 국민을 만들 수 있다는 의미에서도 '황제'였다. 여기에서 서로 다른 도시국가 국민 사이의 교제에 따라서 조례 사이의 충돌문제가 발생한다.

본래 '하나의 제국, 하나의 법', 따라서 하나의 국민을 전제로 하는 코르푸스 유리스는 로마 국민과 외국인 사이의 관계에 관련된 문제를 예정하고 있지 않았다. 그 때문에 법학자는 문제해결을 위한 전거로 삼을만한 법문을 찾느라 고투하였다. 그 결과 간신히 다다른 법원法源은 제국의 지배 아래 있는 국민은 모두 기독교를 신앙하여야 한다고 적은 「칙법휘찬」 제1권 제1장 제1법문이었다.

법학자는 이 법문을 황제법은 제국의 국민을 구속할 뿐 외국인을 구속할 수 없다는 의미로 바꿔 읽고, 그로부터 유추하여 도시조례도 도시의 국민만을 구속할 뿐 외국인을 구속할 수 없다고 결론지었다. 이 결론을 전제로 삼아 법학자는 로마법을 조례 사이의 충돌이 있을 때 적용조례의 선택기준을 제시하는 상위법으로 간주하고, 조례충돌의 구체적인 문제를 개별적으로 해결하여 갔다.

바르톨루스는 이 법문에 대한 주해에서, 도시국가의 조례는 그 국민에 대해서만 유효하며 또 그 영역 내에서만 유효하다고 하는, 조례의 사람과 장소에 관한 적용 원칙을 전제로 삼고, 조례충돌의 문제를 "도시조례의 효력은 그 영역 내의 외국인에게 미치는가?" 그리고 "도시조례의 효력은 그 영역 밖에 미치는가?"의 문제, 즉 조례의 영역 내적 효력 및 영역 외적 효력이라는 두 개의 문제로 구분하여 논하였다.

그는 전자의 물음을 다시 '계약, 범죄, 유언, 기타 사항'의 네 가지로 나누고, 후자의 물음은 '금지적 조례, 허가적 조례, 형벌적 조례·판결'의 세 가지로 나누었다. 그런 후 이들을 더 세분하면서 각각의 문제를 개별적으로 해결해 나갔다.

국제사법학의 여명 여기에서 국제사법학 분야에서 오늘날에도 그 의미를 잃지 않은, '법규분류설' 등으로 불리는 그의 견해의 일단을 소개한다.

> "장남이 모든 재산을 상속한다는 관습이 영국에 있는데, 어떤 사람이 영국 및 모든 형제에게 상속재산을 분배한다고 정한 보통법이 시행되는 이탈리아에 재산을 남기고 사망하

였을 때 어느 법이 지배하는가? …… '고인의 재산은 장남에 귀속되어야 한다.'라는 문언처럼 그 규정이 물건에 관한 것일 경우 그 재산이 소재하는 지방의 관습과 조례에 따라 일체의 재산에 관한 재판이 행해져야 한다. 왜냐하면 법은 그 재산이 시민의 물건이건 그곳을 방문한 시민 이외의 사람의 물건이건 물건을 다루고 있기 때문이다. 반면, '장남이 상속하여야 한다'라는 문언처럼 그 조례나 관습이 사람과 관계되는 경우 고인이 영국인인지 아닌지를 구별하여 고찰해야 한다. 어떤 사람이 영국에서 재산을 소유하고 있으나 영국인이 아닌 경우 조례는 그와 그의 아들에게 효력이 미치지 않는다. 왜냐하면 사람에 관한 규정은 …… 외국인에게 효력이 미치지 않기 때문이다. 그리고 그 사람이 영국인일 경우 그의 장남은 영국에 소재하는 재산을 상속하지만, 다른 지역에 소재하는 재산은 …… 보통법에 따라 상속이 된다고 생각해야 한다. 왜냐하면 이 경우 조례는 장남 이외의 아들에게서 상속권을 박탈하는, 말하자면 불이익한 조례로 간주할 수 있기 때문이다. 그러므로 그 조례는 다른 지역에 소재하는 재산에 효력이 미치지 않는다. ……"

『칙법휘찬주해』

바르톨루스는 조례 또는 관습의 문언을 신중하게 분석하고 그로부터 입법 이유를 읽어 낸다. "고인의 재산은 장자가 상속하여야 한다."라고 정하는 경우 그것은 물건에 관한 법이고, 그 경우 고인의 재산의 소재지의 법이 적용된다. 물건에 관한 법은 재산의 소재지에 그 효력이 한정되기 때문이다.

이에 반하여 "고인의 장자가 재산을 상속하여야 한다."라고 정할 때 그것은 사람에 관계되는 법이고, 이 경우에는 고인의 본국법이 적용된다. 사람에 관한 법은 그 사람을 따라가며 모든 지역에 그 효력이 미치기 때문이다. 고인이 영국인이 아닌 외국인일 경우에는 영국의 관습(조례)은 적용되지 않는다. 사람에 관한 법은 외국인에게는 그 효력이 미치지 않기 때문이다. 고인이 영국인일 경우 영국의 관습(조례)이 적용되어 장자는 영국에 소재하는 재산을 상속한다.

그러나 이탈리아에 소재하는 재산에 대해서는 모든 형제 사이에 상속재산을 분배한다고 규정하는 이탈리아에서 일반적으로 준수되고 있는 보통법에 따라 상속한다. 왜냐하면 이탈리아의 관습은 장남 이외의 아들에게서 상속권을 빼앗는 것을 불이익한 조례로 간주하고, 불이익한 조례는 다른 지역에 소재하는 재산에 효력을 미치지 않기 때문이다.

그는 법규를 성질에 따라 분류하고 적용 범위를 결정한다. 즉, 주어가 물건인지 사람인지를 기준으로 법규를 물건에 관한 법과 사람에 관한 법으로 이분하고, 물법物法은 속지적인 효력을 가지고 인법人法은 속인적인 효력을 가진다고 생각한 것이다.

바르톨루스는 이같이 현재에도 여전히 유효한 이론구성을 하여 국제사법학의 아버지로 불린다. 바르톨루스의 저작은 아쿠르시우스의 『표준주석』과 함께 근대에 이르기까지 계속하여 법학연구의 기초가 되었다.

제11장

카논법
교황권과 법의 합리화

카논법은 중세 가톨릭교회가 독자적으로 발전시킨 교회에 관한 모든 법을 가리킨다. 그 중심은 성서, 공의회결의, 교황의 교령이다. 이들을 연구하고 주석하고 주해한 것이 카논법학이다. 공의회결의와 교황교령은 학식 있는 성직자에 의하여 작성되며, 또한 카논법학자가 종종 로마 교황이 되었다. 카논법은 로마법과 함께 보통법(ius commune)을 형성하여 학식적인 유럽법문화의 형성에 공헌하였다.

1. 카논법

초기의 카논법 로마법과 마찬가지로 카논법학의 발달은 법의 학식화를 진전시켰다. 카논이란 그리스어의 '규범' 또는 '규칙'이라는 말에서 유래한다. 기독교의 진출과 함께 카논은 '신의 명령' 혹은 '신앙의 규칙', '도덕규범'이라는 의미를 부여받게 되었다. 그것은 또한 성직자에 대한 규칙을 포함하였다.

카논은 교회법에 관해서만 이용되었다. 그 최초의 예는 니케아 공의회(325년)이다. 그 후 서방교회에서는 로마 교황과 주교의 교령, 공의회와 교회회의의 결의를 카논이라고 불렀다. 또 성서의 가르침이나 교부의 말 등도 포함하여 일반적으로 교회에 관한 모든 법이 카논법(ius canonicum)이 되었다.

따라서 카논법은 16세기까지는 교회법(ius ecclesiasticum)이라는 말과 거의 같은 의미였다. 그러나 근세 이후 교회법은 세속권력이 발포한 교회에 관한 법규를 포함하게 되었기 때문에 카논법과 교회법 사이에 구별이 이루어지게 된다. 그러므로 여기에서는 중세 교회법 및 근대 가톨릭교회법이라는 의미로 카논법이라는 말을 이용하고자 한다.

카논법의 정리·채록 카논법의 정리통합은 반복적으로 시도되었다. 유명한 것으로는 6세기 초엽에 아타나시우스 2세(재위 496-498년)의 교황문서관의 관장 디오니시우스 엑시구우스Dionysius Exiguus에 의해 집록된 「카논법전(Codex canonum)」, 별칭 「카논대전(Corpus canonum)」이 있다. 이것은 나중에 「디오니시아나Dionysiana」라는 명칭으로 광범위하게 유포되었다.

로마 교황 하드리아누스 1세(재위 772-795년)는 774년 프랑크 국왕 샤를마뉴에게 로마교회의 공식적인 카논법전으로 「디오니시아나」를 보냈다. 이 「디오니시아나」는 다수의 교황교령敎皇敎令 및 로마교회의 회의 결의, 나아가 대교황 그레고리우스 1세의 교칙敎勅을 부가하여 샤를마뉴 대제에게 바쳐졌다. 그 이후 이것은 '디오니시아나 하드리아나'로 불리는 카논법 집록이 되었다.

샤를마뉴 대제는 아헨의 교회회의(802년)에서 이것을 「하드리아누스 법전(Codex Hadrianus)」으로 공시하고 제국 내의 교회에 이 법전에 복종하도록 명하였다. 「하드리아누스 법전」은 중세에는 '카논의 서書'라 불리며 이탈리아, 프랑스, 스페인, 아프리카, 아일랜드에서 폭넓게 받아들여졌다.

스페인에는 633년 무렵 편찬된 「히스파나Collectio Hispana chronologica」가 있다. 이것은 「디오니시아나」에 갈리아와 스페인의 교회회의의 결의를 넣은 것으로 세빌리아 대주교인 이시도르Isidor의 손으로 만들어진 것이었다. 이것은 나중에 수많은 교회회의 결의와 교황교령을 채록하여 9세기에는 「이시도르 집록(Collectio Isidoriana)」으로 불리게 되었다.

> ◆ 가짜 이시도르 교령집
>
> 「이시도르 집록」과는 별개로, 이시도르가 편찬자 이름으로 나온 교황교령집이다. 실제로는 9세기 프랑스의 성직자들이 교황권 옹호를 위하여 만든 것으로 여겨진다. 3부로 구성되는데, 50개 정도의 '사도의 카논'과 90개 정도의 교황의 교칙으로 이루어지며 교령은 거의 위작이었다. 제3부에는 로마황제 콘스탄티누스가 교황 실베스터에게 세속의 지배권을 위임한다는 유명한 위조문서인 '콘스탄티누스의 기증서'가 있다. '가짜 이시도르 교령집'은 일부의 카논이 몇 개의 교령집에 채록되어 권위를 얻은 것도 있어서 교황권의 확대를 위해 이용되었다.　(Y)

이탈리아에는 「안셀무스에게 바쳐진 카논집록(Collectio canonum Anselmo dedicata)」(882년경)이 있다. 이것은 밀라노 대주교에게 바쳐진 익명의 편자에 의한 작품으로 총 12권으로 구성되어 있다. 그 제1권은 로마 교황의 우월성에 관한 것이다.

11세기(1008-22년)가 되면 보름스 주교 부르히하르트Burchard에 의하여 성직자에게 교회법의 지식을 알리기 위한 「교령집(Decretum libri XX)」이 작성되었다. 이것은 20권이며 「디오니시오 하드리아나」, 「안셀무스에게 바쳐진 카논집록」, '위작 이시도르 교령집', 다수의 속죄 규정서 등으로 구성되어 있다. 제19권의 '교정矯正과 의술醫術'은 속죄를 취급하고 있으며 15세기까지 계속하여 이용되었다. 이것은 교황 레오 9세에 의해 채용되었으나 체계성이 떨어졌다. 교회개혁을 지향한 성직자들 사이에서도 아직 불충분한 것으로 간주되었다.

이보의 3부작　　11세기 후반은 교황개혁의 시대였다. 그레고리우스 개혁의 흐름 속에서 카논법의 채록도 성행하였다. 루카Lucca의 주교 안셀무스Anselmus는 카논법을 논리적으로 구성하여 13권으로 된 『안셀무스 집록』을 완성하고, 그에 이은 카논법 편찬작업이나 서임권투쟁을 둘러싼 논의에 큰 영향을 주었다.

11세기 말에 나타난 가장 큰 업적은 샤르트르Chartres의 주교 이보Ivo의 3부작이다. 이보는 1093년에서 95년 사이에 「삼부집록三部集錄(Collectio trium partium, Tripartita)」, 「교령집敎令集(Decretum)」, 「개관槪觀(Panormia)」을 정리해냈다. 「삼부집록」은 교부, 교황, 교회회의 결의의 연대기적인 기록이고, 후속하는 「교령집」의 요약판을 포함하였다. 「교령집」은 부르히카르트의 「교령집」을 중심으로 교부와 로마법에서 발췌한 것을 덧붙인 것이다. 「개관」은 일상 업무에 사용하기 쉽게 콤팩트하게 정리한 것으로 카논법의 간이백과사전이라고도 한다.

이보는 개혁파의 주교였으나 교회와 왕권의 협력을 중시하여 세속군주의 법령, 로마법이나 칙령(Capitularia)도 채록하였다. 로마법이 이탈리아 이북에 알려지게 된 것도 그의 작업에 의한 바가 크다고 한다. 그는 또한 아벨라르의 변증법도 채용하여 카논법의 체계화에 공헌하였다.

그라티아누스 교령집   이보의 작업을 답습하여 등장한 것이 1130-40년대 볼로냐에서 신학과 교회법을 가르치고 있던 수도사 그라티아누스Gratianus의 작품이다. 그의 「모순하는 카논의 조화(Concordia discordantium canonum)」 즉 통례적으로 「그라티아누스 교령집(decretum)」(1140년경)으로 불리는 교령집은 카논법과 카논법학의 가장 우수한 기초로 평가된다.

그라티아누스는 교령집을 편찬하여 카논법을 정리, 통합하고 카논법학을 명확히 신학으로부터 구별하고 카논법학을 학식법학으로 비약적으로 발전시켰다. 이 점에서 그는 로마법학에서 이르네리우스가 맡은 것과 같은 역할을 카논법의 분야에서 담당하였다고 한다. 단테의 『신곡』 천국편 제10곡에서도 그라티아누스는 토마스 아퀴나스와 함께 천국에 있으며 "그는 두 법정法廷의 권위를 높이는 것을 도왔기 때문에 천국에서 마음에 들어 한다."라고 소개되고 있다.

그러나 그라티아누스는 이르네리우스 이상의 업적을 카논법의 분야에서 이루었다고 생각할 수도 있다. 왜냐하면 그라티아누스는 스스로 카논법을 채록하고 「로마법대전」에 필적할 정도의 카논법전을 스스로 만들어내어 로마법에서의 트리보니아누스의 역할까지 담당하였기 때문이다.

그가 이용한 것은 루카의 주교 안셀무스의 「안셀무스 집록」(전 13권), 생 그리소고노 St. Grisogono의 추기경 그레고리우스Gregorius의 「폴리카르푸스Polycarpus」, 샤르트르의 이보의 「삼부집록」, 세빌리아 대주교 이시도르의 『어원語源 20권』, 특히 그 제5권 「법률과 시간」 등이었다.

「교령집」의 구성 「교령집」은 3부로 구성되어 있다.

제1부 '법률명제(Distinctiones)'는 제1명제에서 제101명제까지 나뉘고 각 명제는 조문(카논)으로 재분할되어 있다. 제1명제에서 제20명제까지는 '법원法源'론으로 「교령집」 전체의 서문 또는 총론의 역할을 하고 있다. 제21명제에서 제101명제까지는 교회의 위계나 성직자에 관한 사항을 다루고 있다.

제2부 '법률사건(Causae)'은 그라티아누스 자신이 가상적으로 만든 36개의 법률사건으로 이루어진다. 이 법률사건은 법률문제로 분할되고, 법률문제는 다시 조문으로 재분할된다. 이는 법적 절차와 형법, 교회재산, 이단, 혼인과 고백 등을 대상으로 하고 있다.

제3부 '법률명제(Distinctiones)'는 제1명제에서 제5명제로 구분되고, 각 명제는 조문으로 분할된다. 제3부는 통상적으로 '성사론聖事論'으로 불리며 혼인을 제외한 성사(세례, 견진, 성체, 고해, 도유塗油, 서품)에 대해 규정하고 있다.

「교령집」의 의의 그라티아누스는 변증법적 방법을 취하여 각각의 논점에 대하여 찬성과 반대를 표시하면서 그 자신이 코멘트 즉 '그라티아누스의 말'을 부가하였다. 이렇게 해서 그라티아누스는 '모순의 조화'를 지향하고 통일성을 주고자 하였다. 그 모든 사항에 대하여 모순이 없는 법문이 제시되었던 것은 아니지만, 「그라티아누스 교령집」에 의하여 카논법은 비약적으로 정비되었다. 다만, 이것은 원래 그라티아누스가 교육용으로 사적으로 편찬한 것이기 때문에 형식적으로는 공적 권위를 가지지 않는다.

그러나 실제로는 「그라티아누스 교령집」은 강의뿐만 아니라 실무에서 광범위하게 이용되었다. 이 교령집이 성서와 교부의 말, 과거의 공의회 결의나 교황교령뿐만 아니라 새로운 교황교령을 다수 포함하여 역사적이면서 동시에 현대적인 의의를 가지는 법전으로 간주되었기 때문이다.

그라티아누스는 법을 그의 시대 이전의 '구법'과 그의 시대 이후의 '신법(교황교령)'으로 나누고, 법의 통합과 현대화를 지향하였다. 카논법은 교황의 입법을 대량으로 포함하고, 시대의 최첨단을 걷는 학식법체계를 구성하게 된다.

교회의 법전편찬　　로마 교황의 권력이 증대해가는 가운데 교황교령을 집록하는 작업이 「그라티아누스 교령집」을 뒤이었다. 교황교령이란 주교 등에 보내는 서한에 의한 명령과 주교 등이 제기한 법적인 질의에 대한 회답을 가리킨다. 이 교황교령을 모으는 작업 중에서는 특히 「교황교령집록 5권(Quinque compilationes antiquae decretalium)」이 중요하다. 이는 다음 다섯 개의 교황교령집을 총칭하는 것이다.

(1) 「집록 제1권」은 파비아Pavia의 베르나르두스 파피엔시스Bernardus Papiensis의 「교령집」 이후의 축쇄판 교황교령집Breviarum extravagantium 전 5권(1187-91년)이다. 그 자신이 작성한 축쇄판 「장章들의 집성集成」은 아이케 폰 레프고우의 「작센슈피겔」의 모델이 되었다고 한다.

(2) 웨일즈의 요하네스 갈렌시스Johannes Galensis의 「집록 제2권」(1210-15년).

(3) 인노켄티우스 3세Innocentius III의 「집록 제3권」(1210년). 이것은 최초로 공적으로 편찬된 교황교령집으로 인노켄티우스 3세의 교령을 집록한 것이다. 볼로냐로 보내져 대학과 법정에서 이용되도록 요청되었다.

(4) 요하네스 테우토니쿠스Johannes Teutonicus에 의한 「집록 제4권」(1216/17년). 인노켄티우스 3세의 나머지 교령과 제4회 라테라노 공의회의 결의를 집록한 것이다.

(5) 호노리우스 3세Honorius III의 「집록 제5권」(1226년). 두 번째 공적으로 편찬된 교황교령집. 호노리우스 3세의 교령과 황제 프리드리히 2세가 발한 교회특권에 관한 칙법(1220년)을 집록하였다. 이것도 볼로냐대학에 보내져 강의뿐만 아니라 법정에서도 이용하도록 추천되었다.

「교령집」과 「집록 제5권」이 완성됨에 따라 카논법의 지식과 교육이 한 단계 진전하였다. 그러나 그 상호간에 반드시 통일적인 관련이 있지 않았고, 교회의 보편적인 공통법을 직조하는 데는 이르지 못하였다. 그래서 그레고리우스 9세(재위 1227-1241년)는 이를 개선하는 작업에 착수하였다.

그레고리우스 9세는 통일적이며 간명한 실정적인 법전을 만드는 작업에 착수할 것을 결정하고 이를 도미니크 파의 수도사로서 볼로냐대학의 로마법 및 시민법 교수인 페냐포르의 라이문두스Raimundus de Peñafort(1180년경-1275년)에게 맡겼다. 1230년의 일이다.

집외법규집 라이문두스는 주로 「교황교령집록 5권」을 기초로 작업하고, 「교령집」 이후의 교황교령 및 그레고리우스 9세의 교령을 논리적으로 정리, 통합하였다. 라이문두스는 전체를 5권(통상적으로 '법관', '소송', '성직자', '혼인', '범죄'의 권으로 불린다)으로 나누고, 각 권을 다시 장으로, 장을 조條로 나누는 방법을 취하였다. 각 장과 조에는 각각 표제가 붙었다. 이리하여 총 5권 185장 1,971조로 이루어진 법전이 편찬되어 그레고리우스 9세에 의해 1234년에 공포되었다.

이 법전은 「그레고리우스 9세 교황교령집」이라고 하며, 또는 「그라티아누스 교령집」 이외의 교령집이라는 뜻에서 「집외법규집集外法規集(Liber extra)」 혹은 「별서別書」라고 불리기도 한다.

「그레고리우스 9세 교황교령집」은 볼로냐대학 및 파리대학으로 보내져 1917년의 새로운 법전에 이를 때까지 가장 중요한 공적 법전이 되었다. 그레고리우스 9세는 이 법전에만 법적 효력을 부여하였으나 「그라티아누스 교령집」은 여전히 권위를 가졌고 강의는 말할 것도 없고 실무에서도 계속하여 이용되었다.

제6서 이어서 보니파키우스 8세에 의해 주로 그 후의 교황교령으로 이루어진 「제6서(Liber Sextus)」가 1298년에 공포되었다. 이것은 「그레고리우스 9세 교황교령집」 제5권을 잇는다는 의미에서 「제6서」가 되었다. 이것도 볼로냐대학과 파리대학에 보내졌다.

요하네스 22세가 1317년에 공포한 「클레멘스 5세 교회법령집(Clementinae)」이 그 뒤를 잇는다. '클레멘스 5세 교회법령집'으로 불린 이유는 전임자였던 클레멘스 5세가 기획, 완성하였으나 대학으로 보내기 전에 사망하였기 때문에 법적 효력을 인정받지 못하다가 나중에 요하네스 22세에 의해 개정, 공포되었기 때문이다. 편별은 「그레고리우스 9세 교황교령집」과 동일하며 「제7서」라고도 한다. 「클레멘스 5세 교회법령집」도 볼로냐대학과 파리대학으로 송부되었다.

그 후 교황의 공식적인 편찬은 없었지만, 카논법학자에 의해 「요하네스 22세 추가 교황교령집」(1권 14장), 「보통추가 교황교령집」(74개 교황교령)이 정리되었다.

카논법 대전   교황 그레고리우스 13세는 「그라티아누스 교령집」과 이상의 「그레고리우스 9세 교황교령집」부터 「보통추가 교황교령집」까지의 카논법전을 포괄적으로 교정, 출판할 것을 기획하고, 그 출판을 인가하는 교칙(1580년)에서 '카논법 대전'이라고 이름 붙였다. 실제로 「카논법 대전(Corpus Iuris Canonici)」이라는 이름으로 출판된 것은 1586년의 프랑크푸르트판이 최초이다. 「카논법 대전」은 그 후 1918년의 대개정으로 「가톨릭교회법전」이 제정되기까지 가톨릭교회의 공식 법전으로서 효력을 유지하였다.

참고로, 이 1918년의 「가톨릭교회법전」은 1983년에 개정되어 새롭게 「신 가톨릭교회법전」이 공포되어 현재에 이르고 있다.

2. 카논법학의 전개

교령집 학파   「그라티아누스 교령집」은 카논법의 체계적인 법원法源으로서 획기적이었을 뿐만 아니라 학문적인 카논법학의 출발점이 되었다. 볼로냐대학, 파리대학, 파두아대학 등의 교수는 「그라티아누스 교령집」 이후 그 주석 활동을 중심으로 카논법을 연구하게 되었다. 이러한 연구활동을 한 학자들을 총칭하여 '교령집 학파(Decretist)'

라고 한다. 그 전성기는 1140-90년 무렵이다.

교령집 학파는 로마법학의 영향을 강하게 받아 주석학파와 마찬가지로 법전의 법문 상호간의 모순을 해결하는 주석과 전체의 이해를 용이하게 하기 위한 집성을 저술하는 데 힘썼다. 주석을 모은 작품은 '주석집(아파라투스)'으로 불렸다. 가장 적절한 주석서는 '표준주석서(Glossa ordinaria)'로 불리며 강의와 재판에서 폭넓게 이용되고, 이에 대한 주석도 행해졌다.

교령집 학파에 속한 법학자로는, 최초의 교령집 학자로서 그라티아누스의 제자인 파우카팔레아Paucapalea의 이름을 우선 들 수 있다. 이어서 역시 그라티아누스에게 배운 롤란두스 반디넬리Rolandus Bandinelli(훗날 교황 알렉산데르 3세), 프랑스의 루피누스Rufinus(뒷날 소렌토 대주교), 알베르투스 베네벤타누스Albertus Beneventanus(뒷날 교황 그레고리우스 8세), 볼로냐의 최초의 양법박사로 가장 권위있는 교령집 학자인 피사의 후고Hugo, 즉 바지아누스 후구쵸(Ferrara 대주교), 그의 제자인 로타리우스Lotharius(뒷날 교황 인노켄티우스 3세), 독일의 요하네스 테우토니쿠스Johannes Teutonicus, 스페인의 라우렌티우스Laurentius가 있다.

저작으로는 「그라티아누스 교령집」에 대한 라우렌티누스의 『주석집』, 테우토니쿠스의 『표준주석서』(1217년)가 주목된다. 「그라티아누스 교령집」에 대한 표준주석이라고 하면 일반적으로 테우토니쿠스의 『표준주석서』를 가리킨다. 또 주석서를 더욱 체계화한 집성으로는 파우카팔레아의 『집성』(1148년), 체계적인 방법과 주석을 방법적으로 결합하여 높은 평가를 받은 루피누스의 『집성』(1159년), 후구쵸의 이른바 『여왕의 집성(summa reginensis)』(1191년, 17세기에 스웨덴 여왕 크리스티나가 바티칸에 헌정하였기 때문에 이렇게 불린다)이 있다.

개별적인 작품으로는 적법절차(due process)론의 단서라고도 할 수 있는 '재판절차론(ordines iudiciarii)'이라는 소송법론이 12세기부터 13세기 초엽에 걸쳐 리카르두스 안젤리쿠스Ricardus Algelicus, 다마르수스Damarsus, 탕크레두스Tancredus에 의해 저술되었다. 그중에서도 중요한 것은 귈렐무스 두란티스Guilelmus Durantis인데, 그의 『법정의 거울』은 널리 읽혀 '거울을 비추는 자'라는 이름을 갖게 될 정도였다.

카논법학은 학문적이었을 뿐만 아니라 실무와도 깊이 관련되어 있었다. 저명한 학자가 종종 로마 교황이 되고 그의 학식을 현실의 재판이나 입법에 적용하였기 때문이다. 교황은 다수의 교령을 공포하였다. 카논법은 교황의 입법주도권 아래 계속 발달하였다.

교황교령집 학파　　　교령집 학파에 속한 카논법학자는 또한 1190년경부터 「교황교령집록 5권」에 대한 주석·주석집·집성을 시작하였다. 페냐포르의 라이문두스의 『카논법집성』 등이 주목되지만, 「그레고리우스 9세 교황교령집」이 교부된 1234년 이후 이 포괄적인 최초의 공적 교황교령집에 카논법학자들이 대폭적인 관심을 기울였다.

「그레고리우스 9세 교황교령집」 및 그 이전과 이후의 일련의 교황교령집에 대한 주석이나 집성을 중심으로 활동한 학파를 '교황교령집 학파(Decretalist)'라고 한다. 그 활동기는 1234년 이전과 이후로 크게 나뉘는데, 전반기는 페냐포르의 라이문두스 등 교령집 학파에도 속하는 학자들의 활동기이며, 후반기는 고유의 교황교령집 학자의 활동기이다. 1234년 이후의 시대가 교황교령집 학파의 황금기이자 카논법학 그 자체의 황금기였다.

「그레고리우스 9세 교황교령집」에 대한 주석 중 가장 중요한 것은 볼로냐대학 교수 베르나르두스 파르멘시스Bernardus Parmensis의 작업으로 『표준주석서』로서 받아들여졌다. 다만 이 학파에서 가장 저명한 사람은 세구지오Segusio의 헨리쿠스Henricus(-1271년) 즉 오스티아Ostia 주교 호스티엔시스Hostiensis일 것이다. 13세기 최대의 카논 법학자인 호스티엔시스는 그의 스승이었던 교황 인노켄티우스 4세의 교황교령에 대한 『주해』 및 『황금의 집성』(1253년)을 저술하여 '양법兩法의 왕'으로 불렸다. 그의 권위는 카논법을 배우는 것은 '호스티엔시스를 따르는 것이다.'라는 격언을 남겼을 정도이다.

그밖에 교황교령집의 각 장에 대한 개별적인 연구인 '주해'나 '강의'도 기술되었다. 시니발두스 데 플레스코Sinibaldus de Flesco(뒷날의 교황 인노켄티우스 4세, 재위 1243-54년)는 볼로냐 시대에 많은 주해를 기록하였다. 가장 중요한 주해학자로는 요한네스 안드레아에 Johannes Andreae(1270년경-1348년)의 이름을 들 수 있다. 안드레아에의 『그레고리우스 9세 교황교령집 신주해』(1338년경)는 법문의 해석만이 아니라 다른 주해도 언급하여 논쟁의 해결을 꾀하고 있다. 그의 아내와 장남도 교회법학자로 활약하였다.

◆ 노벨라 안드레아에Novella Andreae(1312-1366년)

초기의 볼로냐대학에서는 여성이 강단에 서는 일도 적지 않았다. 부호였던 교수 안드레아에의 딸로서 막대한 지참금이 붙은 현란하고 호화로운 결혼식을 거행한 것으로도 유명한 노벨라 안드레아에 역시 그중 한 사람이다. 총명한 딸인 노벨라는 점차 아버지를 대신해 강의하였지만, 미인이었던 까닭에 학생이 집중할 수 있도록 베일을 쓰고 강의해야 하였다고 전해진다(강단에 설치된 커튼 뒤에서 하였다는 이설도 있다). (R)

학자는 아니지만 알베리쿠스 로사테(-1354년)의 이름도 넘어갈 수 없다. 그는 「제6서」에 대한 주해를 기록하였을 뿐만 아니라 『사전』(1338년경)에서 단어에 대한 설명을 제공하였다.

그 후 활약한 교황교령집 학자로서는 레냐노의 요하네스Johannes de Legnano, 앙카라노의 페트루스Petrus de Ancarano, 프란키스쿠스 자바렐라Franciscus Zabarella(-1417년)가 있다. 자바렐라는 볼로냐의 교수이자 피렌체의 주교였는데, 대분열을 해소한 콘스탄츠 공의회(1414-18년)를 지도하고 「집외법규집」과 「클레멘스 5세 교회법령집」에 대한 주해를 썼다. 팔레르모의 대주교 파놀미타누스Panolmitanus(-1445년)도 「제6서」에 대한 주해와 '조언'을 저술하여 높게 평가되었다. 파놀미타누스로 이 학파의 활동도 거의 종언을 고한다.

3. 카논법과 사회

재판권 카논법의 효력이 미치는 교회의 재판권은 누구에게 어느 범위에서 미쳤는가? 이 문제는 세속재판과의 관계에서 중요하다. 교황혁명에 이르기 전에는 성과 속의 경계가 모호하고 주교의 재판권도 많은 점에서 황제나 국왕에게 종속되어 있었다. 그러나 교황혁명으로 교회의 재판권은 크게 자립하였다.

해롤드 버먼에 따르면, 그 이후 교회의 재판권은 크게 두 가지 종류로 나뉘었다. 하나는 어떤 종류의 사람들 즉 '사람에 대한 재판권'이고, 다른 하나는 어떤 종류의 행위와 관계 즉 '물건에 대한 재판권'이다.

'사람'에 대한 재판권의 대상이 되는 것은 ① 성직자와 그 가家의 구성원, ② 학생, ③ 십자군, ④ 빈자·과부·고아를 포함하는 '비참한 사람들', ⑤ 기독교도와 소송하는 유대인, ⑥ 상인과 뱃사람을 포함하는 여행자이다. 이는 '법정法廷의 특권'으로 불리며 세속권력과 심하게 대립하였다. 다만 ①과 ②에는 예외가 있었고, ④-⑥은 본래 황제와 국왕의 임무이기 때문에 권력자가 보호의무를 다하지 않는 경우 보충적으로 관할하는 것이었다. 따라서 교회의 재판권이 강력하게 미치는 것은 앞의 세 가지가 된다. 이 경우에는 원칙적으로 모든 사건이 교회법원에서 재판되었다.

'물건'에 대한 재판은 반대로 모든 사람에게 미치지만, 대상은 특정한 '물건'에 한정되었다. '물건'에 관한 사건은 크게 두 가지로 나뉘었다. 하나는 '영적인 사건'이고, 다른 하나는 '영적인 사건에 관련된 사건'이다. 영적인 사건이란 ① 성사의 집행, ② 유언, ③ 교회재산과 교회세를 포함하는 교회록教會祿, ④ 신앙의 서약을 포함하는 선서, ⑤ 교회의 감시 하에 놓이는 죄를 가리킨다. 교회법학은 이를 지렛대 삼아 실체법의 학식적인 발전에 기여하였다. 혼인이라는 성사를 단서로 한 가족법, 유언을 기초로 한 상속법, 교회록을 기초로 한 재산법, 서약에 관한 재판권에 기초한 계약법, 죄에 관한 형법과 불법행위법, 교회의 존재 그 자체에 기초한 단체법(법인법)이다. 기타의 원인에 의한 것이 '영적인 사건에 관련된 사건'이다.

교회법원은 교회의 법정에서 재판할 것을 바라는 당사자를 받아들였다. 이것은 '연장延長(prorogatio)'이라고 불리는 절차로, 민사재판의 당사자가 교회의 법정 또는 중재로 분쟁을 해결할 것을 희망한 경우 여기서 절차를 진행한다는 것이었다. 그것은 미리 세속의 법원 관할을 포기한다거나 분쟁 시에는 교회법원에서 소송한다는 조항을 계약에 기재하는 식으로 실행되었다. 세속의 법원은 한층 시간이 오래 걸렸기 때문에 민사계약의 당사자들은 점차 그러한 포기조항을 계약에 집어넣었다. 카논법은 또한 '세속법원의 태만'을 이유로 소가 있으면 누가 제기하든 재판을 받아들이고 때로는 세속법원에서의 사건을 옮겨 오는 것을 인정하였다. 그러나 이것은 아주 예외적이다.

어쨌든 세속과 교회라는 두 개의 법원이 서로 다른 법원法源 아래에서 경합한 것은 사실이다. 물론 위에서 기술한 것처럼 영역 구분이 있기는 하였다. 예를 들어 살인, 절도, 방화, 공격 등의 사건을 보면, 행위자가 성직자인 경우 원칙적으로 교회법원이 다루었다. 세속인들의 범죄행위는 원칙적으로 세속의 법원이 관할하였다. 예외적으로 이단, 독신, 마술, 마녀, 고리대, 비방, 특정한 성적·혼인 범죄(동성애, 간통 등), 교회의 오염, 성직자에 대한 공격은 교회법원의 관할에 속하였다.

그렇지만 이 구분은 애매하였고 두 개의 법체계와 법원法院이 존재하는 것은 각각의 법과 법정에 경쟁을 불러일으켜 법과 재판의 개선, 합리화 및 체계화에 기여하게 되었다. 분쟁을 재판에서 해결하고자 하는 경향이 서양에서 현저하게 높아진 이유 중 하나도 이러한 성·속 법원의 경합에 의한 재판의 합리화와 안정화, 그에서 유래하는 신뢰감의 확대 때문일 것이다. 교회재판은 이러한 의미에서도 서양이 법화사회法化社會로 나아가는 데 크게 기여하였다.

덧붙여 교회법원이 근대 이후 세속의 법원으로 교체된 것은 국가의 관할권이 확대되었기 때문이다. 몽테스키외Montesquieu는 『법의 정신』(1748년)에서 이에 대해 다음과 같이 지적하고 있다.

> "세속적 권력은 수많은 영주의 수중에 흩어져 있었기에 교회재판권으로서는 나날이 그 범위를 확대하기는 쉬웠다. 그러나 교회재판권이 영주들의 재판권의 힘을 잃게 만들고 그에 따라 국왕 재판권에 힘을 부여하는 데 공헌하였다. 다른 한편, 국왕 재판권은 점차 교회재판권을 제한하였고, 후자는 전자 때문에 뒤로 물러나야만 하였다."

카논법에서의 권력　　그레고리우스 7세가 1075년에 기술한 「교황훈령서」(총 27조)는 로마 교황의 권력을 지고지상한 것으로 규정하였다. 중요한 규정만 몇 개 들어보자.

제 3조 로마 교황만이 주교를 퇴위 또는 복귀시킬 수 있다.

제 7조 로마 교황만이 시대의 필요에 따라 새로운 법률을 만드는 것이 허용된다.

제12조 로마 교황은 황제를 퇴위시킬 수 있다.

제18조 로마 교황의 판결은 누구에 의해서도 수정될 수 없다. 로마 교황만이 모든 판결을 수정할 수 있다.

제19조 로마 교황은 누구에 의해서도 재판되지 않는다.

제20조 로마 교황청에 상소하는 것을 비난할 수 없다.

제21조 교회의 모든 중요한 사건은 로마 교황청으로 이송할 수 있다.

로마 교황은 그때까지는 명백히 황제 권력에 열세였다. 그런 까닭에 「교황훈령서」가 로마 교황에게 황제를 퇴위시킬 수 있는 것에 더해 신법新法을 만들고 최종심으로서 재판을 주관하며 자신은 재판되지 않는다는 권한을 부여한 것은 정치·법사상의 코페르니쿠스적 전환이었다. 입법권이라는 인식이 없고 '오래되고 좋은 법'이 말해지고 있었던 시대에 이 정도로 명석하게 교황의 주권적 성격이 이야기되고 있는 것은 실로 각성적인 지적 혁신이었다.

「교황훈령서」의 교황은 프랑크의 국왕과 신성로마황제조차 가질 수 없을 정도의 권력자상을 보여주고 있다. 서양 중세의 권력자는 절대적 존재가 아니었다. 그들에게는 입법권이나 최종심으로서의 재판권도 없었다. 그런데 그레고리우스 7세는 그 권한이 존재함을 명언하였다. 후계자들은 이것을 교회조직의 틀 내에서 대폭 실현하였다.

모든 것은 교황권력으로부터 나오고 그곳으로 되돌아간다는 합리적인 조직 원리는 곧 세속의 권력구조의 형성에도 영향을 미치게 되었다. 세속의 권력은 로마법 이론에 의거하면서 합리화를 추진하고 자신의 권력 강화를 꾀하였지만('군주는 법률에 구속되지 않는다'), 현실의 모델은 라이벌인 로마교회였다. 로마교회는 이러한 의미에서 결과적으로 세속권력의 절대화와 합리화의 추진에 기여하였다.

물론 절대적 권력이 꼭 전제專制적인 것을 의미하는 것은 아니다. 로마 교황을 선출하는 것은 추기경단이며, 각지의 대주교, 주교의 독립성도 여전히 높았다. 교회는 독자의 관료기구를 발달시켰지만, 관료제는 또한 관료제로서 억제효과를 가졌다. 그러한 억제의 총체가 '교회의 헌법(status ecclesiae)'이라고 불리고, 로마 교황도 그것에는 복종해야 하였다.

그러므로 교황의 권력적인 성격은 현실에서는 다소 이념적인 것에 지나지 않는다. 그렇지만 이념적으로 권력으로의 집중과 하강이라는 명확한 조직권리가 확립된 것은 중요하다. 권력이 전제적으로 행사되어서는 안 되나 집약적이고 합리적으로 구성되어야 한다는 인식이 세속의 세계에 정착하기까지는 더 시간이 걸리겠지만, 그 큰 걸음을 최초로 내디딘 것은 교회였다.

실체법에 대한 기여   카논법은 실체법과 절차법의 몇몇 분야에서 후세에 큰 공헌을 하였다. 그것은 방금 설명한 권력의 절대성과 그에 대한 헌법적 제약으로의 길을 개척한 것과 함께, 단체법과 형법, 혼인, 상속, 소유, 계약에 관한 법과 절차법, 그리고 국제법의 발전에 기여하였다.

단체법   '단체'라는 개념은 로마법에서 유래한다. 유스티니아누스 법전에 의하면 국가와 국고國庫, 지방자치단체는 단체였다. 국가는 재판의 대상이 되지 않으나, 다른 단체는 독자의 재산을 가지고 대표를 통하여 소송의 주체 및 객체가 되었다. 사적인 결사도 국가에 의한 특권 부여에 의하여 단체로 간주되었다. 개개의 교회도 국가에 의해 단체로 편입되었다.

그러나 11, 12세기 이후 기독교 교회는 교회 전체를 하나의 단체로 고려하고 교회가 국가에 의해 관리되는 것을 부정하였다. 카논법에서는 단체는 국가의 허가를 받을 필요 없이 독립한 단체라고 하였다. 로마법은 대표만이 단체로서 행위할 수 있다고 한 데 반해, 교회는 구성원 총체의 의사를 인정하였다. 단체의 재산은 로마법에서는 구성원과 관계가 없지만, 교회법에서는 구성원의 공유물이었다. 거기에서 나타나는 것은 단체는 구성원과 동떨어진 인격도, 의사도 아니라는 것이다. 단체의 장은 책임자이되 보호자이고, 독재자는 아니다.

이 이론은 얼마 지나지 않아 인노켄티우스 4세의 페르소나 픽타persona ficta(의제인격)론에 의해 더 큰 수정을 받게 되지만, 카논법에 의한 기여 중의 하나라고 할 수 있다.

형법   형법에도 영향을 주었다. 게르만의 범죄행위에서는 복수와 화해가 중심이었으나, 기독교에서는 속죄하는 것이 중요하다. 그러므로 법 파괴는 처벌로써 속죄되어야 하고, 그것은 그 가해의 정도에 따라야 하였다. 행위자가 속죄하는 것은 신과의 관계에서 지은 죄이다. 속죄를 요구하는 것은 정의正義 즉 신의 정의였다. 그러한 한에서 권력자 또한 범죄의 정도에 상응하여 적절한 제재규정을 제시하여야 한다.

여기에서 중시된 것은 피해자에 대한 죄 갚음만이 아니라 가해자 자신의 종교적인 의미에서의 죄의 보속補贖이었다. 그것은 피해자의 명예를 침해한 행위에 대한 '특별응보'와 함께 법일반의 훼손에 대한 '일반적 응보'를 의미한다. 그것은 또한 행위자를 구원한다. 토마스 아퀴나스는 『신학대전』에서 형사·민사의 범죄는 피해자에 대한 보상補償의 지급을 요구하나 범죄는 또한 법에 대한 도전이므로 '법의 침해의 대가로서' 형벌이 부과되어야 한다고 썼다.

혼인법   교회는 사법에도 영향을 주었다. 혼인의 분야에서는 일부다처와 혼인강제, 여성에 대한 억압을 일반적으로 행하고 있던 부족적·혈연적 사회에 일부일처제와 양성의 자유로운 합의에 의한 혼인을 이념으로 갖고 들어와 마침내 이를 일반화시켰다.

상속법   상속에 관해서도 전통적인 친족상속, 가문상속에 대하여 기독교는 새로운 개념을 도입하였다. 그것은 상속재산을 삼분하여, 1/3을 씨족의 장에게, 1/3을 상속인에게, 1/3을 '신의 몫'으로 하였다. 이 몫을 확인하기 위하여 성직자는 임종하는 자의 머리맡에 서서 그의 의사를 확인하였다. 그런 까닭에 카논법은 죽은 자의 의사를 '죽은 자의 혼의 유지維持'와 결합하여 로마법과 같이 '형식'이 아니라 성직자가 청취한 '의사意思'에 중점을 두었다.

교회는 남겨진 처와 자식들을 보호하는 데도 유의하였다. 로마에서는 이미 유류분이 있고 유류분은 1/4(나중에는 1/3)이었다. 그러나 상속인 중에 처는 포함되지 않았다. 카논법은 처에게도 상속의 권리를 부여하는 한편, 유언에 의해서도 1/3 이상은 처와 아들에게서 박탈할 수 없도록 정하였다. 또 교회에 토지를 양도하는 것은 이른바 '사수양도死手讓渡(mortmain)'[1]로서 세속권력에 의해 금지되었지만, 이에 대하여는 트러스트라는 방법이 고안되었다.

재단 이 트러스트(usu)는 카논 재산법론의 중요한 성과였다. 교회와 수도원은 트러스트라는 개념에 의거하여 토지를 실질적으로 소유하였다. 또한, 카논법학은 '사람들의 단체'라는 개념과는 별개로 '물건의 단체' 즉 재단 개념을 발달시켰다. 재산상의 권리의무와 수입 등을 포함하는 교회록은 하나의 법인으로 취급되었다. 병원과 구호원, 교육기관과 주교구, 수도원은 '사람들의 단체'일 뿐만 아니라 '물건의 단체'로도 간주되었다.

교회법은 재산의 구제이론을 발전시켰다. 그것은 폭력이나 사기로 빼앗긴 재산에 대해 그것을 불법하게 빼앗겼다고 증명하는 것만으로 현 소유자에게 반환을 청구할 수 있도록 하는 것이다. 이는 폭력에 의한 탈취와 재탈환을 자명한 것으로 보는 시대의

---

1) mortmain(영), mainmorte/mortmain(프), Tote Hand(독). 단어 자체는 '죽은 손'(死手)이란 뜻이고, '죽은 손'='법인'(현실적으로는 교회)에 재산을 양도하는 것을 뜻한다. 세속권력은 사수양도가 자신의 봉건적 이익을 저해하기 때문에 사수양도를 금지하려 하였다. 이 책 제6장의 설명과 같이 레엔(=봉)은 봉신의 봉사를 대가로 대여되는 것인데, 봉사의무가 점차 형식화되고 봉토가 처분·상속가능한 봉신의 재산이 되어갔다고 해도 봉신은 봉주에 대해 여러 부담을 지고 있었다. 상속과 관련된 예를 들면 (잉글랜드의 예), 봉신이 사망하면 봉토는 봉주에 복귀한다는 원칙하에 해당 토지가 상속가능한 봉토이고 상속인이 있다면 상속인이 상속료를 납부할 때까지 봉주가 토지에서 자유롭게 이익을 취하고, 상속인이 미성년자라면 봉건적 의무를 이행할 수 없고 후견을 받아야 하므로 성년이 될 때까지 봉토가 봉주에게 복귀하고, 만약 상속인이 없다면 해당 토지는 당연히 봉주의 것이 된다. 그러나 교회와 같은 법인은 사망하는 일도 없고 상속인도 생기지 않는다. 봉신이 그의 봉주에 대한 봉사의무로부터 교회가 면제되도록 계약을 구성하고 그의 봉토를 교회에 이전하여 교회가 보유하면, 봉주는 결국 봉신의 사망 등에서 얻을 수 있는 각종 봉건적 부수이익을 누리지 못하게 되는 것이다.

관행에 비판적으로 대응하는 것이었다.

계약법   계약에 관하여는 주석학파는 이미 합의의 '외피(vestimentum)'라고 표현된 '원인'이 있으면 무명계약이어도 의무가 발생한다는 입장을 취하였고, 주해학파는 다시 이를 계약의 일반이론으로까지 높였다. 이에 기여한 것은 아리스토텔레스의 철학과 카논법학이었다. 카논법학은 두 가지 사항을 덧붙였다.

첫째, 약속은 '외피'의 유무에 상관없이 양심의 문제이고 그 자체로 구속력을 가진다는 원칙이다. 형식이 어떠한지에 관계없이 '합의는 지켜져야 한다(pacta sunt servanda)'. 다만 어떠한 합의든지 유효하다는 것은 아니고 '정당한 원인'이 필요하다고 하였다.

둘째, 카논 계약법에는 '이성'과 '형평'이 중시되었다. 물건이나 용역은 그 반대급부와 등가여야 한다. 이는 '정당가격'의 원리라고 불린다. 카논법은 당초 모든 이자를 부정한 이자(usura)라고 하여 부정하였으나, 나중에는 반드시 이윤을 부정하지는 않고 '부끄러워 마땅한 이익'만을 비난하였다. 따라서 '부정한 이자'는 일체의 이자를 의미하는 것은 아니게 된다. 후기의 카논법학은 '이자(interesse)'를 '부정한 이자'와 구별하고 '적정한 이자'로 인정하였다.

절차법의 합리화   소송법에 대하여도 카논법은 독자적인 발전을 보여주었다. 서면주의를 도입하고 선서 후의 증언을 요구하고 소송대리인을 인정하였다. 마지막으로 형사절차에서 사법수사司法搜查가 도입되었다. 법관은 이성과 양심에 따라 당사자와 증인을 심문하였다. 법관은 확신을 가지고 판결을 내려야 하였다. 이에 합리적인 규문소송糾問訴訟이 시작된다.

그러나 법관에 의한 심문은 여전히 불충분하여, 더 중시된 것은 관리가 준비한 문서였다. 어떤 점에서 문서에 대한 신뢰가 지나쳐 마술적이기조차 하였다. 증인의 경우 사실을 확정하는 데는 2인 이상의 증언이 필요하고, 여성의 증언은 1/2의 가치밖에 없고 남성의 증언으로 보충되어야 하였다. 귀족의 증언은 평민의 2배의 가치를 가지며, 성직자의 증언은 속인의 증언보다 중시되었다.

법관은 쉽게 확신에 도달할 수 없었다. 법관은 증거를 끌어내기 위하여 고문을 이용하였다. 자백 즉 '증거의 왕'을 요구한 것이다. 이는 특히 이단 심문에서 실행되었다. 피고인의 내면을 알기 위해서는 자백이 필요하고 이를 끌어내기 위한 고문이 필요하다고 생각되었다.

자백과 고문은 로마법에서 이미 볼 수 있었다. 이렇게 해서 로마-카논법 소송이 형성되어 갔다. 피고의 결백선서 등과 같은 불합리한 재판이 아니라 증거와 자백에 기초한 '합리적인' 재판이 시작되었다. 1215년의 제4회 라테라노 공의회가 성직자의 신판에 대한 관여를 금지한 것은 합리성의 승리를 의미하였다.

국제법 마지막으로 카논법학은 이교도들을 정복하는 것을 합법적으로 보는 논리도 준비하였다. 그 전쟁법의 논리는 신의 평화 규정과 함께 훗날 국제법의 발전에 불가결한 역할을 담당하였다.

◆ 북 십자군과 카논법학

중세 유럽은 이교도 세계를 공격, 정복하고 식민함으로써 스스로를 확대해 갔다. 신학자와 카논법학자들은 이러한 행위를 비난하기는커녕 합법화하는 데 노력을 기울였다. 십자군은 정당화되었고 죄의 사면조차 인정되었다. 이러한 상황 하에 프로이센과 발트해 연안지역으로 북 십자군이 파견되었다. 북 십자군은 카논법학의 후원을 받아 성공적으로 추진되었고, 거기에서 연마된 논리는 나중에 남북 아메리카의 정복·식민활동에 대한 법적, 신학적 논의의 기초가 되었다. 이에 대하여는 야마우치 스스무山內進, 『북의 십자군北の十字軍』(講談社, 1997년)이 있다.   (Y)

제12장 학식법조와 로마법 계수
    1. 학식법과 사회
    2. 로마법 계수의 이념
    3. 로마법 계수의 현실
제13장 제실법원과 종파대립
    1. 제국개혁
    2. 제실법원의 설치
    3. 제국궁내법원
    4. 종파대립과 제국법원
제14장 규문소송과 마녀재판
    1. 규문소송이란 무엇인가?
    2. 카롤리나 형사법전
    3. 마녀재판과 카르프초프의 공과功過
제15장 로마법의 상대화 - 인문주의법학과 콘링 -
    1. 인문주의법학
    2. 헤르만 콘링

개설
서양법제사

유럽 근세의 법과 사회(1)
로마법의 계수

| 제 3 부 |

전체상

제3부가 다루는 시대는 시대구분에서 보자면 근세(또는 초기 근대, early modern)라고 불리는 시기, 대략 16세기 초부터 300년간이다. 산업혁명과 프랑스 혁명이라는 사회적·정치적인 대변동으로 시작되는 협의의 유럽 근대에 대하여 근세는 중세와의 연속성을 가지는 것으로서 구분된다. 그러나 이 시대의 시작을 알리는 르네상스 운동이 새로운 시대의 도래를 의식하였던 것처럼 중세와의 단절도 또한 존재하기에 이 시대의 전체상을 해명하기 어렵다.

로마법의 계수

이 책에서는 근세의 사회와 법을 두 가지 관점에서 고찰하였다. 우선 그 하나가 로마법의 계수에 관한 것이다. 봉건제 국가에서 신분제국가로 즉 국가가 인적인 결합에 의한 것에서 영역적인 것으로 옮아감에 따라 사법·행정의 항상적인 조직의 중요성이 높아지는데, 이때 큰 역할을 한 것이 로마법이었다. 특히 국왕(황제) 권력이 통일적인 국가를 형성할 정도의 힘을 가지지 못하였던 독일(신성로마제국)에서는 로마법이 채용되어 사법·행정조직이 정비되었다.

15세기 말에 제국질서 회복운동의 결과로 설립된 제실법원帝室法院은 등족국가等族國家로서 제국최고법원의 측면을 나타내는 한편, 학식법學識法인 로마법을 배운 사람을 법관으로 등용하고 계수로마법을 중심으로 하는 보통법을 적용법으로 함으로써 로마법의 계수를 더욱 촉진하였다. 형사사법에서 규문소송제도가 전개된 것도 로마법의 계수를 빼고는 논할 수 없다.

그러나 계수의 대상인 로마법을 낳은 중세법학은 인문주의운동의 영향을 받은 새로운 법학(인문주의법학)으로부터 비판을 받고, 더욱이 계수로마법의 타당성에 관계되는 보편적 기독교적 세계관에 기초한 이념적인 근거는 종교개혁 이후의 종파대립 속에서 통용되지 않게 된다.

근대의 태동

둘째, 근대의 태동으로서 30년 전쟁 후의 근대국가 형성을 향한 움직임에 주목하려고 하였다. 30년 전쟁 이후 비록 제국이 무의미한 존재가 되지는 않았다고 하더라도 국가형성의 중심은 영방으로 옮겨가게 되었다.

이 시기는 절대주의 국가 형성의 시대로 자리매김 되지만, 주의할 것은, 초월적인 군주권력이 곧바로 출현한 것이 아니라, 여전히 특권적인 지위를 확보하고 있었던 여러 신분이 국가 운영에 중요한 역할을 담당한 등족적 국제等族的國制의 틀 속에서 서서히 절대주의 국가가 형성되었다는 것이다. 그 과정에서의 질서형성은 절대주의라는 말에서 떠오르는 이미지처럼 반드시 '위로부터'의 것은 아니었다. 이러한 점을 놓치지 않도록 이 책에서는 '규율화規律化'를 키워드로 삼고 있다.

이 근세국가를 인도한 것이 자연법론自然法論과 계몽주의啓蒙主義였다. 보편적인 인간이성에 대한 확신을 기본적인 특징으로 하기 때문에 '이성법론理性法論'이라고도 하는 근세의 자연법론은 18세기에 들어오면 인간이성에 기반한 실천적 행동을 제창하는 계몽사상과 결합하여 각종 제도의 혁신을 가져오고, 장차 도래해야 할 근대시민사회의 요청으로서 또한 가일층의 계몽의 실천으로서 체계적 법전을 편찬하는 사업을 낳았다.

이렇게 보면 자연법론 이후의 법의 전개, 특히 자연법론적인 법전편찬은 새로운 것 즉 근대시민사회의 산물인 것처럼 생각된다. 그러나 그것은 로마법 계수 이후의 법학과 단절되어 있었던 것은 아니다. 왜냐하면, 중세 로마법학의 권위에서 해방되어 로마법을 시대의 요청에 적합한 것으로 가공하고 혹은 로마법을 고유법과 융합한 계수 이후의 법학('판덱텐의 현대적 관용')이 소재를 제공하여 비로소 법전편찬도 가능해졌기 때문이다.

제3부에서는 중세와 근대 사이에 있으며 고유의 특색을 가지는 근세의 법과 국제에 대하여 주의 깊게 검토해보기로 하자.

제12장
학식법조와 로마법 계수

로마법과 카논법의 발달은 중세의 봉건적 신분사회에 새로운 바람을 불어넣었다. 신분이 아닌 지식과 자격으로 명성과 지위와 보수를 얻는 계층이 출현하였기 때문이다. 학식법조學識法曹는 다양한 분야에서 활약하였는데 특히 중요한 무대가 법정이었다. 유럽 대륙의 법정에는 학식법조가 진출하고 보통법(ius commnue)인 로마법과 카논법이 지배하였다. 신판으로 상징되는 오래된 소송절차는 새로운 학식소송으로 대체되었다. 학식법, 특히 로마법은 이리하여 유럽 세계로 침투해 갔다. 이것을 로마법의 계수라고 한다.

1. 학식법과 사회

양법박사 로마법과 카논법은 중세에는 제국과 교회라는 두 보편적 조직의 법으로서 효력을 가졌고, 당시의 법학은 로마법과 카논법의 스콜라적인 이해를 지향하였다. 이 학문을 습득하고 시험에 합격한 학생에게는 대학에서 법의 주석학을 교수할 수 있는 만국교수면허가 수여되었다. 이것은 재판실무를 위한 자격은 아니었지만, 교수자격을 취득한 재력 있는 학생은 다시 박사 학위를 취득하였다.

법률학에서는 로마법과 카논법 양쪽의 박사학위취득이 가능하였는데 두 개의 학위를 취득한 박사를 양법박사라고 한다. 중세 후기에는 종래 귀족신분에 독점되어 있던 엘리트층에도 학위를 취득한 법 학식자가 진출해 간다. 고위성직자·궁정법률고문·도시법관 등으로의 길이 열리고, 여기에서 새로운 지배계층이라고 할 수 있는 학식법조가 탄생하였다.

사회와의 접촉 중세 대학의 법학교육은 본래는 원전 주석학의 교수를 양성하는 것을 목적으로 하고 있었다. 로마법이 처음으로 볼로냐대학에서 주석되기 시작하였을 무렵에는 그것은 현행 실정법학이 아니라 서임권투쟁 등 세속권력과 교회권력 간의 알력이 있던 때 세속 쪽을 위한 이론법학적 역할을 담당하고 있었다. 이 볼로냐대학의 스콜라학적 주석법학의 모델은 이탈리아에서 남프랑스, 그리고 전 유럽의 법과대학으로 전파·계승되어 갔다.

제10장에서 밝힌 것처럼 로마법학은 13세기 후반 이후 종래의 주석학의 틀을 넘어서 봉건법, 도시조례와 관습 등 로마황제법 이외의 법원法源을 법학이론 속으로 포섭하려 노력하고 있었다. 법학연구도 종래의 주석을 기초로 하여 개별 테마의 연구나 구체적인 법률문제의 해결 등을 행하여 '단행논문(tractatus)'과 '법감정(조언)집(consilium)'을 간행하였다.

감정활동 학식법조는 흔히 대학교수와 함께 법관을 겸하였다. 그들은 고명한 법조언자(consiliatores) 즉 법감정가法鑑定家로서 사회적으로 적극적으로 활동하였다. 그러한 법감정가에게는 보통법(ius commnue)의 탁월한 지식에 더하여 사회의 살아있는 법에 대한 통찰력과 형평성 있는 판단이 기대되기 마련인데, 그것을 위해서는 로마법 원전에서 얻은 치밀한 법이론적인 뒷받침이 필요하였다. 이 요청에 부응한 것이 바르톨루스와 발두스로 대표되는 주해학파(조언학파)였다.

그들은 대학에서 연구 교육되고 있는 학식법을 당시의 이탈리아 사회의 현실에 적용하는 일에 멋지게 성공하여 새로운 법학 이론과 법 분야를 창조하였다. 그들의 감정활동에는 의뢰인이 고액의 대가를 지급하였고, 그들의 사회적 명성은 급속히 높아졌다. 이 시대에 법률학에 처음으로 영리성이 부여되고 훗날 '빵을 위한 학문'이라는 야유를 받는 기초가 만들어졌다.

법률가의 감정집과 주해서(commentaria)는 권위 있는 저서로서 존중받았고, 거기에서 전개된 '박사들의 공통견해(communis opinio doctorum)'는 이른바 통설의 지위를 확고히 가졌다. 이러한 감정활동은 머지않아 법률가 개인뿐만 아니라 대학의 법학부로 소송기록을 송부하여 감정을 구하는 제도로까지 발달하였다.

이탈리아 학풍   본래의 로마법에는 없었던 조례우선이론, 어음수표법, 국제사법이라는 새로운 법분야도 창조되었다. 유스티니아누스 법전의 「학설휘찬」을 축으로 주석과 주해를 하고 바르톨루스의 통설을 존중하는 로마법학은 이탈리아 학풍(mos italicus)이라고 불리며 15세기 이후 유럽 곳곳으로 보급되었다.

특히 이탈리아와 독일에서는 이탈리아 학풍의 권위가 강하여 그 영향력이 19세기까지 존속되었다. 이탈리아 학풍을 배운 학식법조는 영방과 도시의 사법司法과 행정에 큰 영향을 주어 사법의 합리화·근대화의 중추가 되었다.

로마법 계수   이 일련의 현상이 특히 알프스 이북에서는 '로마법의 계수繼受'라고 불렸다. 그 주역은 법과대학에서 학위를 취득한 학식법조이다. 그들은 보통법학 즉 중세 이탈리아 법학의 학식을 이용하여 재판·행정·입법에 응하였다.

로마법의 계수란 중세부터 근세에 걸쳐 일어난 현상으로 로마법의 일반법화一般法化를 의미한다. 일반법화란, 잉글랜드를 예외로 하고, 유럽 각지의 법정에서 흡사 유럽 보통법(ius commune)과 같은 것으로 로마법이 지역 고유법을 보충하는 일반법의 기능을 담당하게 되었다는 의미이다.

이 현상은 지역에 따라 편차가 있고, 특히 독일에서는 15-16세기 무렵에 가장 두드러지게 진행되었다. 그로 인해 로마법의 계수는 특히 독일과 관련하여 이야기되는 경우가 많다.

법생활의 학문화   그러나 로마법의 계수는 유럽의 법사회에서의 변화 즉, 법의 근대화에서 법률가의 기능에 의하여 유럽에서 전개된 '법생활의 학문화(비아커 Wieacker)'를 의미한다는 것이 최근의 이해이다.

'법생활의 학문화'란 유스티니아누스 법전의 해석학에서 시작한 법해석학이 법사회 전체에 미친 영향, 법학식자에 의한 법생활 전체의 법학식화를 말한다. 이 관점에서 보면, 로마법의 계수란 결국, 법해석학을 배우고 자격을 취득한 학식 법조가 근세 초기에 유럽 대륙의 재판 실무에 그들의 법학식을 도입하고, 이윽고 잉글랜드를 제외한 유럽의 사법司法을 지배하기에 이르는 과정이었다. 따라서 문제는 소송이다.

◆ **전통적인 소송**

유럽에서 전통적인 소송은 몇 가지의 특색을 가지고 있었다. 첫째, 판결발견인 내지 참심인(Schöffe) 제도이다. 법관과 판결인이 분리되어 있고, 판결의 결정은 판결인에 의해 행해진다. 판결발견인은 지방명망가로서 관습법에 따르고 있었다. 둘째, 소송이 성립하고 판결이 효력을 갖기 위해 당사자의 합의가 필요하였다. 판결의 결정에 불복하는 자는 판결비난을 하고 결투 또는 신판으로 끌고 갈 수 있었다. 셋째로 재판은 구두로 그리고 공동체 전원에게 개방된 형태 즉 공개적으로 행해졌다.   (K)

학식소송   12세기 무렵까지 지배적이었던 전통적인 소송절차는 부족제적인 혈연공동체 사회에 적합한 것으로서, 게노센샤프트(동료 단체)적인 성격을 갖고 있었다. 판결을 내리는 법관이 결정적 권위가 아니다. 판결을 결정하는 것은 본래 피고의 동료이자 같은 신분의 판결인이었다. 재판에서 당사자의 합의가 필요한 것도 혈연공동체적인 동료의식 때문이었다. 동료라면 동등한 입장에 있는 자를 일방적으로 처단

할 수 없으며, 그의 납득을 필요로 하였기 때문이다. 재판이 구두, 공개인 것도 마찬가지이다. 동료의 감시하에 재판이 행해지는 것이 중요하였다.

이 재판절차에 큰 변혁을 일으킨 것이 로마법과 카논법 즉 보통법(ius commune)의 발달이다. 법 자체의 학문화와 함께 소송절차도 학식화, 전문화, 직권화되고 있었다. 이것을 학식소송이라고 한다. 최초로 이 변화를 가져온 것은 이미 서술한 바와 같이(제11장) 교회였다.

교회는 유럽에서 가장 일찍 중앙집권화된 조직이다. 로마 교황을 최고권력으로 하고, 재판은 각 주교의 관구에서 행해졌는데 로마 교황의 재판을 최종심으로 하여 상소하는 것이 가능하였다.

카논법 소송   절차적으로도 카논법은 로마법의 직권심리(cognitio) 절차 즉 문서증거와 사건에 관련되는 증인을 고려하는 합리적인 시스템을 발달시켰다. 구두가 아니라 문서가 중시되었다. 통상 공증인이 모든 것을 필기하였다.

카논법 소송에서는 우선 문서에 의한 소장libel에 의해 절차가 개시된다. 그 소장에 원고는 청구의 내용과 이유를 기재하였다. 피고가 이를 다투기 위하여 법정에 출두하면 쟁점이 결정된다('쟁점결정(litis contestatio)'). 연기적 항변 등은 쟁점결정 전에 주장되어야 한다. 쟁점결정 후에 원고는 분절(positiones)별로 주장을 하고, 피고는 인정하든가 부인한다.

법관은 조사하고 증거를 탐구한다. 제11장에서도 설명한 것처럼 증거가 완전한 증명력을 갖기 위해서는 증인 2명의 증언 또는 공증인에 의한 문서자료가 필요하였다. 증인이 1명이거나 문서자료가 사문서라면 반半증명이 되었다. 이것은 종래의 선서보조자를 포함하는 결백선서보다 합리적이지만, 결백선서도 여전히 나란히 이용되고 있었다.

법관은 사실조사 후에 원고·피고의 논의를 듣고 나서 판결을 내렸다. 소송의 모든 단계가 기록되었다. 또한, 앞에 서술하였듯이, 상소도 가능하였다.

형사재판도 당사자나 그 대리인에 의한 고소, 공익적 관점에서의 일반적인 고발, 또는 악평에 대한 법원의 독자적인 수사로 개시되었다. 15세기까지 카논법 소송에서의 형사사건은 법원에 의한 심문으로 개시되는 것이 일반화되었다.

2. 로마법 계수의 이념

로마이념   중세 성기의 사람들은 고대 문명의 일부인 로마법에 무한한 동경을 품고 있었다. 사람들에게 로마법은 서유럽제국帝國의 근원적인 법질서였고, 그들은 로마법이 종교적인 권위에 의한 자연법, 신성법이라는 확신을 갖고 있었다. 이러한 문화적인 로마 이념의 효과로서 로마법은 '쓰인 이성(ratio scripta)'으로 존중되었다.

이론적인 계수   특히 슈타우펜 왕조에서 성서에 기초하는 종말론에 입각한 영원한 로마제국이라는 사상 즉 정치적 로마이념이 확립된 것이 중요하다. 그 이념에 의해, 황제가 유일한 입법자이고 로마법만이 제국의 법이라는 인식이 성립하였다. 이처럼 사상적으로 로마법의 포괄적인 수용이 행해진 것을 일반적으로 '로마법의 이론적인 계수'라고 한다.

실무적인 계수   그러나 실제로는 황제의 칙법에 의한 포괄적인 계수는 존재하지 않았다. 있었던 것은, 앞에서 본 것처럼, 법원과 궁정, 행정활동을 통하여 학식법조가 주석·주해가 붙은 로마법을 실무적으로 적용하고 있었던 것, 특히 카논법 소송의 영향 아래에서 법학식자가 로마법의 지식으로 세속법원을 지배하고 있었던 것이다.

이것이 로마법 계수의 현실이다. 그러한 의미에서 로마법의 계수란 실은 '실무적인 계수'였다.

이하에서 독일·프랑스·잉글랜드에서의 계수의 구체적 과정을 검토하기로 한다. 물론 보통법(ius commnue)의 영향이라는 점에서는 스페인과 스코틀랜드도 중요하다. 특히 코먼로 국가이면서도 대륙 로마법을 계수한 스코틀랜드는 EU의 법적 통합의 관점에서 시선을 모으고 있으나, 이 책에서는 지면 관계상 생략할 수밖에 없다.

3. 로마법 계수의 현실

황제 이념 로마법 계수의 흔적이 가장 뚜렷한 것은, 962년 이후 신성 로마제국의 핵심부를 형성하고 황제이념 하에 있었던 독일이었다.

독일의 대학에서 처음으로 법률학이 강의된 것은 15세기 전반의 쾰른대학이다. 그때까지 독일인 법학도는 이탈리아나 프랑스 대학으로 유학해야 하였다. 독일은 학식법 교수의 공백 지대였다.

대학이 설립된 후에도 그 법학은 주로 이탈리아에서 발달한 주석이 붙은 로마법과 카논법, 그리고 법학자에 의한 감정서를 거의 전면적으로 추종하는 것이었다. 독일은 이러한 의미에서 법학 식민지였다.

이탈리아 학풍의 지배 독일에서 국내 법원, 특히 제실법원에 학식법조가 모습을 보이기 시작한 것은 15세기 전반이라고 한다. 15세기에 유럽 각국의 법학부에서는 일반적으로 이탈리아 학풍이 가르쳐지고 있었다. 이 학풍은 그 후 19세기까지 이탈리아와 독일의 대학 법학부에서 계속 이어져 갔다. 이 두 나라에서는 인문주의법학의 영향이 미미하였다.

법의 분열 15세기가 되면 법학부 입학자의 사회계층에 변화가 보인다. 처음에는 성직자가 주류였으나 하급귀족이 증가하고 시민계급 출신자가 들어오기 시작하였다. 화기火器에 의해 전쟁방법이 변화함에 따라 하급귀족의 지위가 위협받고, 상품교환경제의 진전으로 시민의 힘이 강화되고 있었다.

독일에서도 상품의 유통과 인적 교류가 활발해지고 공통의 법에 대한 수요가 생겨나고 있었다. 그러나 잉글랜드와 프랑스처럼 전통적인 고유관습법을 중심으로 하는 공통관습법을 창출하기에는 각지의 관습법이 너무나도 다양하게 분열되어 있었다. 이들을 집약하여 통일법을 제정하기에는 황제의 권력은 너무 약하였다. 독일에서는 특히

「금인칙서」(1356년) 이후에 영방국가의 자립화, 주권국가화가 진행되고 있었다.

금인칙서   금인칙서金印勅書(Bulla Aurea, Goldene Bulle)는 선제후選帝侯의 과반수의 선거로 독일국왕, 나아가 신성로마황제를 선출할 수 있음을 규정한 총 31장으로 구성된 제국 기본법이다. 이는 국왕의 선출을 둘러싼 분쟁 및 로마 교황이 선거에 개입하는 것을 막는 것을 목표로 삼은 것인데, 금인칙서의 제정자 칼 4세는 이 점에서는 성공하였다.

그러나 그 대가로 황제 칼 4세는 장래의 황제인 국왕을 선출할 권한을 특정한 선제후에게 부여하고, 그들에게 국왕·황제의 고권高權인 고급재판권(더 상위의 법원을 갖지 않은 불이송·불상소의 특권)과, 광업권·관세권·화폐주조권을 인정하였다. 이것은 황제 프리드리히 2세 시대에 결정된 「성계제후聖界諸侯와의 약정」(1220년)이나 「제후의 이익을 위한 법규」(1231년) 등으로 나타나는 제후의 독립화 경향의 흐름을 완성하는 것으로, 나중에는 선제후뿐만 아니라 다른 제국제후帝國諸侯에게도 인정되었다. 이에 따라 제국의 분권화가 진행되고, 제국이란 황제가 아니라 제국제후라는 인식이 퍼지게 되었다.

제국 개조   신성로마제국은 유력 선제후를 중심으로 하는 연방제적인 국제('등족국가等族國家')를 갖게 되었다. 그러나 14세기 후반부터 15세기 초엽에 걸쳐 투르크제국의 유럽 침략이 시작되고, 이 약체화된 제국을 개혁하는 것이 긴급한 과제가 되었다. 종종 제국 개조계획이 논의되었으나 제국의 중앙집권화는 곤란하였고, 제국 권력에 의해 사법·행정조직을 정비하는 것이 최대한의 것이었다.

그 흐름 속에서 특히 주목되는 것은 막시밀리안 1세의 제국 개조계획이다. 그것에 의해 불충분하기는 해도 영구란트평화령이 제정되고, 또 그에 기초한 제실법원령帝室法院令(Reichskammergerichtsordnung)이 성립(1495년)하였다. 이는 제국에 평화를 가져오고 법의 안정을 가져오는 데 결정적으로 중요한 역할을 하게 되었다.

상세한 것은 제13장에서 다루겠지만, 이 규칙으로 제국의 실정법 레벨에서 학식법조를 배석판사로 등용하는 것과 제국의 보통법 곧 로마법을 적용하는 것이 규정되었다. 이는 이미 사실상 진행되고 있었던 학식법조의 진출, 바꿔 말하면 '로마법의 계수'를 추인한 것으로서 유럽법사에서 대사건이었다.

영방 수준에서의 계수   제국의 법원조직법은 16세기 이후 각 영방의 상급법원을 조직하는 법의 모범이 되었다. 영방군주와 도시도 교회법원과의 경쟁 속에서 재판의 학식화를 회피할 수 없는 상황으로 내몰렸다. 15세기 후반에는 로마-카논법 소송이 영방의 상급법원에 채용되기 시작하였기 때문에 그 흐름은 이미 형성되어 있었다. 15세기 전반에는 『소송의 거울(Klagspiegel)』과 일반적인 지침서인 『간략판 거울』 등이 이미 나와 있었다.

이리하여 제실법원의 설립이 큰 동력이 되어, 「작센슈피겔」이 있던 작센을 예외로 하고, 전 독일이 로마법을 계수하게 되었다.

성문법 지역   로마법이 살아있던 남프랑스는 성문법 지역으로 불린다. 그곳에는 몽펠리에와 툴루즈에 13세기부터 법과대학이 존재하고 있었고 거기서 법률가(레지스트legist)도 양성되었다.

그러나 레지스트는 국왕에 봉사하는 일이 많았기 때문에 왕권을 고려하여 로마법의 우위를 주장하는 일은 없었다. 그 때문에 성문법 지역에서도 로마법은 어디까지나 일반법에 지나지 않고, 그 지역의 관습법이 없는 경우에만 적용 가능한 것에 불과하다.

관습법 지역   관습법 지역이라고 불리는 북프랑스에서는 로마법이 일반적, 보충적 효력을 가진 적이 없었다. 파리대학에서는 1219년에 로마 교황 호노리우스 3세에 의하여 로마법의 교수가 금지되어 1679년까지 로마법을 가르치지 않았다.

북부에서는 관습법이 우위에 있고 법서화, 법전화되었다. 그렇지만 관습법의 정비 과정에서 학식법조가 그의 학식을 이용하고 있었다. 보마느와르Philippe de Beaumanoir의 『보베지 관습법서(Coutumes de Beauvaisis)』와 피에르 퐁텐느Pierre de Fontaines의 『친구에 대한 조언(Conseil que Pierre de Fontaines donna à son ami)』과 『정의와 소송의 서(Traité de l'Ancienne

Jurisprudence Française)』는 지방의 관습법을 첫 번째 대상으로 삼고 있었지만, 로마법의 영향을 강하게 받고 있다.

북프랑스에서 특히 16세기에 일군의 관습법(부르고뉴 관습법, 오를레앙 관습법, 파리관습법, 부르타뉴 관습법 등)이 정리되었다. 그중에서도 파리관습법은 표준적, 전형적 관습법으로서 우월적 지위를 점하여, 말하자면 북프랑스의 코먼로가 되었다.

잉글랜드와 마찬가지로 법조가 그 주역이었다. 다만, 그들 역시 로마법적인 학식의 영향을 받고 있었다는 점을 잊어서는 안 된다.

왕권과 로마법   프랑스 국왕은 신성로마제국에 대항해 법률가를 이용하여 '프랑스 국왕은 그의 왕국 내에서 황제이다'라는 명제를 주장하였다. 또한, 바르톨루스의 '조례는 조국의 보통법이다'라는 명제를 이용하여 고유관습법의 우위와 로마법의 보충성補充性이 강조되었다.

그러나 국왕이 자신의 '왕국 내에서는 황제이다'라는 명제는 로마법에서 유래한다. 국왕은 관료 등에 로마법 지식이 있는 법률가를 등용하여 합리화를 추진하였다. 국가의 중앙집권화를 추진하는 과정에서 로마-카논법 소송을 국왕법원에서 이용하였다. 법관의 대다수는 성직자로 학식법을 충분히 이해하고 있었다.

이 새로운 절차를 결정적으로 추진한 것은 십자군으로 유명한 성 루이 즉 루이 9세(재위 1226-1270년)이다. 성 루이는, 1215년에 신판이 금지된 것을 받아들여 국왕법원에서 신판을 이용하는 것을 금지하였다. 1258년에는 결투재판을 금지하였다. 1278년에는 파리에 고등법원(빠를르망)을 설치하고, 국왕의 법령으로 그 절차를 정하였다. 왕권이 강화됨에 따라서 지방에도 고등법원이 설치되어 국왕 법령의 적용범위가 확대되었다.

빠를르망   빠를르망parlement의 관할은 각각 자립하고 있었는데, 파리고등법원은 가장 넓은 관할권을 가졌다. 국왕이 임명하는 빠를르망의 법관에는 학식법조가 다수 임명되었다. 봉건사회의 법정에는 상소제도가 존재하지 않고 예외적으로 인정되고 있었을 뿐이지만, 왕권의 확대와 함께 상소제도가 확립되어 갔다. 성 루이는 1258년에 왕령을 발포하여 국왕법원에 '잘못된 판결'을 이유로 하는 항소를 받아들이는 것으로 정하였다.

민사재판에서는 문서에 의한 주장이 요구되고, 증언이나 증명문서에 의거한 증거의 요약이 기술되었다. 형사재판에서도 14세기에는 사인의 고소가 필요 없이 법관의 직권에 의한 수사가 일반화되었다.

빠를르망에서는 학식법조가 활약하였다. 파리뿐만 아니라 지방도 이를 모방하여 학식적으로 되어 갔다. 로마-카논법 소송이 프랑스의 재판에 학식화와 전문화를 가져왔던 것이다.

잉글랜드에서의 계수 잉글랜드에는 로마법의 계수가 없었다는 것이 통설이다. 대륙에서는 로마법은 합리적이고 수준이 높았기 때문에 비합리적인 비전문가에 의한 재판을 능가하였다. 그런데 가장 일찍 시민혁명을 이루고 자본주의를 가져온 잉글랜드에는 왜 로마법이 계수되지 않았는가? 불가사의한 일이다.

이에 대하여 다나카 히데오田中英夫는 세 가지 이유를 들고 있다.

(1) 영국(잉글랜드와 웨일즈)은 일찍부터 중앙집권화되어 복수의 법권法圈이 존재한 적이 없고, 중요하다고 생각된 법분야는 오직 하나, 코먼로뿐이었다. 이 단일한 법이 존재하였기 때문에 법통일을 위해 로마법을 이용할 필요가 없었다.

(2) 법의 근대화는 에퀴티Equity라고 하는 별도의 법체계에 의하여 행해졌다.

(3) 일찍부터 강고한 법률가 단체가 존재하고 있었다. 그 법기술적인 수준이 높았고, 로마법의 계수에 반대하면서 동시에 계수 없이 법의 근대화를 달성하였다.

'수공업적' 교육 세 번째의 논점에 관해서는 막스 베버Max Weber가 『법사회학』에서 기술한 다음의 말을 읽어보면 더 이해하기 쉬울 것이다.

"'전문적인' 법교육의 발전, 따라서 또한 특수법적인 사고가 발전하기 위해서는 상호 대립하는 두 가지 가능성이 있다. 그 하나는 실무가에 의한 경험적인 법교육이다. 이것은 전적으로 또는 주로 실무 그 자체 안에서 이루어지며, 따라서 '경험적'이라는 의미에서 '수공업적'인 교육이다. 다른 하나는 특별한 법학교에서 합리적으로 체계화된 형태로 행해지는 이론적인 법교육 즉 순기술적인 의미에서 '학문적'인 교육이다."

로마법의 계수가 베버가 말하는 '학문적' 교육과 불가분함은 명백하다 할 것이다. 대륙의 법정을 지배하고 있었던 것은 대체로 학식법조였다. 그러나 특별한 법학교와 이론적인 교육만이 법전문가를 낳는 것은 아니다. 적절한 조건이 갖춰지면 '수공업적'인 법학 교육도 충분히 가능하다는 것이다. 베버가 여기에서 염두에 두고 있는 것은 물론 잉글랜드이다.

잉글랜드에서는 로마법의 지식을 갖춘 학식법조가 행정과 사법의 현장에서 활약하는 일은 거의 없었다. 유력한 것은 관습법을 발달시켜 형성된 코먼로이고, 코먼로의 지식을 갖춘 법조였다. 잉글랜드에서 로마법의 진출이 저지된 것은 코먼로의 법지식을 갖춘 법조집단이 이미 존재하고 이 집단이 로마법의 침입을 저지하였기 때문이다.

로마법의 영향   그러나 베버도 잉글랜드에서의 로마법의 영향을 완전히 무시하지는 않는다. "영국, 북프랑스, 스칸디나비아를 제외하고 로마법은 유럽을, 스페인에서 스코틀랜드와 러시아에 이르기까지 정복하였다. …… 어떠한 유럽법의 발전도 그 영향에서 완전히 자유로울 수는 없었다. 영국법의 발전도 그렇다."(『법사회학』)

베버의 지적은 옳다. 관습법인 코먼로에 대한 최초의 교과서라고 말해지는 글란빌 Glanvill의 『잉글랜드의 법과 관습』(제7장 참조)에도 그 흔적을 확인할 수 있다. 특히 그 제10장은 유스티니아누스 황제의 「법학제요」의 영향을 받았다고 인정된다.

로마법은 12세기에는 이미 옥스퍼드대학과 케임브리지대학에서 교육되고 있었다. 바카리우스Vacarius는 볼로냐대학에서 배운 후, 잉글랜드에서 로마법의 간결한 교과서인 『빈자의 서(Liber pauperum)』(1170년대)로 강의하였다. 대학에서는 로마법과 카논법이 그 후에도 계속하여 강의되었다.

글란빌과 제목이 같은 브랙톤Bracton의 『잉글랜드의 법과 관습』(1230년)이 아조Azo 등 중세로마법학자의 저작을 되풀이하여 언급하고 있는 점도 주목된다.

더욱이 보통법(ius commune)의 또 하나의 기둥인 카논법은 로마법 이상으로 잉글랜드에 도입되었다. 잉글랜드도 로마교회의 계층적 질서 속에 존재하고 있던 이상 이는 당연하였다. 잉글랜드 법사에서 카논법의 역할에 대하여 연구가 더 진척되어야 할 것이다.

코먼로의 우위   그러나 아사이즈assize점유소송에서 로마법의 영향이 보이기는 해도 웨스트민스터의 국왕법원에서의 판결실무는 중세적인 전통에 계속 의거하였고, 13세기 에드워드 1세의 치하에서는 벌써 코먼로가 완성되어 있었다. 법조 길드는 법조학원(Inns of Court)으로 결집하고 코먼로에 의하여 법조를 양성하였다. 법조학원은 대학과는 완전히 절연되어 있었다.

대학에서 로마법과 카논법을 배운 법률가는 교회법원이나 해사법원에서 활동하며 자주 국왕의 총애를 받았다. 로마법은 절대권력을 위한 법명제를 담고 있었기 때문이다. 또한, 코먼로가 경직화하였을 때 대법관부법원大法官府法院(Court of Chancery)에서 카논법을 기초로 형평법 즉 에퀴티Equity의 사고방식을 도입하여 잉글랜드법의 발전에 큰 역할을 하였다. 이처럼 로마법적인 법지식이 코먼로에 대하여 부분적으로 영향을 주었다.

◆ 코먼로와 에퀴티

잉글랜드에서는 이미 12세기부터 왕국에서 보편적 효력을 가지는 코먼로common law의 맹아가 보인다. 라틴어로는 유스 콤무네ius commune이지만, 이를 영어로 번역하면 잉글랜드 보통법이란 의미가 된다.
잉글랜드의 왕권은 유럽에서는 비교적 일찍 확립되었고, 사법집권화가 가져다준 선물로서 통일적인 코먼로가 성립하였다. 국왕법원의 재판권은 웨스터민스터의 세 개의 코먼로법원 ─ 왕좌법원(King's Bench), 인민소송법원(Court of Common Pleas), 재무부법원(Court of Exchequer) ─ 이 분담하고 있었다. 12세기에는 대소인代訴人(Barrister)이 등장하고 에드워드 1세(재위 1272-1307년) 시대에는 이미 법조양성도 행해지고 있었다.

판례의 편찬도 13세기 말에는 시작되었다. 14-15세기에는 코먼로법원이 안정되고 길드조직의 법조학원이 법조양성의 담당자가 되었다.

지방의 영주법원이 지역적인 다양한 관습법을 적용한 데 반해, 국왕법원과 그것을 보완하는 국왕순회법관(justice in eyre)은 통일적인 규칙에 따라 판결하였다. 이는 '잉글랜드의 법과 관습(leges et consuetudines Anglicae)' 또는 보통법이라고 불렸다. 이를 수록한 글란빌의 『잉글랜드의 법과 관습』(1187년경)과 브랙톤의 『잉글랜드의 법과 관습』(1250년경)은 코먼로의 중요한 법원이 되었다.

코먼로에서는 '권위서(book of authority)'라고 불리는 일련의 서적도 법원으로 인정되는데, 현재에도 가치가 있는 것은 포테스큐Fortesque의 『잉글랜드법의 예찬(In Praise of the Laws of England)』(1470년경) 및 리틀턴Littleton의 『부동산보유조건론(Treatise on Tenures)』(1480년)이다. 쿠크 경Sir Edward Coke은 1628년 후자를 주석하였다.

코먼로는 13세기 말까지 정비되었으나 그 후 서서히 경직화되어 갔다. 대법관이 소송개시를 위한 구제영장(writs)을 발급하고 있었으나 에드워드 1세 사후에는 활기를 잃었다. 코먼로의 개선과 완화의 길을 개척한 것은 대법관부법원이다. 아리스토텔레스의 명제에서 유래하는 형평법 즉 에퀴티는 법이 불완전한 경우에 보정하여 법에 구체적 타당성을 부여한다고 여겼다.

여기에는 성직자인 대법관의 카논법 지식이 도움이 되었다. 14세기부터 대법관의 권한이 확대되고, 15세기에는 코먼로가 미치지 않는 구제조치가 등장하게 되었다. 1529년 이후에는 대법관이 세속인이 되어 카논법적 요소를 제거하고 이러한 발전을 촉진하였다. 형평법은 18세기에 공인된 명제들로 구축된 확고한 실정법의 체계가 되었다.

법(law)과 형평(equity)의 병렬이 중세말 이후 잉글랜드법의 특징을 이루고 있다. 이 이원주의는 1873-75년의 법원조직법에 의해 완화되었지만, 현재에도 잉글랜드 사법私法제도와 법원조직에 남아 있다.　　(K)

　

그러나 코먼로의 판례법시스템은 끝까지 변함이 없었다. 이 점은 여기에서 반드시 확인해 두어야 할 것이다. 잉글랜드와 로마법의 관계에 대하여 독일의 법사학자 코샤커Koschaker가 『유럽과 로마법(Europa und das römische Recht)』이라는 저서에서 재미있는 말을 남겼다.

"영국의 법률가에게 로마법은 아름다운 백발을 한 노인이었다. 그가 문을 두드리자 영국의 법률가는 노인을 공손히 불러들여 그의 말에 귀를 기울이고 나서 다시 공손하게 문밖으로 내보냈다. 한편, 독일에서는 로마법은 욕을 먹고 쫓겨났다. 왜냐하면, 그는 젊었을 때 게르마니아 여신의 살롱에서 너무나 거리낌 없이 담배를 피워대서 그 냄새가 비단으로 된 집기에까지 배어들었던 탓에 좋은 인상을 남겼다고는 도무지 말할 수 없기 때문이다."

◆ 코먼로의 위기와 확대

코먼로법원은 16세기 후반부터 17세기 전반에 위기를 맞이한다. 16세기 전반, 헨리 8세는 국왕의 전제적 통치를 위하여 케임브리지대학에 흠정 로마법 강좌를 개설하고, 해사법원의 법관과 변호사를 로마법조로 만들고, 나아가 추밀고문관의 성실법원星室法院(Star Chamber)에 새로운 사건의 재판을 맡기려고 시도하였다.

그러나 런던의 법조학원에서 육성된 법조는 전통적인 코먼로를 지키기 위하여 로마법과 당시의 이탈리아 법학의 영향을 극력 배제하였고, 법원 역시 개혁에 소극적이었다. 그 결과 1650년 이후 상사 및 해사법과 관계된 권한의 대부분을 코먼로법원이 되찾았다. 이렇게 위기를 넘겨 코먼로 즉 전통적인 관습법과 판례법의 우위가 지켜졌다.

17세기에는 코먼로법원의 주임법관인 에드워드 쿠크(1551-1633년)의 『잉글랜드법 제요(Institutes of the Lawes of England)』(1628-42년)가 공간되었다. 그는 국왕권력에 저항하는 법관, 정치가, 저작자로서 코먼로와 코먼로법원의 승리에 공헌하였다. 블랙스톤Sir William Blackstone(1723-80년)은 『잉글랜드법 주해(Commentaries on the Laws of England)』(1765-69년)에서 역사적으로 성장해 온 코먼로를 총괄하였다. 18세기 후반이 되자 판례집이 정기적으로 공간되었다.

잉글랜드법은 오늘날까지 법관법(judge-made law)의 전통을 지키며 대륙의 로마법학의 영향을 피하고, 상법·해상법·보험법이란 새로운 분야에서도 법관에 의한 법형성이 계속되고 있는데, 그것은 스튜어트 왕조 시대에 재판을 코먼로법원과 대법관부법원으로 집중시킨 결과이다.

18세기부터 19세기에 걸쳐 세계적으로 코먼로(잉글랜드법)의 효력 범위가 두드러지게 확대되었다. 미합중국에서는 식민자들이 뉴잉글랜드에 코먼로를 가지고 들어가 이것이 독립 후에도 입법과 사법의 기초가 되었다. 일반적으로 영국의 자치령·보호령·식민지가 된 지역에서는 영어와 코먼로가 계수되었다. 예외는 캐나다의 퀘벡주(프랑스계)와 남아프리카공화국(로마-네덜란드법)이다. 잉글랜드의 거래법이 전 세계를 묶어내면서 코먼로는 잉글랜드의 역사와 밀접하게 결합되어 있던 국내적 법체계로부터 짧은 시간 안에 세계적 법질서가 되었다.

코먼로는 잉글랜드의 중세 관습법을 모체로 삼으며 각각의 시대의 변천에 완만하게 대응해 왔다. 경직화도 경험하고, 그 시기에는 대법관부법원이 형평법으로 보충함으로써 법제의 혁명적인 변혁을 피할 수 있었다. 이 점진적인 재판에 의한 법창조에 의해 잉글랜드에는 유럽대륙에 나타났던 것과 같은 로마법의 계수, 자연법론을 기초로 하는 개념적·구성적 법률학 그리고 급격한 법전편찬도 볼 수 없었다.

코먼로의 법조는 법전의 해석·적용이 아니라 판례를 참고하여 나날이 법창조를 계속해 오고 있다.　(K)

제13장
제실법원과 종파대립

 제실법원은 몇 안 되는 제국기관 중 하나로 신성로마제국이 종언을 고할 때까지 존속하였으며, 제국을 하나의 법공동체로서 묶는 역할을 담당한 최고법원이다. 그러나 그 설립부터 약 100년에 이르는 기간은 종교개혁에 따른 격심한 종파대립의 시대였다. 제실법원도 그 격류 속으로 휘말려 들어갔고, 신성로마제국도 30년 전쟁이라는 전란의 시대를 향해 가게 된다.

1. 제국개혁

제국의 위기 상황 제실법원(Reichskammergericht)은 15세기 말 제국 개조운동의 성과였다. 그러므로 질서회복을 목적으로 하는 이 운동에 대하여 말해야 하겠지만, 먼저 그 전제로서 중세말부터 근세 초기까지 제국의 상황을 살펴보기로 하자.

 중세말의 신성로마제국은, 봉건세력이 그때까지 국왕에게서 빼앗아온 국왕대권(=高權)

즉 레갈리아를 기초로 영방지배권(Landesherrschaft)을 더욱 강화하고 국가성을 띠기 시작한 영방(territorium)이 할거하는 상태였다. 일원적 지배영역의 형성으로서 진행된 영방의 국가화는 이는 영방 사이의 충돌을 낳았다. 특히 란트 군주인 제후는 영역(란트) 내의 도시를 장악하는 과정에서 자유 특권을 주장하는 도시와 대립하게 된다. 이 대립은 종종 전통적인 합법적 페데(제8장 참조)의 행사로 나타나 무질서라 해도 과언이 아닌 상태였다.

이에 더하여 후스Jan Hus의 종교개혁과 그에 수반한 후스 파 전쟁 등의 종교 불안과 오스만투르크의 위협 등이 점차 제국을 불안에 빠뜨리고 있었다.

제국개혁의 기운　　이러한 가운데 콘스탄츠 공의회와 바젤 공의회가 개최된 15세기 전반은 제국의 회복을 요구하는 목소리가 높았던 시기이다. 예를 들어, 바젤 공의회에서 서기를 담당하였고 가장 잘 정리된 개혁 프로그램을 제공한 것으로 여겨지는 『보편적 화합에 대하여』(1433년)의 저자 니콜라우스 쿠자누스Nicolaus Cusanus는, 교회의 개혁에는 제국의 개혁도 필요하며 이를 위해서는 황제에 어느 정도 강력한 권한을 부여하고 제국통치에 제후가 협력하는 것이 필요하다고 주장하였다.

바젤 공의회의 무명의 참가자가 저술한 것으로, 황제에 의한 개혁으로 위장하기 위해 황제의 이름을 씌운 『지기스문트의 개혁』(1439년)이라는 문서는, 제국 혼란의 원인을 영방권력의 강화와 그에 수반된 황제권의 쇠퇴에서 찾고, 황제가 중심이 되고 제국도시가 사법과 행정을 담당함으로써 국정개혁을 추진해야 한다고 주장하고 있었다.

'황제와 제국'　　그러나 황제를 중심으로 하고, 또 황제와 제국등족의 협력관계를 전제로 하는 개혁안은 거의 실현불가능 하였다. 왜냐하면 황제와 제국=제국등족 쌍방의 대립이 심하였기 때문이다.

제국등족(제국의 여러 신분)이란 형식적으로는 이 시기에 제도로 고착화되어가고 있던 제국의회에 출석할 수 있는 신분으로 구체적으로는 제후·고위성직자·제국도시 등이다. 제국의회는 일반적으로 말하는 '신분제의회'의 하나이며, 영방에도 영방의회에 출석할 수 있는 영방등족이 존재하였다(제16장 참조). 황제와 제국=제국등족의 대립관계에 대하여 할퉁F. Hartung은 다음과 같이 말하고 있다.

"두 개념은 원래 같은 것이다. 다만 황제는 개인으로서의 원수이고, 제국은 일반적·영속적인 조직이라는 정도의 차이가 있었는데, 15세기에는 양자의 대립이 나타나고, 그것은 마침내 황제와 황제를 제외한 등족의 총체로서의 제국의 완전한 분리를 가져왔다."

『독일 국제사』

실제로 15세기 후반 대부분 동안 왕위에 있었던 프리드리히 3세는 제위를 사실상 독점하는 데까지 합스부르크 가문의 세력을 확대하는 토대를 구축하였으나, 제국의 문제는 등한히 하여 개혁요구를 고집스럽게 배척하고 있었다.

헝가리 전쟁   따라서 15세기 말 개혁 운동이 새롭게 전개되어 구체적인 성과를 낳았을 때 그 개혁은 이미 황제와 제국의 협조가 아니라 양자 대립적인 틀 속에 있었다. 1486년 프랑크푸르트 제국의회에서 자기 가문의 세력 유지를 위해 제국의 원조를 요구한 프리드리히 3세에게 분노를 느낀 제국등족은 마인츠 선제후 베르톨트 폰 헨네베르크Berthold von Henneberg 아래로 결속하여 황제가 요구한 헝가리 전쟁에 대한 원조요청을 거절하고 제국개혁의 요구를 들이밀었다.

이후 개혁운동의 중심이 되었던 마인츠 선제후는 동시에 제국 선임 서기장이라는 요직에 있으면서 등족적인 발상 아래 제국질서의 회복과 유지를 위한 개혁을 지도해 나간다. 평화질서 유지의 노력으로는 이미 12세기부터 란트 평화입법=란트평화령(제8장 참조)이 있었다.

그러나 페데의 억제를 실현하기 위해서는 안정된 사법기관이 필수적이고, 베르톨트의 개혁안도 제국의 최고법원 제도의 개혁을 근간으로 하였다. 개혁파인 제국등족은 황제로부터 분리된 독립한 상설의 법원을 제국 내의 일정한 도시에 설립할 것을 요구하였다.

2. 제실법원의 설치

영구란트평화령   중세적 법관념에서는 제국재판권은 곧 황제재판권이고, 위와 같은 요구는 황제의 완전한 권력을 침해하는 것이었다. 그런 까닭에 프리드리히 3세는 기존의 왕실법원(königliches Kammergericht)의 개편을 제시하며 개혁의 지연을 도모하였다. 그 후 황제와 개혁파 제국등족은 격렬한 논전을 계속하였는데, 사태는 프리드리히 3세의 죽음과 막시밀리안 1세의 즉위로 급변한다.

중세적인 황제이념의 신봉자로서 기사적·영웅적 활동으로 국민에게 사랑받아 '최후의 기사'라고 불렸던 막시밀리안은 이탈리아에 침공한 프랑스 왕 샤를 8세에게 대처할 전비조달을 위하여 1495년 보름스에서 제국의회를 소집하였는데, 여기에서 제국등족은 개혁안의 실현을 압박하였다. 신속히 북이탈리아로 향해야 하였던 막시밀리안은 황제의 권력을 제한하는 개혁에는 반대하였으나 그밖의 점에는 타협하여 제국개혁을 단행하였다. 이리하여 같은 해에 다음 세 가지의 제도를 뼈대로 하는 제국개혁이 결정되었다.

(1) 영구란트평화령의 제정
(2) 제실법원의 설치
(3) 일반제국세帝國稅의 도입

일반제국세의 도입은 완전히 실패하였으나 영구란트평화령은 일정한 성과를 거두었다. 장기간 현안이었던 평화형성을 위한 제국법으로서 영구란트평화령은 제국 전역에서 폭력과 페데의 금지를 명시하였다.

평화령이 요구된 것은 제국이 약체화되고 도적단이 발호하는 등 질서가 충분히 유지될 수 없는 상태에 있었음에도 황제가 진지하게 이에 대처하려고 하지 않았기 때문이다. 선제후들 스스로가 방화와 습격을 금지하고 재판조직의 확립을 지향해야 하는 상태였다. 프리드리히 3세조차 이 움직임에 밀려서 페데의 제한을 포함하는 란트평화령을 발포하기도 하였다. 그러나 그것은 완전히 불충분하였다.

이 운동을 더욱 전진시켜 페데의 전면적인 금지라는 획기적인 내용을 실현한 것이 바로 영구란트평화령이었다. 역사적으로 중요한 법문이므로 그 금지를 명시하고 있는 제1조를 아래에 소개한다.

제1조　　　어떠한 위계·지위·존재라도 이 고시 이후 누구든지 타인을 공격, 도발, 탈취, 포획, 침략, 포위하거나, 스스로 또는 타인을 통하여 그들에게 불이익을 주거나, 도당을 조직하여 성·도시·시장·성벽·촌락·농원영지·집락에 숙박하거나, 동의 없이 폭력적인 행위로 불법하게 약취하거나, 위험한 화공 기타 유사한 방법으로 손해를 주어서는 아니 된다. …… 누구라도 타인을 제소하는 것을 생각한다면, 그는 이러한 사실을 탐색하고 최종적으로 재판에 부쳐야 한다. 왜냐하면, 이 소송들은 예전이나 지금이나 제실법원의 제도 안에서 해결되도록 지켜져 왔으며, 장래에도 계속 이에 속할 것이기 때문이다.

유럽중세사연구회 편, 『서양중세사료집西洋中世史料集』

◆ 제국통치원(Reichsregiment)과 제국크라이스(Reichskreise)

제국 개조운동의 성과가 영구란트평화령과 제실법원의 설치에 그친 것만은 아니다. 보름스 제국의회에서 황제와 제국등족 사이에 체결된 협약 '법과 평화의 관장'에 기초하여 개혁이 진행되어, 1500년에는 제국등족에 의한 행정기관인 제국통치원과 그에 대응하여 제국을 6개(나중에 10개로 증가) 지역으로 구분하여 평화유지 기능을 맡도록 한 조직인 제국크라이스가 설치되었다. 전자는 제국등족의 보조가 맞지 않은 탓에 단명으로 끝났지만, 후자는 제국의 최후까지 존속하며 제실법원과의 관계에서는 법관 추천의 모체가 되고 란트평화령을 유지하고 판결을 집행하는 기관이었다.　(M)

제실법원령　　　　제국개혁의 또 하나의 기둥으로서 '영구란트평화령' 제1조 말미에 나와 있듯이 평화령 위반자를 처벌할 목적으로 제실법원(Reichskammergericht)이 설치되었다.

제실법원의 구체적인 구성과 활동내용은 제실법원령에서 규정되었다. 제국법원 설립과 동시에 제정된 1495년에는 그 조문수가 불과 32개에 지나지 않았으나, 그 후 몇 차례 개정되었다. 1548년에는 아우크스부르크 제국의회에서 새로운 법률적 기초가 부여되고, 여기에 약간의 수정을 가한 것이 1555년에 종교평화령과 함께 발포되었다.

제실법원령 이외에 제국의회 최종결의도 종종 이 법원의 활동을 규정하였으며, 30년 전쟁 후의 베스트팔렌조약도 큰 영향을 주었다.

설치장소　　　　황제와 분리된 상설법원의 설치라는 제국등족의 요구는 실현되었다. 이제는 황제의 궁정과 함께 이전되는 일이 없고 또 합스부르크가의 본령인 오스트리아 바깥에 설치되었다. 그 소재지는 1495년에 프랑크푸르트에 설치된 후 정치 사정 등으로 몇 개의 도시로 이전되다가 1527년 이후에는 슈파이어Speyer에, 1689년부터 제국의 최후까지는 베츨라Wetzlar라는 소도시가 상설지가 되었다.

법관의 구성과 임명　　　　제실법원을 구성하는 법관은 최초의 제실법원령(제1조)에서는 장관(Kammerrichter)과 16명의 판결인(Assesor, Beisitzer)이었다. 판결인은 그 후 서서히 증원되어 50명까지 되었지만, 이 법원의 설립과 동시에 도입된 일반제국세의 징수액이 불충분하였던 등의 이유로 판결인의 정원을 채운 적은 없었다.

판결내용을 형성하는 실질적인 재판의 담당자는 판결인이다. 장관은 재판의 진행을 담당하고 판결인의 투표가 동수인 경우에 한하여 스스로 판단을 내렸다. 나중에 이 판결인에서 선출된 부장판사(Praesident)가 설치되어 각부에서 장관의 직무를 대행하게 되었다.

장관은 그라프 또는 프라이헤르Freiherr(남작) 신분인 제국귀족 중에서 황제가 임명하였다. 판결인은 황제와 제국등족의 추천으로 제국의회가 임명하였다. 판결인은 제국의 대표여야 한다고 생각되고 있었지만, 실제로는 추천을 하는 제국등족의 이익대표가 되어버려 종교개혁 이후에 제국등족의 종파대립 속에서 제실법원의 기능을 정지시켜버리는 요인이 되기도 하였다.

관할   제실법원의 토지관할은 일부 예외를 제외하고 제국 전 지역에 미쳤다. 사물관할로는, 제1심 관할로서 법원 설립의 직접적인 목적인 영구란트평화령의 유지 즉 평화령 위반이 있다. 1495년 제실법원령에는 관련 규정이 없지만, 영구란트평화령은 앞서 소개한 제1조에서 페데를 전면적으로 금지하고, 제실법원이 이 법률의 감시자이며 위반자에 대하여는 제국 아하트(평화상실)를 선고한다고 정하고 있다.

그밖에 제국 아하트의 무시, 자력에 의한 압수와 구금, 제국의 권익에 관한 사건, 그리고 제국 직속자 상호간의 다툼이나 제국 직속자에 대한 소송에 대하여 제1심으로서 관할하였다. 다만 제국 직속자에 대한 소에서는 우선은 중재가 행해지고, 그 결정에 대하여 제실법원에 상소할 수 있었다. 법정이 아니라 중재인에 의한 분쟁해결을 요구하는 권리는 제국등족에게는 불상소특권 및 불이관 특권과 나란히 재판권을 제약하는 것이었는데, 이것이 제실법원령에서는 중재전치주의로서 도입된 것이다.

상소심으로서는 영방 및 제국도시 법원의 민사사건판결에 대한 관할을 가졌다. 민사·형사사건의 영방법원의 판결에 중대한 법률위반이 있어 무효라고 주장된 경우에는 제실법원으로의 상소가 가능하였다. 또한, 제1심 관할이긴 하지만 영방법원이 영방군주에 대한 신민의 소를 거절하거나 심리를 지연시키는 경우에는 그 소를 수리할 수 있었다. 이들 영방재판권을 감독하는 기능은 특히 17세기 후반 이후에는 영방신민의 권리를 지키고 영방군주권의 과격화를 완화하는 역할을 하였다.

재심리의 사찰   제실법원은 최고법원이기 때문에 그 판결이 상소에 의해 취소되는 일은 없다. 그러나 패소자는 재심리를 요구할 수 있었다. 이 신청은 레비지오Revisio 라고 불리며, 제국의회에 설치되는 심사위원회에 청구하였다. 그리고 위원회는 제실법원 법관과 공동으로 사건을 재심리하였다. 소송당사자의 신청이 없어도, 1507년 이후 제실법원은 정당하게 운영되고 있는지 심사받았다.

계수와의 관계   제실법원이 법관에게 법학지식을 요구하고 적용법으로서 제국 보통법에 의거한 것은 로마법 계수와 깊이 연관되며, 독일 소송의 형식에 큰 영향을 준다(제12장 참조). 1495년의 제실법원령은 다음과 같이 정하고 있다.

> 제1조   첫째, 제실법원에 성속의 후작, 백작 또는 남작인 법관 1명 및 이 제국 국회의 조언과 의사에 의하여 독일국민으로서 제국에서 선출되는 16명의 판결인을 둔다. 이들 판결인은 고상하고 중용을 갖추고 품행이 방정하며, 그들의 반수는 법을 습득하여 그 학식이 인정되어야 하며, 다른 반수는 적어도 기사출신이어야 한다. ……
>
> 제3조   또한, 법관, 판결인은 특히 국왕 황제 폐하와 신에게 다음의 것을 서약하여야 한다. …… 제국보통법에 의거하며, 각 영지 및 각 법원의 견실하고 적절하며 공정한 관습 및 조례에서 명시하고 있는 바에 의거하는 것. ……
>
> 세라 테루시로오世良晃志郎 편역, 『서양법제사료선 III』

제1조에서는 판결인 중 반수에게 법학식을 요구하고 있는데, 나중에는 귀족출신인 판결인에게도 법학식을 갖출 것이 요청되어 16세기 중엽에는 법원 자체적으로 판결인의 실무연수를 행하기도 한다. 적용법에는 지방특별법(관습법 및 조례)도 이용될 수 있었다. 그러나 '적절하며 공정'하고 '명시되어 있는' 것에 한정되었다. 이는 조례의 우선적 적용을 인정하면서도 그 적용 시에는 엄격한 해석을 요구한 조례우선이론(제10장 참조)의 독일적인 변용으로도 이해할 수 있다.

이들 규정은 이미 진행되어 있던 학식법조의 진출과 학식법의 효력을 확인하는 것이었지만, 이 법률이 영방과 도시의 법원조직법에 모범이 되기도 하였기 때문에 계수를 촉진하게 되었다.

3. 제국궁내법원

또 하나의 제국법원   막시밀리안은 보름스 제국의회에서는 제국등족의 요구에 양보하였으나 황제재판권을 포기한 것은 아니었다. 이를 확실하게 보여준 것이 제실법원이 설립된 지 불과 3년 후에 제정된 궁정고문회의령이다. 여기에서는 제국 혹은 세습제후령에 관한 모든 사건은 궁정의 관할사항이며, 참사參事(Hofrat)의 다수의견에 따라 황제의 이름으로 해결된다고 정하고 있다. 이 규칙은 궁정행정을 재정비한 것으로 고문회의顧問會議는 황제의 통치활동의 자문기관이었다.

그 후 고문회의로부터 1527년에 중요한 정치문제를 결정하는 추밀원樞密院이 독립하였고, 16세기 후반이 되면 명칭도 '황제의 고문회의'에서 '제국의 고문회의(Reichshofrat)'로 수정되고 제국의 법원이라는 점에 역점을 두게 된다. 이하에서는 이 기관을 제국궁내법원帝國宮內法院이라 부르기로 하는데, 이 법원의 등장으로 '황제와 제국'이란 정식에 대응한 두 개의 제국 최고법원이 존재하게 되었다.

황제 직속의 법원   제국궁내법원의 특징으로 첫째로 들 수 있는 것은 황제 직속의 법원이라는 것이다. 황제 자신이 최고법관이며 제국궁내법원장(Reichshofratpresident)이 그의 대리를 맡았다.

법원장은 제실법원의 장관에 상당하는 지위에 있고, 실질적인 판결형성에 관여한 것은 참사이다. 제실법원과는 다르게 법관인 참사의 임명권은 황제 1인에게 있으며, 참사는 황제에게 충성의무를 부담하였다. 그의 판결은 황제의 대리인에 의한 것이기 때문에 불복하는 경우에는 본래의 법관인 황제에게 재심리를 청구할 수 있었다. 이는 제실법원의 레비지오에 상당하는 것이었는데, 제정기 로마에서 황제에 대한 탄원을 의미한 '수플리카티오supplicatio'라고 불렸다.

중요한 사건에 대하여는 참사가 무단으로 판결을 내리는 것이 금지되어 있었다. 이 경우 참사는 '황제의 친재를 품청함'이라는 판결제안을 할 수 있을 뿐이었다. 그러므로 황제는 자신의 이해에 관련된 중요한 사건에 대하여는 스스로 판결을 내릴 수가 있어서 칙재勅裁법원으로서의 측면도 가지고 있었다.

위원회   재판은 제국궁내법원령에 따라 행해지는데, 1559년의 법률은 같은 시기의 1555년 제실법원령과 비교하면 극히 간단하다. 16세기 후반 이후에 이 법원이 취급한 사건은 정치적인 문제에 관한 것이 많다. 이들 사건을 처리할 수 있었던 요인의 하나로 위원회(Komission)의 활용이 있다.

    제국궁내법원은 사건이 제소되면 참사로 구성된 위원회를 사건 발생지로 파견하여 그 조사결과를 보고받고 신속하게 판결을 내렸다. 위원회 자체가 판단을 내리는 때도 있었다. 여기에는 위원회에 대한 영향력을 유지하면서도 비난이 제국궁내법원과 황제에게 직접 미치는 것을 피한다는 이점이 있었다.

    이러한 활동이 가능하였던 것은 상세한 절차규칙을 두지 않았던 것에 기인한다. 그 때문에 제국등족은 제실법원령과 동등한 규칙을 두도록 요구하였으나, 황제는 '완전한 재판권(plenitudo iurisdictionis)'을 침해한다고 하며 계속 거부하였다. 베스트팔렌조약이 제국궁내법원도 제실법원령을 준수하도록 정한 후에도 이에 구속되지 않는 절차를 고집하였다. 그것은 이 법원이 '시종일관 오로지 황제의 관청(Hartung)'이라고 말해지듯이 황제의 통치·행정기관으로서의 특징을 일관되게 유지하고 있었기 때문이다.

관할   제국궁내법원의 관할은 토지관할로는 제국 전체와 이탈리아의 제국 레엔을 포함하며, 사물관할에 대해서는 17세기 후반의 제국궁내법원령은 존재하는 모든 권익에 미치는 것으로 규정하여 제실법원의 관할보다도 광범위하였다. 두 법원의 관할은 많은 점에서 경합하여, 종교개혁 특히 반종교개혁의 시대에 분쟁이 일어났지만, 베스트팔렌조약은 최초로 계속繫屬되는 법원이 우선한다는 원칙을 정하였다.

역사적인 평가   제국궁내법원이 제국 국제상 담당한 역할은 과거에는 부당하게 낮게 평가되었다. 그 이유로는, ① 제실법원이 '독일적인 자유'(='제후의 자유')의 상징으로 간주되고, 반면 제국궁내법원은 어떤 면에서는 그 자유를 방해하는 황제의 도구였다는 것, ② 17세기 후반 이후의 반反 합스부르크적인 제국국법론國法論이 제국의 귀족정적인 요소를 강조하고 제국궁내법원을 제국 국제에 합치하지 않는 법원으로 혹평하였던 것(히폴리투스 아 라피데Hippolithus a Lapide라는 가명으로 황제를 공격하는 서적을 저술한 켐니츠Bogislaw Philipp von Chemnitz가 그 대표자이다), ③ 그리고 대독일주의에 대한 소독일주의의 승리가 역사학에 미친 영향 등이 거론된다.

그러나 현재에는 ① 절차가 유연하고도 신속하였다는 것, ② 황제의 권위로 뒷받침되어 판결집행의 기대가 더 컸다는 점, ③ 그리고 제실법원이 활동을 정지하고 있었던 때에는 유일한 제국법원이었다는 것 등의 이유에서 제국궁내법원이 많은 사건을 취급해 왔음이 확인되고 있다. 따라서 제국의 통일성을 유지한다는 점에서는 더 뛰어났다고 평가되고 있다.

◆ 제국법원의 번역어

Reichskammergericht와 Reichshofrat에는 몇 개의 번역어가 사용되고 있다. 전자에 대해서 독일(국제)사 문헌에서는 '제국최고법원'이라고 번역하는 예가 많아 보인다. 그 이유는 이 법원의 설립경위와 위상에 비춰 충분히 이해할 수 있지만, 이 책에서는 법제사 분야에서 정착되어 있는 '제실법원'을 채용하기로 하였다.
다른 한편, 후자의 번역어는 '제국궁정고문회(의)', '라이히 궁정고문회', '제국궁내법원', '제국궁정법원', '제실재판소', '제국법무원' 등 다양하다. 황제의 통치를 돕는 자문기관으로서의 요소를 중시하는 것과 재판소인 점을 전면에 내세우는 것으로 양분할 수 있다. 이 책은 제실법원과의 관계를 중심으로 하고 있기 때문에 제국의 법원이라는 점이 명료해지도록 '제국궁내법원'이라고 하였다. 그러나 본문에서 지적되고 있는 것처럼 전신인 '고문회(의)'의 특징이 유지되고 있었던 것에는 주의가 필요하다.   (M)

4. 종파대립과 제국법원

종파대립의 시대   이상과 같이 제실법원과 제국궁내법원은 모두 제국최고법원으로 활동하였는데, 제국등족의 영향 아래에 있는 법원과 황제직속의 법원라는 기본적인 성격의 차이로 말미암아 종교개혁기에는 프로테스탄트 제국등족과 가톨릭 황제 사이의 격렬한 투쟁에 휘말리게 된다. 이 문제로 들어가기 전에 종교개혁 후 종교상의 분쟁이 어떠한 형태로 소송이 되었는가를 확인해 두자.

루터가 '95개조의 반박문'을 발표하여 종교개혁의 도화선에 불을 당겼을 때 그것은 본래는 순수하게 신앙상의 문제였을 터이나, 그 후의 전개는 세속권력과 깊은 관련을 맺게 된다. 종교개혁과 연동하여 일어난, 당시 영락을 거듭하고 있던 기사들에 의한 기사전쟁과 영방국가 내에서 지위가 악화되고 있던 농민의 대규모 항쟁인 농민전쟁과 같은 과격한 방법이 아니라, '관용과 인내'에 의한 개혁을 요구하고 있던 루터로서는 로마교회 및 가톨릭황제와 대치하는 반황제적인 제국제후의 보호가 필요하였다.

◆ **독일 농민전쟁**

독일 농민전쟁은 지역에 따라 차이가 있으나 부역의무와 부자유신분에서 서서히 해방되어 지위가 향상되고 있던 농민에 대하여 영주계급과 영방군주가 부역의 부활과 조세증대라는 반동적인 정책을 취한 것을 주된 원인으로 하였다.
귄터 프란츠Günter Franz의 연구에 따르면, 1524년부터 이듬해에 걸쳐 일어난 농민 대항쟁은 단순한 물질적인 개혁을 요구하는 것이 아니라, 그 이전부터 존재한 두 개의 큰 흐름이 합류한 것이었다. 그 하나는 '오래된 법을 둘러싼 싸움'이다. 영방군주는 지배 강화를 위하여 학식법조를 등용하기 시작하고 있었다(제12장 참조). 계수로마법은 농민에게 반드시 불이익한 결과를 가져오는 것은 아니었음이 현재의 연구에서는 밝혀지고 있다. 그러나 문제는 이러한 개별적인 것이 아니라, 농민에게는 학식소송이 예전부터 내려오던 법(권리)과 그에 기초한 분쟁해결(제7장 참조) 즉 촌락 자치를 침해하는 것으로 파악된 것이었다. 이 점이 농민의 개혁요구 강령이 된 '12개조'('모든 농민과 소농의 기본적이고 정통적인 주요 조항')의 제9조에서 옛날부터의 법과 공평한 재판의 요구로서 표현되었다.

또 하나의 흐름은 '신의 법을 둘러싼 싸움'이다. 종교개혁 사상이 퍼지면서 지배계급의 특권과 인적지배에 의한 농민의 구속은 모든 인간이 구원받는다는 기독교의 가르침과 모순되는 것으로 생각되었다. 실제로 '12개조'의 난외에는 성서가 인용되고 모든 요구에 복음주의적인 근거가 부여되었고, 마지막의 조항에는 신의 말씀에 맞지 않는 요구는 폐기한다고 기술되어 있다.

이 전쟁은 농민 측의 패배로 끝났다. 그 요인으로는, 처음에는 동정적이었던 루터가 최종적으로는 반란에 대한 확고한 탄압을 제후에게 요구하였던 것, 제국도시가 중립의 입장을 지키고 이 개혁의 움직임에 적극적으로 관여하지 않았던 것, 반란은 넓은 지역에 미쳤으나 전투는 고립된 채로 있었다는 것 등이 거론된다. 독일 농민전쟁은 영방국가의 형성 과정 중에 발생하였고, 그 패배는 이후의 종교개혁이 민중에 의한 것이 아니라 정치권력 즉 영방권력에 의하여 추진되도록 결정지었다. (M)

교회소유 재산의 접수   다른 한편, 영방군주에게 종교개혁은 막대한 부를 가져오는 것이었다. 교회·수도원이 보유하고 있던 부동산을 포함한 재산은 상당하였으며, 하급재판권과 십일조 징수권 등은 교회의 여러 제도와 결부되어 있었다. 세속 귀족은 이전부터 이 교회와 관련된 경제적 이익 때문에 자신의 자제를 성직자의 지위에 앉혔고, 그것이 종종 성직자로서의 자질과는 무관하였기 때문에 성직자의 부패를 초래하여 종교개혁 원인의 하나가 되었다. 그러나 종교개혁에 따라 세속권력의 종교적인 임무가 강조되자, 교회재산의 접수는 영방군주에게는 영방국가 형성의 큰 지표가 되었다.

◆ 영방교회제

이렇게 하여 독일에서 교회는 프랑스와 스페인에서 볼 수 있는 통일적인 국민교회가 아니라 영방 안에서 영방군주의 감독 아래에 놓이게 되었다. 일반적으로 '영방교회제'라고 불리

> 는 이 체제를 법적으로 승인한 것이 아우크스부르크 종교평화령이었다. 영방교회제는 프로테스탄트 영방에서 성립한 것이지만, 가톨릭 영방 역시 종교결정권에 기초하여 가톨릭개혁·반종교개혁의 운동과 연동하면서 영방 내에 있는 교회의 감독을 강화한 점에서는 같은 측면을 가지고 있었다.   (M)

슈파이어 제국의회   그 후의 종교개혁의 전개에서 하나의 전기를 이룬 것이 1529년의 슈파이어 제국의회였다. 1521년의 보름스 제국의회에서는 루터 및 그 동조자에 제국 아하트형을 선고하는 칙령이 나왔으나 그 후 제국의 정치사정 때문에 보류된 상태였다. 그러나 가톨릭 제국등족은 슈파이어 제국의회에서 이를 부활시켰던 것이다.

종교개혁의 지지자를 프로테스탄트라고 부르게 된 것은 이 칙령의 부활에 대하여 루터파 제후 등이 항의한 데서 유래한다. 이러한 가톨릭세력의 반격을 가능하게 한 것은 제국등족 중 가톨릭의 수적 우위였다.

법정투쟁의 시대   1521년부터 제실법원은 제국등족에 의한 제국행정기관인 제국통치원의 감독 아래에 있었으나, 1527년에 슈파이어로 이전하여 독립을 획득하였다.

그러나 이는 제실법원의 양태에 변화를 가져왔다. 제실법원의 기초를 이루는 것이, 제국개혁 시대의 황제에 대한 제국등족의 공통이익이 아니라, 소수파인 프로테스탄트 제국등족에 대한 황제 및 다수파인 가톨릭 제국등족의 이익으로 변하였던 것이다.

가톨릭 측에서 보면, 종교개혁이라는 이름 아래 행해진 교회재산 접수는 실로 찬탈당한 것과 같았다. 그 때문에 가톨릭 판결인이 차지한 제실법원이 프로테스탄트에 대한 공격의 장으로 이용되었다. 이른바 '법정투쟁'이라 불리는 시대이다. 이에 대항하여 프로테스탄트 제국등족은 슈말칼덴Schmalkalden 동맹을 결성하는데, 그 목적의 하나는 제실법원 판결의 집행을 억지하는 것이었다.

아우크스부르크의 종교평화령 슈말칼덴 전쟁 이후 구교파와 루터파 사이의 종교평화를 정하는 종교평화령이 1555년에 아우크스부르크의 제국회의에서 발포되었다. 종교평화령은 다름 아니라 영구란트평화령을 종교상의 분쟁에까지 확대한 것이었고 그 위반은 영구란트평화령과 마찬가지로 취급하였다. 또한, 가톨릭과 동등한 권리가 프로테스탄트에게 인정되었기 때문에, 1555년 이후 제실법원에는 가톨릭과 프로테스탄트가 같은 수의 판결인을 두도록 정하였다.

종교평화령은 나중에 '각 지역의 종교는 그 통치자의 종교에 따른다(cuius religio, eius religio)'로 정식화되는 원칙을 정하고 1552년 당시의 교회관계 재산 및 권리에 대한 통치자의 소유권을 보호하였지만, 가톨릭 등족은 자신들에게 유리한 규정을 집어넣었다. 가톨릭교회령領의 제후가 루터파로 개종한 때는 그 세속적인 지위를 상실하며 그의 교회령은 가톨릭교회에 유보된다는(이른바 '성직자에 관한 유보') 규정이다.

그럼에도 불구하고 반종교개혁에 의한 가톨릭 측의 반동이 개시될 때까지 프로테스탄트의 세력확대는 특히 프로테스탄트 제후가 많았던 북독일에서는 착착 진행되어 갔다. 그 방법은 아주 간단하였다. 루터파 귀족을 새로운 주교로 선발함으로써 다수의 주교령과 수도원을 수중에 넣어간 것이다. 이 경우 개종은 아니므로 '성직자에 관한 유보'에 직접적으로는 해당하지 않고, 선출된 귀족은 '관리자(Administor)'라는 명목으로 세속적 권리도 계속 보유하였다.

교회관계의 재산·권리는 다양하고 또 겹겹이 중첩되어있는 것이 있고, 수도원의 교단 본부가 영방 바깥에 존재하는 경우도 있다. 게다가 이들 권리가 확정된 시점도 반드시 명확하다고는 할 수 없는 경우가 많았다. 그러므로 가톨릭과 루터파 사이의 잠정적·타협적인 평화를 정한 것밖에 없었던 종교평화령 아래에서는 교회재산에 관한 분쟁은 여전히 계속되었다.

네 개의 수도원 소송 이런 가운데 수도원을 둘러싼 네 개의 소송이 발단이 되어 제실법원은 기능마비에 빠지게 된다. 이들 사건은 원고가 수도원인 점만 공통되고 피고나 쟁점은 달랐다. 수도원의 접수 그 자체가 분쟁이 된 것은 1건뿐이고, 다른 것은 세속권력이 수도원의 관리에 개입하거나 재산을 압류한 것 등이었다. 이들 소송에 대하여 세기말에 내려진 판결은 어느 것이나 원고에게 유리한 것이었다. 이것이 선례로서 효력을 가지게 되고 나아가 수많은 유사 소송이 제기되는 것을 우려한 프로테스탄트 제국등족은 사건들을 한데 모아 레비지오를 신청하였다(그 때문에 '네 개의 수도원 소송'이라고 불린다).

제실법원의 기능마비

제실법원에 대한 사찰은 원래 특별대표자 회의에 의해 행해지고 있었는데, '성직자의 유보'를 위반한 프로테스탄트 제국등족의 참가를 둘러싸고 두 종파 사이에 분규가 일어나 1588년에 폐쇄되어 버렸다.

그로 인한 사법의 혼란을 피하기 위한 임시적 조치로서 1594년 이후 제실법원의 사찰은 상설 제국대표자회의(제국의회의 부담경감을 위하여 1555년에 설치)에 의하여 행해졌다. 이 회의의 구성은 11명의 가톨릭 등족과 8명의 프로테스탄트 등족으로 고정되어 있었다. 프로테스탄트 판결인들도 각각의 판결이 법적으로 납득할 수 있다고 인정하고 있었기 때문에 원래의 판결이 확정될 가능성이 컸다.

그래서 프로테스탄트 제국등족의 일부는 이 회의에서 퇴장하여 아예 회의를 성립시키지 않았다. 레비지오는 판결의 확정을 막는 효력이 있었기 때문에, 제국대표자회의의 사찰을 정지시키는 것은 제국등족으로서는 판결의 집행을 회피하는 확실한 수단이었다. 사찰의 정지에 의하여 제실법원은 온전히 기능하지 못하게 되었고, 이는 제국궁내법원의 활동 강화로 이어졌다.

제국도시 도나우뵈르트의 사건

17세기 초에 바이에른공 막시밀리안 1세는 루터파의 제국도시 도나우뵈르트Donauwörth를 강제로 개종시키고 게다가 바이에른에 병합하였다. 이 사건은 반종교개혁 시대의 신구 양파의 긴장감을 더욱 강화시키고, 이윽고 시작되는 30년 전쟁의 서막이 되었다.

반종교개혁

사건의 발단은 이 도시에 인접한 수도원이 종래의 관행과 다른 의식(성체행렬)을 거행하려는 것을 시참사회가 제지한 데 있었다. 반종교개혁의 움직임은 이미 황제의 궁정에도 미쳐 제국궁내법원의 참사 대부분은 예수회의 영향을 받고 있었다. 따라서 궁정 측은 반종교개혁정책의 일환으로 사안에 대처하였다.

제국궁내법원은 시당국의 행위가 란트평화령·종교평화령 위반에 해당한다고 판단하고 도시에 대하여 의식을 방해하지 않도록 명하였다. 일련의 절차에서 제국궁내법원은 통상의 소송과 병행하여 재정소송裁定訴訟(Mandatsprozeß)이라는 절차를 이용하였다. 재정소송은 제실법원과 제국궁내법원에서 발전한 절차형식으로, 원고의 신청에 기초하여 피고에게 계쟁대상에 관한 일정한 행위를 명하는 것인데, 그 명령의 수명자에게는 명령이 발해지기 전에 방어기회가 부여되지 않고 명령에 따르지 않는 경우 형벌이 부과되는 관헌(Obrigkeit)적인 성격의 것이었다. 재정소송은, 제국법원이 그 관할 하에는 없는 영방신민의 권리를 구제하고 17세기 후반 이후의 영방의 절대주의적 국가형성을 억제하는 역할을 하였을 때 중요한 수단이 되기도 하지만, 이 사건에서는 가톨릭측을 지원하기 위한 강력한 수단으로 이용되었다.

프로테스탄트 시민과 가톨릭 신자 사이에 난투와 소요가 일어난 후 이를 명령위반으로 판단한 제국궁내법원은 다시 명령을 발하여 가톨릭신자의 보호를 이유로 황제의 전권대리로서 바이에른공 막시밀리안을 파견하였다. 프로테스탄트 시민은 반감이 높아져 황제를 비방하는 연설을 하였다. 1555년의 제국집행령에 의하면 판결집행은 본래 이 도시가 소속된 슈바벤 크라이스schwäbischen Reichskreis의 장관의 임무에 속하였지만, 종교개혁정책을 진행하고 있던 바이에른공에게 제국 아하트의 집행을 위탁하고 그 반대급부로 이 도시는 바이에른에 병합되었다.

30년 전쟁의 개막   이에 대하여 프로테스탄트 제국등족은 항의하였으나 바이에른의 강력한 군대를 저지하는 것은 불가능하였다. 1608년의 레겐스부르크 제국회의는 도나우뵈르트의 해방을 요구하는 프로테스탄트 제국등족과 빼앗긴 교회재산의 반환을 요구하는 가톨릭 제국등족 사이에 격돌의 장이 되어 어떠한 결의도 하지 못한 채 해산되었다.

적어도 법관의 종파적 동등권이 정해져 있던 제실법원은 앞에서 서술한 것처럼 프로테스탄트 제국등족 자신의 손에 의해 이미 온전히 기능하지 못하는 상태에 빠져 있었다. 제국등족의 협의기관인 제국의회가 이들 종교상의 문제에 대하여 완전히 무력하였던 것은 그 후 제국의 운명을 결정지었다. 프로테스탄트 제후는 팔츠 선정후選定侯를 중심으로 '동맹(Union)'을, 가톨릭 제후는 바이에른공 하에 '연맹(Liga)'을 결성하여 전쟁에 돌입하였다.

종교문제에 대한 제국사법의 회복은 독일을 황폐화시킨 30년 전쟁이 종결될 때까지 기다려야 하였다.

제14장
규문소송과 마녀재판

학식법조의 사회적 진출과 그에 따른 로마법 계수의 진행이라는 법제사적 변천은 필연적으로 법률실무의 다양한 면에 영향을 확대해 갔다. 그 변천 중에서 형사사법 분야에 나타난 변혁이 새로운 소송제도인 규문소송의 전개였다. 본장에서는 1532년에 신성로마제국에서 공포된 「카롤리나 형사법전」과 17세기를 대표하는 형사법학자인 카르프초프Benedikt Carpzov의 이론에 초점을 두고 규문소송의 역사적 배경과 정의를 명확히 한다.

1. 규문소송이란 무엇인가?

탄핵절차　　　　　　규문소송糾問訴訟은 사적 구제를 원칙으로 하는 전통적인 형사법 관념으로부터 공적인 의무로서의 형사소추로 향하는 흐름 속에서 이해된다. 고대 게르만 이래 중세에 걸쳐 범죄는 통상 페데와 복수로써 속죄된다고 여겼다.
　하지만 중세 후기가 되면 형사소추의 권한이 공적 기관 또는 그와 유사한 존재로 조금씩 이행되는 시험이 독일 영방국가에서 나타나게 된다. 예컨대 14세기에 나타난 '탄핵절차(Rügeverfahren)' 또는 '풍문소송(Leumundsverfahren)'이라고 불리는 것이 이에 해당된다. 이것은 어느 일정한 사람들에게 범죄를 소추하는 권한을 부여하고, 그들의 소추가 있으면 피해자의 고소가 없어도 재판절차가 개시될 수 있는 것으로 하였다.

소추를 담당하는 것은 공적인 기관에 한하지 않는다. 오히려 영주권력이 위임한 지역의 명사인 경우가 많았다. 설사 공적인 기관인 경우라도 근대 이후처럼 법원으로부터 완전히 독립한 존재는 아니었다. 예컨대 유명한 페메법원(Vemegericht)에서 행해진 탄핵절차에서는 소추를 한 자는 재판절차에서 심리를 담당하는 자유심판인 바로 자신이었다.

그렇지만, 피해자(또는 그의 친족)의 소가 재판절차개시의 요건이 되는 친고親告소송과 비교하면, 형사사법의 주도권을 둘러싼 공과 사의 균형추가 공권력 쪽으로 크게 흔들리기 시작한 것은 확실하다.

현행범절차   이러한 다양한 시험적인 제도의 원류는, 사적 형법과 페데 혹은 복수가 지배적인 원리였던 시대에 예외적으로 행해지고 있던 현행범에 대한 절차에서 찾을 수 있다. 이 시대에 범죄자가 현행범으로 체포된 경우에는 체포한 자가 즉시 그를 죽일 수도 있었고 재판정으로 연행하는 것도 허용되었다.

다만, 즉시 살해한 경우라도 그의 조치가 정당하다는 사후적인 변명이 필요하였기 때문에 어떻게든 재판은 열렸다. 어떤 경우든 범인을 체포한 자는 그 장소에서 외친다. 그 외침을 듣고 급히 달려온 사람들, 이른바 슈라이만넨도 재판에 출석하여 살해자와 함께 선서해야 하였다.

이 슈라이만넨과 함께하는 선서에 의하여 범인을 체포한 자의 조치가 정당화되거나 범인에 대하여 사형선고가 내려졌다. 이 슈라이만넨은 나중에 '외침을 들은 자'라는 본래의 성격을 상실하여 선서보조자(제3장 참조)로서 기능하게 된다.

'7인에 의한 선서절차'   이 현행범절차를 거쳐 중세 후기에 나타난 것이 '풍문소송'

중에 행해지는 '7인에 의한 선서절차'였다. 원고가 선서보조자 6인을 거느리고 선서를 행함으로써 증명이 이루어지는 이 절차는 통상의 사법절차라기보다는 '란트에 유해한 사람들'에 대한 특별법적인 것이었다.

'란트에 유해한 사람들'이란 종래의 사적인 형사법에서는 대응할 수 없는 상습범죄자였다. 중세후기 치안의 혼란과 사람들의 유동화로 인하여 혈연공동체적 질서가 붕괴를 맞이하는 가운데, 해산한 용병집단이나 쇠락한 기사들은 그들의 전투능력을 상습범죄의 수행 쪽으로 돌려 나갔다. '7인에 의한 선서절차'뿐만 아니라 '풍문소송' 또는 '탄핵절차'라는 새로운 절차는 이들 '란트에 유해한 사람들'에 의하여 혼란이 계속되던 치안의 유지를 목적으로 형성된 것이었다.

독일적 규문소송 15세기 후반이 되면 독일의 일부 영방국가나 도시는 독일 형사사법사의 태두 에버하르트 슈미트Eberhard Schmidt가 '독일적 규문소송'이라고 이름 붙인 하나의 형식을 발전시켰다. 그것은 공적인 기소관청을 설치하고 범인의 체포, 범죄의 수사를 직권에 의하여 행하려는 것이었다.

이 독일적 규문소송은 일정한 간접증거(징빙)가 존재하는 경우에 피의자를 직권으로 구속하여 소를 제기한 후에 증거조사를 하고 그에 기초하여 심리를 진행하는 것이었다. 풍문소송이 선서라는 극히 형식적인 증명절차를 완전히 탈피하지 못하였던 것에 비하여 명확히 공적, 직권적 요소를 강화한 것이었다.

특히 중요한 것은 피의자의 체포와 기소, 증거조사가 직권으로 행해진다는 것이다. 이 시스템을 슈미트가 '규문소송'이라고 부른 것은 그 때문이다.

제도의 남용 이 독일적 규문절차를 시작으로 하는 이 시대의 시험적인 절차는 머지않아 큰 문제에 직면하였다.

이 절차는 평온의 유지라는 합목적성을 첫째로 들고 있었다. 그 결과 범죄소추를 실행하는 기관과 법원에 큰 재량의 여지를 부여하고 있었다. 그러나 이러한 조직을 구성하고 있었던 사람들이 반드시 법학적인 소양을 갖추고 있었던 것은 아니었다. 그중에는 법문외한이라 할 만한 고소인과 참심인이 많이 포함되어 있었다. 그 때문에 실제의 제도운영이 남용에 지배되어 자주 자의적이며 불안정하게 되는 경향이 있었다.

16세기의 제국형사법 「카롤리나 형사법전」에는 '몇몇 지역에서 행해지고 있는 남용과 해악, 이해할 수 없는 관습에 대하여'라는 표제 아래 규정한 최종 조문(제218조)이 있는데 거기에는 다음과 같은 법문이 기재되어 있다.

"슬프게도 사람이 당국에 의하여 선행先行하는 풍평風評이나 나쁜 풍문 또는 기타 완전한 징빙도 없이 경솔하게 체포되어 감옥으로 보내지고 있다."

이것이 당시 사법의 실태였다.

규문소송의 형성 「카롤리나 형사법전」과 같은 입법이 이루어진 큰 목적의 하나는 이러한 관습적인 소송제도를 폐지하고 법규로 규정된 신뢰할 수 있는 형사사법의 확립에 있었다. 여기에서 선택된 것이 독일적 규문소송을 기반으로 로마법으로부터 계수된 몇 개의 요소를 혼합한 협의의 '규문소송'의 형성이었다.

그러면 이 규문소송이라는 시스템은 어떠한 특색을 가지며 어떠한 점이 그때까지의 시험적인 제도들과 다를까?

3개의 원칙 규문소송의 특이성은 당시 형사절차에 대한 발본적인 개혁이 되었던 3개의 절차 원칙을 실현한 것에 있다. 전술한 직권주의 원칙에 더하여 수사원칙 그리고 실체적 진실 원칙이라는 3원칙은 오늘날에 이르기까지 독일 형사절차의 근간을 이루고 있다.

직권주의 원칙 직권주의 원칙이란, 독일 규문절차에서도 나타난 바와 같이, 형사소추가 권리청구자의 소에 의하여 개시되는 민사절차처럼 어떤 위법행위에 대한 소에 의하여 개시되는 것이 아니라, 권한을 가지는 기관이 비행의 의심을 품은 때에 직권에 의하여 개시된다는 것이다.

수사 원칙   수사 원칙이란, 당국이 '실체를 명확히 하기 위하여' 비행에 관해 일체의 상황에 대하여 지식을 가져야 한다는 원칙이다. 그러므로 형사소추를 담당하는 기관은 피해자와 피의자 등 다른 당사자의 개입으로부터 독립해야 한다. 그들은 독자적으로 증명수단을 제시할 수 있다.

이에서도 알 수 있는 것처럼 수사 원칙은 오늘날 독일뿐만 아니라 일본(마찬가지로 한국)에서도 수사절차와 주요절차를 지배하고 있는 원칙이다.

실체적 진실 원칙   규문소송에서는 직권주의 원칙과 수사 원칙이 결합되어 운용된다. 형사절차에서 중요한 것은 피의자가 '진실로 책임이 있는지 없는지'를 발견하는 것이었다. 이로부터 필연적으로 실체적 진실 원칙이 도출된다.

이 원칙에서는 복수나 배상으로 당사자에게 만족을 주고 사태의 수습을 도모한다는 사고방식은 인정되지 않는다. 규문소송은 일반심문과 특별심문이라는 두 개의 과정으로 나뉘며, 전자에서 소가 제기된 범죄행위 자체의 존부에 대하여 심리를 행하고, 그리고 나서 특별심문에서 피의자로 된 인물의 유책성이 판단된다. 유책성을 끝까지 밝히고 이를 재판하는 것이 매우 중요하였다.

독일적 규문소송에서 결여되어 있었던 것   '독일적 규문소송'은 규문소송을 특징짓는 이상의 3개 원칙을 적어도 형식적으로는 충족시키고 있었다. 하지만 이 둘 사이에는 역시 큰 차이가 있다. 독일적 규문소송에는 무엇이 결여되어 있는가?

슈미트에 따르면, 그것은 '체계적·학술적 사상에 의해서만 이해·해결될 수 있는 깊은 문제에 대하여 비균질·미성숙·무방비하고 불명료한 채로' 제도가 운용되고 있던 것이다. 이와 같은 운영 상태는 고문과 결부되어 있었다.

'독일적 규문소송'은 학문적 소양이 없는, 말하자면 법률문외한인 사법구성원에 의하여 운용되고 있었다. 그것은 소송의 과정에서 여러 종류의 제도의 실현뿐만 아니라 기존의 제도에 대한 우위성을 체현한 것이어야 할 '증거' 그 자체에도 영향을 미쳤다. 일반인 사법구성원이 간접증거의 경중을 평가하고 그에 기초하여 피의자의 유책·무책을 결정하는 것은 굉장히 곤란한 것이었기 때문이다.

그로 인해 사법은 증명을 간접적 증거인 징빙이 아니라 주로 직접적 증거라 할 자백에 의존하게 되었다. 그런 까닭에 자백을 획득하기 위한 고문이 통상의 수사수단으로 이용되어갔다.

로마법 계수의 영향   이러한 상황에 대하여 새로운 규문소송은 계수된 로마법과 그에 기반을 두고 발전한 이탈리아 법학 및 실무를 도입하여 그 위험성을 경감시키는 데 힘썼다. 확실히 여기에서도 고문의 존재가 부정되고 있지는 않지만, 각종 조건을 부가하여 그 위험성을 완화하려 하였다.

즉, 새로운 규문소송은 고문을 인정하나 실제 운용상에서 다양한 제한을 부과하여 앞 시대에 보였던 자의의 횡행을 방지하려는 시도였다.

징빙이론   규문소송에 도입된 법학이론의 전형으로 불리는 것이 징빙이론(Indizienlehre)이라고 불리는 증명절차였다.

징빙이론에서는 형사재판에서 취급되는 증거를 우선 주요사실과 간접사실로 분류한다. 주요사실이란 피고인의 유책성 자체를 증명하는 사실로서, 당시 이탈리아학설에 따르면 주요사실이 피고인 본인의 자백 또는 '2인 이상이나 그 이상의 좋은 증인'의 증언으로 증명된 경우에는 피고인에게 유죄판결이 내려진다.

이에 대하여 간접사실이란 당해 범죄에 관한 피고인의 '혐의'를 나타내는 것으로, 이것이 증명된 경우 피고인에게 고문을 과하여 주요사실을 증명하는 '자백'을 청취하는 것이 정당화되었다.

징빙이론의 진수는 이 간접사실에 관한 논의의 심화에 있었다. 원래 '징빙(Anzeigen)'이라는 단어는 실은 간접증거 그 자체를 나타낸다. 이것이 증명되지 않는 한 고문의 사용이 용인되지 않는다고 한다면, 징빙으로서 인정되기 위한 요건을 엄격히 함으로써 고문의 사용 자체를 제한할 수 있게 된다. 그 때문에 당시의 법학자들은 징빙에 관하여 자의와 남용을 허용하지 않는 정도로까지 추상적·일반적으로 규정하려 애썼다.

이렇게 하여 당시 법학의 큰 성과로서 나온 징빙이론이 규문소송이라는 형태로 실무에도 도입되었다. 그러나 아무리 우수한 이론이라 해도 그것이 그대로 실무에서 유익한 것이 되리라는 보장은 없다. 특히 '독일적 규문소송'의 실효성을 손상시키는 큰 요인이었던 사법구성원의 비학식성이 그대로 방치되었다면 새로운 규문소송 역시 그림의 떡으로 끝났을 것이다. 그러나 그렇게 되지는 않았다.

학식화의 진전 그림의 떡이 될 위험에서 규문소송을 구한 것은 1495년 제실법원 창설을 시작으로 한 제국 및 각 란트에서의 일련의 사법조직 재편이었다(제13장 참조). 이에 따라 각 법원의 법관, 참심원 등 사법구성원의 자리를 대학의 법학부에서 법학을 이수한 자가 차지하게 되고, 사법의 학식화가 급속히 진전되었다. 이것이 새로운 규문소송의 발전을 지지하는 큰 기초가 되었다.

이와 같이 제도적인 면과 인적 자원의 면 양쪽에서 진행된 로마법 계수의 운동은 이윽고 신성로마제국 초기의 통일적인 형사법전으로 수렴되었다.

2. 카롤리나 형사법전

형사법 개혁운동 「카롤리나 형사법전(Constitutio Criminalis Carolina)」은 그 정식 명칭이 '지극히 존엄하고 위대하며 비할 바 없는 칼 5세 및 신성로마제국의, 30년과 32년, 아우크스부르크와 레겐스부르크의 제국의회에서 심의되고, 확립되고, 의결된 형사재판령'이다.

당시의 황제 칼 5세의 이름을 붙여 1532년에 신성로마제국 전 영역에 통용되는 통일적인 형사법전으로 제정된 이 재판령은 1495년의 영구란트평화령에서 시작된 제국

수준의 형사법 개혁운동이 가져온 최대의 성과이다.

　　형사법 개혁운동은 자의와 남용이 통하고 있던 사법실무의 실태를 우려한 황제 막시밀리안 1세가 제국 개조정책의 일환으로서 개시한 것이었다. 1497년부터 1498년에 걸쳐 개최된 프라이부르크의 제국의회에서는 '제국의 형사절차의 양태에 관한 일반적인 개혁과 질서를 규정하기' 위한 결의가 행해지고, 1500년에는 그 해 신설된 제국통치원에 이 개혁의 실행이 위탁되었다.

　　그러나 이 시도도 기득권과 관습을 옹호하는 보수적인 영방군주와 제국등족의 반대를 만나 곧 암초에 걸리고 말았다. 막 창설된 제국통치원이 벌써 1502년에 해산의 쓰라림을 맛보게 된 것이 그것을 이야기하고 있다.

밤베르크 형사재판령　　이렇게 제국의 형사법개혁으로의 길은 한때 극히 불확실하였다. 그렇지만 한편으로는 막시밀리안이 뿌린 싹이 어떤 영방국가에서 큰 성과를 거두게 되었다. 1507년 밤베르크 주교령領에서 궁정장관겸 고등법원장의 지위에 있던 기사 요한 폰 슈바르첸베르크Johann von Schwarzenberg 남작의 손으로 만들어진 「밤베르크 형사재판령」, 이른바 밤베르겐시스Bambergensis가 그것이다.

　　슈바르첸베르크는 나중에 제국의회의 구성원이 되어 「카롤리나 형사법전」의 제정에 중심적인 역할을 맡은 인물이다. 그 때문에 「카롤리나 형사법전」의 주요한 규정은 거의 이 밤베르겐시스를 기초로 하고 있다고 말해지고 있을 정도이다. 그렇지만 이 슈바르첸베르크야말로 카롤리나와 로마-이탈리아 법학을 잇는 경첩이라고도 할 수 있는 존재였다.

　　슈바르첸베르크 자신은 라틴어를 읽지 못하였고 전문적인 법학적 소양은 없었지만, 우수한 보좌진의 도움으로 법학 분야에서는 당시 가장 진보적이었던 이탈리아 법학에 정통하고 있었다. 그의 이탈리아 법학에 대한 이해와 풍부한 사법실무 경험이 집약된 것이 밤베르겐시스이며, 그 밤베르겐시스를 기반으로 하여 제정된 것이 카롤리나였다.

　　계수된 로마-이탈리아법학이 카롤리나에 큰 영향을 미치고 있다고 생각되는 것은 이 때문이다.

제정과정 제국에서 형사법개혁운동의 공백 시대는 칼 5세가 즉위한 후, 1521년의 보름스 제국의회에서 막시밀리안의 형사법개혁의 속행이 결의되면서 종말을 고하였다. 이 보름스 제국의회에는 슈바르첸베르크가 의석에 앉아있었고, 그가 작성하였다고 여겨지는, 밤베르겐시스의 개작으로도 볼만한 제1초안이 의회의 회기 중에 제출되었다. 이 초안은 제국의회에서 제후회의의 토의 결과, 같은 해에 재설치된 제국통치원에 수정이 맡겨졌다. 그 후 이 초안은 4번에 걸친 개정을 거치며, 도중에 슈바르첸베르크의 좌천 혹은 사망이라는 장애를 뛰어넘어, 영구란트평화령 발포로부터 37년의 세월이 지나 드디어 제국법으로서의 효력을 부여받기에 이르렀다.

중앙집권화에 실패하여 약체화된 제국에서 이 법전이 각 영방국가에 대하여 어느 정도 실효성을 관철시킬 수 있었는가에 대하여는 다양한 논의가 있다. 그러나 「카롤리나 형사법전」은 18세기에 「테레지아 형법전」과 「프로이센 일반란트법」이 성립할 때까지 독일 형사사법의 기반이었다. 또한, 적어도 형식적으로는 제국이 해체되는 19세기 초엽까지 제국법으로서의 통용력을 유지하였다. 이 점을 고려한다면 「카롤리나 형사법전」의 존재에 큰 의의를 인정해야 함은 명백하다 할 것이다.

구성 「카롤리나 형사법전」에서 만들어진 형사법의 체계는 규문소송과 강하게 연결되어 있었다. 클라인하이어Kleinheyer의 분류에 의하면 그 전문 및 219조에 이르는 조문은 11개의 부분으로 대별된다.

법관계자 그 가운데 규문소송에 직접적으로 관련된 부분으로서는 우선 제1조에서 제5조까지 재판관여자에 관한 조문을 들 수 있다.

여기서는 재판에 관여하는 자로서 법관, 참심인 또는 판결발견인, 법원서기가 거명되고, 그 권리와 의무는 그들이 해야 하는 공무의 선서라는 형태로 기술되어 있다. 이것은 과거부터 황제법(로마법)에 대한 소양이 없는 사람들이 다수의 형사법원에서 자리를 차지해 왔다는 사태에 대처하기 위하여 설치된 규정이라고 생각된다.

소송형식   다음으로 「카롤리나 형사법전」은 제6조에서 제15조에 걸쳐 정당한 것으로 인정될 수 있는 두 가지 소송형식에 대하여 다루고 있다.

어느 형식이나 그 호칭이 조문 중에 드러나지는 않지만, 피의자의 구류를 통하여 직권으로 행해지는 절차는 규문소송을, '원고인이 재판을 청구하는'(제11조) 절차는 친고親告절차를 나타낸다고 생각할 수 있다. 이들 일련의 규정에 관하여 주의해야 할 점은, 법규정의 문언 해석으로는 친고절차가 원칙적이고 규문소송이 예외적인 형식이어서 그 실행 시에는 친고절차를 참조할 필요가 있다고 이해할 수 있다는 사실이다. 카롤리나 제8조는 '직권에 의하여 행해지는 절차'에 관하여 다음과 같이 정하고 있다.

> 또한, 사형이 마땅한 비행非行이 판명된 경우 또는 그렇지는 않더라도 앞에서 언급한 바와 같이, 그것을 위한 확실한 징빙이 발견되는 경우에는, 고문 및 진실확정에 도움이 되는 제반 사항의 조사를 통해 원고에 의하여 투옥된 자들에 대하여, 뒤에서 명료하게 기술하고 규정하고 있는 바와 마찬가지로, 행위자의 자백에 기초한 유책판결 또한 허용되어야 한다.
>
> 하나와 히로시塙浩, 『독일·프랑스 형사법사』

이러한 규정방식을 볼 때, 이 형사법전의 입법자들은 새로운 규문소송으로의 전면적이며 급속한 이행을 지향하고 있었던 것이 아니라 어디까지나 단계적으로 침투해 가는 것을 추구하고 있었던 것으로 추측된다.

제6조에서는 규문절차를 개시하는, 직권에 의한 구류가 허용되는 조건에 대하여 규정한다. 여기에서는 '일반의 풍문, 풍평', '기타 믿을만한 징빙, 혐의'에 의하여 어떤 인물이 어떠한 비행을 범하였다고 추정될 것이 그 조건이다.

증명절차   이어서 제16조부터 제77조까지는 징빙이론에 기반하고 있던 증명절차가 규정된다. 여기서는 확실성이 높은 간접증거 즉 징빙이 존재하지 않는 한 고문을 과해서는 안 된다는 것이 맨먼저 규정되어 있다. 이어서 구체적인 징빙의 예시와 추상적·일반적인 규정이 있고, 제45조부터는 고문을 시행하기 전의 위하에 의한 심문절차(제46조), 고문에 선행하는 피고인에 의한 무죄증명 기회의 부여(제47조), 피고문자에 대한 유도심문의 금지(제56조) 등 고문 자체에 대한 규정이 있다.

이 조문들은 모두 고문을 시행할 때는 어떤 경우에도 준수해야 하는 것이었다. 이후 고문에 의해 행해진 자백의 보강 조사에 관한 법규가 이어지고 있는데, 이 역시 고문의 사용에 일정한 제동을 걸고자 하는 취지로 이해할 수 있을 것이다.

역사적인 의의 규문소송에 관한 「카롤리나 형사법전」의 규정은 그것이 제정된 당시의 법학을 집대성한 것으로 형사법사뿐만 아니라 법제사 전반에서도 높은 가치를 가지고 있다.

규문소송은 카롤리나 이후의 독일에서 이루어진 독자적인 법학발전 중에서도 주요한 논점의 하나로 계속 연구되었다. 거기서 나온 성과는 대부분이 실무에 이용되었다. 카르프초프가 토대를 만들고 브룬네만Brunnemann과 뵈머Böhmer 등 독일 형법학자들이 발전시킨 귀책이론을 비롯한 형법총론 분야의 여러 이론도 규문소송을 지탱하는 요소의 하나인 징빙이론을 기반으로 하는 것이었다. 나아가 직권주의 원칙·수사 원칙·실체적 진실 원칙이라는 규문소송의 근간을 이루는 원칙들은 현재도 여전히 형사절차의 대전제가 되고 있다.

이러한 의미에서 근대형사법의 모체 중 하나로서 규문소송이 가지는 의의를 인정할 수 있다. 물론 다른 한편, 규문소송에 대해 일종의 부정적인 이미지를 품는 일도 많다. 그 주요한 원인은 17세기를 중심으로 유럽에 휘몰아친 마녀재판과의 관련성이 연상되기 때문이다.

3. 마녀재판과 카르프초프의 공과 功過

볼테르의 혐오 규문소송이라는 단어를 듣고 고문실과 화형장을 곧바로 떠올리는 사람이 적지 않을 것이다. 볼테르가 말하였듯이 이 단어는 혐오감을 불러일으킨다. 그 이유는 쉽게 상상이 된다. 그것은 독일과 유럽 다른 나라에서 규문소송이 실제로 행해지고 있던 시대에 고문 그리고 화형 등의 무섭고 다양한 사형은 규문소송에 속하는 것이었기 때문이다.

이단·마녀의 규문 혹시 '이단'과 '마녀'라는 단어를 연상하는 사람도 있을 것이다. 그들에게 행해진 심문절차는 확실히 '규문'의 개념과 밀접하게 관련되어 있으며, 법의 역사에서 가장 숨막힐 듯 답답한 국면을 구성한다.

이들 절차는 많은 경우 풍평에 기초한 '이단자' 또는 '마녀'의 체포로 개시된다. 체포된 자에게는 자백을 끌어내기 위해 고문이 가해지며, 게다가 그 고통은 목적이 달성되거나 피의자가 죽을 때까지 끝나지 않는다. 고통을 참지 못하고 자백한 피의자는 많은 경우 화형에 처해진다. 매장도 허용되지 않는다. 세세한 점에 신경 쓰지 않으면 이러한 심리의 과정은 규문소송의 그것과 똑같은 것처럼 생각된다.

마녀재판과 규문소송의 상이점 그러나 이 점에 대하여는 다시 한번 되돌아가 생각해볼 필요가 있다. 먼저 첫째, 고문과 다양한 사형은 확실히 한 세기에 걸쳐 규문소송의 구성요소로서 중요한 의미가 있었다. 그러나 그것들은 개념적으로 '이단'과 '마녀'와의 사이에 특별한 관련성을 갖고 있었던 것은 아니다. 그리고 그것들로 구성된 규문소송도 특별히 '이단'과 '마녀'에 관한 소추에만 이용되었던 것은 아니다.

둘째, 「카롤리나 형사법전」에 규정되어 있는 규문소송의 모습은 적어도 이념상으로는 위에서 기술한 것과 같은 마녀재판의 그것과는 서로 맞지 않는 부분이 있다. 규문소송은 절차의 각 국면, 특히 고문의 사용에 관하여 다양한 법적인 제한을 가하고 법관의 자의와 권한남용의 위험을 배제하는 것을 최대 목적으로 하여 발전하였다. 규문소송과 마녀 또는 이단에 대한 절차는 본래 정합적이지 않다.

오해의 유래-교회의 역할   그렇다면 규문소송과 마녀재판의 유사성은 도대체 어디에서 유래한 것일까?

규문소송은 독일에서 독자적으로 발전한 다양한 형사절차를 바탕으로, 계수된 이탈리아 학풍을 수용함으로써 형성된 것이었다. 따라서 이 이탈리아 학풍의 계수가 이루어지는 데 교회가 작지 않은 역할을 하였다.

교회 내부에서는 로마법에 기반하여 독자적 발전을 이루어낸 로마-카논법이 통용력을 가지고 있었다. 이 로마-카논법은, 이탈리아에서 유스티니아누스 법전의 재생과 그것을 바탕으로 융성하였던 이탈리아 학풍과는 별도의 루트로 독일에 로마법 계수라는 결과를 가져왔다. 그리고 특히 형사절차의 분야에서 로마-카논법은 고문의 사용과 일반규문·특별규문의 구분, 징빙이라는 요소를 포함한 독자의 심문절차를 발전시키고 있었다.

이 심문절차는 규문소송이 확립되어 가는 과정에서도 당연히 하나의 원형으로서 참조되고 모방되었다고 생각된다. 다른 한편, 교회 내부에서도 이 절차는 계속 운용되고 거듭 개변되었다. 이단심문 또는 마녀재판의 절차는 이렇게 해서 형성되었다. 그것들이 규문소송과 서로 비슷한 구조를 갖는 것은 그 원류가 같기 때문이다.

독일 형법학의 아버지   규문소송과 마녀재판을 개념적으로 구별하기 어렵게 된 또 하나의 요소가 있다. 바로 '독일 형법학의 아버지'라고 불리는 라이프치히의 참심인이자 법학자인 베네딕트 카르프초프의 존재이다.

그 칭호는 그의 법학이론이 「카롤리나 형사법전」과 법관행 및 모국인 쿠르작센 Kursachsen의 기본법을 법원으로 하고 있던 점과 관련하여 부여된 것이다. 그 연구내용에서도 징빙이론과 정당방위·공범·미수라는 형법총론상의 개념에 대해 그가 행한 고찰과 심화는 확실히 독일 형사법사의 일대 성과라고 할 수 있는 것이었다.

카르프초프에 대한 혐의   법학이론에서 이러한 진보성을 평가받는 한편, 카르프초프라는 인물은 그의 사후에 마녀재판에 얽힌 어두운 평판과 함께 언급되는 일이 많다. 이미 1675년 무렵에는 헨트 대학의 교수 필립 안드레아스 올덴부르거Philipp Andreas Oldenburger라는 인물이 "카르프초프는 2만 명의 피고인에 대하여 판결 및 법감정을 통하여 사형을 선고하였다."라고 주장하고, 이 '사실'이 카르프초프의 마녀재판에 대한 특별한 열의를 증명한다고 단정하였다.

이러한 견해는 그 과격성에도 불구하고 적어도 그 당시에는 일정한 설득력을 가지고 받아들여졌다. 1781-86년에 출판된 『보통법학총서(Allgemeine Juristische Bibliothek)』의 편찬자인 율리우스 프리드리히 폰 말블랑크Julius Friedrich von Malblanc도 올덴부르거의 주장을 받아들여 카르프초프 비판을 전개한 사람이다. 그러나 그들의 비판이 근거하고 있던 '사실'은 나중에 라이프치히의 사료학자 에른스트 뵘Ernst Boehm 등의 세심한 조사로 완전히 근거가 없음이 밝혀져서 이 점에 관한 한 카르프초프에 씌워진 혐의는 벗겨졌다.

카르프초프의 책임   그러나 여기서 밝혀진 것은 카르프초프가 '만 명 단위의 사람들을 마녀로 화형에 의하여 살해한 실행범'이 아니라는 사실에 불과하다. 베스트호프Westhoff가 지적한 것처럼 "그가 1세기 동안 계속하여 노출된 공격은 많은 경우 부당한 것이다. 그렇다고 해도 그가 마녀재판에서 법적인 권위로서 행한 역할을 생각한다면" 그러한 비판에도 "변호의 여지가 있기" 때문이다.

카르프초프는 카롤리나 제109조에서 화형에 처해진다고 규정된 마술범죄를 예외범죄(crimen excepta)로 간주하였다. 다른 한편으로는 대역죄 등이 속하는 종류의 비행은 입증이 곤란하기 때문에 그는 고문을 적용하기 위한 조건에 관한 규정을 엄밀하게 해석해서는 안 된다고 하였다. 카롤리나 제52조에서 엄밀하게 규정된 자백에 의한 증명에 대하여도 거기에 정해진 요건 대신에 추측을 사용해도 상관없다고 하였다. "마술범죄는 다섯 배의 범죄라서 세 배나 가혹한 고문이 마땅하고 다섯 배나 사형이 마땅하기" 때문이라는 것이 카르프초프의 설명이다.

평가 물론 여기서 주목해야 할 것은 그의 사상의 후진성이 아니라 이러한 사고방식의 시대적 배경일 것이다. 그러나 카르프초프에 대한 비판의 당부는 차치하더라도, 형사법학의 대권위였던 카르프초프가 「카롤리나 형사법전」과 법관행을 법원法源으로 삼아 마녀재판을 이렇게 취급한 것이 규문소송과 마녀재판을 동일시하는 경향에 더욱 박차를 가하였음은 상상하기 어렵지 않다.

규문소송과 마녀재판의 이러한 근친관계는 자칫하면 양자의 구별을 모호하게 하여 규문소송의 역사적인 의의를 부당하게 간과하는 것으로 연결된다. 규문소송에 부정적인 이미지가 내포되는 일이 많은데, 이러한 사태에 그 원인이 있다고 생각된다. 최근의 연구 중에는 비로소 이러한 족쇄를 풀고 규문소송을 재평가하려는 시도가 적지 않게 나타나고 있다. 이들 연구가 가져올 성과는 이후에도 주의할 필요가 있을 것이다.

◆ **마녀재판의 법적인 측면, 사회사적인 평가**

마녀재판이라는 현상을 이론적으로 지지한 문헌으로는 교황 인노켄티우스 8세의 『마녀교서』(1484년)와 도미니크회 수도사로 이단심문관을 담당하고 있었던 인스티토리스Institoris/슈프렝거Sprenger가 쓴 『마녀의 망치』(1487년)를 들 수 있다. 특히 후자는 실제의 마녀재판 혹은 마녀처벌의 방법도 언급하는 등 '학문적' 지침서로 계속하여 영향을 주었다. 이러한 주장에서 이루어진 마녀 및 마법범죄에 대한 취급에 대하여는 장 보댕 등 당시의 대표적 지식인들도 지지를 표하였는데, 이러한 상황이 「카롤리나 형사법전」에 마술범죄의 증명(징빙에 대하여: 제21조, 제44조, 자백에 대하여: 제52조) 및 형벌(제109조)에 대한 규정이 만들어지는 먼 원인이 되고, 가깝게는 본문 중에 나오는 카르프초프에 의한 확대해석을 초래하였다고 생각된다.

한편, 이 현상에 관해서는 사회사적 연구에서 다양한 평가가 이루어지고 있다. 대표적인 것으로는 '전통사회의 해체에 수반하는 사회불안의 증대에 따른 집단 히스테리'라는 쿠르트 바슈비츠Kurt Baschwitz가 제시한 견해가 있다. 그밖에도 종교적 견지에서 기독교에 내재하는 여성에 대한 두려움을 드러냈다든가, 게르만적·켈트적 민간신앙에 대한 억압이라는 설, 젠더론적인 분석에서 주술을 사용하는 것은 산파를 중심으로 한 '현녀'와 타자에게 해를 끼치는 '악녀'로 구별되어 인식되고 있었고 마녀사냥은 주로 후자를 대상으로 하는 것이었다는 견해 등도 제시되고 있다. 또한, 위에서 말한 바슈비츠는 종교재판에서 유죄로 된 피고인(거의 전원이 해당되지만)은 전 재산을 몰수당하고 있었다는 사실에 비추어 재산적인 이익을 목적으로 한 마녀박해가 행해지고 있었을 가능성도 언급하고 있다.

그러나 어떠한 견해를 취하든지 간에 마녀재판이라는 현상이 단순히 무지몽매하고 폭력적인 서민계급에 의하여 이끌어진 역사적인 참극이라고 할 수는 없고, 오히려 당시의 가장 우수한 부류에 속하는 학식자에 의하여 지지되고 학문적 논의를 통하여 이성적이고 적극적으로 추진된 현상이었다는 것을 충분히 주의해야 한다.   (F)

제15장

로마법의 상대화
인문주의법학과 콘링

인문주의법학은 로마법을 재생한 중세적인 학문방법의 제반 이념을 다양한 관점에서 비판하였다. 본장에서는 그 핵심이라 할 문헌학적·역사학적 방법을 중심으로 검토하고, 『게르만법의 기원』에서의 콘링의 역사연구로 결정적이게 된 로마법 효력의 상대화에 이르는 과정을 추적하기로 한다.

1. 인문주의법학

르네상스   인문주의법학이란 일반적으로 르네상스를 중심으로 한 정신운동인 인문주의의 영향 아래 성립한 법학을 가리킨다. 르네상스가 고대를 재발견·재평가하는 것으로 중세의 제반 속박에서 인간 활동을 해방한 것처럼, 인문주의법학은 중세법학의 스콜라학적이고 권위숭배적인 법인식의 양태, 그 수업방식 등을 격렬하게 비판하고, 그것들을 대체하는 여러 요구를 통해 새로운 시대의 준비를 한 것으로 평가된다.

　이탈리아 르네상스 연구의 석학인 크리스텔러Kristeller에 따르면, "그 자체가 하나의 철학적인 경향이나 체계라기보다 문화적·교육적 과정"이었던 인문주의는 문화의 광범위한 영역에 영향을 미쳤는데, 그 근저에 있는 것은 "인간과 고전문학의 가치에 대한 확신 및 고대학문의 부흥에 대한 확신"이었다. 고대의 재발견은 문헌을 통하여 행해졌다.

중세와의 차이　　중세의 학문도 고대의 저작을 이용하였으나 양자는 다음의 점에서 차이가 있었다. 먼저, 중세에는 고대의 저작을 모범으로 삼는 일이 없었으나, 인문주의자들은 '더 잘 읽고, 잘 쓰기 위하여 고대인을 연구하고 모방할 필요가 있다는 강고한 신념'을 품고 있었다. 르네상스의 모토인 '기원으로 돌아가라(redite ad fontes)'라는 말은 이를 나타냄과 동시에, 중세의 학문이 신학 기타의 권위적인 존재와의 통일을 목적으로 고대의 문헌을 읽고 이해하려고 하였다면 인문주의자는 모범으로 할 고대의 저작으로 직접 돌아가려 하였음을 보여준다.

　다음으로, 이는 고대에 대한 역사 감각의 차이와 관련된다. 인문주의자는, 모범으로 삼아야 할 고대는 이를 소생시키려 하는 '현재'와는 다르다는 의미에서 아나크로니즘을 의식하고 있었다. 인문주의자가 기댄 방법은 문헌학이라고 불리지만, 그것은 고전고대의 문헌을 대상으로 한 점에서 고전주의적인, 더 좋은 표현을 지향하는 점에서 언어학적(수사학적)인, 그리고 대상을 '현재'와 동떨어진 과거의 것으로 인식하고 있었던 점에서 역사학적인 요소를 포함하였다.

중세로마법학 비판　　고전고대의 저작인 「시민법대전」에 기본적으로 의거하고 있던 중세법학은 먼저 언어의 면에서 인문주의자의 호된 비판을 받게 된다.

　우수한 문헌학적 연구를 남긴 발라Valla는 고전 라틴어의 그럴듯한 흉내에 불과한 비속 라틴어를 이용하여 고대 로마의 예지를 뒤죽박죽으로 만들어버린 중세의 법학자를 격하게 비판하였다. 격렬한 논쟁자였던 발라는 중세로마법학 최대의 권위였던 바르톨루스를 매도하여 그 결과 수사학 교사로 근무하던 파두아대학에서 쫓겨날 정도였다.

이탈리아 르네상스를 대표하는 시인이기도 하였던 폴리치아노Poliziano는 피사본과 '유포본'을 비교하여 「학설휘찬」을 복원하고 간행하였다. 이들 작업은 고전고대 문예의 연구(studia humanitatis)에 몰두하는 문인에 의한 것이었는데, 이윽고 법학자 중에서 인문주의적인 개혁을 요구하는 자가 나타나게 된다.

세 거두

이하에서는 '세 거두(triumviri)'라고 불린 3명의 인문주의법학자 즉 이탈리아의 알치아토Andrea Alciato, 프랑스의 뷔데Guillaume Budé, 독일의 짜지우스Ulrich Zasius를 중심으로 인문주의법학의 개요를 서술하기로 한다. 그 이유는, 인문주의법학은 인문주의 자체가 그러한 것처럼 다양한 경향을 포함하기는 해도 그 공통항인 중세법학에 대한 비판정신을 이 인문주의자 3인의 활동에서도 볼 수 있고, 위 세 나라의 인문주의법학자를 채택함으로써 유럽에서의 인문주의 법학의 전개를 어느 정도 조망할 수 있기 때문이다.

이탈리아에서의 태동 - 알치아토

인문주의법학의 창시자라고 할 수 있는 알치아토는 인문주의적인 고전언어 지식과 문헌학적인 수법을 배우고 파비아, 볼로냐의 대학에서 법학을 수학하였다. 그 후 변호사로 개업을 하는 한편, 『칙법휘찬 최후의 3권에 대한 주기注記(Annotationes in tres posteriores Codicis Iustinianei)』(1515년)를 비롯한 다수의 저작으로 인문주의와 조화된 새로운 법률학 방법을 제창하였다.

원천으로의 회귀

알치아토가 법률학 개혁의 중심에 놓고 있었던 것은 로마법이었다. 그와 그의 시대에 로마법은 영원하고 위대한 존재이며 이를 적확하게 설명하는 것은 법률가로서는 최고의 영예였기 때문이다.

그가 로마법의 올바른 이해를 위하여 요구한 것은 옥상옥을 짓는 것 같이 착종된 주석과 주해가 아니라 원전 그 자체로 회귀하는 것이었다. 이러한 관점에서 그는 특히 그리스어 부분을 포함한 로마법 원전의 복원·주해 작업을 하였다. 위에서 든 「칙법휘찬」에 대한 주해 역시 앞쪽의 아홉 권이 중세에 많이 알려져 있던 데 반해 마지막 세 권은 주로 공법을 취급하기 때문에 자주 무시되어 왔으므로 그 공백 부분을 채우려 한 것이었다.

변호사 경험도 있는 알치아토는 항상 로마법의 실용성을 의식하고 역사연구에 매몰되지는 않았다. 매우 많은 조언(responsa)을 저술하였고 '박사들의 공통견해'의 중요성을 인정하고도 있다. 그러나 알치아토는 아쿠르시우스나 바르톨루스가 무시한 법률학 이외의 학문, 특히 역사·언어·문학에 관한 학문을 구사한 종합적인 이해가 필요하다고 보았던 것이다.

이탈리아 학풍의 정체停滯 이러한 요구가 생겨난 배경에는 당시 법학의 쇠퇴상황이 있었다. 이탈리아 도시에서 포데스타 제도와 신디카투스 제도 아래에서 실무와 결부(제9장 참조)되었던 덕분에 중세로마법학, 특히 주해학파는 많은 성과를 거둘 수 있었다. 그러나 이와 같은 실무와의 결부는, 15세기가 되자 오히려 법학의 교착을 초래하였다. 감정鑑定에 다툼이 있는 경우 법관은 법학자의 일치된 또는 다수의 견해를 채용하였기 때문에 감정자는 '박사들의 공통견해'를 참조하여 주장을 보강해야 하였다. 실무활동은 교육보다 많은 수입을 법학자들에게 가져다주었기 때문에 강의가 등한시되고, 법학자는 지배적인 학설을 비판하는 태도와 방법을 제자들에게 전수하는 것을 게을리 하여 강의는 통설만 가르치는 장이 되어버렸다.

그러나 인문주의의 개혁요구는 이러한 법학의 쇠퇴에 대응하여 영향을 미칠 수 없었다. 왜냐하면, 법학 쇠퇴의 이유는 당시 법학자의 교육 및 실무에서의 태도 즉 비판적인 정신을 갖춘 쇄신을 포기하고 권위숭배를 만들어낸 데 있고, 따라서 '원천으로의 회귀'는 이 점에서 직접적인 효과를 기대할 수 없었기 때문이다. 실제로 전통적인 법률학의 진영에서 언어학적·역사학적 관점은 쓸모없다는 주장이 나오고 있었다. 그래서 알치아토가 제창한 인문주의적인 법학은 이탈리아에서 주류가 되지 못하였다.

프랑스 학풍 주석과 바르톨루스의 권위에 맹종하는 이탈리아 학풍에 대비하여 텍스트 그 자체로 돌아가는 인문주의적인 방법은 프랑스에서 개화하고 발전하였기 때문에 프랑스 학풍(mos gallicus) 또는 그들이 이용한 라틴어가 고전적인 라틴어였던 점에서 전아법학典雅法學(elegante Jurisprudenz)이라고 불린다. 프랑스의 인문주의법학은 알치아토가 부르쥬Bourges에 초빙되었을 때(1519년)에 시작되었다고 한다.

그러나 당초 알치아토가 프랑스로 간 까닭은 인문주의법학이 개화할 토양이 이미 형성되어 있었기 때문이고, 프랑스 인문주의법학의 선구자 뷔데의 존재 없이는 생각할 수 없다.

뷔데 뷔데는 젊었을 때 법률학을 배웠으나 갑자기 고전연구에 매료되어 그것에 몰두한 인문주의자였다. 전편이 1508년, 후편이 1526년에 간행된 그의 주저 『유스티니아누스 학설휘찬 24권 주해(Annotationes in quator et viginti Pandectarum libros)』는 문헌학적인 수법과 해박한 역사 지식을 구사한 본격적인 로마법 연구이고 「학설휘찬」을 가능한 한 복원하는 것을 목적으로 하였다.

그리스어에 뛰어났던 뷔데는 중세에 거의 읽히지 않았던 피사본의 그리스어 부분을 복원하여 '그리스어는 읽을 수 있다(Graeca leguntur)'라는, 이른바 그리스·비잔틴으로부터의 연구에서 선두에 서게 되었다.

중세법학의 결함 『학설휘찬주해』에서 뷔데는 다음과 같이 중세로마법학의 결함과 인문주의적인 새로운 방법을 제시하였다. 먼저, 중세법학이 이용한 사본 중에 많은 것이 잘못된 필사 등을 포함하는 불완전한 것이었지만, 원전을 정확하게 필사하고 있는 개소에서도 중세의 주석은 의미를 잘못 이해하고 있다.

일례를 들자면, 전前 집정관(제2장 참조)이 소지할 수 있는 파스케스(명령권을 가지는 정무관의 직무표茡)의 수를 정한 「학설휘찬」 제1권 제1장 제14법문에 대하여 아쿠르시우스는 파스케스를 달력의 '월'을 의미한다고 하고 이 법문이 독재관의 임기를 정한 법문과 정합성이 있는 임기에 관한 규정이라고 오해해 버렸다. 이러한 것은 중세법학이 신뢰할 수 없음을 의미한다. 왜냐하면, 중세의 법학자는 원전은 완전한 것이라는 관념 아래 텍스트 내의 모순은 사실 모순이 아니라는 것을 증명하려고 하였는데, 그들이 지적하는 모순은 위의 예처럼 오해에 불과하고 모순의 조화를 위한 작업도 무의미한 것이었기 때문이다.

로마법의 역사적 상대화   이와 같은 오류를 포함하고 있음에도 불구하고 아쿠르시우스와 바르톨루스를 권위로 우러러보고 그들에게 맹종하는 법률가를 뷔데는 격렬하게 비난하였다. 그러나 그가 아쿠르시우스나 바르톨루스를 전면적으로 부정한 것은 아니다. 오히려 그들의 과오는 역사적 고찰을 결여하고 있던 시대의 어쩔 수 없는 잘못으로 보았던 뷔데는 『학설휘찬주해』에서 역사를 고려하면서 로마법제도를 이해하려고 노력하였다. 그 결과, 학설휘찬이 트리보니아누스에 의한 역사적 차이를 무시한 법문이 집성이라는 것, 그런 까닭에 '모순'이 존재하는 것은 당연하다는 것을 명확히 하였다.

『학설휘찬주해』에서 볼 수 있는 특징 중 하나는, 로마의 제도와 자국 프랑스의 제도(예컨대 로마의 원로원과 빠를르망)를 비교하는 시각이다. 거기에서 프랑스 르네상스의 지도자로서 이탈리아에 대한 대항의식과, 법복귀족 가문에서 태어나 궁정 등에서 정치경험이 있는 애국적인 법률가이기도 하였던 뷔데의 현실과 역사에 대한 관심이 드러난다고도 한다. 어쨌든 비교 고찰은 로마의 제도가 결코 보편적인 것이 아니라 역사적으로 독특한 존재라는 것을 분명히 하게 되었다.

과학적 연구의 융성   뷔데에게 로마법은 이제 완전하고 권위 있는 전거가 아니라 '역사적 기념물'이었다. 그러나 이 로마법의 역사적 상대화는 로마법 연구의 의의와 가치를 감소시킨 것이 아니라 오히려 과학적인 연구의 길을 열어가게 된다.

인문주의법학의 문헌학적 연구 방법은 알치아토를 거쳐 언어학적·역사학적 방법으로 로마법문을 비판적으로 검토한 뀌자스Jacques Cujas(1520-1590년)에서 정점에 달하였다. 텍스트 간행 작업은, 「법학제요」, 「학설휘찬」, 「칙법휘찬」, 「신칙법휘찬」을 합치고

'카논법 대전(Corpus iuris canonici)'에 대응되는 「시민법대전」이란 명칭을 붙여 교정본을 출판한 고드프로와(고토프레두스, Dionysius Gothofredus, 1549-1622년)와, 현대에도 통용되는 테오도시우스법전의 교정본을 출판한 그의 아들에서 정점에 이르게 된다.

법의 체계화   인문주의법학의 특징으로 문헌학적 방법과 나란히 지적되는 것이 '체계화'의 시도이다. 개별적인 문제의 해결을 가장 중시하는 카주이스틱(개별사례주의)과 권위 있는 주석에 의거하는 석의釋義적인 방법에 의한 중세의 수업은 전거가 쌓이면 쌓일수록 난삽하고 시간을 소모하고, 그것을 수학하는 데는 5년에서 7년이 필요할 정도였다.

이에 대해 인문주의법학자는 원전으로 돌아가는 것뿐만 아니라 명료하면서도 간결한 수업에 힘썼고, 이윽고 수업개혁뿐만 아니라 법의 체계화 자체를 시도하였다. 프랑스 인문주의법학에서 체계화 작업을 대표하는 학자가 1589-95년에 간행된 주요 저서 『로마법주해(Commentarii juris civilis)』로 로마법을 재구축한 도노Hugues Doneau이다.

이 작업에 자극을 준 것으로는 르네상스기에 플라톤 철학이 부활함과 함께 법이념에 대한 탐구가 교육에서 중시되었던 것, 르네상스 인문주의자가 본보기로 삼았던 고대의 저술가 키케로가 카주이스틱하고 귀납적인 로마의 전문법률학을 비판하고 법의 학문화를 요구하고 있었던 것, 그리고 프랑스의 인문주의자이자 철학자였던 라메Ramée가 수사학과 결합한 새로운 논리학에서 제창한 분류방법의 영향 등을 들 수 있다.

오뜨망의 로마법 무용론   16세기 중엽 이후 인문주의법학자 중에는 로마법의 집성이 자의적이며 로마의 법제도 자체도 특수 로마적이기 때문에 더는 로마법에 의거하는 것은 불가능하다고 주장하는 사람이 등장하였다. 예컨대 오뜨망François Hotman은 1567년의 『트리보니아누스 논박(Antitribonianus)』에서 유스티니아누스 법전의 흠결을 지적하는 것에 그치지 않고 16세기 프랑스에서 로마법은 무용하다고 잘라 말하고 있다.

도노의 반론　　이에 대하여 도노는 많은 민족에 받아들여지고 또 자국의 법이 방해하지 않는 한 이용되어 온 로마법은 내용상으로는 문제가 없으나 단지 그 구성에 큰 결함이 있다고 생각하였다. 예컨대 '사람'에 대한 일반적인 정의는 어디에도 기술되어 있지 않고, 자유인, 노예, 가부장권 등 개별적인 것이 흩어져 있는 데 불과하다. 이러한 상태는 「학설휘찬」 전체에서도 그리고 이를 구성하는 개개의 장에도 관찰되는 것이었다.

법문 내용의 불명확성에 원인이 되기도 한 이 상태를 극복하기 위하여 도노는 로마법의 재구축에 착수하는데, 그 체계화의 열쇠는 「법학제요」에서 찾을 수 있었다. 법학제요는 사람의 법, 물건의 법, 소송의 법으로 구성되어 있다. 도노는 이 구성이 먼저 사람이 누리는 권리에 대해 가르치는 부분과 그것을 확보하기 위한 방법에 대해 서술한 부분으로 법을 이분하고, 다음으로 전자에 관하여 사람의 생래적인 권리와, 사람과 물건 사이의 관계에서 생기는 권리로 이분하는 분류법에 따른 것이라고 파악하였다.

이 방법을 단서로 법문을 정리하고 그 의미를 해석하는 데 노력한다면 완전한 체계가 만들어진다고 생각한 도노는 원전의 내용을 변경하지는 않았다. 이는 로마법이 쓸모없다고 주장하는 자들에 대한 그의 자세를 보여주는 것이기도 하였다. 『로마법주해』는 로마법을 연구하는 많은 사람에게 이용되고 거기서 제시된 「법학제요」를 기초로 하는 체계는 나중에 유럽 여러 나라의 입법에도 영향을 주었다.

프랑스 인문주의법학의 종언　　이상 로마법에 대한 문헌학적·역사적 연구와 체계화에 대해 말해왔지만, 인문주의법학자의 주장은 다른 요소, 예컨대 갈리카니즘 Gallicanism, 절대적 왕권주의, 종파대립 등과 결부되어 다양한 변형태를 갖는다. 그러나 원천으로의 회귀와 권위비판이라는 점에서 인문주의는 종교개혁과 공명하였고, 사실 인문주의자의 대다수는 위그노였다.

위그노전쟁 중 1572년에 발생한 성 바르톨로뮤 축일의 학살(1572년)에서 많은 인문주의자가 희생을 당하고 또 난을 피하기 위하여 망명해야 하였다. 이로써 프랑스는 인문주의적인 법학연구의 중심적 지위를 다른 곳에 넘겨주게 되었다.

무엇보다 로마법 연구는 네덜란드에 계수되어, 프랑스 학풍에 따르면서도 실무의 요청에서 로마법을 시대에 적합한 것으로 변용시켜 나간 네덜란드 학파가 이윽고 형성되고, 네덜란드의 구 식민지(스리랑카, 남아프리카)에서 현재도 통용되고 있는 로마-네덜란드법(Roman-Dutch Law)이 만들어지게 된다.(제18장 참조)

독일의 특수사정   이탈리아와 프랑스에서는 선행하는 중세법학과 대립하는 형태로 인문주의와 그 영향을 받은 법학이 등장하였지만, 독일의 경우 인문주의 운동은 '로마법의 계수'와 거의 동일한 시기에 일어났기 때문에 그 양상이 상당히 달랐다.

도시를 중심으로 퍼진 인문주의적 문화는 특히 남독일의 여러 도시에서 계수를 촉진하였고, 인문주의적 시인이기도 한 브란트Sebastian Brant는 대중용 법학문헌의 간행으로 계수로마법의 보급에 공헌하였다. 그러나 전통적인 법률학에 대한 비판자로서의 인문주의가 전혀 열매를 맺지 못하였던 것은 아니며, 인문주의적인 소양이 있으면서도 중세적인 법학 위에서 활동한 우수한 법률가를 낳았다. 그 전형이 짜지우스Ulrich Zasius이다.

짜지우스   짜지우스가 인문주의의 강한 세례를 받은 것은 법학박사 학위를 취득하기 위하여 프라이부르크대학 법학부에 재입학하였던 시기이다. 그는 상부 라인지방과 바젤의 인문주의 그룹과 친교를 맺고 있었다. 그 영향 아래 당시 법학에 대한 그의 사고방식에서는 인문주의법학의 일반적인 특징을 볼 수 있다. 그는 아쿠르시우스의 주석은 오류로 가득하고 바르톨루스는 배움이 부족해서 그들의 주석과 주해는 원전을 더럽히는 야만적인 것이라 비난하였다. 그 자신은 원전에 의거하면서 간결하게 주해하는 데 힘썼다. 「학설휘찬」에 수록되어 있는 폼포니우스의 '법의 기원'에 대한 서술에 대한 주해에서는 아쿠르시우스의 역사감각 결여와 역사적인 해명의 중요성을 지적하였다.

그러나 전통적인 법률학을 배웠고 프라이부르크대학 교수인 동시에 실무적 법률가이기도 한 짜지우스는 기본적으로는 이탈리아 학풍 안에 몸을 두고 있었다. 그가 남긴 법학문헌에는 스콜라학적인 수법이 발견된다. 예를 들어, 그는 나중에 판덱텐법학으로 계수되어 독일 민법전(BGB)에도 채용된 '대체물(res fungibiles)' 개념을 만들어냈는데, 이는 '유류(genus)'에 관한 스콜라학적인 해석·분석·종합적 논술과 바르톨루스의 견해의 연장선 위에서 성립한 것이라고 지적되고 있다.

프라이부르크 개혁도시법전   짜지우스의 업적으로 꼭 거론되는 것이 그가 도시법원 서기로서 기초한 프라이부르크 개혁도시법전(1520년)이다.

이 도시법전은 '개혁법전(Reformation)'이라 불리는, 계수기에 이루어진 도시법전의 로마법적 개정 중에서도 가장 우수한 것으로 평가된다. 주된 이유는 구성이 명쾌하고, 법정책적인 판단을 숙고한 위에 계수로마법(보통법)·도시관습법 등의 법소재를 적절하게 구사한 것에 있다.

계수시대의 법률가가 실무에서 직면한 커다란 문제는 보통법(ius commune)과 고유법(ius proprium) 사이의 긴장관계였다(제17장 참조). 짜지우스는 감정활동 등의 실무에서도 바르톨루스의 권위 따위에 맹종하지 않고 적절한 판단을 내렸다. 그것이 가능하였던 이유는 로마법에 대한 역사적 이해와 뷔데의 아리스토텔레스 연구를 조합하여 만들어낸 형평론이었다고 한다.

◆ **개혁법전**

15세기 후반부터 17세기에 걸쳐 독일의 영방, 특히 도시에서 성립한 입법을 개혁법전이라고 부른다. 계수로마법에 적응시키기 위해 고유법을 쇄신하는 것을 목적으로 한 것이고, 계몽기의 체계성을 지향한 법전(편찬)과는 다르다.
로마법화된 정도는 각 법전에 따라 차이가 있으나 일반적으로는 다음과 같은 경향이 있다. 먼저 도시법과 란트법의 관계와 관련하여, 법을 배우고 인문주의적인 소양을 갖춘 도시귀족이 존재하고 상부 이탈리아와 경제적으로 교류하는 것에 영향을 받아 도시가 선행한다.

여러 도시법전을 비교하면, 쾰른·함부르크·뤼벡에서도 로마법화를 수반한 입법이 이루어지기는 하였어도 남독일의 도시법전 쪽이 학문적으로 더 많이 배려하고 있었다. 그 선구적인 존재가 뉘른베르크의 개혁도시법전(1479년)이며, 로마법을 기초로 하면서도 조례이론에 따라서 고유법 중 중요한 것은 유지되었다. 개혁도시법전의 걸작이라 할 수 있는 것이 본문에서도 기술한 짜지우스의 손으로 이루어진 프라이부르크 도시법이다. 한편, 란트법의 경우 국지적인 관습법이 공통 란트법의 기초를 형성할 만큼의 힘이 없었기 때문에 오히려 로마법화의 정도가 강하다. 짜지우스에 의한 바덴 란트법에도 그러하다. 이는 '독일법은 그 분열 정도가 세면 셀수록, 그리고 그 발전이 덜하면 덜할수록 학자적인 법에 매우 빠르게 굴복하였다는 법칙'(비아커)을 보여주는 예이기도 한다.   (M)

'숨어있는' 인문주의

프랑스의 인문주의법학자와 비교하면 짜지우스에서의 인문주의적인 요소는 불철저해 보인다. 그러나, 독일 법사학자 비아커Franz Wieacker의 말을 빌리면, 이야말로 독일의 특수사정 즉 계수와 인문주의 '양자가 동시에. 더욱이 동일인물 속에서 합류하였다는 사정'을 보여주는 예였다. 즉, 독일에서의 인문주의의 영향은 짜지우스와 같이 인문주의적 교양을 도야한 엘리트 속에서 '숨어있는 모습으로' 나타난 것이다.

짜지우스는 지하르트Johannes Sichard와 피하르트Johann Fichard를 비롯하여 다음 세대를 떠맡는 우수한 법률가를 많이 양성하였다. 로마법의 일면적인 이용이 아니라 고유법의 존재에도 배려하였다는 점에서 짜지우스와 그의 제자들은 계수로마법을 독일의 실정에 적응시켜 사용한 '판덱텐의 현대적 관용'의 선구라고 할 수도 있을 것이다.

그러나 설사 그렇다고 해도 독일의 법생활 속에 있는 더 광범위한 법소재를 사정범위 안에 넣은 법학이 전개되려면, 보편적 효력을 주장하는 로마법을 상대화할 필요가 있었다. 이를 위해서는 로마법의 권위를 뒷받침하고 있던 이념을 극복하는 작업이 불가결하다. 콘링Hermann Conring이 수행한 것이 바로 이것이었다.

2. 헤르만 콘링

박학다식자   콘링은 종종 '박학다식자(Polyhistor)'라는 말로 불릴 만큼 다재다능한 학자였다. 의학, 신학, 정치학, 고문서학을 비롯하여 다방면에 공적을 남겼다. 몇몇 군주와 제후를 위해 정치고문으로 일하며 현실정치에 직접 대하는 경험도 있었다.

법학에 관해서는 그는 정규 법학교육을 받은 법학자·법률가가 아니었음에도 법사 특히 독일법사에 관한 많은 문헌에서 그의 이름이 거론된다. 그것은 전적으로 1643년의 저작 『게르만법의 기원(De origine iuris germanici)』이 계수로마법의 정통성의 근거라고 말해져 온 '로타르 전설'을 실증역사학의 방법으로 부정하고, 이를 대신하여 제시한 로마법 계수의 새로운 인식이 이후의 법학에 많은 영향을 주었기 때문이다.

그러므로 『게르만법의 기원』에 대하여 살펴보려 한다. 그에 앞서 이 저작의 내용 및 의의를 깊이 이해하기 위하여 먼저 콘링의 역사적 논증이란 어떤 것이었는지, 그리고 독일법사와 마찬가지로 역사적 논증이 이용된 그의 제국국제(國制) 연구를 다루고 넘어가기로 한다.

네덜란드와 후기인문주의   콘링이 논증 도구로 이용한 역사와 만난 것은 네덜란드의 라이덴Leiden에서였다. 그에 앞서 그는 훗날 교수가 되는 헬름슈테트Helmstedt 대학에 겨우 14세에 입학하여 또 하나의 기초가 되는 아리스토텔레스 철학을 익히고 그리스어·역사학·신학을 공부하고 있었다. 아마도 신학의 스승이었던 칼릭스투스Calixtus의 영향을 받아 당시 최고의 지적 수준을 구가하였던 라이덴대학으로 유학하게 되었다(1626-1631년).

네덜란드의 정치적·풍토는 콘링에게 많은 영향을 주었다. 그는 인문주의적인 자유와 관용의 정신에 공명하고, 시민이 통치 실권을 장악하고 있는 홀란드Holland 공화정에도 강하게 매료되었다. 훗날 제국의 국제를 논하였을 때 그는 반황제적, 친제국등족적 견해를 취하는데, 이는 자유를 사랑하는 라이덴의 풍토 속에서 싹트고 자란, 가톨릭

합스부르크 황제에 대한 적의에서 발단한 것이었다.

보편사와 야만족사　　라이덴대학은 네덜란드 후기인문주의의 중심지였고, 콘링은 그 창시자인 립시우스Justus Lipsius가 제창한, 중세적인 보편사와 결별한 새로운 역사학의 영향을 받게 된다. 여기에서 말하는 보편사란 '네 개의 제국 이론'과 '지배권 이전移轉 이론'에 의하여 강화된 기독교적인 보편적 역사관이다.

이에 대항하여 인문주의적 문헌학자였던 립시우스는, 고대의 역사가들 특히 타키투스가 묘사한 로마제국과 현재의 유럽이 모두 폭력이 소용돌이치는 혼란의 시대와 유사하다는 점에서, 또 로마의 대군에 대항하는 게르만 부족들의 모습은 강국 스페인으로부터 독립하려는 네덜란드를 고무한다는 점에서 유용하다고 파악하고, 보편사와는 다른 국민적 지향을 가진 '야만족의 역사Historia Barbar'를 제창하였다.

◆ 네 개의 제국 이론과 지배권이전 이론

네 개의 제국 이론이란 이 세계를 지배한 것은 앗시리아-바빌로니아 제국, 메디아-페르시아 제국, 그리스-마케도니아 제국, 로마 제국밖에 없고, 최후의 제국인 로마제국이 붕괴하는 때 이 세계도 멸망한다는 종말론적인 법칙사관法則史觀이다. 이러한 사관은 『구약성서』 「다니엘서」의 예언에 대한 해석에서 만들어졌다.
지배권이전 이론(tarnslatio imperii)이란, 이 네 개의 제국 이론과 함께 시대와 장소가 다른 네 개의 제국을 연결하기 위하여 생각해낸 지배권(imperium) 개념을 이용하여 최후에 존재한 로마제국의 세계지배권은 신성로마제국으로 이전되었다는 역사관이다. 미합중국의 이른바 '명백한 운명(manifest destiny)' 관념으로 계승되는 점을 염두에 두어 '제국의 이전'이라고도 번역된다. 　(M)

콘링은 라이덴에 체재하면서 신학, 의학, 문헌학, 철학, 정치학, 법률학의 많은 문헌을 섭렵하고 있었을 뿐만 아니라 립시우스의 후계자들과도 활발하게 교류하고 있으므로 이를 통해 립시우스의 영향을 받았을 것은 틀림없다. 실제로 이를 상징하듯, 콘링은 1635년에 직접 서문을 붙여 타키투스의 『게르마니아』를 출판하고, 혼란스러운 시대의 독일국가의 성질과 그 제도를 이해시키는 것을 의도하였다고 적었다.

제국 국제 연구   콘링은 『게르만법의 기원』과 거의 같은 시기에 제국 국제의 중요한 요소인 황제와 제국등족의 관계, 제국의 입법권과 재판권에 대하여 몇 개의 논고를 썼는데, 거기에서는 반황제적, 친등족적 태도와 역사적 논증의 병행이라는 공통점이 발견된다.

먼저, 그는 제국의 유래가 되는 샤를마뉴 대제의 대관이 교황에 의한 것도, 로마민족에 의한 것도 아니고 무력에 의하여 달성된 것이라는 점, 그 후의 제국 형성도 독일의 사정에 따른 것이라는 점 등을 근거로 신성로마제국은 로마제국과는 관계가 없다는 것을 다음과 같이 말하고 있다.

> "독일과 이탈리아 왕국 모두 로마제국이라 불리는 것과는 구별되는 국가이고, 황제는 독일 또는 랑고바르드 왕국을 지배하는 한에서 황제이지 (로마) 황제는 아니다. 이로부터 다음의 결론이 나온다. 새로운 독일에 대해 유스티니아누스법으로부터 생각하여 독일 황제에게 로마제국의 고대 황제권력을 주거나 (로마제국이라는) 명칭을 근거 삼아 독일을 로마제국이라고 하며 황제는 진실로 (로마) 황제로서 독일을 통치한다는 어리석은 일이 주장되어왔다. 그러나 그것들이 완전히 잘못되었음이 이제는 명확해졌다."
>
> 콘링, 『로마·게르만의 황제에 대하여』

계약적 결합체   콘링에 따르면, 신성로마제국은 황제의 권위 아래 여러 민족의 국가들로 구성되는 '계약적 결합체' 즉 연방적 국가이며, 독일은 그 일원일 뿐이다.

그리고 이 독일 역시 연방적으로 파악하였는데 이는 제국등족의 지위로부터 도출한 것이다. 그는 아리스토텔레스의 '시민'에 대한 정의를 바탕으로, 제국의 중요한 지배권력이 제국등족에 귀속하여 있는 현실, 특히 제국등족이 제국의회의 투표권을 가지고 있는 점에 근거하여, 그리고 이 권한은 고대 게르만 민회에서 연원하여 지금에 이르고 있음을 보여줌으로써 제국등족이야말로 '제국시민'이고 최고의 법적 지위에 있다고 주장하였다.

이 생각에 따르면, 독일제국은 제국등족이 각각 지배하는 국가적 단체들로 구성되는 연합체이고, 제국의 통치에 관여하는 것은 다름 아니라 제국시민으로서의 제국등족이다. 황제는 제국등족과의 계약적 관계에서만 제국의 지배자일 뿐이다.

황제권력의 제약   이상과 같이 자리매김된 제국 및 황제의 지위에서 보면, 황제권력은 제약된 권력이 된다. 따라서, 같은 '로마'라는 것만으로 로마법에 의거하여 황제권력을 강화하고, 특히 「학설휘찬」 제1권 제3장 제31법문 "군주는 법률에 구속되지 않는다(princeps legibus solutus est)." 등의 명제를 이용하여 황제의 절대적인 입법권력을 정당화하는 것은 불가능하다고 하였다.

나중에 보는 것처럼 콘링은 『게르만법의 기원』에서 로마법의 계수를 인정하였으나, 입법권은 그것이 성립한 이래로 제국의회에 귀속하고 거기에서 제정된 법이 공법적 관계에서의 '보통법'이라는 점을 근거로 이 법영역에서의 로마법 계수를 부정함으로써 제국 국제를 로마법에 기초하여 파악하는 것을 거부하였다.

콘링의 독자성   제국국제에 관한 콘링의 생각은 결코 독자적인 것은 아니다. 제국의 국가형태를 군주정과 귀족정의 혼합으로 보는 것도, 제국의 국법을 고유한 법(제국결의와 기타 법률들)으로부터 고찰하여야 하다고 주장하는 것도 모두 선행자가 있고, 또 당시의 제국 국법학의 틀을 벗어나는 것도 아니었다.

그럼에도 콘링이 여전히 국제사 연구 분야에서 평가받는 이유는 그가 역사적 논증을 이 분야에 도입하였기 때문이다. 18세기 후반의 제국 국법학 발전의 중심이 되었던 괴팅겐대학의 대표적인 법학자 퓌터Pütter는 콘링의 공적을 다음과 같이 상찬하였다.

"그는 독일사 연구를 계발하고 우리 국법의 올바른 연구 방법을 찾는 일에 종사함으로써 완전히 새로운 길을 개척하였다." 계수로마법이 근거로 삼은 것에 대해 이 역사적 논증이라는 무기를 번쩍 치켜든 것이 바로 『게르만법의 기원』이다.

『게르만법의 기원』　　이 저작의 직접적인 계기가 된 것은 이제는 대학 동료가 된 칼릭스투스가 연루된 논쟁이었다. 그는 신학에 관한 저서에서 제국에서 로마법의 효력근거가 되었던 설 즉 로마법은 황제 로타르 2세(또는 3세)의 명령으로 제국에 계수되었다는 견해를 부정하였는데, 이에 대하여 가톨릭 개종자로부터 반론이 쏟아졌다. 그래서 전부터 담당하고 있던 독일법사 강의에서 이 설에 부정적이었던 콘링은 칼릭스투스를 옹호하기 위하여 강의록을 기초로 한 저작을 간행하기에 이른 것이다.

『게르만법의 기원』은 총 35장으로 구성되어 있다. 5세기부터 콘링의 시대까지의 독일법사를 시대순으로 풍부한 사료를 이용하여 실증적으로 서술한 책인데, 이 저작에서 가장 중요한 의의가 있는 것은 그 집필 계기로 보나 후세에의 영향으로 보나 제20장 이하의 로마법에 관련된 부분이다.

'로타르 전설'의 부정　　먼저 그는 이탈리아에서의 로마법의 효력에 대하여 논하기 시작한다. 그는 12세기에 이탈리아에서 로마법의 통용력이 증대한다는 점은 인정하지만, 그것이 황제 로타르의 명령에 의한 것은 아니라는 것, 또 로마법이 배타적으로 이용된 것도 아니라는 것을 논증하였다.

전자의 근거로는, 로타르의 명령으로 로마법이 법학교에 도입되었음을 보여주는 신뢰할 만한 사료가 없다는 것, 그리고 중세로마법학의 시조로 일컬어지는 이르네리우스가 볼로냐에서 로마법연구를 개시한 것은 로타르의 이탈리아 원정 이전이었다는 것 등을 보이고, 후자에 관해서는 13세기에도 랑고바르드법이 적용되고 있었던 사실을 들고 있다. 콘링에 따르면, 이탈리아에서 로마법학이 단절된 적은 없었으나 이르네리우스에 의하여 이 법의 훌륭함이 널리 알려지게 되어 서서히 로마법이 실무에서 이용되게 되었던 것이고, 황제의 명령은 필요하지 않았다.

독일에서의 이 문제를 다룬 제24장은 "로마법은 황제 로타르에 의하여 독일에 도입되지는 않았다. 로마법은 13세기에 프랑스와 스페인에 도입되었다."라고 제목이 붙어 있다. 원래 이 시대 독일에서는 불문법인 관습에 의하여 재판이 행해지고 있었고 박사 칭호를 가진 법률가는 존재하지 않았으며, 적어도 15세기 이전에 독일에 로마법이 계수되었다는 것을 보여주는 기록과 증거는 존재하지 않는다. 황제 로타르가 로마법을 제국의 법률로 선언하였다는 것은 '우화'라고 콘링은 잘라 말하고 있다.

멜란히톤 범인설 이렇게 해서 로마법의 실정적 근거를 로타르의 명령에서 찾는 주장은 이후 '로타르 전설'이라고 불리게 된다.

콘링은 이 역사적 사실에 기반하지 않은 '우화'가 무엇 때문에 신봉되었는가 하는 문제도 언급하고 있다. 그에 따르면, 그것은 브란덴부르크의 궁정천문학자였던 카리온 Carion이 1531년에 쓴 『카리온 연대기』에 이 전설이 적혀 있기 때문이다. 그러나 콘링은 이 기술이 카리온 자신이 쓴 것이 아니라, 루터의 제자였던 종교개혁가 멜란히톤 Philipp Melanchthon의 서술에 힘입었다는 점을 밝혔다.

이는 현대의 연구에서도 거의 사실로 확인되고 있으며, 멜란히톤은 가톨릭교회기구를 지탱하고 있던 카논법에 대항하는 의미도 있어서, 보편적 역사관 아래 저술된 『카리온 연대기』 속에 로마법의 전 유럽적인 (보편적) 효력을 정당화하는 논거를 부가한 것으로 상정되고 있다.

콘링 역시 이 종교개혁가의 권위로 인해 사람들이 이 전설이 마치 사실인 것처럼 착각해 버렸다고 지적하고 있다.

점차적인 사용에 의한 계수 그러면 실제의 계수란 어떠한 것이었는가? 그는 이 문제를 제32장에서 '로마법 및 랑고바르드 봉건법이 15세기에 독일 대학과 법원으로 도입되었다.'라는 장 제목 아래 검증하고, 법학식자가 제국과 영방의 행정·사법 영역으로 진출하고 또 대학에서 로마법을 강의하게 됨에 따라 계수가 촉진되어 갔음을 밝혔다. 즉 '로마법은 15세기 이후에 서서히 독일로 침투하여 갔다'라는 것이다.

계수의 범위 그러나 콘링의 관심은 계수 사실의 발자취를 뒤쫓는 것보다는 계수의 원인과 그와 관련된 계수의 범위를 검토하는 데 집중한다.

제33장은 '어떠한 이유에서, 또 어느 범위에서 로마법과 랑고바르드 봉건법은 독일 대학과 법원에 계수되었는가?'라는 제목을 붙이고, 제실법원이 설립된 때까지 황제가 독일의 오래된 법을 폐지하고 이를 대신하는 별도의 법을 채용할 것을 명한 사실이 없고, 제실법원에서도 고유법의 적용이 배제되지 않고 있다는 것을 강조한다. 그는 그 논거를, 제국등족이 신민을 자신이 지배하는 영역의 '전통과 관습'에 기초하여 재판하여야 함(제29조)과, 제실법원의 법관은 성문보통법과 각 영방의 '견실하고 적정하며 공정한 관습과 조례'에 의거하여 재판해야 함(제3조)을 규정한 제실법원령에서 찾고 있다.

그리고 콘링은 지방(영방)에서도 계수는 행해졌으나 로마법, 제국법, 란트법, 조례·관습 등이 병존하고 이것들은 모두 실정법으로서의 동등한 효력을 가지고 있다는 것을 주장하였다. 여기에서 그는 로마법 계수는 황제의 명령에 의한 '포괄적'인 것이 아니라 학식법률가에 의하여 '서서히 이용되었음'을 명확히 하고 다음과 같이 결론지었다.

"분명 다른 나라와 마찬가지로 독일인도 로마법에 구속되는 일이 있다. 그러나 로마제국의 위엄이 지금도 우리 위에 우뚝 서 있기 때문에 로마법과 연관을 가지는 것은 아니다. 로마법은 자유로운 재량 아래 이용됨으로써 계수되었고 그것이 여러 소송에서 많은 이익을 주고 있음은 인정된다."

'독일법사의 창시자' 콘링은 '독일법사의 창시자(슈토베Stobbe)'로 불린다. 그것은 이 『게르만법의 기원』이 참말로 본격적인 독일법사의 연구였기 때문이다. 실증적 연구의 성과는 이미 기술한 것처럼 '로타르 전설'의 부정과 로마법 계수의 역사적 이해에서 나타나며, 이 저작의 의의와 영향도 주로 이 두 가지에 있다.

로마법의 효력의 실정적 근거로 여겨져 온 '로타르 전설'에 대한 회의는 칼릭스투스가 그랬던 것처럼 이미 선행자가 있었다. 그러나 콘링은 이것이 '우화'라는 것을 명확히 하여 이 논쟁에 종지부를 찍었다.

'판덱텐의 현대적 관용'을 대표하는 법학자 슈트뤽Samuel Stryk(1640-1710년)은 "다시 이 논쟁이 시작되는 일은 없을 것이다."라고 콘링의 공헌을 높이 평가하고 있다.

로마법의 상대화   그가 논증한 '점차적인 사용에 의한 계수(usu sensim receptum)'는 이후의 법학에 큰 영향을 주었다. 당시의 법학과 실무가 완전히 로마법에 지배되고 있지는 않았다고는 해도 고유법의 적용을 주장하는 경우 그 존재증명이 요구되고 로마법이 우선적인 지위에 있었다. 콘링도 로마법의 유용성을 부정한 것은 아니다. 계수를 논한 이후의 장에서 콘링은 입법론에 이르러서는 로마법의 연구가 계속되는 것은 더 좋은 성과를 낳을 것이라고도 말하고 있다.

그러나 로마법의 효력근거를 '점차적인 사용'에서 찾음에 따라 고유법의 더 큰 적용 가능성이 확인되었다. 이것은, 로마법이 포괄적으로 계수되지 않은 이상 로마법의 명제를 적용할 때에는 그 계수를 증명해야 한다는, 종래와는 역전된 적용법의 증명책임을 만들어내어 법원론의 혼란을 초래하였다.

이러한 상황 속에서 실터Schilter를 비롯하여 이후의 법학자들은 법정책적인 판단에서 로마법에 의거하는 경우에는 '확실한 근거를 가지는' 것으로 추정하는 '근거 있는 주장' 이론의 입장을 취하고 있다(제17장 참조). 따라서 법원론에 대한 콘링의 직접적인 영향을 과대평가해서는 안 될 것이다. 그러나 그들 역시 계수에 대한 이해에 관한 한 콘링에 동조하고 있다는 점에 주의해야 한다.

콘링에 의하여 독일의 법학은 '쓰인 이성'이라는 이름 아래 아무 전제 없이 로마법에 의거하는 것은 불가능하게 되었다. 법의 이성을 자연법에서 찾는 시대가 도래하기까지 독일법학은 로마법과 독일 고유법이라는 복수의 법원法源이 존재하는 현실에 직면해야 하였다. 전문법률가가 아니었던 콘링은 법원론의 문제에 대해 언급하고 있지는 않지만, 이 현실적으로 곤란한 문제에 대처한 법학의 시대 즉 '판덱텐의 현대적 관용'의 개막을 알리는 역할을 하였다.

제16장 신분제의회와 절대주의 국가
    1. 구 유럽의 신분제의회
    2. 근대국가의 기초이론-주권이론과 신스토아주의-
    3. 절대주의의 시대-사회적 규율화와 폴리차이-
제17장 판덱텐의 현대적 관용
    1. 유스 콤무네와 유스 프로프리움
    2. 판덱텐의 현대적 관용
    3. 판덱텐의 현대적 관용의 전개
제18장 자연법론의 진전
    1. 자연법론과 인간이성
    2. 유럽 대륙에서의 자연법론의 전개
    3. 잉글랜드의 자연법론
제19장 계몽주의와 법전편찬
    1. 계몽이란 무엇인가?
    2. 형사사법에서의 계몽주의
    3. 법전편찬의 시대

유럽 근세의 법과 사회(2)
근대의 태동

|제 3 부|

제16장
신분제의회와 절대주의 국가

공권/사권을 준별하지 않는 구 유럽세계에서는 가부장들이 자율적인 권력을 보유하고, 군주들도 가산家産에 의하여 국가를 운영하였다. 보댕의 주권론은 이러한 가산적·등족적 국제를 배경으로 한다. 다른 한편 립시우스Justus Lipsius(1547-1606년)의 신스토아주의는 정념의 억압과 합리적인 권력행사를 결합하는 것으로 주권적 권력국가를 구상하였다. 이러한 사회적 규율화의 과정은 공공의 복지를 기치로 내걸고 내정 전체를 삼켜간 폴리차이Polizei를 둘러싼 복잡한 역학관계에서 특징적으로 나타나고 있다.

1. 구 유럽의 신분제의회

구 유럽 독일의 국제國制사학자 오토 브룬너는 12-18세기의 유럽을 '구 유럽(Alteuropa)'이라고 이름 붙였다. '완전한 가家'를 사회의 기본적인 구성단위로 하고 페데에 의한 자력구제가 분쟁해결의 중심을 이루며, 신분제의회를 축으로 하는 등족적인 국제가 존재한 '구 유럽' 세계는 근대 유럽과는 원리적으로 이질적인 시공이었다고 한다. 브룬너의 학설에 대하여는 중·근세 유럽의 구조적인 이해를 우선시하는 나머지, 분석이 조금 지나치게 정태적이라는 비판이 이루어져 왔다. 그렇지만 근대적인 개념으로 중·근세 유럽을 설명하려는 종래의 시대착오를 예리하게 비판하고 동시대의 개념을 통해 내재적으로 이해하려고 한 브룬너의 학문적인 성과는 지금부터 '구 유럽' 세계에 대하여 배우는 우리에게는 길잡이별이 될 것이다.

◆ **오토 브룬너**Otto Brunner(1898-1971년)

독일의 국제사학자로 1941년부터 빈대학 교수. 주저인 『란트와 헤르샤프트Land und Herrschaft』(1939년)에 의하여 시대착오를 배제한 '구 유럽' 연구의 새로운 축을 개척하였다. 공동편집자로 종사하였던 『역사기본개념사전(Geschichtliche Grundbegriffe)』(1972-97년)은 개념사적인 접근을 시도하는 모든 연구자에게 필수적이다.   (R)

가정학   아리스토텔레스의 학문체계에 따르면, 광의의 윤리학은 개인의 학으로서의 협의의 윤리학, 가家의 학으로서의 가정학, 폴리스의 학으로서의 정치학으로 구성된다. 이들은 각각 충동에 대한 이성의 지배, 가부장의 지배, 위정자의 지배를 다루는 것이라 하였다. 여기에서 문제가 되는 것은 가부장의 지배를 대상으로 하는 '가정학家政學(oikonomica)'이다.

구 유럽에서 가정학은 이른바 '가부장의 책(Hausväterliteratur)'에서 볼 수 있는 것처럼 광범위한 대상을 가진 학문이었다. 예컨대 그 대표적인 저작인 호베르크Hohberg의 『독농훈篤農訓(Georgica curiosa)』(1682년)은 농장경영의 개요에서 시작하여 자제 교육과 노복 관리를 포함하는 가부장의 활동, 자녀 교육과 가정 의술을 포함하는 가모家母의 역할, 그리고 과수재배·원예·양조·제분·축산 및 수의학·양봉양밀·수리·임업·수렵과 같은 다채로운 내용을 다루고 있다. 호베르크에 의하면 가부장이란 다음과 같은 것이다.

"가부장은 시계와 같아 기상·작업·식사 등 모든 것이 가부장에 따라 움직인다. 시계의 진자가 무겁지도 가볍지도 않고 정해진 시간에 태엽이 감기고 이상이 없으면, 모든 것이 잘 돌아간다. 가부장이 성실함, 깊은 사려와 충고를 통해 집안사람들의 수장으로서 좋은 실례를 보이고 적절한 때에 지도하면 가는 잘 경영된다. 그러나 가부장에게 성실과 지식과 진실이 결여되면 고용인과 하인들은 그에게 이해력이 없기 때문이라고 판단하고, 그의 조언이 잘못된 때는 혼란에 빠진다."

완전한 가家[1]   가정학의 다채로운 내용은 구 유럽에서 농장경영에 필요한 지식의 다채로움에 대응하고 있었다. 농장경영자로서의 가부장의 가 경영 즉 가정家政은 처자뿐만 아니라 남녀종의 관리에까지 미쳤다. 이러한 생활양식은 '완전한 가(das ganze Haus)'라고 불린다. '완전한 가'는 혈연자들의 생활의 장이라기보다 생활·경영·노동의 모든 것을 포괄하는 하나의 공동체였다.

이러한 생활양식은 농민신분에서 가장 전형적으로 나타났는데, 기사신분과 시민신분의 '가'에서도 흔히 종자·도제·견습생과 같은 동거 사용인(famulus)이 빠질 수 없는 구성요소였다. 이러한 의미에서 '완전한 가'는 구 유럽세계에서 가의 전형이었다.

가부장권과 자유   "자신의 집은 요새로 간주된다"라는 법언이 보여주는 것처

---

[1] 문화사가 릴(Wilhelm Heinrich Riehl)을 원용하여 '완전한 가'라는 개념을 만든 오토 브루너의 견해에 따를 때, 이 개념은 16-18세기 가의 생활 및 경영과 관련하여 자급자족적 형태를 전제로 하며 경제적 기초관념이 토대를 이룬다. 시장을 통한 외부와의 교환보다는 자체적으로 생존해 나가는 가家이다. 완전한 가는 경제적 노동공동체이기도 한 부부에서 출발한다. 가는 생존에 필요한 식량의 생산과 소비, 더 나아가 구성원의 보존(생식)과 관련된다. 완전한 가에는 부부 외에 미혼의 자식과 하인이나 노령이거나 미혼인 친척들이 포함된다. 완전한 가는 이러한 노령 및 미혼 친척의 생존도 책임진다. 물론 경제적인 측면만이 아니라 법적, 윤리적 문화적, 사회적으로도 가를 구성한다고 할 수 있다. 성속의 생활규범이 완전한 가 내에서 선대에서 후대로 전승되기 때문이다. 마지막으로 이러한 형태의 가가 완전한 가가 될 수 있던 것은 촌, 도시, 교구 등 가의 상위 단체에 가의 구성원들이 독자적으로 참여할 수는 없고, 언제나 가 자체가 대표자인 가부장을 통해서만 참여할 수 있었기 때문이다. Otto Brunner, Neue Wege der Verfassungs-und Sozialgeschichte, Göttingen, S. 104-119.

럼, '완전한 가'는 대외적으로는 '가의 평화'가 지배하는 '자유 영역(Freiung)'이며, 관헌에 의해서도 쉽사리 침탈당하지 않는 국제의 기본적 요소였다.

그렇지만 구 유럽세계는, 페데가 행해지는 경우(Fehdegang)는 말할 것도 없고, 재판에 의한 분쟁해결이 도모되는 경우(Rechtsgang)에서조차 판결의 집행이 종종 당사자에게 위임되었던 것처럼 자력구제를 기조로 하는 사회였다. 이러한 실력사회에서 대외적으로 '가의 평화'를 주장하기 위하여는 강력한 가부장권이 필수였다. 이리하여 '완전한 가'의 가부장들은 구성원에 대한 광범위한 징계권을 보유함과 아울러 그 실력을 배경으로 하여 비로소 촌락공동체나 도시공동체에서 완전한 정치적인 권리를 요구할 수 있었다.

인적 결합국가로부터 제도적 영역국가로   독일 역사가 테오도르 마이어Theodor Mayer의 개념장치에 기대어 말하면, 13세기 봉건제 국가에서 신분제국가로의 이행은 봉주와 봉신 간의 인적인 성실관계에 기초하고 있던 '인적 결합국가人的結合國家(Personenverbandsstaat)'에서 고정적인 영토를 기초로 하는 '제도적 영역국가制度的領域國家(institutioneller Flächenstaat)'로 중점이 이동한 것으로 생각할 수 있다. 그런데 자력구제를 극복하고 란트평화를 실현하기 위해서는 제도적 영역국가에 의한 항상적인 사법·행정조직이 불가결의 요소이며, 이는 군주를 중심으로 하는 중앙권력기구의 발달을 촉진하게 되었다.

그렇지만 군주가 혼자 힘으로 전 영토를 지배할 수 있게 되기까지는 아직 시간이 필요하였다. 그래서 군주권력을 보완하는 지방권력 기구는 역설적이게도 자립적인 중간적 권력에게 위임되었다. 영주계층과 기사신분을 중심으로 하는 페데권자들과 교회, 그리고 도시가 '등족等族(Stände)'으로서 지방행정·사법을 담당하였던 것이다.

등족적인 국제   등족은 지역과 밀접한 결합을 가지며, 설령 군주가 바뀌어도 고유의 권리들을 계속하여 주장하였다. 관직보임 청구권(Indigenatsrecht)은 그 일례이다. 원래 영주의 지배권은 영민領民의 '가'에 대한 영주적인 특권들의 복합체에 불과한 것이었기 때문에, 영주-영민관계는 종종 지역적(local)인 인적 결합의 성격을 갖고 있었다. 그 결과 구 유럽시대를 관통하며 나타난 전쟁 또는 계승에 의한 '제도적 영역국가' 확대의 프로세스조차도 등족의 지역주의를 배경으로 한 각 지방의 고유성과 역사적 전통을 불식하는 데까지는 이르지 못하였다.

'제반 권리와 자유' 그런데 등족의 관심은 오로지 자신의 자생적인 특권을 유지하는 데 있었다. 군주는 종종 즉위할 때 등족의 '제반 권리와 자유(jura et libertates)'를 확인하고 그 총체로서의 '란트법'을 준수한다는 뜻의 선서를 어쩔 수 없이 해야 하였다. 이는 '지배계약'으로서 문서화 되기도 하였다. 어느 정도의 실효성이 있었는지는 의문이지만, 적어도 이론적으로는 군주가 지배계약 조항에 위반하면, 등족의 저항권 행사도 허용된다고 여겨졌다.

등족의 '제반 권리와 자유'란 그들이 자신의 자유영역 내에서 향수하는 모든 개별적이고 구체적인 권익을 가리키고, 근대의 추상적·일반적인 '자유'와는 다른 '제반 특권'의 집합체였다. 그렇지만 이러한 제반 특권은 종속자에게 '보호와 비호(Schutz und Schirm)'를 부여하는 쌍무적인 지배권이었다(제6장 참조). 등족의 특권들이 일방적인 억압이라고 느끼게 된 것은 폴리차이 국가가 신민의 보호를 독점하게 된 다음의 일이다.

신분제의회 구 유럽의 등족적인 국제에 특징적인 기관으로 통상 성직자·귀족·도시(시민)의 3신분으로 구성되는 신분제의회를 든다. 프랑스의 전국·지방 삼부회, 잉글랜드의 의회, 독일의 제국의회·란트의회 등이 대표적이지만, 스페인, 체코, 폴란드 등 많은 나라에 유사한 기관이 알려져 있고, 구 유럽에 보편적인 현상이었다고 할 수 있다.

그런데 예컨대 프랑스의 '전국 삼신분 회의(les États généraux)'라는 명칭이 잘 보여주고 있듯이 신분(état)과 신분제의회는 불가분이었다. 신분은 신분제의회의 부회部會를 통해 실체화됨으로써 군주와 긴장관계를 가지면서 동시에 여러 특권을 행사할 수 있는 것으로 생각되었다.

게르만의 민회나 봉건제하의 국왕회의는 군주와 여러 신분의 공동행위를 위주로 하였지만, 대략 14-15세기에 성립한 것으로 보는 신분제의회에서는 양자의 상호협의가 중심이 되었다. 군주의 활동은 원래 직할령에서 얻는 수입으로 꾸려져 왔지만, 공적 임무에 대한 요청이 높아짐에 따라 군주권은 그 활동에 걸맞는 정도의 직할령 수입을 확보할 수 없게 되었다. 그래서 군주는 큰 담세력을 가진 도시(시민신분)를 새로 추가한 3신분의 회의를 편제하고 과세의 승인을 구하게 된 것이다.

'조언과 조력' 이렇게 편제된 신분제의회에서는 군주가 긴급한 필요를 이유로 군역·조세의 부담을 요구한 경우, 여러 신분은 '조언과 조력(consilium et auxilium)'을 자발적으로 제공할 의무가 있다고 여겨졌다. 그런 까닭에 군역과 조세를 부담할 것인가는 문제가 아니고, 신분제의회는 긴급성의 정도와 조력의 분량을 둘러싸고 협의가 행해지는 장이었다.

◆ 고등법원(빠를르망)

프랑스 구체제(앙시엥 레짐) 하의 사법기관으로 13세기에 '국왕회의(curia regis)'의 사법기능에서 분화되었다. 비슷한 기원을 가지는 잉글랜드 의회(parliament)의 상원이 현재에도 최고법원의 기능을 갖는 것은 그 흔적이다.

고등법원은 통상적인 판결 활동 외에 지역관습법의 채록, 왕령 등록권의 행사 등 입법적 활동도 하였다. 왕령이 당해 관할구역에서 효력을 가지기 위해서는 해당 고등법원에 등록되어야 하고, 등록이 거부된 경우에는 왕권은 이른바 고등법원에 친림하여 등록을 강제할 수 있었다(lit de justice 친림재결절차).

고등법원의 사법관직은 매관제의 대상이고, 부르주아 출신의 사법관들은 세습하는 '검의 귀족(Noblesse d'épée)'과 대비하여 '법복귀족(Noblesse de robe)'이라고 불렸다.

고등법원은 프롱드의 난(1648-53년) 등 종종 왕권에 대한 대항 거점이 되며, 1787년에는 전국 삼부회의 소집을 요구하여 대혁명의 막을 올리게 된다.   (R)

가산제 지금까지 본 것처럼 구 유럽에서 군주의 지위는 '동료 중 일인자(primus inter pares)'라는 성격이 수반되었다. 군주가 자유로이 행사할 수 있는 재원은 군주 자신의 직할지 수입에 제한되기 때문이다. 즉 현대 용어법을 이용한다면, 사유재산('가'의 재산)에 의해 공무(국정)를 행한 것이다. 물론 수입의 면에서도 국가의 세입과 군주의 수입은 명확히 구별되지 않았다. 이를 가산제家産制(patrimonialism)라고 한다. 근대적인 공권/사권의 2분법이 여기에서는 의미가 없다.

가산에 기초한 권력구조는 군주권에 그치지 않고 구 유럽사회의 구석까지 퍼져 갔다. 자력구제의 요소가 무게를 가진 사회에서는 자신의 권리를 지키는 자만이 공동체의 정규 구성원일 수 있었으며, 그것이 불가능한 자는 다른 자권자自權者의 '보호와 비호'가 필요하였다. 이러한 의미에서 모든 자권자에게는 가부장권의 일환으로서의 정치적 권력이 어떠한 형태로든 귀속되었다.

가부장이 보유하고 행사하는 소유권도 또한 순수하게 사적인 것은 아니었다. 분할 소유권론에서 볼 수 있는 것처럼 구 유럽세계에서는 공적 지배(imperium)와 사적 소유(dominium)가 혼연일체였다. 이와 같이 등족의 제반 특권 역시 소유권임과 동시에 지배권이기도 한 가산에 기초한 권력이었다.

절대주의와 가산제 가산제는 초기의 절대주의 국가에서 오히려 강화되었다. 중앙집권화 과정에서 채택된 매관제는 직접적인 금전수입을 얻을 수 있을 뿐만 아니라 관직보임 청구권 등의 여러 특권과 결부되어 있던 등족적인 국제를 극복하는 수단으로서도 기능할 터였다. 그러나 이렇게 해서 관직을 얻은 가산 관료들은 한편으로 군주권의 체계로 편입되면서도, 다른 한편으로 관직을 자신의 재산으로 보유한다는 의미에서 원심적·분산적인 성격을 발휘하였다.

이처럼 구 유럽에서 군주와 등족의 긴장관계는 공권과 사권의 대립에 그치지 않고, 가산적인 권력들의 다원적인 상호 보완관계로 이해하여야 할 것이다.

2. 근대국가의 기초이론―주권이론과 신스토아주의―

마키아벨리   근대 정치학의 탄생은 마키아벨리가 1513년에 간행한 『군주론(Il Principe)』과 함께 이야기된다. 이 저작은 목적을 위해서는 수단을 가리지 않는 권모술수주의(마키아벨리즘)를 주장한 것으로 알려지나, 더 엄밀하게는 당시 이탈리아의 정치상황에 들어맞는 현실주의적인 군주의 행동원리를 설파한 것이고 해야 할 것이다.

그렇지만 철저한 현실주의자였던 마키아벨리가 말한 '현실'이란 어디까지나 그가 태어난 15-16세기 이탈리아의 '현실'에 불과하였다. 그 때문에 국가의 규모나 정치풍토 등 국제가 다른 시공간에서는 마키아벨리의 조언이 종종 현실과 동떨어져 목적 달성을 도리어 저해할 우려조차 있었다. 이렇게 해서 이탈리아 이외의 나라들에서는 국제에 대응한 새로운 권력국가상像이 요구되었다.

이 요청에 응한 수많은 국가사상가 가운데 여기에서는 동시대에 가장 큰 영향을 주었던 두 인물을 들어보기로 하자. 바로 장 보댕과 유스투스 립시우스이다.

주권이론   장 보댕Jean Bodin은 1576년에 간행된 주저 『국가론 6권(Les six livres de la république)』에서 근대적 국가주권의 개념을 확립하였다고 이야기된다. 보댕에 의하면 최고권력(summum imperium) 내지 주권(souveraineté)이란 '국가의 절대적이고 영속적인 권력'이고 '법률의 구속을 받지 않는 권력'이다.

이 주권이론으로 프랑스 왕권을 비롯하여 중앙집권화로 매진하는 군주권력은 절대주의 국가를 건설하기 위한 가장 중요한 이론적 지주를 손에 넣게 되었다. 그렇다 해도, 중간단체의 배제가 국가의 파멸로 이어진다고 생각하고 신법·자연법과 나란히 (『살리족 법전』을 기초로 하는) 왕국기본법을 주권의 제약원리로 들었던 것은, 전제專制에 대한 강한 비판적 태도를 흐트러뜨리지 않은 보댕 주권이론의 중요한 특징이다.

사유재산의 불가침   보댕이 이상으로 본 합법적 군주정에서 주권자는 주권자의 명령으로서의 시민법을 자유롭게 정할 수 있으나, 신법 혹은 자연법에는 따라야 한다. 이 자연법의 구체적인 내용이 되는 것이 사유재산의 불가침이다.

보댕은 '국왕은 모든 것을 임페리움에 의하여 소유하고, 개인은 도미니움에 의하여 소유한다'라는 세네카의 말을 인용하여 고대 로마에서의 공적 지배(임페리움)와 사적 소유(도미니움)의 구별을 되살렸다. 이로써 구 유럽에서의 공사公私 일체가 이론적으로 해소되고, 국가주권에 모든 공적 지배권이 흡수됨과 동시에 지배권이 박탈된 등족은 누구나 '신민(sujet)'으로서 순수한 사적 소유의 담지자로 간주되기에 이르렀다.

그런 까닭에 사유재산의 불가침은, 보댕에게는 주권이 진정하게 공적 지배권을 포괄한 완전한 국가주권이기 위해 불가결한 조건이었다. 즉, 종종 지적되듯이, 근대적 국가주권 개념과 사적 소유권 개념은 평행하게 성립하였다.

가산제의 잔재

주목할 점은, 이 공사이분론公私二分論을 배경으로 보댕이 '과세권(droit de fisque)'을 주권의 내용에서 제외하고 있다는 것이다. 사유재산에 대한 침범에 다름 아닌 조세는 과세당하는 당사자의 승낙 즉 신분제의회의 동의를 얻어야 비로소 가능하다고 보았다.

이러한 의미에서 보댕의 주권이론은 구 유럽의 등족적 국제를 반영한 것이었다. 보댕에게 '가'야말로 모든 국가의 원천이고 시민(citoyen)이란 '타자의 주권에 종속하는 자유로운 신민(le franc sujet tenant de la souveraineté d'autruy)'으로 파악된 '가부장'에 다름 아닙니다. 그러한 이유에서 사유재산의 불가침도 당연히 구 유럽적 가산제의 자취라는 측면을 가졌다.

국민경제학

그런데, 아리스토텔레스의 학문체계에서는 '선한 생활'을 위한 '정치학(politica)'과 단순한 욕망의 충족을 위한 '가정학'이 준별되었으나, 보댕은 양자에 질적인 차이를 인정하지 않았다. '가는 국가의 진정한 형상'이라고 생각하였던 보댕은 '가의 올바른 통치는 국가통치의 진정한 모델'이라 보았고 국가·중간단체·가를 포괄하는 통일이론을 구축하고자 하였다.

이렇게 해서 '가'의 경제학이 '국가'의 경제학으로 발전하는 길이 열리게 되었다. 보댕이 근대적인 주권이론과 함께 국민경제학도 창시하였다고 일컬어지는 것은 이 때문이다.

립시우스 유스투스 립시우스Justus Lipsius의 이름은 독일 국제사학자 게르하르트 외스트라이히Gerhard Östreich에 의한 연구 이후에야 현대에 다시 알려지게 되었다. 그러나 이 잊혀있던 사상가가 동시대에 미친 영향은 보댕을 능가할 정도였다. 립시우스가 1584년에 발표한 『항심론恒心論(De Constantia)』은 출판 후 150년 동안 80판 이상을 거듭하고, 1589년의 주저 『정치학 6권(Politicorum libri sex)』도 77판을 거듭하였다고 한다.

신스토아주의 라이덴대학의 고전문헌학 교수로서 고대 스토아철학을 근세에 되살린 립시우스는 격심한 종교적 대립의 극복을 추구하던 동시대 사람들의 열광적인 지지를 받으며 진정으로 유럽의 정신세계에 군림하였다. 립시우스가 창시한 신스토아주의 국가철학은 그의 지적 써클에 속한 그로티우스Hugo Grotius에서 발단하는 근세 자연법론과 함께 네덜란드 운동이라고 총칭되는 지적 조류를 형성하였다(제15, 18장 참조).

립시우스는 권위·절도·항심·기율이라는 고대 로마의 덕목을 시대의 중심적 개념으로 되살리고, 상비군과 관료제를 두 기둥으로 하는 절대주의적 근대국가의 제도와 그에 상응하는 심성을 구상함으로써 "시대 흐름의 단순한 해석자에 머무르지 않고 그 강력한 추진자"(야마우치 스스무山內進)가 되었다.

합법적 군주정 립시우스에게서 배운 오라니예Oranije 공 마우리츠Maurits는 『정치학』을 자신의 군사제도 개혁의 지침서로 이용하였다고 한다. "군주는 법률에 구속되지 않는다."는 로마법의 명제를 지지한 보댕과는 달리 립시우스는 군주도 또한 법률 아래에 있다고 생각하였다. 그 배경에 있는 것은 "군주는 본래 인민의 위에 있지만,

동시에 국가의 종복에 지나지 않는다."라는 합법적 군주정의 이념이었다.

보댕이든 립시우스이든 강력한 주권적 권력국가를 탐구하였다는 점에서는 명백하게 마키아벨리의 후계자였다. 그러나 종교개혁 후의 격심한 종파대립과 거듭되는 종교전쟁을 거친 후, 도덕률에서 완전히 해방된 군주에게 모든 것을 맡기는 것은 이제는 파국으로 가는 지름길에 불과하다는 것이 명백해졌다.

보댕이 여기에서 구 유럽의 등족적인 국제에 입각한 절대주의 국가를 구상하였다면, 이에 대해 립시우스가 지향하였던 것은 관료제와 상비군이라는 권력장치를 기둥으로 하면서도 법률에 구속되고 항심·기율이라는 윤리적 기반에 기초한 '절도있는 폭력(vis temperata)'으로서의 권력국가에 의한 질서형성이었다. 유럽의 주권적 권력국가는 정념의 억압과 합리적인 권력행사·군사행동을 결합하는 것에 의하여 탄생하였던 것이다.

3. 절대주의 시대 ― 사회적 규율화와 폴리차이 ―

제국의 해체　　　　종교개혁으로 신성로마제국의 기능부전은 이제 누구의 눈에도 명료해졌다. 기독교 정통신앙의 옹호자를 자임함으로써 황제는 구교 측의 한 당사자가 되어버렸고, 제국의회는 종파대립을 조정하는 장으로서 기능하지 못하였다. 간신히 기능하던 제실법원도 영방군주가 불이관·불상소 특권(제12장 참조)을 행사하거나 공공연하게 판결을 무시하는 경우에는 완전히 무력하였다.

연이은 소란에 제국은 속수무책으로 동요하고 30년 전쟁으로 괴멸적인 물질적·정신적 타격을 입게 되었다. 17세기 중엽 독일에서 마녀재판이 전성기를 구가한 것도 아마 우연은 아닐 것이다.

절대주의적 주권국가의 시대　　　　한 세대를 넘으며 계속된 전쟁으로 사람들의 심성에 어떤 종류의 지각변동이 발생하고 있었다. 페데, 오래되고 좋은 법, 제국, 등족적 국제, 신분제의회라는 구 유럽세계의 다양한 표지들은 어느 것이나 30년 전쟁을 거치면서 사라지거나 그 지반의 대폭적인 침하를 겪었고, 이제 절대주의적 주권국가의 시대가 도래하였다.

베스트팔렌조약 신성로마제국의 실질적인 해체를 결정지은 것은 1648년의 이른바 베스트팔렌조약이다. 프랑스에 대한 뮌스터Münster 강화조약 및 스웨덴에 대한 오스나브뤼크Osnabrück 강화조약을 총칭하여 이렇게 부른다.

'최후의 종교전쟁'이라고 불리는 30년 전쟁의 강화조약으로서 베스트팔렌조약은 란트의 종교적인 자결권을 승인한 영방교회 제도를 도입하고, 그럼으로써 중세적·보편적인 로마 교황의 권위에 종지부를 찍었다. 황제의 입법과 조약체결에 대한 제국의회의 동의권이 확인된 것은, 구 유럽의 등족적 국제에서 유래하는 특권을 재확인한 것이기는 하였으나, 이제는 황제권의 실추와 제국 자체의 실질적인 기능정지를 가져왔다. 게다가 황제와 제국에 적대하지 않는다는 조건이 부가되었다고는 해도, 제국등족(란트군주)에게 동맹체결권이 승인됨으로써 제국을 구성하는 란트들은 사실상의 독립국가가 되었다.

제국은 이리하여 절대주의적인 권력국가의 건설을 진행하는 영방국가(란트)의 느슨한 연합체로 변질되었다.

사회적 규율화 제국이 해체됨으로써 주권국가 체제의 탄생에 불가결한 거시적인 환경이 정비되었다. 그러나 주권국가 체제의 주역이 된 절대주의 국가는 이러한 외재적인 환경 정비만으로 성립한 것은 아니다. 립시우스의 신스토아주의처럼 혼란의 시대에 '항심'을 가지고 관료제와 상비군을 갖춘 권력국가에 의하여 새로운 질서를 형성하려는 사람들의 의사와 행동이 절대주의 국가를 창조한 것이다. 여기에서는 이러한 더 미시적인 측면에 착목하여 논의를 진전시켜 보고자 한다. 그 키워드는 '사회적 규율화(Sozialdisziplinierung)'이다.

사회적 규율화란 근대 유럽의 성립과정을 '규율(disciplina)'의 심화와 확대라는 관점에서 그려낸 개념이다. 유사한 개념으로 막스 베버의 '합리화'나 노르베르트 엘리아스 Norbert Elias의 '문명화'가 있는데, 이 개념들은 사회경제적 관계의 장기변동 과정을 외재적, 사회학적으로 기술한 것이다.

이에 비하여 사회적 규율화의 개념적 특징은, 객관적 요소에 머물지 않고 동시대인의 의사와 행동이라는 주관적인 요소까지도 포함하는 형태로, 정치·경제·사회·문화의 모든 국면에서 진행된 질서형성과 자기억제의 프로세스를 내재적, 역사적으로 파악하려는 점에 있다. 이러한 의미에서 사회적 규율화의 개념은 정신사精神史, 국제사國制史, 사회사社會史를 종합하여 국가권력으로부터 중간적 권력을 거쳐 민중의 심성까지 그 사정거리 안에 넣은 포괄적인 분석틀이라 할 수 있다.

'절대주의' 개념에 대한 비판   이 개념을 제창한 외스트라이히는 15-16세기를 '사회적 조절(Sozialregulierung)'의 시대로 위치 짓고 17-18세기의 '사회적 규율화'의 시대와 구별하였는데, 현재 국제사 연구에서는 양자를 구별하지 않고, 사회적 규율화를 중·근세 유럽의 근저에 깔린 프로세스라고 생각하는 것이 일반적이다. 하지만, 립시우스의 신스토아주의를 모범(패러다임)으로 하는 유럽의 권력국가 형성이 17세기 제국의 (실질적인) 해체로 인해 가속화되고, 사회적 규율화의 프로세스에 새로운 단계를 가져왔음은 틀림없다 할 것이다.

현대의 역사학 연구에서는 이제 사회적 규율화 개념이 '절대주의'의 개념을 쫓아내려고 하는 참이다. '규율'이 동시대의 키워드이었던 반면, '절대주의'는 후세의 역사학이 만든 말이고 군주권의 무제약적인 자기 관철이라는 잘못된 이미지를 바탕으로 구성된 개념이라는 것이 그 주된 이유이다.

구 신분제적 구조   현재의 연구수준에서 보자면, 절대주의 국가에서 군주권이 다양한 제약 아래 있었다는 것은 명백하다. 확실히 왕권신수설이 제창한 것과 같은 '신 앞에서의 책임'이란 것은 현실에서는 군주권의 제약원리로서 거의 기능하지 않았다. 그러나 이론적으로는 무제약적이어야 할 절대주의 국가는 현실의 신분제사회에 의하여 제약을 받고 있었다.

절대주의 국가를 지탱한 두 기둥인 상비군과 관료제를 보면 이는 명료하다. 점차 학식화와 능력주의가 침투해 나갔다고는 해도, 18세기에도 관료와 장교의 주된 공급원은 여전히 귀족신분이었다. 삼부회 소집이 프랑스 혁명의 방아쇠를 당겼던 것처럼 절대주의 국가 아래에서 신분제의회는 정식으로는 폐지되지 않았고, 등족적 국제가 여전히 존속하였다.

그런 까닭에 절대주의 국가의 사회구조는 "군주가 부여한 특권으로 보장되고 보호받는, 여전히 일관된 구 신분제적, 계층적 구조"(외스트라이히)이다.

규율화의 세 레벨 그러나 사회적 규율화의 개념을 단순히 '위로부터'의 복종요구로 간주하는 것은, 절대주의 개념에 대한 비판에서 언급한 것과 동일한 비판의 과녁이 될 것이다. 사회적 규율화는 "구 유럽의 사회구조, 중간적 권력과 단체의 특권적 체계를 부정하거나 타도한 것은 아니며, 오히려 이들을 윤리적인 힘에 의해 제어하려고 하였다"(사카구치 슈헤이阪口修平).

근세의 국가형성에 관하여 외스트라이히가 국가, 주州, 시·읍·촌락이라는 세 개의 레벨로 구별하자고 주장한 것은 중요하다. 근세의 중앙집권화는 국가 레벨에서는 성공하였으나 주의 레벨에서는 부분적으로밖에 관철되지 못하고, 시·읍·촌락의 레벨까지 도달한 것은 계몽절대주의의 시대가 되어서였다.

그런데, 사회적 규율화를 생각할 때에는 질서형성에 대한 '아래로부터'의 적극적인 요구에도 주목해야 한다. 여기에서는 폴리차이를 둘러싼 복잡한 역학에 대하여 검토하여 보자.

폴리차이란 무엇인가? 아리스토텔레스의 『정치학(Politica)』의 영향 하에 성립한 '폴리차이'는, 근세 유럽에서는 도시와 농촌에서의 좋은 공적 질서라고 이해되고, 그로부터 신민의 행복을 적극적으로 증진시키려는 국가 활동을 의미하게 되었다.

따라서 전근대의 폴리차이 개념은 위험의 방지라는 근대적인 '경찰' 개념보다 훨씬 넓고, 공공의 복지(salus publica)를 기치로 국내 행정 전체를 시야에 넣는 것이었다. 독일의 연구자는 이 양자를 구별하기 위하여 근대적 경찰을 의미하는 'Polizei'와 구별하여 'Policey'라는 옛 철자를 이용하고 있다. 이 책에서도 이를 따라서 '경찰'로 번역하지 않고 '폴리차이'로 표기하기로 한다.

전통적인 질서의 유지

폴리차이가 근세 유럽에서 문제가 된 이유 중 하나는, 15-16세기에 상품경제가 급속하게 진전되어 도시와 농촌의 생활양식이 크게 변용하기 시작하였기 때문이다. 또한, 도시의 노동력 수요가 급속히 늘어나 농촌에서 많은 사람이 도시로 유입되었기 때문에 도시는 새로운 질서가 필요하게 되었다. 잇달아 근세 유럽을 휩쓴 전쟁이나 역병도 또한 사회불안을 부추겼다.

이러한 사회질서의 동요와 사회불안의 고조에 대응하여 사회방위적인 기능을 수행하는 것이 폴리차이였다.

좋은 폴리차이

15세기 말까지는 뷔르츠부르크(1476년), 뉘른베르크(1482, 85년), 마인츠(1488년) 등 여러 도시에서 '폴리차이와 좋은 질서' 또는 '좋은 폴리차이'라는 표현을 쓴 조령條令이 제정되었다. 이제는 사회통제기능을 상실하고 있던 교회의 재판권을 대신하여 세속의 공적 권력이 대두하고 신성모독·성풍속·도박·사치·폭음·복식 등의 문제를 통제하기 시작하였다.

제국 폴리차이 조령

이러한 폴리차이 조령 제정의 움직임은 마침내 제국 차원까지 도달하여 1530년, 1548년, 1577년 3번에 걸쳐 대규모의 폴리차이 조령이 제정되었다. 여기에서 1577년의 제국 폴리차이 조령에서 복장에 관한 구체적인 조문을 살펴보자.

제9장 복장의 무질서와 사치에 대하여

각 사람은 지위나 태생이 어떠하든 그의 신분, 명예 및 재산에 따라 각각 신분의 다름이

식별될 수 있도록 의복을 입는 것이 성실하고 적절하며 또 정당하므로, 그리고, 그럼에도 군주, 기사, 귀족, 시민, 농민의 복장 사치가 특정한 사람들만 아니라 모든 란트 주민이 음식을 줄이고 절약하였다고 할 정도로 만연하고 있기 때문에 즉 사람들이 사치스러운 복장을 위해 이용하는 금실로 된 직물, 빌로드, 교직물, 공단, 외국의 직물, 사치스러운 챙 없는 모자, 보석류, 진주, 금제 반지, 장신구 및 소형금괴 때문에 터무니없이 많은 돈이 독일국민으로부터 빠져나가고, 선망과 증오와 불만이 기독교적 사랑의 상실을 야기하며, 복장의 사치가 제후와 백, 백과 귀족, 귀족과 시민, 시민과 농민 사이에 어떠한 차이도 인식될 수 없을 정도로 완전히 도를 넘어 행해지고 있기 때문에, 짐은 선제후, 제후 및 등족과 다음의 복장조령에 대하여 일치하여 협정하였다. 그리고 짐은 조령에 규정된 처벌과 형벌에 의해 기필코 조령을 완전히 수호할 것이다.

사회변동의 반영　　이 조문에서 알 수 있듯이 폴리차이 조령에서는 구 유럽의 전통적인 신분제 질서 유지가 중시되고 있었다. 그러나 사회질서의 변동에 대하여 폴리차이가 단순히 복고적·전통묵수적인 자세를 계속하여 취하였다고 생각하는 것은 잘못일 것이다. 예를 들면, 위 제국 폴리차이 조령의 조문 조금 앞에 있는 조문에서는, 그 출신에 상관없이 이제는 기사신분과 동격으로 간주되기에 이른 학식법조를 대표하는 박사들에 대하여 다음과 같은 규정을 두고 있다.

　　제12장 박사에 대하여
　　마찬가지로 박사와 그들의 처도 의복, 장식품, 팔찌, 금반지 및 기타 그들의 신분과 자유에 상응하는 것을 착용하여야 하고 착용할 수 있다.

'아래로부터'의 규율화　　이들 조령은 결코 '위로부터' 강요된 것이 아니라, 오히려 시민의 '아래로부터'의 요구에 따른 것이었다. 외스트라이히가 절대주의적인 이미지가 있는 사회적 규율화의 개념과 굳이 구별하여 도시의 '좋은 폴리차이'를 '사회적 조절'이라고 부르고 있는 것도 이러한 풀뿌리 게노센샤프트(동료 단체)적인 상호규제라는 측면을 강조하기 때문이다.

이처럼 폴리차이는 규율과 질서 있는 생활을 위한 훈육을 지향하였던 상하 양쪽으로부터의 사회쇄신 운동이었다.

폴리차이 국가   17세기 이후 제국을 대신하여 폴리차이 조령 제정의 주역이 된 것은 '주권' 아래 포괄적인 권력을 손아귀에 넣고 있었던 초기 근대국가였다. 이들 국가는 산업구조의 변화로 지위가 저하된 동직·동업조합(길드)을 대신하여 도량형과 이자제한 등의 경제규제를 시행하고, 프로테스탄트 지역에서는 교회를 대신하여 혼인과 교육·복지사업까지도 관할하게 되었다.

이리하여 폴리차이는 질서의 유지·회복이라는 보수적인 기능에 더하여 '선량한 생활'의 추진이라는 복지국가적인 목표를 내걸게 되었다. 이제는 "아이들은 부모를 '아버지', '어머니'라고 불러야 한다."와 같은 극단적인 후견적 배려도 국가의 임무의 하나로 꼽히게 되었다. 공적·사적 생활의 구석구석까지 적극적인 행정조치를 실행하는 '폴리차이 국가'는 이러한 시대의 요청에 부응한 것이었다.

폴리차이와 학문   폴리차이 국가에 의해 제정된 조령의 대다수는 저당조령, 파산조령, 농업조령, 삼림조령, 광산조령, 학교조령 등 제국의 포괄적 조령에 비하여 더 개별적인 임무에 맞춘 것이었다. 이것들은 '좋은 폴리차이'와 같은 게노센샤프트적인 성격을 거의 갖지 않았다. 등족의 특권들은 당장은 폴리차이가 침투할 수 없는 '오래된 법'의 영역에 속하였지만, 등족은 이미 폴리차이 조령의 공동제정자가 아니었다.

대신 등장한 것이 합리성과 기능성을 중시하는 절대주의 국가의 관료들이다. 그들의 기본적인 소양은 유스티Johann Heinrich Gottlob von Justi 및 존넨펠스Joseph von Sonnenfels가 확립한 관방학官房學(Kameralistik)과 폴리차이학(Polizeiwissenschaft)이었다.

정책수단으로서의 입법   합리적 학문 체계의 지원을 받은 폴리차이는 이제 전통적인 법관념을 흔들고 곧이어 정책수단으로서의 입법이라는 관념을 보급하였다.

본래는 폴리차이 사항과 사법司法 사항 사이에는 명확한 경계선이 존재하고 폴리차이는 전통적인 '법'의 영역에는 관여할 수 없다고 생각되었다. 그러나 예를 들어 폭리행위나 사기를 방지할 목적으로 폴리차이 조령을 제정하여 어떤 거래를 할 때의 '정당가격'을 정하거나 '막대한 손해(laesio enormis)'를 계약의 무효·취소원인으로 추가한다면, 이에 의해 매매법이 실질적으로 수정이 된 것이라 할 것이다.

이렇게 해서 폴리차이 사항과 사법 사항 사이의 경계선이 애매해졌다. 법학자들이 전통적인 '법'의 영역을 고집하는 한, 더는 현실의 법생활에 대응할 수 없게 되었다. 폴리차이 규제와 로마법의 융합이라는 곤란한 문제의 해결은 폴리차이 국가의 발전에 직면한 '판덱텐의 현대적 관용'의 손에 넘겨졌다.

제17장

판덱텐의 현대적 관용

로마법의 계수로 신성로마제국의 법원法院에서는 보통법(ius commune)이 일반적으로 적용되기에 이르렀다. 그러나 15-17세기에는 인문주의법학이 로마법을 상대화하는 한편, 영방국가나 절대주의 국가가 각지에서 성립되어 고유법을 중시하는 움직임이 강해졌다. 이러한 상황에서 학식법조의 방법에 기초하면서도 로마법을 구체적 현실에 적합하게 만드는 것과 동시에 지역 고유법을 정비하고 학식화하여 재판에 적용하려고 하는 움직임이 왕성해졌다. 16세기 중엽부터 18세기 중엽까지 계속된 이 움직임을 '판덱텐의 현대적 관용慣用'이라고 한다.

1. 유스 콤무네와 유스 프로프리움

로마법의 보편적 효력 이미 기술한 것처럼(제12장) 유럽 중세에는 로마법이 보편적 의미를 갖는다고 여겨졌다. 그 첫 번째 근거는 유럽 중세의 신학적 이데올로기인 '정치적 로마 이념'이었다. 이에 따르면 영원한 신성로마제국에서 적용되어야 하는 법은 로마제국의 법 즉 황제법인 로마법이어야 한다.

또한, 중세 성기의 사람들은 위대한 고대문명의 유산인 로마법에 무한한 동경을 품고 있었다. 그들은 로마법은 신성로마제국의 근원적인 법질서이며 종교적인 권위에 기초한 자연법 즉 신성법이라고 확신하고 있었다. 이러한 '문화적 로마 이념'의 결과 로마법은 '쓰인 이성'으로 존중되었다.

그러나, 제15장에서 보았듯이, 콘링이 영방주의의 입장에서 독일법사를 연구하고 그의 저서 『게르만법의 기원』에서 로마법을 토착관습법 즉 지역고유법(ius proprium)과 동등한 지위에 두었다. 로마법은 그 권위의 근거를 잃고, 이론상으로나 실무상으로나 로마법 절대우위의 법이론에 혼란을 초래할 가능성이 생겼다.

독일의 법학   로마법의 절대적인 권위는 흔들렸지만 그 상대적 우위성이 손상되는 일은 결코 없었다. 독일에서는 로마법을 그 영역과 시대에 적합하게 만들기 위하여 부분이용·추가·변경 등의 변형 또는 지역 고유법과의 융합 시도가 법학의 분야에서 추진되었다. 그것은 실무에 적용하기 위한 실천적인 법학이고, 자립적인 '독일법학'이었다. 이 독일법학의 시도가 '판덱텐의 현대적 관용'이다.

개혁법전   이 시도는 주로 15-16세기에 독일 영방국가와 도시에서 편찬된 일련의 '개혁법전'(제15장 참조)에서 찾아볼 수 있다. 개혁법전이란 신규 입법이 아니라 관습의 학식적인 채록, 관습법의 개혁적인 편찬을 가리킨다. 「뉘른베르크의 개혁도시법전」(1479년, 1564년), 「보름스 개혁도시법전」(1499년), 「프랑크푸르트 개혁도시법전」(1509년, 1571년), 「프라이부르크 개혁도시법전」(1520년)과 영방의 보통법으로서 「바이에른 란트법전」(1518년), 브란덴부르크의 「요아히미카 법전」(1527년), 「뷔르템베르크 란트법전」(1555년) 등이 그것이다. 이것들은 인문주의의 영향을 받은 고유법의 법전화임과 동시에, 학식적인 지식에 의한 개혁이었다.

인문주의법학으로 저명한 짜지우스가 관여한 「프라이부르크 개혁도시법전」의 서문에는 '황제 유스티니아누스'를 언급하는 개소가 있어 법전이 법학식자에 의한 편찬이라는 것이 명확히 드러난다. 짜지우스는 로마법에서 독일의 관습에 적합하고 유익한 것만을 배우고 취하려는 자세를 보여주었다.

이 시대에 보통법(ius commune)의 지식을 가진 법학식자들이 법개혁을 요구하고 있었다.

판덱텐의 현대적 관용   이 호칭은 자무엘 슈트뤽Samuel Stryk의 저서 『판덱텐의 현대적 관용』에서 유래한다. 판덱텐은 「학설휘찬」의 다른 이름이다. 슈트뤽의 저서가 출판된 17세기 말이라는 시기를 생각하면 '판덱텐의 현대적 관용'은 '로마법의 실무적인 계수'의 최종단계의 현상이라 할 수 있다.

법학식과 지역의 구체적 현실이 밀접히 관계를 맺는 변화가 가능하였던 것은 보통법(ius commune) 자체가 추상적, 개념적일 뿐만 아니라 부분적으로 실용적인 것이 되어가고 있었기 때문이다. 중세 이탈리아 법학의 법창조적인 활동에 의하여 법문의 주석에서 시작하여 로마법 이외의 법원을 법학이론으로 포섭하고, 나아가 어음수표법·조례이론·국제사법·보험법 등의 분야가 개척되었다.

이는 로마법의 실용화 즉 독일 법사학자 코잉이 말하는 광의의 '현대적 관용'에 해당한다.

계수와 '현대적 관용'   계수기의 학식법조는 고유관습법을 경멸의 눈으로 보고 있었다. 그러나 이미 이탈리아의 보통법학이 법원法院에서의 지역 특별법 우선적용의 이론을 마련해 놓고 있었다는 점에 주목할 필요가 있다. 실은 그것이 로마법 계수의 진전에 큰 역할을 담당하였기 때문이다.

고유법의 무시에 대한 란트 등족과 농민의 반발이 상당히 강하여 계수기의 학식법조는 '나쁜 그리스도'라고 일컬어지면서 비난받고 있었다. 따라서 만약 '현대적 관용'이 없었다면 계수와 사법司法의 합리화가 정체되었을 것임은 충분히 상정할 수 있다. 고유법과 관습법이 '조례이론'에 의해 그 존재가 증명되면 적용될 수 있다는 것, 혹은 '판덱텐의 현대적 관용'에 의해 토착법과 보통법의 융합이 도모되었다는 것은 독일에서 독자적인 법학의 수립을 통해 법의 근대화를 촉진하였다고 볼 수 있다.

독일 대학 법학부의 전통도 이탈리아 학풍에 가까웠다. 법원法院에 대한 대학의 조언(소송기록송부)을 통하여 로마법의 실무에 대한 영향이 강하여, 실무와 교육 현장에서 '판덱텐의 현대적 관용'이 발전하였다. 황제와 국왕의 정치적 야심, 소송당사자의 요망, 일반적인 보통법 혹은 지역적인 입법에 대한 강력한 요구, 직업법관이 있는 법원의 증대, 법학부의 활동 등에 의해 독일에서도 공통법을 요구하는 목소리가 높아지고 있었다. 그러한 요청에 비로소 독일 독자의 법학이 부응하기 시작하였다.

증명에서의 공지성   이 움직임은 소송법 분야에서의 큰 전환과 결부되어 있었다. 일찍이 이탈리아에서 '조례이론'과 관련하여 발전한 '증명이론'이 여기에 적용되었다.

본래 법정에서 증명되어야 할 것은 관습 등의 '사실'뿐이고 법의 증명은 불필요하였다. 법이란 황제법인 로마법을 의미하고 그것은 법률가에게는 자명하였다. 즉, '법은 법원法院이 알고 있다(Jura novit curia).'

그러나 자치도시로부터의 요청이 있었기에 법학자는 도시조례를 존중해야 하였고 도시가 제정한 조례를 법의 범주에 포함하였다. 자치도시에 의한 재치권을 근거로 자치도시도 '법으로서의 조례'를 제정할 권한을 갖게 되었다. 이에 따라 과거에는 법학이론상 '사실'이었던 조례도 자치도시의 '법'이 되어 기존의 증명이론은 유명무실하게 되었다.

도시의 조례와 관습은 법과대학의 강의대상이 아니다. 그러나 그 법권法圈이 매우 좁은 조례를 우선적으로 적용하는 것이 조례우선이론의 취지이고 또 자치의 본뜻에도 맞다. 그런데 조례와 관습 등의 지역 고유법은 학식법관이 알고 있는 것이 아니므로 그것을 주장하는 당사자에 의해 증명이 될 때 비로소 적용이 가능하게 된다. 즉 '법'이지만 증명이 필요한 경우가 여기서 발생한다.

나아가, 이 중세 이탈리아 법학에서 지역 고유법(조례) 간의 상호충돌이라는 새로운 법률문제 즉 오늘날의 국제사법론이 등장하였다. 이와 관련하여 자기가 속한 시와 다른 시의 조례와 관습의 차이를 인정하고, 자기가 속한 시의 조례는 공지公知의 것이므로 증명이 필요 없다는 이론('공지성'의 이론)이 바르톨루스에 의하여 제시되었다. 여기서 증명론은 '법인가 사실인가'의 문제에서 '공지성'의 문제로 전환되었다.

근거 있는 주장 이론 로마법과 카논법은 보통법으로서 모든 대학에서 강의가 이루어졌고, 그 지식은 학위취득의 전제가 되어 유럽 대륙의 법조계를 지배하였다.

독일에서는 로마법 계수가 진전됨에 따라 법원法院의 학식화가 진행되고, 법학지식도 법률 문외한을 위한 문헌, 예컨대 『보통 사람의 법감法鑑』이 생길 정도로 보급되었다. 17세기 말에는 쉴터Schilter에 의하여 "로마법에 의거하여 권리를 주장하는 자에게는 확실한 법적 근거가 인정되어야 한다(fundatam intentionem habere)."라는 명제가 제시되어 이제 학식법관 모두에게 상식인 로마법의 '공지성'을 근거로 하는 주장은, 로마법의 효력에 관한 논의에서 로마제국이란 이념적인 요소를 더는 쓸모없게 만드는 효과가 있었다.

로타르 전설이 부정되었으므로 이론적으로는 독일에서도 로마법 명제의 '계수 사실'이 '증명'될 필요가 있었다. 실제로 이를 주장하는 자도 나타났다. 그러나 쉴터가 제시한 '근거 있는 주장 이론'에 의하여 로마법의 이념적, 실정적 근거를 굳이 따질 필요가 없게 되었다. 로마법 계수의 사실을 검증할 필요도 없었다. 공지성의 이론하에서 보통법(ius commune)은 종래와 같이 계속 효력을 인정받았다.

2. 판덱텐의 현대적 관용

법원론法源論 프로이센 할레Halle의 법관이자 예나Jena의 교수였던 스트루베Struve는 17세기 후반 독일 제국에는 구체적 사안을 판단할 때 많은 중요한 법원法源이 많이 있다고 지적하였다.

즉 '우리 제국에 이용되는' 첫 번째 법원은 제국의 보통법(ius commune, iura Imperii communia)이다. 이는 학식로마법 및 카논법이지만 '계수된 한에서의 유스 콤무네'를 의미한다.

제국의회 의결(recessus imperii)과 다수의 관습도 이 범주에 포함된다. 계수기 초기에는 보통법(ius commune)으로서 제국법 즉 황제법(로마법과 중세 황제입법)만이 인정되었으나, 이 시대에는 법원法院에서 공지성을 갖는 관습도 부가되었다.

두 번째 범주로 지역 고유법(iura particularia) 그룹을 들었다. 작센법(iura Saxonica), 영방국가의 군주입법(ordinationes principum) 및 조례제정 특권을 갖는 도시의 조례이다.

이와 같이 보통법(ius commune)과 지역 고유법(ius proprium)이라는 두 법권法圈이 대치되고 있다. 이와 관련하여 15세기 말에 제실법원의 적용법과 조례우선이론이 명문화된 점이 머리에 떠오르는데, 그 후 약 1세기 반이 지난 이제는 고유법이 보통법과 완전히 동등한 위치에 놓이고 있고 고유법에 대한 합리성 검증의 필요성에 대해서도 서술하지 않고 있다. 지역 고유법을 열거하는 첫머리에 작센법이 놓인 것은 북독일에서 작센법의 의의를 잘 보여주고 있다.

법해석의 기준 스트루베는 법원론에 덧붙여 법적용 이론도 논하고 있다. 특히 보통법(ius commune) 이외의 관습과 조례와 관련하여 일반적으로 통용되고 있는 관습, 보편적인 관행, 고래의 전승을 문제 삼고 있는데 그 바탕에 공지성의 논점이 있는 것으로 보인다. 또한 조례에 관해서는, 여기에서의 조례란 제국에서 보편적으로 효력이 있는 것으로서 그에 대한 해석은 축소해석이든 확장해서이든 어느 경우에나 보통법(ius commune)에 따라 해석하여야 한다고 하고 있다.

스트루베는 재판규범을 발견할 때 고려할 사항을 다음과 같이 적고 있다.

(1) 여러 고려대상이 되는 법원이 어느 범위에서 적용되었는가?
(2) 어떻게 재판규범이 발견되는가?
(3) 그때 '확실한 법적 근거', 공지성, 관습화와 같은 규칙과 개념이 어떠한 역할을 하는가?

법관의 지식과 그것에 따라 법을 적용할 의무는 일반적으로 구속성 있는 의무이다.

그러나 이는 보통법(ius commune)에 한정된다. 확실하지 않은 법이나 보통법이 아닌 법은 신청도 없고, 증명도 없다면 존중되지 않는다. 스트루베의 이론은 '판덱텐의 현대적 관용'의 한 도달점을 보여준다.

게르만적 성실   당시 독일의 법률가가 로마법의 맞은편에 고유법으로서 대치시켰던 가장 중요한 독일적인 법원리는 타키투스가 제시한 게르만인의 '성실(Treue, fides)'이었다. 로마법에서는 도박에 의한 부채는 무효이고 도박에 기초한 금전 급부에 관해서는 반환청구가 인정되었다(C. 3. 43; D. 11. 5.). 그런데 바로 이 이 도박에 관해 타키투스가 『게르마니아』에서 서술한 내용이 일체의 계약에 구속력을 인정한 '게르만적 성실(germana fides)'의 근거였다.

> 그들은 도박, ─정말 이해하기 힘들지만─, 그들은 이 도박을 술에 취하지 않은 때도 흡사 진지한 일을 하는 것처럼 하며, 게다가 모든 것을 잃은 경우 마지막 한판에 자신의 자유, 자신의 신체를 걸고라도 겨룰 정도로 승부에 대한 무모함이 있다. 패하면 자진해서 타인의 노예가 되고, 설사 자신이 (승자보다) 더 젊고 더 힘이 세도 몸이 속박 당하고 매매가 되는 것을 감내한다. 멸시할만한 일에서 그들의 완고함은 실로 이와 같다. 더구나 그들 스스로는 이를 '의義'(fides)라고 부른다.
>
> 『게르마니아』 제24장

이 게르만적 '성실' 원리에 의거하여 독일의 법실무에서는 19세기가 될 때까지 도박을 이유로 하는 청구가 인정되었다. 게르만적 '성실'은 모든 계약의 구속력과 정당화 즉 로마법이 원칙적으로는 소권을 인정하지 않은 '무방식無方式의 단순한 합의(pactum nudum)'의 소권화를 위한 키워드로서 중요한 역할을 하였다.

독일적인 법명제의 발전   중세적·독일법적 명제로 유명한 '손이 손을 지켜라(Hand wahre Hand)', '매매는 임대차를 깨지 않는다(Kauf bricht nicht Miete)'의 법원칙은 로마법에서 인정된 무제한의 소유물반환소권 및 '매매는 임대차를 깬다(Kauf bricht Miete)'의 원칙과 정면으로 대립한다.

이미 16세기 초기의 도시 뤼벡에서는 이들 대립하는 명제 각각에 대한 판결례가 나오고 있었는데, 메비우스David Mevius 이래로 사회적인 거래의 안전과 외관을 신뢰한 선의의 제3자 보호의 관점에서 독일법의 명제가 지지를 얻어 갔다. 그 과정에서 자연법론적인 선의취득 보호에 더하여 로마법의 취득시효론의 논거도 고려되었다고 한다.

그밖에 '성실' 원리가 적용된 결과로서는, 상속계약의 허용, 부부재산 공동제에 대한 계약에 의한 정당화, 제3자를 위한 계약, 보험계약과 같은 특별한 '게르만적' 계약의 허용, 법인이론의 효시, 양도이론 등이 거론된다. '사정변경의 법리(clausula rebus sic stantibus)'와 '합의는 지켜져야 한다'의 원칙은 어느 것도 로마법 원칙이 아니지만, 이 두 원칙 사이의 조정도 '현대적 관용'의 성과이다.

이러한 성과는 독일의 실무 및 독자적 법률학에서 사회적 기능을 발휘하고 또 이론화되어 갔으며 근대법전편찬에는 입법을 위한 소재를 제공하였다.

근대법전편찬에 대한 기여 근대법전편찬에서는 기하학적 체계를 표방하는 자연법론과 이성의 일원적인 지배를 지향하는 계몽주의가 클로즈업되고, 그에 따라 '판덱텐의 현대적 관용'은 표면적으로는 프레임 바깥으로 쫓겨나게 되었다. 그러나 많은 경우 자연법론이든 계몽주의든 법전의 구체적인 규정을 처음부터 새로 만들어낼 수는 없고, 오히려 '판덱텐의 현대적 관용'이 마련해 놓은 풍성한 입법소재를 취사선택하는 것에 머물렀다고 해야 할 것이다.

작센 이러한 사정을 고려하면 작센에서 법전편찬이 늦어진 것은 의외의 사태인 것처럼 생각될 수도 있다. 카르프초프를 낳았던 작센이야말로 '판덱텐의 현대적 관용'의 메카였기 때문이다.

그러나 이것은 모순은 아니다. 「작센슈피겔」 이래의 법전통으로 인해 독일에서 예외적으로 작센에서는 로마법이 전면적, 포괄적으로 계수되지는 않았다. 그렇기 때문에 보통로마법과 지역관습법의 융합이라는 '판덱텐의 현대적 관용'의 성과의 면에서 작센법은 고도로 발달하였을 뿐만 아니라 라이프치히의 상급법원을 중심으로 하는 매우 안정적인 법시스템이 기능하고 있었다. 따라서 작센에서는 '판덱텐의 현대적 관용'이 이미 시대적·사회적 요청에 나름대로 응하였기 때문에 당장은 급격한 법개혁이 필요하지 않았다 할 것이다.

바이에른 도처에서 일어난 근대법전편찬의 움직임 가운데 최초로 성과를 낸 것은 바이에른이었다. 선제후 막스 3세 요제프 치하에서 추밀고문관이었던 크라이트마이어Wigulaus Xaverius Aloysius von Kreittmayr(1705-1790년)가 1756년에 완성시킨 「막시밀리안 바이에른 민법전(Codex Maximilianeus bavaricus civilis)」이 그것이다.

그러나 자주 지적되는 바와 같이 이 법전은 과도기적인 성격의 것이었다. 바이에른 민법전은 기존의 조령과 란트법을 폐지하고 새로운 법질서를 처음부터 만들어낸 것이 아니라, 어디까지나 종래의 '개혁법전'과 마찬가지로 '현대화'란 의미밖에 없었다. 또한 신성로마제국의 일부라는 의식이 강하였던 바이에른에서는 보통법을 완전하게 버릴 수 없었고 여전히 보통법을 보충적인 법원으로 유지하였다.

계몽적 이성에의 지향이 발견된다는 것을 근거로 비아커는 「막시밀리안 바이에른 민법전」을 자연법적 법전편찬의 '전주곡'으로 자리매김하고 있지만, 그 당부는 차치하고, 이 법전에서 자연법론의 영향은 그리 명확하지 않다. 오히려 이 법전은 「법학제요」의 틀에 의거하여 계약을 로마법의 패턴에 따라 분류함과 동시에 넓은 범위에서 '판덱텐의 현대적 관용'의 규칙을 답습하였다.

물론 법전편찬의 시대의 본격적 개막을 위해서는 역시 근대국가의 성립을 가져온 사회적 규율화의 진전과 계몽주의 사조의 보급을 기다려야 하였다(제19장 참조). 그렇다 해도 프로이센과 오스트리아에서 열매 맺은 신시대의 법전편찬의 소재를 준비한 것이 다름 아니라 구체제(앙시앙 레짐)의 소산인 '판덱텐의 현대적 관용'이었음은 강조할 가치가 있다.

3. 판덱텐의 현대적 관용의 전개

2인의 실무적 개척자   콘링과 거의 동시대에 '판덱텐의 현대적 관용'을 법실무적으로 개척하고 추진한 두 사람의 법률가가 있다. 베네딕트 카르프초프와 다비트 메비우스이다.

카르프초프   카르프초프는 예나, 라이프치히, 비텐베르크에서 법학을 배우고 라이프치히 고등법원의 참심인 및 드레스덴 항소법원고문이 되어 재판실무에 깊이 관여하였다. 뿐만 아니라 라이프치히 대학에서 교직에 취임하여 매우 영향력이 큰 저작을 계속 발표하였다. 대표적인 저작으로는 1635년의 『제국 작센 형사 신실무(Practica nova imperialis Saxonica rerum criminalium)』 및 1638년부터 간행된 『로마·작센 재판법학(Jurisprudentia forensis Romano-Saxonica)』이 있다(제14장 참조).

카르프초프는 특히 형사법의 분야에서 위대한 족적을 남겼지만, 민사법과 소송법의 분야에서도 활약하였다. 그의 판결은 「작센슈피겔」에 기초를 두는 고유 작센법과 계수 로마법을 능숙하게 엮고 짜서 '보통 작센법'을 만들어 내는 데 기여하였다.

메비우스   메비우스는 그라이프스발트Greifswald에서 법학을 배우고 그 라이프스발트대학 법학교수, 스웨덴의 비스마르Wismar 상급법원 부원장의 직무를 담당하면서 메클렌부르크Mecklenburg의 란트법 초안도 기초하였다. 비스마르 법원 판례를 공간하고 1642년에는 대표작 『뤼벡법 주해(Commentarius in ius Lubicense)』를 저술하였다.

메비우스는 '네덜란드 운동'의 일익을 담당하였다. 그는 립시우스가 가르치고 그로티우스와 콘링이 배운 라이덴대학에 유학하였다. 립시우스는 콘링 이전에 로타르 전설의 전제인 '네 개의 제국이론'을 부정하고 개별국가의 역사와 지역의 풍토, 관습을 존중해야 한다고 주장하였다. 1613년에 서고트 법전 등의 『고古부족법전』을 공간한 린덴브로크Friedrich Lindenbrog도 라이덴에서 스칼리제르Joseph Justus Scaliger에게 사사하였고,

메비우스 자신도 립시우스의 『정치학』을 그라이프스발트에서 교재로 삼았다.

소송법 분야에서 메비우스는 작센법과 뤼벡법에 '확실한 법적 근거'를 인정하였다. 메비우스는 "항변이 제출되는 한, 지방법은 보통법과 마찬가지로 적용된다."라고 주장하였다. 형사법분야에서는 마녀재판과 관련하여 원고 측의 문서를 열람할 권리를 비롯한 변호인의 권리를 인정하는 법감정을 한 것으로 그의 이름이 알려져 있다.

지역 고유법의 우월성 카르프초프, 메비우스와 같은 현대적 관용의 법학자들이 처음으로 각자 실무에 종사하였던 작센과 뤼벡 등의 지역 고유법에 보통법(ius commune)에 대한 우선성을 인정하였다. 이는 획기적이었다.

그들에게 공통된 것은 법학자이면서 참심인 또는 법관이라는 실무에 종사하는 직책에 있었다는 것이다. 카르프초프와 메비우스의 법학은 어디까지나 실무에 밀접한 형태로 개별 구체적인 사건에 대한 해결이라는 목적을 염두에 두고 전개되었다.

그때 일차적으로 고려되어야 할 대상은 '지역의 유스 콤무네'인 지방법이었다. 그러나 그들의 고유법 처리방법은 어디까지나 학식적이었다. 그러한 의미에서 그것은 진정 '판덱텐의 현대적 관용'이었다.

카르프초프의 실무적인 형법이론 독일에서는 형사법학도 17세기 중엽이 될 때까지 외국 특히 이탈리아의 법학에 의존하고 있었다. 신성로마제국에는 이미 「카롤리나 형사법전」이라는 실효성 있는 제정법이 존재하였으나, 그럼에도 16세기의 법률가들은 이를 형법학적 연구의 표준적인 출발점으로는 삼지 않았다. 카롤리나에 내재하는 법원칙을 해석학적으로 도출하는 작업에 종사하지도 않았다.

카르프초프는 독일 형사법학의 이러한 자세를 일신하였다. 그가 서술한 법적 견해에서는 여전히 아주 많은 외국의 법학자가 인용되고 또 로마-이탈리아법이 상세하게 고찰되고 있다. 그러나 그와 함께 작센의 란트법과 법관행에 대하여도 이들 외국에서 유래한 요소와 동등한 정도로 고려해야 한다고 하고 있다. 카르프초프는 작센의 기본법인 「작센슈피겔」, 작센의 여러 도시법 그리고 작센의 부족법을 법적 권위로 사용하였다. 이에 더하여 그는 형사법에 관한 법원으로서 「카롤리나 형사법전」에 의거하여야 함을 명시하였다.

카르프초프는 자신의 법적 견해를 형성하는 데 라이프치히 고등법원의 참심인 직무에서 얻은 실무경험을 매우 중시하였다. 그의 견해는 일차적으로 실무에서 필요한 다양한 법적 판단에 해결 및 해결 지침을 주는 것을 염두에 둔 것이었다.

간접고의 이론 카르프초프의 이러한 특징을 명확히 발견되는 것이 형법상의 고의·과실에 관한 이른바 '간접고의' 이론이다. 특히 고의살인과 과실치사의 구별에 대하여 그는 실무경험에서 다음과 같은 견해를 도출하였다.

> 고의에 의한 살인은 두 가지 양태로 행해진다. 하나는 살해로 향해진 의사意思(voluntas) 및 사려思慮(animus)가 있는 경우이며, 다른 하나는 직접적으로 사망이 야기될 수 있는 상해의사 및 공격의사를 가지고 행해지는 경우이다. 살해의 사려를 가지고 공격을 행하는 자는 항상 고의를 가지고 행위하는 것이다. 반면, 고의를 가지고 행위하는 자가 항상 살해의 사려를 가지고 있는 것은 아니다. 이것들을 잘못 이해해서는 안 되며 각각을 구별해야 한다. 통상 형벌을 받을만한 살인의 경우 항상 고의적인 사려가 필요하다. 살해의 사려를 가지고 타인을 살해한 자와 마찬가지로, 살해의 사려는 없으나 고의에 의하여 보통 사망이 야기될 수 있는 공격 및 상해를 가한 자는 고의적인 사려를 가진 자로 간주된다.
>
> 『제국 작센 형사 신실무』 논제 27 제8절

카르프초프는 고의살인과 구별될 필요가 있는 과실치사 및 우연한 결과로서의 사람의 사망이라는 사례에 관하여 「카롤리나 형사법전」 제146조에서 들고 있는 예시를 그대로 이용하여 설명함으로써 자신의 견해가 일차적으로 「카롤리나 형사법전」에 의거하고 있음을 명확하게 보여준다. 그 위에서 그는 카롤리나에 명기되어 있지 않은 '고의'의 정의에 대한 자신의 견해를 보강하는 것으로 주석학파의 이론과 카논법에 관한 이론 및 당시에 이미 유럽의 넓은 영역에서 권위를 인정받고 있던 스페인의 법학자 코바루비아스Diego de Covarrubias y Leyva(제18장 참조)의 견해를 다루고 있다.

카르프초프의 '간접고의'에 관한 이론은, 어디까지나 개별구체적인 실무상 문제해결을 염두에 두고 이를 위해 「카롤리나 형사법전」에 의거하면서 이탈리아-로마법학을 필두로 하는 외국 유래의 이론들을 자기 견해의 논거로 채용한다는 점에서 '판덱텐의 현대적 관용'의 전형적인 사례로 볼 수 있을 것이다.

독일사법학의 발전   사법학 분야에서 창시자 역할을 한 것은 요한 쉴터라 할 것이다. 요한 쉴터Johann Schilter는 작센-바이마르의 궁정고문관·종무국 평정관 등을 역임한 후 슈트라스부르크 대학교수가 된 법학자이다.

그는 『독일 궁정에서의 로마법 실무』(1675년)에서 "현대의 우리에게 로마법의 효력과 정신은 모두 실무적 사용에 의해 현행법이 되었다는 합의가 존재하는 데에서 유래한다."라는 절충적 견해를 제시하고 '판덱텐의 현대적 관용'을 추진하였다. 그 구체적 성과인 주저 『판덱텐고考 50권(Exercitationes ad 50 libros Pandectarum)』(1675-83년)은 「학설휘찬」의 순서에 따라서 게르만 고유법의 규칙을 개설한 것으로 독일 사법학의 선구적 업적이 되었다.

독일 고유법과 로마법의 융합을 시도한 법학자로는 본장에서도 이미 언급한 게오르크 아담 스트루베Georg Adam Struve의 이름을 들 수 있다. 그는 예나대학 교수로 활약한 후 작센-바이마르의 궁정고문관, 종교사무국 장관 등을 역임한 인물로 '작은 스트루베'로 불린 교과서 『로마·게르만 실무법학(Iurisprudentia Romano-Germanica forensis)』(1690년)은 특히 법실무가 사이에서 호평을 받았다.

'현대적 관용'의 정점   그러나 무엇보다도 '판덱텐의 현대적 관용'을 대표하는 법학자라 하면 바로 자무엘 슈트뤽Samuel Stryk(1640-1710년)일 것이다. 이미 지적한 것처럼 이 표어 자체가 슈트뤽의 주저 제목 『판덱텐의 현대적 관용(Usus modernus pandectarum)』에서 유래한다. 이 책은 1690-92년에 처음의 세 권이 간행되고, 사망한 후 제자인 유스투스

헤닝 뵈머Justus Henning Böhmer(1674-1749년)에 의하여 두 권이 추가되었다.

할레대학의 융성 슈트뤽은 프랑크푸르트 대학에서 브룬네만Johann Brunnemann에게 법학을 배운 후 1666년부터 교단에 서고 1682년에는 같은 대학의 주석主席 정교수가 되었다. 1690년부터 비텐베르크 대학의 법과대학장을 역임한 후, 1692년에는 대학 신설을 위하여 할레로 옮겼다. 슈트뤽과 함께 독일 법학의 중심지는 작센(비텐베르크 대학)에서 브란덴부르크-프로이센(할레대학)으로 옮겨간 것이다.

할레대학 총장이 된 슈트뤽은 학생을 열심히 지도한 것으로도 알려져서 많은 우수한 제자들을 양성하였다. 토마지우스Christian Thomasius, 하이넥치우스Johann Gottlieb Heineccius를 비롯하여, 뵈머Justus Henning Böhmer, 군틀링Nicolaus Hieronymus Gundling, 루도비치Jacob Friedrich Ludovici, 루데비히Johann Peter von Ludewig 등 쟁쟁한 교수진(모두 슈트뤽의 제자들)이 포진한 할레대학은 18세기 후반 퓌터Johann Stephan Pütter를 초빙한 괴팅겐대학이 설립되기까지 독일 법학을 지도하였다.

라이저 프로이센에게 지도적 지위를 뺏겼다고는 하나 그 후에도 작센은 계속 '현대적 관용'의 거점이었다. 아우구스틴 라이저Augustin Leyser는 비텐베르크와 할레에서 법학을 배우고 헬름슈테트대학 법학 정교수, 비텐베르크대학 교수를 역임하였다. 11권으로 이루어진 그의 『판덱텐의 고찰(Meditationes ad Pandectas libri XI)』(1717-48년)도 '현대적 관용'의 대표적 저작이다.

슈트뤽의 사법이론 슈트뤽이 『판덱텐의 현대적 관용』에서 모색한 것은 독일법과 로마법 사이의 '중간의 길(via media)'이었다. 콘링의 '점차적 사용에 의한 계수' 이론에 의거하는 한 「학설휘찬」 규정을 원용하기 위해서는 그때마다 독일에 계수되었다는 사실을 증명해야 한다.

실제로 네덜란드 학파의 판 데르 마데Simon van Groenewegen van der Made는 실무에서 거부되고 무시된 법문을 면밀하게 기록하여 『폐지되어 홀란드 및 인접지역에서 사용되고 있지 않은 로마법에 대하여(Tractatus de legibus abrogatis)』(1649년)를 출간하였다. 그러나 슈트뤽은 이 입장을 택하지 않고 로마법이 1495년의 제실법원령 등 각종 제국입법에 의하여 효력을 가지게 되었다고 주장하였다. 이는 슈트뤽의 법원론에서 중요한 의미를 가지게 된다.

슈트뤽이 의거한 조례우선이론에 의하면 우선 지역 고유법(조례)이 우선적으로 적용된다. 그러나 보충적인 적용이라 해도 로마법은 항상 '확실한 근거를 가진다.' 거꾸로 지역 고유법이 적용되기 위해서는 그 존재가 증명되고 또 그 내용이 이성에 비추어 타당해야 하며, 따라서 엄격하게 해석되어야 한다. 이러한 조례우선이론이 독일에서는 로마법 계수에 유리하게 작용하였음은 이미 서술한 바와 같다.

그러나 슈트뤽이 보기에, 로마법의 타당근거는 다름 아니라 근세의 여러 제국입법이므로 이들 제국입법이 우선적으로 적용되는 것은 당연한 것이다. 그렇다면, 예컨대 '게르만적 성실' 원리처럼 전 독일에 공통되는 관습법(consuetudo universalis Germaniae)도 또한 로마법에 우선하여 적용된다 할 것이고, 엄격한 해석이라는 제약에도 복종할 필요 없다. 이렇게 슈트뤽은 결론을 내렸다.

이렇게 해서 슈트뤽은 로마법 규정이 계수되었는가 아닌가 하는 사실을 일일이 탐구하는 대신 오히려 질적으로 고유법과 로마법 중 어떤 것에 의한 해결이 바람직한가를 판단하는 가능성을 열었다. 이 점에서 슈트뤽의 '현대적 관용'은 실로 획기적이었다.

'현대적 관용'의 종언   판덱텐의 현대적 관용의 시대는 슈트뤽의 제자인 하이넥치우스(1681-1714년)의 체계적 법학의 등장에 의하여 종지부를 찍었다. 『판덱텐의 현대적 관용』 제1권의 간행으로부터 겨우 35년 후의 일이다.

할레대학을 주무대로 활동한 하이넥치우스는 18세기 전반의 독일에서 아마도 가장 저명하였을 법학자이다. 그의 대표작은 1735-36년에 간행된 총 2권의 독일 사법개설서 『게르만법 요강(Elementa iuris Germanici)』이지만 동시대에 준 충격이라는 점에서는 1725년의 『법학제요의 체제에 따른 로마법 요강(Elementa iuris civilis secundum ordinem Institutionum)』에 주목해야 한다. 이 법학교과서는 근세 자연법학에서 볼 수 있는 공리적 방법을 로마-

보통법학에 도입함으로써 18세기 독일법학을 근원적으로 혁신하였다.

하지만, 시대의 지배적인 법학방법론으로서의 지위를 빼앗겼다 하더라도, 학설내용의 지속적인 영향이라는 견지에서 보면, '현대적 관용'의 영향은 자연법학과 법전편찬의 시대를 넘어서 멀리 역사법학파의 시대에까지 미쳤음을 잊어서는 안 된다.

제18장

자연법론의 진전

근세 유럽 대륙에서 자연법론은 세속적인 인간이성을 의지할 곳으로 삼아 보편적인 법체계 구축을 지향하고 근대 국제법학의 기초가 되었다. 국내법 특히 사법 분야에서는 현실의 사회적 요청에 응하기 위하여 법실무('판덱텐의 현대적 관용')와 결합하여 기존에 있던 다양한 법규범의 체계화에 공헌하였다. 한편, 대륙에서는 자연'법'이 논의의 중심이 되었던 것에 비하여 잉글랜드에서는 자연'권'을 둘러싼 논의가 전개되었다.

1. 자연법론과 인간이성

이성법론　　근세의 자연법론을 그 이전의 시대와 구별하는 가장 큰 특징은 인간이성을 모든 법적 판단의 공준으로 사용하였다는 점에 있다. 그 때문에 근세의 자연법론은 이성법론理性法論(Vernunftrecht, law of reason)이라고도 불린다.

근세 이전의 자연법론이 전제로 삼은 이성은, 예컨대 자연계에 내재하는 질서로서의 이성 혹은 신의 섭리를 엿볼 수 있도록 신에게서 분여分與받은 이성에 지나지 않았다. 이러한 의미에서 데카르트에 의해 확립된 근대적인 인간이성은 이것들과는 질적으로 달랐다. 새로운 자연법론의 배경에는 점차 자연을 인간이성에 의한 조작의 대상으로 자리매김하게 된 근대과학의 선구자들이 낳은 수학적·연역적 세계상이 있었다.

물론 인간이성이 신에게서 유래한다는 관념은 근세의 자연법론에서도 뿌리 깊게 유지되었다. 그러나 이러한 관념을 유지하면서도 근세의 세속적 자연법론자들은 자율적인 이성적 존재로서 자연과 대치하고 신과 절연된 인간 본성(human nature)에만 의거한 법이론을 구축하려 하였다. 이는 아래에 인용하는 그로티우스의 유명한 말에 잘 나타나 있다.

"우리가 지금 논하고 있는 것은, 신이 존재하지 않는다, 혹은 신은 인간사에 관심이 없다는, 그 자체가 최대의 모독을 범하게 되는 것을 감히 용인한다 할지라도 어느 정도 타당할 것이다."

『전쟁과 평화의 법』 서설, 제11절

이러한 근세의 세속적 자연법론의 특징을 잘 이해하기 위하여 고대 및 중세의 자연법론을 되돌아보기로 하자.

고대의 자연법론   자연법론은 기원전 5세기 그리스에서 소피스트들의 논쟁 중에 형성되었다고 전해진다. 그들은 도시국가(폴리스)에서의 법의 기초를 탐구하면서 입법자의 명령이 아니라 자연(physei)에 따라 존재하는 법규범이 있으며 이러한 규범은 시공을 초월하여 영원하고 보편타당하다고 주장하였다.

이러한 생각의 바탕에는 현실의 그리스 도시국가들에 공통된 불문법(nomoi agraphoi)이 있었다. 시공을 초월한 자연법이 존재한다는 생각에는 스토아학파의 철학자·법률가들에 의하여 자연계와 도덕을 함께 지배하는 단일한 세계법칙이 있었다. 법(lex)을 '자연에 내재하는 최고의 이성'이라고 한 키케로도 이러한 스토아학파의 세계관을 따랐다.

기독교적 자연법론   고대의 자연법론에서는 자연법이 시공을 초월한다고 말할 때 그것이 서술적인 의미(실제로 그렇다는 것)인지, 아니면 규범적인 의미(그러해야 한다는 것)인지가 반드시 명확하지는 않다. 이에 비하여 스토아학파의 자연법론을 받아들인 중세 스콜라 신학의 자연법론에서는 규범적인 성격이 명확히 나타난다.

자연법은 이제 신의 이성(섭리)이라는 의미에서 영원법(lex aeterna)이라고 하였다. 인간본성에서 자연법을 도출한다는 관념도 유지되고는 있지만, 여기에서 말하는 인간본성은 기독교적인 인간상이 배경이었다. 예컨대 13세기의 위대한 스콜라 신학자 토마스 아퀴나스는 다음과 같이 기술한다.

> "그런데 다른 여러 피조물 사이에 있으면서 이성적인 피조물은 스스로 섭리의 분담자(particeps)가 되어 자신 및 다른 것을 위하여 배려(섭리)하는 한에서는 무엇인가 더 탁월한 방식으로 신의 섭리에 복종하고 있다. 따라서 이성적인 피조물 자체에서도 영원한 이념이 분유分有되어, 그것에 따라 올바른 행위와 목적을 향한 자연본성적인 경향성을 가지며, 이성적인 피조물에 의한 이러한 영원법의 분유가 자연법이라고 불린다."
>
> 『신학대전』 제2-1부 제91문제 제2항

인간의 이성은 신의 섭리의 아주 작은 조각에 불과하지만, 바로 그런 까닭에 신의 섭리를 이해하기 위한 길잡이기도 하다. 기독교적 자연법론의 배경에는 이러한 중세의 세계관이 존재하였다.

스페인의 후기 스콜라학파   근세의 세속적 자연법론의 선구가 된 것은 16세기 스페인에서 발달한 후기 스콜라학파(살라망카 학파)이다. 대표적인 인물로 프란시스코 비토리아Francisco de Vitoria, 도밍고 데 소토Domingo de Soto, 페르난드 바스케스Fernando Vázquez de Menchaca, 디에고 데 코바루비아스Diego de Covarrubias y Leyva, 프란시스코 수아레즈Francisco Suárez의 이름이 거론된다.

그들 대다수는 성직자나 신학자였는데, 기독교도든 이교도든 인간이기 때문에 보편적인 인류사회에 귀속하며, 보편적인 인류공통법(만민법)에 의해 누구도 기본적인 권리를 침해당하지 않는다고 주장하였다.

신대륙의 발견 후기 스콜라학파에 발전의 계기를 준 것은 의심할 여지없이 신대륙의 발견이었다. 정복자들에 의한 인디오 지배의 개시와 함께 기독교도와 이교도(인디오)가 공존하기 위한 새로운 법이론이 필요하게 되었다. 그 선구적 형태는 '북십자군' 시대에 이교도였던 슬라브인 문제였다(제11장 칼럼 참조).

『신학적 재고찰』 도미니크 수도회 소속으로 살라망카대학 신학교수였던 비토리아는 나중에 『신학적 재고찰(Relectio theologicae)』이라고 제목을 붙인 책에 수록된 일련의 공개특별강의를 하였다. 그 강의록은 아주 큰 영향력을 지녔다. 예컨대 잉글랜드의 헨리 8세의 이혼문제를 계기로 한 1531년의 「혼인에 대하여(De matrimonio)」라는 강의록은 헨리 8세에게 이혼을 단념시키고, 결과적으로 영국 국교회의 설립을 가져왔다고 말해지기도 한다.

이 강의록에는 1539년에 한두 개의 강연 즉 신대륙의 선주민에 관한 만민법상의 권리를 논한 「인디오에 대하여(De indis)」 및 「전쟁의 법에 대하여(De jure belli)」가 수록되어 있다. 여기에서 비토리아는 그의 만민법론을 전개하였다.

바야돌리드의 대논쟁 1550년 스페인의 정복자의 인디오에 대한 전쟁의 정당성을 둘러싸고 이른바 '바야돌리드Valladolid의 대논쟁'이 벌어졌다. 소토를 의장으로 하는 '14인 심의위원회'에서 인디오 정복을 정당화한 세풀베다Juan Ginés de Sepúlveda에 대하여 『인디아스의 파괴에 관한 간결한 보고』(1552년)에서 정열적인 반론을 가한 라스 카사스Bartolomé de Las Casas가 의거한 것은 비토리아의 만민법론이었다.

2. 유럽 대륙에서의 자연법론의 전개

네덜란드 운동 독일의 역사가 게르하르트 외스트라이히Gotthold Herbert Gerhard Oestreich는 '네덜란드 운동'이라는 개념 아래 신스토아주의를 그 첫 번째 물결, 자연법론을 두 번째 물결로 자리매김하였다. 네덜란드의 문헌학자로서 라이덴대학 교수인 유스투스 립시우스로 대표되는 신스토아주의는 근대국가의 이론적인 골격을 제시하는 것과 함께 고대 스토아파의 자연법론을 근세에 부활시켰다(제16장 참조). 근세의 세속적 자연법론이 중세의 신학이 아니라 고대의 르네상스적·인문주의적 세계관을 기초로 한 것은 이 신스토아주의라는 첫 번째 물결 없이는 생각할 수 없을 것이다.

라이덴대학 17세기 유럽법학에 획기적인 변화를 가져온 지적 조류가 '네덜란드 운동'이라고 불리는 까닭은 네덜란드에 설립된 라이덴대학이 그 지적 발신지가 되었기 때문이다. 네덜란드 북부 프로테스탄트 지역 최초의 대학이 홀란드주州 라이덴에 설립된 때는 스페인에서 독립하기 전인 1575년이었다.

  설립 후 얼마 지나지 않아 '성 바르돌로뮤 축일의 대학살'을 피해 도망친 도노(제15장 참조)의 초빙에 성공한 라이덴대학은 곧 립시우스와 그로티우스로 대표되는 네덜란드 운동의 지적 발신지이자 네덜란드 고유법학의 메카로서 전 유럽의 주목을 받았다.

신구논쟁 근세의 세속적 자연법론은 원래 인문주의적으로 이해된 고대의 부활이라는 측면을 강하게 갖고 있었는데, 곧 계몽주의적인 의미에서의 이성법론으로 발전하게 된다. 이 과정에서 중요하였던 것은 17세기의 이른바 신구논쟁(Querelle des Anciens et Modernes)에서 근대파가 승리를 거둔 사건이라 할 것이다.

  이를 통해 문제의 설정 자체가 코페르니쿠스적 전환을 이루어, 처음에 사회질서가 있는 것이 아니라, 먼저 고립된 인간의 본성에 대해 인간학적인 고찰이 행해진 후 그러한 인간이 공존하기 위해 어떠한 사회가 구성되어야 하는가 하는 형태로 논의가 이루어지게 되었다.

그로티우스

근세 자연법론의 시초가 된 것은 네덜란드의 법학자 그로티우스Hugo Grotius(1583-1645년)이다. 불과 11세에 라이덴대학 법학부에 입학한 그로티우스는 스페인이 유럽 바깥에서 독점적 항행권을 주장하는 것에 반대하여 자유로운 식민지 무역을 설파한 『해양자유론(Mare Liberum)』(1609년)으로 일약 그 이름을 날렸다. 그의 『네덜란드 법학 입문(Inleidinge tot de hollandsche Rechtsgeleertheid)』(1631년)은 고유법에 관한 초기의 가장 우수한 서술 중 하나이고, 로만-네덜란드법의 '권위 있는 저작(book of authority)'으로서 현재도 남아프리카 공화국에서 법률에 준하는 취급을 받고 있다.

그렇지만 그의 이름을 불멸의 것으로 높이 올린 것은 그의 주저 『전쟁과 평화의 법(De jure belli ac pacis)』(1625년)이다.

'근대 자연법의 아버지', '국제법의 아버지'

이 위대한 작품으로 그는 '근대 자연법의 아버지', '국제법의 아버지'로 불리게 되었다. 근세 자연법론의 중요한 요소인 '세속화'라는 점에서 볼 때 그로티우스의 자연법론은 여전히 도덕신학에 의존하고 있고 홉스Thomas Hobbes나 푸펜도르프Samuel von Pufendorf에 비하여 확실히 미성숙하였다. 또 국제법학의 창시자라는 점에서는 스페인 후기 스콜라 학파와 젠틸리Alberico Gentili가 더 적합하다는 비판도 꾸준히 이루어지고 있다. 이러한 의미에서 위와 같은 통칭은 어쨌든 학문적으로는 부정확할지 모른다.

그러나 반대의 관점에서 보면, 완성도와 독창성에 의문이 있음에도 불구하고 사람들은 익히 그를 '근대 자연법의 아버지', '국제법의 아버지'라고 불러왔다. 『전쟁과 평화의 법』이 준 충격은 그 정도로 강렬한 것이었다.

◆ 알베리코 젠틸리(1552-1608년)

페루자에서 배우고 옥스퍼드 대학에서 로마법 흠정강좌 교수를 지냈다. 법실무를 위한 법

> 학교육이라는 관점에서 인문주의법학에 대하여 주해학파의 방법을 강력하게 옹호한 것으로 알려져 있다. 국제법의 개척자로서는 만민법을 자연법과 동일시하면서도 자연법을 모든 민족의 동의와 결부된 것으로 신학에서의 해방에 공헌하였다.
> 주저로 『법해석자를 둘러싼 대화 6편(De iuris interpretibus dialogi sex)』(1582년), 『외교사절론(De legationibus)』(1585년), 『전쟁법론 3권(De iure belli libri III)』(1598년)이 있다.　　(R)

스웨덴왕 구스타프 아돌프가 30년 전쟁에 참전한 때 전장에 휴대하고 다녔다는 일화에서도 알 수 있는 것처럼 『전쟁과 평화의 법』은 스웨덴과 프로이센 등 프로테스탄트 국가들을 중심으로 열광적으로 수용되었다.

자기보존과 사교성　　이 작품에서 그로티우스는 전시戰時에도 적용되는 보편적인 규칙을 설정하려 하였다. 이를 위하여 그는 개개 국가의 제정법에 좌우되지 않는 '이성을 부여받은 인간 본성'에 의거하였다. 인간에게는 '자기보존의 욕구'와 함께 '사교성의 욕구(appetitus societatis)'가 선천적으로 갖추어져 있다. 이 사교성 때문에 계약을 이행하고 손해를 회복하고 타인의 소유권을 존중하는 것이 '자연적'인 것이다.

'합의는 지켜야 한다'　　그로티우스는 자기의 주장을 예증하기 위하여 종종 성서나 「시민법대전」의 기술에 의거하였으나 이들 기술을 맹종하지는 않았다. 사교성의 원리를 배경으로 그로티우스는 '무방식 합의에서 소권은 발생하지 않는다(ex nudo pacto actio non oritur)'라는 로마법의 원칙을 저 유명한 '합의는 지켜야 한다(pacta sunt servanda)'의 원칙으로 전환하였다.

자연법론의 세속화 · 체계화　　그로티우스와 홉스의 영향 아래 자연법론의 세속화 · 체계화를 완성시킨 것은 독일의 자연법학자 자무엘 푸펜도르프였다. 그에 의하여 근세의 자연법론은 신학에서 완전히 해방되어 진정하게 '세속적'인 것이 되었다.

사상가 · 이론가로서 푸펜도르프가 두 명의 선구자에 뒤지는 것은 부정할 수 없지만, 동시대에 대한 그의 영향력은 실로 절대적이었다. 그의 주저 『자연법과 만민법(Jus naturae et gentium)』(1660년)은 다음 해에 하이델베르크대학에 초대初代 교수로 취임한 후 같은 명칭의 강좌와 함께 '자연법과 만민법'의 개념적 틀을 보급시켰다.

자신의 손으로 쓴 『자연법과 만민법』의 요약판인 『인간 및 시민의 의무에 대하여 (De officio hominis et civis)』(1673년)는 통독이 가능한 분량과 명료한 서술로 근세 자연법론의 보급에 크게 공헌하였고 프랑스 인권선언('인간 및 시민의 권리선언')의 사상적 배경의 하나가 되었다.

자기애와 사교성 푸펜도르프 역시 자기애와 사교성이라는 두 가지 인간본성에 의거하였다. 자기애는, 인간의 무력함(상호의존의 필요성)과 호의(상호교환에 의한 자기이익)에 의해 매개됨으로써 사교성과 조화될 수 있다.

그런 까닭에 자연상태는 홉스가 상정한 것과 같이 전시상황이라기보다는 법을 보장하는 법관이 없는 불안정한 상태이다. 국가가 형성된 것은 이 불안정을 탈피하기 위해서이다. 먼저 결합계약에 의하여 사회가 형성되고, 이어서 정체政體가 선택되며, 마지막으로 지배-복종계약에 의하여 주권자가 선출된다(이중계약론).

저항권의 거부 계약에 의해 발생하는 의무는 쌍무적이고, 주권자가 공공선에 따른 통치를 행하지 않는 경우 이를 판정하는 권한은 인민에게 있다. 그러나 자기방위권을 넘는 저항권의 행사는 국가의 파괴로 귀결되기 때문에 인정되지 않는다. 즉, 의무는 절차적·제도적인 보장 없이 군주의 양심만을 구속하는 것이다. 저항권을 승인하지 않는 것은, 군주의 자기 수양과 공공선 배려에 대한 유토피아적 신뢰에 의거하였다.

이러한 의미에서 푸펜도르프의 서술의 중심을 이룬 것은 제도가 아니라 사려와 책임을 가지는 인간이었다.

번역에 의한 보급 그로티우스와 푸펜도르프의 자연법론이 전 유럽에 폭발적으로 보급되는 데에 장 바르베락Jean Barbeyrac의 프랑스어 번역이 가지는 의의를 몇 번을 강조해도 불충분할 것이다. 학식자의 특권적 언어인 라틴어로 집필된 그로티우스와 푸펜도르프의 주요 저작은 속어인 프랑스어로 번역됨으로써 더 광범위한 계층의 손에 닿게 되었다.

물론 더 광범위한 계층이라고 해도 근세 유럽의 문맹률을 고려하면 일반 서민에게까지 자연법사상이 보급되었다고 생각하는 것은 섣부르다. 그러나 바르베락의 번역으로 자연법사상은 극소수의 지적 엘리트에 의한 독점에서 해방되어 교양 있는 시민들의 공유재산이 되어 사법개혁과 법전편찬에서 혁명에 이르기까지 사회변혁의 사상적인 기초를 놓게 되었다.

자연법과 법실무   자연법론이 발전함에 따라서 새로운 학문적 성과를 법실무에 이식하려는 시도가 이루어졌다. 『뤼벡법 주해』의 저자 다피트 메비우스는 그중의 한사람이다. 메비우스는 보통로마법의 권위를 대신하여 자연법을 새로운 전거로 삼으려 하였다.

'현대적 관용'과의 상호작용   17세기의 자연법론은 계수된 로마법과 지역 고유법의 동화, 이른바 '판덱텐의 현대적 관용'과도 상호 영향을 주고받았다. 그 하나의 중심적인 장소가 1694년에 설립된 할레대학이다.

설립되자마자 할레대학을 이끌었던 자무엘 슈트뤽은 현대적 관용의 실무적 법이론을 전개함에 있어 자연법을 예증으로 제시하였다. 같은 경향의 실무적 법학자로는 슈트뤽의 제자로 할레대학 교수인 유스투스 헤닝 뵈머가 있다.

법과 도덕의 준별   마녀재판(제14장 참조)과의 격렬한 투쟁을 전개하고 프로이센에서 마녀재판 폐지를 실현한 자연법학자 크리스티안 토마지우스 Christian Thomasius도 이 할레대학의 동료이자 슈트뤽의 제자이기도 하였다. 최초로 독일어로 강의한 법학자로서도 알려진 토마지우스는 법과 도덕을 준별하고 도덕적 의무로서의 자연법은 계몽군주의 입법에 의하여 비로소 법이 된다고 주장하였다.

도마의 체계   프랑스에서는 관습법학파가 자연법의 실무적 적용을 시도하였다. 철학자 파스칼의 친구 장 도마Jean Domat도 그 한 사람이다. 68판 이상 거듭 간행된 도마의 주저 『자연적 질서에서의 시민법(Lex lois civiles dans leur ordre naturel)』에는 그로티우스의 영향이 나타난다. 「학설휘찬」에서 추출한 법의 일반원리를 서술할 때에 도마는 「학설휘찬」의 법문을 각주로 달았다. 이렇게 하여 구축한 도마의 체계는 프랑스보다 오히려 독일에서 지지받아 판덱텐법학과 독일 민법전의 선구가 되었다.

자연법론의 완결   유럽 대륙에서 자연법론의 발전을 완결로 이끈 것은 독일의 수학자이자 자연법학자인 크리스티안 볼프Christian Wolff이다. 볼프는 1706년부터 할레대학에서 수학을 담당하였는데, 당시 동양에 대한 취미에서 자신의 실천철학이 공자孔子의 사상과 통한다고 한 것 때문에 1723년에 무신론자라는 이유로 프로이센에서 추방되어 버렸다.

그러나 그 후에도 명성이 쇠퇴하지 않았기 때문에 그의 추방을 후회한 프리드리히 빌헬름 1세는 국외추방을 철회하고 다시 초빙하고자 하였다. 볼프는 신중하였다. 그가 할레대학에 복귀한 것은 계몽군주 프리드리히 대왕이 즉위한 1740년의 일이다.

기하학적인 방법   할레 복귀 후 볼프는 새롭게 담당한 '자연법 및 시민법' 분야에서 저작활동에 전념하여 1740-48년에는 '기하학적인 방법(mos geometricus)'을 구사한 『과학적 방법에 의한 자연법(Jus naturae methodo scientifica pertractatum)』을 완성하였다. 라이프니츠와 볼프가 만들어낸 '기하학적 방법'은 법학을 법의 '사려(prudentia)'에서 근대적인 '과학(scientia)'으로 인도하였다.

볼프의 복지국가사상   볼프 학설을 내용적으로 보면, 대부분 '판덱텐의 현대적 관용'의 법소재를 체계화한 것에 지나지 않는다. 그렇지만 볼프의 논의는, 설사 그 극단적인 망라성 탓에 가장 중요한 독자인 계몽군주(프리드리히 대왕)마저 질려버렸다 할지라도, 모든 신민을 행복으로 이끌어야 한다는 계몽절대주의적 복지국가 사상을 명확하게 보여주었다.

이렇게 하여 볼프의 자연법론은 프로이센 일반란트법, 오스트리아 일반민법전, 프랑스 민법전이라는 자연법적인 법전편찬의 3대 사업 모두에 다대한 영향을 주게 되었다.

절대적 자연법으로부터 상대적 자연법으로   근세의 세속적 자연법론은 오로지 자율적인 인간이성에 의거하는 것에 의하여, 한편으로는 신의 섭리에서 유래하는 종교적 권위로부터의 해방을, 다른 한편에서는 '쓰인 이성'인 로마법의 권위로부터의 해방을 가져왔다.

철학적 인간학에 기초한 '인간의 본성이란 어떤 것인가?'라는 질문에서 출발함으로써 근세의 세속적 자연법론은 시공을 초월한 보편적 타당성을 주장할 수 있었다. 그러나 자연법론은 누구나 인정하는 보편적 원리로부터 연역된 체계를 구상하였지만, 그 논의가 구체적인 법제도의 모습과 내용에 다다르게 됨에 따라 현실의 사회적 요청에 응답하기 위해서 근세 유럽의 시공간 속에 다시 붙박이게 되었다.

3. 잉글랜드의 자연법론

ius와 right   이상과 같이 유럽 대륙의 자연법론은 대부분 자연적 '의무'에 기초한 객관적인 '법'을 중심으로 전개되어왔다. 이러한 이론적인 특징은 언어의 구조에서 영향을 받은 것으로 보인다.

라틴어의 ius, 프랑스어의 droit, 독일어의 Recht 등은 '법'과 '권리' 양쪽 의미를 다 가진 단어이다. 이러한 언어에서 '주관적 권리(droit objectif, subjektives Recht)' 또는 '객관적 법(droit objectif, Objektives Recht)'이라는 표현이 이용되는 이유도 형용사 없이는 양자를 구별할 수 없기 때문이다.

이에 대하여 (명백히 독일어의 Recht와 어원이 같은) 영어의 right에는 '법'이란 의미가 없다. 이렇게 하여 대륙형의 자연'법'론과는 다른 자연'권'론이 영국에서 발달하게 되었다.

홉스의 자연권론　　토마스 홉스Thomas Hobbes는 '자기보존의 욕구'를 인간 본성 속에 자리매김한 그로티우스의 입장을 발전시켜 자연권의 이론을 수립하였다. 홉스의 주저 『리바이어던Leviathan, or the Matter, Forme, and Power of a Commonwealth, Ecclesiasticall and Civil』(1651년)에 따르면, 자연상태에서 인간을 구속하는 '자연법'은 존재하지 않으며 인간은 '자연권' 즉 자기보존의 권리를 자유롭게 행사할 수 있다.

그러나 각자가 무질서하게 자기보존의 권리를 관철시키려 하면 이른바 '만인 대 만인의 투쟁' 상태에 빠져 오히려 자기의 생명이 위험해진다. 이 딜레마를 벗어나기 위한 유일한 수단이 사회계약이다. 사회계약에 의해 절대적인 주권국가(리바이어던)가 창출되고 형벌의 위협에 의해 각자의 자연권 주장을 질서의 틀 내에 담는 것이 가능하게 된다. 그러나 이 주권국가는 신민의 안전(자연권)을 확실하게 보장하기 위하여 무엇에도 의존해서는 안 된다.

이러한 명쾌한 논리에 의하여 홉스는 정치적인 권위의 종교적인 권위(특히 로마·가톨릭교회)로부터의 독립을 설파함과 동시에 신민의 안전을 보장하지 않는 주권자에 대한 저항권도 정식화하였다.

로크의 자연권론　　존 로크John Locke는 홉스가 수립한 '자연권' 이론에 기반을 두면서도 대륙의 자연법학자와 마찬가지로 자연상태에는 '자연법'이 존재한다고 하였다. 『통치론(Two Treatises of Government)』에 의하면 인간은 타인의 생명·재산·자유의 존중이라는 자연법에 따름으로써 자연상태는 평화로운 상태이다.

여기에서 로크가 인간은 '노동'에 의하여 자연에서 획득한 것을 자기 소유로 할 수 있다고 주장한 것이 매우 중요하다. 이리하여 사유재산은 자연권이 되었다. 로크는 정치사회의 목적을 생명과 자유에 머무르지 않고 확실한 사유재산의 보장에서 구한 것이다. 이렇게 하여 자연권론은 근대시민사회의 요청에 응하게 되었다.

로크의 사상은 명예혁명의 토대가 되었고 미국 독립과 헌법사상에 큰 영향을 주었다. 근대시민사회의 헌법질서를 근저에서 지탱하고 있는 것은 로크의 사상이다.

제19장
계몽주의와 법전편찬

계몽주의란 인간이성에 기초한 검증의 프로세스이다. 따라서 어떤 특정한 개혁목표를 내걸었는가 하는 것은 계몽주의의 본질과는 전혀 관계가 없는 지엽적 문제에 불과하다. 계몽주의는 이성적 법체계를 추구하는 과정에서 자연법론과 결합하고, 합리적인 통치시스템을 추구하는 과정에서 사회적 규율화와 결합하였다. 유럽 근대의 개막을 고하는 대규모의 자연법적 법전편찬을 가능하게 한 것은 이러한 계몽주의의 역동성이다.

1. 계몽이란 무엇인가?

'계몽이란 무엇인가?' 독일의 철학자 임마누엘 칸트는 자신이 살던 18세기라는 시대를 '계몽의 세기'로 자리매김하였다. 칸트에 따르면 용기를 가지고 자신의 이성을 행사하려고 하는 심적 태도 즉 "감히 알려고 하라(Sapere aude)!"야말로 '계몽'이다.

"계몽이란 인간이 자신의 미성년 상태에서 탈출하는 것이다. 그런데 이 상태는 인간이 스스로 초래한 것이므로 그 자신에게 그 책임이 있다. 미성년이란 타인의 지도가 없으면 자신의 오성을 사용할 수 없는 상태이다. 그런데 이러한 미성년 상태에 머물러 있는 것은 그 자신에게 책임이 있다. 이 상태에 있는 원인은 오성이 결핍되어 있기 때문이 아니라, 오히려 타인의 지도가 없어도 자기 자신의 오성을 사용하려고 하는 결의와 용기를 결핍한 데 있기 때문이다."

칸트, 「계몽이란 무엇인가?」

계몽주의는 18세기 유럽을 지배하였다. 거기에는 다양한 종류의 잡다한 지적인 조류가 포함되어 있으며, 결코 하나로 단결된 모습의 운동으로 부를 수 있는 것은 아니다. 독일의 역사가 루돌프 피어하우스Rudolf Vierhaus(1922-2011년)가 서술한 바와 같이 "개개의 원리와 교설, 개개 사상가의 철학이 '계몽'인 것이 아니라, 전통과 학문적 권위 사이의, 신앙의 내용과 창고에 쌓여있는 지식 사이의, 법의 합법성과 제도의 역사성 사이의 지적인 대결의 과정이 '계몽'인 것이다."

프로세스로서의 계몽주의   계몽주의 운동은 실천이성에 기반한 행동철학으로서, 이성에 의하여 정치·경제·사회·문화·일상생활의 모든 영역에 대해 검토하고 거기에 존재하는 온갖 현상을 설명하거나 그것이 불가능한 경우에는 '설명 가능한 것'으로 변혁하려고 하였다. 현대의 우리는 흔히 오해하곤 하는데, 어떠한 개혁안이 제시되었는가, 어느 정도 그러한 계획이 실현되었는가 하는 문제는 현실의 계몽주의 운동에서는 하찮은 것이었다. 중요한 것은 이성에 의한 검증 '프로세스'이며, 그러한 검증을 계속하여 진행하는 정신적 자세 그 자체였다.

'수치스러운 것을 타파하라(écrasez l'infame).' 이것은 가장 대표적인 계몽주의자 볼테르가 내세운 표어이다. 이 말에서 상징되는 것과 같이 두려움을 모르는 대담한 비판정신이 퍼져나감에 따라 기존의 종교적·학문적·정치적 체제는 자신의 존재기반을 즉자적卽自的(an sich)인 권위나 전통이 아니라, '이성'에 의해 대자적對自的(für sich)으로 설명하지 않을 수 없게 되었다. 이렇게 하여 기존의 체제질서 쪽도 '계몽'의 논리 속으로 엮여 들어가게 된다.

이렇게 18세기 유럽의 도처에 출현한 살롱과 클럽, 전 유럽의 '철학자'(계몽주의자)들을 전부 포괄하는 왕복 편지의 네트워크, 혹은 프리메이슨을 비롯한 각종 결사, 이들 다종다양한 공론장에서 계몽주의가 실현되었다.

규율과 계몽   프랑스의 철학자 미셸 푸코Michel Foucault(1926-1984년)는 "자유를 발견한 '계몽시대'는 규율도 고안하였다."라고 서술하였다. 이 말이 시사하는 것처럼 계몽주의와 사회적 규율화는 아주 가까운 관계에 있다. 기존의 모든 체제에 이성적인 설명을 요구한 계몽주의는 마침내 사회생활을 하는 인간의 모든 행위까지 합리성을 요구하였다.

그런데 계몽적 이성을 사회의 말단까지 실효적으로 보급시키기 위해서는 어떠한 통치시스템이 가장 효율적일까? 볼테르와 프리드리히 2세(대왕), 디드로와 예카테리나 2세의 지적 교류가 보여주는 것처럼 많은 계몽주의자들은 계몽절대주의야말로 그 답이라고 생각하였다.

조국애와 법전편찬   마치 19세기의 내셔널리즘을 선취하여 보여주는 것처럼 계몽주의의 시대에는 '조국애'가 왕성하게 논해졌는데, 조국애는 인민의 주체적인 기여를 촉구하는 동시에 군주권을 제약하는 근거였다.

그러므로 군주를 '인민의 제1의 종복'으로 자리매김한 프리드리히 대왕의 계몽절대주의는 시대정신의 산물이었다. 계몽주의 시대를 총괄하는 것처럼 등장한 대표적인 자연법적 법전들이 모두 시민사회의 행위규범이 될 것을 목표로 하여 계몽절대군주(및 나폴레옹)의 강력한 주도권 아래에 성립한 것은 우연이 아니다.

비판정신의 보급   그렇지만 계몽주의와 사회적 규율화의 관계는 모순을 잉태한 것이었다. 계몽주의는 사회적 규율화의 증대된 합리화인데, 단순한 명령복종의 외면적 규율보다도 강력하고 경제적인 내면적 규율(자기 순치·자기 계몽)을 통하여 이루어졌다. 이 자체는 오히려 규율화를 강화하는 것이었지만, 내면적 규율의 불가결한 전제가 되는 판단력의 양성과 주체성의 형성은 권위에 대한 맹목적인 복종을 거절하는 정신풍토를 형성하였다. 이런 식으로 근대 민주주의의 기초가 될 비판정신이 점차 광범위한 사회층에 내면화되었다.

'완전한 가家'의 해체 근세의 자연법론은 절대주의적인 근대국가의 권력을 제약하고 개인의 기본적 권리를 확보하기 위하여 종종 전통적인 '가의 평화'에 의거하였다. 그러나 계몽절대주의 시대에 가부장이 아닌 개인으로서의 시민이 법생활의 중심에 위치하게 됨과 동시에 국가권력이 이성의 이름으로 가부장권에 중대한 제약을 가하여 갔다. '가'는 구 유럽사회의 기본단위로서의 '완전한 가'의 성격을 상실하였다.

그 대신 떠오른 것이 '근대가족'이었다. 그것은 애정을 전제로 생식·교육·소비(가계)의 단위로서 공권력의 간섭도 공권력에 대한 참여도 거부하는 '사생활'의 장이 되었다. 시민사회의 행위규범으로 구상된 자연법적인 법전들은, 말하자면 기본적 권리와 국가권력을 모두 확대하기 위하여 '완전한 가'를 해체하였고, 그럼으로써 구 유럽사회에 종지부를 찍은 것이다.

2. 형사사법에서의 계몽주의

프리드리히 대왕의 형사사법개혁 프리드리히 대왕이 프로이센 국왕으로 즉위한 것은 1740년의 일이다. 당시 아직 28세였던 젊은 국왕이 즉위한지 불과 수일 후에 실행한 고문 폐지는 계몽주의의 획기적 승리이다. 몽테스키외의 『법의 정신』이 출판된 것이 1748년, 베카리아의 『범죄와 형벌』이 1764년이라는 것을 생각하면 프리드리히의 개혁사업이 얼마나 선구적이었는가를 알 수 있을 것이다.

프로이센이 강고한 절대주의 국가였던 것은 형사사법의 계몽주의적인 개혁에도 오히려 좋았다. 입법·행정·사법 모든 것의 최고권력자로서 프리드리히는 계몽주의적인 입법·판결활동에 직접 개입하여 처리할 수 있었기 때문이다.

대권판결의 폐지 민사소송에서 '대권판결大權判決(Machtspruch)'(국왕대권에 기초한 친재親裁)이 행해지고 있었는데, 아마도 몽테스키외의 권력분립론의 영향을 받아 프리드리히는 이를 1752년에 폐지하였다. 1768년의 『정치 유훈(Testament politique)』에 적힌 "재산의 보전, 소유의 안전, 여기에 모든 사회 및 모든 좋은 통치의 기초가 있다."라는 말에서 볼 수 있는 것처럼 법적 안정성에 무게를 둔 법관념이 그 배경에 있었다.

재가권에 의한 인도주의화 한편, 형사소송에서는 구체적 타당성을 중시하는 입장에서 프리드리히는 최상급 법관으로서의 '재가권裁可權(Bestätigungsrecht)'을 포기하지 않고 모든 중대사건의 판결을 스스로 확인하기를 고집하였다. 이 재가권의 행사로 프로이센 형사사법의 인도화人道化가 크게 진전되었다.

형사사법의 인도화는 계몽주의적인 합리성에 기초하고 있었다. 이러한 의미에서 그것은 또한 국가의 권력기반 강화와도 결부되어 있었다. 프리드리히 치하의 프로이센에서는 재가권에 의해 사형이 종종 징치형懲治刑이나 성새에 가두는 금고형城塞禁錮刑으로 감경되었기 때문에 사형의 적용이 연간 15건 정도까지 감소하였다. 그 배경에는 국력의 원천이 되는 귀중한 인구를 사형으로 잃는 것은 좋지 않다는 중농주의적인 사상이 있었다.

이리하여 재산범죄는 1743년에는 강도살인 등의 경우를 제외하고 기본적으로 사형의 대상에서 제외되게 되었다. 또한, 화형 등의 가중형은 1749년 이후 장작더미 위에서 집행하는 전통적인 방식이 아니라 초가지붕의 오두막을 통째로 불태우는 방식으로 바뀌었다. 이는 사형수를 화형에 앞서 비공개적으로 교수형에 처하기 위해서였다. 계몽적인 합리성의 견지에서 보면, 사형집행 광경을 구경하러 온 군중에 대한 일반예방적인 위하威嚇는 필요하지만, 어차피 처형되는 사형수 본인에게는 고통을 준다 해서 더 나은 것도 없기 때문이었다.

영아살해 사형수의 대부분은 영아살해를 범한 여자들이고 나머지는 살인범이나 노상강도였다. 프리드리히는 영아살해의 처벌보다도 예방을 위하여 적극적으로 행동하였다. 영아살해를 엄격하게 처벌하면 한 번에 2명의 신민을 잃게 되기 때문이다. 그는 1740년에 즉위하면서 이미 포대布袋형벌(Säcken)을 폐지한 바 있었다. 이 잔혹한 형벌은 영아살해를 범한 어머니가 스스로 가죽포대를 꿰매어 만들게 한 후 그 포대 속에 넣어 익사시키는 형벌인데, 도무지 계몽의 세기에 맞지 않았다.

사생아를 낳은 여자에 대한 불명예형인 교회참회(Kirchenbuße)는 1746년에 폐지되었다. 사생아의 분만, 육아를 위한 시설도 각지에 설립되었다. 1765년에는 미혼으로 임신한 자에게 부과되는 간음자 처벌(Huren-Strafen)도 철폐하였다. 이 형벌은 종종 낙태나 영아살해의 원인이 되었기 때문이다. 사생아의 어머니에 대한 연금年金제도와 사생아의 어머니와 혼인하는 자에 대한 불명예를 철폐하는 것도 프리드리히가 검토한 과제 속에 있었다.

속죄사상에서 사회공학으로 이러한 시책들은 계몽주의가 국가이성과 보조를 맞추어 사생아에 대한 편견같은 민심 깊은 곳의 기독교 윤리에 대항하여 전개한 투쟁이었다. 형사정책은 이 투쟁으로써 전통적인 속죄사상을 벗고 사회공학으로 재탄생하게 되었다.

죄형의 균형 몽테스키외가 『법의 정신(De l'esprit des lois)』에서 전개한 정체론政體論에 의하면, 정체는 통치자의 많고 적음에 따라 민주정, 귀족정, 군주정으로 분류되고, 각각은 덕, 명예라는 고유의 원리를 가진다. 전제정이 아리스토텔레스의 고전적인 정체론에서는 군주정의 타락형태임에 반하여, 몽테스키외는 이를 모든 정체의 타락형태로 보고 전제정의 원리를 공포에서 찾았다. 그런 까닭에 공포스러운 가혹한 형벌은 전제정에만 가능할 뿐 어떠한 합법적인 정체에도 적합하지 않다. 이렇게 해서 몽테스키외는 죄형균형의 원리를 확립하였다.

계몽주의적인 문명사관도 이 죄형균형의 원리를 지지하였다. 다수의 계몽주의자는 16-17세기 모럴리스트 몽테뉴Montaigne와 라 로슈푸코La Rochefoucauld의 인간관찰을 이어받아 인간을 모든 일에 쉽게 적응하는 습관의 동물이라고 생각하였다. 그렇다고 한다면, 야만적 형벌이 반복되면 시민의 심성도 야만적으로 되고, 더 나아가 문명 그 자체가 쇠퇴할지도 모른다.

야만적인 형벌은 야만적인 시대에나 적합하다. 문명화된 시대에는 온건한 형벌이 적합하다.

형벌의 감경화 · 세속화 이렇게 해서 고통형과 사형이 적용되어야 하는 범죄유형은 크게 줄었다. 재산범죄에는 사형이 아니라 확실히 재산형이 적당하였다. 이 계몽주의적인 탈리오talio(同害報復)의 관념은 예컨대 화폐위조범에게는 조폐국에서 강제노동형을 과하여야 한다는 볼테르의 주장에서 전형적으로 표현되고 있다. 사형을 적용해도 좋은 것은 시민의 안전 그 자체를 침해하는 범죄뿐이다.

자살처벌의 폐지 특히 계몽주의자가 적대시한 것은 여러 종교범죄이다. 대부분 이신론자理神論者였던 계몽주의자들은 대체로 종교범죄에는 국가의 형벌권을 발동할 만한 '세속적인' 근거가 없다고 생각하였다. 중대한 신의 모독으로 간주되어 온 자살자 처벌도 의미가 없다고 생각하였다.

프로이센에서는 1747년 및 1752년의 관방령官房令으로 자살자 처벌이 폐지되었다. 이렇게 해서 자연법론이 착수한 형법의 세속화는 계몽주의에 의하여 완성되었다.

> ◆ **칼라스 사건** L'affaire Calas
>
> 앙시앙 레짐(구체제)의 종교적 박해에 대한 계몽주의의 투쟁의 상징이 된 사건. 1762년 신교도인 장 칼라스가 구교로 개종하려고 한 장남을 살해하였다는 혐의로 처형된 사건에 대하여 볼테르는 『관용론(Traité sur la tolérance)』(1763년)을 써서 칼라스의 무죄를 호소하였다.

> 이 운동의 결과 1764년에 국왕고문회의國王顧問會議(conseil du roi)는 원심판결을 파기하고 이듬해에는 명예회복이 이루어졌다.　(R)

베카리아　　　　형사사법 영역에서 계몽주의적 개혁사상을 밀도 있게 정리하여 전 유럽의 정신적 공유재로 만든 것은 체사레 베카리아Cesare Beccaria의 업적이다. 1764년의 저서 『범죄와 형벌(Dei delitti e delle pene)』은 다양한 언어로 번역되어 출판을 거듭하였다.

베카리아는 사회계약론으로 국가의 형벌권을 기초 짓고 동시에 그 범위를 획정하였다. 형벌권에 복종하는 것은 사회계약을 하였을 때 전체에 위탁된 자유의 일정 부분뿐이다. 그러나 생명은 그 위탁된 부분에는 포함되지 않기 때문에 사형은 허용되지 않는다는 것이다.

합리주의적 관점에서 베카리아는 형벌의 확실한 적용이 보장되고 있다면 형벌로 받는 불이익이 범죄로 얻는 이익을 초과하는 것만으로 충분하다고 주장하였다. 또한 피고인을 자의적인 재판절차로부터 구출하기 위하여 규문소송, 그중에서도 고문의 위험성을 지적하고 형사절차의 개혁을 강하게 호소하였다. 이렇게 하여 형사사법시스템은 점차 중세 이래의 전통적인 색채를 탈피하였다.

감옥개혁　　　　철저한 설명가능성을 요구하는 계몽주의의 창끝은 잔혹한 형벌과 고문 등이 가진 비합리성을 향하였다. 그 때문에 종종 인도주의적 요구가 결과적으로 충족되기에 이른다. 그러나 기실 그것은 어디까지나 결과론이고, 계몽주의에 입각한 형사사법 비판을 인도주의적인 비판과 동일시할 수는 없다.

사형死刑은 '비경제적'이라는 볼테르의 비판이 그 전형적인 예이다. 그런데 사형이 '비경제적'이라면 이를 대신하여야 하는 자유형은 '경제적'인 것이어야 한다. 존 하워드 John Howard의 『감옥사정(The state of the prisons)』(1777년)에서 발단하여 전개된 18세기 유럽의 감옥개혁은 이러한 문맥 속에 놓여 있었다.

개혁의 좌절 그러나 이 감옥개혁 운동은 수형자의 재사회화라는 목표를 당장은 달성하지 못하였다. 독일 형법학자 에버하르트 슈미트Eberhard Schmidt가 지적하였듯이 "종종 (죄수의 관리를 사적 영역에 맡기는) 청부제도가 시행되고, 죄수의 적절한 구분도 없으며, 관료주의적인 검약이 중시되었기" 때문에 감옥은 오히려 '범죄 학교'가 되어버렸기 때문이다. 그러나 수형자의 재사회화에 의해 (사형과 비교하여) 2명의 건전한 시민을 획득한다는 계몽주의의 계획을 방해한 것은 자금 부족이란 현실만이 아니었다.

계몽주의의 비판정신에 따라 세금의 합리적 사용에 대한 요청이 높아지면서 근면의 성과인 세금을 범죄자의 갱생에 사용하는 것이 과연 타당한가 하는 근본적인 의문이 떠올랐다. 그로 말미암아 계몽주의 시대의 감옥은 어쩔 수 없이 흔히 '자급자족'적으로 경영할 수밖에 없고, 결과적으로 재사회화의 목표를 달성하지 못하였던 것은 필연적인 귀결이었다.

사형·고통형에서 자유형으로 감옥개혁 운동 자체는 불충분하였으나, 사형과 고통형에서 자유형으로 이전되었다. 계몽주의적 이념의 자유형은, 시민사회 구성원의 정상적 틀에서 벗어난 수형자를 격리함으로써 규율과 근로의 습관을 갖춘 '정상적인' 구성원을 산출해내는 형벌로서 형벌체계의 주된 형식이 되었다.

3. 법전편찬의 시대

법전편찬의 이론 '최대다수의 최대행복'이라는 표어로 알려진 영국의 법이론가 제레미 벤담Jeremy Bentham은 공리주의 법사상을 전개하였다.

"자연은 인류를 두 사람의 절대적 주인 즉 고통과 쾌락의 지배 아래 두었다. 이 두 사람의 주인만이 우리가 무엇을 해야 하는가를 결정하고 무엇을 하지 않아야 하는가를 명하는 것이다. 그 왕관의 한 쪽은 선악의 기준이, 다른 쪽에는 인과의 사슬이 묶여 있다."

그가 『도덕과 입법의 원리 서론』(1789년)에서 규율화의 정수인 파놉티콘panopticon(일망감시식 감옥)[1]을 설계한 것과 함께 『법전개관』(1786년)에서 '법전편찬'이라는 단어를 만들어낸 것은 의미심장하다. 감옥개혁과 법전편찬이라는 계몽주의의 중요과제는 모두 공리주의의 법사상과 깊이 연관되어 있었던 것이다.

'자연법적' 법전편찬   18세기 말부터 본격화한 법전편찬 사업은 '자연법적' 법전편찬으로 총칭하는 것이 일반적이다. 이들 법전의 틀이 '기하학적인 방법'에 의한 체계화를 철학적 기본 인간상에 기초하여 추진한 근세의 세속적 자연법론이었기 때문이다. 그러나 개개 규정의 내용은 '판덱텐의 현대적 관용'의 학문적 성과로 채워졌다고 해야 할 것이다.

또한 법전편찬사업은 이미 자연법론이 정점을 지난 후에 수행되었다. 법전편찬을 실현한 것은 계몽주의적인 견지에서 이성에 기반한 일원적·체계적인 통치를 지향한 계몽절대군주(프리드리히 대왕, 레오폴드 2세)와 혁명의 이념을 마찬가지로 일원적·체계적으로 정착시키려고 한 황제 나폴레옹이었다. 사실 인간이성에 기반하고 있던 근세 자연법론의 기하학적인 체계는 계몽적 이성에 기반하는 일원적 지배와 매우 친화적이었다.

---

1) 벤담은 1786년 러시아에서 파놉티콘에 대해 적은 일련의 편지를 런던에 있는 친구에게 보내 팸플릿 형태로 출간할 것을 부탁하였고, 나중에 추신을 합쳐 1791년 『파놉피콘, 감시의 집(Panopticon, or the Inspection-House)』이란 제목으로 출간되었다(판매되지는 않았음). 국내에 그 번역본이 출간되어 있다 (제러미 벤담, 신건수 옮김, 『파놉티콘』, 책세상, 2007).

시민사회의 행위규범　　자연법적 법전편찬은 그렇기 때문에 규율과 계몽의 산물이었다. 몽테스키외가 『법의 정신』에서 "법률은 결코 정묘함을 다하려 하면 안 된다. 그것은 중간 정도의 이해력을 가진 사람들을 위하여 만들어져 있는 것이다. 그것은 논리의 기술이 아니라 가부장의 평이한 조리條理이다."라고 쓴 것처럼 계몽주의 시대의 법전편찬은 복잡해진 법을 체계적으로 정리하는 것일 수는 없었다.

　　편찬자들은 법전을 시민사회를 규율하는 행위규범으로 정립하고, 시민생활을 법전으로 계몽하는 것을 자신들의 과제로 삼았다. 그 필수조건으로 거론되는 것은 ① 법전이 공포되는 것, ② 라틴어가 아닌 모국어로 기록되는 것, ③ 한 번 읽으면 이해할 수 있도록 단순 명쾌하게 기술되는 것이었다.

　　그러나 이와 나란히 ④ 법전의 내용을 이해할 수 있는 정도의 교양이 시민에게 필수적이 되었다. 이렇게 하여 보통교육에 따른 식자층의 증가와 국내 전역에서 통용되는 표준어의 확립까지도 법전편찬에 부수하는 과제가 되었다.

법전의 수신자　　자연법적 법전편찬의 수신자는 누구인가? 프로이센 일반란트법의 기초자인 스바레츠Carl Gottlieb Svarez는 『프로이센 국민의 법률교육』(1793년) 서문에서 다음과 같이 말하고 있다.

> "이 발췌가 염두에 두고 있는 것은, 본래의 학식교육을 받지 않았더라도 보통의 양호한 학교교육으로 어느 정도 사색 능력을 갖추고 있으며, 그 정신의 힘이 가정적·시민적 생활에서 여러 동물적인 기능에 사용되는 것뿐만 아니라 약간의 독서에 의해서도 어느 정도까지 이미 도야되어 있고, 따라서 일반적인 진실과 원칙이 일상의 평이한 언어로 학문적인 치장 없이 제시된다면 이를 이해하고 통찰할 수 있는 공민公民 계층이다."

프로이센 일반란트법ALR의 편찬　　프로이센에서 법전편찬의 첫 번째 단계는 프리드리히 대왕의 아버지인 프리드리히 빌헬름 1세(군인왕)의 치세에 시작되었다. 1713년 및 1714년의 관방령官房令에서 군인왕은 자의적인 재판 금지라는 전통적인 강령과 나란히 '건전한 이성'과 '란트의 상황'이라는 기준을 내걸었다. 이들 기준은 훗날의 계몽절대주의 개혁강령을 선취하는 것이었지만, 군인왕의 계획 자체는 편찬을 위탁받은 토마지우스의 소극적 자세에도 기인하여 별다른 성과 없이 좌절되고 말았다.

콕체이의 사법개혁 두 번째 단계는 프리드리히 대왕의 계몽절대주의 강령 하에 전개되었다. 법전편찬을 담당한 사법대신 자무엘 콕체이Samuel von Cocceji는 '판덱텐의 현대적 관용'의 학자 집단에 속하지만, 『명해明解 그로티우스』의 저자인 아버지 하인리히와 마찬가지로 자연법학자이기도 하였다. 콕체이는 1747년에 6명의 법률가를 지휘하여 5개월만에 2,300건의 지연된 소송 사건을 처리하는 데 성공하였다. 대왕은 이 공적에 대해 콕체이에게 '대법관' 칭호를 수여하였다.

대법관이 된 콕체이는 다음 해에 통일 민사소송법(Codex Fridericianus)을 편찬한 후 '프리드리히 법전(Projekt des corporis juris Fridericiani)'의 편찬도 시작하였다. 이 실체 사법전의 목표는 그 부제에 적혀 있는 바와 같이 이성과 란트의 국제國制를 바탕으로 '로마법을 그 세 가지 법적 대상에 따라 자연적 질서와 올바른 체계'로 정리해낸 '하나의 확실한 보편적인 법(ein jus certum und universale)'을 확립하는 것이었다.

콕체이는 제1부(총론·인법)를 1749년에, 제2부(물법)를 1751년에 완성시켰다. 제3부(채무법·형법)는 미완으로 끝났다.

프로이센법의 정신 프리드리히 대왕은 『입법론(dissertation sur les raisons d'établir ou d'abroger les lois)』(1749년)을 보고함으로써 몽테스키외를 따라 자신의 사법개혁 및 입법사업의 의도·경험·성과를 유럽법의 시공에 자리 잡게 하려고 하였다. 이 논문은 베를린 과학문학아카데미에서 낭독되어, 말하자면 '프로이센법의 정신'으로서 이후의 개혁을 방향 짓게 되었다.

그러나 프리드리히 대왕이 상찬한 콕체이의 법전은 라틴어로 된 전문용어를 많이 남기고 있어서 법지식 보급과 분쟁예방에 부족했다. 프로이센의 법전편찬사업은 물레방아꾼 아놀트 소송을 계기로 하여 세 번째 단계로 나아간다.

◆ 물레방아꾼 아놀트 소송(Müller Arnold Prozesse)

물레방아의 소유자인 아놀트가, 인근의 사람이 잉어를 양식하기 위한 연못을 설치함으로써 물레방아 이용에 장애를 초래하였다고 주장하며 영주에게 지대地代의 감면을 청구한 사건이다. 패소하여 물레방아가 경매된 아놀트의 직소를 받아들여 프리드리히 대왕은 원판결을 파기하고 대법관 퓌르스트von Fürst와 담당법관을 파면하였다(1779-1780년).

이 사건으로 프로이센에서 사법권의 독립과 일반 란트법 편찬의 목소리가 높아졌다. 권력분립에 기초한 법치국가 사상이 전파되고 자리잡은 19세기 이후에는 아놀트를 소송광으로 여기고 대왕의 개입을 부당하다고 보는 견해가 유포되었지만, 독일의 법사학자 디셀호르스트Malte Diesselhorst의 실증연구에 의해 오늘날에는 아놀트의 청구 및 대왕이 취한 조치가 그 당시의 통설에 따르면 타당했음이 확인된다.   (R)

일반법전초안   파면된 퓌르스트를 대신하여 새로운 대법관이 된 카르머Johann Heinrich von Carmer는 스바레츠 및 클라인Ernst Ferdinand Klein이라는 우수한 협력자를 얻어 저당권법(1783년) 및 일반법원법(1793년)을 편찬하였다. 1786년에는 프로이센 일반법전 초안을 작성하였는데, 이에 대해 프리드리히 대왕은 "정말 좋으나 너무 방대하다. 법률은 간결해야 하고 장황하면 안 된다."라는 유명한 코멘트를 붙였다.

이리하여 수정된 초안은 1786년 전 유럽을 향해 공포되었다. 퓌터Johann Stephan Pütter와 슐로써Johann Georg Schlosser를 비롯한 많은 사람으로부터 의견서를 받아 음미한 후에 법전의 최종 초안이 준비되었다. 클라인이 형법을, 괴슬러Christoph Gössler가 상법을, 뷔쉬Johann Georg Büsch가 해양법을 담당하고, 스바레츠가 나머지 전체를 담당하였다.

ALR의 특징   이렇게 해서 완성된 초안은 1786년 대왕의 서거로 인하여 보수세력의 협조 하에 마침내 1794년 「프로이센 일반란트법(Allegemeines Landrecht für die Preußischen Staaten(ALR))」으로 완성되어 반포되었다.

「프로이센 일반란트법」의 특징은 푸펜도르프에서 유래하는 자연법적 체계에 기반하여 공법·사법을 나누지 않는 19,000개 조의 방대한 규정으로 계몽절대주의의 사회상과 국가상을 망라하여 규율한 점이다. 비아커가 말하였듯이 "이 법전은 인간의 사회기구를 원리적으로 이해하는 것에서 출발하여 국가구조의 광대한 플랜을 남김없이 묘사한 것으로서 유럽의 입법사에서 최초이자 최후의 것이다."

일반란트법의 구체적이고도 쉽게 이해되는 민중친화적 규정은 당시에는 칭송을 받았으나, 바로 그 구체성이 이후의 발전을 저해해버린 것은 실로 얄궂은 결과이다. 실제로 공법, 그중에서도 신분관계 규정은 슈타인-하르덴베르크 개혁(Stein-Hardenbergische Reformen, 1809-11년)으로 벌써 효력을 잃었다. 그렇지만 사법私法 관계 규정의 경우, 사비니를 비롯한 역사법학파의 냉대를 받았음에도, 데른부르크Heinrich Dernburg 등 우수한 법학자가 배출되었고 독일 민법전이 성립할 때까지 유지되었다.

오스트리아 일반민법전(ABGB)의 편찬 오스트리아의 법전편찬은 1753년에 마리아 테레지아가 일반민법전편찬을 위한 위원회를 설치한 것에서 시작된다. 오스트리아의 영방군주(합스부르크가)는 대대로 신성로마제국 황제의 자리를 겸하였기 때문에 민사법·형사법·행정법을 포괄하는 통일법전의 편찬은 불가능하였다. 절대주의적인 통일국가라는 것은 등족의 제반 자유(특권)의 체계로서의 제국과 서로 맞지 않기 때문이다.

마리아 테레지아의 입법사업 형사법의 영역에서는 구태의연한 내용이기는 해도 「테레지아 형법전(Constitutio Criminalis Theresiana)」이 1768년에 시행되었다. 반면, 민사법의 영역에서는 1754년의 제1초안은 '오래되고 좋은 법'을 훼손한다는, 1766년의 제2초안은 지역 고유법 및 보통 로마법의 영향이 너무 강하다는 이유로 모두 테레지아의 재가를 받지 못하였다. 이리하여 테레지아 민법전(Codex Theresianus juris civilis) 계획은 실패로 끝났다.

마르티니와 짜일러 법전편찬의 다음 단계는 요제프 2세 및 레오폴트 2세의 계몽절대주의 아래에서 진행되었다. 새로운 법전의 지도원리가 된 것은 빈대학 교수

마르티니Karl Anton von Martini의 자연법론이다. 마르티니의 초안은 레오폴트 치하에서 1797년에 서西갈리시아Galicia 민법전으로 시행되었다.

오스트리아 전체를 위한 일반민법전의 편찬을 담당한 것은 마르티니의 제자 짜일러 Franz von Zeiller이다. "네 의지의 자유로운 행사가 보편적 법칙에 따라 어떠한 자유와도 양립 가능한 방법으로 외적으로 행위하라."(『인륜의 형이상학』법론)라는 명제로까지 법을 추상화한 칸트의 영향을 받아 짜일러는 1802년의 주저 『자연사법自然私法(Das natürliche Privatrecht)』에서 국가·사법私法의 이원론을 전개하였다. 마찬가지로 레오폴트 치하에서 행해진 존넨펠스Joseph von Sonnenfels의 공법전편찬이 등족의 저항으로 좌절되었던 것에서도 알 수 있듯이, 정치성을 배제한 추상적인 '사법전私法典' 구상이야말로 오스트리아 일반민법전(Allgemeines Bürgerliches Gesetzbuch(ABGB))을 현실화시킨 것이다.

ABGB의 특징

1811년에 시행된 오스트리아 일반민법전은 법학제요식 편별을 바탕으로 한 1,502개 조로 구성된 고도로 추상적인 사법체계이다. 정치성의 제거라는 임무에도 불구하고, 사람과 물건을 철저히 준별하고 권리능력을 일반화한 결과 부부별산제의 채용 등 자유·평등의 관점에서도 선진성을 띠게 되었다. 짜일러의 일반민법전은 그 후 수정을 거치며 오늘날에도 오스트리아의 현행법으로서 통용되고 있다.

프랑스 민법전Code Civil의 편찬

앙시앙 레짐(구체제)의 프랑스는 보르도와 주네브(제네바)를 잇는 선을 경계로 북부(Nord)의 관습법지방(pays des coutumes)과 남부(Midi)의 성문법지방(pays du droit écrit)으로 분열되어 있었다. 이들 법권法圈은 13세기경에 성립하였는데, 남부에서는 로마법에 기반을 둔 관습법이 통일적으로 적용되었고, 반면, 북부에서는 프랑크의 관습법을 기초로 하는 여러 관습법이 존재하였다.

공통관습법

샤를 7세의 왕령(1454년)으로 추진된 관습 채록사업을 거쳐 북부의 관습법은 점차 성문화되었다. 1510년의 파리관습법(Coutume de Paris)은 로마법학자 뒤물랭Charles Dumoulin의 학문적 주석과 드 투Jacques-Auguste de Thou에 의한 개정을 거쳐 북부 공통의 관습법(droit commun coutumier)으로 자리잡았다.

포티에   실증주의적 학풍으로 알려진 자연법·관습법·로마법학의 거장 포티에Robert-Joseph Pothier는 이 공통관습법을 프랑스법의 위치에 올렸다. 그는 도마의 자연법 체계를 기반으로 하여 「학설휘찬」을 더 합리적인 체계로 재편(1748-52년)함과 동시에 1761년의 『채권론(Traité des Obligations)』 등의 개별논문을 집필하였다. 포티에에 의하여 프랑스에서 혁명 이전에 이미 법전편찬의 준비작업이 대부분 완료되었다고 해도 과언이 아니다. 포티에의 해설은 종종 채권법 조문에 그대로 채용되기도 하였는데, 그 때문에 '민법전의 아버지'라고 불리게 되었다.

혁명기의 구상   프랑스의 법전편찬은 프랑스 혁명에 의한 국민적인 통일감을 배경으로 하는 것이었다. 법전편찬은 국민의 새로운 법생활의 기초이자 '인간과 시민의 권리선언'의 프로그램을 실현하는 것으로서, 또 구체제 하의 법관과 법학자에 대한 불신감의 표명으로서 구상되었다.

1790년 입법의회가 결정한 법전편찬을 실현하기 위해서 1793년에는 캉바세레스 Jean-Jacques Régis de Cambacérès를 위원장으로 하는 위원회를 국민공회國民公會(National Convention)가 설치하였다. 캉바세레스는 1개월 만에 준비한 제1초안 등 모두 3개의 초안을 작성하였으나, 법전의 완성은 하지 못하고 나폴레옹의 등장을 기다려야 하였다.

나폴레옹의 입법사업   나폴레옹은 제1통령(consul) 지위에 취임하자 제2통령 캉바세레스와 법전편찬 사업을 시작하였다. 1800년에 나폴레옹이 설치한 위원회에서는 관습법지방과 성문법지방에서 각각 2명씩의 실무법조를 선발하여 두 법전통의 조화를 노렸다. 이 위원회의 포르탈리스Jean-Étienne-Marie Portalis는 초안 전체의 설명을 위해 작성한 『민법전 서론(Discours préliminaire)』에서도 엿볼 수 있는 것처럼, 혁명 이전의 전통을 중시하는 현실주의적 법률가였다.

4개월 후에 제출된 초안에는 상당히 많은 변경이 가해졌지만, 협의이혼 규정을 비롯한 나폴레옹의 강력한 지도력에 의해 마침내 프랑스 민법전(Code civil)이 완성되어 1804년에 시행되었다(협의의 나폴레옹 법전). 나폴레옹의 입법의욕은 이것으로 사그라지지 않았다. 1806년에는 민사소송법전(Code de procédure civile), 1807년에는 상법전(Code de commerce), 1808년에는 형사소송법전(Code d'instruction criminelle), 1810년에는 형법전(Code pénal)이 잇달아 완성되었다(광의의 나폴레옹 법전).

프랑스 민법전(Code Civil)의 특징

프랑스 민법전의 특징은 무엇보다 우선 스탕달이 절찬하였다고 전해지는 모범적인 문체이다.

법학제요식의 편별에도 나타나는 자유 및 평등(제1편 사람), 소유권의 절대성(제2편 물건), 계약의 자유(제3편 물건의 취득)라는, 프랑스 혁명에 의해 신격화된 새로운 시대의 이념은 2,281개 조의 간결하며 명석한 규정에 의해 수월하게 시민생활에 침투할 수 있었다. 그러나 너무 빨리 출현한 주석서를 본 나폴레옹의 말("내 법전은 사라졌다.")이 보여주듯이 이성적인 법전에 의한 내면적 규율의 완성이라는 계몽주의의 몽상은 한낱 꿈으로 끝났다.

프랑스 민법전은 프랑스 혁명의 이념과 함께 세계 각국으로 수출되어 보아소나드 Gustave Émile Boissonade의 손으로 이루어진 일본의 구舊민법의 모델이 되기도 하였다. "이 법전은 영원할 것이다."라는 나폴레옹의 말 그대로 프랑스 민법전은 여러 번의 수정을 거치면서도 2백 년의 시간을 뛰어넘어 현행법으로 계속 통용되고 있다.

◆ **프랑스 인권선언과 근대시민법원리**

자유·평등·연대의 이념을 내세운 프랑스 혁명과, 소유권절대·계약자유·과실책임주의를 세 기둥으로 하는 근대시민법원리에 대하여 잠깐 생각해보자.
'인간과 시민의 권리선언(Déclaration des droits de l'homme et du citoyen)'이 내걸었던 'homme'와 'citoyen'은 많은 유럽언어가 가진 특징과 같이 추상적으로 '인간', '시민'을 의미하기도 하고 '남성', '남성시민'만을 지칭하기도 한다. 혁명이 한창인 때 구주 Olympe de Gouges가 1791년의 팸플릿 '여성과 여성시민의 권리선언(Déclaration des droits de la *femme* et du *citoyenne*)'에서 고발한 것처럼 인권선언에서 '나면서부터 자유롭고 평등하다'라고 선언된 'homme'란 '인간'이 아니라 '남성'의 의미가 아니었을까?

실제로 프랑스에서 여성이 참정권을 얻은 것은 제2차 세계대전 말기의 일이다. 또한 혁명의 이념을 체현한 것이라는 프랑스 민법전에는 가부장제적인 가족제도를 보호하기 위한 규정이 두어졌는데, 그 한 예가 '친부親父 조사는 금지된다(La recherche de la paternité est interdite)'(구 민법 340조)는 악명 높은 규정이다. 이것이 폐지되고 부자관계에 대하여 친자의 강제인지가 인정된 것은 1912년이 되어서였다.

'인간'과 '시민'에서 배제된 것은 특히 여성에 한한 것은 아니다. '재산과 교양' 있는 시민이 아니면 남성이어도 참정권에서 배제되었다. 프랑스에서 보통선거가 (단기간의 실시가 아니라) 실로 정착된 것은 제3공화정 때인 1876년 이후의 일이다. 뿐만 아니라, 프랑스 혁명은 노예제를 일단 1794년에 폐지하였으나 1802년에는 부활시킨다. 프랑스가 노예제를 완전히 폐지한 것은 혁명으로부터 반세기를 경과한 1848년의 일이며, 그렇지만 노예제 폐지는 '야만의 문명화'라는 식민지 지배의 논리와 일체였다.

그렇지만 역시 인권선언의 'homme'는 '인간'이며 'citoyen'은 '시민'이었을 것이다. 프랑스 인권선언이나 프랑스 민법전의 기초자가 볼 때 여성과 무산시민과 노예가 시민사회의 적극적·주체적인 구성원이 아니라는 것은 너무나 자명하며, 그렇기 때문에 추상적인 표현형식이 행하여졌다고 생각되기 때문이다. 다른 한편으로 '인간(사람)', '시민'이라는 추상적인 표현형식이 취해졌기 때문에, 도리어 여성이나 무산시민이나 노예의 권리주장이 근거하는 바로서의 인권선언이 기능할 수 있었던 것도 이후의 역사가 보여준 사실이다. 이는 시민사회 구성원의 다양성을 고려하였기 때문에 추상적인 형식을 취할 수 없었던 「프로이센 일반란트법」과 실로 대조적이라고 할 수 있다.　　(R)

제20장 역사법학파
    1. 1814년의 법전논쟁
    2. 독일 역사법학파의 활동
    3. 영미법권의 역사법학
제21장 판덱텐법학과 사법실증주의
    1. 판덱텐법학
    2. 판덱텐법학에 대한 비판자들
    3. 판덱텐법학연구의 새로운 전개
제22장 근대 공법학의 탄생
    1. 근대 공법학이란 무엇인가?
    2. 프랑스의 공법학
    3. 독일의 공법학
제23장 근대법시스템의 완성
    1. 독일 민법전의 편찬
    2. 다른 유럽 여러 나라의 민법전편찬
    3. 독일 형법전의 편찬
제24장 근대법시스템의 요동-바이마르에서 나치즘으로-
    1. 근대법시스템의 요동
    2. 바이마르 공화국 시대
    3. 나치 정권시대

개설
서양법제사

유럽 근·현대의 법과 사회

| 제 4 부 |

전체상

제4부에서는 유럽 근·현대의 법과 사회를 집중 조명한다. 프랑스 혁명 후 유럽에 침투한 법원리와 법시스템은 일본에서 일반적으로 '근대법원리'나 '근대법시스템'이라 불린다. 각 장에서는 주로 근대법시스템의 성립 배경, 근대법학의 탄생과 전개, 그리고 근대법체계의 완성과 요동·수정에 대하여 고찰하고 있다.

그런데 '근대법'이란 본래 무엇일까? 실은 이 단어가 나타내는 것이 역사적 실체가 아니라 일정한 이미지에 불과하다. 통상적으로 서양 근대에 태어나 비유럽 제국에 계수된 일정한 경향이 '근대법원리', '근대법시스템'이라 불린다. 그러나 서양으로 국한되지 않는, 추상적 의미에서의 '근대'의 법이란 의미로 쓰이는 경우도 있고, 서양법으로 국한하더라도 법문화권이나 문맥에 따라서 '근대법'의 이해에 미묘한 차이가 있다. 그래서 각 장에 들어가기 전에 제4부에서 쓰는 '근대법'의 의미를 확인해 둘 필요가 있다.

근대법원리

먼저 비교적 윤곽이 확실한 '근대법원리'부터 보자. 최초의 근대시민법전으로 일컬어지는 프랑스 민법전(1804년)은 모든 인간이 자유로운 권리주체라는 전제 위에 놓여있다. 이러한 전제는 신분과 단체마다 상이한 구체적·개별적 권리의 집적으로서 존재하는 전前근대법과 구별하여 근대법원리라 불린다.

근대법원리에 나타나는 개인주의·자유주의는 근대 사법의 3대 원칙으로 일컬어지는 '인격의 자유, 소유의 자유(소유권의 절대), 계약의 자유'의 이념적 기반이 된다. 이 원리가 시장경제와 함께 현대세계의 표준이라는 것은 말할 필요도 없다.

덧붙여 말하면, 이러한 이념은 신분제사회의 해체와 시민사회의 성립을 전제하는 까닭에 19세기 유럽의 법은 이념적으로 '시민법'이라고도 불린다. 이에 대하여 19세기 말경부터 개인주의의 결함을 보완하는 형태로 '사회법'이라는 새로운 법 분야가 나타났다. 사회법을 포괄하는 법체계는 근대시민법과 구별하여 '현대법'으로 불린다.

근대법시스템

근대법시스템이라 불리는 것의 특징으로 우선 법개념의 추상성, 보편성을 들 수 있다. 모든 인간이 자유로운 권리주체라는 근대법원리에 바탕하고 있는 근대법전에서는 원칙적으로 모든 인간이 법의 수신자이다. 따라서 근대법은 구체성·개별성을 띠는 전근대법과 달리, '사람', '물건', '계약'으로 대표되는 추상적·보편적 개념을 중심으로 구축되어 나간다.

예컨대 프로이센 일반란트법(1794년)과 프랑스 민법전(1804년)은 둘 다 자연법사상의 영향을 받은 법전이지만, 신분제사회에서 만들어진 전자가 2만여 개의 방대한 개별조문을 포함하는 것에 비하여 혁명 후 만들어진 프랑스 민법전은 약 2천 개 조로 정리되어 있다. 프로이센 일반란트법의 방대함은 여러 신분에 관하여 각각 규정을 두는 번잡함에 크게 기인한다. 이에 비하여 근대법전은 세세하게 구별된 근세의 구체적 신분 개념을 모른다. 물론 고대 로마법의 노예 개념도 모른다.

체계성

이 고도의 추상성·보편성을 갖춘 법개념을 조합하면 체계성이 강한 법전이 나온다. 근대법의 구조적 특징으로 들고 있는 것이 바로 이 체계성이다. 로마법이 총 50권에 이르는 「학설휘찬」을 남긴 이래 유럽의 다양한 법문화가 케이스 바이 케이스(개별사례주의, 카주이스틱)의 법규범을 집적하였다. 이에 반해 근대법전은 간결하고 체계적인 법전을 지향하였다. 또한, 국가의 모든 법률이 ① 헌법, ② 민법·상법·형법·소송법이라는 일반법, ③ 다양한 하위의 특별법으로 계층적으로 서열화된 법전체계 속에 편성된다. 이러한 체계 지향을 이론적·기술적으로 뒷받침한 것이 근대법학이다.

근대과학의 연역적·체계적 사고에서 임팩트를 받아 법에 대한 '술術'에서 '학學'으로 전환하려 한 근대법학은 법개념을 정리하는 것뿐만 아니라 공사법 이원체계라는 근대법체계에 특유한 법구조도 산출하였다. 이러한 근대법의 체계성은 한편으로는 17-18세기의 세속적 자연법사상에 의해 준비되었고, 다른 한편으로는 19세기의 근대 주권국가 탄생에 의하여 그 현실적 기반을 획득한 것이다.

시간적 한정

그러면 이 '근대법'이란 어느 때의 법인가? 물론 '근대'의 법이지만, 이 '근대'가 언제부터 시작되는가가 문제이다. '근대'라는 시대구분에 대하여 반드시 확정된 사고방식이 있는 것은 아니다.

적잖은 역사가가 근대는 1500년경에 시작되었다고 생각한다. 그들은 르네상스와 종교개혁을 중세의 종언이라 하고 그 후 이어지는 시대를 '근대'라 한다. 그때부터 1800년경까지의 시대는 일반적으로 '초기 근대'라 불린다(일본에서는 '근세'라고 번역되는 일이 많다). 한편, 1800년경의 프랑스 혁명에 따른 사회변혁을 가장 중시하는 역사도 많다. 1500년을 시대구분점으로 보는 사고방식이 종교·예술·사상에 주목하는 데 비하여, 1800년이라는 구분점은 신분제사회의 종언이라는 사회구조의 변환에 주목한다. 전자가 인간의 내면과 문화면에 중점을 둔 사고방식에서 출발하고 있다면, 후자는 인간의 사회적 집단생활(정치사회)을 조명하고 있다. '근대'가 초래한 것은, 전자의 사고방식에서 본다면 합리적·세속적 사고, 인간중심·개인주의적 지향, 계몽주의와 세속적 자연법론이지만, 후자에서 본다면 인권선언이고 삼권분립, 보통선거, 정당정치이다.

'법'의 근대화에도 마찬가지의 시대구분이 들어맞는다. '근대법원리'를 형성한 사상은 이미 17세기의 홉스와 로크의 자연법론에 나타난다. 한편, 실제 법제도의 변환은 프랑스 혁명을 기다려야 한다.

이 책에서 '근대법시스템'이라고 할 때 '근대법'이란 프랑스 혁명 이후의 법을 가리킨다. '법과 사회'를 주제로 하는 제4부에서 실제로 취급하는 것은 프랑스 혁명 이후의 법이다.

공간적 한정

마지막으로 어떤 곳의 '근대법'을 다루는지 명확히 해 두자. 제4부에 등장하는 '근대법'은 주로 유럽 대륙에서 성립한 것이다. 즉 영미법이 아니라 대륙법의 근대화가 여기에서 주제이다. 그 이유는 위에서 말한 '근대'의 시대구분에 관계된다. 1800년에 급격한 사회변혁을 체험한 것은 프랑스와 그 주변국이었다. 오늘날의 독일과 오스트리아에 해당하는 신성로마제국이 해체(1806년)된 것 외에 스페인, 이탈리아를 비롯하여 많은 유럽 제국에서도 국가체제의 전복을 피할 수 없었다.

한편, 바다를 사이에 두고 떨어져 있는 영국은 프랑스 혁명의 영향을 직접 받은 일은 없다. 이미 17세기에 명예혁명을 거쳐 서서히 근대화를 시작하였던 영국은 프랑스와 같은 급격한 구조변환을 면하였다. 군주제 폐지나 성문헌법 제정은 영국에서 일어나지 않았다. 신분제가 근절되는 일도 없었다. 그 법적 귀결로서, 앞에서 '근대법시스템'의 특징으로 든 법개념의 추상성·보편성과 법의 체계성이 영미법의 특징이 되는 일은 생기지 않았다.

이는 영국과 마찬가지로 혁명을 체험하지 않은 독일에서 오히려 추상성이 높은 법률개념에 의해 기교적으로 법관계가 규정되는 경향이 강하였던 것과는 대조적이다. 대륙법에서 공사법의 준별과 토지에 대한 절대적 소유권 개념이라는, '근대법'의 특징으로 인정되는 요소도 영미법에서는 발견되지 않는다.

물론 영미법권에서도 독자적 사회 변혁과 근대화가 있지만, 일본의 근대법사학은 이에 대하여 대륙법에 대한 정도로는 큰 관심을 기울여 오지 않았다. 이 점은 앞으로의 과제이다.

제20장
역사법학파

역사법학은 19세기 유럽을 석권한 일대 법사상이다. 특히 독일과 잉글랜드에서 큰 조류가 이루어 근대법학의 형성에 결정적이라 할 수 있는 영향력을 행사하였다. 여기서는 우선 가장 강한 운동이 된 독일의 역사법학파에 대하여 개관하고 나서 마지막에서 영미법권의 역사법학과 비교할 것이다.

1. 1814년의 법전논쟁

티보의 제안   나폴레옹이 실각한 1814년, 독일에서는 '법전논쟁法典論爭'으로 불리는 사건이 일어났다. 커다란 계기는 하이델베르크대학의 법학교수 티보가 쓴 소책자 『독일에서의 일반민법전의 필요성에 대하여』이다. 이 저서에서 티보는 독일 전체에 통용되는 일반법전의 편찬을 제창하였다.

◆ 티보 Anton Friedrich Justus Thibaut(1772-1840년)

하멜른에서 태어나 괴팅엔, 쾨니히스베르크, 킬대학에서 법학을 배웠다. 킬에서 법학교수가 되어, 예나(1802년)를 거쳐 1806년에 하이델베르크로 옮겼다. 쾨니히스베르크에서 칸트의 강의를 듣고 예나에서는 헤겔과 교류하였다. 티보는 법전논쟁으로 지명도가 높지만, 실제로는 오히려 법학의 '체계화'에 도전한 최초 세대로서의 역할이 중요하다.

주저인 『판덱텐법 체계』(1803년)에는 원전의 구성방식에 구애되지 않고 독자적 체계에 따라 「학설휘찬(판덱텐)」을 해설하였다. 이는 독일 최초의 판덱텐 교과서 중 하나이며, 19세기를 거치며 스테디셀러가 되었다. 음악애호가로서도 유명하여 자택에서 개최한 음악 살롱에는 젊은 날의 슈만이 출입하였다. 그의 붓끝에서 나온 『음향예술의 순수성』도 제7판까지 중판되는 스테디셀러였다.   (N)

법적 분열의 극복   명백히 당시 독일은 통일법이 결여되어 있었다. 1806년에 신성로마제국이 해체되어, 불완전하게나마 독일 전 지역에 통용되던 제국법은 모두 무효가 되었다. 구 제국의 영토에는 약 40개의 주권국가가 성립하여, 보통법(계수로마법), 「프로이센 일반란트법」, 작센법, 계수 프랑스법 외에 무수한 지역관습법이 뒤섞여 있는 혼란스러운 상황이었다.

한편 1814년의 대 나폴레옹 전쟁에서 승리하면서 독일어권에는 아직껏 없던 '독일인'으로서의 일체감이 높아졌다. 같은 해 결성된 독일 동맹에서도 헌법, 민법, 형사소송법 등의 통일법전을 만드는 것이 검토되었다. 티보의 제안은 이러한 시류와 만나 큰 반향을 불러일으켰다.

법전편찬의 제창   법통일이 하나의 기둥이라면, 티보의 제안에서 또 하나의 기둥은 법전편찬이었다. 과거 20년간 프로이센, 프랑스, 오스트리아가 차차 법전편찬을 성취하여 법전편찬은 시대의 트렌드가 되었다. 통일이 정치문제였던 데 반해 법전편찬은 법사상의 문제이기도 하였다. 그 이유는 당시의 법전편찬 운동이 자연법론을 사상적 토대로 하여 이성의 법에 의한 완전무결한 법전을 만든다는 이상을 제창하고 있었기 때문이다.

티보도 국민의 법생활에 필요한 법규범을 남김없이 정리한 명쾌하고 합리적인 체계적 법전의 필요성을 주장하였다. 그 목적은 일반시민에게 친근한 법전이다. 이 점에서 티보는 프랑스 혁명에 의해 실현된 많은 합리적 측면(개인단위, 자유본위의 법체계: 인격의 자유, 소유의 자유, 계약의 자유)을 채용한 프랑스 민법전을 높이 평가하였다.

반대로, 그 자신 저명한 로마법학자였던 티보가 비판의 창끝을 겨눈 대상은 보통법이었다. 수만 개의 항목으로 이루어진 「시민법대전」도, 이를 당대의 사정에 맞춰서 적용하는 보통법학도 일반시민에게는 요원한 존재였다. 티보는 이러한 현상에 대응하여 간결하게 정리된 법전이야말로 학문과 실무의 결합을 회복하는 열쇠가 되리라고 생각하였다.

사비니의 반론   그런데, 티보의 이러한 제안에 대하여 곧바로 반론을 가한 젊은 법학자가 있었다. 『입법과 법학에 대한 현대의 사명』(1814년)을 발표한 베를린대학의 교수 프리드리히 칼 폰 사비니이다. 사비니는 법통일에는 찬성하였으나 그 수단으로 법전편찬을 선택하는 것에는 강하게 반대하였다. 그 주장의 밑바탕에는 사비니의 독특한 법관념이 있었다.

◆ **사비니** Friedrich Carl von Savigny(1779-1861년)

유복한 제국 기사의 가정에서 태어났다. 16세에 마르부르크대학에서 배우고, 약관 24세에 출간한 『점유권론(Das Recht des Besitzes)』(1803년)으로 로마법학자로서 명성을 얻었다. 당시 귀족의 일반적인 궁정출세 코스를 버리고 학문연구의 길을 택한다. 나폴레옹의 전성기인 1804년부터 독일 각지와 파리에서 연구여행을 계속하였으며, 1808년에 란츠후트대학 교수(바이에른)에 취임하였다. 바이에른에는 오래 머무르지 않고 1810년 신설된 베를린대학에 창설멤버로서 옮겨 이후 프로이센의 학술정책에 깊이 관여하였다.

> 주저는 『중세로마법사』(1815-31년)와 『현대로마법체계』(1840-49년)이다. 1842년부터 48년까지 프로이센 정부의 입법담당 장관을 맡았다. 낭만파 시인 브렌타노와 의형제를 맺었고, 그림 형제와의 친교에 의해 낭만파 문예인사들과 밀접한 교류가 있었다.
> 사비니에 대해서는 조숙한 천재와 점진적 개량주의자라는 정평이 있지만, 더 심원한 사비니 상을 둘러싸고는 견해가 나뉜다. 최근에는 사비니의 저작에서 일관되게 셸링 등의 관념론 철학의 영향을 인식하는 리케르트, 이에 대하여 오히려 1800년경 철학으로부터의 결별이 역사법학의 사고를 키웠다고 하는 야콥스 등의 견해가 있다. 초기 사비니 상의 해명은 역사법학 탄생을 이해하는 열쇠가 되는 만큼 앞으로 연구의 진전이 기대된다.   (N)

법의 역사성 사비니에게 법이란 언어나 습속과 마찬가지로 민족과 함께 생성하고 발전하는 것이다. 법은 먼저 습속으로서 '민족의 공통 확신'에 의하여 태어나 말하자면 관습법으로서 존재하지만, 점차 법학에 의해 세련되어 간다. 그러므로 법은 '내재하는 암묵의 힘'에 의해 생성되는 것이지, 결코 입법자의 자의에 의해 생성되는 것이 아니다.

이러한 사비니의 법생성론은 보편적인 이성의 법을 전제하는 자연법론과 정면으로 충돌하였다. 그의 비판은 자연법론을 토대로 한 법전편찬에 대한 비판으로 이어진다. 『사명』에 따르면, 법전편찬이란 민족과 함께 생성된 법을 그대로 채록하는 것이다. 즉, '보편적인 이성법'을 간판으로 기존의 법을 고려하지 않고 법전의 내용을 정하는 것은 올바른 법전편찬의 방향이라고 할 수 없다. 원래 법은 역사와 함께 항상 변화하는 것이기 때문에 완전무결한 법전을 기대하는 것이 비정상적이다. 성문법에 기대어 모든 법적 분쟁이 해결될 리도 없다. 오히려 법학이 성숙하지 않은 때에 법전을 도입하는 것은 실무가의 혼란을 가져와 도리어 위험하다.

이렇게 법의 역사성을 선명하게 묘사한 『사명』은 나중에 역사법학파의 강령선언으로 간주되었다. 역사법학파 탄생의 해가 된 1814년 사비니는 약관 35세였다.

법전논쟁의 배경 법전논쟁은 기본적으로는 자연법론에 대한 역사법학파의 도전이라는 형태를 취하였지만, 최근의 연구에서는 논쟁의 배경으로 프랑스 민법전의 존재가 강조된다.

라인동맹 우선 1970년대부터 비약적으로 발전한 라인동맹 연구를 통해 이 시대 프랑스법의 절대적인 영향이 밝혀졌다.

라인동맹은 1806년 프로이센과 오스트리아를 제외한 서남 독일의 여러 나라만으로 결성된 정치동맹이다. 동맹 중에서는 먼저 나폴레옹의 동생을 왕으로 한 신생 베스트팔렌 왕국에 재빨리 프랑스 민법전이 도입되었고, 기존의 영방국가 중에서는 바덴이 수정 프랑스 민법전을 공포하였다. 그밖에도, 개혁에 열심이었던 동맹 소속 국가들에서 프랑스 민법전의 도입이 검토되고 다양한 잡지에서 도입문제를 둘러싼 논의가 가열되었다. 프랑스 민법전에 관한 학술서는 출판 붐을 이루었고, 각지의 대학에서는 줄줄이 프랑스법 수업이 시작되었다. 티보도 하이델베르크대학에서 프랑스법을 가르쳤다.

프랑스 민법전 연구 이어 1980년대에는 사비니의 미공간 자료공개를 계기로 실증적 연구가 진전되어 법전논쟁에 대해서도 재검토가 이루어졌다. 그중에서도 주목되는 바는 라인동맹 초기에 저술된 사비니의 유고이다. 왜냐하면 거기에서 『사명』의 단서를 보여주는 강의원고와 함께 프랑스 민법전에 대한 상세한 연구노트가 발견되었기 때문이다.

공개된 사료 중에는 저명한 형법학자 포이에르바하가 사비니에게 보낸 편지도 포함되어 있는데, 거기서 사비니는 프랑스 민법전을 모델로 한 바이에른 민법전편찬에 참여할 것을 요청받았다. 사비니는 당시 바이에른의 란츠후트대학에 초빙되어 있었는데, 라인동맹의 유력국인 바이에른 정부는 개혁에 적극적이었다. 사비니는 포이에르바하의 요청에 응하지는 않았지만, 다른 한편으로 독자적으로 프랑스 민법전 연구를 진행하고 있었음에도 프랑스법 도입을 둘러싼 논의에도 가담하지 않았다.

침묵을 고수하는 사비니에게 "왜 당신의 연구로 일어서지 않습니까?"라고 고무하는 제자 그림의 편지가 남아 있다. 프랑스 민법전 연구노트를 암시하는 구절이다. 이 편지

내용을 통해 사니비가 의견표명을 삼가는 것은 바이에른 정부의 노여움을 살까 두려워하기 때문이 아닐까 하고 그림이 걱정하고 있었음을 엿볼 수 있다. 한편, 1808년 겨울학기 강의원고에서는 사비니가 수업에서 프랑스 민법전의 의의에 의문을 제시하고 법전편찬보다 법학연구의 가치를 역설하고 있었음을 알 수 있다. 거기에서는 '본래의 법은 만들어지는 것이 아니라 스스로 생성되는 것이다'라는 『사명』의 테제마저 이미 언급되고 있었다.

이러한 일련의 역사적 사실로부터 부각되는 것은 라인동맹시대의 사비니에게 프랑스 민법전이 매우 큰 주제였다고 하는 점이다. 적어도 『사명』에서 보이는 사비니의 프랑스 민법전 비판은 그의 라인동맹시대의 치밀한 연구를 토대로 한 것이며 결코 임시방편적인 비판이 아니라는 점이 명백해졌다. 이러한 『사명』의 집필 배경에 대해 이전부터 추측이 있었지만, 실증연구의 진전에 따라 이 점이 확실한 근거를 가지고 선명해졌다 할 것이다.

법학에 의한 사회혁신 티보든 사비니든 감수성이 풍부한 소년기에 프랑스 혁명을 동시대적으로 체험한 세대이고 법학자로서는 프랑스 민법전의 존재를 무시할 수 없는 세대였다. 혁신파 티보와 보수파 사비니에서 도출된 결론은 서로 다르지만, 법전논쟁의 공통의 전제로서 동시대인인 그들의 강렬한 프랑스 체험이 있었다.

좀 더 덧붙이면, 독일에서는 프랑스 혁명과 거의 병행하여 칸트의 철학혁명이 일어나고 있었다. 사비니의 목적은, 말하자면, 칸트와 프랑스 혁명의 근저에 흐르는 사회혁신을 향한 운동을 입법이 아닌 법학에 의해 실현하는 데 있었다고도 할 수 있다. 어쨌든 역사법학의 탄생이 자연법사상에 대한 도전이라는 틀만으로는 온전히 포착될 수 없음은 명확해졌다. 바로 이 점이 최근 30년의 연구를 통해 부각된 것이다.

법전논쟁의 역사적 의의 한편, 현실에서는 법전편찬이 실현되지 않았지만, 이는 법전논쟁의 영향이라기보다는 오히려 당시의 정치상황으로 인해 좌절되었다고 보는 편이 타당하다. 독일동맹이 무력하기도 하였으나 당시 독일에서는 통일이라 하면 자유주의의 입장이고, 복고주의적인 메테르니히 체제는 법전편찬에 소극적이었다.

법전논쟁의 역사적 의의는, 따라서, 현실정치에 대한 영향이 아니라 역사법학파라는 19세기 최대의 법학파를 탄생시킨 점에 있다. 오늘날의 눈으로 티보와 사비니 두 사람의 논점을 보면, 티보의 법전편찬을 향한 믿음은 완전한 법전이 학문과 실무를 가교할 것이라는 계몽적 자연법론의 과신에 기초하고 있었으며 낙관주의가 지나쳤다는 점을 부정할 수 없다.

이에 대해 '법은 입법자의 자의에 의하여 만들어지는 것이 아니다.'라는 사비니의 반발은 근대의 국가만능주의에 대한 경종이라고 이해할 수도 있다. 그러나 다른 한편으로, 사비니가 법의 발전을 법학에 맡김으로써 겉으로는 민족의 법이라 말하면서도 결국은 엘리트층의 법독점을 촉진하였다고 하는 비판이 있다. 이와 관련하여 덧붙이면, 철저하게 대립한 것처럼 보이는 티보와 사비니가 최종적으로 독일의 법통일을 시야에 넣고 있었다는 점에서는 공통적이었다. 이 점에서 독일 각국별로 법전이 있으면 충분하다는 겐나 등의 주장과 차이에 주목하는 시각도 있다.

2. 독일 역사법학파의 활동

역사법학파의 탄생   법전논쟁 이듬해 사비니는 게르마니스트인 아이히호른 등과 함께 『역사법학잡지(Zeitschrift für die geschichtliche Rechtswissenschaft)』를 창간하였다. 창간호 권두에 사비니가 다시 역사법학파의 강령을 기고하여 실질적으로 역사법학파의 깃발을 올렸다. 역사법학파는 이후 사비니의 베를린대학을 거점으로 19세기 독일법학계에 군림하게 된다.

방법론상의 특징   역사법학파에는 역사적 방법과 체계적 방법의 결합이라는 특징이 있다. 역사적 방법은 위에서 말한 법생성론에서 도출되는 독일 역사법학파의 간판이다. 사비니는 『사명』에서 새로운 법전편찬에 의지하지 않고 기존의 법(보통법과 란트법)을 유용한 것으로 만들기 위한 수단으로서 '법학의 엄격한 역사적 방법'을 제시하고 있다.

> "그(역사적) 방법의 특색은 로마법만을 권장하거나 기존의 법소재를 무엇이든 상관없이 유지하라는 데 있지 않다. …… 그것이 지향하는 것은 기존의 모든 법소재를 근원까지 추구하여 유기적 원리를 발견하는 것이다. 이 유기적 원리에 의해 지금도 여전히 생기를 가지는 것이, 이미 사멸하여 역사에 속해 있을 뿐인 것으로부터 저절로 구별, 분리되는 것이다."

이러한 사비니의 논설은 법생성론에 기초한 역사법학의 구체적인 방법론을 시사하는 것이다. '유기적 원리'라는 말투에서, 18세기의 이성 중시와 합리주의에 맞서 직감·감정·개성과 생명의 실감을 강조하고 독일에서 큰 사상적 조류가 된 낭만주의와의 관련성을 추측해볼 수 있다.

낭만주의와의 관계   민족에 의한 법의 역사적 발전을 강조하는 사비니의 논조가 법에서 보편성을 추구하는 18세기의 자연법론에 대한 도전이라는 것은 이미 서술하였다. 그러나 사비니와 낭만주의를 직결시키는 견해에 대하여 오늘날 이견이 많다. 사비니는 나중에 '민족정신(Volksgeist)'이라는 낭만주의적 단어를 사용하였지만, 실제로는 민족정신을 문화와 역사의 본원으로서 재발견하려고 하는 낭만주의의 기본적 자세에는 소원하다고 평가되기도 한다.

독일 전후戰後를 대표하는 법사학자인 비아커는, 이미 18세기에 법학계에 퍼져있던 의고전주의擬古典主義의 영향을 오히려 강조하고, 심지어 로마니스텐(후술)은 뒤늦게 성립한 인문주의법학에 지나지 않는다고 한다.

그러나 역사법학파 가운데는 낭만주의와 친화성을 갖는 사람도 있고, 역사법학 전체에 대하여 낭만주의와의 연계를 부정해서는 안 될 것이다.

지도 원칙   한편, 역사법학의 또 하나의 기둥인 체계적 방법은 이 학파의 실질적 업적을 지탱하였다. 이미 서술한 바와 같이 사비니는 『사명』에서 완전한 법전을 허황된 것이라고 비판하였다. 그렇다면 법의 진정한 완전성을 위하여 필요한 것은 무엇인가? 사비니에 따르면, 법 속에서 일정한 지도 원칙을 찾아내는 것이다. 이 지도 원칙을 사비니는 유명한 삼각형의 정의를 예로 들어 설명한다.

"어떤 삼각형에도 일정한 규칙이 있고, 이들 규칙을 서로 결합하면 필연적으로 나머지 모든 규칙이 도출된다. 즉, 이 규칙에 따라, 예컨대 두 개의 변과 끼인 각에 의해 삼각형이 주어진다. 이와 마찬가지로 우리 법의 어떤 부분에나 그러한 규칙이 몇 가지 있고, 그것들에 따라 나머지 규칙이 주어진다. 이 규칙들을 지도 원칙이라 부를 수 있다. 이 지도 원칙을 알아내고 그로부터 출발하여 모든 법학의 개념과 명제의 내적 관련과 친연성의 존재 양태를 인식하는 것, 이것이야말로 우리 학문의 가장 어려운 과제일 뿐만 아니라 본래 우리의 작업에 학문적 성격을 부여하는 것이다."

사비니의 목적은 몇 개의 '지도 원칙'을 기점으로 법개념 및 법명제의 정교한 체계를 만드는 것이었다. 원칙으로부터 무언가를 인식하는 방법은 연역적이다. 그렇다면 겉으로 내건 법생성론에서는 자연법론에 도전하였던 역사법학도 법학에서 연역적·체계적 사고를 추구하는 점에서는 자연법론과 조금도 변한 것이 없다고 할 수 있다. 요컨대 양자는 모두 데카르트에서 시작하는 합리주의적 근대과학의 영향 아래 있다. 실제로, 법학의 과제를 수학의 공리 발견에 견주는 자세에서 중세적 주석학에 만족하지 않고 과학적 방법을 추구하는 사비니의 의욕이 엿보인다. 이러한 점에서는 역사법학도 근대의 자식이다.

로마니스텐과 게르마니스텐   19세기 역사법학파는 연구대상에 따라 로마니스텐과 게르마니스텐이라는 두 가지 조류로 나뉘었다. 극히 개략적으로 말하면, 로마니스텐은 로마법을 연구하는 사람들, 게르마니스텐은 게르만법(독일 고유법)을 연구하는 사람들이다. 원래 이 두 개의 단어는 로마니스트, 게르마니스트라는 단어의 복수형에 불과하고, 따라서 특정한 그룹이나 파벌을 나타내는 말은 아니었다.

그러나 19세기를 지나오면서 후술하는 것처럼 독일 특유의 사정을 반영하여 양자는 정치신조와 법학을 향한 노력과 활동의 면에서 두드러진 차이를 보이게 된다. 그 결과 양자는 흔히 별개의 주의·주장을 가진 그룹으로 취급되곤 한다. 그들을 일본에 최초로 소개한 학자들이 예컨대 게르마니스텐을 '게르마니스트들' 또는 '게르만 법학자들'이라고 번역하지 않았던 것은 두 개념의 이러한 역사적 고유성·특수성을 강조하려고 하였기 때문이라 할 것이다.

로마니스텐 대표적인 로마니스텐으로는 사비니 본인과 그 후임자 푸흐타Puchta, 19세기 후반의 예링Jhering, 빈트샤이트Windscheid 등이 있다(제21장 참조). 그들은 독일인이 로마법을 연구하는 이유로서 로마이념을 기초로 신성로마제국을 로마의 직접 후계자로 보는 — 오늘날로서는 꽤 난감한 — 해석과 계수로마법이 독일에서 '보통법'이 되었다는 역사적 사실을 들었다.

로마니스텐은 로마법 자체에 '보통법'의 지위를 구축할 만큼 내용적 보편성이 있다고 생각하였다. 고대 로마와 근대 독일은 당연히 사회도, 윤리감각도 다르지만, 핵심 부분인 '로마법의 정신', 그중에서도 개인의 자유의지는 근대에도 충분히 통용된다고 생각하였다.

그러므로 로마니스텐의 작업은 먼저 이 '정신'을 파악하고 그로부터 현대에도 통용되는 법원칙을 추출하는 것이었다. 실제적인 작업 방식은 어떤 법률문제를 「시민법대전」이 어떻게 해결하는지를 조사하여 그 문제해결법이 오늘날 여전히 타당한가, 혹은 그것이 노예제와 같이 현존하지 않는 제도를 전제로 한 해결법이라면 그것을 오늘날에는 어떻게 취급하여야 하는가를 판단하는 것이었다.

이러한 로마니스텐의 실제 작업은 도그마적이고, 역사적 검증과는 거리가 멀었다. 그럼에도 로마니스텐은 법학의 주류가 되었다. 여기에는 19세기 독일의 시민사회가 필요로 한 시장경제에 로마법의 자유 본위의 체계가 적합하였던 점이 크게 작용하고 있었다. 로마니스텐이 체계적 방법에 경도된 것은 나중에 판덱텐법학으로 전개되는 과정에서의 전제가 되었다.

게르마니스텐   게르마니스텐은 18세기에 이미 정착해 있던 독일 고유법사 연구를 모체로 한다. 낭만주의를 학문적으로 뒷받침한 여러 독일학 분야(문헌학·역사학·언어학)와 새롭게 연동된 게르마니스텐은 체계적 방법 쪽으로 기울어가는 로마니스텐과는 대조적으로 역사연구에 탁월함을 보여주었다.

정치적으로는 3월 혁명 전야인 1830-40년대 자유주의 운동과 깊이 연관되어 있다. 1848년 3월 혁명에서도 중요한 역할을 하고, 혁명 후에 개최된 프랑크푸르트 국민의회에서는 베젤러Beseler, 미터마이어Mittermeier, 그림Grimm 등 대표적인 게르마니스텐이 의원으로 활약하였다. 이 국민의회에서 채택된 1849년 헌법은 시행에는 이르지 못하였으나, 신체의 자유·언론의 자유 등 기본적 인권이 담겨있었다. 거기에는 구제도의 복고체제 중 탄압을 받은 게르마니스트들의 체험도 활용되고 있었다. 예컨대 그림은 하노버 국왕의 반동정책을 비판하다가 1837년 국외추방된 '괴팅겐 7교수'의 한 사람이었다.

◆ 그림Jacob Grimm(1785-1863년)

『그림동화』로 친숙한 그림형제 중 형인 야콥 그림은 사비니의 첫 번째 제자였다. 스승과는 달리 게르마니스트가 된 야콥은 법이론보다는 독일의 설화와 판고집 등의 수집에 정열을 불태웠다. 동생인 빌헬름과 공동으로 시작한『독일어 사전』전 16권은 20세기 중반에 완료된 일대 사업이다.
정치적으로는 리버럴이고 1837년 하노버 국왕의 반동정책에 대한 항의로 유명한 '괴팅겐 7교수'의 한 사람이었다. 이 사건으로 그는 하노버 왕국에서 추방되어 '정치교수'라 불린, 3월 혁명 전야의 자유주의 학자의 대표적 존재가 된다. 1847년의 게르마니스텐 집회에서 그림은 의장을 맡았는데, 이 집회가 이듬해 프랑크푸르트 국민의회의 포석이 된 사실은 유명하다.   (N)

반체제파가 되는 것도 불사하는 게르마니스텐과 대조적으로 로마니스텐 중에는 프로이센 입법담당 장관이 된 사비니로 상징되는 것처럼 체제 내에서 고급관료로 활약하는 자도 적지 않았다.

이렇게 해서 이 무렵의 양파에 대하여는 '법조법法曹法(Juristenrecht, jurists' law)에 의한 위로부터의 근대화를 추진하는 관료주의자 로마니스텐'과 '민중법民衆法(Volksrecht, popular law)에 의한 아래로부터의 변혁을 추구하는 자유주의자 게르마니스텐'이라는 대조적인 이미지가 만들어졌다. 다만 이것은 3월 혁명 전야까지의 특징이며, 혁명 실패 이후에는 게르마니스텐도 보수화되었다.

학문적 반목 게르마니스텐은 3월 혁명 전야까지는 자유주의적 정치신조가 뚜렷하였으나, 19세기 중반부터는 오히려 민족주의적인 경향이 강해져 로마니스텐에 대한 학문적 반목을 강화해 나갔다.

로마법 계수를 '국민적 불행'이라고 말한 베젤러의 발언이 유명하다. 이와 같은 흐름에 따르는 모양으로 게르마니스텐 사이에서는 로마법 계수 이전의 '순수한' 게르만법이 관심의 표적이 되고 고대 게르만 사회와 중세법 연구가 번성하게 되었다.

로마니스텐의 연구에서 시민·도시·화폐경제가 중심을 이루는 것과 대조적으로, 게르마니스텐의 세계에서는 농민·촌락·교환이라는 키워드가 두드러지게 되었다. 또한, 로마법의 개인주의 체계에 대한 게르만법의 단체법적 성격, 전자의 법조법에 대한 후자의 민중법이라는 도식화도 확립되어 갔다. 그러나 로마법과 게르만법을 이렇게 특징 짓는 것은 게르마니스텐의 자기 연출에 힘입은 바도 컸다.

후세의 법사가는 19세기의 게르마니스텐에 대해, 그들이 19세기 자유주의의 가치관을 고대 게르만 사회에 무리하게 적용하고 전제적인 제정 로마와의 대조를 강조하는 나머지 고대 게르만 사회를 동료사회 또는 민주적 사회로 미화하였다고 비판한다. 그렇지만, 19세기 말에는 게르마니스텐의 입장에서 민법전편찬에 대하여 중요한 정책적 제언을 한 기이르케와 같은 공헌도 있었다(제23장 참조).

로마니스텐 우위의 구도　이와 같이 로마니스텐과 게르마니스텐은 각각 다른 독자의 길을 개척하였다. 그런데, 그건 그렇다 치더라도, 법은 '민족정신의 발로'라고 하는 독일 역사법학파에서 왜 독일 고유법이 아닌 로마법의 연구가 주류로 된 것인가? 이 점이 아무래도 납득가지 않을지도 모르겠다.

그래서 다시 로마니스텐이 주류가 된 원인을 정리해 보자. 첫째, 개인단위·자유본위의 체계를 가진 로마법은 19세기의 근대법원리와 시민사회 감각에 맞았다. 무엇보다도 자유경쟁을 전제로 한 자본주의 경제의 발전에 적합하였다.

둘째, 게르마니스텐은 체계화에 적합한 법원法源이 부족하였다. 로마니스텐에서의 「시민법대전」과 같은 확실한 전거가 없었다.

셋째, 독일에서 법학이라 하면 역사적으로는 항상 보통법(ius commune)을 가리켰다. 로마법과 카논법 계수 이전의 독일에서는 당초 법에 관한 '학문'은 존재하지 않았다. 17세기 이후에는 독일 고유법 연구도 발전해 왔으나, 법학의 주류는 계수 이래 늘 보통법학이었다. 이는 예컨대 메이지 이후의 일본에서 현행법 학자가 서양법을 배우지 중세·근세의 일본법을 배우지 않는 것과 사정이 같다.

3. 영미법권의 역사법학

잉글랜드　잉글랜드의 역사법학은 독일보다 조금 뒤처져 19세기 중반에 대두하였다. 그러나 실무경향이 강한 잉글랜드법의 전통을 깨고 분석법학과 함께 19세기 잉글랜드를 대표하는 양대 법학이론이 되었다.

메인의 『고대법』　잉글랜드 역사법학의 비조는 케임브리지의 로마법학자 메인 Henry James Sumner Maine이다. 메인은 주저인 『고대법(Ancient Law)』(1861년)에서 로마법과 힌두법의 역사를 비교하고 원시사회로부터 성숙한 사회에 이르는 법의 발전과정을 관통하는 일반 원칙을 찾아내려 하였다.

그가 법 진화의 일반 원칙으로서 든 것은 '신분에서 계약으로'라는 테제였다. 이에 따르면 원시사회는 사회적 신분을 토대로 하는 법질서로 인해 정체된 사회이나, 성숙한 사회에서는 개인의 자유로운 계약에 의해 법질서가 형성되어 동태적인 사회로 발전한다고 한다. 메인은 그 후 7년 동안의 인도 체재 경험을 살려 인도의 법률과 관습법을 연구하여 훗날의 비교법학과 법인류학으로의 길을 열었다.

메인의 법진화론에는 독일의 역사법학파와 같은 민족주의적 경향이나 낭만적 장식은 없다. 메인은 어디까지나 비교실증연구에 의한 보편적 원칙의 발견을 목표로 하고 있다. 거기에서는 경험에 기반한 법칙 발견이라는 자연과학적 방법의 영향이 엿보인다. 구체적으로 메인은 당시의 지질학에서 영향을 받았다고 한다. 지질학의 새로운 이론은 과거의 지표변화를 천재지변으로 설명하는 종래의 사고방식 — 당시에는 유대·기독교의 가르침인 '창세기'와 '노아의 방주'가 역사적 사실로 받아들여지고 있었다 — 을 배척하고 지층조사를 단서로 삼아, 변화는 장시간에 걸쳐 완만하게 일어난다고 주장하고 있었다.

이러한 사고방식은 법은 급격한 것이 아니라 서서히 그러나 착실하게 변화하는 것이라고 보는 메인의 법발전 이미지에 들어맞는다. 다른 한편으로. 이것은 사회의 변화를 '사회계약'이라는 드라마틱한 사건으로 설명하는 자연법론이나 혁명이론을 거절한다는 것 역시 의미하였다.

다윈과의 관계   실제로 메인은 『고대법』에서 역사상 존재한 법개념을 연구하는 법사가의 작업을 오래된 지층을 읽고 해석하는 지질학자의 작업에 비견하고 있다. 이와 관련하여 다윈의 『종의 기원』(1859년)이 메인에 영향을 미쳤다고 하는 견해도 있지만, 최근의 연구는 메인의 원고 집필 시기를 근거로 그 가능성을 부정한다.

거꾸로 메인이 영향을 받은 지질학자 라이엘에게서 다윈도 큰 시사를 받은 사실을 다윈의 자서전 등을 통해 알 수 있다. 젊은 다윈은 유명한 비글호 항해 동안 라이엘의 『지질학원리』를 휴대하였다. 그는 항해 중에 들른 갈라파고스 군도에서의 동물관찰과

『지질학원리』에서 얻은 지적 자극을 포개고 합쳐가면서 귀국 후 장시간 동안 서서히 진화론을 완성해나갔다. 다윈의 진화론이 성서의 '창세기'에 대한 도전이란 의미에서 세간에 파문을 일으켰던 것은 유명하지만, 이러한 요소는 이미 지질학에서도 나타나 있었다.

진화론과 지질학은 자연과학의 세속화라는 이 시대의 커다란 사상 조류 속에 있고, 메인의 법진화론은 그 조류 속에서 탄생한 것이었다.

메인에 대한 비판   다른 한편, 역사에서 보편 원칙을 발견하려는 메인의 자세가 19세기 특유의 진보사관에 매여 있었음은 부정할 수 없다. 거기에는 역사를 진보인가 정체인가 하는 기준만으로 측량하고, 게다가 그 기준의 척도가 일면적이라는 결점이 있었다. '신분에서 계약으로'라는 유명한 테제도 19세기의 경제적 자유주의하에서는 타당해 보였지만, 사회법이 발달한 현대에 곧바로 통용되기는 어렵다.

또한, 메인이 실증적 연구를 제창하였다고는 하나, 후세의 연구자들은 그가 수행한 연구의 실증성 자체를 의문시하였다. 잉글랜드 법제사의 대가 메이틀랜드Frederic William Maitland는 이미 19세기 말에 메인의 이론이 자주 실증성을 결여하고 있음을 사료를 구사하여 논하고 있다. 20세기에 들어온 후에는 『법에서의 상식(Common Sense in Law)』의 저자로 유명한 비노그라도프Paul Vinogradoff가 메이틀랜드의 비판을 수용하면서 두 입장의 조화를 꾀하였다.

미국   비슷한 시기에 미국에서도 역사법학이 대두하였으나 그것은 이론보다도 실천적 의의가 있다. 19세기 중엽에 미국에서도 법전편찬 운동이 일어났는데 그에 반대하는 입장에 역사법학이 일정한 역할을 하였기 때문이다. 실제로 법전편찬에 단호히 반대한 것은 판례법주의 전통에 서 있던 법조였지만, 그 이론적 기반이 된 것이 법은 '만드는' 것이 아니라 '생성되는 것'이라고 본 역사법학의 주장이었다.

이와 관련하여 일본에서도 19세기 말의 민법전편찬에 있어서 잉글랜드 학파가 역사학파의 입장에서 외국법의 성급한 직수입이 가져올 해악을 호소하여 법전논쟁에 실마리를 주었다.

각국 역사법학의 비교　　이렇게 각국의 역사법학파는 각각의 나라에서 일어난 법전 편찬 운동에서 대체로 신중파로 돌았다. 사비니의 '지도 원칙'이나 메인의 법 진화의 일반법칙에서 보이는 것처럼 근대과학의 방법에서 시사를 받은 점에서도 비슷하다. 개인주의와 계약의 자유를 법의 토대로 두고 초기 자유주의를 체현하고 있는 것도 공통된다.

그러나 차이점도 있었다. 독일의 역사법학이 법을 '민족정신의 발로'로 이해하는 데 비하여 잉글랜드에서는 보편적 발전법칙의 발견(진화론)을 지향한다. 그런데 실제 연구활동에서는 독일에서는 체계 지향, 잉글랜드에서는 비교문화연구의 색채가 진하다. 이러한 실천상의 차이는 기묘하게도 독일과 잉글랜드 각자의 근대 발전방향을 상징하고 있는 것처럼 보인다.

제21장
판덱텐법학과 사법실증주의

법실증주의자로 불리는 사람들 중에는 19세기 독일에서 해석이론의 면에서 법학의 독자적 방법을 구축하려던 사람들도 포함된다. 그 필두로 거명될만한 사람이 공법 분야에서는 라반트Paul Laband, 사법 분야에서는 빈트샤이트Bernhard Windscheid라 할 것이다. 빈트샤이트로 대표되는 판덱텐법학은 독일 안팎의 법실무와 민법전편찬에 영향을 주었지만, 많은 비판자로부터 방법론상의 도전도 받았다. 그 도전자들이 주장한 문제제기와 방법론이 학제學際적으로 많은 공명을 얻은 것과 대조적으로, 판덱텐법학에 대해서는 오늘날에도 걸핏하면 그 부정적인 측면과 한계만 강조되는 경향이 있다. 그러나 독일 민법전편찬에 채용된 이 학문체계가 19세기 후반 법률가의 시대정신이었던 것과 동시에 여전히 오늘날 대륙법계 국가들의 민법학 일반의 근간을 이루고 있는 것 또한 사실이다.

1. 판덱텐법학

명칭의 유래   판덱텐이란 원래 그리스어 pandectae '모든 것을 포괄하는 것'의 독일어형이고, 「시민법대전」의 일부를 이루는 「학설휘찬(Digesta)」의 그리스어인 판덱타이pandectae에서 유래한다. 그러므로 넓은 의미에서 독일이 로마법을 계수한 후 17세기의 '판덱텐의 현대적 관용'을 통하여 성립한 독일 보통법학도 판덱텐법학에 포함된다고 할 수 있다.

그러나 통상 '판덱텐법학'이라 하면 사비니가 이끄는 로마니스텐의 사법학에 의해, 주로 판덱텐의 법문 해석을 통해 추진되었던 사법학을 총칭한다. 그 대표적 저술형식이 '판덱텐법 교과서'였기 때문에 이 호칭이 사용되었다.

『판덱텐법 교과서』   이미 프로이센에는 '일반 란트법', 바덴에는 프랑스 민법전을 모방한 1809년의 민법전, 작센에는 1863년 독자의 민법전이 있었지만, 이들 소수의 예외를 제외하고 판덱텐법 교과서는 여러 법원에서 법률과 동일하게 이용되었다.

법학교과서가 실무의 의지처가 된 것은 특수한 사정에서 비롯된다. 법전의 부재로 인해 주석서가 없었고, 더욱이 독일 연방에는 최상급 민사법원民事法院이 없었던 탓에 최상급법원에 의한 판례가 아직 성립되지 않았기 때문이다. 판덱텐법 교과서는 법률, 최상급법원의 판례, 실무를 위한 주석서 그리고 교과서라는 네 개의 역할을 겸비한 "망라적이고 완전하며 조화로운 이론 체계"(비아커)였다.

그중 으뜸의 것으로서 유수한 교과서 중에서도 지배적 지위를 차지한 것이 빈트샤이트의 주저『판덱텐법 교과서』이다. 1862년 초판부터 1891년까지 새로 출판되는 문헌들을 이해·섭취하면서 그 자신의 손으로 개정한 횟수가 7번에 이른다. 그러는 가운데 로마법을 역사적으로 처리하는 작업은 완전히 포기되고, 실무의 수요에 대응할 수 있는 질서가 정선精選되어 나갔다. 1896년의 독일 민법전, 특히 제1초안은 '법조문의 형태를 취한 빈트샤이트의 판덱텐법 교과서'라고까지 일컬어졌다(제23장 참조).

영향력의 확대   판덱텐법학은 이윽고 독일 국경을 넘어 독일어권인 스위스와 오스트리아로 파급되었고, 이탈리아와 프랑스도 방법론적으로 영향을 받았다. 비교적 젊은 법학적 전통밖에 없던 나라들, 특히 동남부 유럽국가, 북유럽 및 러시아에는 학문생활 및 입법작업에서 지배적인 영향력을 행사하였다. 나아가 판례법의 나라인 잉글랜드에도 영향이 전혀 없던 것은 아니었다고 전해진다.

학문적 특징   판덱텐법학의 최대 특징은 개념화와 체계화가 진전되었다는 점이다. 실정법 일원화를 지향하는 법실증주의에서 보면 역설적이게도 이는 자연법론의 영향이었다(제18장 참조).

구성법학   체계의 구축에서는 주어진 실정법 소재를 가공하는 방법이 취해졌는데 그 소재가 된 것은 어디까지나 로마법이다. 그러면 그 로마법은 어떻게 취급되었을까? 빈트샤이트는 로마법의 의의 중 하나로 '형식적 완성'에 의한 '법적 사고와 법적 창조의 모범'이라는 요소를 든다.

문제의 사안에 적합한 준칙을 로마법문 중에서 찾지 못하는 때에도 거기서 추출된 개념을 이용한 구성에 의해 새로운 준칙을 만들어내는 방법이다(구성법학).

청구권개념   따라서 그는 로마법사료를 가능한 한 그것이 격심한 19세기 사회의 이해방식과 수요에 적합할 수 있도록 해석하려 하였다. 예컨대 점유자에 대하여 소유권자가 가지는 물건의 반환청구권과 같이 실체적 권리를 관철하기 위한 '청구권' 개념은 로마법상의 소권형식인 악티오 actio(소권)가 새롭게 해석되어 창안된 것이다. 청구권개념은 빈트샤이트 이후 현대 민법학의 중심개념이 되었을 뿐만 아니라 소권 이론과 소송법의 권리보호 청구권론에도 영향을 주었다.

로마법을 소재로 판덱텐법학자들이 지향한 정밀한 일반적·추상적 법명제의 체계는 다음과 같은 특징을 갖춘 것이어야 하였다. 먼저, 장래 일어날 법적 사건 일체에 대한 해결기준을 포함하는 것이다. 그 때문에 법해석에서는 형식논리, 개념, 체계가 지상과제가 되었다.

그러므로 판덱텐법학에서 말하는 '법의 창조적 기능'이란 기존 법규에서 추상화된 개념체계를 이용하여 새로운 사안이 발생한 경우 법률구성을 할 수 있다는 것을 의미하였다.

중립성   다음으로, 형식논리적 사고로부터도 연역되는 것이기는 하지만 윤리적·정치적·경제적 고려를 배제한 '중립'을 지키는 것이다. 일견 모순되는 것처럼 보일 수 있으나 사회적 영향으로부터 사법私法을 단절시키려는 이 자세야말로 뚜렷하게 시민사회적 생산물이고, 근대시민사회(초기 자본주의사회)의 법적 안정성에 대응한 체계를 구축한 것이다.

왜냐하면, 도덕적·정치적인 고려 등의 비법적인 요소를 법률학에서 배제하고 실정법을 논리적으로 체계화, 완전화하고, 그렇게 해서 확정화된 법명제에 법관을 구속시킨다면, 법의 예측가능성과 안정이 실현된다고 생각하였기 때문이다. 판덱텐법학자가 이러한 법률학의 구축에 고심한 까닭은 바로 '자유로운' 개개인이 자신의 소유권에 기초한 경제적인 자유를 확보할 수 있기 위해서였다.

이렇게 법체계를 구축함에 따라 현실의 생활은 분명 등한시되고 법관의 임무는 법규에 사실을 포섭하는 것으로 끝나 자연스럽게 '자동포섭기계'에 불과한 것으로 관념되는 경향이 생겼다.

판덱텐법학의 한계   판덱텐법학만으로는 1870년대 이후의 경제발전과 사회문제의 심각화에 기민하게 대응할 수 없었음은 사실이다. 업으로 상거래를 행하며 회사를 설립·경영하는 상인 활동의 특수성은 예정되지 않았고, 공장노동자라는 새로운 계급의 여러 요구가 도외시된 것도 심각한 문제였다.

예컨대 노동관계에 관한 법적 처리에 관하여 기존의 법체계에 기초한 법률구성에서는 아무리 해도 이를 도출하지 못하였기 때문에 그 결과 말馬의 임대차와 다르지 않은 (사람의) '고용임대차'라는 로마법적인 틀로만 파악하여 노동자에게 아주 불리한 계약관계를 강요하는 게 되어버렸다.

새로운 입법을 체계 안으로 넣어 소화하는 것이 아니라 법실무와 괴리된 로마법 중심의 법조교육을 계속한 것도 판덱텐법학의 한계를 보여주었다.

여기서 주의해야 할 점은 판덱텐법학자들이 모두 경제와 사회의 변화와 괴리되어 헛되이 법해석이론에만 몰두한 것은 결코 아니라는 점이다. 예컨대 빈트샤이트는 이렇게 말한다.

"…… 내가 특히 관심을 갖고 언명하고 싶은 것은, 입법에 대하여 법률학에 할당된 지위를 법률학이 과대평가해서는 안 된다는 것이다. …… 입법은 가장 높은 견지 위에 있다. 그것은 대개 윤리적, 정치적, 국민경제적 고려나 이것들의 복합적인 고려에 기초하고 있다. 그와 같은 고려는 법률가 자신의 임무는 아니다."

『판덱텐법 교과서』

따라서 앞에서 판덱텐법학의 '한계'라고 하였지만, 그 '한계'란 것은, 그들이 시도한 입법과 해석의 준별이라는 대처 이상으로 대응하는 것이 법률가에게 요구되었음에도, 즉 법률가가 자기가 선택한 법률론을 자기 책임으로 정당화하기 위하여 적극적으로 관여하는 것이 요구되었음에도 그것에 충분히 대응하지 않았다고 바꿔 말하는 편이 타당할 것이다.

새로운 경제·사회 상황에 대응하기 위한 법적 문제는 상법 특히 회사법, 혹은 노동법을 비롯한 사회법이라고 불리는 분야에서 입법뿐만 아니라 해석과 실무 일반에 의해 대응이 이루어진다. 이러한 갖가지 문제에 공헌한 것은 숱한 판덱텐법학 비판자들이었다.

2. 판덱텐법학에 대한 비판자들

'개념법학' 비판   비판자들은 판덱텐법학자들을 '개념법학'이라는 경멸적인 호칭으로 불렀다. 현실과 무관하게 추상적 개념을 유희하며 개념을 현실보다 우선시키는 법률학이라는 의미이다. 법학의 개념화에서는 사안과의 관련성이 방법론상 부차적인 것이 될 수밖에 없기 때문에 이러한 비판은 자연스러운 결과였다. '개념법학'의 대표자로 일컬어지는 푸흐타Georg Friedrich Puchta는 '개념의 피라미드'로부터의 논리적 연역만으로 일체의 법적 문제에 해답을 주려는 자로서 비난의 표적이 되었다.

공법 분야에서와 공통된 비판으로서 법실증주의에서는 '악법도 법이다'라는 입장으로 귀결되고 결국 선행하는 지배권력의 판단과 관심에 종속될 수밖에 없다는 주장이 있었다. 이 점과 관련하여 20세기에 들어서는 나치의 입법에 대해 법실증주의가 무저항 또는 무력함이 증명되어 거듭 반성의 대상이 되었다(제24장 참조).

여기서는 사법 분야에 초점을 맞춘 비판의 내용을 살펴보자.

사회적 사실에 대한 관심   비판의 주된 흐름은 먼저 현실 사안에 주목하는 법실무가에 의한 반작용으로서 생겨났다. 독일과 프랑스에서는 자유법론 또는 자유법운동, 이익법학, 미국에서는 20세기에 들어와 현실주의 법학이 사회적 사실에 주의를 기울이도록 환기하였다. 사회법의 구상, 법조사회주의法曹社會主義로부터의 비판도 이와 비슷한 동향으로 볼 수 있다(제23장 참조).

독일을 중심으로 하는 지역에서는 빈트샤이트의 친구이기도 하였던 예링이 판덱텐법 비판자로 등장한다. 나중에 등장하는 에얼리히도 아무리 추상적으로 보이는 개념일지라도 반드시 현실과의 대응관계를 가지고 있음을 강조한다.

키르히만   자유법론자로서 더 과격한 논조로 비판의 도화선에 불을 당긴 것은 검사 키르히만Julius von Kirchmann이다. 그의 『학문으로서의 법학의 무가치성』

(1848년)이라고 제목의 강연은 당시 법학계에 커다란 센세이션을 일으켰다.

강연 중에 한 "입법자가 정정을 위하여 세 마디 말을 하면 법률학의 모든 장서는 휴지가 된다."라는 말은 한편에서 많은 반대자를 낳기도 하였지만, 학문의 과도한 우월에 대하여 당시 증대하고 있던 현실주의적인 실무가의 반항을 대표하는 표현으로서 인구에 회자되었다.

칸토로비츠 칸토로비츠Hermann Kantorowicz(1877-1940년)도 『법학을 위한 투쟁』(1906년)에서 형식논리적인 해석·유추·확장, 의제라는 해석수단이 실은 해석자의 뜻대로 사용되고 있고, 따라서 재판의 객관성과 예견가능성은 실은 신봉할 가치가 없는 이상理想이라고 신랄한 논조로 비판하였다.

예링 헤르만 콘링의 증손에 해당하는 예링Rudolf von Jhering(1818-1892년)은 명문법률가 출신이었다. 1843년 베를린에서 교수자격 학위를 취득한 후 베젤, 로스토크, 키일, 기쎈대학의 교수를 역임하고, 1868년에 빈대학으로 초빙되었다. 그의 유명한 강연 『권리를 위한 투쟁』도 여기에서 행해졌다. 1872년에 괴팅겐대학의 교수가 되어, 이후 1892년에 사망할 때까지 그 곳에 머물렀다.

초기의 업적 푸흐타의 문하생이고 빈트샤이트를 친구로 둔 예링은 처음에는 탁월한 판덱텐법학자로 출발하였다. 그 일례로 계약상의 책임을 계약 전단계로 확장시키는 '계약체결상의 과실(culpa in contrahendo)' 이론으로 법해석학에 크게 공헌하였다.

또한 『로마법의 정신』 제1부(1852년)와 제2부 제2분책(1858년)에서 예링은 법률을 적용하기 위한 법적 기술로서 법적 구성이 갖는 중요성에 대하여 상세하게 논하고 있다.

목적법학 그런데 『로마법의 정신』 제3부(1865년)가 되면 예링은 생활이 개념을 위하여 존재하는 것이 아니라 '생활을 위하여' 개념이 존재한다고 강조하고,

권리를 '보호된 이익'이라고 정의한다. 『로마법의 정신』을 미완으로 끝낸 채 그는 법이 어떠한 목적을 위해 존재하는가를 자세히 논하기 위하여 『법에 있어서의 목적』을 저술하고, 법의 목적은 시대와 상황에 의해 변화하는 상대적인 것임을 강조하기에 이른다.

이를 통해 예링은 법의 사회적인 기능을 최초로 전문적 학문 안에서 연구한 인물로서 높은 평가를 받게 되었다. 그러나 비아커가 지적한 것처럼, 여기서 강조된 법의 목적의 상대성에서, 그로부터 유럽의 법문화가 법의 목적을 개인에서 사회의 '효용'으로 중심을 옮기고 다시 곧이어 '강자의 승리'로 옮겨가는 것으로 규정되기에 이르는 위험성이 잉태되고 있었다.

예링의 '전향' "예링은 1850년대에서 60년대로 들어가면서 '전향'하였다."라고 단언해버리기도 하는데, 다음과 같은 지적에도 귀 기울일 필요가 있다. 예를 들어, 훗날 『법률학에서의 농담과 진담』으로 정리되는 익명의 '편지'를 발표하여 '법적 구성'에 집착하는 '강단법학'을 조롱한 것은 1850년대의 일이다.

위에서 언급한 '계약체결상의 과실' 논문은 1861년에 발표되었다. 예링이 비판하고 있는 것은 사회적 현실과 괴리된 법학자 그 자체이고 '법적 구성'의 기술이 불필요하게 되었다고는 말하고 있지 않은 점에도 주목하여야 한다. 예링의 방법론에는 다양한 요소가 혼연일체가 되어 있어 "평범한 방법으로는 다루기 힘든"(무라카이 준이치村上淳一) 어려움이 있다. 이 점을 인식하면서 그의 방법론상의 '전향'과 '연속성'의 양 측면을 아울러 이해하는 태도가 요구된다.

따라서 예링에 대해서는 단순히 자유법론자의 대표라거나 개념법학에서 사회법학으로 사상을 전환하였다고 단정할 것이 아니라, 판덱텐법학과 자유법론·이익법학·법사회학 사이에 다리를 놓는 역할로서 독특한 위치를 부여하는 것이 적당할 것이다.

자유법론 자유법론의 주창자는 예링을 비롯하여 칸토로비츠와 푹스 Ernst Fuchs, 프랑스에서는 제니François Gény와 살레이유Raymond Saleilles였다.

'자유법(Freirecht, free law)'이란 용어는 칸토로비츠의 논문 『법학을 위한 투쟁』에서 이용된 말이다. 그는 자유법을 교의에 결박된 교회종교에 대항하는 자유종교 운동에 비견하고 있다. 칸토로비츠에 따르면, 국가 제정법과는 별개로 개인과 공동체의 확신에 기초하여 승인된 법의 총칭이다. 자유법을 '모습을 바꾼 자연법의 부활'이라고도 하지만, 17-18세기의 자연법과는 달리 자유법은 실정적이고 역사적으로 변화하면서 제정법의 흠결을 보충하기 위한 법이었다. 그 발견에 노력하는 자가 법관이다.

제1차 세계대전까지 계속된 자유법운동은 '자유법론' 또는 '자유법학'이라고 불리기도 하는데 판덱텐법학이 강력한 지도자(푸흐타, 빈트샤이트), 명확한 강령(로마법과의 연관성), 교과서(판덱텐 교과서)를 갖춘 학파였던 데 반해, 그에 대항할 수 있는 강력한 공통이론이 구축되지는 않았다. 그러나 이 운동의 제창자가 실무상 경험에 바탕하고 있던 것 그리고 급속한 공업화와 사회 내의 계급적 분열이라는 국가제정법의 규범 체계로는 이미 대응하지 못하는 사태에 대처하는 처방전을 준비할 수 있던 것에서 시작하여 마침내는 정연한 체계를 깨부술 기세로 발전하는 강력한 운동이었다.

◆ 에얼리히와 법사회학

오이겐 에얼리히Eugen Ehrlich(1862-1922년)가 일찍부터 법과 사회의 불가분한 결합을 응시하고 훗날 법사회학 분야를 개척하기에 이른 학문 도정을 논할 때면 흔히 그의 성장과정과 결부시켜 이야기한다. 에얼리히가 태어난 체르노비츠Czernowitz는 당시 오스트리아-헝가리 제국 내에서도 문맹률이 높고, 그런 의미에서 후진적인 지역으로 알려진 부코비나Bukowina 주에 위치한다. 빈대학에서 법률학을 배운 후 체르노비츠대학에서 로마법을 강의하기 시작한 에얼리히에게는, 그곳이 한 발만 밖으로 나가도 이론과 실무의 괴리를 통절하게 느껴졌을 곳이었음은 쉽게 상상이 간다. 그러나 법학교육의 관점에서만 보면 발트해 연안 지역까지는 로마법의 계수권에 속하여 체르노비츠는 결코 다른 법문화권과의 경계는 아니었다.

당시의 시대조류이기도 한 자연과학적 실증주의가 에얼리히에게 큰 영향을 주었다는 것도 간과해서는 안 된다. 주저 중 하나인 『법률적 논리』에서는 국가의 실정법 체계에는 실제로 흠결이 존재하고, 이 경우 법관에 의한 보충이 이루어졌음을 로마법 시대부터 역사적으로 해명하고 있다. 판덱텐법학에 의하여도 이 실태는 변하지 않고 법률구성에 의해 기존의 실정법규범으로부터 기계적으로 결론이 도출되는 것과 같은 외관이 부여되는 것에 불과하다. 에얼리히는 이러한 외관이 법관의 자의적인 결정을 은폐하는 것이 되어버릴 위험성을 지적하였다.

이에 대하여 에얼리히는 법관의 창조적인 역할과 사회적 사실과 규범에도 법원法源의 지위를 정면으로 인정하려 한다. 따라서 그에게 '법'이란 단순히 성문법을 의미하지 않고, 단체조직에서 발생한 '행위규범'에 다름 아니다. 그 각각의 존재형식은 '살아있는 법', '재판규범', '법명제'의 세 가지로 요약된다.

그렇다면 도덕과 예의와 같은 다른 사회적 행위규범과 '살아있는 법'은 어떻게 구별되는가? 이에 대하여 에얼리히는, 법 일반의 구별표지로서의 강제력이란 계기를 부정하고, '특히 중요한' 규범이라고 보는 집단내부의 일반적인 승인에 의하여 구별된다는 조금 불안정한 답을 준다. 실제로는 '법'이 사회에서 승인되어 가는 과정에서 법조가 개재하기 때문에 에얼리히가 상정하는 법이란, 국가가 독자적으로 창조한 것과 사회단체의 내부질서에 관한 것을 제외한다면, 당연히 법조법이 중심이었다.

전쟁으로 고향을 떠나야 하였기에 혹은 자료수집을 위한 여행 때문에 17-18개나 되는 언어를 습득하며 유럽 각지를 전전하였고, 법실증주의와 관련해서 1915-17년에 켈젠과 논쟁을 벌였으며, 미국과 일본 연구자와의 교류 등 학문영역과 국경을 초월한 교류를 심화하고 영향을 준 인물로서 에얼리히는 지금도 많은 연구자를 매료시키고 있는 존재이다. (U)

이익법학   '개념법학'에 대해서는 무흠결의 개념체계로부터 법을 연역한다는 것에 대항하고, 자유법론에 대해서는 법의 흠결과 법관의 광범위한 법창조를 주장하는 점에 반대하여 양자와 차별화를 도모한 것이 헥크Philipp Heck(1858-1943년)를 주창자로 하는 이익법학파였다.

헥크에 의하면 법규범은 사회에서 존재하는 이익대립의 결정이다. 여기에서 말하는 이익이란 법공동체 내에 있는 물질적·관념적 욕구 내지 욕구경향이다. 법관에 의한 개별사건의 해결도, 실용법학의 목표도 그러한 이익의 충족에 있다. 입법자는 사회의 이익상황·이해대립을 전제로 이익형량을 하고, 이를 말로 표현하여 형식을 부여하여 명령 즉 법률을 발한다. 이 행위를 거슬러 올라가는 것이 법률의 해석이다.

여기에는 이와 같이 입법자의 의사 내지 연혁을 중시함으로써 법관 자신의 가치판단은 적당한 법률이 없는 경우에만 한정시킨다는 목표가 있다. 헥크는 '법률에 대한 복종'을 주장하였는데, 이는 어디까지나 이익상황의 변화에도 대응하는 '생각하는 복종'이었다.

라이프치히 대학에서 원래 수학을 배운 헥크는 법학으로 전향한 후 예링의 『로마법의 정신』 제2권 제2부를 읽은 것이 계기가 되어 거기서 논해진 '법개념'과 '이익'의 대립에서 시사를 받아 이익법학을 구성하게 되었다고 한다.

헥크는 개념이 분류를 위한 것이고 인식수단이 아니라는 점을 개념법학이 이해하지 못하고 있다고 비판하였는데, 이는 새로운 각도에서 방법론의 오류를 지적한 것으로서 주목할 가치가 있다.

3. 판덱텐법학연구의 새로운 전개

이항대립의 문제   19세기 독일 민법학의 상은 오랫동안 '개념법학'이라는 부정적인 이미지로 그려져 왔고, 오늘날에도 그 이미지는 뿌리 깊다.

여기서 주의해야 할 것은, 사비니와 빈트샤이트는 개념법학의 창시자이고 헥크와 에얼리히는 그 극복자라는 안이한 이항대립의 도식만을 취하는 것은, 얼핏 보면 비판자의 주장에만 입각한 것이 문제 같지만, 실은 비판자에 대해서도 제대로 이해하지 않은 것이라는 점이다.

당초 개념법학에 자유법학과 현실주의 법학 측의 편견이 덧씌워지게 된 까닭은 그 정도로 비판자 측에 임팩트와 설득력이 있었기 때문이다. 따라서 시간이 흐르면서 그동안 비판만이 자가발전하며 나아가는 경향이 없었는지 재음미하는 작업이 시작되었다. 크게 보면 이는 사태의 자연스러운 경과였다.

특히 1980년대 이후, 시조라 할 사비니의 법학과 빈트샤이트의 방법론에 대하여 재검토하거나 신국면을 개척하는 성과들이 눈에 띈다는 점을 언급해두고자 한다.

실증연구의 진전   이러한 성과들을 직접 이끌어낸 계기 중 첫머리로 들 수 있는 것은, 1977년 마부르크대학 도서관에서 '사비니 유고'를 구입한 것을 포함하여 사비니와 빈트샤이트 및 민법전편찬에 관한 미공간 자료를 활용한 연구가 진전된 것이다. 실증역사학 연구자에게는 그다지 새로울 것도 없는 수법이기는 하나, 방법론적 접근이 거꾸로 법학을 활성화하는 점이 매우 흥미롭다.

또한, 판덱텐법 교과서에 서술된 구체적인 내용을 있는 그대로 읽는 충실한 작업을 통해 명확해진 바는, 종래의 '개념법학'의 상像이 자유법론·이익법학이 만들어낸 '적敵으로서의 이미지'와는 반드시 합치하지 않는다는 것이다.

나아가, 법실증주의가 나치와 안이하게 결탁한다는 종래의 정식에 대해서도 재검토가 시도되고 있다. 법실증주의 비판자들이 내걸었던 여러 법학들도 기존의 사회를 기반으로 하는 이상 나치즘에 저항할 수 있는 성격의 것은 아니었기 때문이다. 이러한 예단에서 해방됨에 따라 빈트샤이트의 실증주의에도 연구관심이 향하게 되었다.

그밖에 더 근본적인 의문도 있다. 예를 들어, 이론의 구축보다 실무에 쫓겨 또 그렇기 때문에 판덱텐법 교과서를 차례차례 펴들고 읽고 있던 당시의 법실무가들에게 과연 '개념법학'의 이미지에 사로잡힐만한 여유라는 것이 있었을까?

이와 같이 19세기 독일 민법학을 둘러싼 논의에서는 여전히 신선한 문제제기와 해석들이 계속하여 생겨나고 있다.

제22장
근대 공법학의 탄생

근대 공법학은 19세기 유럽 대륙법권에 탄생한 새로운 법학분야로서 구체적으로는 헌법학과 행정법학을 가리킨다. 어느 것이나 전근대 유럽에는 존재하지 않은 학과이다. 이 장에서는 근대 공법학이 탄생한 요인과 배경을 탐구하고 그것이 어떠한 조건 아래 어떻게 발전해 갔는지를 탐구하고자 한다.

1. 근대 공법학이란 무엇인가?

근대법 성립 이전의 공법　　근대 공법학은 공사법 이원체계 위에서 탄생하였다. 국가와 공민의 법적 관계를 정하는 공법, 사인과 사인의 법적 관계를 정하는 사법과 같은 식으로 법질서 전체를 크게 두 개로 나누는 것은 비교적 새로운 사고 방법이다.

로마의 공법　　물론 근대법 성립 이전에도 '공법'이라는 말은 있었다. 그러나 전근대 '공법'의 의미내용은 근대 공법과는 꽤 달랐다. 예컨대「학설휘찬」제1권 제1장 제1법문 제2절은 고전기의 대표적 법학자 울피아누스의 공법과 사법에 대한 정의를 기술하고 있다. 그것에 따르면 공법(ius publicum)은 로마국제에 관한 법, 사법(ius privatum)은 개인의 이익에 관한 법이다. 일견 현대와 같은 내용으로 보이지만, 계속되는 설명에서 공법은 '제식祭式, 신관神官 그리고 정무관政務官을 규정'하는 것이다. 고대 로마의 제사국가祭祀國家적 성질을 도외시하더라도, 거기에는 현대의 국가공무원법과 비슷한 것은 있어도 국가와 국민의 법적 관계를 포괄적으로 규율하는 것은 없다.

사법에 대해서는 '자연법과 만민법과 시민법의 규정'이라는 세 부분으로 구성되는 것이라고 하여, 근대 사법과는 차원이 다른 광대한 규율범위가 사법에 주어지고 있다. 로마법학은 압도적으로 이 '사법'의 비중이 큰 학문이었다. 그러므로 로마법이 사법 중심의 체계라고 기술할 때 그 의미를 근대 사법의 이미지대로 포착해버리면 오해가 생긴다. 어쨌든 유럽의 법학사가 이 로마법의 압도적인 영향 하에 있었던 것은 말할 나위 없다.

제국공법론   시대가 내려와 근세 신성로마제국에서는 17세기에 제국공법론(Reichspublizistik)이라는 학문이 성립하였다. 원래 베스트팔렌조약과 제국최종결정, 역대 황제의 선거협약 등 제국 고유의 법원法源을 소재로 하는 학문으로서, 계수로마법을 소재로 한 보통법학이 법학의 주류를 점하는 가운데 독자적인 법학분야로 서서히 확립되어 갔다. 18세기에는 '독일 공법(ius publicum Germanorum)' 교과서도 출판되어 제국의 정치적 중요성이 약해지는 것과는 기묘한 대조를 이루며 발전하였다.

또한, 제국 소송실무에서는 제국 신민이 권리를 침해당하였다고 느낄 때, 설령 그것이 영방군주의 통치사항(폴리차이 사항)에 속하더라도 제실법원에 제소할 수 있다는 이론이 성립하였고, 이 역시 18세기 제국공법론에 수용되었다. 권리구제로 논점을 압축하면 오늘날의 행정소송으로 연결되는 이론이다.

이처럼 근세 말기에 이미 부분적으로는 근대 공법학과 통하는 '내용'이 발달하고 있었다. 그러나 공법의 '윤곽'은 근대의 그것과는 달랐다. 왜 그러한가? 처음부터 '공'의 윤곽이 근대와는 달랐기 때문이다.

공사의 미분리   근세에는 아직 공적인 것과 사적인 것의 분리, 정치적인 것과 비정치적인 것의 분리(또는 국가와 사회의 대치對置)라는 의식이 발달하지 않았다. 중세·근세 법체계의 중요부분을 이루는 카논법이나 레엔법은 오늘날의 감각에서 보자면 공권력의 행사에 해당하는 요소를 많이 가지고 있지만, 당시 법학의 분류에서는 사법으로 간주되고 있었다. 또한, 자유의 관념은 근대 사법에서의 '개인의 자유'가 아니라 신분단체에 부여된 '특허장'의 의미로 사용되고 있었다. 요컨대 당시 사적인 권익과 공권력 사이의 법적 경계선은 오늘날과는 다른 곳에 그어져 있었다(제16장 참조).

이러한 중세·근세의 법질서와 법관념을 무너뜨린 것이 근대법이었다.

근대 공법학의 제도적인 전제   많은 역사가가 근대의 출발점을 프랑스 혁명으로 보는 것처럼 근대 공법학의 출발점도 프랑스 혁명에 있었다. 혁명이 가져온 급격한 사회변동과 제도적 변혁이 근대 공법을 낳고 근대 공법학을 낳았다.

실제로 어느 정도 근대적인 국가체제가 이미 존재하고 그 국제國制상 프랑스 혁명의 영향이 거의 보이지 않은 잉글랜드에서는 공법·사법의 구별이 생겨나지 않았고 행정법이라는 새로운 법분야도 당장은 발달하지 않았다. 거꾸로 프랑스 혁명의 영향을 강하게 받은 독일에서는 근대 공법학이 탄생하였다. 이렇게 근대 공법학은, 예컨대 기하학이 논리의 축적을 통해 자연적으로 생성되었던 것과는 달리, 제도 변혁이라는 외적 요인이 있고서 비로소 성립한 학문이었다.

근대 주권국가   근대 공법학 성립의 첫째이자 최대의 제도적 요소는 근대 주권국가의 성립이었다. 프랑스 혁명은 봉건제와 교회체제를 파괴하였으나, 이 두 제도의 대변혁은 국가로의 일극적 권력집중을 초래하였다. 많은 성속령領이 국가에 수용된 결과 종래 귀족, 교회, 도시, 직능단체 등 여러 신분이 가지고 있던 다양한 입법·행정·사법적 권력이 국가의 독점사항이 되었기 때문이다.

이와 함께 국가와 사람의 법적 관계도 변하였다. 앙시앙 레짐의 법적 관계는 신분 단위의 계약관계가 기반이 되고 계약으로 획득된 특권 또는 기득권으로서 고정화된 신분적 법관계가 중층적으로 쌓인 법질서였다.

근대 공법은 이 복잡한 법적 관계의 다발을 먼저 일소하고, 그 위에 국가(전체)에 대한 공민(개별)이라는 단순한 관계를 재구축하였다. 이렇게 국가 아래에 일원화된 법적 관계는 '공公'의 성질을 가지는 것으로 간주되어 공법의 윤곽을 형성해나갔다.

성문헌법 근대 공법학 성립의 두 번째 요소는 성문헌법의 탄생이다. 19세기 유럽 대부분은 나라들은 군주정에 머물렀으나 군주의 통치권은 이 성문헌법이라는 새로운 제한 하에 놓이게 되었다. 입헌주의에 의한 권력분립 사상의 실현이다.

물론 전근대도 군주의 지배권은 신분제의회의 결정 등 다양한 형태로 제한되었다. 그렇지만 '인권'과 선거제 의회제도를 담은 최고법규에 의한 통제라는 발상은 그 이전에는 없었다. 공법학에서 중요한 것은 성문헌법의 성립에 의해 종래 정치학의 영역에 있던 국가학이 분열하여 그 일부가 헌법학(국법학)으로 독립한 것이다.

인권선언은 종래와 같은 신분별 개별권리가 아니라 '인간'으로서의 권리 일반을 정하는 것으로 국가와 공민의 일원적인 법적 관계의 토대가 되었다(제19장 칼럼 참조).

행정법원 세 번째, 근대 대륙법권에 독특한 제도적 요소가 바로 행정법원이다. 대륙형의 권력분립 모델은 완전한 삼권분립이 아니었다. 즉, 사법권이 재판권을 독점하는 영미형의 사법국가司法國家 모델은 자라나지 않고, 그 대신에 행정권에 속하는 행정기관이면서도 활동적 행정으로부터 독립한 행정법원이라는 독특한 제도가 확립되었다.

이와 관련하여 프랑스와 독일에서는 제2차 세계대전 직후까지 위헌법률심사권을 가지는 법원이 설립되지 않았기 때문에 전쟁 전에 있던 행정법원이 중핵적인 공법관계 법원이었다. 행정법학의 발전에 이 행정법원의 소송실무가 담당한 역할은 크다.

그런데 같은 대륙법권에서도 나라에 따라 새로운 공법학의 양상은 미묘하게 달랐다. 이하에서는 근대 공법학이 구체적으로 어떻게 성립되고 발전되었는가를 프랑스와 독일을 예로 들어 살펴보자.

2. 프랑스의 공법학

자유의 정신　　　프랑스 혁명의 원산지는 근대 공법학의 탄생에도 선구적 역할을 하였다. 혁명이 내건 '자유·평등·연대'의 정신 중 근대 공법학에 뿌리박은 것은 오로지 자유의 정신이다. 삼권분립(군주권의 제한)과 인권 보호(국가로부터의 자유), 행정처분에 대한 개인의 권리 보호(소유권의 자유), 조세법정주의라는 근대 공법학의 주요 이론은 자유주의 사상이 구체화된 이론이었다.

제도적 전제前提　　　프랑스 공법학의 또 하나의 중요한 특징은 이 학문을 지탱한 두 제도의 확립에 있다. 하나는 행정소송에 관여하는 꽁세유 데따Conseil d'État(國事院)이며, 또 하나는 대학에 신설된 '공법' 강좌이다. 19세기 프랑스의 정치체제가 제정·왕정·공화정 사이에서 어지러울 정도로 변천을 겪었지만, 이 두 제도는 체제전환을 뛰어넘어 힘차게 살아남았다.

　자유주의가 19세기 근대 공법이론 일반에서 볼 수 있는 현상임에 비하여 위와 같은 제도적인 특징은 프랑스 독자의 것이었다. 근대 공법에는 헌법을 제외하면 사법 분야에서와 같은 체계적 법전이 존재하지 않았기 때문에 꽁세유 데따의 판결과 공법 강좌로 배양된 학설이 전적으로 프랑스 공법이론 형성의 견인차가 되었다.

'공법' 강좌　　　1819년에 비로소 파리대학에 설치된 '공법' 강좌는 헌법과 행정법의 양자를 내용으로 하고, 그중에서도 주요한 학과는 행정법학이었다.
　1834년에 비로소 교육부장관 기조François Guizot의 제안으로 파리대학에 '헌법강좌'

가 설립되었지만, 이 강좌는 20년 만에 막을 내렸다. 본래 프랑스에서 '헌법'이라는 단어가 정착되지 않고 1871년의 제3공화정까지 '정치법(droit politique)'이라는 명칭이 즐겨 사용되었다. 논객도 법학자라기보다는 정치가인 경우가 많았다고 한다. 내용적으로도 아리스토텔레스 이후의 전통적인 정치학(정체론)이나 몽테스키외의 흐름을 따르는 비교국제國制연구가 행해지고 있었고 해석학과 헌법적 개념의 체계화에는 거의 관심을 기울이지 않았다.

행정법학 이에 비하여 행정법학의 행보는 더 법학적·실무적 색채를 띠고 있으며 외국에 준 영향도 강하였다. 앞의 파리대학 공법강좌 신설을 결정한 1819년의 왕령에 따르면, 강좌개설 이유는 "의회제·대표정치 하에서 토지소유자와 사업자인 시민이 조세·행정경찰·토지수용·공공토목 등에 관한 행정법규를 알아야 할 필요가 높아져서 행정법 교육이 시민적 교양과 관계를 갖게 되었기"(가네코 마사시兼子仁)때문이라고 한다.

강좌는 1837년에는 프랑스 전국의 국립대학 법학부로 보급되고 관의 인증을 받은 학과로 확립되었다.

파리학파 공법강좌의 보급과 함께 프랑스 행정법학에는 두 개의 주요 학파가 생성되었다. 파리학파와 푸아티에학파이다.

파리학파는 '행정'을 포괄적으로 파악하고 작용의 면으로 구분하여 체계적 파악을 지향하는 경향을 보였다. 세계에서 가장 오래된 행정법학서로 불리는 제랑도baron de Gérando의 『프랑스 행정법 개론(Institutes du droit administratif français)』(전 4권, 1829-30년)은 행정을 사회의 일반적인 수요를 충족시키려는 제반 역무services의 총칭으로, 행정법을 행정에 의한 공익추구와 관련된 법으로 파악하였다. 그 결과 행정법제는 '행정경찰'(사람에 관한 행정)과 '공역무'(물건에 관한 행정)의 두 가지로 대별되었다.

이어서 F. 라페리에르Firmin Laferrière의 『공법·행정법강의(Cours de droit public et administratif)』(1839년)는 제랑도의 이론을 일보 전진시켜 행정작용을 기반적인 사회유지와 적극적인 사회형성이라는 두 가지 목적으로 구별, 정리하는 것을 시도하였다. 『공법·행정법의 이론적·실제적 연구(Traité théorique et pratique de droit public et administratif)』(전 7권, 1861-68년)의 저자 바트비Anselme Batbie(1828-1887년)는 행정은 개인의 행위를 보완하고 대체하는 적극적 작용이어야 한다고 생각하고, 이러한 의미의 행정법에 프랑스 민법전과 마찬가지로 '사람·물건·취득방법'이라는 3분류에 의한 사법적인 체계를 부여하였다.

푸아티에학파   푸아티에학파는 행정을 공적 봉사로 생각하는 파리학파와는 대조적으로 행정법 규범을 무엇보다도 개인의 자유제한으로 파악하였다. 여기에서는 개인의 영역에 대한 국가의 간섭을 가능한 한 제한하려 한 19세기 '야경국가'형의 자유주의적인 경향이 짙게 나타난다.

푸아티에대학 초대 공법강좌를 맡은 푸카르Émile-Victor Foucart의 『공법·행정법 요론(Eléments de droit public et administratif)』(전 3권, 1834년)은 공법을 '정치법'과 '고유의 행정법'으로 나누고 행정경찰법을 '정치법'에 넣어 어디까지나 국가의 간섭을 제한하는 관점에서 체계화하였다. 뒤크로크M. Th. Ducrocq의 『행정법강의(Cours de droit administratif)』(1861년)는 권력행정법은 헌법상의 인권을 구체화하는 것이며 그것이야말로 행정법의 본질적 부분이라고 보았다. 그는 파리학파의 바트비가 사법학의 수법을 이용하여 행정법을 체계화하는 것을 비판하고 '법인국가法人國家'로서의 국가행위는 행정법이 아니라 사법私法으로 규율해야 한다고 하였다.

요컨대 두 학파의 차이는 행정법학의 사정범위를 넓게 파악하는가(파리학파), 반대로 좁게 파악하고 그밖의 부분을 가급적 헌법학과 사법학으로 규율하려고 하는가(푸아티에학파)의 기본적인 자세에 있었다고 할 수 있다.

꽁세유 데따   꽁세유 데따는 나폴레옹 통령 시대인 1799년 행정법원의 기능을 갖춘 고등행정기관으로 창설되었다. 프랑스 행정법학의 행보는 이 꽁세유 데따의 성질, 운용, 제도개혁을 둘러싼 논의와 함께 전개되었다.

◆ 꽁세유 데따의 특수성

프랑스의 꽁세유 데따Conseil d'État는 200여 년의 전통을 자랑하는 국가기관인데, 삼권분립의 관점에서 보면 상당히 특수한 구조를 가진다.

꽁세유 데따는 행정소송을 심리하는 소송부訴訟部 외에, 내무, 재무, 공공토목, 사회전문의 행정부行政部가 있어 각각 관계 부처의 법률관계 사항을 지원하는 역할을 담당하고 있다. 이 점에서 꽁세유 데따는 행정권에 해당하고, 각 부처의 법안작성 준비에 관여하기 때문에 입법활동에도 관여한다. 독일의 행정법원이 사법권으로 수렴된 제2차 세계대전 이후 이러한 꽁세유 데따의 특이성은 더욱 두드러진다.

존속기간은 오래 되었지만 꽁세유 데따는 19세기를 거치며 다양한 변경을 거쳤다. 꽁세유 데따의 행정재판권은 처음부터 완전한 자율성을 가지고 있었던 것은 아니었다. 1814년 이후 왕정복고기의 반동적인 재편을 거쳐 꽁세유 데따의 위임재판권과 법관에 대한 종신제 신분보장이 비로소 인정된 것이 1849년, 독립한 재판권이 확립된 것은 1872년이다.

꽁세유 데따의 임무 과중도 문제였다. 1800년에는 80개 도道 모두에 지방행정재판권을 담당하는 도참사회가 창설되었는데, 그 관할권은 전후까지 매우 한정되었기 때문에 중앙에 있는 꽁세유 데따의 부담이 컸다. (N)

행정국가 · 사법국가 논쟁 특히 1841년 이후의 왕정복고기에는 재판의 계속 繫屬을 둘러싸고 행정국가行政國家 · 사법국가司法國家 논쟁이 전개되었다. 구체적인 쟁점으로 대혁명시에 귀족에게서 몰수된 국유재산의 매각행위를 다투는 '국유재산 매각 소송'을 사법재판권(일반법원)과 행정재판권(꽁세유 데따)[1] 중 어디에 맡겨야 하는가 하는

---

1) 프랑스의 재판기관은 두 계열의 재판권으로 이원화되어 있다. 하나는 사법재판권(la juridiction judiciare)으로, 전통적으로 '사법(justice)'에 속해왔던 개인 간의 분쟁을 재판하고 형사재판을 통해 법률의 존중을 보장하는 권한을 갖는다. 다른 하나는, 행정재판권(la jurisdiction administrative, l'ordre administratif)이다. 이 두 계열의 재판기관은 각각의 최고법원에 연결된다. 즉 사법법원(일반재법원)은 파기원(la Cour de cassation), 행정법원은 꽁세유 데타(le Conseil d'État)이다.

문제가 있었다.

그 배경에는 왕정복고 후 귀국한 옛 망명귀족이 몰수당한 토지를 소송으로 반환받으려 하였던 사정이 있었다. 이 국유재산 매각소송에는 수많은 구 특권계급의 이해가 얽혀 있던 것이다

보수적인 행정국가론의 입장은 국유재산 매각소송을 꽁세유 데따의 손에 맡기려 하였다. 이것은 복고왕정기에 꽁세유 데따가 재편되어 구 토지소유자에게 유리한 판결을 내릴 것이 예상되었기 때문이다. 한편, 사법국가론자는 행정법원은 극히 한정되어야 한다고 하고 국유재산 매각소송은 사법법원에 계속繫屬한다고 주장하였다. 이 양자의 중간에 있던 행정재판국가론은 꽁세유 데따에 사건을 계속시키는 대신에 기관의 개혁을 추진하는 것 즉 활동적인 행정으로부터 독립한 행정재판권으로서 개조할 것을 제창하였다.

행정법이론이 이러한 논쟁을 밑에 깔고 전개되었기 때문에 프랑스 행정법학은 "이 봉건적인 반동의 시대에 시민과 농민의 권리 옹호를 위해 탄생하였다."고 한다. 프랑스 행정법학은 시민적 자유주의를 정치적으로 실천하기 위한 하나의 장치였다.

판례의 축적과 행정법학서　　19세기 후반은 꽁세유 데따의 판례가 축적되고 꽁세유 데따 판사들이 판례를 다시 체계적 행정법이론을 만들어갔던 시대였다.

아래의 세 사람은 모두 꽁세유 데따의 법관이다. 그들의 행정체계화 사고의 바탕에는 어떠한 사건이 꽁세유 데따의 관할에 속하는가 하는 실제적 사고가 항상 가로지르고 있었다.

우선 행정학의 선구자가 되는 비비앙Alexandre-François Vivien의 『행정연구(Études administratives)』(1854년)는 행정법학에도 새로운 바람을 불어넣었다. 행정법을 '총론'과 '각론'으로 나누는 구성은 그가 최초로 도입하였다고 한다.

다음으로『행정법 술의(Conférences sur l'administration et le droit administratif)』(3권, 1869-76년)의 저자 오코크Léon Aucoc는 자신이 세운 행정법학의 중심에 행정행위 개념을 놓았다. 그는 파리학파와 마찬가지로 행정행위를 넓게 이해하여 경찰행위만이 아니라 공역무

관리행위도 포함하였다. 공역무의 관리도 행정행위에 포함시킴으로써 행정재판의 통제에 복종해야 한다고 주장으로 이어졌다. 오코크는 또한 장관의 결정이야말로 제1심 판결이라는 전통적 '장관재판長官裁判'을 부정하였다. 실제로 훗날 1889년 꽁세유 데따 판결에서 장관재판제가 부정되었다.

E. 라페리에르Édouard Laferrière의 『행정재판론(Traité de la juridiction administrative et des recours contentieux)』(1887년)은 행정행위를 '권력행위'와 '관리행위'로 구별하여, '권력행위'는 행정재판권의 통제에 복종하지만, '관리행위'는 사법私法에 따르며 법규에 특별히 규정된 경우에만 공익에 관계된 것으로서 예외적으로 행정재판권의 통제에 복종한다고 보았다. 이러한 구별의 기준으로 공권력 관념이 있다. 행정작용을 공법과 사법으로 구별하여 공권력의 행사로서 권력행위를 규율하는 것을 공법으로, 사인과 동등한 지위에서 행정이 활동하는 경우의 법을 사법私法으로 보아 사법에 관계된 행정작용을 사법司法재판권에 복종시키는 것이다.

라페리에르와 같은 소송실무상의 사고방식을 통해 공법·사법의 이원체계가 19세기 프랑스 근대 행정법학에 뿌리내리게 된다.

3. 독일의 공법학

사법이론에 의한 공사법의 준별 위에서 본 것처럼 프랑스에서는 꽁세유 데따의 확립과 대학의 '공법' 강좌 설립이 근대 공법학의 발전을 촉진하였으나, 독일에서는 사정이 조금 달랐다. 독일에서도 성문헌법과 행정재판권이라는 새로운 장치가 공법학의 토대가 된 점은 다르지 않다. 그러나 혁명을 체험하지 않았고 제도적 개혁이 늦은 독일에서는 공법학의 윤곽은 오히려 법학이론에 의해, 그것도 사법학私法學의 작용으로 탄생하였다.

사법학자들은 사법은 시민 간의 관계를 정하는 것으로서 국가형식이나 정치목적의 변이에 좌우되지 않는다(짜일러), 혹은 국가의 작용과는 관계없이 민족정신에서 발생한다(사비니)는 논점에 의하여 사법과 공법의 이론적 준별을 도모하였다(Dieter Grimm).

두 법체계를 구별하는 기준은 공법의 정치성·시사성에서 찾아졌고, 반면 사법의 보편성 또는 안정성이 강조되었다. 국가公와 사회私의 분리라는 19세기 시민사회의 성립에 따라 나타난 이론도 이 공법·사법 이원론의 토대가 되었다.

정치적인 분열　　이렇게 '먼저 이론이 있었다'라는 식의 독일 공법의 전개에는 당시 독일의 정치적 분권상태가 크게 영향을 미쳤다. 나폴레옹의 침공으로 1806년에 신성로마제국이 해체되고 독일에는 1871년까지 통일정부가 존재하지 않았다. 신성로마제국은 실은 현대적인 의미에서의 통일국가가 아니며 300개 정도의 대소 영방이 만드는 느슨한 연합에 불과하였다. 1814년에 결성된 독일동맹은 구성국이 40개 정도로 집약되었으나 독자의 통일헌법을 제정하는 데까지 이르지 못하였다.

독일 헌법학　　이러한 전통적인 분권상태 하에서 19세기 전반의 독일 헌법학은 세 갈래의 길을 걸었다.

첫 번째 길은 '보통 독일국법'이라는 것이다. 이것은 독일동맹 각국의 국법을 한데 모아 말하자면 비교법적 시점을 이용하여 묘사하는 방법이다. 이것은 신성로마제국시대에 확립된 제국공법론의 연구수법을 답습한 것이기도 하였다.

두 번째 길은 칸트의 이성법론에 영향을 받은 국법학자들(Johann Christoph von Aretin, Carl v. Rotteck)에 의한 이성법적 국법이다. 이것은 독일의 현실 국가들을 논하기보다는 오히려 있어야 할 국법과 인권 및 국가와 시민의 관계에 논점을 맞춘 이론이었다.

세 번째 길은 성문헌법이 있는 국가들에서 이용된 헌법교과서이다. 3월 혁명까지 성문헌법을 가졌던 것은 남서 독일의 나라들밖에 없었고, 프로이센과 오스트리아라는 2대 열강은 헌법이 없었기 때문에 자연히 이 제3의 길에는 프랑스법의 영향이 강하였다. 이 방향의 집대성은 몰Robert von Mohl의 『뷔르템베르크 왕국국법(Staatsrecht des Königreichs Württemberg)』(1840년)이다.

19세기 전반의, 특히 두 번째와 세 번째 방향에 공통된 것은 정치적 자유주의였다. 로텍과 벨커Carl Theodor Welcker가 편집하고 당시의 대표적 국법학자가 다수 참가한 『국가사전(Rotteck-Welckersches Staatslexikon)』(1834-43년)에는 여러 나라의 전제專制를 규탄하는 항목을 다수 포함하는데 3월 혁명 전의 정치적 자유주의의 분위기가 잘 나타나고 있다. 1848년의 프랑크푸르트 국민의회에서도 몰을 비롯한 많은 법학자가 의원으로 선출되었다.

공법실증주의 이러한 19세기 전반의 리버럴하고 정치적인 헌법학에 비하여 후반기의 헌법학은 3월 혁명의 실패를 계기로 점차 보수적인 색채를 띠어 갔다. 공법학은 여기서도 사법학의 영향을 강하게 받고 있다. 당시 독일에서는 판덱텐법학(제21장 참조)이 융성하고 있었는데, 그 방법론적 특징인 법실증주의를 공법학도 채용하였던 것이다.

공법실증주의의 대표적 법학자인 게르버Karl von Gerber는 19세기 전반에 사법학자들이 제창한 공법·사법의 본질 차이론을 붕괴시키려 하였다. 게르버의 과제는 공법학에서 정치의 요소를 엄밀하게 분리하는 것, 나아가 판덱텐법학이 성취한 것과 같은 자기완결적인 개념체계를 만들어내는 것이었다. 게르버가 이 구상을 『독일 국법체계의 기초(Grundzüge eines Systems des deutschen Staatsrechts)』(1865년)에서 추구하였을 때 독일은 아직 통일되지 않은 상태였다.

1871년의 제국헌법 발포 이후의 공법실증주의를 계승한 것은 '게르버의 유언집행인'이라고 불리는 라반트Paul Laband였다. 라반트에 의하면 실정법 도그마틱의 본질은 법제도의 구축에 있다. 즉 그것은 각각의 법규를 일반적인 개념으로 되돌려서 그로부터 개념상의 귀결을 추려내는 것이며 그 수단으로 논리 이외의 어떠한 요소도 존재하지 않는다고 주장한다. "모든 역사적·정치적·철학적 고찰은 구체적 법소재의 도그마틱에서는 아무 의미가 없다."는 것이다.

역사학파 기이르케Otto von Gierke(1841-1921년)의 격심한 비판에도 불구하고 라반트는 '제국 국법학의 아버지'로서 절대적인 영향력을 미쳤다.

비스마르크 체제   이와 같이 공법실증주의는 방법론상으로는 정치학적 사고를 일체 배제하려 하였지만, 실제 정치적 입장은 보수적이었다.

예컨대 라반트의 법률개념 이론은 예산을 실질적 법률개념에서 제외함으로써 프로이센 헌법투쟁에서 비스마르크의 강행정책을 정당화하였다. 1862년 정부의 군사비 증액에 반발하여 예산을 부결한 하원을 상대로 재상 비스마르크는 4년 동안이나 예산의 승인 없이 군사비지출을 결행하였다. 프로이센 헌법 제99조는 "국가의 지출은 매년 법률에 의하여 이를 확정한다."고 정하고 있었으므로 하원은 정부의 위헌행위를 비난하는 결의를 하였다. 이것이 헌법투쟁이다. 라반트는 매년도의 예산은 형식적 의미의 법률에 불과하고, 조세법·봉급법 등 실질적 법률의 규정을 넘지 않는 한 의회의 승인은 불필요하다고 하여 위헌성 의심을 부정하였다.

라반트의 이론은 그 외에도 국가의 인격화론 등에서 비스마르크 헌정의 변호역할을 담당하였기 때문에 실증주의의 가면 뒤에서 체제에 극히 정치적으로 가담하였다는 후세의 비판이 많다. 프랑스의 공법학자 뒤기Léon Duguit도 19세기의 독일 공법이론은 그저 권력행사를 위한 궤변에 불과하다고 엄한 평가를 내렸다. 반대의 각도에서 보자면, 이렇게 현상유지적 성격이 농후한 독일 공법실증주의가 계속하여 번영한 것은 비스마르크 체제 하의 정치적 안정이 있었기 때문이라고도 할 수 있다.

행정법원의 부재   행정법학의 출발점에도 중앙집권의 전통적 부재라는 독일사의 특징이 강하게 나타나고 있다. 우선 꽁세유 데따와 같은 통일된 행정재판권이 없는 독일에서는 행정법학을 견인하는 판례의 축적을 처음부터 기대할 수 없었다.

19세기 후반에는 바덴(1863년)을 시작으로 각 영방이 행정법원을 설치하기 시작하였는데, 그들 사이에는 권한과 조직구조에 큰 차이가 있었다. 브레멘과 같이 사법국가주의를 취하는 영방도 있었지만 소수파였다. 1871년의 독일 통일 후에도 행정법원은 전과 다름없이 각주 단위로 구성되었을 뿐 독일 전국을 통괄하는 행정법원은 1941년까지 탄생하지 않았다. 1919년의 바이마르 헌법은 그러한 행정법원을 예정하였지만 실현되지는 못하였다.

참고로, 최고행정법원의 설립을 달성한 것은 강권적으로 중앙집권을 진행한 나치 정권이었다.

가상의 재판제도를 둘러싼 논쟁 이러한 상황은 행정법원의 시비를 둘러싼 논쟁에도 반영되었다. 각각 다른 영방출신의 논객들이 가공의 재판제도를 둘러싸고 논전을 벌였던 것이다. 주요한 논객을 보더라도 쿠르헤쎈Kurhessen의 법관 배어Otto Bähr와 프로이센 왕국의 국법학자 그나이스트Rudolf von Gneist는 각자의 배경이 전혀 달랐다.

왕권과 지방귀족(융커)이 강하였던 프로이센에서 교수로 활동한 그나이스트는, 국가와 사회의 분리를 다시 결합하는 역할로서의 지방 명망가 자치구상을 구체화하고 행정법원의 하급심에 명망가를 참가시키는 참심원제를 도입하려고 하였다. 이 경우 행정법원은 행정권에 속하는 것으로 고려되고 있었다.

자유주의 시민층이 강한 쿠르헤쎈의 배어는 1864년의 저서 『법치국가(Der Rechtsstaat)』에서 공법에 관한 소송이라도 최소한 최종심에서는 사법司法법원에 복종해야 한다고 주장하였다.

이와 관련하여 분열상태의 독일에서도 딱 한 번 사법조직 통일의 기회가 있었다. 1849년의 프랑크푸르트헌법이 통일독일 법원을 예정하였던 것이다. 이 헌법은 제182조에서 사법국가 모델을 채용하여 행정사법을 폐지하고 모든 권리침해에 대하여 법원이 결정내리도록 선언하였다. 이것은 독일에서는 희귀한 사법국가 모델 전환으로의 시도였지만 3월 혁명이 실패로 끝나고 수포로 돌아갔다.

법치국가론 이렇게 분권상태가 계속되던 독일에서는 각 영방의 들쭉날쭉한 격차와 낙후성을 메우는 추상적인 국가론이 전면에 내세워지게 된다. 이것이 18세기말 칸트의 이성법론의 영향 아래 탄생한 법치국가론이다.

칸트는 18세기 독일의 계몽철학을 석권한 볼프의 자연법론에 도전하여 그의 국가목적 행복설을 부정하였다. 종래의 국가철학에서는 국가의 존재이유는 신민의 행복 유지와 공공의 복지에 있다고 하였다. 사회계약에 의해 인간은 자연상태에서 자기고 있던 무제한의 자유를 국가에 유보하고 그 대신 질서와 안전을 얻는다. 그러나 사회가 성숙하면 국가에 대한 요구 수준이 높아지고 안전 보장뿐만 아니라 충실한 복지도 국가가 담당하게 된다는 것이다.

그러나 이 행복설에는 사회계약에서의 자연권의 양도라는 전제가 있었다. 오랫동안 유럽의 자연법론에서 말하는 사회계약은 복종계약을 내포하고 있었다. 칸트는 이에 대하여 사회계약의 본질은 자연권의 양도가 아니라 자연권의 보호에 있는 것으로 보고 그 귀결로서 국가의 목적을 개인의 자유를 보호하는 것으로 한정하였다.

이 새로운 자연법론에 더하여 아담 스미스의 『국부론』과 프랑스 혁명이라는 외부로부터의 자극도 받으며 1800년 전후의 독일 국법학에서 자유주의가 이전에 없는 대성황을 보였다. 칸트 자신은 법치국가라는 단어를 사용하지 않았지만, 당시의 칸트주의자는 이러한 국가관을 '법치국가(Rechtsstaat)'라는 단어로 나타내었다. 이 새로운 조어는 1848년까지는 주로 자유주의자의 정치적인 슬로건으로 사용되었다.

폴리차이학 이와 같이 자유주의가 이론적으로 고조되고 있었으나 실제의 국가임무는 경감되지 않았다. 공공복지를 목적으로 하는 각종 행정을 근세에는 폴리차이(근대 이후에는 '경찰'이라는 의미로 축소되어 갔다)라고 부르고 있었는데(제16장 참조), 칸트도 빈민구제 폴리차이 등의 국가 활동을 자기 학설에 반하는 요소로 간주하지는 않는다.

폴리차이 임무는 이미 근세에도 계속하여 증가하고 있었는데 근대에 들어와 행정으로 불린 후에도 감소하지 않았다. 몰의 『법치국가 원칙에 의한 독일 폴리차이학(Die deutsche Polizeiwissenschaft nach den Grundsätzen des Rechtsstaats)』(1832년)은 이러한 국가의 실무를 잘 포착하고 있다. 몰에 의하면 국가는 개인의 능력으로는 맞서 싸울 수 없는 장애를 제거하고, 개인으로는 달성하기 어려운 이성적 인간의 목적 실현에 원조할 임무가 있다. 이것을 담당하는 것이 폴리차이(행정)라는 것이다.

다만 법치국가에서 폴리차이는 법 앞의 평등, 참정권, 인격의 자유, 사상의 자유 등 기본원리를 위반할 수 없다. 몰에게 법치국가와 폴리차이 국가(Polzeistaat)는 국가기능의 두 바퀴를 이루는 것이었다. 참고로 덧붙이면, 이 Polizeistaat라는 단어가 '경찰국가'라는 번역에 어울리는 꺼림칙한 관헌국가官憲國家의 뉘앙스를 갖게 된 것은 1848년 혁명 이후의 일이다.

◆ '법의 지배(rule of law)'와 '법치국가(Rechtsstaat)'

잉글랜드의 '법의 지배'는 문구 그대로 보면 '법치국가'와 같아 보이나 그 성립 경위에 상당한 차이가 있다.
'법의 지배'는 원래 중세 잉글랜드에서 국왕법원이 발달함에 따라 생긴 관념이다. 노르만 정복왕조는 지방세력을 장악하기 위한 수단으로 일련의 법원을 설립하였다. 나중에 코먼로 법원이라고 불리는 이들 법원에서 서서히 축적된 판결은 영미법 특유의 판례법주의(코먼로) 확립의 토양이 되었다.
'법의 지배'에 관한 가장 유명한 일화는 이 책의 프롤로그에도 있는 것처럼 왕권신수설의 신봉자 제임스 1세에게 코먼로법원의 법원장 쿠크가 "국왕이라도 신과 법 아래에 있다."라고 간언하였다는 이야기다. 이는 구체적으로는 코먼로법원이 발하는 금지영장을 국왕이 깨트리려 하였기에 발생한 사건이다. '법의 지배'는 왕권에 대한 브레이크 역할까지 하게 될 정도로 발전한 코먼로법원을 기반으로 확립된 원리인 것이다. 그래서 원래 '법의 지배'는 뚜렷이 중세적 가치인 '코먼로법원(판례)의 지배'를 의미하였다.
이에 대하여 독일의 '법치국가' 원리는 근대 주권국가라는 집권 장치의 등장을 기다려 비로소 생겨났다. 여기서 말하는 '법치'는 국가가 입법·행정·사법 3권을 독점하고, 그때까지 신분이나 단체에 따라 다른 법적 카테고리에 있던 사람들을 '국민' 또는 '공민'이라는 법적 지위로 일원화하는 것을 전제한다.
'법의 지배'가 중세법 이념의 산물이라면, '법치국가'는 근대국가의 산물이다. 그것은 '법의 지배'와는 달리 인위적인 조어이며 처음부터 근대적인 국가철학으로 이론무장이 되어 있었다. '법치국가' 원리는 마찬가지로 근대 주권국가를 모체로 하는 근대 공법학에 수용되어 19세기 말에는 행정법학의 중심개념이 되었다.   (N)

오토 마이어의 행정법학   한편, 3월 혁명 전에 이미 보수파 철학자 슈탈 Friedrich Stahl은 법치국가 개념을 형해화시켜 몇 개의 형식적 요건만을 충족하면 되는 형식적 원리로 재구성하여 혁명 이후의 보수적 국법학에 침투시켰다. 19세기 말의 오토 마이어Otto Mayer의 행정법학으로 이어져 나가는 것이 이 형식적 법치국가론이다.

앞에서 언급한 사람들(몰, 슈탈, 배어, 그나이스트)은 모두 각자의 법치국가론을 제시하고 있었으나, 현대 행정법학자가 근대 행정법학의 수립자로 명명한 사람은 훨씬 후세의 법학자이다. 근대 행정법학 성립의 필요조건을 '법학적 방법'의 확립으로 보면 그렇다. 바꿔 말하면, 행정법학은 '법학적 방법'의 개발에 의해 행정학(국가학)에서 분리되어, 고전적인 표현에 따르면, '국가학적 방법에서 탈피하여' 비로소 독자적 학문이 되었다는 것이다.

이러한 이해에 따르면, 근대 행정법학은 F. F. 폰 마이어Friedrich Franz von Mayer의 『행정법원리(Grundzüge des Verwaltungsrechts)』(1862년)에서 발단하여, 오토 마이어의 『독일행정법(Deutsches Verwaltungsrecht)』(1895년)에 의해 확립되었다. 행정법학은 탄생 시부터 이미 공법실증주의의 영향 아래 있었다.

오토 마이어는 법률학은 형식만을 취급한다고 명언하고 판덱텐법학처럼 완결된 개념규정과 체계화에 매진하였다. 실제로 당시의 근대 사법학이 완성한 개념체계와 비교하면 19세기 독일 행정법의 개념은 아직 정비되지 않은 채였다. 공법실증주의의 목적은 바로 이 개념 정비에 있었다.

프랑스 행정법의 원용   국법학에서 게르버나 라반트가 사법학의 개념을 차용한 반면, 오토 마이어가 원용한 것은 프랑스 행정법학이었다. 예컨대 행정행위(acte administratif)와 공소유권(domaine public)은 마이어가 프랑스 행정법에서 차용한 개념이다. 마이어 법학의 공적은 프랑스의 이 법기술적 요소를 독일에 도입한 것이다(시오노 히로시塩野宏).

문제가 되는 것은 프랑스 행정법의 '본질'에 대한 마이어의 이해이다. 마이어의 생각에 프랑스 행정법에서 배워야 하는 것은 그 전체적인 정신 즉 '국가행위의 고권高權적 성질에 대한 강한 존경심'이었다. 그 귀결로서 국가가 공공 목적을 위하여 제공하는 서비스인 '영조물(öffentlice Anstalten)'(프랑스의 공역무services publics에 상당)에서도 국가는 고권적인 성질을 보유한다고 보았다.

프랑스 행정법학과의 차이   이 사고방식에 따르면, 예컨대 학교와 도서관과 같은 공공시설의 운영에서도 국가와 개인의 법적 관계가 공권력 관계로 설명된다. 그러나 이러한 이해는 19세기 프랑스 행정법학의 실태를 따른 것으로 보긴 어렵다.

가네코 마사시兼子仁에 따르면, 먼저, 마이어가 말하는 '국가행위의 고권적 성질'은 푸아티에학파의 행정을 파악하는 관점을 따른 것으로 보이지만 그 전제를 이루는 좁은 행정법 개념을 마이어는 무시하고 있다. 다른 한편, 마이어는 '영조물'에 관해서는 오코크에 의거하고 있다. 확실히 오코크는 파리학파로서 행정행위를 넓게 파악하여 공역무 관리를 행정행위의 일부로 보았으나, 그 목적은 행정재판권에 의한 권리보장을 공역무에 관한 사건에도 확대하는 데 있고, 마이어처럼 공적 서비스의 영역에서까지 국가고권을 내세우려는 것이 아니다.

이러한 점 때문에 마이어는 파리학파와 푸아티에학파의 이론을 독일 관헌국가 체제에 맞도록 절충하였다고 비판받는다. 이미 동시대의 국법학자 옐리네크Georg Jellinek도 마이어의 사고방식은 국가의 고권적 성격을 과장하고 사법私法의 영역을 현저하게 좁혔다고 비판하였다.

법치국가 원리   프랑스 행정법학과 나란히 마이어의 공법실증주의를 지탱한 또 하나의 근거는 법치국가 원리이다. 마이어에게 법치국가란 권력분립을 기초이념으로 하는 입헌국가이고 그 전제 위에서 '행정이 가능한 한 사법司法의 형식을 취하는 것'을 의미하였다. 거기에서 마이어가 도출한 '법률에 의한 행정', '법률의 우위', '법률유보' 등의 제반 원칙은 오늘날까지 행정법학의 도그마로 활용되고 있다.

마이어는 또 법치국가는 "국가 활동의 진로와 한계를 시민의 자유로운 활동영역과 마찬가지로 법으로써 정확하게 정하고 한정한다"는 슈탈의 정의를 '최상의 공식'으로 인용한다. 이렇게 법치국가의 조건으로 형식적 요건만을 요구하는 태도는 법률학은 형식에만 관여한다고 명언한 마이어의 공법실증주의의 확인이기도 하였다.

초시대성의 꿈   마이어는, '형식에 머무는 것이 곧 초시대성超時代性을 획득하는 것이다'라는 당시 법실증주의자들에 공통된 집단최면에 걸려 있었다. 그는 또한 권력분립과 자유주의적 성격을 기반으로 하는 행정법이 헌법보다 초시대적이라고 믿었다. 마이어가 프랑스법에 주목한 하나의 큰 포인트도 거듭되는 체제변환을 거치면서도 여전히 계속된 당시의 프랑스 행정법제의 내구력이었다.

이러한 마이어의 자부는 나중에 "헌법은 사라져도 행정법은 존재한다(Verfassungsrecht vergeht, Verwaltungsrecht besteht)."는 유명한 말로 표현되는데, 이 정식은 이윽고 사회법의 출현으로 수정을 받고 나치법의 출현으로 무참하게 붕괴된다.

제23장
근대법시스템의 완성

법전편찬논쟁에서 발단한 독일 민법전의 편찬은 법해석상의 논의와 사회정책적 견지에서의 비판, 그리고 란트 사이의 세력투쟁이 착종하는 가운데 성취되었다. 독일 민법전은 이러한 모든 대립점을 극복한 것은 아니지만 나름 대략적인 타협점을 찾았고, 이를 통해 여러 외국의 입법에 결정적 영향을 미쳤다. 한편, 형법전편찬에서 논쟁이 있었지만, 이는 형벌관의 대립에서 유래한 것이었고 법전편찬으로 수렴되지는 않았다.

1. 독일 민법전의 편찬

독일 민법전(BGB)의 편찬 독일 민법전이 성립한 것은 1871년 독일의 정치적 통일로부터 25년이 지난 1896년이고 시행일은 1900년 1월 1일이었다.

이미 북독일연방 시대부터 통일 민법전편찬의 필요성은 국민자유당이 중심이 되어 거듭 호소해왔다. 민법전편찬을 위해서 먼저 헌법 개정절차가 필요하였다. 제국의 입법권한은 헌법상 채권법에 한정되어 있었기 때문이다. 또한, 가족법과 상속법의 통일에 대해서는 여전히 반대가 많았던 것도 사실이다. 이 중 절차상의 장애는 독일제국의 성립 후 곧 제거된다. 1873년 12월에 헌법개정안이 제국의회(Reichstag) 및 연방참의원(Bundesrat)[1] 에서도 가결되어 편찬작업이 개시되었기 때문이다.

제1위원회의 설치   초안 작업의 순서를 보면, 먼저 1874년 2월에 연방참의원 내에 설치된 준비위원회가 의견서를 정리하고 그것을 받아 마찬가지로 연방참의원 내에 1874년 7월에 설치된 제1위원회가 기초작업에 들어갔다.

준비위원회는 바덴, 프로이센, 뷔르템베르크, 작센, 바이에른의 5대 란트의 상급실무법관 5명으로 구성되었다. 제1위원회는 「프로이센 일반란트법」, 작센민법, 바덴란트법(프랑스 민법) 및 보통법 영역과 주요 란트를 고려하여 프로이센 4명, 바이에른 2명, 바덴 2명, 작센, 뷔르템베르크, 알자스-로트링겐 각 1명씩 총 11명으로 구성되었다. 직업별로 보면, 법무부 관리와 법관이 다수를 차지하고 법학 교수로는 빈트샤이트(로마법), 로트Paul von Roth(게르만법)가 포함되어 있었다.

제1초안의 특징   1888년에 공표된 민법전 제1초안은 '작은 빈트샤이트'라고 불릴 정도로『판덱텐법 교과서』를 충실하게 반영한 것이었다. 빈트샤이트 개인이 어느 정도 적극적으로 지도적 역할을 하였는가 하는 점에 대해서는 그가 도중에 위원직에서 교체되었기 때문에 여전히 검토의 여지가 있다고 지적된다. 그러나 위원들이 모두 판덱텐법학 교육을 받은 세대임을 고려한다면, 그것을 기초로 법전을 편찬하는 것에는 대략 의견이 일치하고 있었던 것은 틀림없다.

---

1) 제국의회는 국민의 선거로 선출한 의원들로 구성되는 국민대표기관이다. 연방참의원은 제국의 각 란트(연방구성국) 정부의 대표자들로 구성되는 입법기관이다. 양원제 의회에서의 '상원'에 상응한다. 당시의 독일헌법 이론에 따르면, 연방참의원이 국권의 최고기간이자 주권의 담지자였다. 총 58표 중 프로이센 17표, 바이에른 6표, 작센 4표, 뷔르템베르크 4표, 바덴 3표, 헤센 3표, 메클렌부르크슈베린 2표, 브라운슈바이크 2표, 나머지 란트는 1표를 가졌다.

기이르케의 제1초안 비판   민법전 제1초안에 대해서는 다양한 비판이 행해졌다. 그중 사회정책적 요구에서 비판을 전개한 오토 기이르케Otto von Gierke와 안톤 멩거 Anton Menger가 특히 유명하다.

기이르케의 초안 비판 및 주장은 『독일 민법전 초안과 독일법(Der Entwurf eines bürgerlichen Gesetzbuchs und das deutsche Recht)』(1889년)에 발표되었다. 비판의 주된 대상은 제1초안에서 로마법에 비하여 게르만법 전통이 무시되고 있는 점, 학식법에 비하여 민중법이 무시된 점이었다.

게르만법의 전통   첫 번째 비판점과 관련하여, 기이르케는 역사법학파인 게르마니스텐(제20장 참조)의 전통을 이어받아 '우리 민족, 우리 시대의 정신에서 생성된 독일 사법私法'으로서의 독일법 복권을 실현하는 것과 아울러 그것을 모델로 하면서도 시대에 맞는 법의 창조를 요구하고 있다.

여기에서 비난받는 로마법은 개념법학과 동의어이지 로마법 그 자체는 아니다. 로마법과 그가 말하는 독일 고유법의 관계는 같은 해에 발표된 『사법私法의 사회적 사명(Die soziale Aufgabe des Privatrechts)』에도 간결하게 표현되고 있다.

> "우리는 로마인의 경탄할만한 법률적 사고기술에 의해 만들어진 형식을 감사하는 마음을 담아 유지해나가고 싶다. 그러나 이 형식에 생명을 불어넣는 정신은 우리 조상의 법의 정신인 것이다."

민중법   두 번째 비판점과 관련하여, 기이르케는 법조의 의식을 민중의 법의식에 합치시킬 것을 요구하고 있다. 구체적으로는, 예컨대 법전의 용어를 일반인이 이해할 수 있도록 하라는 요구와 관계된다. 또한, 초안의 개인주의적·자본주의적 경향에 대하여 '개인주의적, 자본주의적, 반反공동체적 근본개념'에 대하여 약자 보호, 소시민 배려, 계약자유의 형식주의 완화, 직업과 농촌·도시 격차 및 노동조직에 대한 배려를 내용으로 하는 '사회법社會法' 사상을 대치시키고 있다.

구체적인 비판 내용의 하나로 장기노동계약의 해지고지권의 문제를 살펴보자. 제1초안 제564조는 장기노동계약의 해지를 고지할 때 계약의 자유를 거의 제한하지 않았다. 기이르케에 따르면, 이 규정은 고용관계의 윤리적·사회적 측면을 무시하는 것이다. 그 결과 고용계약은 모든 종류의 노동에 인내를 강요하는, 노동상품의 자유로운 매매가 되어버리고 있다고 기이르케는 비판하였다.

기이르케의 비판에 대한 평가   제2위원회 위원장 플랑크Gottlieb Planck는 민법전은 특정 계급의 이해를 특별히 배려해서는 안 되며 연관된 모든 이해관계를 고려한 위에 전체의 복지에 가장 적합한 규정을 정해야 한다는 입장에서 기이르케의 비판을 반박하였다. 그러나 기이르케가 특정 계급의 이익만을 주장한 것은 아니었다.

분명히 기이르케는 『사법의 사회적 사명』의 유명한 구절에서 사법私法에 '사회주의적 기름 한 방울'을 요구하였다. 그러나 이것은 이른바 사회주의의 주장은 아니다. 실제로 기이르케는 그 바로 앞부분에서 사법私法의 국가화는 '부자유와 야만'을 뜻하므로 반대한다고 말하기 때문이다.

기이르케가 더 강력하게 주장하고 싶었던 것은, 사법적 권리 일반에 관하여 그것은 개인 자신을 위해서만 부여되어 있는 것이 아니라 인간사회의 복지에 합치해야 한다는 것이었다. 게르만 법사상은 기이르케에게 그 주장의 근거를 부여해주었다.

멩거의 제1초안 비판   사회주의적 입장에서의 비판을 대표하는 안톤 멩거의 비판은 『민법과 무산계급(Das Bürgerliche Recht und die besitzlosen Volksklassen)』(1890년)에서 전개되었다. 사회이론가이자 강단사회주의자인 멩거는 로마니스텐과 게르마니스텐의 법학파 대립에 얽매이지 않았다.

오히려 멩거는, 그러한 법학파의 내부 대립에서 '전 국민의 5분의 4를 차지하고 있는' 국민 즉 무산계급이 등한시되고 있는 사태에 비춰볼 때 자신이 이 이익을 대표하는 '소수의 독일 법률가 중 한 사람'(『민법과 무산계급』)임을 자부하고, 무엇보다 정치적으로 각성한 노동자계급을 위하여 발언하였다.

사법의 중립성에 대한 의문   멩거는 겉으로 보기에 추상적이고 중립적인 사법이, 출발시점의 위치에서 이미 경제적으로 불평등한 경우에는 풍족한 기회의 혜택을 받지 못한 개인을 영속적으로 부자유하게 만든다는 점, 그로 인하여 경제적 약자를 지배하는 수단화되는 점을 현실분석을 구사하며 논증하고 있다.

멩거의 이 주제에 대한 집요한 관심은 『민법과 무산계급』에서 비판을 전개한 항목의 순서에서도 나타난다. 멩거에 따르면 독일 민법초안의 순서가 채권법, 물권법, 친족법, 상속법의 순으로 되어있는 것 자체가 "주로 상인 및 소유자의 이해관계와 관련하여 거래상의 이익만을 특히 중시하는, 지대地代의 산물로서의 특색을 가진다"(이노우에 노보리井上登). 이에 대하여 멩거는 '사회적 관점에 따라 정상적인 것으로 보이는 순서'에 따라 친족법을 가장 먼저 거론하고, 그중 사생자의 취급에 관한 조항을 가지고 초안을 비판하였다. 그 후 물권법, 채권법(특히 고용관계), 상속법의 순으로 초안에 대한 비판이 전개되고 있다.

사회법학   멩거는 빈대학의 총장 취임연설 '법학의 사회적 사명(Über die sozialen Aufgaben der Rechtswissenschaft)'(1895년)에서 사회적 약자를 시야에 넣은 사회법학社會法學의 창설을 제창하였다.

그러나 실제로는 멩거는 독일 법학계에서 거의 완벽히 거부되었다. 똑같이 초안비판을 전개하던 기이르케마저 멩거가 '많은 올바른 방향'을 포착하고는 있으나 멩거가 염두에 두는 것은 '순수하게 사회주의적인 법체계'일 뿐이며 '계급이해의 일면적 강조'에서 출발하는 '사회주의적 질서'를 위하여 현존의 질서를 파괴하는 것이라고 비난할 정도였다.

여기에서 현존 사회질서의 조화를 우선시하는 기이르케와 사회주의자 멩거의 명확한 입장차가 드러난다.

제2위원회의 편성   좌우 양진영의 다양한 비판을 받는 가운데 편찬작업을 위한 제2위원회가 조직되었다. 이번에는 제국사법청帝國司法廳(Reichsjustizamt)이 주도하여 위원회의 설립과 인선이 진행되었다. 4대 법영역의 대표, 경제계의 대표, 사회민주당을 제외한 제국의회의 주요정당, 법관과 교수, 사법·행정관료, 또한 종파별로 보면 기독교도 외에 유대교도도 참가하고 있다.

그 결과, — 어디까지나 제1위원회와 비교할 때 그렇다는 것이지만 —, 란트 대표 이외의 구성원이 갖는 발언권이 다소 강해진 점, 란트 중에서도 프로이센에 대한 중소 란트들의 대항세력이 강화된 점, 나아가 특히 사법청 관료의 주도권이 강하게 작동하였던 점 등이 제2위원회의 특징이었다. 게다가 제1위원회와는 달리 심의결과가 차례차례 공표되었다.

제2초안의 특징   1895년 10월에 완성된 제2초안에서 주요한 수정항목들을 들어보면 다음과 같다.

우선, 고용계약에서 피고용자에 대한 사용자의 보호의무가 확대되었다. 이는 기이르케의 영향이 크다고 한다. 그리고 사단법의 수정, 임대차법에서 '매매는 임대차를 깨뜨린다'는 대원칙의 완화, 혼인법의 수정, 폭리금지 규정의 도입, 시카네(가해의 의사를 갖는 권리행사) 금지 조항(제226조), 공서양속 위반에 의한 손해배상 의무의 확대, 동물보유자 책임의 확대, 혼외자婚外子의 법적 지위의 개선, 자필증서의 도입 등 범위도 넓고 각각 실체법상 중요한 수정이었음은 틀림없다.

다만, 제1초안의 수정에 관하여 제2위원회가 취한 기본방침은 어디까지나 ① 특정 계급의 이익이 아니라 전체의 이익에 가장 적합한 규정을 두는 것, ② 법의 개조가 아니라 기존의 법을 법전화하는 것이었다. 따라서, 우선은 제1초안에 대한 이익단체의 비판이나 요망사항 중 특정 계급에 대한 정책으로 간주된 것은 특별입법에 맡기는 것으로 하였다. 독일 민법전은 어디까지나 '특별법이 없는 경우에 적용되는 일반적 원칙을 정하는 것'에 철저해야 한다고 본 것이다.

그 결과 전체적으로는 제1초안의 기본구조가 유지되고, 많은 내용이 세부적인 개별 수정에 해당하였다. 비판을 받고 수정된 규정들도 이익단체나 비판자가 요망한 것에 비해 극히 제한된 것이었다.

고용계약법 구체적인 예로 먼저 고용계약의 개선을 보자. 사회경제적 강자와 약자의 관계가 선명하게 반영되어, 피용자가 병이 난 경우 간호와 치료를 사용자에게 의무로 부과하는 규정(제617조), 생명과 건강에 대한 위험으로부터 피용자를 보호하기 위하여 사용자에게 안전을 배려하고 사업소의 장소, 설비, 기구류를 설치·유지하고 노무를 정하는 것을 의무 부과하는 규정(제618조) 등 사용자의 보호의무가 초안에 도입되었다.

다만 이들을 제외하고는 영업령, 고용인법 등의 개별입법은 가능한 한 일반법인 독일 민법전에 편입시키지 않도록 힘썼다.

비경제적 사단 또 하나의 예로 비경제적 사단에 대한 취급을 보자. 이미 주식회사 등의 경제적 사단의 경우 그 설립요건은 준칙주의를 취하였지만, 비경제적 사단에 관해서는 노동조합과 사회주의적 단체 등의 정치적 위험성을 우려하여 대다수 란트에서 인허주의의 방침을 무너뜨리지 않았다. 제1초안에서는 이 상황을 받아들여 비경제적 사단의 법인격 취득·상실에 관한 사항은 각 란트의 법률에 위임하려고 하였다.

이에 반하여 제2초안에서는 이를 제국법 수준에서 준칙주의로 정하는, 즉 미리 법률로 정한 요건을 충족하면 당연히 법인격을 인정하는 원칙이 채용되었다. 그렇지만 다른 한편으로 사단등기부에 등기할 의무를 권리능력의 취득요건으로 하고, 등기 신청 시 행정관청의 이의권을 인정함으로써 원칙이 사실상 다른 것으로 환골탈태 되었다.

◆ 에밀리 켐핀-스퓌리 Emilie Kempin-Spyri(1853-1901년)

유럽 최초의 여성법률가가 된 에밀리 켐핀-스퓌리의 생애는 도전과 좌절의 반복이었다. 취리히대학에서 법학을 배우고, 1887년에 양법박사 학위를 취득한 켐핀-스퓌리는 먼저 변호사자격의 취득을 목표로 활동하였으나 그녀의 청원은 거절되었다. 그 후 변호사자격의 문호를 여성에 개방한 1898년의 취리히 변호사법 제정에 켐핀-스퓌리의 청원이 결정적으로 기여하였다. 켐핀-스퓌리는 그 후 신대륙의 대학교수직에도 지원하였으나 실패한다. 그러나 그 과정에서 취리히대학과 뉴욕시립대학은 법률가를 지망하는 여성에게 정식 입학자격을 인정하게 되었다. 이렇게 켐핀-스퀴리의 도전은 대체로 좌절되었으나 그 결과 여성이 법의 세계에 주체적으로 참여할 가능성을 열게 되었다.

켐핀-스퀴리의 활동에서 가장 눈부신 것은 1896년 제국의회에서 심의된 독일 민법전의 최종초안인 제3초안에 대한 대안 제출일 것이다. 독일 민법전의 성격에 대해 흔히 자유로운 기업가 정신과 보수적인 가족제도라는 두 시대정신을 반영하였다고 말해지는데, 기이르케의 초안 비판이 주로 전자에 향해진 것이라면, 후자에 대하여 초안 비판의 논진을 펼친 사람이 켐핀-스퀴리이다.

최대 목표였던 부부별산제 도입에 실패하지만, 아내의 유보재산 확대와 남편의 해약고지권의 제한 등 아내의 법적 지위와 관련된 몇 개의 중요한 수정을 실현한 것도 켐핀-스퀴리의 공적이다. 그러나 아이러니하게도 이러한 성과에 대한 평가를 둘러싸고 당시의 여성운동가들과 대립하고 끝내 '배신자'로까지 불린 켐핀-스퀴리는 실의에 빠져 정신병을 앓게 되었고 48세의 젊은 나이에 사거하였다. (R)

독일 민법전의 성립   독일 민법전의 성립으로 법적 분열은 일거에 해소되었다. 그때까지는 「프로이센 일반란트법」, 작센 민법전, 바덴 란트법(프랑스법) 및 보통법 등의 적용영역으로 구성되어 있었지만, 이제 독일 전체에 적용되는 민법전 아래로 통일된 것이다.

법 통일이란 관점에서 보면, 독일 민법전은 "개별 연방구성국 간의 정치적 격투(ein politisches Ringen zwischen den duetschen Bundesstaaten)"(크뢰셀)의 결과이다. 편찬위원회 위원은 란트정부와 연락이 있었고, 바이에른과 바덴은 독자의 민법전위원회를 준비하고 있었다. 메클렌부르크는 부종성이 없는 토지채무(Grundschuld)에 찬성하여 이를 법전에 포함시켰지만, 바이에른은 부종성이 있는 저당권을 주장하고 조문 체계상 이를 토지채무 앞에 두는 데 성공하였다.

정치적 중립   법전편찬 계획상에서는 오로지 법기술적 문제만 취급하고 어떤 사회이념을 내세워 실현하려는 의도는 보이지 않았다. 입법의 임무는 기존의 법제도를 확인하고 그 지도원리를 제시하는 것이지 사회개혁의 실현은 아니었다. 편찬자들은 무리를 감수하고라도 정치적 중립을 지키려 하였다고 한다.

그러나 편찬자들이 아무리 중립적이고자 하였어도 실제로 독일 민법전이 정치적으로 아무런 색깔이 없을 수가 없으며, 비스마르크와 타협한 시민층과 귀족층의 이익을 보호할 수 있도록 편찬된 점은 부정할 수 없다. 예컨대 농업자단체의 의사가 부동산담보법과 상린관계법에 영향을 주어 '매매는 임대차를 깨뜨린다(Kauf bricht Miete)'에 대해 '매매는 임대차를 깨뜨리지 않는다(Kauf bricht nicht Miete)'라는 새로운 원칙이 도입되었으면서도 다른 사회정책에는 거리를 두려고 한 것은 아무리 보아도 편향적이라는 느낌이 든다. 이러한 의미에서 기이르케나 멩거의 비판은 입법자에 대한 대중의 통렬한 이의신청이었다.

'열린' 법전

다른 한편, 편찬과정에는 경제적 자유주의에서 보호무역주의로의 정책전환도 거쳤고 국가도 개입주의로 방침을 전환하였다. 이러한 사회경제적 배경을 편찬자들이 무시하거나 간과하였다고 보는 것은 적절하지 않다. 오히려 다양한 특별입법으로 대응할 수 있도록 독일 민법전의 목적은 일반 원칙의 정립에 있었다고 설명하는 것도 가능하다. 정책적 개입을 삼가는 것을 통해 독일 민법전은 학설·판례에 의한 법형성과 관습법에 대하여 '열린' 성격을 갖게 되었다는 지적도 있다.

실제로 민법전시행법은 민법전에 의해 명백하게 폐지되지 않는 한 기존의 제국법률은 그대로 존속하며, 더구나 관습법도 제국법률에 속한다고 규정하고 있다. 또한, 학설·판례가 미처 확정하지 않은 문제의 입법적 해결은 의식적으로 피하였다. 예컨대 계약체결상의 과실이나 양도담보와 같은 문제들은 민법전에서 취급하지 않았다. 이것은 학설·판례에 의한 장래의 발전을 기대하였기 때문이다.

2. 다른 유럽 여러 나라의 민법전편찬

중유럽·동유럽 국가의 법전편찬활동   계몽절대주의 시대에 편찬된 오스트리아 일반민법전은 성립 당시의 편성을 유지하면서도 19세기 사법학과 무수한 개별법령, 판례를 통하여 독일 민법과 실질적으로 밀접하게 연결되어 갔다. 1867년 이후 합스부르크 이중체제의 일익을 담당하던 헝가리는 독일 민법전을 지표로 삼으면서 독자적인 사법전편찬에 노력하고 있었다. 다만 헝가리에서 통일 민법전이 성립한 것은 기묘하게도 사회주의 체제 하의 일이다. 그 외에 그리스와 제1차 세계대전으로 붕괴된 합스부르크 제국의 뒤를 잇는 국가들이 법전편찬에 참고한 것도 주로 오스트리아 민법전과 독일 민법전이었다.

스위스 민법전   스위스 연방은 1898년에 민법 전체의 입법권한을 헌법개정으로 승인받고 법전편찬에 돌입하였다. 이 법전은 게르만 법학자 후버Eugen Huber가 칸톤Kanton 사법私法을 비교 연구하여 만든 작품이다. 이 민법전이 판덱텐법학에서 유래하는 것은 명확하지만 독일 민법전보다 현실 사회질서에 한층 적합한 법전으로서 더 높은 평가를 받는다.

　주된 특징으로 우선 총칙을 두지 않은 점을 들 수 있다. 그 대신 일반규정과 서문이 명료하여 오히려 일반적 원칙을 알기 쉽다고 높이 평가받는다. 또한, 조문 중에서 다른 조문을 참조하는 방법을 폐지하고 난외표제를 부가함으로써 전체적인 간파를 더 편리하게 만든 것, 누구나 알기 쉬운 용어를 채택한 것, 독일 민법전 중 다툼이 있는 여러 개념을 정리하여 개량한 것, 법률에 흠결이 있는 경우 법관의 법창조를 허용하여 '개방된 체계'를 명문화한 것(제1조 제1항, 제3항) 등을 특징으로 들 수 있다.

'다면적 문명화적 사법교환'   터키에 계수된 것을 위시하여 그 후 유럽에서의 법령을 개정하거나 새로운 법전을 편찬할 때, 스위스 민법전, 경우에 따라 그에 더하여 독일 민법전의 영향을 받지 않은 것은 거의 없었다고 해도 과언이 아니다. 프랑스 민법전도 예외가 아니었다. 또한, 예컨대 이탈리아는 1865년 이래 광범위하게 프랑스법을 모방한 민법전이 존재하였지만, 그에 더하여 스위스 민법전과 독일 민법전을 참고하면서 독자적인 특색을 쌓아 갔다. 1922년의 소비에트연방 민법전조차 채권법 부분에 관한 한 독일 민법전의 영향이 지적되고 있다.

비아커Franz Wieacker는 이러한 다원적인 민법전의 영향 관계를 "다면적 문명화적 사법私法교환"이라고 부르고, "20세기 초엽의 세계 여러 법문화는 네 개의 정신적 근원 ― 즉 「시민법대전」의 중세적 해석, 법률학적 인문주의, 이성법론 그리고 판덱텐법학 ― 을 갖는 유럽 대륙적 법률학의 유산"이라고 총괄하고 있다.

3. 독일 형법전의 편찬

신구학파의 대립 민사법 분야에서 개념법학과 자유법론의 대립과 같이 신구학파의 법학방법론상 대립을 볼 수 있듯이, 형법학 분야에서도 고전학파(구파)와 근대학파(신파)의 대립이 있었다. 다만 형법학에서 신구학파의 대립은 사회이념의 대립이라기보다 범죄와 형벌을 둘러싼 학문적 방법론에 있었다.

고전학파 고전학파의 대표적 인물로는 칸트, 포이에르바하Ludwig Feuerbach, 헤겔 및 빈딩Karl Binding을 들 수 있다. 근대학파의 대표자 리스트가 등장하는 시기에는 비르크마이어Karl von Birkmeyer가 고전학파의 대표자로서 학파의 논쟁을 이끌었다.

고전학파의 공통항을 추출하면, ① 범죄인의 자유의사를 인정하는 것, ② 자유의사의 발현으로서 객관적 범죄개념을 채택하고 형사책임의 기초를 오로지 외부적으로 표현된 범인의 행위에서 찾는 것, ③ 응보형론을 기조로 하는 것 등이다. 그렇지만 고전학파에는 베카리아 등 계몽기 형법사상가에서 유래하는 긴 전통이 있을 뿐만 아니라, 내용과 방법론이 개개 학자에 따라 상당히 달랐기 때문에, 예컨대 사법학에서 판덱텐법학자를 일괄하여 논하는 것과 같이 고전학파를 일괄하여 논할 수는 없다.

여하튼 고전학파의 기본적인 형법이론은 19세기 중엽까지 유럽 대륙 여러 나라의 개인주의·자유주의의 조류에 적절히 들어맞았다.

근대학파 그러나 19세기 후반이 되면 산업혁명과 이에 부수한 사회경제의 변혁이 진행되고, 실업 등에서 기인하는 범죄·누범·소년범죄 등이 급격하게 증가하게 된다. 이러한 새로운 사회정세에 고전학파의 형법이론은 충분히 대응할 수 없었다. 시대는 새로운 관점의 형법이론을 요구하였다.

판덱텐법학에 대항한 자유법론이 '운동'의 수준에 머무른 것과는 대조적으로, 고전학파에 대항하여 등장한 근대학파의 형법이론은 리스트Franz von Liszt가 내건 강령으로 정식화되었다. 즉 1882년에 발표된 논문「형법에서의 목적사고(Der Zweckgedanke im Strafrecht)」, 바로 저 유명한 '마부르크 강령'이다. 이 강령에서 리스트는 롬브로조Cesare Lombroso와 가로팔로Raffaele Garofalo 등 인류학적 방법론을 이용한 이탈리아 범죄학파의 영향 아래 예링의 사회공리주의적 목적사상과 에를리히의 자유법론과 상통하는 형법이론을 전개하였다.

리스트에 따르면 형벌의 목적은 법익 보호이며, 어떻게 법익을 보호할 것인가는 규범보다는 범죄학적인 고찰에 기초한 객관적 견지에서 고찰하여야 한다.

> "형벌은 어떻게 법익 보호를 수행하는가? …… 이러한 물음에 의문의 여지없는 확실성을 갖고 답할 방법은 하나밖에 없다. 그것은 사회학의 방법 즉 대량현상의 체계적 관찰이다. 가장 넓은 의미에서의 범죄통계학만이 우리를 확실한 답으로 이끌어 준다. 우리가 형벌의 법익보호 기능과 범죄예방 기능을 학문적 확실성을 갖고 확정하기 위해서는 범죄를 사회적 현상으로, 형벌을 사회적 기능으로 고찰해야 한다."
> 「형벌에 있어서의 목적사상」

고전학파가 '절도죄·살인죄·위증죄에는 어떠한 형벌이 적당한가'를 문제로 삼았지만, 리스트가 문제로 삼은 것은 '이 절도범·살인범에게는 어떠한 형벌이 적당한가'였다. 이 판단을 위한 재료를 갖추기 위하여 리스트는 형법학이 범죄에 관한 여러 과학과 협력체제를 수립할 것을 역설하고 범죄와 형벌에 관한 과학적인 인식의 필요성을 강조하였다. 리스트에게 형법학은 어디까지나 현실 사회의 현상으로서의 범죄에 대처해야 하는 것이었다. 이 지점이 근대학파와 고전학파의 중요한 분기점이다.

독일 형법전의 편찬 오스트리아 형법전(1787년)과 「프로이센 일반란트법」 등 계몽사상에 기초한 형사입법을 한층 더 철저하게 밀어붙인 것이 나폴레옹이 제정한 프랑스 형법전이다. 혁명기의 형법전은 내용이 너무 과격하다고 하여 폐지되었지만, 1810년의 나폴레옹 형법전은, 한편으로는 형벌의 엄격화라는 반동적 경향도 띠면서도, 다른 한편으로는 죄형법정주의를 표방하고 자유형을 원칙으로 하고 도의적 책임의 관념을 명확하게 하는 등 계몽사상을 구체화한 형법전의 대표가 되었다.

독일에서는 19세기 중엽 이후 란트의 형법전편찬이 잇따랐다. 그 선구는 포이에르바하가 입안한 1813년의 바이에른 형법전이다. 여기에서 거의 모든 신체형이 폐지되었고 사형 가중도 폐지되었다. 1871년의 독일제국 형법전의 기초를 이룬 것은 1851년의 프로이센 형법이다.

제24장

근대법시스템의 동요
바이마르에서 나치즘으로

바이마르 공화국에서 나치체제까지 독일에서는 19세기에 만들어진 근대시민법질서의 수정 혹은 '극복'이 다양한 각도에서 시도되었다. 이 장에서는 근대시민법시스템에 대한 도전이라는 문맥에 초점을 맞추어 20세기 두 세계대전 사이의 시기 독일법사를 다룰 것이다.

1. 근대법시스템의 동요

근대법의 특징 유럽법의 시공에서 '탈근대'를 묻는다면 근대법이란 무엇인가 하는 문제를 검토하지 않고서는 이야기를 시작할 수가 없다. 그래서 우선 '근대법'의 최대공약수라고 생각되는 특징을 간단히 정리해 두자.

근대법에서는 이념상의 특징과 구조상의 특징이라는 크게 두 각도에서 본 특징이 나타난다. 이념적 특징으로는 신분제·봉건제의 폐지를 전제로 한 개인주의·자유주의를 들 수 있고, 이것이 근대 사법의 3대 원칙이라 말하는 '인격의 자유, 소유의 자유(소유권의 절대), 계약의 자유'의 이념적 기반이다. 근대법이 표방하는 원칙상으로는 사람은 모두 자유·평등의 권리를 가지며 신분의 차이가 없다. 시민사회의 성립을 전제로 하는 이 근대법원리를 이념적으로 시민법원리라고도 한다.

구조적 특징으로 체계성이 있다. 공법·사법의 이원체계, 국가법 체제를 계층 서열화한 법전체계, 각각 법전에서 편성의 체계성, 근대법학의 체계적 사고 등 근대의 법은 체계성으로 가득 차 있다. 신분제의 해체에 수반하여 생겨난 법개념의 추상화 현상은 이 체계성 충족의 전제로서 더욱 고도화되어 갔다.

근대법시스템의 수정 근대법시스템의 수정은 이 이념과 구조 양쪽에서 시도되었다. 이념과 관련해서는 토지소유와 노동관계를 위주로 개인주의·자유주의의 수정(특히 소유권의 절대·계약의 자유의 제한)이 나타났다. 그 배경에는 19세기 후반부터 시작된 독일의 공업화에 따르는 사회구조 변화가 있다. 오랫동안 농업국가였던 독일은 19세기 말 도시인구가 농촌인구를 웃돌고 시민사회에서 대중사회로 변모해갔다. 변화를 견인한 것은 '공공의 복지' 그리고 '사회적 평등'이라는 서로 다른 두 이념이었다. 이 두 이념과 시민적 '자유'가 삼파전의 양상을 이루고 때로는 격하게 충돌하였다.

한편, 구조와 관련해서는 먼저 공법·사법 이원체계가 사회법이라는 새로운 종류의 법의 등장으로 흔들리기 시작하였다. 한편, 법학의 체계적 방법은 독일에서는 판덱텐법학의 엄격한 법실증주의에 대한 비판의 형태로 도전을 받아 이미 20세기 초에는 자유법운동과 이익법학으로부터 비판을 받고 있었다(제21장 참조).

이러한 대략적 흐름에 대한 검토를 바탕으로 이제 바이마르 시기에서 나치시기에 걸쳐 일어난 법의 변화를 구체적으로 살펴보기로 하자.

2. 바이마르 공화국 시대

바이마르 헌법　　제1차 세계대전의 패배, 제정의 붕괴, 공화국의 수립으로 전개된 동란을 거쳐 1919년 바이마르 헌법이 탄생하였다. 일반적으로 바이마르 헌법에는 막연히 '민주적'이었으나 불행한 결말을 맞은 헌법이라는 이미지가 있다. 그러나 잘 살펴보면 더 구체적인 의미에서 19세기 근대시민법의 틀을 넘은 현대적 헌법임을 알 수 있다.

정치적인 평등　　위에서 서술한 이념적 틀로 관찰하면, 바이마르 헌법의 특징은 우선 '평등' 이념의 벡터vector가 신장하였다는 것이다. 가장 획기적인 것은 남녀보통선거제도의 도입(제22조)인데, 여기에는 근대시민법시스템의 수정이라는 문맥에서 다음과 같은 의미가 있다.

　　최근 근대법의 특징을 논할 때 '근대법의 개인주의는 가부장 개인주의에 불과하였다'는 인식을 법학의 여러 분야에서 볼 수 있다. 신분제를 불식한 근대법은 개인의 자유의사에 기초한 사회를 원칙으로 표방하고 있으나 실제 운용에서는 가부장적인 지위에 있는 (시장경제에 소유자로서 등장하는) 한정된 인간들에게만 허용된 개인주의였다는 인식이다.

◆ '시민적 가부장제'와 '공사 이원론'

가부장제는 전근대 신분제사회에서 전형적인 전통적 지배형태의 하나로 언급되어 왔다(막스 베버). 이에 대하여 근대시민사회에서도 또 다른 '가부장제'를 보는 논의가 있다. 가부장제가 사라졌으나 실제로 정치사회(시민적 공공公共공간 public sphere)의 담지자가 된 것은 경제적 강자인 시민층 남성뿐이었다는 주장이다. 사회학에서는 이러한 새로운 지배형태를 전통적 가부장제와 구별하여 '시민적 가부장제'로 부르기도 한다.

> 한편, 시민적 가부장제론에 서는 페미니즘의 입장에서 근대시민사회에서 남녀의 공사公私 구획에 착목한 공사이원론公私二元論이 제기되고 있다. 근대시민사회의 '가家'가 소가족화·사적 영역화하는 가운데 공적 영역(정치·군대)은 남자, 사적 영역(가정)은 여자라는 사회적 성별 질서(젠더 질서)가 침투하고 여성이 공공공간에서 배척되어 사적 영역으로 폐쇄되는 구조가 확립되었다고 한다.
> 계급투쟁이라는 수단으로 공공공간 참가를 성취한 비시민층 남성(노동자와 농민 등)에 비하여 여성은 경제적 약자일 뿐만 아니라 공사이분公私二分이라는 근대적 젠더질서에 의해 오래도록 자립으로의 길을 폐쇄당하였다. 여기에서 근대시민법시스템은 눈에 보이지 않는 억압을 잉태한 체계로 이해된다. (N)

근대시민법의 대상 밖에 있던 것은 시민사회의 바깥쪽에 있던 노동자, 농민, 여성이었다. 특히 여성은 오래도록 구조적으로 시민법 사회라는 공공공간의 밖에 놓여 있었다. 에밀리 캠핀-스퀴리의 도전이 보여주듯이 기혼 여성의 계약체결 능력과 법정에 설 권리는 19세기 말까지 거의 인정되지 않았다(제23장 참조).

민사상 여성의 권리는 19세기 말부터 서서히 법규범 수준에서는 실현되지만, 공법상 권리에 대한 벽은 더 높았다. 이 공법상 권리의 최고봉에 있는 참정권을 바이마르 헌법은 여성에 확대하였다. 참고로, 이는 세계에서도 뉴질랜드 등 다음으로 일찍 도입된 것이다.

사회적 평등 그런데 평등 이념의 면에서 참정권(정치적 평등)에 뒤지지 않는 중요한 것이 사회적 평등에 관한 조항이다. 바이마르 헌법을 유명하게 만든 것은 특히 그 풍부한 노동권 규정이었다.

헌법은 "노동력은 국가의 특별한 보호를 받는다."(제157조)라고 하고, 모든 직업에서의 단결의 자유(제159조), 노동조건 및 생산력발전에 관한 노동자와 사용자의 대등한 공동 참여권(제165조)을 보장하였다. 19세기의 근대헌법에 없는 사회법적 규정의 도입이다. 말할 나위 없이 이것은 개인주의에 의한 '계약의 자유'를 표방한 근대 사법 원칙을 수정하여 단체에 의한 교섭을 통해 혼자서는 기업과 맞설 수 없는 노동자를 사회적으로 대등한 입장으로 끌어 올리는 것을 도모하고 있다. '계약'에서 '협약'으로, '개인'에서 '단체'로의 이행이다.

사회법의 대두는 독일에서는 이미 19세기 말부터 각종 사회보험법이나 제국영업령의 노동자 보호 규정 등으로 나타나고 있고, 1900년에 시행된 독일 민법전에도 노동자 보호 규정이 약간 포함되어 있었다. 그러나 성립 당초부터 탄압 대상이었던 노동조합은 나중에는 방임되는 데 이르지만, 세계대전에 이를 때까지 비합법적인 상태로 있었다. 바이마르 헌법은 이 노동조합을 헌법이 보장하는 단체로서 인정하였다. 게다가 독일의 노동자는 앞서 말한 제165조에서 일정한 경영참여권마저 획득하였다. 또한, 노동권의 사법적司法的 보장제도로 1926년에 노동법원이 설치되었다.

공공의 복지   한편 '공공복지' 이념의 벡터도 바이마르 헌법에서 크게 신장하였다. 그 특징은 '공공복지'가 '사회적'이라는 단어와 결부되어 이해된 점이라 할 것이다.

전형적인 예가 유명한 사회적 소유권 조항이다. 헌법 제153조 제3항은 "소유권은 의무를 수반한다. 그 행사는 동시에 공공선에 도움이 되어야 한다."라고 정하고 있다. 이는 소유권에 소유권의 절대(처분의 자유)를 인정하는 근대시민법의 소유권 개념과는 달리 소유자에게 사회적 의무도 부과한다는 의미에서 '자유로운 소유권'에서 '사회적 소유권'으로의 이행을 표현한 것이라고 일컬어진다.

'사회적' 토지소유권   이 사회적 소유권에서 염두에 두고 있는 것은 무엇보다도 토지소유권이다. 그것은 "토지를 경작하고 이를 충분하게 이용하는 것은 공동체에 대한 토지소유자의 의무이다."(제155조 제3항)라는 헌법규정에서도 관찰할 수 있다.

그러면 왜 토지인가? 근대법 성립과정에서 가장 급격한 변혁을 겪은 소유관계가 바로 토지소유였기 때문이다. 전근대에 토지는 오랫동안 줄곧 지배의 도구였다. 봉건제는 봉토의 대여(레엔)를 토대로 성립하였고, 신종臣從과 교환하여 대여되던 봉토에는 흔히 재판권, 성벽건설권, 관세징수권 등 다양한 권리가 부수하였다. 상급소유권과 하급소유권의 구별이 보여주는 것처럼 실제로 토지를 경작하는 사람이 토지처분권을 가지는 일은 없었다. 근대적 소유권 개념의 의의는 이러한 봉건제에 기초한 소유권 분할을 제거한 데 있다.

근대 사법 원리에 따르면 누구라도 토지를 가질 수 있고 자유롭게 이를 사용하고 처분할 수 있다. 소유권은 두텁게 보호되어 다른 물권에 비해 절대적 우위에 선다. 즉 '소유권의 절대'이다. 그런데 실제로 이미 19세기 후반에는 '소유권의 절대'가 큰 문제에 직면하였다. 한편으로 농업위기, 다른 한편으로 도시화라는 토지를 둘러싼 사회경제 구조의 대변동이 일어났기 때문이다.

1870년대 독일에서는 농지가격이 상승하는 반면 농산물가격이 하락하고, 게다가 기술발달에 따른 농업경영의 집약화가 농가 부채를 증가시키는 위기 상태가 발생하였다. 농촌에서는 농민 보호를 위해 무분별한 토지분할을 금지하거나 고가의 농기구를 유지할 의무를 부과하는 등의 방안이 시도되었다. 한편, 도시에는 공업화의 물결이 밀어닥쳐 19세기 말에는 도시인구가 농촌인구를 웃돌았다. 도시에는 조악한 주택 사정을 해소하기 위한 집합주택 정책이 진행되었다.

전근대와의 관계   그런데 이 사회적 소유권을 뒷받침한 '공공복지' 이념은 실은 앞서 말한 평등 이념과 달리 결코 새로운 것이 아니다. 독일에서는 특히 18세기에 즉 근대 전야에도 계몽절대주의 아래 발전한 폴리차이학에서 '공공복지' 관념이 즐겨 사용되고 있었기 때문이다(제16장 참조). 바이마르 헌법의 사회적 소유권 조항도 직접적으로는 19세기 말에 민법전 초안을 게르마니스텐의 입장에서 비판한 기이르케의 소유권 관념을 본받은 것이라고 한다.

그렇다면 사회적 소유권은 로마법 계수 전의 오래된 게르만법적 소유 관념으로 되돌아가는 것, 단순한 전근대로의 회귀에 불과한 것일까? 혹은 근대 태동기의 계몽절대주의로 회귀하는 이념일까? 물론 그 어느 것도 아니다.

예컨대 바이마르 헌법은 토지의 분배와 이용 시 "모든 독일의 가족, 특히 아이들이 많은 가족에 대하여 필요에 따른 택지 및 가산지家産地 확보한다는 목적을 달성하도록"(제155조 제1항) 국가가 노력한다는 취지를 정하고. 토지수용의 목적으로서 이주·개간·농업촉진이란 목적에 앞서 '주거의 확보'(제155조 제2항)를 규정하고 있다. 이들 조항에는 전근대의 공공복지 관념에는 없는 '사회적 평등' 요소가 포함되어 있다.

이러한 의미에서 바이마르 헌법상의 사회적 소유권은 단순한 전근대로의 회귀가 아니라 새로운 내용을 포함한 것이다. 거기에는 근대 사법의 자유로운 소유권과 자유로운 개인 간의 계약 원칙 즉 근대적 자유 이념을 수정하려는 경향이 명확히 나타나고 있으나 그것을 견인하는 '공공복지'와 '평등' 이념은 '사회적 평등'이라는 공통항에 의해 서로 연결되고 있다.

사법司法의 반反법실증주의   바이마르 시대의 사법학私法學에서는 20세기 초엽의 자유법운동과 이익법학과 비교하여 딱히 이것이라고 할 만한 혁신 운동이나 학파는 성립하지 않았다. 오히려 이 시대를 자극한 것은 좋든 싫든 사법실무司法實務였다. 경제와 정치의 불안정이 빌미가 되어 사법司法이 제정법의 일탈도 무릅쓰는 판결을 내리고 그것을 법학이 추인追認하였기 때문이다.

일반조항   그러할 때 사법실무에서 으뜸패로 사용된 것이 이른바 일반조항(Generalklausel)이었다. 일반조항이란 예컨대 독일 민법전 제157조 "계약은 거래 관행상의 신의성실에 따라 해석하여야 한다."(신의칙)로 대표되는 것처럼 일정 요건을 극히 일반적인 용어로 규정한 조항이다.

이 조항의 특징은 법관에게 광범위한 재량의 여지를 주는 것이다. 일반조항을 적극적으로 이용하는 것은 법실증주의의 입장에서 보면 법조문과 법개념의 적용에 의한 치밀한 포섭작업을 포기하는 폭거로 비쳤다. 반대로 자유법운동의 입장에서 보면 '살아있는 법'을 존중하고 실제의 법생활과 법감정에 맞는 분쟁해결이 기대되었다. 학계에서도 일반조항은 사회와 경제의 변화에 대응하여 구체적인 권리구제를 꾀하기 위한 유효한 수단이라고 하는 일반조항론이 대두하였다.

증액평가 판결   이 일반조항을 둘러싸고 사법학私法學을 요동치게 한 사건이 1923년 11월 28일 독일 대법원 민사 제5법정 판결, 통칭 '증액평가 판결(Aufwertungsurteil)이다. 증액평가란 극단적 인플레이션에 대응한 응급처치로서 금전채권의 가치를 절상하여 재평가하는 것을 가리킨다. 제1차 세계대전 후 독일은 악성 인플레이션에 시달려 1923년 최고점에 이른 때는 전쟁 전의 1마르크가 1조분의 1의 가치로 떨어지는 무시무시한 통화위기를 겪고 있었다. 이 상황에서 다음과 같은 사건이 발생하였다.

동서부 아프리카에 있는 독일 보호령의 토지소유자 A는 1913년 이 토지를 저당하고 B가 1만 3,000마르크에 해당 저당권을 손에 넣었다. 1920년 A는 저당 채무액을 마르크 화폐로 상환하였다. 그런데 당시 이미 독일 마르크화의 하락이 시작되어 A가 변제한 마르크의 가치는 1913년 당시의 가치에 훨씬 미치지 못하였다. 그래서 B는 A가 보호령에서 통용되고 있던 화폐 또는 그에 상응하는 환율로 환산된 채권액으로 채무액을 지급해야 한다고 주장하고 저당증권의 반환을 거부하였다. A는 이에 반발하여 저당증권의 반환을 청구하고 제소하기에 이르렀다.

당시의 통화법상으로는 채무의 변제는 통화가치의 변동에 상관없이 명목액을 지급하여야 한다는 '마르크는 마르크' 원칙이 통용되고 있었다. 원심도 이 실정법에 따라 원고 A의 청구를 인용하였다. 반면 대법원은 마르크 명목액에 의한 변제는 부당하다고 하여 원심판결을 뒤집고 인플레이션에 상응하게 채권액을 올리는 것을 인정하였다.

문제는 통화법제에 명백하게 반하는 이 채권액 절상 인정의 법적 근거를 어디에서 찾을 것인가 하는 것이었다. 이때 대법원이 의거한 것이 바로 일반조항에 해당하는 신의칙이었다. 참고로, 당시 독일대법원에는 위헌법률심사권이 부여되어 있지 않았다.

판결의 평가   그렇다면 이 판결은 대형 인플레이션이라는 비상사태에 대한 국가권력의 예외적이고 초법규적인 조치인가, 아니면 다른 사건에도 적용 가능한 새로운 판결 스타일인가? 당시의 민법학계는 대부분 후자의 의미에서 이 판결에 호의적인 반응을 보였다. 반면, 법관에 대한 법률의 우위를 고집하며 판결을 예리하게 비판한 것은 다름 아닌 법실증주의 비판으로 이름 높은 이익법학의 헥크였다.

오늘날의 법사학자 중에도, 크뢰셸Karl Kroeschell과 같이, 대법원의 입장을 "자연법적 정의正義 관념으로의 회귀"로 보고, 실질적으로는 이미 중세 교회자연법으로 인정되고 있던 '급부와 반대급부는 등가여야 한다'는 '오래된 형평의 원칙'에 입각한 것이라고 호의적으로 평가하는 경향도 있다. 그러나, 히로와타리 세이고広渡清吾가 지적하듯이, 이 판결이 "제242조라는 실정법규를 형식적 근거로 삼으면서도 제정법에 반하는 법관적 법창조를 행한" 사실은 부정되지 않는다.

대법원과 정부의 불화 이 일반조항론 문제를 역사적으로 평가하려면 그 배후 사정도 파악해야 한다. 우선 대형 인플레이션에 대한 대처를 둘러싼 대법원과 정부의 불화가 있었다.

대법원은 이미 같은 해 여름 인플레이션에 대한 입법적 조치를 촉구하는 법률안을 공표하고 그 속에 법관의 자유로운 증액평가를 인정하는 규정을 담았다. 그러나 법안은 통과되지 않았고 대법원은 실망하였다. 앞의 대법원 판결은 그러한 의미에서 대법원의 입법부에 대한 신경질을 체현한 것이라고도 볼 수 있다. 게다가 판결 후 정부가 증액평가를 저지하는 입법을 고려하고 있다는 정보가 흘러나오자 대법원 법관협의회는 공화국 정부에 의견서를 제출하여 대법원의 견해가 입법으로 뒤집히지 않도록 견제하였다.

히로와타리 세이고広渡清吾에 따르면, 의견서는 "판결은 우리의 법생활을 지배하고 있는 신의칙이라는 위대한 사고에 입각하고 있으며, '마르크는 마르크'라는 사고방식을 계속 고집하는 것이 법치국가에서는 용인되기 어려운 불법을 초래한다는 인식에 의거하고 있다."고 하고, 정부가 강행하여 법률을 제정하면 법원은 다시 신의칙에 따라 그 적용을 저지할 것이라는 뉘앙스로 위협하기까지 하였다.

이에 대하여 법무부장관 엠밍거Erich Emminger는, 법관의 도덕률에 합치하지 않는다는 이유로 법원이 법률을 적용하지 않는다면 이는 "법질서의 해체와 국가기구의 불건전한 동요로 귀착하게 될 것"이라고 응수하였다.

최종적으로는 정부가 증액평가를 인정하는 입법 조치에 착수하여 이 싸움은 일단 종결되었다. 그러나 일반조항을 이용한 법관의 판결은 나치 정권 아래에서 더욱 큰 파도가 되어 나타난다. 이러한 의미에서 증액평가 판결은 훗날 벌어지는 사법司法 일탈의 전사前史였다고도 할 수 있다.

'계급사법'   이러한 법무부(공화국 정부)와 대법원의 견해 대립은 국가기관끼리의 관할 다툼의 수준을 훨씬 넘어 정치적인 배경을 갖고 있다.

바이마르 공화국에서는 제정帝政 시기에 법관직에 있던 사람들이 체제전환 후에도 계속 법정을 관장하고 있었다. 이들 법관은 구체제 사회의 엘리트층 출신이고 그들의 가치관은 제정기의 유산시민층의 그것이었기 때문에 노동자를 지지 기반으로 하는 당시의 사회민주당 정권의 세계관과는 확실히 어긋나 있었다. 그들은 바이마르 헌법에 대한 충성심도 희박하다는 말을 들었으며, 사민당과 공산당의 논객들로부터는 '계급사법階級司法'이라고 비판받고 있었다.

법관의 '자유법적' 자세도 자유법운동 당초의 요구를 이어받은 것이라기보다 공화국 헌법과 공화국 정부에 대한 불신을 실현하는 방편에 불과하였다고 지적되기도 한다. 나아가 최근의 사회사 연구에서는 이 '계급사법'이 나치 정권을 불러오는 포석이 되었다는 주장까지 있다. 예컨대 1923년 히틀러의 폭동 사건에 대해서는 오스트리아인 히틀러를 추방형에 처하는 것도 가능하였음에도 겨우 5년의 금고형만 선고하였다. 이처럼 바이마르 시기의 법관이 극우정치범에게 너무 가벼운 판결을 내린 것이 나치 대두의 먼 원인이라는 것이다. 이 주장의 타당성은 앞으로 검토되어야 하겠지만, 어쨌든 당시 법관의 보수성이라는 역사적 평가는 오늘날 거의 굳어진 것처럼 보인다.

3. 나치 정권시대

당의 기본방침   나치당의 정식명칭은 '국민사회주의 독일 노동자당(Nationalsozialistische Deutsche Arbeiterpartei)'이다. 전통적 범주에서는 '국민'('민족'으로 번역되기도 한다)과 '독일' 부분이 보수파, '사회주의', '노동자' 부분이 혁신파의 정치적 신조를 표방하는 말인데, 바로 이 좌우의 이데올로기 용어들을 공유하는 정당 명칭에서 나치즘 문제의 현대성이 표현되고 있다.

거기에는 노동자계급 또는 중산계급이라는 비교적 새로운 사회층의 불만을 배타적 국가주의(민족주의)라는 근대 제국주의적 틀을 이용하여 해소하려 한다는 모순이 있다. 구체적인 당의 기본자세는 정권탈취 13년 전으로 거슬러 올라가는 1920년의 당강령에 이미 제시되어 있다. 모두 25항의 강령 중 일부를 소개한다.

"3. 우리들은 국민을 부양하기 위한, 또 우리들의 과잉인구를 식민시키기 위한 토지를 요구한다.

4. 독일 공민(Staatsbürger)이 되는 자는 독일 민족(Volksgenosse)에 한한다. …… 어떠한 유대인도 독일 민족이 될 수 없다.

6. …… 성격과 능력을 고려하지 않고 다만 당파적 견지만으로 관직의 배치를 결정하는 부패한 의회정치를 배척한다.

7. 국가는 …… 전 인구를 부양할 수 없는 경우에는 타국민을 국외로 추방하여야 한다.

10. 독일 공민의 제일의 의무는 정신적 또는 육체적으로 노동하는 것이어야 한다. 각인의 행위는 전체의 이익에 반해서는 안 된다.

25. 이상의 모든 것을 실행하기 위하여 독일국의 강고한 중앙권력 확립을 요구한다."

『세계각국헌법전世界各國憲法典』

그 실체는, 유대계 자본을 몰수하는 한편, 독일계 대기업은 온존시켜 이용하고, 노동조합을 해산시켜 사회주의자와 공산주의자를 탄압하는 한편, 새롭게 '독일노동전선'을 결성하여 당에 의한 전 노동자의 획일적인 장악을 지향하는 것이었다. 이러한 당의 '요구'는 1933년 정권장악 후 채 2년이 지나지 않아 대부분이 실현된다.

정권탈취 후의 입법   그렇다면 당시 세계에서 가장 민주적이라고 찬양받은 바이마르 헌법에서 나치체제로의 전락은 도대체 어떠한 입법적 과정을 밟았을까? 근대법의 변질이라는 본장의 주제에서 조금 벗어나지만, 1933년 이후 독일의 특수한 전개를 이해하기 위하여 나치의 입법 활동을 간략하게나마 따라가 볼 필요가 있다.

1933년 1월 나치 정권이 탄생할 때 정부는 연립정권이었고 결코 일당 독재 체제가 성립한 것은 아니었다. 다만 이때 이미 독일에서는 세계공황의 충격으로 국회가 기능마비 상태에 빠지기 시작하였고, 그와 반비례하여 '대통령의 긴급명령권' 발동이 급증하고 있었다.

긴급명령권 나치 정권 독재의 돌파구는 이 '대통령 긴급명령권'이었고, 그 법적 근거는 역설적이게도 바이마르 헌법이었다. 제1차 세계대전 후의 극단적인 정치정세 불안으로 말미암아 바이마르 헌법은 대통령에게 강대한 긴급명령권을 부여하였다(제48조). 이는 대통령에게, 부분적이라고 해도 기본권의 일시적 정지를 허용하였다.

1933년 2월 28일의 국회의사당 방화사건을 계기로 나치 정권은 대통령 힌덴부르크 Paul von Hindenburg로 하여금 이 긴급명령권을 발동시켜 신체·의견표명·출판·결사 및 집회의 자유 제한과 통신비밀의 침해, 나아가 소유권의 제한을 꾀하였다. 이 사건의 진상은 아직도 불분명이지만, 방화범으로 공산당원이 체포되자 나치 정권은 당시 우파에 위협이 되었던 공산당을 국회에서 축출하는 데에 성공하였다.

수권법 공산당 국회의원의 축출과 그밖의 국회의원을 상대로 한 공갈 등으로 나치 정권은 국회의원 3분의 2의 의결을 요하는 '수권법授權法(Ermächtigungsgesetz)'을 순조롭게 통과시켰다.

이 유명한 3월 24일의 '민족 및 국가의 위기를 제거하기 위한' 수권법은 정부에 단독 입법권을 부여하고 그 법률이 헌법에 위반되는 것도 원칙적으로 인정하였다. 이러한 '민주적 절차'를 거쳐 바이마르 헌법이 정하는 의회제 민주주의는 속절없이 붕괴하였다.

이렇게 해서 시작된 정부 단독 입법은 4월에는 '직업공무원제도 복구법률'에 의해 유대계 관리와 사민당 및 공산당 관리를 직장에서 추방하고, 5월에는 '독일 노동전선'

이라는 통일조직을 창설하여 노동조합을 강제적으로 해산하고, 7월에는 '정당신설금지법'으로 복수정당제의 폐지를 실현하였다. 이듬해 12월의 '국가와 당에 대한 악의적인 공격을 처벌하는 법률'로 언론의 자유는 결정적 타격을 입었다. 늦어도 이때 민주주의는 완전히 숨통이 끊긴 것으로 보아도 된다.

연방제의 해체   이러한 중앙 차원의 당 독재체제 강화와 평행하게 연방제의 해체도 진행되었다. 특히 1934년 1월 30일의 '제국 개조법'은 주의회를 폐지하고 주의 고권高權을 중앙으로 위양시켰다. 이로써 연방국가제의 호흡이 멈추고 천 년여 동안 독일을 특징짓고 있던 분권주의는 어이없이 막을 내렸다.

국가의 중앙집권화는 이 시기에는 나치의 용어로 '균제화均制化(Gleichschaltung)'의 일환으로 행해졌다. 그것은 지방의 비판세력을 없애고 전체에 대한 봉사를 강요하는 '전체주의(Totalitarismus)' 이외의 어떤 것도 아니었다.

법학계의 위기   나치시기의 법이론에 관해서는 법학계에서의 수많은 두뇌유출이라는 정치적인 사정을 빼놓고서는 이야기할 수 없다. 이미 1933년 나치의 정권 탈취 직후부터 탄압이 시작되어 대학교수의 10% 남짓이 추방되었다고 한다. 배제 대상은 사민당과 유대계 독일인이었다.

사민당계 가운데는 유대계이기도 한 헌법학자 헬러Hermann Heller가 해고되어 망명하였다가 객사하였고, 사민당 정권에서 법무부장관을 지낸 저명한 형법학·법철학자 라드부르흐Gustav Radbruch도 5월에 해고되어 '국내 망명'에 들어갔다. 유대계 출신이기 때문에 해고된 법학자로서는 순수법학으로 유명한 헌법학자 켈젠Hans Kelsen, 자유법운동의 제창자 칸토로비츠Hermann Kantorowicz, 노동법의 아버지 진츠하이머Hugo Sinzheimer, 대표적인 행정법학자 W. 옐리네크Walter Jellinek 등이 거명된다. 이들 대다수는 나치 정권이 발족한 직후 1933년 4월의 '직업공무원제도 복구법률'을 근거로 해고되었다.

법학 분야에 주목하면, 나치 초기에 괴멸적인 손상을 입은 것은 우선 유대계 법학자가 주력을 담당하던 법사회학이었다. 극심한 게르만 민족 지상주의 때문에 로마법학도 큰 손상을 입었다. 한편, 법철학은 신헤겔주의자들의 나치 정권 정당화 덕분에 적어도 몇 년은 연명할 수 있었다.

키일 학파와 신질서 구상   대추방의 결과 공석이 된 자리는 '신질서 형성' 구상에 불타는 젊은 법학자들에게 제공되었다. 특히 바이마르 공화국 건설과 깊은 인연이 있는 키일Kiel 군항이 있는 키일대학은 나치 정권 직후 많은 인재를 잃고 곧이어 신진기예의 학자들을 초빙하여 빈 곳을 메우게 되었다. 이들 초빙인사에 의해 계획적으로 만들어진 것이 '키일 학파'라고 불린 젊은 법학자 집단이고, 그들을 중심으로 나치 정신에 따른 '신질서' 형성을 향한 포괄적 시도가 이루어졌다. 이 시도는 근대시민법 질서를 의식하여 철저한 비판을 전개하였기 때문에 좀 더 상세히 살펴볼 필요가 있다.

'구체적 보편개념' 구상   키일 학파의 신질서 구상 중 가장 참신하고 알기 쉬운 것이 라렌츠Karl Larenz가 주장한 '구체적 보편개념'의 구상이다. 라렌츠는 신헤겔주의의 법철학을 본보기로 삼아 이 구상을 전개하였다. 헤겔의 『법철학』에서 '구체적'이라는 용어는 추상적인 법(=정正)과 도덕(=반反)의 윤리로의 지양止揚에서 사용되는 변증법상의 단어이다. 라렌츠의 의도는 한마디로 민법상 기본적 법률개념을 모조리 신질서 개념으로 갈아치우는 데 있었다. 자유주의·개인주의적 가치관에 입각한 독일 민법전은 그 귀결로서 추상적인 법개념 즉 '사람', '권리', '물건', '계약' 등을 사용하고 있으나, 신질서 하에서는 이러한 낡은 법개념으로 이루어진 체계의 재구성을 기획해야 한다는 것이다.

우선, 종래의 '자유로운 권리주체'로서의 '사람'을 대신하여 민족구성원으로서의 '법구성원'이란 개념이 제공된다. 그 필연적인 귀결로서, 권리개념, 특히 소유권에 대한 수정이 필요하게 되고, '권리' 대신 '법적 지위'의 관념이 나타난다. 여기서 '법적 지위'란 민족공동체의 구성원인 법구성원이 전체 속에서 자신이 담당하는 지위를 가리킨다. 이 법적 지위에 따라, 구체적으로는 각각의 직능에 상응하여 각종 권한과 의무가 발생한다는 것이다.

이때 소유권의 절대적 우위는 배척되고 다른 물권과의 질적 차이는 인정되지 않게 된다. '물건'이라는 추상적 개념도 공격의 대상이 되었다. 물건은 각각의 구체적 기능, 예컨대 토지라면 세습농장인가 주택지인가, 건물이라면 주거인가 공장인가, 동산이라면 상품인가 소지하는 물건인가 등에 따라 각각에 상응하는 법률상의 취급을 받아야 한다.

이러한 개념 비판 중에서 가장 격렬한 공격은 '계약' 자유의 원칙을 표적으로 삼았다. '사람'의 개념 파악이 변혁된 것에 준하여 이제 개인의사를 대신하여 단체의사가 계약 원칙에서 결정적인 의미를 가지므로 계약자유에 대한 단체적 제약은 계약 당사자의 단체의사에 대한 구속의 당연한 결과라고 하였다. 이렇게 해서 소유권의 절대, 계약의 자유 원칙을 지주로 하는 민법전의 자유주의·개인주의적 성격은 그 추상적인 개념들이 해체됨으로써 붕괴한다.

세습농장법 이러한 '구체성'을 중시하는 사고방식은 나치 정권시기의 개별입법, 그중에서도 대표적인 세습농장법과 국민노동질서법에서도 나타난다.

1933년의 세습농장법은 '과중한 부채와 상속으로 인한 분열로부터 농지를 보호하고 농장 소유지 면적의 건전한 배분을 확보하기' 위하여 세습농지를 단독상속의 대상으로 하고 그 양도와 담보를 용인하지 않는 것을 규정하고 있다. 이는 민법전의 '소유권 절대' 원칙의 수정에 해당하는데, 그것뿐이라면 바이마르 헌법 제153조 제3항의 "소유권은 의무를 수반한다"는 의미에서의 사회적 소유권의 연장선 위에 있다고도 이해할 수 있다.

그러나 나치시기의 소유권 개념이 바이마르 시기의 그것과 근본적으로 다른 것은, 소유권의 본질이 이제는 '추상적인 지배권과 처분권능에 있다'고 인정되지 않고, "어떤 구체적인 사회질서의 내부에서 그 사회적 기능과 임무에 따라 내용적으로 규정된다." (크뢰셀)고 보는 점에 있다. 이 점에서 종래의 사고방식과는 본질적으로 달랐다.

국민노동질서법 1934년의 국민노동질서법은 '계약자유' 원칙의 와해를 의미하였다. 이 법에서는 노사 간의 이해관계 대립을 '지양하고 일종의 직능단체로서 양자를 이른바 경영공동체로 포괄함으로써 개인 간의 계약보다 우위에 있는 단체의사에 의해 계약을 제약하는 것을 규정하고 있다. 여기에서의 경영공동체는 바이마르 헌법에서 예찬된 노사의 '대등한 공동참여권'과는 완전히 다른 것이었다.

정권탈취 후 반년도 지나지 않아 이미 노동조합이 강제해산으로 내몰린 후에는 이 '경영공동체'의 본질이 '단체의사'라는 표면상의 원칙을 명분으로 노동자의 단결권을 박탈하는 데 있었음은 명백하다.

요컨대, 세습농장법과 국민노동질서법 어느 것이나 '공공복지'를 방패로 삼아 근대적 '자유'와 사회적 '평등'이란 두 이념을 허물어뜨린 것이다.

칼 슈미트의 공법학   나치 정권 초기에는 공법학도 격렬하게 근대시민법질서에 대한 비판을 전개하였다. 켈젠과 헬러를 잃은 헌법학계에서 절대적 영향력을 행사한 것은 바이마르 시기부터 예리한 법실증주의 비판과 민주주의 비판을 전개하던 칼 슈미트Carl Schmitt였다.

1934년에 슈미트가 제창한 '구체적 질서 및 형성 사고'는 신질서 형성의 파도에 박차를 가하는 것이었다. 슈미트는 역사상의 법사상을 '규범주의', '결정주의' 그리고 '구체적 질서 및 형성 사고'라는 세 개의 사고유형으로 나눈다. 그의 설명은 이렇다.

법의 본질을 규범에서 찾는 '규범주의'는 법의 규범성을 절대시하며 문제를 그 규범에 합치하는지 여부만으로 판단하고 "나에게 객관적 정의가 있다."라고 주장한다. '결정주의'는 규범도 질서도 없는 사회상태를 전제로 주관적인 결단의 권위에 의하여 법이 창조된다고 생각한다. 홉스로 대표되는 사회계약론에 기초한 근세 절대주의 법사상에서 이 경향이 강하게 보인다. 기실 바이마르기에는 슈미트 자신도 이 입장에 속해 있었다.

이에 대하여 세 번째인 '구체적 질서 및 형성 사고'는, 규범과 결단은 필경 역사상의 어떤 구체적인 전체적 질서에서 발원하는 것이므로 법은 바로 이 살아있는 사회의 구체적인 질서 속에 있다고 한다. 역사상으로는 게르만 고유의 법사상과 중세 가톨릭 그리고 루터에게서도 이 구체적인 법질서사고가 나타난다고 한다.

'구체적 질서 사상' 이러한 전제에 선 슈미트에게, 독일의 근대란 결정주의 즉 국가권력기관인 의회제에 의한 입법이, 규범주의 즉 시민사회를 기반으로 하는 자유주의·개인주의적 법체계에 대한 신망과 결합함으로써 법실증주의가 대두하고 독일의 전통적인 구체적 질서사고를 파탄에 빠뜨린 시대에 다름 아니었다.

이에 대하여 나치법학은, 이 법실증주의의 기반에 있는 국가와 사회의 이원적 구조가 나치체제가 수립하는 국가·운동·민족이라는 세 개의 질서계열에 의해 '극복'되고, 그럼으로써 구체적 질서사고의 부활로 향한다고 하였다.

'일원화' 이 '구체적 질서사고'를 토대로 국법학자는 '일원화' 구상을 전개하였다. 거기에서는 삼권분립, 공법·사법의 이원체계, 국가와 사회의 이원구조가 근대 특유의 시스템으로서 공격당하고, 그것들의 해소 즉 '일원화'가 주장되었다.

헌법학자 후버Ernst Huber는 헤겔의 권력분립론을 자기식으로 해석하여 "나치혁명은 부르주아(시민적) 법치국가의 권력분립을 극복한다."라는 테제를 세웠다. 공법·사법의 이원체계를 비판한 쇼이너Ulrich Scheuner는 모든 법의 분류는 시대와 민족의 표현이며 변화하고 쇠퇴한다고 주장하였다. 공법·사법의 구별은 절대주의에서 발단하는데, 국가에 대한 사회의 우위라는 19세기의 자유주의적인 경향에 상응하여 사법의 우위, 공법의 종속이라는 주종관계로 이행하였다. 그러나 나치즘에 따른 민족공동체는 시대적인 제약에 묶인 이 이원체계를 '극복'한다는 것이다.

이러한 '일원화' 구상은 필연적으로 근대 공법학이 낳은 법치국가 원리를 유기遺棄하는 것으로 이어졌다. 슈미트의 제자들은 법치국가 개념을 근대 자유주의·개인주의의 상징으로 파악하고 나치법에서는 그것이 이미 시대에 뒤쳐진 것이 되었다고 간주하였다.

신질서구상의 영향 하지만 이러한 신질서 구상이 나치체제에 준 영향은 실은 극히 적었다. 그 이유 중 하나는 법학계에서 신헤겔주의의 입장이 반드시 지배적이지는 않았다는 것이다. 신헤겔주의는 나치 정권을 정당화하였지만, 반대로 나치즘에 영향을 줄 정도의 힘은 없었다. 키일 학파도 처음 몇 년간의 열광이 지나가자 인사이동에 의해 깨끗이 자연 소멸해 버렸다.

또 하나의 이유는 나치 정권이 법학을 거의 무시하고 있었다는 데 있다. 정권탈취 후 얼마 지나지 않아 나치당은 '독일법 아카데미'라는 법학자 엘리트조직을 만들고 당의 감독·지도 아래 두었다. 하지만 이 '아카데미'의 노력, 특히 나치적 세계관의 법학에 의한 결정체로서 준비된 '민족법전' 초안은 실현되지 않았다. 결국, 법학자는 나치즘 정당화의 수단으로 이용될 수 있는 한에서 존재를 허용받은 것에 불과하였다.

근대법시스템의 수정   '신질서' 구상의 내용을 근대법시스템의 수정이라는 시점에서 평가하면 어떻게 될까? 사회학자 마우스Heinz Maus는 "20세기 법학방법론에서 본래적인 의미의 '패러다임 전환'이 나치즘에서 행해졌다."라고 하는데, 이 지적은 법실증주의의 추상적 개념 체계를 해체하는 최초의 시도라는 점에서는 타당할 것이다.

자유법학과 이익법학은 범汎형식논리주의에 대한 비판과 현실의 법생활 위에서의 이익형량이라는 관점에서 법학에 유연성을 가져왔으나, 처음부터 그것은 결코 판덱텐 법학이 구축한 법체계 그 자체에 대한 대안은 아니었다. 오히려 그것은 법관의 자유재량의 확대라는 실무상의 문제와 관련되었고 근대법체계의 근본적 개조를 지향한 것은 아니다. 이러한 의미에서 나치 초기의 '신질서' 구상은, 그 성과는 차치하고, 근대법체계에 대한 가장 근본적인 공격이었다.

또한, 법사학자 크뢰셀은 나치 초기의 소유권 개념의 변혁이 현대에 미치는 영향을 인정한다. 권리 일반에 제한이 내재한다는 '내재설'은 현재에도 통용되고 있고, 부분적으로는, 물건의 기능에 따라 소유권의 유형을 구별하는 구체적 소유권 개념의 흔적도 발견된다고 말한다.

이에 반하여 국법학자의 일원화 구상에서 볼 수 있었던 것과 같은 근대시민법체계를 '극복'하고 '완전히 새로운 것'을 만들려는 시도는 성공하였다고 보기 어렵다. 시민법시스템에 대한 역사적 분석에는 참신한 점도 있으나 그 '극복' 후의 구체적인 국가기능 개조에 대한 현실적 대안이 없었기 때문이다.

전체적 평가   이와 같이 현대의 연구에서 나치시기 법학의 성과를 냉정하게 판단하려는 경향이 있다. 그렇지만 나치법학의 얼마간의 공적이라는 것도 이하에서 서술하는 점을 고려하면 완전히 희미해져 버릴 것이다.

대체로 나치법에서는 오직 '공공복지' 이념의 벡터만 거대해지고 근대적 '자유주의'와 사회적 '평등'의 이념은 그 그림자에 가려져 버렸는데, '신질서' 구상은 이러한 나치법의 치명적 결함을 보완할 수 없었다. '신질서' 구상은 한편으로 민법전이나 바이마르 헌법의 자유주의 · 개인주의를 공격함으로써 말하자면 공공연하게 '자유' 이념과 대립하였다. 다른 한편, '평등' 이념은 공격 대상으로 삼지 않고 은연중 압살하였다.

결국, 그들의 주장에는 마치 각각의 구체적 질서 속에 조화로운 '단체의사'가 있는 듯한 착각을 불러일으키는 작용이 있었지만, 소수자와 정권 비판자의 권리는 계산 속에 들어있지 않았다. 실제로 그 전체주의 정책에 포함된 '공공복지' 이념은 사회적 약자와 아웃사이더를 무시하고 유기하는 것을 의미하고 있었다. 그것은 최종적으로는 사민당원과 공산당원와 같은 정적 및 유대인, 로마roma(=집시), 동성애자의 강제수용소 감금, 정신병자와 신체장애자와 난치병자에 대한 우생단종법 적용 및 강제안락사라는 조치 등으로 철저하게 표출되었다.

자유주의를 근대적 · 로마법적인 악폐로 단죄하고 법치국가 원리를 시대에 뒤처진 것으로 본 '신질서' 형성의 법학은 이러한 나치적 '공공복지' 비대화 폭주의 위험에 대하여 너무나 무방비하였다.

◆ 로마법학의 탄압

나치시기에 로마법의 지위는 전례 없는 위기에 노출되었다. 게르만 민족지상주의의 파도가 법학으로 밀어닥쳤기 때문이다. 이미 19세기 후반부터 로마니스텐과 게르마니스텐의 학문적 대립(제20장 참조)이 나타났지만, 판덱텐법학이 주류인 사법학에서는 로마니스텐의 존재 의의가 의심받은 적은 없었다. 그것이 나치시기에는 상황이 일변하여 근근이 목숨을 연명할 수밖에 없게 된 것이다.

> 나치는 처음부터 로마법에 적대적이었다. 이미 1920년의 당 강령은 '유물주의적 세계질서에 봉사하는 로마법 대신에 보통독일법을 요구'하고 있다(19항). 실제로는 이 요구는 동맹국 이탈리아에 대한 배려도 있어서 관철되지는 않았다. 그렇지만 대학의 강의요강에서 로마법사는 '고대법사'의 그림자 속에 숨고 로마법 계수는 신설된 '근세사법사近世私法史'로 편입되었다. 게다가 저명한 로마법학자들이 정치적 이유로 교단에서 쫓겨난 것도 로마법학에 심한 타격을 주었다.
>
> 파울 코샤커Paul Koschaker가 전쟁 중 명저 『유럽과 로마법』을 저술하여 로마법의 위기에 경종을 울리고 유럽 법문화에서 로마법이 행사한 영향을 소리 높여 주장한 것(단, 출판은 1947년에 이루어졌다)은 이러한 정치문화적 맥락에 있었다. (N)

나치시대의 사법실무   나치 정권은 사법관 인사에는 큰 영향을 주지 않았다. 1933년 '직업공무원제도 복구법률'로 많은 법학자가 그 직에서 추방당하였을 때도 원래 보수층이 차지하고 있던 법관의 인사에는 당장 큰 변화가 없었다. 일반법원에서는 이렇다 할 조직개혁은 없었고, 민사에 관한 일상적 재판도 바이마르 시기와 변함없이 행해졌다.

따라서, 나치시기의 법관에 대한 전후戰後의 평가는 처음에는 동정적인 평가가 많았다. 악명 높은 민족법원民族法院(Volksgerichtshof)과 일부의 형사재판은 별개로 하고, 일반적인 법관에 대해서는 '준법정신 때문에 악법도 적용하지 않을 수 없었던 불운한 공복公僕' 또는 '나치시대 전의 법률을 방패로 정의를 관철한 사람'이라는 이미지가 있었다. 실제로 그러한 실례도 없지 않았다.

이러한 인식에는 아마 전후 초기의 '자연법 부활' 무드가 반영되었을 것이다. 나치 정권에 의한 인권유린의 전모가 명백히 드러나자 독일에서는 '실질적 정의'를 확립하기 위한 자연법론이 대두하였다. 그것은 법철학자 라드브루흐로 대표되는 성찰 즉 가치중립적 법실증주의가 나치 정권의 대두를 허용하였다는 법실증주의자의 자기반성을 하나의 토대로 삼고 있었다.

'무제한의 해석'　　　그러나 1960년대부터 새로운 세대에 의한 나치시기 사법에 대한 검토가 시작되자 이 법관상은 이윽고 수정을 재촉 당하게 된다. 특히 큰 영향을 준 것이 뤼터스Bernd Rüthers의 『무제한의 해석(Die unbegrenzte Auslegung)』이다.

뤼터스의 연구는 방대한 재판자료를 이용하여 당시 민사재판에서 일반조항이 많이 이용되고 있었던 사실을 증명하였다. 자주 이용된 것이 민법 제138조의 '양속良俗', 제242조의 '거래에서의 신의성실', 제626조의 '중대한 사유'였다. 즉, 법관은 법률실증주의에 묶여있던 것이 아니라 오히려 일반조항의 도움을 빌려 개개 조문에서 해방되어 '무제한의 해석'에 빠져 있었다는 것이다. 이 관점에서 보면, 앞에서 본 바이마르 시기의 증액평가판결은 나치시기 법관에 의한 일반조항 남용으로 가는 이정표였다고 생각할 수도 있을 것이다.

다른 한편, 나치시대에 새롭게 설치된 '일반조항'을 지적하는 연구도 있다. 예컨대 1935년의 형법 개정은 법률이 정하는 행위 외에 형법전의 기본사상 및 '건전한 민족감정'에 비추어 처벌할만한 행위는 처벌 가능하다고 하였다. 이는 정면으로 죄형법정주의를 면제하는 규정이다. 이외에도 유언법과 상속법, 채무정리법 중 '건전한 민족감정'에 기초한 판단을 법관에게 위임하는 규정이 만들어진 것도 밝혀졌다.

이러한 실증연구의 성과는 나치시기 법관상에 대한 수정을 촉구할 뿐만 아니라 전후 독일의 자연법 회귀 무드에 대해서도 문제를 제기하게 되었다. 적어도 법관의 실무와 관련하여 법실증주의의 억울한 죄책이 씻긴 현재에는 자연법 회귀의 근거도 상대적으로 약해졌기 때문이다. 이렇게 지금도 계속되는 나치법 연구는 '법이란 무엇인가?'라는 심원한 물음에 항상 대면하고 있다.

에필로그
19세기 유럽법의 계수에서 20세기 미국법의 수용으로

1. 법의 계수

서양법제사학   지금까지 유럽대륙에서 법의 발전과정을 다양한 각도에서 서술해왔다. 메이지明治(1868-1912년) 시대 이래 일본의 대학 법학부에서 법사학은 로마법과 함께 꽤 중요한 위치를 차지해 왔다. 그 이유는 19세기 독일 역사법학의 영향으로 현행법의 역사적 이해를 위하여 법제사가 필수적이라고 보았기 때문이다. 서양법제사학의 대상이 되는 국가는 대부분 독일, 프랑스, 잉글랜드에 한정되었다.

이러한 편향은 우선 프랑스법과 독일법이 일본에 계수된 것과 당시 일등국으로 여겨진 잉글랜드의 근대화도 배워야 할 중요한 모범이었던 데에서 기인한다. 역사학적 관심에서도 이들 대표적인 열강의 법사는 역사적 발전, 특히 근대화의 법적 측면에 의한 접근으로서 학문적 관심을 환기하였다고 볼 수 있다. 여기에서는 외국법, 서구법의 계수라는 관점에서 일본에서의 서양법사의 문제를 다뤄보고자 한다.

에도 시대까지의 일본법   역사를 통틀어 일본민족은 법적 시스템을 독자적으로 창조하였던 적은 없다.

일본인이 잘 정돈된 법시스템과 최초로 접촉한 것은 쇼토쿠 태자聖德太子 시대에 중국의 수나라로 파견된 유학생이었다고 생각되는데, 중국 법제의 영향은 그 전의 7세기 초에 나온 '17조 헌법十七條憲法'에서 발견된다. 예를 들어, 그 11조에는 '明察功過賞罰必當'(공과를 밝게 살펴 마땅히 상과 벌을 주어야 한다)이라고 하였는데, 이미 여기에서 중국법을 구성하는 사상으로서 법가法家사상이 인용되고 있다. 또한, 같은 시기 중국 율령律令 계수에 관한 구체적 움직임으로, 당나라로 유학한 약사藥師 에니치惠日가 623년 "대당국은 법식이 갖추어지고 정비된 진귀한 나라이다. 항상 반드시 통교하여야 한다."고 진언한 바 있다. 이후 7세기 중반 근강령近江令(킨키료오)에서 시작하여 8세기 초엽 중국 당나라의 율령에 의거한 '대보율령大寶律令(다이호오 율령)'과 '양로율령養老律令(요오로오 율령)' 등이 제정되는데 불교의 영향을 받아 율의 형벌이 일본에서는 조금 완화되어 있다. 또한, 당연한 일이지만, 토착의 신기神祇(하늘의 신과 땅의 신) 신앙적인 습속과의 타협도 발견된다.

법시스템의 면에 대해 말하면, 사상적인 면에서 가장 영향력이 있던 것은 법가사상이었다. 이 우민사상을 전제로 하는 전제권력적 통치 지향은, 원래 법적 구조를 갖지 않은 유교의 '예禮에 의한 지배'보다 훨씬 능률적이며 광역적 지배에 어울리는 것이었다. 따라서 이 사상은 율령체제가 붕괴한 후 장원제에 이은 봉건제를 지배한 막부幕府에도 계속 이어졌다. 즉, 13세기의 정영식목貞永式目(조요에이시키모쿠) 혹은 17세기의 '제법도諸法度(쇼핫토)' 중 무가법武家法에서도 법은 무가의 지배 즉 권력자를 위한 제 규정이라는 점에는 변함이 없었다.

중세에서 근세에 걸쳐 일본은 중국에서 많은 문화를 받아들였다. 역성혁명과 환관 등 수용되지 않은 것도 있으나 사회도덕으로서의 고대 유교와 근세 유교인 주자학에 부수하는 '존황양이尊皇攘夷' 사상 혹은 불교의 선禪을 받아들였고, 명나라와 청나라의 율령을 배우는 것을 게을리 하지 않았다. 따라서 메이지유신 직후까지 일본인이 가진 법에 관한 사상과 시스템은 중국의 율령법 즉 법이란 권력자가 사회질서를 유지하고 지배를 관철하기 위한 명령(행정법)과 그것의 철저한 집행을 위한 제재sanction로서의 형법이 전부였다. 일반 민중이 법의 주체가 될 수 있는 여지는 전혀 없었다.

그 사이 16세기 기독교가 전래된 시대에 오다 노부나가織田信長가 세미나리오seminario (예수회가 일본에 설치한 초등 신학교육기관)의 설치를 허가하고 기독교인에게 관용적이었던 점을 생각할 때, 노부나가의 치세가 조금 더 길었다면 카논법의 도입이 있었을지도 모를 일이다. 서양인 선교사가 베네치아 공화국에 비유한 자치도시 사카이堺에서 민중 주도의 법제와 법사상이 발생할 가능성도 있었을 것이다. 그러나 사카이는 오다 노부나가의 직할령으로 편입되었고, '백성이 지배하는 나라'라고 일컬어진 카가加賀의 봉기도 진압되었다. 토요토미 히데요시豊臣秀吉는 1588년 '칼사냥刀狩り'을 실시하여 병농분리兵農分離 체제의 길을 열고 저항력을 빼앗긴 민중은 17세기에 토쿠가와德川 막부체제에서 무가의 절대적 지배하에 놓이고, 일본은 쇄국시대를 맞이한다. 이와 같이 민중이 자신의 자유를 추구하기 위한 법을 만들어낸 적은 없었다.

불평등조약   토쿠가와 막부의 쇄국정책 하에서 서구로 통하는 유일한 창구였던 데지마出島에서 난학蘭学(란가쿠)[1]의 의학, 자연과학과 군사학 등의 서구 지식이 서서히 일본으로 유입되었다. 그렇지만 서구의 법학과 정치학의 경우, 1863년에 츠다 마미치津田眞道와 니시 아마네西周가 네덜란드의 라이덴대학으로 유학하여 막부 말기에 『태서국법론泰西國法論』과 『만국공법萬國公法』을 공간할 때까지 볼 만한 것이 전혀 없었다. 사카모토 료마坂本龍馬가 일본의 장래를 맡긴 서구의 법지식 『만국공법萬國公法』은 청나라에서 수입된 휘튼Henry Wheaton의 『국제법요론國際法要論』(Elements of International Law)의 한문 번역이었다.

1853년 미국의 동인도함대가 쇄국의 잠을 깨웠다. 포경 기지에 대한 미국의 강한 요구가 일본을 개국으로 이끌었지만, 그것은 열강들과의 불평등한 수호·통상조약과 연계되어 곧이어 세계시장으로 편입되는 결과가 되었다. 그리고 그것은 오늘날에도 계속

---

[1] 네덜란드 서적을 통해 서양학술을 배우려는 학문.

되는 일본의 서양법 계수 혹은 법의 근대화·국제화 도정의 시작이기도 하였다.

메이지 유신 후 근대적 국민국가의 창출을 향해 정부는 당연히 종래 막부의 법과 각 번藩의 법이 공존하는 다원성을 극복해야 하였다. 이러한 맥락에서 정부는 최초의 통일법으로서 '신율강령新律綱領'을 1870년(메이지 3년)에 제정하였다. 이것은 왕정복고와 관련하여 가까운 시대의 명나라와 청나라의 율령에 의거하여 만들어진 형법으로서 당시의 전통적 법률관에 기초한 것이었고 토착 전통법의 통일은 입법정책이 취해야 할 정상적인 자세였다. 이 시대 일본에서 법의 정당성의 근원은 '하늘天'이었고 '천부인권'이라는 말이 탄생하였다.

그러나 메이지 정부는 법정책과 관련하여 난제를 품고 있었다. 바로 토쿠가와 막부가 서구열강과 체결한 불평등조약이다. 서구열강은 군사적으로 비서구 여러 나라를 압도하고 그들을 식민지로 만들거나 불평등조약을 체결하여 반半식민지화하고 있었다. 이미 서구는 19세기까지 자유주의를 근간으로 하는 근대 형법을 창출하였고, 그것이 없는 비서구 국가의 사법제도에 자국민 거류민들의 재판을 맡길 수는 없다는 이유로 치외법권에 의한 영사재판領事裁判을 강제하고 있었다.

불평등조약에서는 이에 더하여 관세자주권을 인정하지 않기 때문에 일본의 국제적인 지위는 독립국과 거리가 멀었다. 1871년(메이지 4년)에 이와쿠라 토모미岩倉具視가 이끄는 서구파견 사절단이 시도한 최초 교섭안건도 불평등조약 개정이었으나 쉽지 않은 과제였다. 서구 측은 일본이 서구식 근대시민법원리를 기본으로 하는 법제를 갖지 않는 한 조약개정에 응할 수 없다는 기본자세를 취하였고, 메이지 정부도 어쩔 수 없이 태서주의泰西主義(western principles)에 의한 통일법 제정을 목표로 삼아야 하였다.

프랑스법 계수 메이지 초기 서구법 도입과 관련하여 가장 가까운 나라는 프랑스였다. 막부는 프랑스와 밀접한 관계를 맺고 있었다. 막부 말기 프랑스 공사 로슈 Léon Roches는 막부를 지원하고 막부 개혁안을 제시하기도 하였고, 막부의 신하 오쿠리 小栗가 프랑스의 차관으로 툴롱Toulon을 모방한 요코스카橫須賀 군항을 건설한 일도 있었다. 외교실무자로서 파리만국박람회에 갔다가 귀국한 쿠리모토 조운栗本鋤雲(당시 아키

지방의 지방관, 1822-97년)이 『효창추록曉窓追錄』(1869년)에서 프랑스법의 세계적 명성을 소개하였다. 다음은 그 일부이다.

"프랑스에 새로 정한 율서律書가 있다. '나폴레옹 코드'라고 명명된다. 그 5번째 유類의 첫째 항은 태자를 정하는 법, 특히 자기의 아들에 한하지 않고 일족 중 현명한 사람을 가려서 신민의 뜻에 맞고 치국의 재능이 뛰어난 자를 정하는 것을 시작으로, 차례로 일반 서민의 혼인 법제, 그리고 일가의 주主가 되는 자는 나이 20세에 이르지 않으면 독립할 수 없고 반드시 친척 중 존장자가 대대로 관리하는 것을 기다리며, 금은의 대차는 물론 모든 일에 증기證記를 하지 않으면 권리·거래증서의 교환·교체를 할 수 없고, 만약 범하는 경우 쌍방의 잘못으로 되어 어떤 벌을 받는지 따위를 상세히 기재하고, …… 그러므로 관리로서 위에 있으며 영令을 집행하는 자, 백성으로서 아래에 있으며 영을 받드는 자 모두 이 율에 의해 재판하고 재판을 받으며 한 마디 불복하는 자 없다. …… 프로이센, 이탈리아, 네덜란드, 스페인 등 이웃하는 여러 대국은 모두 이 율서에 의거하여 각각 자국의 율서를 개정하고 ……"

19세기 전반 나폴레옹에게 정복당한 유럽 각국 또는 당시 독립한 중남미 각국은 앞 다투어 프랑스법을 도입하였다. 프랑스법의 계수는 후진국에게는 당시 국제법상의 등급으로 말하면 '반半자주국'에서 '자주국自主國'으로 상승하기 위한 패스포트였다.

이렇게 해서 메이지 전반 즉 1870년부터 20년간에 걸쳐 일본은 프랑스법을 적극적으로 계수하였다. 그것은 1870년대부터 80년대까지 태정관 포고太政官布告와 사법성 달司法成達 등 다수의 개별입법에서 시작되었다. '조령모개朝令暮改'라는 단어는 이 무렵 생겼다.

보아소나드 사법경司法卿(법무부장관에 해당) 에토오 신페이江藤新平는 마침 그때 파리 만국박람회에서 귀국한 미즈쿠리 린쇼오箕作麟祥[2]에게 프랑스법의 조속한 번역을 명하였다. 그리고 메이지 정부는 파리대학 교수로 있던 보아소나드Boissonade를 초빙하였다. 현재 일본의 최고재판소 도서실에는 백성의 호소를 듣는 쇼토쿠 태자의 그림과 함께 일본에서의 법률학의 아버지로서 보아소나드의 흉상이 전시되어 있다.

보아소나드는 1873년(메이지 6년) 파리대학 법학부에서 일본 정부의 초빙에 응하여 22년간(1873-95년) 일본에 서구법 도입을 위하여 진력하였다. 대표적인 저서로『성법강의性法講義』가 있는데 1873년에 입국한 이후 사법성司法省 명법료明法寮(당시 일본 사법성 산하에 설치된 사법관 양성 교육기관)에서 프랑스법 강의를 하고 아울러 일본 최초의 서구형 법전인 형법(1880년 공포, 1907년 일본의 현행형법 제정 전의 형법. 일본에서는 '구형법'이라 함)을 제정한 것은 일본에서 획기적인 일이었다.

당시 메이지 정부로서는, 그리고 일본의 전통적 법률관에 입각하여 말하더라도, 입법정책상 가장 중요하고 긴급을 요하는 입법은 형사법이었다. 보아소나드에게도 우선 형법과 치죄법治罪法(형사소송법에 해당)의 제정이 의뢰되었고, 두 법률은 1880년(메이지 13년) 공포되었다. 이것이 일본에서 최초로 완성된 서구형의 통일법전이다.

민사관습의 수집   이미 일찍부터 사법관료제도 등을 비롯하여 재판법제의 정비도 이루어졌다. 그러나 사법경으로서 수완을 발휘하고, '신율강령新律綱領'을 '개정율례改正律例'로 개정하였으며, 당시로서는 놀랍게도 서구의 근대 사법제도가 민을 중심으로 하였음을 일찍부터 꿰뚫어 보고 있던 에토오 신페이가 사가佐賀의 난[3]에 휩쓸려 너무나 일찍 1874년(메이지 7년) 세상을 뜬 것은 메이지 법사에서 벌어진 통한의 사건이며, 이것으로 일본인의 권리의식의 각성과 사법제도의 근대화가 수십 년 늦어지게 된 것은 확실하다.

메이지 초기에는 민사관계의 체계적 입법에까지 손이 미치지는 않았다. 민사법은

---

2) 1846-1897. 일본의 관료, 교육자, 법학자. '권리', '의무', '민권', '동산', '부동산'과 같은 번역어를 처음으로 만들었다고 한다.
3) 1874년에 사가에서 발생한 메이지 정부에 불만을 품은 사족의 반란. 1873년 메이지정부 내에서 조선 출병문제를 둘러싼 논쟁 즉 정한론(征韓論)에서 발단한 정변으로 하야하고 귀향한 에토 신페이가 지도자 중 한 명으로 옹립되었다.

물론 민사판례·관습의 축적이 없던 일본의 상황에서 사법성은 우선 민사관습의 수집부터 시작해야 하였다. 1880년(메이지 13년)부터 『민사관례류집民事慣例類集』, 『상사관례류집商事慣例類集』의 편집이 개시되었는데, 아마도 메이지 초기의 무사 출신 관리는 민중을 주체로 하는 법을 법률이라고 생각하지 않았을 것이다. 미츠쿠리 린쇼오가 프랑스 민법droit civil을 '민권民權'이라고 번역하였을 때, 관청에서는 '민에게 권權이 있다는 것은 어떤 의미인가?'라는 이의가 속출하였는데, 에토오 신페이가 이를 수습하였다고 전해진다.

권해勸解제도   여기에서 주목하고 싶은 것은 1875년(메이지 8)부터 1890년(메이지 23)에 이르기까지 분쟁처리에 큰 역할을 담당한 권해勸解제도(conciliation, '조정'에 해당하는 제도)이다. 이것은 프랑스 민사소송법에 규정된 조정전치주의를 도입한 것인데, 일본의 전통적인 '나이사이內濟 제도' 즉 원래 소권訴權의 관념이 없고 명망가의 개입에 의한 화해적 해결 및 사직司直당국의 재판은 곧 '권력자가 뜻대로 하는 것'이라는 전통적인 법의식과 프랑스 혁명의 유산인 소송 이전의 민중적 화해 해결의 원칙이 우연하게도 일치하는 점이 있었기 때문에 도입되었다. 권해는 이른바 '마츠카다松方 디플레이션'(1881년 재무장관이 된 마츠가타의 재정정책으로 유발된 디플레이션) 시기에 매우 효율적으로 기능하였으나, 그 실정은 해부解部(도키베)[4]의 의식을 완전히 버리지 못한 법관에 의한 고압적인 강제조정이었다. 외국법 도입 시의 전형적인 예상외 효과 현상이다.

프랑스법파와 영국법파   보아소나드는 민사소송법의 초안작성을 비롯하여 구舊민법 초안 등 많은 업적이 있지만, 1880년대 후반의 조약개정을 위한 열강과의 교섭과정에서 조약개정을 서두른 나머지 당시 외무상 오오쿠마 시게노부大隈重信가 생각해낸 외국인 법관의 도입에 대해서는 반대의사를 표명하기도 하였다. 서구근대형 법전

---

4) 고대 일본의 율령제 하에서 형벌, 경찰, 군사, 주술 등의 사무를 담당한 기관. 메이지 초기 태정관 산하의 형부성(刑部省)에 '해부'가 설치되어 형사사법을 관장하였다.

을 시행하여 열강의 치외법권을 폐지하는 대신 열강의 우려를 고려하여 일본의 법원에 외국인 법관을 임용한다는 것이었는데, 보아소나드는 그것이 일본의 독립국으로서의 면모를 해친다고 본 것이다.

1890년 제국의회에 상정된 보아소나드의 민법초안을 둘러싼 논의, 이른바 민법전 논쟁은 호즈미 야츠카穗積八束의 "민법이 나와 충효가 망하였다."라는 너무나 유명한 어구로 보수 대 혁신의 심각한 대립 구도를 초래하였다. 그러나 그 실상은 명법료明法寮와 메이지법률학교, 화불和佛법률학교 등에서 프랑스법을 배운 프랑스법파 법조와 대학남교大學南校와 영길리英吉利법률학교에서 영국법을 배운 영국법파 사이의 격심한 정권 투쟁이었다.

거시적으로 볼 때 보아소나드가 관여한 구민법 초안과 나중에 제정된 민법전 사이에 결정적인 차이를 찾아내기는 어렵다. 이 점을 생각하면 보아소나드가 16년에 걸쳐 심혈을 기울인 인스티투치오네스(法學提要)식 민법초안이 정쟁적인 이유로 묻혀버린 것은 참으로 안타까운 일이었다.

독일법   이후의 민법편찬에서는 호즈미 노부시게穗積陳重가 유학지를 런던에서 베를린대학으로 옮기고 독일법을 갖고 돌아와 동경제국대학 초대 법과대학장에 취임한 것이 결정적인 의미가 있었다. 그 때문에 구형법은 별도로 하고, 헌법은 물론 민법, ― 이미 권해제도(조정제도)를 도입하였음에도 불구하고 ― 민사소송법마저 프랑스법 채용에는 이르지 못하였다. 1882년 구형법·치죄법 시행 이후 프랑스계 법률의 도입은 결국 폐기된 구민법 초안의 의회 상정 이외에는 마츠카타 마사요시松方正義에 의한 1889년의 회계법 정도만 상기될 뿐이다. 독일형 헌법이 제정된 후 치죄법을 대신하여 독일법을 가미한 형사소송법이 1890년에 제정된다. 명백히 프랑스법은 퇴조하였다.

그 이유 중 하나에는, 프랑스의 법전들이 19세기 초의 것으로 이른바 '레스토레이션 Restoration'(구제도 부활)을 거친 지 오래된 세기말의 시점에서는 이미 낡은 것이 되었다는 인상도 있다. 이 점은 호즈미 노부시게가 런던에서 유학지를 변경하였을 때 당시의 독일 법학 즉 판덱텐법학을 유럽 최첨단의 것으로 보고 베를린대학을 골랐던 점에서도 미루어 알 수 있다.

또한, 일본 국내의 1882년 정변[5]와 관련된 반동화와 그 영향하에 이토오 히로부미伊藤博文가 헌법안을 모색하기 위해 독일·오스트리아로 가서 슈타인Lorenz von Stein의 가르침을 받은 것이 일본에서 계수 외국법을 독일법으로 전환되는 길에 영향을 미치게 되었다. 일본에서의 독일법학은 1881년 독일학협회의 발족과 함께 시작되었다고 할 수 있는데, 메이지 정부가 각 서구국가와의 관계개선을 고려하여 균형을 취하기도 해서 점차 일본에서도 독일에 대한 친근감이 확산되고 있었다. 독일법으로 기울어지는 경향이 강화된 데는 메이지정부의 고문이었던 뢰슬러Karl Rösler와 초대 독일공사 아오키 슈우조青木周藏의 조언이 큰 의미가 있었다.

이와 같은 과정에서, 예컨대 민사소송법의 입법은 보아소나드도 초안을 준비하고 있었음에도 별도로 테효Hermann Techow를 독일에서 초빙하여 맡기게 되었다. 독일 상법에 대한 관심도 높아지고 모쎄Albert Mosse에게 지방자치제에 대해 건의하게 하는 등, 의학과 역사학의 도입과 함께 독일법학의 일본에 대한 영향은 점점 강해져 갔다. 요컨대 1882년의 정변을 전환점으로 하여 독일법 계수의 태동이 시작되고 1889년의 헌법과 상법 입법을 향해 갈수록 너울의 파고는 높아졌다.

영국법 메이지 정부는 처음부터 영국과 우호관계에 있었고 베어벡Guidon Verbeck의 조언 이후 외국어 교육과 고등 교육에서 영어를 채용하고 영미 문화의 도입에 아주 적극적이었기 때문에 법의 면에서도 영국법을 계수하는 것이 당연히 고려되었다. 실제로 대학남교大學南校에는 영어로 법학교육이 이루어지고 있었고, 메인과 오스틴John Austin 등의 텍스트가 강의되고 있었다. 여기에서 주목할 필요가 있는 점은, 이 무렵 영국법학이 독일법학의 영향을 받고 있던 것이다. 이는 이후 영국법파가 독일

---

5) 헌법제정노선을 둘러싸고 발생한 정변. 자유민권운동의 흐름 속에서 헌법제정논의가 고양되어 정부 내에서 군주대권을 포함하는 비스마르크헌법과 영국형의 의원내각제 헌법을 두고 논쟁이 벌어져 독일식 헌법을 지지하는 이토 히로부미 등이 후자를 지지하는 세력을 정부에서 추방한 사건이다.

법과 연결되는 것과 관련되어 있다. 호즈미 노부시게는 문부성의 파견으로 먼저 런던의 미들 템플 법조학원에서 유학하고 있었고, 호시 토오루星亨는 태정관에 의해 영국으로 파견되었다가 1877년에 귀국하여 사법성 대언인代言人(변호사의 전신)으로 취임하였으며, 영국에서 변호사자격을 취득한 자도 적지 않았다. 1895년에는 영길리英吉利법률학교가 설립되고 이윽고 '미들 템플'에서 연유하는 명칭인 '중앙대학中央大學'으로 개명된다. 이 대학의 커리큘럼에서는 오랫동안 영국법이 중시되었다.

이처럼 영국법 도입의 조건은 이미 정비되어 있었다고도 할 것이다. 그러나, 당시 영국의 국위는 나무랄 데 없었지만, 결과적으로 영국법은 일본에서 계수되지 않았다. 영국법이 영국식민지 이외 지역에서 자발적인 계수의 대상이 되기 어려운 이유가 있었다. 먼저, 법조양성이 대학이 아니라 변호사 길드(동업조합)인 법조학원(Inn of court)에서 행해지고 있던 점, 그리고 법의 형식이 판례법이고 기본법의 법전이 없었던 점의 두 가지를 거론된다. 특히 판례법은 영국식민지 이외의 지역에서 도입하기에는 극히 곤란하도 법조에게 경험과 번뜩이는 재능이 요구된다. 영국법은 메이지 시기 일본에서 구 변호사법의 참고로 될 정도였다. 민법의 '법인능력' 규정은 호즈미의 영국법학이 남겨준 선물이다.

일본 민법전의 탄생   1893년에 민법초안이 부결되었을 때 이를 '삭슨 식'으로 수정한다는 부대 결의가 행해졌다. 그것은 1863년의 작센 민법전의 방식 즉 이른바 판덱텐식 민법을 가리키고 있었다. 독일의 법실증주의에 기반한 판덱텐법학은 당시로는 최신의 법률학이었고, 그 모범국인 독일도 제2제정의 통일법전편찬 작업을 개시한 때였다.

일본이 직접 참고한 독일 민법 제1초안(1887년)은 최신의 민법으로 받아들여졌다. 그렇지만 당시 구 민법초안을 수정하는 방식으로 민법안을 기초한다는 방침이 있었던 것, 법전조사회(1893년 설치)의 구성원에 우메 켄지로梅謙次郎, 토미이 마사아키라富井政章라는 프랑스 유학경험자가 포함되어 있었던 것, 그리고 당연한 일이지만 독일 민법 제1초안 자체도 프랑스 민법의 영향을 상당히 받은 것 등 때문에, 예컨대 물권변동이론 등에는 프랑스법의 직접적 영향이 남아 있다. 또한, 이 독일 민법 제1초안은 독일에서 게르마니스텐 기이르케와 사회주의 법학자 멩거 등의 19세기 말 자본주의 체제와 시민법원리와의 문제점에 대한 예리한 비판을 받았고, 영업 자유의 원리(공공질서)도 19세기 말 대불황의 세례를 받고 있었다. 독일 민법 제2초안은 이러한 비판을 받아들였지만, 일본의 법전조사회는 독일 민법 제2초안을 거의 고려하지 않았다. 이렇게 해서 일본 민법은 모국 독일의 민법(1900년 시행)보다 앞선 1898년 7월에 시행되었다.

기타 독일계통의 법계수는 1889년 헌법, 1891년의 민사소송법, 1899년 상법 등이 있다. 그리고 민법 시행 다음 해인 1899년에 숙원이었던 조약개정이 일부 발효되는데, 조약 개정이 완성된 것은 1911년이다. 이리하여 서구법 계수라는 국제적인 목적이 달성되었다.

형법에 관해서도 여러 차례 독일형법에 의한 개정이 제안되어 1907년 형법의 전면개정이 이루어졌다. 이는 형법학설의 대전환을 수용한 것이었다.

조약개정 후   조약개정이 종료되자 외국법의 계수는 적어지고 또 소극적으로 되었다. 간접적이기는 해도, 외국법계수를 압박할 국제적 강제력이 이제 없어졌기 때문이다. 메이지 시기의 일련의 법계수에 일본인이 결코 적극적이었던 것은 아니다. 문화적으로 보면, 나츠메 소세키夏目漱石가 말한 것처럼 몸이 갈기갈기 찢기는 형벌을 받는 것 같았기 때문에 자발적인 외국법 계수를 회피하는 경향이 나타나는 것은 당연하였다. 일반 민중의 의식도 높지는 않아서 헌법 발포를 '비단으로 된 핫피(法被, 일본의 전통 의상인 겉옷의 일종)'를 정부가 주는 것으로 생각하였다는 말도 있을 정도였다. 자유민권운동도 오른쪽으로 방향을 틀어가고 있었다. 특히 내외의 정치정세와 이데올로기 문제도 영향을 미쳤다.

제1차 대전 후 독일의 도시정책을 참고로 하여 '차지차가법借地借家法(토지·건물의 임대차에 관한 법)'과 '차지차가조정법借地借家調停法' 등의 조정제도가 도입되었지만, 독일법의 영향이 크다고는 하면서도 바이마르 헌법 체제의 독일법의 영향으로 볼 수 있는 것은 없다. 예컨대 독일의 노동법, 사회법, 법사회학의 수용에 관해서는 단지 소개에 그치고 있다. 그러나 국제정세의 영향으로 1930년대의 나치입법, 예컨대 국민학교 제도와 경제통제입법은 영향을 주었다.

일본에서 독일법의 영향은 입법에서는 말할 것도 없으나, 법해석학에서 독일 학설의 영향이 20세기 초부터 1945년까지는 결정적이었다. 그러므로 일본은 독일법학의 나라임은 확실하다. 특히 법학계에 대한 영향력은 거의 절대적이었고 1960년대까지도 계속되었다. 독일 학문은 법학뿐만 아니라 의학, 역사학 등 많은 학문 분야에서 제2차 대전 후까지의 일본 학계를 완전히 지배하였다. 현재도 법학계의 기반이 되는 부분에는 독일색이 남아 있다. 그러나 그 독일색도 지금은 고색창연한 것이 된 것도 명백하다. 특히 제2차 대전 후 사법계司法界에서 전쟁책임이 거의 추궁되지 않아 인적 연속성이 유지된 것도 영향을 주었다. 이러한 법학계의 기본적 보수성도 이유가 되어 일본법제의 독일적인 측면은 이제 19세기 독일의 유물로 여겨지고 있다.

즉, 자발적인 법개정을 위해 전통적인 학계의 식자識者에게 개정작업을 맡기지만, 기본적으로 이들 식자는 보수적이고 현실의 변화와 요구에 즉각 응답하는 성질이 부족하다. 오랜 기간에 걸친 형법 개정작업이 그 전형이다. 이러한 현상유지적 체질은 체계적 법시스템에 특유한 것처럼 보이지만, 실은 그렇지 않다. 본가인 독일 법학에서는 법과 현실의 괴리를 극력 방지하고자 매우 정력적이고 시의적절한 법개정 작업이 이루어지고 있다.

일본에서 법이 갖는 모습의 특징으로 조문에 수록되는 법명제가 적고 소수의 법문을 융통성 있게 적당히 적용하는 것으로 충분하다고 보는 경향이 있는 것 같다. 이 경향은 한나라 고조의 '약법삼장約法三章'의 전통에서 스며든 것일까?

2. 미국법의 영향

법수용의 강제 제2차 대전 후 일본과 독일은 미국 점령하에 있으면서 강력한 강제력을 수반하는 미국법의 영향을 받았다. 일본으로서 완전히 최초로 법수용의 강제를 경험하였다.

1950년대 이후 세계에서 미국이 갖는 패권적 영향력은 미국법을 글로벌 스탠다드의 지위로 올렸다. 이제는 일본도, 유럽도 모두 유럽법의 체계와 미국법의 영향 아래 있고, 새로운 시대의 판례에서 산출되는 개별적 판단을 기존의 체계와 접합시키는 데 고심하고 있다.

주지하듯이, 제2차 대전 후 미국법의 영향이 현저한 법 영역은 형사소송법, 회사법, 독점금지법, 노동법과 소비자법 등의 경제법, 그리고 행정절차법과 정보공개법 등 시민의 구체적 참정권과 관련된 영역이다. 이 점에 대하여는 일본의 사법과 행정도 당혹스러움을 감추지 못하고 있다. 이와 함께 종래의 법제와 새로운 입법 사이의 간극에서 발생하는 문제는 상당히 심각하다. 법학방법론의 측면에서도 종래의 법문 해석을 요소로 하는 체계적 해석론과 개별구체적인 사안의 타당한 해결이 간극이 벌어지거나 충돌하지 않도록 조정해나가는 것이 요구되고 있다. 사안해결에서 구체적 타당성을 추구하는 것은 로마법 이래 법조의 사명이다.

세계사적으로 일본의 서구법 계수를 객관적으로 볼 필요도 있다. 1889년의 구헌법('대일본제국헌법')은 신헌법('일본국헌법')의 눈으로 보면 긍정적으로 평가할 수 없지만, 1889년의 아시아라는 당시 일본의 시공사時空史적인 위치에서 보면 구헌법 발포는 실로 획기적인 일이었다. 국민의 참정권의 측면에서는 불완전하였지만, 그 후 민법과 민사소송법 제정 등 신용과 기득권과 사회적 지위에 좌우되지 않고 개인의 권리와 계약을 보장하는 객관적인 제도가 정비된 것도 아무리 높이 평가해도 지나치진 않을 것이다. 그 이전에는 개인의 권리에 대한 보장이 아무것도 없었다. 다만, 19세기 말의 국제적 환경도 있어서 일본은 천황제 국가의 국력증강을 국시로 삼고 개인의 권리를 중심으로 하는 사회구성을 취하지는 않았다.

금후의 과제   서구법에서 눈여겨보아야 할 것은 계약과 소권訴權이 중요한 법적 요소였다는 것이다. 로마법은 민사소송에서 출발한다. 과거의 신분제 단계에서도 레엔제가 엄격한 계약 시스템에 의해 작동하고 있었고, 잉글랜드의 아사이즈assize

(배심재판) 소송에서 볼 수 있는 것과 같은 권리구제 제도도 마련되어 있었다. 개인의 자유권自由權을 둘러싼 강제력 있는 법제의 제정은 기득권익에 의존하는 지배층이 결코 환영할 만한 것이 아니다. 이것은 본래는 혁명이라는 폭력에 의해, 그렇지 않은 경우 말하자면 외압에 의해 비로소 실현가능하게 된다.

일본의 메이지 유신에서 작동하였던 강제는, 서구적인 법시스템 및 근대시민법원리에 기반한 객관적이고 독립한 법의 강제장치를 도입하지 않으면 불평등한 조약의 개정을 이루어질 수 없을 것이라는 사정이었다. 말하자면 간접적 강제였다. 그리고 일본은 제2차 대전 후 미국점령군에 의하여 제2의, 이번에는 직접적으로, 국민주권의 헌법에 더하여 재벌해체와 농지해방이 강제되고, 평등, 평화, 효율을 국시로 하는 전후 일본사회의 구축으로 나아갔다.

일본은 19세기형의 서구법적 법시스템 즉 권리와 그것을 보장하는 객관적 기구를 다시 20세기적으로 보강하였다. 이 두 번의 자발적이라고는 할 수 없는 서구법의 계수가 적어도 현재까지는 오늘날의 일본 산업사회의 발전과 국민의 생활수준 향상 그리고 세계 제일의 장수로 상징되는 번영을 가져오는 사회적 기반을 형성하였다고 할 수 있다.

인류는 그 발전과정에서 자연적 환경을 잇달아 극복해 왔다. 그 과정에서 인류는 개인의 자유 실현을 계속하여 요구하였고 이를 위한 정치제도를 고안하여 현대에 이르렀다. 그것은 적어도 오늘날까지는 보편적인 가치로서 자리매김되어 왔다. 그 원천, 원리 및 그 제도화는 유럽의 법 역사 속에서 찾을 수 있다. 일본인이 지금까지 스스로 전통적인 법률관 위에서 서구법제를 계수하고 배양해 온 것을 21세기를 향하여 어떻게 잘 활용해 갈 것인가? 이것이 비서구국가의 리더로서 일본인들의 금후의 과제이다.

일본은 메이지 시기의 근대화에서 반강제적으로 19세기 유럽대륙법을 계수하여 현재 번영의 기반을 구축하였다. 그러면서 천년 이상 영향을 미친 중국적 전통법의 토양에 로마법을 요소로 하는 이른바 서구법을 심고자 시도하였다. 제2차 대전 후에는 미국법도 강제적으로 더해졌다. 여기에서 일종의 법의 혼효 현상이 일어나고, 제도와 그 운용 그리고 법의식에도 아말감(합금)이 형성되었고 지금도 계속하여 형성되는 중이다.

그러므로 법제사를 포함하는 기초법학에서는 현대 일본법을 기반으로 한 비교법사적 접근이 매우 중요한 과제이다.

아무튼 법제사학의 역사는 기껏해야 200년이고 그 발생의 동기도 꽤 실천적이었다(사비니). 이 점을 생각하면, 전문법률가와 현대법에 관심을 가지는 사람들에게 서구법을 계수하였고 또 지금도 계수하고 있는 현대 일본법에 잠재하고 있는 일본법사적·서양법사적 요소의 이해를 촉구하고 촉진할 수 있는 연구와 교육을 지향해야 한다. 그리고 그것이 오로지 실정법으로만 경도된 법학 교육의 왜곡을 바로잡고 현행법의 포괄적인 역사이해를 통해 진정한 의미에서의 형평성 있는 법적 판단(aequitas)을 낳는 원동력을 배양하는 길이 될 것이다.

> 보론
> ─문준영─

우리나라 독자를 위한 에필로그:
한국법사에서 전통법과 근대법의 시대

우리나라에서 일본과 마찬가지로 근현대 법제의 모델이 되는 서양법의 역사적 기초를 이해하는 연구는 실정법학과 기초법학의 심화를 위해 중요한 의미와 가치를 가지고 있다. 그러나 일본과 비교하면 우리나라의 서양법제사 연구가 활발하고 진행되고 풍부한 성과를 내고 있다고 평가하기는 어렵다. 로마법사와 근대민법학사 연구로 범위를 좁히면 몇몇 훌륭한 연구서와 입문서가 있기는 하지만, 국제國制 또는 헌법, 형사법, 재판제도, 법의식과 법생활을 폭넓게 아우르며 고대부터 근대까지 서양법의 역사를 통시적으로 다루고 있는 개설서는 없다. 이 책은 서양법사 연구성과와 최근의 경향과 함께 일본의 서양법사 연구수준을 집약적으로 보여주는 한편, 서양법사에 입문하는 학생과 일반인을 위해 서양법사의 전반적 흐름과 다양한 주제를 적절한 수준에서 개설하고 있다. 교과서를 목표로 저술된 이 책에 대해 역자 후기의 자리에서 세부적인 내용에 대해 논평하기보다는 이 책의 저자들이 일본 독자를 염두에 두고 일본에서의 외국법 계수를 주제로 한 에필로그로 이 책의 논의를 갈무리하고 있는 만큼, 우리나라 독자를 위한 에필로그를 덧붙이는 것이 적절하다고 생각한다.

한국의 전통법과 중국법 저자들의 에필로그에서 '에도시대까지의 일본법'을 제외한 나머지 부분은 일제의 식민통치를 통해 한국에 이식된 일본 근대법의 전사前史

와 함께 일본과 비슷한 근현대 한국에서 서양법 수용의 흐름을 설명하는 내용이기도 하다. 주의할 점은 일본과 한국 사이에는 서양법 계수 이전의 상황 및 서양법 계수 방식에서 분명한 차이가 있다는 점이다. 먼저 서양법 계수 이전의 상황을 짚어보기로 하자.

에도시대 일본에서의 무사 계급에 의한 지배체제는 서양 전근대와 비슷한 봉건제적, 신분제적 지배질서에 기초하고 있었다. 바쿠한幕藩 체제 일본에서는 중앙집권적 국가권력도, 국가권력이 발포한 전국적, 통일적인 법도 존재하지 않았다. 반면, 조선왕조시대 한국에서는 서양의 경우 절대왕정과 근대 시대에 성립하는 집권적 국가, 관료제, 통일적 성문법전이 이미 존재하고 있었다. 그러나 조선의 관료제와 통일적 법전은 조선의 고유한 창안물이 아니라 중국의 법과 제도의 영향을 받은 것이었다. 삼국시대 고대왕국 체제가 성립한 이래 한반도 사회는 동시대 중국의 제도를 받아들여 정치·사회적 조건에 맞게 변형시키며 관료제적 법과 제도를 발전시켜 왔다. 통일신라를 거쳐 고려시대까지 법제는 귀족제 또는 지방유력자의 지배체제와의 타협이 필요하였고 국가권력의 지방 장악에 한계가 있었으나, 조선왕조 시대에 들어서며 집권화 및 관료제의 수준이 획기적으로 발전하여 한국법사에서 "통일법전의 시대"(박병호, 『한국의 법』, 세종대왕기념사업회, 초판 1974년)로 불리는 시대가 전개되었다.

조선시대는 유교 사상이 지배하는 사회였다. 유교는 보통 법치法治보다는 인치人治를 내세운다고 알려져 있다. 그러나 중국 한나라 시대에 이미 유가와 법가의 통치 기제의 통합이 이루어지고 유가의 통치 기제 속에서 법가적인 통치기제가 끊임없이 긴장하고 공존하고 있었다. 유가적인 천리天理와 예禮의 사상은 전근대 서양의 자연법과 같은 초실정적 규범으로서 지배의 정당성과 권위의 원천을 제공함과 동시에 구체적인 국가법, 전례典禮, 기타 사회규범으로 제도화된 인륜의 모습도 갖고 있었다. 특히 후자와 관련하여 법가 사상은 '인적 결합국가'를 극복한 '제도적 영역국가 체제'(이 책 제16장 제1절 참고)를 뒷받침하는 관료제적 통치의 기술을 제공하였다. 전국시대부터 발전하여 당 제국 시대에 완성되는 중국의 율령律令제는 서양보다 조기에 성립한 제도적 영역국가 체제에서 황제의 수족으로서 대민지배를 담당하는 관료기구를 조직하고 운영하기 위한 제도였다. 통일신라시대에는 당률, 고려시대에는 당률, 송률과 원률이 부분적으로 받아들여졌고, 조선시대에는 명률을 포괄적으로 계수하였다.

1392년 건국된 조선이 전면에 내세운 유교사상은 이미 중국 전국시대戰國時代의 유교가 아니라 송나라 때 발전한 신유학이었고, 신유학에서 통치의 술術로서 법法을 사용하는 것에 부정적이지 않았다. 조선 건국주도세력은 신유학의 이념에 따라 정치·사회제도를 재편하려 하였다. 유교의 통치이념을 실현하는 통일적 질서를 구축하기 위해서는 고려 말기의 상황과 같은 개별적이고 임시적인 법령이 아니라 항구성을 가지며 전국적으로 동일하게 적용되는 성문법전을 마련할 필요가 있었다. 조선의 건국자들은 이미 건국 전부터 이러한 법전에 관심을 기울였고, 건국 이후 계속하여 일련의 법전들을 만들어갔다. 중국 명나라의 형법인 대명률大明律을 국가의 일반 형법전으로 채용되었으며, 대명률을 제외한 국가의 통치에 관계된 제반 법령은 국왕의 명령인 수교受敎의 축적과 정리를 통해 각종 통일법전과 법령집의 형태로 만들어졌다. 건국 초기에 경제육전經濟六典(1397년)과 각종 후속 법전이 편찬되고 세조 시대부터 100년에 걸친 편찬사업을 거쳐 "주례周禮에 뒤지지 않는 만대萬代의 성법成法"을 표방하는 경국대전經國大典(1485년)이 반포되었다. 뒤를 이어 대전속록大典續錄(1492년), 대전후속록大典後續錄(1543년), 경국대전주해經國大典註解(1555년)가 편찬되고, 조선 후기에는 수교집록受敎輯錄(1698년), 신보수교집록新補受敎輯錄(1739년), 속대전續大典(1746년), 대전통편大典通編(1785년), 대전회통大典會通(1865년)이 편찬되었다.

이 법전들은 행정법적인 내용이나 의무본위의 체계로 구성되어 있었고 의무위반에 대한 형사적 제재를 규정하고 있었다. 이 시대의 국가법은 오늘날의 형사법, 행정법을 해당하는 법이었으며, 국가법 속에서 민사관계에 관한 부분은 대부분 국가의 토지·인민 파악·지배에 관계되거나 국가가 유지·관철하려는 사회규범과 관계되는 행정법적 또는 형사법적 규정에 의해 간접적으로 민사관계가 규율되는 모습으로 존재하였다. 따라서 서양법사의 의미에서 민사법 즉 개인의 권리·의무 할당과 보호를 중심으로 하며 개인-사회-국가의 존재양태와 질서를 반영·규정하고 법률행위의 당사자는 물론 재판을 담당하는 공권력까지 구속하는 힘이 있다고 공적·사회적으로 인정받는 규범들의 응집력 있고 체계를 형성한 집합체로서의 민사법이 존재하지는 않았다.

그 법제의 외적 모습에서 큰 변화가 없는 것처럼 보이더라도 조선왕조 5백 년 동안 한반도 사회가 정체된 시간에 있었던 것은 아니다. 14세기 말 조선의 건국 이래 진행된 유교화 과정(마르티나 도이힐러, 이훈상 옮김, 『한국의 유교화 과정: 신유학은 한국사회를 어떻게 바꾸었나』, 너머북스, 2013년)과 17-18세기의 집약적 수도작 농경의 발전에 힘입은 사회경제적 변화와 시장경제의 발전은 조선 후기 사회를 전기와는 다른 사회로 만들었다. 민사관계와 관련이 있는 경제생활과 가족생활을 예로 들면, 토지의 소유와 이용 형태, 상업적 거래와 금융, 노비제의 쇠퇴 등의 측면에서 비록 비非자본주의적 사회이기는 하였으나 사적 토지소유구조와 시장적·계약적 관계가 발달하였고, 혼인·입양·상속·장례 풍습 및 가족·마을의 형태의 측면에서 조선사회의 조건·풍속과 융합한 유교 문화가 사회의 기층까지 침투하여 이른바 '전통사회'가 만들어졌다. 19세기 이후 서양법 계수 시대는 이러한 조선 후기의 전통사회 위에서 전개되었다.

개항 후 서구법 접촉과 수용 19세기 후반 동아시아에서 서양의 근대법이 도입된 배경에는 국제관계적인 계기가 있었다. 당시 국제환경 속에서 자국의 생존을 도모하기 위해서는 무엇보다 국가의 외형적 모습을 제국주의 시대의 표준 즉 서양 근대형의 국가형태에 합치시키는 것이 요구되었다. 한국의 경우 1876년 일본과의 조약을 필두로 서구열강과 일련의 조약을 체결하여 새로운 국제질서에 참가하게 되었다. 1881년 조선정부는 조사시찰단朝士視察團을 파견하여 당시 입헌정체 수립과 열강과의 조약개정을 위해 제도정비에 박차를 가하고 있던 일본의 제도와 문물을 시찰하게 하고 1883년부터 발행된 한성순보를 통해 서구의 정치·법제도에 관한 지식이 본격적으로 소개되기 시작하였다. 그러나 그것이 서양형 제도의 급진적 수입으로 연결되지는 않았다. 갑오개혁기(1894-1895년)에 군사력을 앞세운 일본의 압력과 '개화파' 인사들의 국가개조 구상이 맞물려 정부 제도와 법제에 신식제도가 도입되었고 이러한 흐름은 개화파정권이 몰락한 후 성립한 대한제국(1897년 선포) 시대에도 기본적으로 지속되었다.

그러나 수백 년 동안 발전해 온 전통적 국가와 법의 원리는 불과 십수 년의 변화와 실험을 거쳐 급속하게 서구적인 것으로 전환될 수 있는 성질의 것이 아니었다. 대한제국

정부가 서구형 신식제도에 대해 취한 태도는 메이지 일본의 '태서주의泰西主義'(Western principle)와 같은 전면적 서구화 노선이 아니라 전통적 제도를 근본으로 삼고 서구제도를 실용적으로 참고·도입한다는 '구본신참舊本新參' 또는 '동도서기東道西器'로 불리는 노선이었다. 이러한 태도 및 그에 따른 결과는 대한제국 최후의 자주적 입법사업의 성과로 평가되는 1905년 반포된 형법대전刑法大全에서 잘 나타난다. 형법대전은 법전 편별의 면에서 종래 대명률과 대전회통이 취한 이·호·예·병·형·공의 6전 체제를 탈피하여 오늘날의 형법전과 같이 전체 법전을 총칙과 각칙으로 나누고 개별 규정을 대략 국가적·사회적·개인적 법익과 관련된 범죄 종류에 따라 재분류하고 서양식 법령과 같이 숫자를 붙여 조문화하였다. 그러나 법전의 실질적인 내용은 갑오개혁 이후의 과도기적 제도 개정의 결과가 반영된 것을 제외하고 대부분이 기존의 대명률과 대전회통의 형사 관련 조문들을 국한문으로 옮겨놓은 것이었다.

이와 같은 흐름 가운데 서구법학 교육을 받은 자들이 교육과 계몽운동에 종사하며 서구법에 대한 지식과 이해수준이 점차 깊어지고 황제와 정부관료의 태도를 비판하고 입헌주의의 채용과 민사·형사법제의 정비를 통해 국권 수호와 제도개혁을 달성해야 한다는 신지식층의 목소리가 높아졌다. 그러나 내외의 조건과 주어진 시간은 한국에 우호적이지 않았고, 결국 한국은 을사조약의 강압적 체결로 일본의 반半식민지가 되고 마침내 1910년 강제병합으로 일본의 식민지가 되었다.

근대 일본법의 강제 이식과 식민지 관습법의 형성 일본의 서구 근대법 수용이 간접적 강제에 의한 것이라면 한국에서의 서구 근대법 도입은 일본의 식민통치에 수반된 일본 근대법의 직접적 강제, 식민지 통치권력에 의한 법의 이식이란 모습을 가졌다.

재판제도의 경우 1907년 12월 제정된 재판소구성법(현재의 법원조직법에 해당)의 시행과 함께 일본의 법제를 약간 손질한 법원·검찰제도가 이식되었다. 더욱이 재판소의 판사, 검사, 서기의 대부분이 일본인 판사·검사·서기 중에서 임용되고 일본인 변호사의 영업이 허용됨으로써 제도운영의 주체 및 법실무 전반이 일본화하였다. 성문법률 외의 법원法源이 인정되는 민사법 영역에서는 일본인 판사가 인정하는 '조리條理'와 같은 불문의 민사규범의 형태로 혹은 한국법제와 관습이나 계약 등 법률행위에 대한 법리적 '해석'과 '구성'의 작업을 통해 — 비유하자면 '로마법의 실무적인 계수'와 비슷하게 — 일본의 법과 법이론이 법실무와 법생활에 침투하였다.

강제병합 후 조선총독부가 1912년 공포한 조선민사령朝鮮民事令, 조선형사령朝鮮刑事令은 조선에서 민사와 형사에 관하여 일본의 민법, 상법, 민사소송법, 형법, 형사소송법 등의 기본 법전을 의용依用하도록 하였다. 이렇게 해서 '의용'된 일본의 법령들은 대한민국 정부 수립 후 형법(1953년 제정), 형사소송법(1954년 제정), 민법(1958년 제정), 민사소송법(1960년), 상법(1962년) 등이 제정·시행될 때까지 효력을 유지하였다.

식민지 시기 이식된 일본 근대법이 법제와 행정의 양태, 사회관계와 법생활에 지대한 영향을 주었음은 말할 필요 없다. 주의할 점은 이식이 용이한 토양이 한국 사회에 존재하고 있었다는 것이다. 관습이라는 말에서 '민족' 고유의 미풍양속이 살아있는 공동체적인 윤리를 떠올리면 오산이다. 오히려 근세조선의 소유권법제는 비교사적으로 전근대적 법체계로서는 이기적이라고 할 만큼 철저히 권리 본위로 구성되었다고 평가된다(박병호, 『한국법제사고』, 법문사, 1974년). 조선 후기에는 토지는 이미 자유로운 매매의 대상이 되어 있었다. 근세 중국과 일본의 토지제도에서는 중층적 지배구조나 공동체적 규제가 나타나지만, 조선에서는 로마법적 소유권과 같은 일물일권적 소유구조가 뚜렷하였다. 토지소작 관습의 경우 한정된 지역이나 지목에서 소작인의 권리가 강한 특수한 관습이 나타나지만 보통의 소작은 지주=토지소유자의 권리를 강하게 보호하고 소작인=토지이용자에 극히 불리한 단순한 채권적 임대차관계의 모습을 가졌다. 부동산관습의 이와 같은 모습 때문에 일본 민법상의 재산법을 이식하는 데 있어 신구 규범 간의 마찰이 심하지 않았다. 식민지 당국은 비非자본주의 사회에서 발달하였으면서도 자본주의 사회의 논리에 잘 맞는 관습을 의용 민사법체계 속으로 편입시켜 나갔다.

여기에서 의용된 일본법과 한국의 관습 사이의 관계를 언급해둘 필요가 있다. 통상 식민제국은 자국의 법제를 피지배 사회에 이식하는 한편, 자국법의 획일적 시행이 야기할 수 있는 혼란과 피지배 사회의 저항을 회피하고 식민지배의 안정화를 꾀하기 위해 일정 수준에서 피지배 사회의 고유법을 인정하는 전략을 택한다. 마찬가지로 조선

민사령은 일본의 민사법이 의용되는 영역 외에 조선의 관습이 적용되는 영역을 인정하여, 조선인 상호간의 법률행위에 관하여 법령의 임의규정(공서양속과 관계 없는 규정)과 다른 내용의 관습이 있는 경우, 조선인의 친족 및 상속에 관한 사항, 그리고 조선에 의용되는 일본 법률에서 정한 것 외에 관습상의 부동산 물권이 있는 경우에는 관습에 따르도록 하였다.

을사조약을 통해 한국의 내정을 실질적으로 장악한 일본은 부동산법제를 개량한다는 명분으로 1906년에 부동산법조사회를 설치하여 부동산 법제와 관습을 조사하였고, 1908년 7월에는 법전조사국法典調査局을 설치하여 한국법전편찬을 위한 준비작업의 일환으로 전국의 민사·상사 관습을 조사하고 그 조사결과를 『관습조사보고서』(1910년, 1912년)로 간행하였다. 병합과 함께 한국법전편찬 계획은 폐기되었지만, 조선민사령은 주로 한국인이 관계된 법적 분쟁사안에 대한 재판에서 확인·적용되는 불문의 법원으로 한국 관습을 참조할 수 있는 근거를 마련하였다. 이렇게 해서 재판규범으로 이용될 개별적 관습의 확인을 위해 또는 관습을 고려하여 법제를 정비할 필요에서 다양한 관습이 조사되고 축적되었으며, 식민지 시기의 관습에 관한 판례와 조사자료들은 정부 수립 후 편찬된 민법에 한국적 특징을 부여하는 규정들의 입법적 소재를 제공하였고, 관습의 확인이 필요한 재판 실무를 비롯하여 관습을 소재로 한 법사학적·역사학 연구에서도 중요한 자료로 이용되었다.

주의할 점은 식민지 시기 조사된 일군의 관습들을 그 이전부터 존재해온 전통사회의 '순수'한 관습을 그대로 기록한 것으로 이해해서는 안 된다는 것이다. 근세 프랑스에서의 관습법의 성문화가 로마법 학식을 가진 학식법조에 의해 주도되었고 근세 독일의 도시법전이 '관습의 학식적인 채록', '학식적인 지식에 의한 관습법의 개혁'이란 성격을 가진다고 지적되듯이 근세 유럽에서 정비된 관습법은 학식법조의 학문적·실무적 활동의 산물이다(이 책 제13장 제3절, 제17장 제1절 참조). 식민지 시기 조사·연구되고 축적된 관습법도 사회 속에 존재하는 소재들을 단순히 채록한 것이 아니라 식민지배자의 정책적·규범적 관점에서 선별되고 서구적 법 개념(일본 민사법과 법학)이라는 필터를 거쳐 재구성된 것일 수밖에 없었다. 이 책에서 설명하는 중세 및 근세 유럽의 국제와 사회질서, 재판권력 등의 존재양태를 고려한다면, 한국의 전통사회에 유럽법사적 의미에서의 '관습법'이 존재하였다고 볼 수 있는가 하는 의문이 제기될 수 있다.

이러한 문제를 포함하여 한국 전통사회에서 민사법질서의 존재양태를 설명하거나 서양의 사례와 비교하려 할 때 우리는 부지불식간에 현대적 법개념들을 분석과 설명의 도구로 동원하는 경향이 있지만, 먼저 그러한 개념들에 내포된 유럽법사적 특수성 또는 역사성을 비판적으로 인식할 필요가 있다. 이런 점에서 서양법사 공부는 단지 서양법사 자체의 이해에 그치지 않고, 비서구사회의 법사에 접근할 때 이용되는 서구적 법개념을 상대화하고 그 개념적 효용과 한계를 성찰하는 기회를 제공한다고 할 것이다.

해방 이후 한국법의 변화   해방 후 미군정이 실시된 남한에서는 자유민주주의와 자본주의에 조응하는 법제가 성립하였다. 북쪽에서는 소련의 군사점령하에 사회주의 정권이 수립되고 사회주의 법이 전면적으로 도입되었다. 19세기 후반의 국제정치적 계기에 의해 강제된 서구 근대형 법의 계수 과정은 제2차 세계대전 후 국제정치와 남북분단의 상황에서 자본주의 법과 사회주의 법이라는 서구 근대사회 속에서 태어난 두 가지 법이 남북으로 나뉘어 병존하는 방식으로 귀결되었다.

미군정이 실시된 한반도 남쪽에서는 미국법의 영향과 자유민주주의 체제 수립을 통해 일제에 의해 도입된 근대법제 위에 중대한 변화가 가해졌다. 일제하의 근대법은 자본주의 법제로서 그 내부에 자유주의적 법의 요소(특히 경제적 자유주의 및 이를 뒷받침하기 위한 기술적인 경제법제와 재판제도)를 갖고 있기는 하였으나, 정치적 자유주의·민주주의 및 사회경제적 민주주의의 측면은 부정되거나 매우 억압되어 있었다. 해방은 일제 통치하에 부정·억압되어 있던 근대법 또다른 층위와 지향을 현실화시킬 수 있는 정치적 공간을 조성하였다. 미국법은 정치와 법제 개혁의 모델이 되었을 뿐 아니라, 종래 일본법의 모델이었던 대륙법과는 다른 영미 코먼로 전통 및 수정자본주의 시대의 서방국가의 현대법과 접촉하는 기회를 제공하였다.

1948년 7월 17일에 대한민국 헌법이 제정되어 한국민은 그동안의 정치적 자치가 부정되고 인권과 법의 지배가 억압된 시대에서 벗어나 자유민주적 헌정의 시대를 맞이하였다. 물론 이를 미국에 의한 자유민주주의 제도의 '이식' 결과로 보는 것은 단편적이다. 1919년 4월의 대한민국임시헌장 이래의 역대 헌법문서와 헌법안의 계보를 분석한 한 연구에 따르면, 제헌헌법은 "우리 입헌주의 역사의 길에서 선진 입헌주의 국가들의 온갖 지적 유산을 서슴없이 참고하고 종합·수용하였던, 세기에 걸친 '총체적 노력'의 산물"이기도 하다(신우철, 『비교헌법사론』, 법문사, 2013). 이후의 현대 한국 사회는 냉전반공체제와 권위주의 통치하에서 정치적 민주주의 측면에서는 시련을 겪었으나 이윽고 아시아에서 가장 성공적으로 민주주의 정착과 경제발전을 달성한 국가로까지 발전하였다.

19세기 말 이후 1세기 동안 한국 사회는 근대로의 도정에서 서구 근대형 법을 강제적 또는 자발적으로 받아들여 왔다. 현대한국법의 내용은 사실 한국의 전통시대와는 다른 역사적 시공간에서 형성된 것들이다. 현대 한국의 법과 법학의 기원이 서구 근대법에 있기는 하지만, 시간과 더불어 그것은 한국의 것이 되었다. 그러나 한국법 곳곳에 켜켜이 쌓여있는 역사적 지층들은 충분히 탐색되지 않은 채로 남아있다. 그 지층을 찬찬히 탐구하는 것, 그로부터 한국의 '전통법'과 한국사회가 경험해온 '근대법의 시대'가 어떠하였으며 근대법의 평면에서 펼쳐지고 있는 광경과 다양한 비판적 모색들이 어떤 의미가 있고 어디로 나아가고 있는지 성찰하는 것은, 과거와의 대화를 위해서 또한 현재와 미래를 살아가야 할 우리를 위해서도 유익할 것이다. 유럽법의 역사를 개설하고 있는 이 책이 그러한 성찰의 재료와 도구를 제공할 수 있기를 기대한다.

일본어판 후기

서양법제사는 말할 것도 없이 법학의 한 분야에 속한다. 역사적으로 보아도 사비니 이후 법학 분과에 속한다(이 책 제20장 참조). 일본에서도 사정은 다르지 않다. 그러나 헌법학과 민법학 등에 비해 그 이미지는 애매하여 서양법제사라는 학문이 법학과에 있는지조차 일반인에게는 거의 안 알려져 있다. 이것이 실정일 것이다.

학문에는 여러 종류가 있다. 실천적인 것과 현대적인 것부터 사색적이고 기초적인 것에 이르기까지 천차만별이다. 그런 것이 층을 이루면서 해당 학문분야는 깊이와 두터움을 더한다. 법학은 기본적으로는 실천적인 학문인 까닭에 민법학 등 구체적인 현실과 직접 관계하는 분야가 주류가 되는 것은 당연하다. 그러나 법학이 학문으로서 연구, 교육되는 것인 이상, 현대의 구체적인 현실에 거리를 두고 사색하는 부분 또한 필요하다. 사색하는 것을 중심적 과제로 삼는 것이 기초법이라고 불리는 분야이고, 법제사는 법철학 등과 함께 그 일익을 담당하고 있다.

법제사는 법을 역사적으로 사색하는 학문이다. 서양법제사는 그 일을 서양이라는 시공 위에서 수행한다. 물론 그 시공이 광대하기 때문에 사색의 성과를 통일적으로 제시하는 것, 전체적으로, 말하자면 한 우주를 그려내기는 매우 어렵다. 서양법제사 연구의 역사는 일본에서도 길고 그동안 우수한 연구가 적지 않았음에도 불구하고 지금까지 본격적인 개설서는 저술되지 않았다. 이는 그 어려움 때문일 것이다.

그러나 서양법제사라 하면 곧바로 떠오르는 본격적 개설서가 하나도 없었다는 사실이 일반인에게 서양법제사의 구체적인 이미지를 불어넣지 못하는 큰 이유 중 하나이다. 서양법제사의 심볼이 될 수 있는, 학생과 연구자만이 아니라 일반 독자도 읽을 만한 어떤 개설서를 써야 하지 않을까? 나는 그렇게 생각하였다.

미네르바서방ミネルヴァ書房 편집부의 스기다 케이조杉田啓三(현재 사장) 씨에게서 텍스트 집필을 권유받은 것은 '베를린 장벽'의 붕괴(1989년)로부터 조금 지난 무렵의 일이었다. 크게 변동하는 시대야말로 역사적인 눈이 필요하다, 법과 질서의 모습이 국내적으로나 국제적으로도 변모하고 있는 이 시기에 서양법의 통사를 제시하는 것이 중요하다, 라는 것이 주된 취지였다고 기억한다. 나는 동감하고 은사인 카츠다 아리츠네勝田有恒 교수와 함께 집필에 착수하기로 하였다.

그러나 어려운 일은 계속 어려운 법. 나는 개인적 연구와 대학개혁 업무에 쫓겨 개설서의 집필은 나도 모르게 미뤄버리고 있었다. 시간이 순식간에 지나가 마침내 21세기가 되었다. 법과대학원 설립의 목소리도 들려 왔다. 이제는 더는 미룰 수 없다. 그렇게 생각하고 카즈다 교수와 상담하여 모리 세이이치森征一 교수를 편자로 들어오게 하고 항목을 분담 집필하여 저작을 완성하기로 하였다. 다행히 그동안 카즈다 교수 밑에서 직접, 간접으로 배우고 연구한 젊은 연구자도 성장해 있었다. 그 점에서는 비록 분담 집필일지라도 집필자 간에 조화를 이룬 사색을 전편에 걸쳐서 전개하는 것이 가능하고, 또 최첨단의 연구에 종사하고 있는 우수한 젊은 연구자가 참가함으로써 텍스트 전체에 활력을 불어넣는 것을 기대할 수 있었다. 결과는 목표한 대로였다고 생각한다. 다만 집필자 다수가 대륙법, 그것도 로마법사, 독일법사를 위주로 연구하고 있었기 때문에 허술한 부분이 생긴 것, 특히 잉글랜드 법사의 취급이 불충분한 점은 인정할 수밖에 없다. 이 점을 포함하여 장래 더욱 내용을 충실하게 만들 기회가 있으면 좋겠다.

물론 카즈다 교수를 중심으로 하는 연구자 그룹에 의한 사색의 성과에 기초한다고 해도, 전체적인 골자를 정하고 각 집필자의 장점을 살리면서 전체적으로 정돈해 나가는 것은 쉬운 일이 아니었다. 이 점에서는 특히 야시키 지로屋敷二郎 씨의 활약이 있었다.

표현과 용어의 통일은 말할 것도 없고 전체적인 정합성을 도모하는 데 있어 야시키지로 씨의 유능함과 정력적인 작업이 없었다면 이 책은 지금도 간행되지 못하였을 것이다. 어느 정도 문체의 통일성을 갖출 수 있었던 데는 야마우치山內 씨의 역할이 있었다.

마지막으로, 스기다 케이조 사장에게 다시 한번 감사의 말씀을 드리고 싶다. "과감하게 쓰십시오. 그래야 좋은 작품이 나옵니다."라는 처음 말씀대로 이렇게 두꺼운 개설서를 낼 수 있었던 것은, 현재의 출판사정을 생각할 때 특별히 고마운 일이다. 편집부의 고노 나호河野菜穗 씨는 매우 귀찮은 작업을 참으로 정성스럽게 해주었다. 고노 씨의 열의와 기량에 깊은 감사의 뜻을 표하고 싶다. 아무쪼록 이 책이 양질의 저작으로 사회에서 높이 평가되어 널리 읽힘으로써 보답할 수 있기를 바란다.

2004년 8월 30일

편저자를 대표하여 야마우치 스스무山內 進

용어
해설

1. 로마의 가부장권(patria potestas)

로마에서 한 家의 가부장이 구성원들 즉 친자와 양자filius familias, 수권手權 설정 conventio in manum과 함께 혼인이 체결된 된 경우 처妻, 자신의 처와 동일한 조건 하에서 그의 권력 하에 있는 아들의 처에 대하여 갖는 권력.

2. 게르만의 가부장권(Munt/Mund)

손手 즉 보호를 의미한다. 고대 및 중세 게르만 족의 가부장/家主Muntherr가 가의 구성원Muntling에 대하여 갖는 권력을 가리킨다. 물론 가부장의 의무에는 보호의무, 책임인수, 법정 대리도 있다. 딸의 혼인의 체결에도 관여하며 징계 및 살해마저 가능하다.

3. 보호자(保護者, patronus)과 피호민(被護民, clientes)

고대 로마에서 보호관계保護關係(clientela)의 두 당사자이다. 보호자는 대체로 재력과 영향력을 가지며 재판정에서 변호를 하거나 생활필수품 제공 등으로 피호민을 보호하고, 피호민은 선거운동과 민회에서의 투표 등 다양한 사항에서 보호자에 조력한다. 노예가 해방되면 자동적으로 전 주인의 피호민이 된다.

4. 집페(Sippe)

고대 게르만 족 인적 단체의 단위이다. 공통의 조상으로부터 유래한다고 하는 구성원들의 단체 의식에 기반을 둔다. 그러므로 넓은 의미의 가족이라 할 수 있다. 같은 집페에 속한다는 의식은 개인보다는 전체의 이익을 중시하는 특성을 가졌다. 그리하여 집페의 한 구성원이 살해되면 다른 구성원에게는 보복해야 할 의무가 부과되었다.

5. 페데(Fehde)와 평화령(Friede)

자신의 권리 또는 자기 집페의 권리를 사적으로 관철시킬 수 있는 수단이다. 왕들은 폭력 행사를 자신에 집중시키고 보편적으로 인정되던 페데의 관행을 금압하려 부단히 시도하였다. 중세 후기가 되자 왕들뿐만 아니라 지방제후나 도시들도 법률 등으로 페데를 금하였다. 그 수단 중 하나가 평화령이었다. 1495년 보름스 제국의회는 결국 페데를 일반적으로 금하는 '영구란트평화령Ewige Landfriede'을 선포하였다. 물론 역사적으로는 페데의 관행이 16세기까지 지속되었다.

6. 아흐트(Acht 평화상실)

일반적으로 정치적 또는 종교적 권위기관에 의하여 내려진 금제禁制 명령이다. 명령의 내용은 개인 또는 집단을 명령 위반자로 형벌의 부과와 함께 확정하는 것이다. 중세에는 관습법이나 봉건법이 규범으로서 우세하여 재판제도의 실행을 무력화하는 경우가 다반사였다. 중세의 평화상실 제도는 이러한 장애들을 극복하기 위한 것이며, 왕이나 황제의 권위에 기반을 두어 그 위반자를 실제로 처리할 수 있었다.

7. 학설휘찬(學說彙纂, Digesta) 또는 회전(會典, Pandectae)

유스티니아누스 입법의 일부. 530년 12월 15일 "Deo Auctore" 칙령으로 예고되고, "Tanta"(라틴어)와 "Dedoken"(희랍어) 두 칙령과 함께 533년 12월 16일 공포되고 2주 후에 발효하였다. 고전시대 법학 문헌들을 발췌하여 편집된 9,000개 이상의 원문들이 50권에 편성되어 있다. 트리보니아누스를 위원장으로 하는 편찬위원회는 콘스탄티노폴리스와 베뤼토스의 법학교수들, 고위 관리들, 저명한 변호사들로 구성되었다.

8. 백(伯: Graf, comte)

중세의 귀족 칭호이다. 백령Grafschaft을 통치하였다. 신성로마제국에는 지방백, 변경백, 궁정백 등의 다양한 제후로서의 백(소위 제국백Reichsgrafen)이 존재한바 일반적 백보다 고위에 있었다. 다른 상위의 고권으로 대체되기까지 백은 자신의 각 지역에서 특권을 계속 유지할 수 있었다.

9. 훈데르트샤프트(Hundertschaft, 백인관구百人管區)

약 100인의 구성원을 갖는 군사적 단위는 로마에 이미 백인대centuria라는 이름으로 존재하였다. 게르만족의 경우에도 초기부터 자유민 집단이 약 100명으로 구성되기 시작하였다. 물론 군사적 기능 외에 행정적 기능도 가졌다. 중세 중기 프랑크 왕국에 이미 'centena'가 존재하였음을 알 수 있다.

10. 라킨부르기(rachinburgi)

메로빙 및 카롤링 왕조에서 자유민으로 가우伯Gaugraf의 재판에서 판결발견과 관련하여 보조자의 역할을 하는 자이다. 공동체의 모든 자유민이 자격이 있다. 3에서 7명이 참석하였다. 심판직을 직접 수행하는 자에서부터 배심원의 역할에 국한된 자까지 존재하였다. 아마도 확정된 제도라기보다 그때그때 백이 필요에 따라 인원수를 포함하여 결정한 것으로 보인다. 후에 샤를마뉴 대제에 의하여 전문 배심원인 'scabini'로 대체된다.

11. 살리카 법전(Lex Salica)

살리 프랑크 족의 법전이다. 486년 프랑크 왕국의 창건 후에 클로비스(클로드비히)의 명으로 제정된 것으로 추정된다. 우선 형법의 규정은 손해에 대한 제재를 그 손해의 경중에 따른 확정 벌금액을 단계적으로 규정해 놓은 것이 특징적이다. 민법에서는 개인이 갖는 가의 구성원으로서의 지위가 강조되었다. 그밖에, 이 법전의 '여성은 상속에서 배제된다'는 원칙(특히 프랑스에서 "loi salique"로 알려짐)은 개인 간의 사법보다는 중세 이후 정치사에 큰 영향을 주었다.

12. 판고집(判告集) = 바이스튀머(Weistümer)

판고判告는 공동체와 관련된 지배층과 피지배층 상호 간에 확인된 법정法廷 구성상의 권리와 의무의 구전 모음이다(Karl-Heinz Spieß). 그리하여 판고는 지역 법원法源의 일종이다. 야콥 그림의 판고집 편찬으로 초기 연구가 탄력을 받았다. 각각의 재판소에 대한 정보들은 그 지역의 법통일을 위하여 긴요한 수단으로 인정되어 채록되고 공문서에 편입되었다.

13. 헤르쉴트(Heerschild)

무장능력 있는 자유민을 전쟁에 참가하도록 명령Heerbann할 수 있는 권한이다. 그러한 권리를 갖는 자들의 위계는 헤르쉴트오르트눙Heerschildordnung이다. 아이케 폰 레프고우 Eike von Repgow은 자신의 저작 '작센슈피겔Sachsenspiegel'에서 헤르쉴트를 일종의 사회계층으로 보았다.

14. 신판(神判)

신판은 '신의 심판'이라는 의미이며 중세 내내 유럽에서 실행되었던 재판의 일종이다. 일정한 의식에 의하여 피심판자가 죄가 있는지 아니면 무고한지를 신의 의지를 규명함으로써 밝힌다. 12세기에 접어들면서 로마법이 적용되기 시작하자 신판은 고문拷問으로 대체되었다. 불이나 물과 같은 인간의 생존을 어렵게 하는 조건에도 불구하고 피심판자가 생존하는 경우, 심판자는 신의 의지는 그가 결백하므로 처벌되지 않아야 한다는 것이라고 해석하였다.

15. 주석학파(glossatores)와 주해학파(commentatores)

두 학파 모두 12세기 후반 유럽에서 새로이 발견된 로마법대전Corpus Iuris Civilis의 본문

해석을 위한 시도이다. 주석학파의 시작은 특히 이탈리아의 볼로냐이다. 우선 그들은 낯선 고대 로마 법문헌의 난외 또는 행간에 주석glosse을 붙이기 시작하였는바, 개별 용어들과 그것들을 포함하는 개소들의 의미 파악에 주력하였다. 주석학파의 종합이 아쿠르시우스의 『표준주석Glossa ordinaria』이다. 그 다음 13세기 말에서 15세기까지 활약한 법학자들 내지 법학운동의 한 조류가 주해학파이다. 주석학파의 기여를 바탕으로 고대 로마의 법학설을 당시의 법실무와 결합하려 하였기에 자문가들consiliatores이라고도 불리는데, 그들이 주로 종사하였던 법률자문 업무에 기인한다. 후기주석학파라고도 불린다. 주석학파와 주해학파를 통틀어 '이탈리아 학풍(방식)mos italicus'으로 부르기도 한다.

16. 모순하는 카논의 조화(Concordia discordantium canonum) = 그라티아누스 교령집(Gratiani decretum)
1150년경에 그라티아누스라는 한 수도승이 편찬한 교령의 집록이다. 교회법 연구에 본질적인 중요성을 갖지만 교회의 공식 문헌으로 인정받은 적은 없다. 크게 세 부분으로 구성되었는바, 제1부는 사역事役(ministeria)에 관한 것으로 서품 받은 자들의 기능을 기술한다. 제2부는 교회의 치리와 신도들의 혼인 즉 negotia을 다룬다. 마지막으로 제3부는 성사sacramenta를 다룬다.

17. 교령집 학파(Decretist)와 교황교령집 학파(Decretalist)
교회법 연구 흐름 중 두 라이벌이 존재하였다. 교령집 학파는 그라티아누스 교령집에 주석glossa을 달고 정리summa하는 것을 주된 작업으로 하는 자들을 가리킨다. 그라티아누스의 제자 파우카팔레아Paucapalea가 이미 초기 교령집 학파이다. 그밖에도 이탈리아에서는 루피누스Rufinus, 후고치오Huguccio, 프랑스에서는 투르네의 에티엔Étienne de Tournai 등이 이 학파에 속한다. 반면, 교황교령집 학파는 주요 문제에 대하여 결정을 내린 교황의 교서 즉 교황교령litterae decretales/epistolae decretales을 중시하여 편찬하고 연구하였다. 대표자로는 엔리코 다 수사Enrico da Susa와 베르나르도 발비Bernardo Balbi를 들 수 있다.

18. 프랑스 학풍(mos gallicus = 인문주의법학)과 화란의 전아(典雅)법학

프랑스 학풍이란 근대 초기에 프랑스의 연구자들이 로마법대전Corpus Iuris Civilis과 교회법대전Corpus Iuris Canonici의 본문 연구에서 보인 특유한 태도이다. 초기 근대에 프랑스의 연구자들이 로마법Corpus Iuris Civilis과 교회법Corpus Iuris Canonici 문헌의 본문 연구에서 보인 특유한 태도이다. 특히 고대의 문헌에 대한 문헌학적 연구를 심도 있게 진행한 프랑스 인문학의 큰 영향을 받았다. 화란의 전아典雅법학elegante Jurisprudenz도 프랑스 학풍과 인문학적 문헌비평 방법을 공유한다. 그 대표자로는 초기에 프랑스의 뷔데Guillaume Budé와 알키아투스Andreas Alciatus, 독일의 짜지우스Ulrich Zasius가 있고, 그 후 퀴자Jacques Cujas나 도넬루스Donellus, 고도프레두스 父子Dionysius Gothofredus, Iacobus Gothofredus에서 완숙의 단계를 거쳤다. 화란의 전아법학자로는 노트Gerhard Noodt, 빈니우스Arnold Vinnius 푸트Johannes Voet 등이 있다.

19. 고등법원(빠를르망 parlement)

프랑스 중세의 혁명 전 재판기관이다. '논의한다', '토론한다'는 의미의 'parler' 동사에서 유래하는 용어이다. 13세기 후반부터 특히 왕의 법정curia regis가 빠를르망으로 불렸다. 1300년경에 왕을 대리하여 재판업무를 수행하던 Baillis나 Seneschalle의 판결에 대한 항소법원이 파리에 설치되었는바, 상설의 최고법원으로서의 빠를르망으로 발전되었다. 이 재판소는 프랑스 혁명과 함께 근대화되기 시작하였다.

20. 제실법원(帝室法院, Reichskammergericht)

독일 왕 내지 황제 막시밀리안 1세에 의하여 보름스 제국의회의 요청으로 1495년 창설되었다. 궁내법원과 함께 신성로마제국의 최고 법원을 구성하였다. 정치적으로는, 합스부르크 왕가의 세력을 감축시키려는 의도가 있었다. 제도적으로는, 사법의 중립성을 확보하고 페데에 의한 사적 전쟁 등을 제거하기 위함이다. 재판관의 절반 이상이 로마법에 정통한 전문 재판관으로 구성되도록 규정된 것이 큰 특징이다.

21. 베스트팔렌조약(Der Westfälische Friede/Westfälische Friedensschluss)
뮌스터와 오스나브뤼크에서 1648년 5월 15일부터 10월 24일까지 체결된 일련의 평화조약이다. 뮌스터에서는 황제와 프랑스 간에, 오스나브뤼크에서는 황제 및 제국과 스웨덴 간에 평화조약이 협상되었다. 결국 두 조약은 뮌스터에서 10월 24일 황제 페르디난트 3세, 프랑스의 루이 14세, 스웨덴의 크리스티나 여왕에 의하여 서명되었다. 이 조약의 결과 독일에서는 30년 전쟁이, 화란에서는 독립전쟁이 종식되었다.

22. 제국궁내법원(帝國宮內法院, Reichshofrat)
제국궁내법원은 제실법원과 함께 신성로마제국의 법원체계의 두 축을 이룬다. 두 최고법원은 황제로부터 재판권을 부여받는다. 제국궁내법원의 재판관도 Reichshofrat라고 불린다. 제국궁내법원은 제국레엔, 황제의 특권과 유보권 등을 관할로 다룬다. 또 제국 직속귀족과 제국도시에 관해서는 이 두 최고재판소에 전속관할권이 있다. 낮은 계층은 원래 재판소의 판결이 부당하다는 이유로 예외적으로 최고재판소에 제소할 수 있었다.

23. '각 지역(의 통치자)에 따라 종교가 결정된다(cuius regio, eius religio)'는 원칙
1612년 그라이프스발트Greifswald 대학의 교수 요아힘 슈테파니Joachim Stephani가 만들어 낸 표현으로서, 한 지역의 통지치자는 주민의 종교문제에 대하여 선제적으로 결정할 수 있는 권한 갖음을 의미한다. 아우크스부르크의 종교협약의 결정 내용이기도 하다. 이 원칙은 1648년 베스트팔렌 협정에 따른 세속화 원칙에 의하여 대체되었다.

24. 풍문소송(Leumundsverfahren)
풍문으로 번역된 'Leumund'라는 용어는 중세 고지독일어로 loimunt, liumunt, liumde, liumt 등으로 불렸는데, 모두 평판이나 소문, 특히 나쁜 평판이라는 의미를 갖는다. 후기중세의 절차법에서, 평판이 나쁜 사람들에게 정화淨化선서의 가능성이나 선서보조인의 보조를 금하였다. 원고의 선서만으로 나쁜 평판의 피고는 그대로 유죄가 되어 처벌되었다. 나쁜 평판을 갖지 않음을 관의 증명으로 입증하는 자는 자신을 정화할 가능성

도 물론 있었다.

25. 프로이센 일반란트법(Das Allgemeine Landrecht für die Preußischen Staaten(ALR))

프리드리히 대왕과 프리드리히 빌헬름 2세 치하의 프로이센에서 제정한 자연법 법전편찬 시기의 가장 대표적인 법전이다. 1794년에 공포되었다. 프로이센 일반란트법은 자연법법전 중에서도 민사법, 형사법, 행정법을 아우르는 유일한 법률로 인정되며 상세한 조문들이 특징적이다.

26. 『마녀의 망치 maleus maleficarum』

도미니쿠스 수도회 수사 한인리히 크라머(라틴어 이름 Henricus Institoris)와 슈프렝거Sprenger가 1487년에 이교도, 특히 마녀에 대한 탄압을 목적으로 저술한 작품이다. 라틴어로 저술되었다. 이 저작은 마녀의 절멸을 위하여 상세한 법적 절차와 필요한 신학적 근거들을 제시하고 있다. 15세기 말의 문헌들의 총 결산이지만 교회의 악마론과 상충한다는 비판도 받았다.

27. 계수(Rezeption)

한 법공동체의 법규정이 다른 법공동체로 전해져 받아들여지는 현상. 유럽의 경우 중세와 근대의 교체기에 주석학파와 주해학파에 의한 로마법의 계수, 교회법의 계수, 롬바르디아의 봉건서Libri feudorum의 계수 등이 가장 중요하였다. 이 계수들은 법원 관행의 점진적인 변화를 초래하였는데, 신성로마제국의 1495년 제실법원Reichskammergericht 설치에 의하여 마침내 '보통법으로서 로마법이 적용된다'는 원칙에 이르게 되었다.

28. 보통법(유스 콤무네ius commune)

로마법과 교회법의 혼합체가 중세로부터 전수되어 보통법으로서 근대 초기부터 유럽 전체에서 교수되었다. 주석학파와 주해학파에 의하여 계수되고 가공된 로마법이 특히 절차법에서 강세이던 교회법과 더불어, 근대화되던 대륙 민법인 보통법의 토대를 이룬 것이다. 18세기부터 성취된 법전편찬에 의하여 점차 로마법이 실정법이던 보통법 시기가 종언을 고한다.

29. 로마법의 현대적 관용(usus modernus pandectarum)

로마법을 당시 실무의 수요에 공할 수 있도록 법원 관행을 대폭 수용하여 근대적으로 변용한 형태의 법. 그러한 이유로 고대의 로마법과 차이를 보이는 부분이 많다. 특히 독일의 경우 17-18세기에 널리 수용된 태도이며, 이탈리아, 프랑스의 로마법 계수를 승계한 독일 특유의 로마법 계수 형태라 할 수 있다. 이 형태에서 법의 학문화가 크게 진척되었고 로마법은 보충적 규범으로서 보통법의 일부로 편입되었다.

30. 판덱텐법학(Pandektenwissenschaft/Pandektistik)

사비니Carl Friedrich von Savigny로 대표되는 역사법학의 한 후속 흐름으로서, 사비니의 유일한 진정한 후계자로 자칭하는 푸흐타Puchta에 의하여 주창된 흐름이다. '판덱텐'이란 유스티니아누스 황제의 '로마법대전Corpus iuris civilis'의 별칭인데, 판덱텐학자들이 주로 로마법대전 본문들을 비판적으로 연구하였기 때문에 붙여진 이름이다. 대표적 학자로 베커Ernst Immanuel Bekker, 빈트샤이트Bernhard Windscheid를 들 수 있는데, 특히 후자는 판덱텐법학의 성과를 자신의 교과서에서 총정리한 것으로 인정된다.

> 참고
> 문헌

 1. 원저의 각 장 말미에 장별 참고문헌이 제시되어 있으나, 번역본에서는 모두 뒤쪽으로 옮겼다. 원저의 장별 참고문헌에는 주요 문헌의 가치와 특징을 간략히 기술한 내용이 있는데, 일본인 학습자를 위한 내용임을 고려하여 번역본에서는 생략하였다.

 2. 본문에는 저작을 인용할 때는 참조문헌의 표제만 표시하였다. 즉, 본문에서 괄호 속에 '메이틀랜드, 『잉글랜드헌법사』'라 한 것은 참고문헌 중 'F.W. メイトランド(메이틀랜드)/小山貞夫(고야마 마사오) 訳, 『イングランド憲法史(잉글랜드 헌법사)』, 創文社, 1981'에서 인용한 것임을 나타낸다.

 3. 번역본에서는 한국인 독자의 편의를 감안하여 서양어 참고문헌의 경우 서양어 저자명, 제목, 출판년도를 찾아 적고, 우리말 번역이 있으면 이를 표기하였다. 또한, 원저의 참고문헌 외에 역자들이 번역을 위해 참고한 문헌(서양어 문헌)이 있으면 장별 참고문헌 끝에 기재하였다.

프롤로그―유럽법의 시간과 공간―

石部雅亮·笹倉秀夫, 『法の歷史と思想―法文化の根柢にあるもの』, 放送大学教育振興会, 1995.
上山安敏, 『法社会史』, みすず書房, 1966.
河上倫逸, 『法の文化社会史: ヨーロッパ学識法の形成からドイツ歷史法学の成立まで』, ミネルヴァ書房, 1989.
真田芳憲, 『イスラーム法と国家とムスリムの責任』, 中央大学出版局, 1992.
林征一·岩谷十郎編, 『正義の女神』, 慶應義塾大学出版会, 1997.
村上淳一, 『<法>の歷史』, 東京大学出版会, 1997.

山内進, 『決鬪裁判』, 講談社現代新書, 2000.

N. エリアス/吉田正勝・波田節夫他訳, 『文明化の過程』 上・下, 法政大学出版会, 1997, 1998
 (Norbert Elias, *Über den prozeß der Zivilisation*, Bd. 1, 2, 1939/노르베르트 엘리아스 저, 박미애 역, 『문명화 과정 1, 2』, 한길사, 1996, 1999).

A. グレーヴィチ/川端香男里・栗原成郎訳, 『中世文化のカテゴリー』, 岩波書店, 1992
 (Aron Gurevich, *Категории средневековой культуры*, 1972).

J. フランク/古賀正義訳, 『裁かれる裁判所』 上・下, 弘文堂, 1960
 (Jerome Frank, *Courts on trial; myth and reality in American justice*, 1949).

F.W. メイトランド/小山貞夫訳, 『イングランド憲法史』, 創文社, 1981
 (F.W. Maitland, *The Constitutional History of England: A Course of Lecturesdeliverd*, 1908).

Harold J. Bermann, *Law and Revolution: The Formation of the Western Legal Tradition*, Cambridge (Massachusetts), 1983.

Arisune Katsuta, A Grey Legal Culture, Sean Coyle (ed.), *Studies in Legal Systems: Mixed and Mixing*, London, 1996.

Ⅰ. 유럽 고대의 법과 사회

世良晃志郎, 「ゲルマン法の概念について」, 『歴史学方法論の諸問題』(第2版), 木鐸社, 1975.

제1장 로마 시민법의 세계

柴田光蔵, 『ローマ法概説』, 玄文社, 1978.
柴田光蔵, 『ローマ法フォーラム —比較法文化の場として』, 玄文社, 1988.
柴田光蔵, 『ローマ共和政初期立法史論』, 敬文堂, 2002.
船田享二, 『ローマ法』 第1巻, 岩波書店, 1968.
町田実秀, 『ローマ法史概説』 Ⅰ・Ⅱ, 有信堂, 1968・69.
佐藤篤士訳, 『ガーイウス 法學提要』, 敬文堂, 2002.
佐藤篤士訳, 『改訂 Lex XII Tabularum—12表法原文・邦訳および解説』, 早稲田大学比較法研究所, 1993.
船田享二訳, 『ガイウス 法學提要 新版』, 有斐閣, 1967.
E. ギボン/朱牟田夏雄・中野好之訳, 『ローマ帝国衰亡史』 第6巻, ちくま学芸文庫, 1996, 제44장.
 (Edward Gibbon, *The history of the decline and fall of the Roman empire*, 1776-1789/ 송은주, 김지현 등 역, 『로마제국쇠망사』 1-6, 민음사, 2008-2010).

F. 쉬르츠/眞田芳憲·森光訳,『ローマ法の原理』, 中央大学出版部, 2003
    (Fritz Schulz, *Prinzipien des Römischen Rechts*, 1934).
P. 스타인/屋敷二郎監訳/関良徳·藤本幸二訳,『ローマ法とヨーロッパ』, ミネルヴァ書房, 2003
    (Peter Stein, *Roman Law in European History*, 1st edition, 1999).
J. 브라이켄/村上淳一·石井紫郎訳,『ローマの共和政』, 山川出版社, 1984
    (Jochen Bleicken, *Geschichte der Römischen Republik*, 1999).
O. 베렌츠/河上正二訳,『歴史のなかの民法』, 日本評論社, 2001
    (Okko Behrends, *Skript zur Vorlesung Römische Rechtsgeschichte*, 1999/2000에 가필한 것).
E. 마이어/鈴木一州訳,『ローマ人の国家と国家思想』, 岩波書店, 1978
    (Ernst Meyer, *Römischer Staat und Staatsgedanke*, 1961).
I. 몬탄치리/藤沢道朗訳,『ローマの歴史』, 中公文庫, 1979
    (Indro Montanelli, *Historia de Roma*, 1957).

제2장 고전기 로마의 법조와 법학

佐藤信夫,『法律ラテン—練習で学ぶローマ法の基礎知識』, 国際語学社, 2003.
柴田光蔵,『ローマ法概説』, 玄文社, 1978.
柴田光蔵,『ローマ法フォーラム—現代·ローマ·ローマ法(2)』, 玄文社, 1991.
柴田光蔵,『法律ラテン語を学ぶ人のために』, 世界思想社, 2000.
林智良,『共和政末期ローマの法学者と社会』, 法律文化史, 1997.
船田享二,『ローマ法』第1卷, 岩波書店, 1968.
町田実秀,『ローマ法史概説』Ⅰ·Ⅱ, 有信堂, 1968-69.
弓削達,『ローマ帝国の国家と社会』, 岩波書店, 1964.
吉野悟,「引用法(426年)」,『久保正幡先生還暦記念 西洋法制史料選』Ⅰ 古代, 創文社, 1981.
佐藤篤士訳,『ガーイウス 法學提要』, 敬文堂, 2002.
船田享二訳,『ガイウス 法學提要 新版』, 有斐閣, 1967.
E. 기번/朱牟田夏雄·中野好之訳,『ローマ帝国衰亡史』第6卷, ちくま学芸文庫, 1996, 第44章
    (Edward Gibbon, *The history of the decline and fall of the Roman empire*, 1776-1789/
    송은주, 김지현 등 역,『로마제국쇠망사』1-6, 민음사, 2008-2010).
W. 시글/西村克彦訳,「ガイウス 法学のはじまり」,『西洋法家列伝』, 成文堂, 1974
    (William Seagle, *MEN OF LAW, FROM HAMMURABI TO HOLMES*, 1947).
P. 스타인/屋敷二郎監訳/関良徳·藤本幸二訳,『ローマ法とヨーロッパ』, ミネルヴァ書房, 2003
    (Peter Stein, *Roman Law in European History*, 1st edition, 1999).

O. ベーレンツ/河上正二訳, 『歴史のなかの民法』, 日本評論社, 2001
  (Okko Behrends, *Skript zur Vorlesung Römische Rechtsgeschichte*, 1999/2000에 가필한 것).
E. マイヤー/鈴木一州訳, 『ローマ人の国家と国家思想』, 岩波書店, 1978
  (Ernst Meyer, *Römischer Staat und Staatsgedanke*, 1961).

제3장 고대 게르만의 법과 사회

阿部謹也, 『阿部謹也著作集』 第2卷, 筑摩書房, 1999.
石川武, 『序說·中世初期の自由と国家』, 創文社, 1983.
久保正幡, 『西洋法制史研究』, 岩波書店, 1952.
久保正幡編著, 『中世の自由と国家』 全3卷, 創文社, 1963-69.
熊野聰, 『北欧初期社会の研究―ゲルマン的共同体と国家』, 未來社, 1986.
野崎直治, 『ドイツ中世農村史の研究』, 創文社, 1985.
伏島正義, 『スウェーデン中世社会の研究』, 刀水書房, 1998.
久保正幡訳, 『サリカ法典』, 創文社, 1977.
カエサル/國原吉之助訳, 『ガリア戰記』, 講談社学術文庫, 1994
  (율리우스 카이사르 저, 박석일 역, 『갈리아전기/내전기』, 동서문화사, 2016).
K. クレッシェル/石川武監訳, 『ゲルマン法の虛像と實像―ドイツ法史の新しい道』, 創文社, 1989.
G. ケブラー/田山輝明監訳, 『ドイツ法史』, 成文堂, 1999
  (Gerhard Köbler, *Deutsche Rechtsgeschichte*, 5.Aufl., 1996).
D. シュヴァーブ/鈴木禄弥訳, 『ドイツ家族法』, 創文社, 1986
  (Dieter Schwab, *Familenrecht*).
タキトゥス/泉井久之助訳, 『ゲルマーニア』(改訂版), 岩波文庫, 1979
  (타키투스 저/천병희 역, 『게르마니아』, 숲, 2012).
H. ダンネンバウアー/石川操訳, 『古ゲルマンの社会状態』, 創文社, 1969
  (Heinrich Dannenbauer, *Germanisches Altertum und deutsche Geschichtswissenschaft Antrittsvorlesg*, 1935).
O. ブルナー/石井紫郎·山田欣吾他訳, 『ヨーロッパーその歴史と精神』, 岩波書店, 1974
  (Otto Brunner, *Neue Wege der Verfassungs - und Sozialgeschichte*, 1968).
H. ミッタイス/世良晃志郎, 『ドイツ法制史概說』, 創文社, 1971
  (Heinrich Mitteis, *Deutsche Rechtsgeschichte*, 1949).
Heinrich Brunner, Abspaltungen der Friedlosigkeit, in: *ZRG(GA)* Bd. 11(1890).
Uwe Wesel, *Geschichte des Rechts*, München, 1997.

II. 유럽 중세의 법과 사회 —프랑크왕국 시대—

제4장 부족법전과 유스티니아누스 법전

船田享二,『ローマ法』第1卷, 岩波書店, 1968.
吉野悟,『ローマ法とその社会』, 近藤出版社, 1974.
吉野悟,「ローマ法学の成立」,『岩波講座 世界歴史』3, 岩波書店, 1970에 수록.
W. シーグル/西村克彦訳,『西洋法家列伝』, 成文堂, 1974
  (William Seagle, *MEN OF LAW, FROM HAMMURABI TO HOLMES*, 1947).
P.スタイン/屋敷二郎監訳/関良徳・藤本幸二訳,『ローマ法とヨーロッパ』, ミネルヴァ書房, 2003
  (Peter Stein, *Roman Law in European History*, 1st edition, 1999).
テオドシウス法典研究会訳,「テオドシウス法典」1-9,『専修法学論集』第59-61, 63卷,『立教法学』第43, 45, 50, 53卷, 1993-1999.
Jill Harries and Ian Wood (ed.), *The Theodosian Code*, New York, 1998.
Ernst Levy, *West Roman Vulgar Law, The Law of Property*, Philadelphia, 1951.

제5장 프랑크왕국의 법과 국제

五十嵐修,『地上の夢 キリスト教帝国』, 講談社, 2001.
佐藤彰一,『ポスト・ローマ期フランク史の研究』, 岩波書店, 2000.
トゥールのグレゴリウス/兼岩正夫・臺幸夫訳,『歴史十卷(フランク史)』I・II, 東海大学出版社, 1975・1977.
西川洋一,「トゥールのグレゴリウスにおける国王の刑事裁判権」, 西川洋一・新田一郎・水林彪編,
  『罪と罰の文化史』, 東京大学出版会, 1995.
森義信,『西欧中世軍制史論』, 原書房, 1988.
森義信,「政治支配と人的紐帯」, 佐藤彰一・早川良弥編,『西欧中世史』, ミネルヴァ書房, 1995에 수록.
森義信,「フランク国王の国家原理」,『岩波講座 世界歴史』7, 岩波書店, 1998에 수록.
山田欣吾,『教会から国家へ——古相のヨーロッパ』, 創文社, 1992.
久保正幡訳,『サリカ法典』, 創文社, 1977.
世良晃志郎訳,「レークス・サリカ」,『西洋法制史料選』II, 創文社, 1978.
世良晃志郎訳,『バイエルン部族法典』, 創文社, 1977.
C. ドーソン/野口啓祐・草深武・熊倉庸介訳,『ヨーロッパの形成』, 創文社, 1988
  (Christopher Dawson, *The Making of Europe: An Introduction to the History of European Unity*, 1932/크리스토퍼 도슨 저, 김석희 역,『유럽의 형성』, 한길사, 2011).

P. リシェ/岩村清太訳, 『カロリング期の生活世界』, 東洋館出版社, 1988
    (Pierre Riché, *La vie quotidienne dans l'Empire carolingien*, 1973).
Katharine Fischer Drew, *Laws of the Salian Franks*, Philadelphia, 1991.
Uwe Wesel, *Geschichte des Rechts*, Beck, 2001.

제6장 봉건사회 - '신분'의 성립과 전개 -

岩野英夫, 『成立期中世の自由と支配』, 敬文堂, 1985.
加藤哲実, 『市場の法文化』(法文化叢書 2), 国際書院, 2003.
世良晃志郎, 『封建制社会の法的構造』, 創文社, 1977.
林毅, 『ドイツ中世都市法の研究』, 創文社, 1972.
宮松浩憲, 『西欧ブルジュワジーの源流』, 九州大学出版会, 1993.
森義信, 『西欧中世軍制史論』, 原書房, 1988.
森本芳樹, 「所領における生産・流通・支配」, 佐藤彰一・早川良弥編, 『西欧中世史』 上, ミネルヴァ書房, 1995.
E. エネン/佐々木克巳訳, 『ヨーロッパの中世都市』, 岩波書店, 1987
    (Edith Ennen, *Die europäische Stadt des Mittelalters*, 1975).
F. L. ガンスホーフ/森岡敬一郎訳, 『封建制度』, 慶應通信, 1982
    (François Louis Ganshof, *Feudalism*, 1977).
H. K. シュルツェ/千葉徳夫訳, 『西欧中世史事典』, ミネルヴァ書房, 1997
    (Hans K Schulze, *Grundstrukturen der Verfassung im Mittelalters*, 1985).
A. ドプシュ/野崎直治・石川操・中村広訳, 『ヨーロッパ文化発展の経済的社会的基礎』, 創文社, 1980
    (Alfons Dopsch, *Wirtschaftliche und soziale Grundlagen der europäischen Kulturentwicklung*, 1923).
O. ヒンテェ/阿部謹也訳, 『封建制の本質と拡大』, 未來社, 1979
    (Otto Hintze, *Wesen und Verbreitung des Feudalismus*, in: Sitzungsberichte der Preußischen Akademie der Wissenschaften, 1929).
H. プラーニッツ/林毅訳, 『中世ドイツの自治都市』, 創文社歴史学叢書, 1983
    (Hans Planitz, *Die deutsche Stadt im Mittelalter von der Römerzeit bis zu den Zunftkämpfen.* 1954(5. Aufl. 1980)).
G. フルカン/神戸大学・西洋経済史研究室訳, 『封建制・領主制とは何か』, 晃洋書房, 1982
    (Guy Fourquin, *Lordship and feudalism in the Middle Ages*, 1976).
A. フルヒュルスト/森本芳樹他訳, 『中世都市の形成 ― 北西ヨーロッパ』, 岩波書店, 2001
    (Adriaan E. Verhulst, *The Rise of Cities in North-West Europe*, 1999).

O. 브루너/山田欣吾訳,「封建制―その概念の歴史について」, 石井紫郎・山田欣吾他訳,
『ヨーロッパ―その歴史と精神』, 岩波書店, 1974에 수록.
M. ブロック/新村猛・森岡敬一郎他訳,『封建社会』1·2, みすず書房, 1973
　　(Marc Bloch, La sociétée féodale, 1968/마르크 블로흐, 한정숙 옮김,『봉건사회』1·2, 한길사, 1986).
M. ブロック/堀米庸三監訳,『封建社会』, 岩波書店, 1995
　　(Marc Bloch, La sociétée féodale, 1968/마르크 블로흐, 한정숙 옮김,『봉건사회』1·2, 한길사, 1986).
W. レーゼナー/藤田幸一訳,『農民のヨーロッパ』, 平凡社, 1995
　　(Werner Rösener, Die Bauern in der europäischen Geschichte, 1993).

제7장 중세법의 이념과 현실

石川武,「中世法の規範構造」,『北大法学論集』49卷 3号, 1988.
石川武,「ザクセンシュピーゲル・解説」,『西洋法制史料選』II 中世, 創文社, 1978.
石川武,「ザクセンシュピーゲルにおけるレーン制について(1-3)」,『北大法学論集』50-4·5号, 1999, 2000.
林毅,『ドイツ中世都市と都市法』, 創文社, 1980.
村上淳一,「『良き古き法』と帝国国制」,『法学協会雑誌』90卷 10·11号, 91卷 2号, 1973, 1974.
山内進,「ヨーロッパ法史における所有と力」, 同編,『混沌のなかの所有』, 国際書院, 2000.
久保正幡・石川武・直江淳訳,『ザクセンシュピーゲル・ラント法』, 創文社, 1977.
W. エーベル/西川洋一訳,『ドイツ立法史』, 東京大学出版会, 1985
　　(Wilhelm Ebel, Geschichte der Gesetzgebung in Deutschland, 1958).
グランヴィル/松村勝二郎訳,『中世イングランド王国の法と慣習』, 明石書店, 1993
　　(Tractatus de legibus et consuetudinibus regni Anglie qui Glanvill vocatur).
K. クレッシェル/石川武監訳,『ゲルマン法の虚像と実像』, 創文社, 1989.
A. グレーヴィチ/川端香南里・栗原成郎訳,『中世文化のカテゴリー』, 岩波書店, 1992
　　(Aron Gurevich, Категории средневековой культуры, 1972).
F. ケルン/世良晃志郎訳,『中世の法と国制』, 創文社, 1968
　　(Fritz Kern, Recht und Verfassung im Mittelalter, 1952).
H. シュロッサー/大木雅夫訳,『近世私法史要論』, 有信堂高文社, 1993
　　(Hans Schlosser, Grundzüge der Neueren Privatrechtsgeschichte, 2005년에 10판이 출간됨).
K.W. ネル/村上淳一訳,『ヨーロッパ法史入門』, 東京大学出版会, 1999
　　(Knut Wolfgang Nörr, Geschichte des Rechtsschutzes in Europa).
G. フランツ/中村賢二郎他訳,『ドイツ農民戦争』, 未來社, 1989
　　(Günther Franz, Der deutsche Bauernkrieg, 1933).

R. バートレット/竜嵜喜助訳, 『中世の神判——火審・水審・決鬪』, 尚学社, 1993
    (Robert Bartlett, *Trial by fire and water : the medieval judicial ordeal*, 1986).
H. ミッタイス/世良晃志郎・廣中俊雄訳, 『ドイツ私法概説』, 創文社, 1951
    (Heinrich Mitteis, *Deutsches Privatrecht*, 1950).
Gerhard Köbler, *Lexikon der europäischen Rechtsgeschichte*, München, 1997.
Eberhard Schmidt, *Einführung in die Geschichte der deutschen Strafrechtspflege*, Göttingen, 1983.
Marcel Senn, *Rechtsgeschichte: ein Kulturhistorischer Grundriss*, Zürich, 1999.
Uwe Wesel, *Geschichte des Rechts*, Beck, 2001.

제8장 유럽법시스템으로의 전환

阿部謹也, 『西洋中世の罪と罰——亡霊の社会史』, 弘文堂, 1989.
井上琢也, 「生ける死体(Lebender Leichnam)とペルヒト(Percht)の思想史——ドイツ法史学あるいは民俗学の深層 1-4」, 『国学院法学』 29-3, 30-2, 1992-95.
加藤哲実, 『法の社会史——習俗と法の研究序説』, 三嶺書店, 1991.
久保正幡・石川武・直江淳訳, 『ザクセンシュピーゲル・ラント法』, 創文社, 1977.
土浪博, 「ドイツ中世におけるフェーデ・ラント平和令・国制」, 渡辺節夫編, 『ヨーロッパ中世の権力編成と展開』, 東京大学出版会, 2003.
堀米庸三, 『ヨーロッパ中世世界の構造』, 岩波書店, 1976.
堀米庸三・木村尚三郎編, 『西欧精神の探求——革新の十二世紀』 上・下, 日本放送出版協会, 2001.
山内進, 『掠奪の法觀念史』, 東京大学出版会, 1993.
B. テプファー/渡辺治夫訳, 『民衆と教会』, 創文社, 1975
    (Bernhard Töpfer, *Volk und Kirche zur Zeit der beginnenden Gottesfriedensbewegung in Frankreich*, 1957).
A. フリシュ/野口洋二訳, 『敍任権鬪爭』, 創文社, 1972
    (Augustin Fliche, *La querelle des investitures*, 1946).
J. ホイジンガ/堀越孝一訳, 『中世の秋』 上・下, 中公文庫, 1976
    (Johan Huizinga, *Herfsttij der Middeleeuwen*, 1919/요한 하위징아 저, 이종인 역, 『중세의 가을』, 연암서가, 2012).
Herold J. Berman, *Law and Revolution: The Formation of the Western Legal Traditions*, Cambridge (Massachusetts), 1983.
Peter Brown, *Society and the Holy in Late Antiquity*, London, 1982.
Heinrich Brunner, Die Klage mit dem toten Mann und die Klage mit der toten Hand, ders, *Abhandlungen zur Rechtsgeschichte*, Bd II, Weimar, 1931.

Otto Brunner, *Land und Herrschaft*, 5Aufl., Darmstadt, 1965.
Urlich Eisenhardt, *Deutsche Rechtsgeschite*, Muenchen, 1984.
Thomas Head and Richard Landes, *The Peace of God*, Ithaca, 1992.

제9장 볼로냐대학과 로마법의 르네상스

P. ヴィノグラードフ/矢田一男・小堀憲助・眞田芳憲訳, 『中世ヨーロッパにおけるローマ法』,
   中央大学出版部, 1967
   (Paul, Sir. Vinogradoff, *Roman law in medieval Europe*, 1909).
D. ウェーリー/森田鉄郎訳, 『イタリアの都市国家』, 平凡社, 1971
   (Daniel Philip Waley, *The Italian City-Republics*, 1969).
J. ヴェルジュ/大高順雄訳, 『中世の大学』, みすず書房, 1979
   (Jacques Verger, *Les universités au moyen age*, 1973).
E. エネン/佐々木克巳訳, 『ヨーロッパの中世都市』, 岩波書店, 1987
   (Edith Ennen, *Die europäische Stadt des Mittelalters*, 1975).
H. コーイング/上山安敏監訳, 『ヨーロッパ法文化の流れ』, ミネルヴァ書房, 1983
   (Helmut Coing, *Entwicklung der europäischen Rechtskultur*).
P. スタイン/屋敷二郎監訳/関良徳・藤本幸二訳, 『ローマ法とヨーロッパ』, ミネルヴァ書房, 2003
   (Peter Stein, *Roman Law in European History*, 1st edition, 1999).
K.W. ネル/村上淳一訳, 『ヨーロッパ法史入門』, 東京大学出版会, 1999
   (Knut Wolfgang Nörr, *Geschichte des Rechtsschutzes in Europa*).
C. H. ハスキンズ/野口洋二訳, 『12世紀ルネサンス』, 創文社, 1985
   (Charles Homer Haskins, *The Renaissance of the twelfth century*, 1927).
J. ルゴフ/柏木英彦・三上朝造訳, 『中世の知識人』, 岩波新書, 1977
   (Jacques Le Goff, *Les intellectuels au moyen âge*, 1957).
M. Bellomo, *The common Legal Past of Europe 1000-1800*, trans. L. G. Cochrane, Washington, D. C., 1995.
O. F. Robinson, T. D. Fergus, W.M. Gordon, *European Legal History*, 3rd ed., London, 2000.

제10장 중세 로마법학과 조례이론

佐々木有司, 「中世イタリアにおける普通法(ius commune)の研究－バルトールス・デ・サクソフェルラートを中心として」, 『法学協会雑誌』第84卷 第1号-第85卷 第8号, 1967-1968.

森征一,「中世イタリアの都市コムーネ条例制定権(ius statuendi)理論」,『法学研究』(慶應大学) 第49巻 第8-11号, 1976.

森征一,「バルトルス・デ・サクソフェルラート「条例衝突理論」概観-〈中世イタリア法学 Mos italicus〉研究序説」,『法学研究』(慶應大学) 第55巻 第3号, 1982.

森征一,「バルトルスの慣習法理論における「同意」(序説) - イタリア中世都市国家の立法主権との関連で」,『法学研究』(慶應大学) 第67巻 第11号, 1994.

森征一,「バルトルスの法学観-ヨーロッパ中世法学の理解のために」,『法学研究』(慶應大学) 第70巻 第3号, 1997.

P. ヴィノグラードフ/矢田一男・小堀憲助・眞田芳憲訳,『中世ヨーロッパにおけるローマ法』,中央大学出版部, 1967(Paul, Sir. Vinogradoff, *Roman law in medieval Europe*, 1909).

H. コーイング/上山安敏監訳,『ヨーロッパ法文化の流れ』, ミネルヴァ書房, 1983
　　(Helmut Coing, *Entwicklung der europäischen Rechtskultur*).

P. スタイン/屋敷二郎監訳/関良徳・藤本幸二訳,『ローマ法とヨーロッパ』, ミネルヴァ書房, 2003
　　(Peter Stein, *Roman Law in European History*, 1st edition, 1999).

K.W. ネル/村上淳一訳,『ヨーロッパ法史入門』, 東京大学出版会, 1999
　　(Knut Wolfgang Nörr, *Geschichte des Rechtsschutzes in Europa*).

M. Bellomo, *The common Legal Past of Europe 1000-1800*, trans. L. G. Cochrane, Washington, D. C., 1995.

O. F. Robinson, T. D. Fergus, W.M. Gordon, *European Legal History*, 3rd ed., London, 2000.

제11장 카논법-교황권과 법의 합리화-

市原靖夫,「中世の正戦論と『神の平和』」, 竹下賢・平野敏彦・角田猛之編,『トピック 法思想』, 法律文化社, 2000.

伊藤不二男,「イシドールスの『語源』の考察 1」,『国際法外交雑誌』第55巻 第5号.

伊藤不二男,「グラチィアヌス『教会法』の国際法学説史上の意義」,『法と政治の研究』(九州大学), 1947.

小川浩三, 「訴訟の形式に従い判決の形式も整えらるべし-『グレゴリウス九世教皇令集標準註釈』の弾劾手続きと糾問手続」, 西川洋一・新田一郎・水林彪編,『罪と罰の法文化史』, 東京大学出版会, 1995.

淵倫彦,「いわゆるグラーチィアヌスの正戦論について-Decretum Gratiani, Pars II; Causa XXIIIに関する若干の考察」,『比較法史研究』11, 2003.

ダンテ/野上素一訳,『新曲物語』, 教養文庫, 1968
　　(단테 알리기에리 저, 박상진 옮김,『신곡』상중하, 민음사, 2007).

モンテスキュー/野田良之・上田行雄他訳,『法の精神』上・中・下, 岩波文庫, 1989
　　(몽테스키외 저, 하재홍 역,『법의 정신』, 동서문화사, 2016).

J. ヨンパルト, 『教会法とは何だろうか』, 成文堂, 1997

    (José Llompart, *Quid est ius canonicum*).

H.J. Berman, *Law and Revolution*, Cambridge(Massachusetts), 1983.

Constant Van de Wiel, *History of Canon Law*, Louvain, 1991.

Ⅲ. 유럽 근세의 법과 사회 – 로마법의 계수 –

제12장 학식법조와 로마법 계수

上山安敏, 『法社会史』, みすず書房, 1966.
戒能通厚・角田猛之・平松紘, 『スコットランド法史』, 名古屋大学出版会, 1990.
勝田有恒, 「Rezeptionの素描 – ドイツ近世(私)法史研究の起点として」, 『法学研究』(一橋大学) 第4号, 1962.
勝田有恒, 「フリードリヒ・バルバロッサといわゆる『ローマ法の理論的継受』」, 『法学研究』(一橋大学)
    第6号, 1966.
小山貞夫, 『イングランド法の形成と近代的変容』, 創文社, 2002.
田中英夫, 『英米法総論』上・下, 東京大学出版会, 1980.
山口俊夫, 『概説フランス法』, 東京大学出版会, 1978.
F. ヴィーアッカー/鈴木祿弥訳, 『近世私法史 – 特にドイツにおける発展を顧慮して』, 創文社, 1961
    (Franz Wieacker, *Privatrechtsgeschichte der Neuzeit unter besonderer Berücksichtigung der deutschen Entwicklung*, 1952).
P. ヴィノグラードフ/矢田一男・小堀憲助・眞田芳憲訳, 『中世ヨーロッパにおけるローマ法』,
    中央大学出版部, 1967
    (Paul, Sir. Vinogradoff, *Roman law in medieval Europe*, 1909).
M. ヴェーバー/世良晃志郎訳, 『法社会学』, 創文社, 1974
    (Max Weber, *Wirtschaft und Gesellschaft*, 1922).
P. スタイン/屋敷二郎監訳/関良徳・藤本幸二訳, 『ローマ法とヨーロッパ』, ミネルヴァ書房, 2003
    (Peter Stein, *Roman Law in European History*, 1st edition, 1999).
K.W. ネル/村上淳一訳, 『ヨーロッパ法史入門』, 東京大学出版会, 1999
    (Knut Wolfgang Nörr, *Geschichte des Rechtsschutzes in Europa*).
F. W. メイトランド他/小山貞夫編訳, 『イングランド法とルネサンス』, 創文社, 1979
    (Frederic William Maitland, *English Law and the Renaissance*, 1901).
Paul Koshaker, *Europa und das römische Recht*, 3. Aufl., München, 1958.

O. F. Robinson, T. D. Fergus, W.M. Gordon, *European Legal History*, 3rd ed., London, 2000.

제13장 제실법원과 종파대립

上山安敏編著,『近代ヨーロッパ法社会史』, ミネルヴァ書房, 1987.
勝田有恒, 「帝室裁判所規則一四九五年」, 『西洋法制史料選』 III, 1979에 수록.
村上淳一, 「『良き旧き法』と帝国国制」, 『法学協会雑誌』 第90巻 第10・11号, 第91巻 第1号, 1973.
ヨーロッパ中世史研究会編, 『西洋中世史料集』, 東京大学出版会, 2000.
W. ゼラート/和田卓郎訳, 「帝国宮廷顧問会と帝国カンマ-裁判所—その意義と研究」, 『法学雑誌』(大阪市立大学) 第46巻 4号, 2000.
F. ハルトゥング著/成瀬治・坂井栄八郎訳, 『ドイツ国制史』, 岩波書店, 1980
　　　(Fritz Hartung, *Deutsche Verfassungsgeschichte vom 15. Jahrhundert bis zur Gegenwart*, 1922).
成瀬治・山田欣吾・木村靖二編, 『世界歴史大系 ドイツ史 1 先史-1648年』, 山川出版社, 1997.
G. フランツ/中村賢二郎他訳, 『ドイツ農民戦争』, 未來社, 1989
　　　(Günther Franz, *Der deutsche Bauernkrieg*, 1933).
Oswald v. Gschließer, *Der Reichshofrat*, Wien, 1942.
Dietrich Kratsch, "Der Vierklosterstreit, Ursachen und Forgen einer Justizkrise um 1600", in: *Vorträge zur Justizforschung*, Geschichte und Theorie Bd. 1 (Rehctsprechung, materialien und Studien, Bd. 4), Frankfurt/M, 1992.
Adolf Laufs, *Die Reichskammergerichtsordnung von 1555*, Köln, 1976.
Wolfgang Sellert, *Über die Zuständigkeitsabgrenzung von Reichshofrat und Reichtskammergericht*,
　　　(Untersuchungen zur deutschen Staats- und Rechtsgeschichte. NF. Bd. 4), Aalen, 1965.
Rudolf Smend, *Das Reichskammergericht*, Weimar, 1911.

제14장 규문소송과 마녀재판

足立昌勝, 『近代刑法の実像』, 白順社, 2000.
塙浩, 「カルル五世刑事裁判令(カロリナ)」, 『ドイツ・フランス刑事法史』, 信山社, 1992.
牟田和男, 『魔女裁判-魔女と民衆のドイツ史』, 弘文館, 2000.
若曽根健治, 『中世ドイツの刑事裁判』, 多賀出版, 1998.
N. ゴンティエ/勝田朋久・勝田なち子訳, 『中世都市と暴力』, 白水社, 1999
　　　(Nicole Gonthier, *Cris de haine et rites d'unité : la violence dans les villes, XIIIème - XVIème siècle*, 1992).

P. スタイン/屋敷二郎監訳/関良德・藤本幸二訳, 『ローマ法とヨーロッパ』, ミネルヴァ書房, 2003
    (Peter Stein, *Roman Law in European History*, 1st edition, 1999).
A. マッコール/鈴木利章・尾崎秀夫訳, 『中世の裏社会』, 人文書院, 1993
    (Andrew McCall, *The medieval underworld*, 1979).
H. ミッタイス, H. リーベリッヒ/世良晃志郎訳, 『ドイツ法制史概説』, 創文社, 1971
    (Heinrich Mitteis, Heinz Lieberich, *Deutsche Rechtsgeschichte*, 1969).
Fr. Chr. Schroeder (hg.), *Die Carolina-die peinliche Gerichtsordnung Kaiser Karls V. von 1532*, Darmstadt, 1986.
Ursula Westhoff, *Über die Grundlagen des Strafprozesses mit besonderer Berücksichtigung des Beweisrechts*, Berlin, 1955.

제15장 로마법의 상대화―인문주의법학과 콘링―

大木雅夫, 「フランス人文主義の夜明け」, 北村一郎編, 『現代ヨーロッパ法の展望』, 東京大学出版会, 1988에 수록.
勝田有恒, 「ウールリッヒ・ツァジウスの「人文主義的」法律学について」, 『人文科学研究』(一橋大学) 第15号.
勝田有恒, 「ドイツにおける中世的普通法理念の高揚と凋落」, 『法学研究』(一橋大学) 第9号.
田中実, 「人文主義法学のローマ法文解釈と市場原理」, 加藤哲実編, 『市場の法文化』, 国際書院, 2003.
飛世昭裕・瀧澤栄治・田中実・林智良, 「ドネッルス『ローマ法注解第13巻第6章-第9章』試訳 (1) (2) (3・完)」, 『帝塚山法学』5, 6, 7号, 2001, 2002, 2003.
西村隆誉志, 『ヨーロッパ近代法学形成史の研究 ― 16世紀フランス知識社会とドノーの法律学』, 敬文堂, 1998.
村上裕, 「ドイツ人文主義と固有法意識の萌芽 ― ウールリッヒ・フォン・フッテンの法律観 ―」, 『一橋論叢』第99巻 第1号, 1988.
山内進, 『新ストア主義の国家哲学 ― ユストゥス・リプシウスと初期近代ヨーロッパ』, 千倉書房, 1985.
山内進, 『十字軍の思想』, ちくま新書, 2003.
F. ヴィーアッカー/鈴木祿弥訳, 『近世私法史』, 創文社, 1961
    (Franz Wieacker, *Privatrechtsgeschichte der Neuzeit unter besonderer Berücksichtigung der deutschen Entwicklung*, 1952).
P.O. クリステラー/渡辺守道訳, 『ルネサンスの思想』, 東京大学出版会, 1977
    (Paul Oskar Kristeller, *Renaissance thought : the classic, scholastic, and humanist strains*, 1961).
M. シュトライス/佐々木有司・柳原正治訳, 『十七・十八世紀の国家思想家たち』, 木鐸社, 1995
    (Michael Stolleis, *Staatsdenker im 17. und 18. Jahrhundert. Reichspublizistik, Politik, Naturrecht*, 1987).

O. 프라케/榎木真吉訳, 『フッテン ― ドイツのフマニスト』, みすず書房, 1990
    (Otto Flake, *Ulrich von Hutten*, 1920).
Julian H. Franklin, *Jean Bodin and the sixteenth-century revolution in the methodology of law and history*, New York, 1963.
Donald R. Kelly, *Foundation of Modern Historical Scholarship: Language, Law, and History in the French Renaissance*, New York/London, 1970.
Conringii Opera, 6 Bde., Hg. v. J. W. Goebel, Braunschwieg, 1730.
Michael Stolleis (Hg), *Hermann Conring (1606-1681) Beiträge zu Leben und Werk*, Berlin, 1983.
Erik Wolf, *Große Rechtsdenker der deutschen Geistesgeschichte*, Tübingen, 1963.

제16장 신분제의회와 절대주의 국가

飯塚信雄, 『男の家政学 ― なぜ〈女の家政〉になったか』, 朝日新聞社, 1986.
阪口修平, 「社会的規律化と軍隊」, 二宮宏之編, 『シリーズ世界史への問い5 規範と統合』, 岩波書店, 1990에 수록.
佐々木毅, 『主権・抵抗権・寛容 ― ジャン・ボダンの国家哲学』, 岩波書店, 1973.
神寶秀夫, 「絶対主義時代の法形態と立法目的」, 石井三紀・寺田浩明・西川洋一・水林彪編, 『近代法の再定位』, 創文社, 2001에 수록.
辻泰一郎, 「帝国ポリツァイ条例(一五七七年)」, 『久保正幡先生還暦記念 西洋法制史料選』Ⅲ 近世・近代, 創文社, 1979에 수록. (인용할 때에는 번역문을 고쳤다)
成瀬治, 『絶対主義国家と身分制社会』, 山川出版社, 1988.
山内進, 『新ストア主義の国家哲学 ― ユストゥス・リプシウスと初期近代ヨーロッパ』, 千倉書房, 1985.
吉岡昭彦・成瀬治編, 『近代国家形成の諸問題』, 木鐸社, 1979.
G. 에스트라이히/阪口修平・千葉徳夫・山内進, 『近代国家の覚醒 ― 新ストア主義・身分制・ポリツァイ』, 創文社, 1993.

W. 에ー베ル/西川洋一訳, 『ドイツ立法史』, 東京大学出版会, 1985
    (Wilhelm Ebel, *Geschichte der Gesetzgebung in Deutschland*, 1958).
K. 크레쉘/村上淳一訳, 「司法事項とポリツァイ事項」, 石川武監訳, 『ゲルマン法の虚像と実像―ドイツ法史の新しい道』, 創文社, 1989.
M. 슈트라이스/佐々木有司・柳原正治訳, 『十七・十八世紀の国家思想家たち』, 木鐸社, 1995
    (Michael Stolleis, *Staatsdenker im 17. und 18. Jahrhundert. Reichspublizistik, Politik, Naturrecht*, 1987).
F. 하르퉁他/成瀬治他訳, 『伝統社会と近代国家』, 岩波書店, 1982.

O. ヒンツェ/成瀬治訳, 『身分制議会の起源と発展』, 創文社歴史学叢書, 1975
    (Otto Hintze, *Typologie der ständischen Verfassungen des Abendlandes*, 1930).
O. ブルンナー/石井紫郎他訳, 『ヨーロッパ―その歴史と精神』, 岩波書店, 1974
    (Otto Brunner, *Neue Wege der Verfassungs — und Sozialgeschichte*, 1968).

제17장 판덱텐의 현대적 관용

勝田有恒, 「コンリングにおけるゲルマニスティクの成立」, 河上倫逸編, 『ドイツ近代の意識と社会』,
    ミネルヴァ書房, 1987에 수록.
三成美保, 「大学の貴族化と法学部 ― ゲッティンゲン大学の創設をめぐって」, 前川和也編,
    『ステイタスと職業』, ミネルヴァ書房, 1997.
山内進, 「パンデクテンの現代的慣用(Usus modernus pandectarum)とネーデルラント後期人文主義の創
    始ユストゥス・リプシウス (1) (2)」, 『成城法学』第11, 12号.
吉野悟, 『近世私法史における時効』, 日本評論社, 1989.
F. ヴィーアッカー/鈴木祿弥訳, 『近世私法史-特にドイツにおける発展を顧慮して』, 創文社, 1961
    (Franz Wieacker, *Privatrechtsgeschichte der Neuzeit unter besonderer Berücksichtigung der
    deutschen Entwicklung*, 1952).
H. シュロッサー/大木雅夫訳, 『近世私法史要論』, 有信堂高文社, 1993
    (Hans Schlosser, *Grundzüge der Neueren Privatrechtsgeschichte*, 2005년에 10판이 출간됨).
P. スタイン/屋敷二郎監訳/関良德・藤本幸二訳, 『ローマ法とヨーロッパ』, ミネルヴァ書房, 2003
    (Peter Stein, *Roman Law in European History*, 1st edition, 1999).
タキトゥス/泉井久之助訳, 『ゲルマーニア』, 岩波文庫, 1979
    (타키투스 저/천병희 역, 『게르마니아』, 숲, 2012).
H. ミッタイス/世良晃志郎・廣中俊雄訳, 『ドイツ私法概説』, 創文社, 1951
    (Heinrich Mitteis, *Deutsches Privatrecht*, 1950).
Alexander Ignor, *Geschichte des Strafprozesses in Deutschland 1532-1846*, Paderborn, 2002.
Paul Koshaker, *Europa und das römische Recht*, 3. Aufl., München, 1958.
Klaus Luig: Samuel Stryk(1640-1710) und der "Usus modernus pandectarum", in : ders, Römisches
    Recht, Naturrecht, nationalses Recht, Goldbach 1998, S. 91-107.

제18장 자연법론의 진전

石部雅亮・笹倉秀夫, 『法の歴史と思想 ― 法文化の根底にあるもの』, 放送大学教育振興会, 1995.

大沼保昭編, 『戦争と平和の法 — フーゴー・グロティウスにおける戦争・平和・正義』(補正版), 東信社, 1995.

田中浩, 『ホッブズ研究序説 — 近代国家論の生誕』(改訂増補版), 御茶の水書房, 1994.

松隈淸, 『グロチュースとその時代 — 生誕400年を記念して』, 九州大学出版会, 1985.

松隈淸, 『国際法史の群像 — その人と思想を訪ねて』, 酒井書店, 1992, 第2-6章.

森村進, 『ロック所有論の再生』, 有斐閣, 1997.

柳原正治, 『グロティウス』, 淸水書院, 2000.

山内進, 『新ストア主義の国家哲学 — ユストゥス・リプシウスと初期近代ヨーロッパ』, 千倉書房, 1985.

山内進, 『掠奪の法觀念史 — 中・近世ヨーロッパの人・戦争・法』, 東京大学出版会, 1993.

和田小次郎, 『近代自然法学の発展』, 有斐閣, 1951.

佐々木有司(訳・解説), 「グロティウス「戦争と平和の法」(プロレゴーメナ) 邦訳」, 『日本法学』第51巻, 1985, 119-145, 309-335, 440-458頁.

T. アクィナス/稲垣良田訳, 『神学大全』 Ⅷ, 創文社, 1977

(토마스 아퀴나스 저, 정의채 역, 『신학대전』 1-16, 1989-2000).

F. ヴィーアッカー/鈴木祿弥訳, 『近世私法史 — 特にドイツにおける発展を顧慮して』, 創文社, 1961

(Franz Wieacker, *Privatrechtsgeschichte der Neuzeit unter besonderer Berücksichtigung der deutschen Entwicklung*, 1952).

G. エストライヒ/阪口修平・千葉德夫・山内進, 『近代国家の覚醒 — 新ストア主義・身分制・ポリツァイ』, 創文社, 1993.

H. グロティウス/一又正雄訳, 『戦争と平和の法』(復刻板), 酒井書店, 1989, 全3巻.

H. コーイング/河上倫逸訳, 「学問的対象としての自然法」, 上山安敏監訳, 『ヨーロッパ法文化の流れ』, ミネルヴァ書房, 1983.

P. スタイン/屋敷二郎監訳/関良德・藤本幸二訳, 『ローマ法とヨーロッパ』, ミネルヴァ書房, 2003

(Peter Stein, *Roman Law in European History*, 1st edition, 1999).

A. P. ダントレーヴ/久保正幡訳, 『自然法』, 岩波書店, 1952

(Alessandro Passerin d'Entrèves, *Natural law : an introduction to legal philosophy*, 1951).

H. ティーメ, 「自然法論の発展にとってスペインの後期スコラ学が有した意義」, 久保正幡監訳, 『ヨーロッパ法の歴史と理念』, 岩波書店, 1978.

R. ドラテ/西嶋法友訳, 『ルソーとその時代の政治学』, 九州大学出版部, 1986.

M. シュトライス/佐々木有司・柳原正治訳, 『十七・十八世紀の国家思想家たち — 帝国公(国) 法論・政治学・自然法論』, 木鐸社, 1995

(Michael Stolleis, *Staatsdenker im 17. und 18. Jahrhundert. Reichspublizistik, Politik, Naturrecht*, 1987).

제19장 계몽주의와 법전편찬

石井三紀, 『18世紀フランスの法と正義』, 名古屋大学出版会, 1999.
石井三紀·寺田浩明·西川洋一·水林彪編, 『近代法の再定位』, 創文社.
石部雅亮, 『啓蒙的絶対主義の法構造 — プロイセン一般ラント法の成立』, 有斐閣, 1969.
小室輝久, 「イングランド法と罪刑法定主義の淵源」, 『現代刑事法』 第3卷11号, 立花書房, 2001.
平野千果子, 『フランス植民地主義の歴史 — 奴隷制廃止から植民地帝国の崩壊まで』, 人文書房, 2002.
法制史学会編, 『法典編纂史の基本的諸問題·近代』(法制史研究 第14号 別冊), 創分社, 1964.
村上淳一, 『近代法の形成』, 岩波書店, 1979.
屋敷二郎, 『紀律と啓蒙 — フリードリヒ大王の啓蒙絶対主義』, ミネルヴァ書房, 1997.
J. アンベール/三井哲夫·菅野一彦訳, 『フランス法制史』, 白水社, 1974
    (Jean Imbert, *Histoire de droit privé*, 1961).
U. イム·ホーフ/成瀬治訳, 『啓蒙のヨーロッパ』, 平凡社, 1998.
F. ヴィーアッカー/鈴木祿弥訳, 『近世私法史 — 特にドイツにおける発展を顧慮して』, 創文社, 1961
    (Franz Wieacker, *Privatrechtsgeschichte der Neuzeit unter besonderer Berücksichtigung der deutschen Entwicklung*, 1952).
F. ヴェントゥーリ/加藤喜代志·水田洋訳, 『啓蒙のユートピアと改革』, みすず書房, 1981
    (Franco Venturi, *Utopia and reform in the enlightenment*, 1971).
I. カント/篠田英雄訳, 『啓蒙とは何か 他四編』, 岩波書店, 1974
    (임마누엘 칸트 저, 이한구 역, 『칸트의 역사철학』, 2009).
I. カント/加藤新平·三島淑臣訳, 「人倫の形而上学(法論)」, 野田又夫編, 『世界の名著 32 カント』, 中央公論社, 1972
    (임마누엘 칸트 저, 이충진·김수배 역, 『도덕형이상학』, 2018).
H. コーイング, 「法典編纂の理論」, 佐々木有司編訳, 『ヨーロッパ法史論』, 創文社, 1980.
M. シュトライス/佐々木有司·柳原正治訳, 『十七·十八世紀の国家思想家たち』, 木鐸社, 1995
    (Michael Stolleis, *Staatsdenker im 17. und 18. Jahrhundert. Reichspublizistik, Politik, Naturrecht*, 1987).
E. シュミット/山内進·屋敷二郎訳, 『ドイツ刑事司法史』第3部 第1編「啓蒙主義」, 『ユリスプルデンティア』 第4号, 1995
    (Eberhard Schmidt, *Die Entwicklung der praktischen Strafrechtspflege im frühneuzeitlichen Deutschland*).
P. スタイン/屋敷二郎監訳/関良德·藤本幸二訳, 『ローマ法とヨーロッパ』, ミネルヴァ書房, 2003
    (Peter Stein, *Roman Law in European History*, 1st edition, 1999).
M. フーコー/田村俶訳, 『監獄の誕生 — 監視と処罰』, 新潮社, 1977
    (Michel Foucault, *Surveiller et punir : naissance de la prison*, 1975/미셸 푸코 저, 오생근 역,

『감시와 처벌』, 나남, 2016).

O. ブルンナー/石井紫郎・石川武・小倉欣・成瀬治・平城照介・村上淳一・山田欣吾訳, 『ヨーロッパーその歴史と精神』, 岩波書店, 1974

    (Otto Brunner, *Neue Wege der Verfassungs — und Sozialgeschichte*, 1968).

Carl Gottlieb Svarez, *Unterricht für das Volk über die Gesetze 1793*, hrsg. v. Erik Wolf, Deutsches Rechtsdenken Heft 5, Frankfurt am Mein, 1948.

Rudolf Verhaus, *Was war Aufklärung?*, Göttingen, 1995.

IV. 유럽 근·현대의 법과 사회

碧海純一・伊藤正巳・村上淳一, 『法学史』, 東京大学出版会, 1976.

赤松秀岳, 『十九世紀ドイツ私法学の実像』, 成文堂, 1995.

赤松秀岳, 「歴史法学派から法典編纂へ」, 石部雅亮編, 『ドイツ民法典の編纂と法学』, 九州大学出版会, 1999에 수록.

赤松秀岳, 「サヴィニーとフランス民法典 — 実証化するサヴィニー研究」, 『民法学の課題と展望』(石田喜久先生古稀記念), 成文堂, 2000.

石部雅亮・笹倉秀夫, 『法の歴史と思想 — 法文化の根底にあるもの』, 放送大学教育振興会, 1995.

石部雅亮, 「いわゆる「法典論争」の再検討 —「サヴィニーと歴史法学」研究その一」, 『法学雑誌』(大阪市立大学) 第39卷 第3・4号, 1993.

岩村等・三成賢次・三成美保, 『法制史入門』, ナカニシヤ出版, 1996.

岡嵜修, 「法の自然史 — ヘンリー・メインの歴史法学」, 『思想』780号, 1989.

堅田剛, 『法の詩学 — グリムの世界』, 新曜社, 1985.

堅田剛, 『歴史法学研究』, 日本評論社, 1992.

河上倫逸, 「解説(サヴィニー)」, 『西洋法制史料選』 III, 創文社, 1979에 수록.

田中成明・竹下賢・深田三徳・亀本洋・平野仁彦, 『法思想史』 第2版, 有斐閣, 1988.

谷口幸男他, 『現代に生きるグリム』, 岩波書店, 1985.

耳野健二, 『サヴィニーの法思考 — ドイツ近代法学における体系の概念』, 未來社, 1998.

村上淳一編, 『法律家の歴史的素養』, 東京大学出版会, 2003.

F. ヴィーアッカー/鈴木禄弥訳, 『近世私法史』, 創文社, 1961

    (Franz Wieacker, *Privatrechtsgeschichte der Neuzeit unter besonderer Berücksichtigung der deutschen Entwicklung*, 1952).

P. G. ヴィノグラードフ/末延三次・伊藤正巳訳, 『法における常識』, 岩波文庫, 1972

    (Paul, Sir Vinogradoff, *Common sense in law*, 1914).

G. クラインハイヤー, J. シュレーダー編/小林孝輔監訳, 『ドイツ法学者事典』, 学陽書房, 1983
    (Jan Schröder, *Deutsche Juristen aus fünf Jahrhunderten : eine biographische Einführung in die Rechtswissenschaft*, 1976).
P. スタイン/今野勉他訳, 『法進化のメタヒストリー』, 文眞堂, 1989
    (Peter Gonville Stein, *Legal evolution : the story of an idea*, 1980)
N. バーロウ編/八杉龍一・江上生子訳, 『ダーウィン自伝』, 筑摩書房, 1972
    (Charles Darwin, *The autobiography of Charles Darwin 1809-1882*, 1958/찰스 로버트 다윈 저, 이한중 역, 『나의 삶은 서서히 진화해왔다- 찰스 다윈 자서전』, 갈라파고스, 2003).
P. J. ボウラー/横山輝雄訳, 『チャールズ・ダーウィン──生涯・学説・その影響』, 朝日選書, 1997
    (Peter J. Bowler, *Charles Darwin : the man and his influence*, 1996).

제21장 판덱텐법학과 사법실증주의

碧海純一・伊藤正巳・村上淳一, 『法学史』, 東京大学出版会, 1976.
赤松秀岳, 『十九世紀ドイツ私法学の実像』, 成文堂, 1995.
石部雅亮・笹倉秀夫, 『法の歴史と思想 ─ 法文化の根底にあるもの』, 放送大学教育振興会, 1995.
石部雅亮編, 『ドイツ民法典の編纂と法学』, 九州大学出版会, 1999.
岩村等・三成賢次・三成美保, 『法制史入門』, ナカニシヤ出版, 1996.
海老原明夫, 「マックス・ヴェーバーと普通法学の伝統 ─ ヴェーバーとエールリッヒ再論」, 比較法史研究所,
    『歴史のなかの普通法』, 未來社, 2001에 수록.
笹倉秀夫, 『近代ドイツの国家と法学』, 東京大学出版会, 1979.
田中成明・竹下賢・深田三德他著, 『法思想史』, 有斐閣, 1988.
西村重雄・児玉寬編, 『日本民法典と西欧法伝統』, 九州大学出版会, 2000.
西村稔, 「概念法学」, 「パンデクテン法学」, 『現代法律百科大辞典』, ぎょうせい, 2000.
服部高宏, 「法実証主義」, 『現代法律百科大辞典』, ぎょうせい, 2000.
原島重義, 『法的判断とは何か ─ 民法の基礎理論』, 創文社, 2002.
原島重義, 『近代私法学の形成と現代法理論』, 九州大学出版会, 1988.
村上淳一, 『「権利のための闘争」を読む』, 岩波書店, 1983.
村上淳一, 『〈法〉の歴史』, 東京大学出版会, 1997.
六本佳平, 『法社会学』, 有斐閣, 1986.
田村五郎訳, 『キルヒマン/ラードブルフ/カントロヴィチ 概念法学への挑戦』, 有信堂, 1958.
R. v. イェーリング/大塚滋・高須則行訳, 「法学者の概念天国にて ─ 白昼夢」上・中・下, 『東海法学』
    15-17号, 1995-1997.

R. v. イェーリング/原田慶吉監修訳, 『ローマ法の精神』, 有斐閣, 1950
    (Rudolf von Jhering, *Geist des römischen Rechts*, 1852–1865).

R. v. イェーリング/山口廸彦編訳, 『法における目的』, 信山社, 1997
    (Rudolf von Jhering, *Der Zweck im Recht*, 1877–1883).

F. ヴィーアッカー/鈴木禄弥訳, 『近世私法史 ― 特にドイツにおける発展を顧慮して』, 創文社, 1961
    (Franz Wieacker, *Privatrechtsgeschichte der Neuzeit unter besonderer Berücksichtigung der deutschen Entwicklung*, 1952).

E. エールリッヒ/河上倫逸・M. フーブリヒト訳, 『法社会学の基礎理論』, みすず書房, 1984
    (Eugen Ehrlich, *Grundlegung der Soziologie des Rechts*, 1913).

E. エールリッヒ/河上倫逸・M. フーブリヒト訳, 『法律的倫理』, みすず書房, 1987.

G. クラインハイヤー, J. シュレーダー編/小林孝輔監訳, 『ドイツ法学者事典』, 学陽書房, 1983
    (Jan Schröder, *Deutsche Juristen aus fünf Jahrhunderten : eine biographische Einführung in die Rechtswissenschaft*, 1976).

H. シュロッサー/大木雅夫訳, 『近世私法史要論』, 有信堂高文社, 1993
    (Hans Schlosser, *Grundzüge der Neueren Privatrechtsgeschichte*, 2005년에 10판이 출간됨).

K. ラーレンツ/米山隆訳, 『法学方法論』, 勁草書房, 1991
    (Karl Larenz, *Methodenlehre der Rechtswissenschaft*, 1983).

제22장 근대 공법학의 탄생

碧海純一・伊藤正巳・村上淳一, 『法学史』, 東京大学出版会, 1976.

石井三紀・寺田浩明・西川洋一・水林彪編, 『近代法の再定位』, 創文社, 2001.

石川敏行, 「ドイツ近代行政法学の誕生 (1)-(10) ― F. F. フォン・マイヤーと環境としてのヴュルテンベルク王国」, 『法学新報』 第89巻 5・6号-第93巻 11・12号, 1982-1987.

石川敏行, 「いわゆる『法学的方法』について ― ドイツ行政法学史から見た」, 『雄川一郎先生献呈論集・行政法の諸問題』 上, 1990.

上山安敏, 『憲法社会史』, 日本評論社, 1977.

兼子仁・磯部力・村上順, 『フランス行政法学史』, 岩波書店, 1990.

木村周市朗, 『ドイツ福祉国家思想史』, 未來社, 2000.

栗城壽夫, 『ドイツ初期立憲主義の研究』, 有斐閣, 1965.

塩野宏, 『オット・マイヤー行政法学の構造』, 有斐閣, 1962.

高田敏, 「法治国家概念と警察国家理念の形成 (1)-(3)」, 『阪大法学』 第70巻, 第141・142巻, 第164・165巻, 1969-92.

瀧正一博, 『ドイツ国家学と明治国制』, ミネルヴァ書房, 1999.

滝沢正, 『フランス行政法の理論 ― 国家賠償・地方制度』, 有斐閣, 1984.
滝沢正, 『フランス法』(第2版), 三省堂, 2002.
玉井克哉, 「法治国思想の歴史的構造 (1)-(5)」, 『国家学会雑誌』第103卷 第9・10号-第104卷 第7・8号, 1990-91.
藤田宙靖, 『公権力の行使と私的権利主義』, 有斐閣, 1978.
宮崎良夫, 『法治国理念と官僚制』, 東京大学出版会, 1986.
村上順, 『近代行政裁判制度の研究 ― フランス行政法んの形成時代 1789-1849』, 成文堂, 1985.
村上淳一, 『近代法の形成』, 岩波書店, 1979.
山内進編, 『混沌のなかの所有』(法文化叢書 1), 国際書院, 2000.
渡邊栄文, 『行政法のデジャ・ヴュ ― ボナン研究』, 九州大学出版会, 1995.
M. デュヴェルジェ/時本義昭訳, 『フランス憲法史』, みすず書房, 1995
    (Maurice Duverger, *Les constitutions de la France*, 1961).
J. ハーバーマス/細谷貞雄・山田正行訳, 『公共性の構造転換』(第2版), 未來社, 1994
    (Jürgen Habermas, *Strukturwandel der Öffentlichkeit : Untersuchungen zu einer Kategorie der bürgerlichen Gesellschaft*, 1990/위르겐 하버마스 저, 한승완 역, 『공론장의 구조변동－부르주아 사회의 한 범주에 관한 연구』, 나남, 2001).
M. リーデル/河上倫逸・常俊宗三郎編訳, 『市民社会の概念史』, 以文社, 1990
    (Manfred Riedel, *Begriffe und Geschichte*).
Grimm, Dieter: "Öffentliches Recht Ⅱ (seit 1750)", in: Adalbert Erler/Ekkehard Kaufmann (Hg.): *Handwörterbuch zur deutschen Rechtsgeschichte* [*HRG*], Bd. 3, Berlin 1984, Sp. 1198-1214.
Stolleis, Michael: "Öffentliches Recht Ⅰ (bis 1750)", in: HRG Bd. 3(1984), Sp. 1189-1198.
Stolleis, Michael: *Geschichte des öffentlichen Rechts in Deutschland*, Bd. 1-2, München, 1988-1992.

제23장 근대법시스템의 완성

碧海純一・伊藤正已・村上淳一, 『法学史』, 東京大学出版会, 1976.
石尾賢二, 「ドイツ民法典成立後における賃貸借法の展開 ― ギールケを中心として」, 『六甲台論集』, 1987/88, 107-122頁.
石部雅亮・笹倉秀夫, 『法の歴史と思想』, 放送大学教育振興会, 1995.
石部雅亮編, 『ドイツ民法典の編纂と法学』, 九州大学出版会, 1999.
岩村等・三成賢次・三成美保, 『法制史入門』, ナカニシヤ出版, 1996.
大塚仁, 『刑法概說總論』, 有斐閣, 1963.
笹倉秀夫, 『近代ドイツの国家と法学』, 東京大学出版会, 1979.
久保正幡先生還暦記念出版準備会編, 『西洋法制史料選 Ⅲ』, 創文社, 1979.

西川洋一・新田一郎・水林彪編, 『罪と罰の文化史』, 東京大学出版会, 1995.
西村稔, 『知の社会史』, 木鐸社, 1985.
村上淳一, 『ドイツの近代法学』, 東京大学出版会, 1964.
村上淳一, 『〈法〉の歴史』, 東京大学出版会, 1997.
屋敷二郎, 「法律家としてのイミリー・ケンピン＝シュピーリ」, 『一橋論叢』 第126卷 第1号, 2001.
F. ヴィーアッカー/鈴木祿弥訳, 『近世私法史 ― 特にドイツにおける発展を顧慮して』, 創文社, 1961
  (Franz Wieacker, *Privatrechtsgeschichte der Neuzeit unter besonderer Berücksichtigung der deutschen Entwicklung*, 1952).
O. v. ギールケ/石尾賢二訳, 『ドイツ私法概論』, 三一書房, 1990
  (Otto Friedrich von Gierke, *Grundzüge des deutschen Privatrechts*, 1895).
G. クラインハイヤー, J. シュレーダー編/小林孝輔監訳, 『ドイツ法学者事典』, 学陽書房, 1983
  (Jan Schröder, *Deutsche Juristen aus fünf Jahrhunderten : eine biographische Einführung in die Rechtswissenschaft*, 1976).
H. シュロッサー/大木雅夫訳, 『近世私法史要論』, 有信堂高文社, 1993
  (Hans Schlosser, *Grundzüge der Neueren Privatrechtsgeschichte*, 제10판, 2005).
A. メンガー/井上登訳, 『民法と無産者階級』, 弘文堂, 1928
  (Anton Menger, *Das Bürgerliche Recht und die besitzlosen Volksklassen*, 1890).
H. リューピング/川端博・曾根威彦訳, 『ドイツ刑法史綱要』, 成文堂, 1984
  (Hinrich Rüping, *Grundriß der Strafrechtsgeschichte*, 1981).

제24장 근대법시스템의 동요—바이마르에서 나치즘으로

吾妻光俊, 『ナチス民法学の精神』, 岩波書店, 1942.
石井三紀・寺田浩明・西川洋一・水林彪編, 『近代法の再定位』, 創文社, 2001.
岡田正則, 「ナチス法治国家と社会的法治国家 ― 戦後西ドイツ公法学への『連続性』問題の一考察」,
  『早稲田大学大学院法研論集』 第41-43, 45号, 1987-88.
川越修他編著, 『近代を生きる女たち ― 19世紀ドイツ社会史を読む』, 未來社, 1990.
京都大学憲法研究会編, 『世界各国の憲法典』(新訂増補版), 有信堂, 1965.
田山輝明, 『ドイツの土地住宅法制』, 成文堂, 1991.
ナチス研究班, 『ナチス法の思想と現実』(関西大学法学研究所研究叢書 第3冊), 関西大学法学研究所, 1989.
日本法哲学会編, 『(公私)の再構成』, 法哲学年報(2000), 2001.
広渡清吾, 「大インフレーションとライヒスゲリヒトの『クーデター』」, 『法学セミナー』 1973. 12.
広渡清吾, 『法律からの自由と逃避 ― ヴァイマル共和制下の私法学』, 日本評論社, 1986.
村上淳一, 『ドイツ市民法史』, 東京大学出版会, 1985.

若尾祐司,『近代ドイツの結婚と家族』, 名古屋大学出版会, 1996.
高田敏・初宿正典編訳,『ドイツ憲法集』(改訂版), 信山社, 2001.
J-L, アルペラン/野上博義訳,「ナポレオン法典の独自性」,『名城法学』第48巻 第4号.
P. ヴァイス/岩淵達治訳,『追究——アウシュヴィツの歌』, 白水社, 1966
  (Peter Weiss, *Die Ermittlung: Oratorium in 11 Gesängen*, 1965).
A. カウフマン/宮沢浩一他訳編,『現代法哲学の諸問題——法存在論的研究』(慶應義塾大学法学研究会叢書
  19), 慶應義塾大学法学研究会, 1968.
A. カウフマン/中義勝・山中敬一訳,『グスタフ・ラートブルフ』, 成文堂, 1992.
K. クレッシェル/石川武監訳,『ゲルマン法の虚像と実像——ドイツ法史の新しい道』, 創文社, 1989.
E. コルプ/柴田敬二訳,『ワイマル共和国史——研究の現状』, 刀水書房, 1987
  (Eberhard Kolb, *Die Weimarer Republik*, 1984).
C. シュミット/掘眞琴・青山道夫訳,『国家・議会・法律』, 白揚社, 1939
C. シュミット/長尾龍一他訳,『危機の政治理論』, ダイヤモンド社, 1973
  (Carl Schmitt, *Politisch Theologie*, 1922).
F. ノイマン/加藤栄一他訳,『ビヒモス——ナチズムの構造と実際』, みすず書房, 1963
  (Franz L. Neumann, *Behemoth : the structure and practice of national socialism, 1933-1944*, 1944).
U. フレーフェルト/若尾祐司・原田一美訳,『ドイツ女性の社会史』, 晃洋書房, 1990
  (Ute Frevert, *Frauen-Geschichte : zwischen bürgerlicher Verbesserung und neuer Weiblichkeit*,
  1986).
H. ヘラー/今井弘道編訳,『国家学の危機——議会制か独裁か』, 風行社, 1991
  (Hermann Heller, *Die Krisis der Staatslehre*, 1926).
D. ポイカート/小野清美・田村栄子・原田一美訳,『ワイマル共和国——古典的近代の危機』,
  名古屋大学出版会, 1993
  (Detlev Peukert, *Die Weimarer Republik : Krisenjahre der Klassischen Moderne*, 1987).
I. マウス/今井弘道編訳,『カール・シュミットの法思想——ブルジョア法とファシズムの間』, 風行社, 1993
  (Ingeborg Maus, *Bürgerliche Rechtstheorie und Faschismus : zur sozialen Funktion und aktuellen
  Wirkung der Theorie Carl Schmitts*, 1980).
H. モンセン/関口宏道訳,『ヴァイマール共和国史——民主主義の崩壊とナチスの台頭』, 水声社, 2001
  (Hans Mommsen, *Die verspielte Freiheit : der Weg der Republik von Weimar in den Untergang,
  1918 bis 1933*, 1990).
Ch. ミュラー, I. シュタフ編著/安世舟・山口利男編訳,『ワイマール共和国の憲法状況と国家学』, 未來社,
  1989
  (Christoph Müller, Ilse Staff (Hrsg.), *Der soziale Rechtsstaat*, 1984).
H. ロットロイトナー他/ナチス法理論研究会訳,『法, 法哲学とナチズム』, みすず書房, 1987
  (Hubert Rottleuthner, *Recht, Rechtsphilosophie und Nationalsozialismus*, 1983).

Michael Stolleis: "Art, Nationalsozialistisches Recht", in HRG Bd. 3, 1984, Sp. 873-892.

에필로그

石井紫郎, 『日本近代法史講義』, 靑林書院, 1982.
大木雅夫, 『日本人の法観念 ― 西洋的法観念との比較』, 東京大学出版会, 1983.
勝田有恒, 「紛爭処理法制の一断面 ― 勘解制度が意味するもの」, 『国際比較法制研究』 I, ミネルヴァ書房, 1990.
川島武宣, 『日本人の法意識』, 岩波書店, 1967.
水林彪・新田一朗・大津透・大藤修編, 『法社会史』, 山川出版社, 2001.
瀧井一博, 『文明史のなかの明治憲法 ― この国のかたちと西洋体験』, 講談社, 2003.

일본의 서양법제사 기본문헌

■ 입문서, 교과서

阿部謹也, 『刑吏の社会史』, 中公新書, 1978.
石部雅亮·笹倉秀夫, 『法の歴史と思想 — 法文化の根底にあるもの』, 放送大学教育振興会, 1995.
岩村等·三成賢次·三成美保, 『法制史入門』, ナカニシヤ出版, 1996.
船田享二, 『法思想史』, 勁草書房, 1953.
村上淳一, 『「権利のための闘争」を読む』, 岩波書店, 1983.
山内進, 『決闘裁判 — ヨーロッパ法精神の原風景』, 講談社現代新書, 2000.
H. コーイング/久保正幡·村上淳一訳, 『近代法への歩み』, 東京大学出版会, 1969.
P. スタイン/屋敷二郎監訳/関良德·藤本幸二訳, 『ローマ法とヨーロッパ』, ミネルヴァ書房, 2003.
K.W. ネル/村上淳一訳, 『ヨーロッパ法史入門』, 東京大学出版会, 1999.
F. ハフト/平田公夫訳, 『正義の女神の秤から』, 岩波書店, 1982.
H. ミッタイス/林毅訳, 『法史学の存在価値』, 創文社歴史学叢書, 1980.

■ 개설서, 각국별 통사

碧海純一·伊藤正巳·村上淳一, 『法学史』, 東京大学出版会, 1976.
佐藤篤士, 『ローマ法史』Ⅰ·Ⅱ, 敬文堂, 1982.
柴田光蔵, 『ローマ法概説』, 玄文社, 1978.
原田慶吉, 『ローマ法 — 改訂 —』, 有斐閣, 1955.
船田享二, 『ローマ法』全5巻, 岩波書店, 1968-72.
J. アンベール/三井哲夫·菅野一彦訳, 『フランス法制史』, 白永社, 1974.
W. エーベル/西川洋一訳, 『ドイツ立法史』, 東京大学出版会, 1985.
G. クリンゲンベルク/瀧澤栄治訳, 『ローマ債権法講義』, 大学教育出版, 2001.
G. ケブラー/田山輝明監訳, 『ドイツ法史』, 成文堂, 1999.
F. シュルツ/眞田芳憲·森光訳, 『ローマ法の原理』, 中央大学出版部, 2003.
A. ニュスボーム/広井大三訳, 『国際法の歴史』, こぶし社, 1997.
J. ベイカー/小山貞夫訳, 『イングランド法制史概説』, 創文社, 1975.
O. ベーレンツ/河上正二訳, 『歴史のなかの民法』, 日本評論社, 2001.
Fr. オリヴィエーマルタン/塙浩訳, 『フランス法制史概説』, 創文社, 1986.

H. ミッタイス, H. リーベリッヒ/世良晃志郎訳, 『ドイツ法制史概説』, 創文社, 1971.
H. ミッタイス/世良晃志郎・廣中俊雄訳, 『ドイツ私法概説』, 創文社, 1951.
F.W. メイトランド/小山貞夫訳, 『イングランド憲法史』, 創文社, 1981.

■ 기본문헌 — 사법사(私法史)

上山安敏, 『法社会史』, みすず書房, 1966.
河上倫逸, 『法の文化社会史』, ミネルヴァ書房, 1989.
堅田剛, 『歴史法学研究』, 日本評論社, 1992.
R.C. v. カネヘム/小山貞夫訳, 『裁判官・立法者・大学教授』, ミネルヴァ書房, 1990.
H. シュロッサー/大木雅夫訳, 『近世私法史要論』, 有信堂高文社, 1993.
F. ヴィーアッカー/鈴木祿弥訳, 『近世私法史 — 特にドイツにおける発展を顧慮して』, 創文社, 1961.
P.G. ヴィノグラードフ/矢田一男・小堀憲助・眞田芳憲訳, 『中世ヨーロッパにおけるローマ法』,
    中央大学出版部, 1967.
H. コーイング/佐々木有司編訳, 『ヨーロッパ法史論』, 創文社, 1980.
H. コーイング/上山安敏監訳, 『ヨーロッパ法文化の流れ』, ミネルヴァ書房, 1983.
H. ティーメ/久保正幡監訳, 『ヨーロッパ法の歴史と理念』, 岩波書店, 1978.
C.H. ハスキンズ/別宮貞徳・朝倉文市訳, 『十二世紀ルネサンス』, みすず書房, 1985.
D. ラスガム/鶴島博和・吉武憲司編, 『12世紀ルネサンス』, 慶應義塾大学出版会, 2000.

■ 기본문헌 — 국제사(國制史), 공법사(公法史)

小林孝輔, 『ドイツ憲法小史』, 学陽書房, 1992.
村上淳一, 『近代法の形成』, 岩波書店, 1979.
G. エストライヒ/阪口修平・千葉德夫・山内進, 『近代国家の覚醒 — 新ストア主義・身分制・ポリツァイ』,
    創文社, 1993.
K. クレッシェル/石川武監訳, 『ゲルマン法の虚像と実像 — ドイツ法史の新しい道』, 創文社, 1989.
F. ケルン/世良晃志郎訳, 『中世の法と国制』, 創文社, 1968.
M. シュトライス/佐々木有司・柳原正治訳, 『十七・十八世紀の国家思想たち』, 木鐸社, 1995.
F. ハルトゥング著/成瀬治・坂井栄八郎訳, 『ドイツ国制史』, 岩波書店, 1980.
F. ハルトゥング他/成瀬治他訳, 『伝統社会と近代国家』, 岩波書店, 1982.
O. ヒンツェ/成瀬治訳, 『身分制議会の起源と発展』, 創文社歴史学叢書, 1975.
H. プラーニッツ/林毅訳, 『中世ドイツの自治都市』, 創文社歴史学叢書, 1983.

O. ブルンナー/石井紫郎・山田欣吾他訳, 『ヨーロッパ―その歴史と精神』, 岩波書店, 1974.
M. ブロック/新村猛・森岡敬一郎他訳, 『封建社会』1・2, みすず書房, 1973.
K. ボーズル/平城照介・山田欣吾・三宅立監訳, 『ヨーロッパ社会の成立』, 東洋書林, 2001.
A.R. マイヤーズ/宮島直機訳, 『中世ヨーロッパの身分制議会』, 刀水書房, 1996.
C.F. メンガー/石川敏行他訳, 『ドイツ憲法思想史』, 世界思想社, 1988.
M. リーデル/河上倫逸・常俊宗三郎編訳, 『市民社会の概念史』, 以文社, 1990.

■ 기본문헌 — 형사법사

阿部謹也, 『西洋中世の罪と罰 — 亡霊の社会史』, 弘文堂, 1989.
上山安敏, 『魔女とキリスト教 — ヨーロッパ学再考』, 講談社学術文庫, 1998.
A.M. アール, E.P. エヴァンズ/神島奈穂子・佐伯雄一訳, 『拷問と刑罰の中世史』, 青弓社, 1995.
J. アンベール/吉原達也・波多野敏訳, 『死刑制度の歴史』, 白水社, 1997.
N. ゴンティエ/勝田朋久・勝田なち子訳, 『中世都市と暴力』, 白水社, 1999.
R. バートレット/竜嵜喜助訳, 『中世の神判 — 火審・水審・決闘』, 尚学社, 1993.
D. ブラシウス/矢野久・矢野裕美訳, 『歴史のなかの犯罪――日常からのドイツ社会史』, 同文舘出版, 1990.
H. リューピング/川端博・曾根威彦訳, 『ドイツ刑法史綱要』, 成文堂, 1984.

■ 심포지엄 기록, 논문집

石井三紀・寺田浩明・西川洋一・水林彪編, 『近代法の再定位』, 創文社, 2001.
石部雅亮編, 『ドイツ民法典の編纂と法学』, 九州大学出版会, 1999.
上山安敏編著, 『近代ヨーロッパ法社会史』, ミネルヴァ書房, 1987.
海老原明夫編, 『法の近代とポストモダン』, 東京大学出版会, 1993.
加藤哲実編著, 『市場の法文化』(法文化叢書2), 国際書院, 2003.
金山直樹編, 『法における歴史と解釈』, 法政大学出版局, 2003.
河上倫逸編, 『ドイツ近代の意識と社会』, ミネルヴァ書房, 1987.
河上倫逸, M. ハーダー編, 『ドイツ法律学の歴史的現在』, ミネルヴァ書房, 1988.
久保正幡編著, 『中世の自由と国家』全3巻, 創文社, 1963-1969.
佐藤篤士・林毅編著, 『司法への民衆参加―西洋における歴史的展開』, 敬文堂, 1996.
仲手川良雄編著, 『ヨーロッパ的自由の歴史』, 南窓社, 1992.
西村重雄・児玉寛編, 『日本民法典と西欧法伝統』, 九州大学出版会, 2000.
原島重義, 『近代私法学の形成と現代法理論』, 九州大学出版会, 1988.

水林彪・金子修一・渡辺節夫編, 『王権のコスモロジー』, 弘文堂, 1998.
村上淳一編, 『法律家の歴史的素養』, 東京大学出版会, 2003.
森征一・岩谷十郎編著, 『法と正義のイコノロジ』, 慶応義塾大学出版会, 1997.
山内進編, 『混沌のなかの所有』(法文化叢書 1), 国際書院, 2000.
歴史学研究会編, 『紛争と訴訟の文化史』, 青木書店, 2000.

■ 모노그라피

赤阪俊一, 『神に問う―中世における秩序・正義・神判』, 嵯峨野書院, 1999.
赤松秀岳, 『十九紀ドイツ私法学の実像』, 成文堂, 1995.
足立昌勝, 『国家刑罰権力と近代刑法の原点』, 白順社, 1993.
足立昌勝, 『近代刑法の実像』, 白順社, 2000.
筏津安恕, 『失われた契約理論』, 昭和堂, 1998.
筏津安恕, 『私法理論のパラダイム変換と契約理論の再編』, 昭和堂, 2001.
池谷文夫編, 『ドイツ中世後期の政治と政治思想』, 刀水書房, 2000.
石井三紀, 『18世紀フランスの法と正義』, 名古屋大学出版会, 1999.
石川武, 『序説・中世初期の自由と国家』, 創文社, 1983.
石部雅亮, 『啓蒙的絶対主義の法構造』, 有斐閣, 1969.
稲元格, 『ドイツ中世都市「私」法の実証的研究』, 敬文堂, 1996.
上山安敏, 『憲法社会史』, 日本評論社, 1977.
上山安敏, 『ドイツ官僚制成立論』, 有斐閣, 1964.
大沼保昭編, 『戦争と平和の法 ― フーゴー・グロティウスにおける戦争・平和・正義』(補正版), 東信社, 1995.
加藤哲実, 『法の社会史 ― 習俗と法の研究序説』, 三嶺書店, 1991.
河上倫逸, 『ドイツ市民思想と法理論』, 創文社, 1978.
北嶋繁雄, 『中世盛期ドイツの政治と思想』, 梓出版, 2001.
久保正幡, 『西洋法制史研究』, 岩波書店, 1952.
黒田忠史, 『西欧近世法の基礎構造』, 晃洋書房, 1995.
小山貞夫, 『イングランド法の形成と近代的変容』, 創文社, 2002.
小山貞夫, 『中世イギリスの地方行政』, 創文社, 1994.
小山貞夫, 『絶対王政期イングランド法制史抄説』, 創文社, 1992.
佐久間弘展, 『ドイツ手工業・同職組合の研究』, 創文社, 1999.
櫻井利夫, 『中世ドイツのれ領邦国家と城塞』, 創文社, 2000.
笹倉秀夫, 『近代ドイツの国家と法学』, 東京大学出版会, 1979.

佐藤彰一, 『ポスト・ローマ期フランク史の研究』, 岩波書店, 2000.
佐藤信夫, 『法理学 — インド・ヨーロッパ比較法思想史の試み』, 芦書房, 2000.
志垣嘉夫, 『フランス絶対王政と領主裁判権』, 九州大学出版会, 2000.
渋谷聡, 『近世ドイツ帝国国制史研究』, ミネルヴァ書房, 2000.
荘子邦雄, 『近代刑法思想史序説―フォイエルバッハと刑法思想の近代化』, 有斐閣, 1983.
白田秀彰, 『コピーライトの史的展開』, 信山社, 1998.
神宝秀夫, 『近世ドイツ絶対主義の構造』, 創文社, 1995.
世良晃志郎, 『封建制社会の法的構造』, 創文社, 1977.
世良晃志郎, 『歴史学方法論の諸問題』(第2版), 木鐸社, 1975.
高橋一彦, 『帝政ロシア司法制度史研究』, 名古屋大学出版会, 2001.
瀧正一博, 『ドイツ国家学と明治国制』, ミネルヴァ書房, 1999.
谷口貴都, 『ローマ所有権譲渡法の研究』, 成文堂, 1999.
近見正彦, 『海上保険法研究 — 14・5世紀地中海時代における海上保険条例と同契約法理』, 有斐閣, 1997.
仲手川良雄, 『古代ギリシアにおける自由と正義』, 創文社, 1998.
成瀬治, 『絶対主義国家と身分制社会』, 山川出版社, 1988.
西村隆誉志, 『ヨーロッパ近代法学形成史の研究 — 16世紀フランス知識社会とドノーの法律学』, 敬文堂, 1998.
西村隆誉志, 『ローマ損害賠償法理論史』, 青葉図書, 1999.
西村稔, 『知の社会史』, 木鐸社, 1985.
西村稔, 『文士と官僚』, 木鐸社, 1998.
橋場弦, 『丘のうえの民主政』, 東京大学出版会, 1997.
橋場弦, 『アテナイ公職者弾劾制度の研究』, 東京大学出版会, 1993.
服部良久, 『ドイツ中世の領邦と貴族』, 敬文堂, 1998.
林深山, 『西洋法制史の研究』, 第一法規出版, 1996.
林毅, 『西洋中世都市の自由と自治』, 創文社, 1986.
林毅, 『西洋法史学の諸問題』, 敬文堂, 1978.
林毅, 『ドイツ中世都市と都市法』, 創文社, 1980.
林毅, 『ドイツ中世都市法の研究』, 創文社, 1997.
林毅, 『ドイツ中世自治都市の諸問題』, 敬文堂, 1999.
林毅, 『ドイツ都市制度史の新研究』, 敬文堂, 2003.
林毅, 『法史学方法論と西洋法史』, 敬文堂, 2000.
林智良, 『共和政末期ローマの法学者と社会』, 法律文化史, 1997.
原田俊彦, 『ローマ共和政初期立法史論』, 敬文堂, 2002.
伏島正義, 『スウェーデン中世社会の研究』, 刀水書房, 1998.
堀米庸三, 『ヨーロッパ中世世界の構造』, 岩波書店, 1976.

松村勝二郎, 『イギリス法史講話』, 明石書店, 1995.
三成賢次, 『法・地域・都市―近代ドイツ地方自治の歴史的展開』, 敬文堂, 1997.
耳野健二, 『サヴィニーの法思考 ― ドイツ近代法学における体系の概念』, 未來社, 1998.
宮崎揚弘, 『フランスの法服貴族 ― 18世紀トゥルーズの社会史』, 同文舘出版, 1994.
村上淳一, 『ゲルマン法史における自由と誠実』, 1980.
村上淳一, 『ドイツ市民法史』, 東京大学出版会, 1985.
村上淳一, 『ドイツの近代法学』, 東京大学出版会, 1964.
村上淳一, 『〈法〉の歴史』, 東京大学出版会, 1997.
屋敷二郎, 『紀律と啓蒙 ― フリードリヒ大王の啓蒙絶対主義』, ミネルヴァ書房, 1997.
柳原正治, 『ヴォルフの国際法理論』, 有斐閣, 1998.
山内進, 『北の十字軍』, 講談社選書メチエ, 1997.
山内進, 『新ストア主義の国家哲学 ― ユストゥス・リプシウスと初期近代ヨーロッパ』, 千倉書房, 1985.
山内進, 『掠奪の法觀念史 ― 中・近世ヨーロッパの人・戦争・法』, 東京大学出版会, 1993.
山田欣吾, 『教会から国家へ ― 古相のヨーロッパ』, 創文社, 1992.
山田欣吾, 『国家そして社会 ― 地域史の視点』, 創文社, 1992.
山本文彦, 『近世ドイツ国制史研究 ― 皇帝・帝国クライス・諸侯』, 北海道大学図書刊行会, 1995.
吉野悟, 『近世私法史における時効』, 日本評論社, 1989.
若曽根健治, 『中世ドイツの刑事裁判』, 多賀出版, 1998.
和田小次郎, 『近代自然法学の発展』, 有斐閣, 1951.

■ 사료

久保正幡還暦記念, 『西洋法制史料選』 全3巻, 創文社, 1978-1981.
久保正幡訳, 『サリカ法典』, 創文社, 1977.
久保正幡訳, 『リブアリア法典』, 創文社, 1977.
久保正幡訳, 『ザクセンシュピーゲル・ラント法』, 創文社, 1977.
小橋一郎訳, 『サヴィニー 現代ローマ法体系』 1-5巻, 成文堂, 1993-2003.
佐藤篤士訳, 『ガーイウス 法學提要』, 敬文堂, 2002.
佐藤篤士訳, 『改訂 Lex XII Tabularum』, 早稲田大学比較法研究所, 1993.
佐藤信夫, 『古代法解釈―ハンムラビ法典楔形文字原文の翻訳と解釈』, 慶応義塾大学出版会, 2004.
世良晃志郎訳, 『バイエルン部族法典』, 創文社, 1977.
中田一郎訳, 『ハンムラビ「法典」』, リトン, 2000.
西村克彦訳, 『近代刑法の遺産』 上・中・下, 信山社, 2002.
『塙浩著作集』 全19巻, 信山社, 1992-2000.

船田享二訳, 『ガイウス 法學提要 新版』, 有斐閣, 1967.
松村勝二郎訳, 『中世イングランド王国の法と慣習―グランヴィル』, 明石書店, 1993.

■ 사전, 도록

佐藤幸二・長尾龍一他編, 『コンサイス法律学用語辞典』, 三省堂, 2003.
川端博監修 『拷問の歴史―ヨーロッパ中世犯罪博物館』, 河出書房新社, 1997.
G. クラインハイヤー, J. シュレーダー編/小林孝輔監訳, 『ドイツ法学者事典』, 学陽書房, 1983.
H.K. シュルテェ/千葉德夫訳, 『西欧中世史事典』, ミネルヴァ書房, 1997.

■ 정기간행물

『法制史研究』 創文社 1(1951)-68(2019).
『Historia Juris 比較法史研究』 未來社 1(1992)-16(2008).

■ 참고문헌

『法制史文献目録』 1-3巻, 創文社, 1945-1989.
* 1990년 이후는 연 1회 간행하는 『法制史研究』 권말에 법제사문헌목록이 게재된다(최신호를 제외하고는 法制史学会 홈페이지에서도 열람이 가능하다). 최근 문헌은 『法律時報』 권말의 문헌 월보에 매월 게재된다. 또한 『法律時報』 에는 매년 12월호에서 학계의 회고가 특집이기 때문에 '서양법제사'는 물론 '독일법', '프랑스법' 등의 항목을 참조하기 바란다.

(屋敷二郎, 야시키 지로)

국내 참고문헌

1. 총론

Hans Hattenhauer/서을오 역, 「민법의 기본개념: 학설사적 개론」, 『법학논집』 제14권 제2호, 이화여자대학교 법학연구소, 2009, 343–392.
Karl Siegfried Bader/최종고 역, 「법사학자의 과제와 방법」, 『법사학연구』 제5호, 한국법사학회, 1979, 15–46.
Wolfgang Sellert/최병조 역, 「독일법상 소유와 자유의 역사에 관하여」, 『법사학연구』 제14호, 한국법사학회, 1993, 87–107.
Zimbardo Marta/우병창 역, 「이탈리아의 민법상 혼인성립의 요건과 해소의 원인: 법제사적 고찰을 통한 한국법에의 시사」, 숙명여자대학교 대학원, 2019.
계승균, 「지적재산권법학자 요세프 콜러(Josef Kohler)」, 『산업재산권』 제53호, 한국지식재산학회, 2017, 245–273.
김기영, 「국제통상법의 발전과 헌법국가의 전형: 미합중국 헌법원칙과 법제사를 중심으로」, 『법학논총』 제14권 제2호, 조선대학교 법학연구원, 2007.
김기창, 「약속, 합의 그리고 계약」, 『법사학연구』 제29호, 한국법사학회, 2004, 517–355.
김기창, 「자주 점유의 기원과 종말」, 『법사학연구』 제38호, 한국법사학회, 2008, 7–40.
김대홍, 「이슬람 후두드 형벌과 비례성의 원칙: 절도죄의 신체절단형을 중심으로」, 『법사학연구』 제41호, 한국법사학회, 2010, 247–266.
김도균, 「법철학자의 관점에서 바라본 비교법 방법론: 비교되는 법의 중층성 및 복합성과 관련하여」, 『법사학연구』 제34호, 한국법사학회, 2006, 285–319.
김상용, 「옷토 폰 길케의 법사상」, 『법사학연구』 제7호, 한국법사학회, 1983, 159–187.
김상용, 『서양법사와 법정책』, 피앤씨미디어, 2014.
김성룡, 「객관적 귀속이론의 발전사: 의사(Wille)의 귀속을 중심으로」, 『법사학연구』 제42호, 한국법사학회, 2010, 119–150.
김성숙, 「고대 헤브라이사회에 있어서 혼인의 해제: 구약을 중심으로」, 『법사학연구』 제8호, 한국법사학회, 1985, 65–88.
김세신, 『서양법제사론』, 법문사, 1990.
김엘림·윤덕경·박현미, 「20세기 여성인권법제사」, 『한국여성정책연구원 연구보고서』 제210권 제19호, 한국여성정책연구원, 2001, 1–446.
김영희, 「소멸시효에 관한 역사적 고찰: Savigny의 견해를 중심으로」, 『법사학연구』 제31호, 한국법사학회, 2005, 355–384.
김영희, 「건물공사 수급인의 공사대금채권 확보 제도에 관한 비교 민법적 고찰」, 『법사학연구』 제55호,

한국법사학회, 2017, 97–177.
김유석, 「이소크라테스와 개연성의 수사학」, 『법사학연구』 제46호, 한국법사학회, 2012, 511–543.
김철, 「법과 경제의 상호교호관계」, 『사회이론』 제38호, 한국사회이론학회, 2010, 97–144.
김철, 「해롤드 버만의 역사법학」, 『법사학연구』 제54호, 한국법사학회, 2016, 335–368.
김형석, 「사용자책임의 입법주의 연구―역사적 비교법적 접근」, 『서울대학교 법학』 제53권 제3호, 서울대학교 법학연구소, 2012, 416–482.
김효전, 「프랑스 법사학 문헌목록(1855–1911)」, 『동아법학』 제33권, 동아대학교 법학연구소, 2003, 479–703.
남기윤, 『법학방법론』, 고려대학교출판부, 2014.
마사하다 쿠보, 「비교법에 있어서 서양법제사의 의의」, 『강원법학』 제1권, 강원대학교 비교법학연구소, 1985, 173–146.
미즈바야시 다케시(水林彪)/김창록 역, 「서양 근대민법의 여러 유형」, 『법사학연구』 제46호, 한국법사학회, 2012, 305–345.
민경재, 「서양에서의 저작권법 성립 역사에 관한 연구」, 『법학논총』 제33권 제2호, 전남대학교 법학연구소, 2013, 285–317.
박광서, 「법사학연구방법에 대한 고찰」, 『법정논총』 제8권, 중앙대학교 법정대학 학생 연합학회, 1959, 1–10.
박광서, 「소유권이론의 법사학적 연구」, 『법정논총』 제16권 제1호, 중앙대학교 법과대학, 1971, 34–52.
박기령, 「이사의 선관의무와 충실의무의 법사학적 기원에 관한 고찰」, 『상사법연구』 제30권, 한국상사법학회, 2011, 477–506.
박영복, 「네덜란드 민법의 재편찬」, 『서유럽연구』 제3호, 한국외국어대학교 EU연구소, 1997, 123–158.
박장희·진호연, 「도선제도 및 도선법에 관한 연혁적 고찰」, 『해사법연구』 제27권 제3호, 한국해사법학회, 2015, 279–314.
박정호, 「신의성실의 원칙에 관한 고찰」, 『학술논총』 제11권, 단국대학교 대학원, 1987, 87–111.
서을오, 「채권법의 학설사적 기초 연구(1)」, 『법사학연구』 제30호, 한국법사학회, 2004, 291–307.
서을오, 「유럽 연합 사법의 조화를 위한 법사의 의미」, 『법학논총』 제30권 제3호, 전남대학교 법학연구소, 2010, 7–26.
성승현, 「급부장애법 발전에 관한 비교법사학적 고찰」, 『법학논총』 제33권 제3호, 전남대학교 법학연구소, 2013, 35–72.
성승현, 「적극적 계약침해론의 학설계수와 그 현대적 의의」, 『법학논총』 제34권 제3호, 전남대학교 법학연구소, 2014, 7–67.
소병국, 「법제사적 관점에서 본 이슬람과 말레이시아 문화적 정체성」, 『외법논집』 제33권 제4호, 한국외국어대학교 법학연구소, 2009, 77–102.
박희호, 「민법상 증여의사에 관한 연구」, 『법학연구』 제44권, 전북대학교 동북아법연구소, 2015, 127–152.
유성재, 「개별적 근로관계법제의 변천과 전망」, 『노동법학』 제47호, 한국노동법학회, 2013, 129–169.
윤일구, 「이행이익과 신뢰이익에 대한 재고찰」, 『법학논총』 제34권 제2호, 전남대학교 법학연구소, 2014, 237–263.

이세정, 「칠레 법제의 발전과 사법개혁 동향」, 『비교법학』 제20권, 부산외국어대학교 비교법연구소, 2009, 43–73.
이진기, 「현대사회의 법문화와 로마법」, 『법사학연구』 제21호, 한국법사학회, 2000, 57–82.
이진기, 「추상성원칙—법사학적, 법이론적 연구」, 『법사학연구』 제32호, 한국법사학회, 2005, 363–399.
이진기, 「법사학과 민법학」, 『비교사법』 제22권 제4호, 한국비교사법학회, 2015, 1479–1534.
이태재, 「소유권론의 역사적 변천」, 『법사학연구』 제5호, 한국법사학회, 1979, 47–59.
정진명, 「계약상 합의의 의미와 그 발전과정」, 『법사학연구』 제17호, 한국법사학회, 1996, 212–249.
정진명, 「위험부담의 역사적 발전과정과 그 의미」, 『법사학연구』 제20호, 한국법사학회, 1999, 83–113.
정진명, 「계약해제의 연혁과 법리에 관한 소고」, 『법사학연구』 제28호, 한국법사학회, 2003, 251–287.
조규창, 『비교법』 상·하, 소화, 2005.
조규창, 『독일법사』 상·하, 고려대학교출판부, 2010.
최종고, 「독일의 법사학관련 문헌」, 『법사학연구』 제4호, 한국법사학회, 1977, 91–173.
최종고, 「세계 법사학관련 연구기관 및 학술지」, 『저스티스』 제16권 제1호, 한국법학원, 1979, 139–145.
최종고, 「독일에 있어서 법사학의 지위와 연구방향」, 『서울대학교 법학』 제20권 제1호, 서울대학교 법학연구소, 1980, 204–226.
최종고, 「법학방법론 연구: 법사학적 법학방법론—법사학의 과제와 방법」, 『서울대학교 법학』 제24권 제1호, 서울대학교 법학연구소, 1983, 34–54.
최종고, 『서양법제사』, 박영사, 2011.
최종고, 『법사상사』, 박영사, 2013.
한지영, 「디지털 시대에서 지식재산의 정당성에 관한 연구—법제사, 법경제학 및 법철학 논의를 중심으로—」, 『산업재산권』 제55호, 한국지식재산학회, 2018.
홍영기, 「시효이론의 역사적 전개와 그 평가」, 『법사학연구』 제37호, 한국법사학회, 2008, 239–268.
황적인, 『로마법 서양법제사』, 박영사, 1997.

2. 그리스, 로마법

김영희, 「영국법, 스코틀랜드법, 미국법, 그리고 로마법」, 『법사학연구』 제52호, 한국법사학회, 2015, 7–58.
남성현, 「테오도시우스 1세의 종교정책과 그의 법률 참모들(황실법무총감들)」, 『법사학연구』 제44호, 한국법사학회, 2011, 279–314.
박종현, 「고대 아테네 후기 민주정의 사법기관: 디카스테리아를 중심으로」, 『법사학연구』 제30호, 한국법사학회, 2004, 259–289.
박종현, 「플라톤의 정치이론 체계에서 『법률(Nomoi)』의 의의: 『법률(Nomoi)』의 독해방식에 대한 하나의 제안」, 『법사학연구』 제42호, 한국법사학회, 2010, 85–117.
박준석, 「아리스토텔레스의 호혜성(ἀντιπεπονθὸς)에 대하여」, 『법사학연구』 제41호, 한국법사학회, 2010,

267–296.

이연주, 「고대 그리스로부터 근세에 이르기까지 국제민사소송의 시대적 변천에 관한 연구」, 『비교사법』 제23권 제2호, 한국비교사법학회, 2016, 585–618.

3. 게르만법

Hans Thieme/최종고 역, 「게르만법사의 목적과 수단」, 『법사학연구』 제5호, 한국법사학회, 1979, 60–77.
Karl Kroeschell/윤철홍 역, 「게르만법에 있어서 씨족」, 『법사학연구』 제12호, 한국법사학회, 1991, 153–179.
정구태, 「한국 유류분제도의 법적 계보—로마법상 유류분제도와 게르만법상 유류분제도에 대한 법사학적 고찰」, 『민사법연구』 제20권, 대한민사법학회, 2012, 145–185.

4. 중세

Harold J. Berman/김철, 황지혜 역, 「중세 유럽 도시법의 요인과 기원」, 『행정법연구』 제46호, 행정법이론실무학회, 2016, 481–502.
Helmut Coing/정종휴 역, 「유럽에 있어서 로마법과 카논법의 계수」, 『법사학연구』 제6호, 한국법사학회, 1981, 331–350.
Johan Huizinga/이희승 역, 『중세의 가을』, 동서문화사, 2016.
박상기, 「중세독일의 형사재판제도: 카롤리나형법전을 중심으로」, 『법사학연구』 제14호, 한국법사학회, 1993, 211–237.
박준석, 「토마스 아퀴나스의 이중 효과 논증」, 『법사학연구』 제45호, 한국법사학회, 2012, 101–123.
배정한, 「전제주의적 법전통의 기원과 법치주의: 중세 러시아법에 대한 비잔티움의 영향」, 『슬라브학보』 제17권 제1호, 한국슬라브학회, 2002, 261–290.
백승현, 「중세 유럽의 법 전통과 정치이론」, 『사회과학연구』 제40권 제3호, 경희대학교 사회과학연구원, 2014, 241–258.
브라이언 P 외, 김동순 옮김, 『유럽의 마녀 사냥』, 소나무, 2003.
신동룡, 「13세기 중세 유럽의 소유권(Dominium)론에 대한 연구」, 『원광법학』 제33권 제4호, 원광대학교 법학연구소, 2017, 27–51.
야콥 슈프랭거, 하인리히 크라머, 이재필 옮김, 『말레우스 말레피카룸 마녀를 심판하는 망치. 마녀 사냥을 위한 교본』, 우물이있는집, 2016.
양태자, 『중세의 잔혹사 마녀사냥. 신의 심판인가 광기의 학살인가? 마녀사냥의 허구와 진실』, 이랑, 2015.
이택광, 『마녀 프레임. 마녀는 어떻게 만들어지는가』, 자음과모음, 2013.
정태윤, 「중세법학에서의 카우사(causa)의 개념에 관한 연구」, 『법학논집』 제10권 제2호, 이화여자대학교

법학연구소, 2006, 145–172.
제프리 버튼 러셀, 김은주 옮김, 『마녀의 문화사』(르네상스라이브러리 5), 르네상스, 2004.
주경철, 『마녀. 서구 문명은 왜 마녀를 필요로 했는가』, 생각의힘, 2016.
쥘 미슐레, 정진국 옮김, 『마녀』, 봄아필, 2012.
최병조, 「한 법사학자의 삶과 학문—중세법사학자 Walter Ullmann의 이력서」, 『서울대학교 법학』 제35권 제3호, 서울대학교 법학연구소, 1994, 525–569.
최종고, 「중세독일에 있어서 법관념과 법발견—gutes altes Recht 이론을 둘러싼 연구성과를 중심으로」, 『서울대학교 법학』 제20권 제2호, 서울대학교 법학연구소, 1980, 360–387.
한승수, 「토마스 아퀴나스와 매매에 있어 하자의 고지 의무」, 『법사학연구』 제55호, 한국법사학회, 2017, 179–220.
한지영, 「중세 이후 특허법제사에 관한 연구」, 『산업재산권』 제25호, 한국지식재산학회, 2008, 1–28.

5. 카논법

김정우, 「기독교가 서구 법의 발전에 끼친 영향에 관한 소고: 고전 후기 시대의 로마법에서 중세 캐논법까지의 논의를 중심으로」, 『법학논집』 제24권, 숭실대학교 법학연구소, 2010, 19–45.
문병호, 「칼빈 율법관의 법학적 기원」, 『법사학연구』 제31호, 한국법사학회, 2005, 315–353.
송시섭, 「진술거부권의 종교적 기원에 대한 역사적 고찰」, 『법학논고』 제56권, 경북대학교 법학연구원, 2016, 69–94.
임상국, 「구약성서의 법전과 메소포타미아 법전과의 관련성에 관한 고찰—『계약법전』과 『함무라비 법전』의 법제사적 영향을 중심하여」, 『신학과 세계』 제74호, 감리교신학대학, 2012, 7–31.
임상국, 「솔로몬의 지배체제와 신명기 역사신학: 〈이스라엘의 왕도〉의 법제사를 중심하여」, 『신학과세계』 제68호, 감리교신학대학, 2010, 7–27.
정종휴, 「울리히 스투츠의 교회법사학」, 『법사학연구』 제9호, 한국법사학회, 1988, 89–110.
홍기원, 「초기 칼비니즘의 정치사상 연구서설」, 『법사학연구』 제36호, 한국법사학회, 2007, 277–304.

6. 근세

박경철, 「독일민족의 신성로마제국시대의 제국최고재판소제도에 관한 연구」, 『헌법학연구』 제18권 제4호, 한국헌법학회, 2012, 343–387.
임미원, 「칸트의 정언명령과 인간존엄사상: 근대 보편적 인권관념의 기초」, 『법사학연구』 제24호, 한국법사학회, 2001, 161–177.
임미원, 「칸트와 역사법학」, 『법사학연구』 제38호, 한국법사학회, 2008, 49–71.

한동일, 「정치권력과 종교권력의 투쟁: 서양법제사 안에서 법과 종교의 분리」, 『법과기업연구』 제1권 제2호, 서강대학교 법학연구소, 2011, 203–227.

7. 근현대

강진철, 「나찌법학에 대한 조망: 한국에서의 논의와 관련하여」, 『법사학연구』 제12호, 한국법사학회, 1991, 99–120.
남효순, 「나뽈레옹과 프랑스 민법전」, 『법사학연구』 제15호, 한국법사학회, 1994, 144–174.
문종욱, 「존 로크 법사상의 법사학적 고찰」, 『법학연구』 제17권 제1호, 충남대학교 법학연구소, 2006, 33–52.
변우주, 「독일민법 성립이전의 부동산 물권변동법리의 전개」, 『법학연구』 제34권, 한국법학회, 2009, 149–170.
송석윤, 「바이마르공화국과 이익단체의 헌법적 제도화」, 『법사학연구』 제17호, 한국법사학회, 1996, 184–211.
송석윤, 「서독기본법의 제정과정」, 『법사학연구』 제29호, 한국법사학회, 2004, 59–90.
송석윤, 「1870/71년 독일통일과 연방제헌법」, 『법사학연구』 제41호, 한국법사학회, 2010, 175–245.
양천수, 「19세기 독일 형법학에서 전개된 법익 개념」, 『법사학연구』 제38호, 한국법사학회, 2008, 77–106.
윤철홍, 「프랑스 혁명과 민법의 발전」, 『법사학연구』 제10호, 한국법사학회, 1989, 133–170.
윤철홍, 「독일에 있어서 농민해방과 토지소유권」, 『법사학연구』 제11호, 한국법사학회, 1990, 141–156.
윤철홍, 「역사법학파와 단일소유권의 확립과정」, 『법사학연구』 제13호, 한국법사학회, 1992, 103–129.
윤철홍, 「합유제도에 관한 법사적 고찰」, 『법사학연구』 제18호, 한국법사학회, 1997, 113–133.
이계수, 「동화와 법」, 『일감법학』 제41권, 건국대학교 법학연구소, 2018, 123–152.
이민호, 「프로이센 농업정책의 과정」, 『법사학연구』 제2호, 한국법사학회, 1975, 171–187.
이상수, 「사비니에서 법의 역사성」, 『법사학연구』 제23호, 한국법사학회, 2001, 5–26.
이은영, 「법률행위론의 발달과 역사적 의의」, 『법사학연구』 제11호, 한국법사학회, 1990, 157–173.
이재성, 「독일 형법상 몰수제도의 법제사적 고찰」, 『법사학연구』 제18호, 한국법사학회, 1997, 135–157.
이준형, 「독일 근세 민법전상의 도급계약법」, 『법사학연구』 제25호, 한국법사학회, 2002, 131–159.
임대성, 「독일통일과 유럽통합과정이 독일법, 특히 민사법에 끼친 영향—2차대전 후 독일 법제사에 끼친 영향—」, 『법학논총』 제37권 제4호, 단국대학교 법학연구원, 2013, 37–72.
임형택, 「의사표시의 법리에 관한 연구—독일 법제사를 중심으로」, 건국대학교 대학원, 2005.
정종휴, 「독일과 일본의 총유이론사」, 『법사학연구』 제14호, 한국법사학회, 1993, 47–66.
최병조, 「민법(재산편) 개정안의 착오 조항에 대한 비교법적—논상론적 검토: 독일에서의 입법과정을 참작하여」, 『법사학연구』 제29호, 한국법사학회, 2004, 275–316.
최윤석, 「동산선의취득제도상 도품 및 유실물에 대한 특례의 문제에 관한 연구」, 『법사학연구』 제57호, 한국법사학회, 2018, 215–256.
최종고, 「코잉교수와 독일 법사학계」, 『사법행정』 제21권 제9호, 한국사법행정학회, 1980, 72–15.
한동훈, 「프랑스의 왕정복고체제와 의원내각제의 태동」, 『법사학연구』 제41호, 한국법사학회, 2010, 143–174.

8. 영미법

David Sugarman/정종휴 역, 「영국에서의 법 경제 국가 1750–1914: 주요 논점들」, 『법사학연구』 제9호, 한국법사학회, 1988, 221–292.
John H. Langbein/조기영 역, 「보통법상 자기부죄거부 특권의 역사적 기원」, 『동북아법연구』 제10권 제2호, 전북대학교 동북아법연구소, 2016, 599–641.
John H. Langbein/조기영 역, 「증거법의 역사적 기초—라이더(Ryder) 자료에 기초한 관점」, 『형사법연구』 제28권 제2호, 한국형사법학회, 2016, 231–274.
고세일, 「미국 계약법의 대가성 법리」, 『재산법연구』 제30권 제3호, 한국재산법학회, 2013, 71–100.
고세일, 「미국법의 위험부담 법리에 대한 고찰」, 『재산법연구』 제32권 제4호, 한국재산법학회, 2016, 37–59.
김영희, 「미국법상 임대차주택의 주거적합성에 관한 연구」, 『법사학연구』 제57호, 한국법사학회, 2018, 339–386.
이국운, 「영국 법률가집단의 형성과정」, 『법사학연구』 제20호, 한국법사학회, 1999, 57–81.
이철우, 「비판법학과 영미 법사학: 호르위츠의 테제와 그 극복을 중심으로」, 『법과 사회』 제2권 제1호, 법과사회이론연구회, 1990, 131–152.

연표

연대	사건
B.C. 753	로마의 건국으로 이야기됨
B.C. 449	12표법의 제정
B.C. 242	외국인 담당 법무관의 설치
132년경	하드리아누스 황제「영구고시록」
161년경	가이우스「법학제요」
395	로마제국의 동서분열
426	인용법에 관한 칙법 공포
438	「테오도시우스의 칙법휘찬」시행
475년경	「에우릭왕의 법전」
476	서로마제국 멸망
500년경	「부르군트의 로마법전」
500년경	「테오도릭 왕의 고시법전」
506	「서고트의 로마법전」=「알라릭 초전」
507-511년경	「살리카 법전」
527	유스티니아누스, 동로마황제로 즉위
533-534	유스티니아누스 법전 완성
643	「로타리왕의 고시」
712-720년경	「알레만넨 법전」
741-743년경	「바이에른 법전」

연대	사건
800	샤를마뉴 1세의 대관(샤를마뉴 대제가 되다)
802	「작센 법전」
843	베르덩 조약
870	메르센 조약
892	바실리카 법전
962	오토 1세 대관, 신성로마제국 성립
989	샤를 주교구회의의 결의(신의 평화운동이 시작되다)
1030년경	「학설휘찬」의 '피사본' 재발견
1075-1122	성직 서임권 투쟁
1088	이르네리우스, 이 무렵 볼로냐에서 로마법강의를 시작하다
1096	제1회 십자군
1103	마인츠에서 최초의 란트평화령 발포
1122	보름스 협약
1140년경	「그라티아누스 교령집」 완성
1152	제국 대란트평화령
1158	론칼리아 제국회의
1183	콘스탄츠의 화약
1187년경	글란빌, 『잉글랜드의 법과 관습』
1210	아조, 『칙법휘찬집성』
1215	마그나 카르타
1215	제4회 라테라노 공의회, 신판의 성직자 관여 금지
1219	파리대학에서 로마법 교육 금지령(호노리우스 3세)
1221-1225년경	아이케 폰 레프고우, 「작센슈피겔」 완성
1224	하인리히의 휴전
1234	『그레고리우스 9세 교황교령집』
1235	마인츠 대제국 란트평화령
1250년경	브랙톤, 『잉글랜드의 법과 관습』
1250년경	아쿠르시우스, 『표준주석』
1256-1265	「7부 법전」
1256	대공위시대(-1273)
1266-1273	토마스 아퀴나스, 『신학대전』
1271	듀란티스, 『법정감』(법정의 거울)

연대	사건
1275-1276	「도이첸슈피겔」
1275-1276	「슈바벤슈피겔」
1283	보마누와르, 『보베지 관습법서』
1298	보니파키우스 8세, 「제6서」
1317	요하네스 22세, 「클레멘스집」
1340년경	바르톨루스 400건의 법률감정문 작성
1356	「금인칙서」
1388년경	「자크 다블레쥬의 프랑스 대관습법서」
1414-1418	콘스탄츠 공의회
1425	『소송감』(소송의 거울)
1433	니콜라우스 쿠자누스, 『보편적 화합에 대하여』
1450년경	활판인쇄기술의 발명
1453	동로마제국 멸망
1479	뉘른베르크 개혁도시법전
1495	영구란트평화령, 제실법원령
1497	제국궁내법원
1507	슈바르첸베르크, 밤베르크 형사재판령 제정
1510	「파리대관습법서」
1517	루터, 95개조의 반박문 게시
1520	짜지우스, 프라이부르크 개혁도시법전을 기초
1521	보름스 제국회의
1522	루터에 의한 성서의 독일어 번역
1525년경	독일농민전쟁
1530	제국 폴리차이 조령 발포
1532	칼 5세, 「카롤리나 형사법전」 발포
1555	아우크스부르크의 종교평화령
1576	보댕, 『국가론 6권』
1577	제국폴리차이 조령
1580	개정 「파리대관습법서」
1598	앙리 4세, 낭트칙령 발포
1618-1648	30년 전쟁
1625	그로티우스, 『전쟁과 평화의 법』

연대	사건
1628-1644	쿠크, 『잉글랜드법 제요』
1635	카르프초프, 『제국 작센 형사의 새로운 실무』
1643	콘링, 『게르만법의 기원』
1648	베스트팔렌조약
1651	홉스, 『리바이어던』
1654	제국최종결정
1672	푸펜도르프, 『자연법과 만민법』, 1673『인간과 시민의 의무』
1688-1689	명예혁명
1689	권리장전
1689-1694	도마, 『자연적 질서에서의 시민법』
1690	로크, 『통치론』
1690	슈트뤽, 『판덱텐의 현대적 관용』
1694	할레대학 설립
1705	토마지우스, 『자연법과 만민법의 기초』
1740	프리드리히 2세, 프로이센왕으로 즉위, 고문 폐지
1740	마리아 테레지아 대공위 계승, 1745년 남편 프란츠 1세 황제
1740-1748	볼프, 『과학적 방법에 의한 자연법』
1747	프리드리히 2세, 콕체이를 대법관으로 임명
1748	몽테스키외, 『법의 정신』
1756	「바이에른의 막시밀리안 민법전」
1761	포티에, 『채권론』
1762	루소, 『사회계약론』
1764	베카리아, 『범죄와 형벌』
1765	요제프 2세, 황위 계승
1765-1769	블랙스톤, 『잉글랜드법 주해』
1768	「테레지아 형법전」
1776	미국 독립선언
1779	물레방아꾼 아놀트 소송
1787	요제프 2세의 형법전 「범죄와 처벌에 관한 일반법전」
1789	벤담, 『도덕과 입법의 원리 서론』
1789	프랑스 혁명, 인권선언
1794	「프로이센 일반란트법」 시행

연대	사건
1799	꽁세유 데따 설립
1804	프랑스 민법전
1806	신성로마제국의 종식
1808(12, 19, 23)	아이히호른, 『독일국가-법제사』
1811	오스트리아 일반민법전
1814	법전논쟁
1827(37)	푸흐타, 『관습법』
1837	괴팅겐 7교수 사건
1840-1849	사비니, 『현대로마법체계』
1848	프랑크푸르트 국민의회, 독일연방헌법 제정
1862(65, 70)	빈트샤이트, 『판덱텐법 교과서』
1868(72, 81)	기이르케, 『독일단체법론』
1871	독일제국 성립
1872	예링, 『권리를 위한 투쟁』
1881	리스트, 『독일 형법』
1900	독일 민법전 시행
1914	라드부르흐, 『법철학개론』
1914-1918	제1차 세계대전
1919	바이마르 헌법
1933(-1945)	나치 정권
1949	본 기본법
1951	유럽 석탄철강공동체(파리 조약)
1957	유럽경제공동체, 유럽 원자력공동체(로마 조약)
1989	베를린 장벽 붕괴
1992	유럽연합조약(마스트리히트 조약) 조인, 비준
1993	유럽연합조약 발효
2004	EU 확대(25개국), EU(헌법 채택)

(후지모토 코우지藤本幸二)

인명색인

가

가로팔로Raffaele Garofalo　419
가이우스Gaius　42, 44, 46, 56, 57, 58, 59, 60, 62, 63, 64, 88, 92, 193
게르버Karl von Gerber　400, 405
고토프레두스Dionysios Gothofredus　94, 276
구주Olympe de Gouges　354
귀레비치Aaron Gurevich　23, 24, 68
그나이스트Rudolf von Gneist　402, 405
그라쿠스Gracchus　51
그라티아누스Gratianus　85, 200, 201, 202, 205, 477
그레고리우스 7세Gregorius VII　154, 155, 160, 175, 209, 210
그레고리우스 9세Gregorius IX　203
그로티우스Hugo Grotius　301, 319, 327, 330, 331, 332, 333, 334, 335, 337, 523
그림Jakob Grimm　135, 364, 365, 366, 371, 476
글란빌Ranulf de Glanvill　140, 231, 233, 522
기이르케Otto von Gierke　372, 400, 410, 411, 412, 413, 415, 416, 426, 453, 525
기조François Guizot　393

나 다

나폴레옹Napoléon Bonaparte　340, 347, 353, 354, 361, 362, 363, 365, 395, 399, 420, 447
뇌르Knut W. Nörr　135

다윈Charles Darwin　374, 375
단넨바우어H. Dannenbauer　68, 70
단테Dante　189, 200
데카르트René Descartes　327, 369
도노Hugues Doneau　276, 277, 330
도마Jean Domat　335, 353, 524
뒤기Léon Duguit　401
뒤물랭Charles Dumoulin　139, 352
뒤크로크M. Th. Ducrocq　395
디드로Denis Diderot　340
디스텔캄프B. Diestelkamp　136
디오클레티아누스Diocletianus　54, 61

라

라드브루흐Gustav Radbruch　163, 440

라렌츠Karl Larenz 434
라반트Paul Laband 377, 400, 401, 405
라스 카사스Bartolomé de Las Casas 329
라이문두스Raimundus 203, 206
라이저Augustin Leyser 323
라페리에르Firmin Laferrière 394
라페리에르Édouard Laferrière 398
레오폴트 2세Leopold II 351
레프고우Eike von Repgow 137, 202, 476, 522
로크John Locke 337, 360, 524
로타르 2세Lothar II 285, 286
롬브로조Cesare Lombroso 419
뢰슬러Karl Rösler 451
루터Martin Luther 247, 248, 249, 286, 436, 523
뤼터스Bernd Rüthers 441
리스트Franz von Liszt 419, 420, 525
리틀턴Littleton 233
립시우스Justus Lipsius 282, 283, 292, 299, 301, 302, 303, 304, 319, 320, 330

마

마르티니Karl Anton von Martini 352
마우리츠Maurits 301
마우스Heinz Maus 438
마이어F. F. von Mayer 405, 406, 407
마이어Theodor Mayer 295
마키아벨리Niccolò Machiavelli 299, 302
마틸다Matilde di Canossa 175
막시밀리안 1세Maximilian I 161, 227, 239, 244, 251, 252, 261, 262, 478
메비우스David Mevius 317, 319, 320, 334
메이틀랜드Frederic William Maitland 23, 375
메인Henry James Sumner Maine 373, 374, 375, 376, 451
메테르니히Metternich 367
멜란히톤Philipp Melanchthon 286
멩거Anton Menger 410, 411, 412, 416, 453
모데스티누스Modestinus 61, 63, 92
몰Robert von Mohl 399, 400, 403, 405
몽테뉴Montaigne 344
몽테스키외Montesquieu 209, 341, 342, 343, 348, 349, 394, 524
미타이스H. Mitteis 68, 76, 77, 79, 100, 117, 163

바

바르베락Jean Barbeyrac 333, 334
바르톨루스Bartolus 22, 173, 187, 188, 189, 190, 191, 192, 194, 195, 196, 221, 222, 229, 272, 273, 274, 275, 278, 279, 314, 523
바트비Anselme Batbie 395
발두스Baldus 22, 187, 189, 221
발라Valla 271
배어Otto Bähr 402, 405
버만Harold J. Berman 105, 156
베버Max Weber 230, 231, 304, 423
베젤러Beseler 371, 372
베카리아Cesare Beccaria 341, 345, 418, 524
벤담Jeremy Bentham 346, 524
벨커Carl Theodor Welcker 400
보댕Jean Bodin 268, 292, 299, 300, 301, 302, 523
보마누와르P. de Beaumanoir 138, 523
보아소나드Gustave Émile Boissonade 354, 447, 448, 449, 450, 451
볼테르Voltaire 265, 339, 340, 344, 345
볼프Christian Wolff 335, 336, 402, 524
뵈머Böhmer 264, 323, 334

부르히하르트Burchard   199, 200
뷔데Guillaume Budé   272, 274, 275, 279, 478
브라운Peter Brown   153, 163
브란트Sebastian Brant   278
브랙톤Henry de Bracton   22, 23, 140, 231, 233, 522
브룬너Heinrich Brunner   68, 77, 151
브룬너Otto Brunner   72, 126, 157, 292, 293, 294
브룬네만Johann Brunnemann   264, 323
브리앙Aristide Briand   16
블랙스톤Sir William Blackstone   234, 524
블로크Marc Bloch   83, 116
비노그라도프Paul Vinogradoff   375
비르크마이어Karl von Birkmeyer   418
비스마르크Otto von Bismarck   401, 416
비아커Franz Wieacker   280, 318, 351, 368, 378, 384, 418
비토리아Francisco de Vitoria   328, 329
빈딩Karl Binding   418
빈트샤이트Bernhard Windscheid   370, 377, 378, 379, 381, 382, 383, 385, 387, 388, 409, 481, 525

사

사비니Friedrich Carl von Savigny   59, 351, 363, 364, 365, 366, 367, 368, 369, 370, 371, 372, 376, 378, 387, 388, 399, 457, 469, 481, 525
살레이유Raymond Saleilles   384
샤를마뉴 대제Chalemagne   82, 101, 105, 107, 108, 109, 110, 123, 135, 198, 283, 475, 522
성 루이Saint Louis   229
세풀베다Juan Ginés de Sepúlveda   329
센Marcel Senn   141
소토Domingo de Soto   328, 329
수아레즈Francisco Suárez   328

쉴터Johann Schilter   314, 322
슈미트Carl Schmitt   436, 437
슈미트Eberhard Schmidt   163, 256, 346
슈바르첸베르크Johann von Schwarzenberg   261, 262, 523
슈타인Lorenz von Stein   451
슈탈Friedrich Stahl   404, 405, 406
슈트뤽Samuel Stryk   288, 312, 322, 323, 324, 334, 524
슈프렝거Sprenger   268, 480
슐로써Johann Georg Schlosser   350
스미스Adam Smith   403
스바레츠Carl Gottlieb Svarez   348, 350
스키피오Scipio   51
스탕달Stendhal   354
스트루베Georg Adam Struve   314, 315, 316, 322

아

아리스토텔레스Aristoteles   183, 186, 214, 233, 279, 281, 283, 293, 300, 305, 343, 394
아우구스투스Augustus   52, 53, 54, 55, 61, 66
아이히호른Karl Eichhorn   367, 525
아조Azo   184, 231, 522
아쿠르시우스Accursius   183, 184, 185, 187, 189, 196, 273, 274, 275, 278, 477, 522
아퀴나스Thomas Aquinas   186, 200, 212, 328, 522
안드레아에Johannes Andreae   206
알치아토(=알키아투스)Andrea Alciato   272, 273, 274, 275
에드워드 1세Edward I   232, 233
에벨Ebel   161
에얼리히Eugen Ehrlich   382, 385, 386, 387
엘리아스Norbert Elias   304

예링Rudolf von Jhering   30, 370, 382, 383, 384, 387, 419, 525
예카테리나 2세Ekaterina II   340
옐리네크Georg Jellinek   406
옐리네크Walter Jellinek   433
오도아케르Odoacer   85
오도프레두스Odofredus   174, 182, 189
오뜨망François Hotman   276
오베르투스Obertus de Orto   180
오스틴John Austin   451
오코크Léon Aucoc   397, 398, 406
오토 1세Otto I   154, 522
외스트라이히Gerhard Östreich   301, 304, 305, 307
요제프 2세Joseph II   351, 524
우르바누스 2세Urbanus II   160
울피아누스Ulpianus   42, 60, 61, 62, 63, 92, 390
유스티Johann von Justi   308
유스티니아누스Justinianus   31, 36, 58, 59, 61, 82, 84, 90, 91, 94, 96, 178, 180, 183, 521
율리아누스Iulianus   58, 59, 63, 93, 179
이르네리우스Irnerius   174, 175, 180, 182, 184, 185, 200, 285, 522
이보Ivo   199, 200, 201
이시도르Isidor   198, 199, 201
인노켄티우스 3세Innocentius III   202, 205
인노켄티우스 4세Innocentius IV   206, 212
인노켄티우스 8세Innocentius VIII   268
인스티토리스Institoris   268

자

제니François Gény   384
제랑도baron de Gérando   394
젠틸리Alberico Gentili   331

존넨펠스Joseph von Sonnenfels   308, 352
진츠하이머Hugo Sinzheimer   433
짜일러Franz von Zeiller   352, 399
짜지우스Ulrich Zasius   272, 278, 279, 280, 311, 312, 478, 523

카

카라칼라Caracalla   48, 60, 61
카르머Johann Heinrich von Carmer   350
카르프초프Benedikt Carpzov   254, 264, 265, 266, 267, 268, 317, 319, 320, 321, 322, 524
카이사르Julius Caesar   52, 65, 66, 74
칸토로비츠Hermann Kantorowicz   383, 384, 385, 433
칸트Immanuel Kant   338, 339, 352, 362, 366, 399, 402, 403, 418
칼 4세Karl IV   227
칼 5세Karl V   260, 262, 523
캉바세레스Jean-Jacques Régis de Cambacérès   353
케른Fritz Kern   133
켈젠Hans Kelsen   386, 433, 436
켐핀-스퓌리Emilie Kempin-Spyri   414, 415, 424
코바루비아스Diego de Covarrubias   322, 328
코샤커Paul Koschaker   233, 440
콕체이Samuel von Cocceji   349, 524
콘링Hermann Conring   270, 280, 281, 282, 283, 284, 285, 286, 287, 288, 311, 319, 323, 383, 524
쾨블러Gerhard Köbler   134
쿠덴호프-칼레르기Coudenhove-Kalergi   16
쿠자누스Nicolaus Cusanus   237, 523
쿠크Edward Coke   22, 233, 234, 404, 524
크라이트마이어Kreittmayr   318
크뢰셀Karl Kroeschell   68, 78, 134, 415, 429
클라인Ernst Klein   350

클로비스Clovis   82, 85, 89, 98, 101, 102, 475
키누스Cinus   187, 189
키르히만Julius von Kirchmann   382
키케로Cicero   35, 55, 276, 327

타

타키투스Cornelius Tacitus   66, 69, 70, 71, 75, 77, 79, 100, 118, 282, 283, 316
테오도릭Theodoric   85, 88, 521
테우토니쿠스Johannes Teutonicus   202, 205
토마지우스Christian Thomasius   323, 334, 349, 524
트리보니아누스Tribonianus   91, 92, 200, 275, 474
티보Anton Thibaut   361, 362, 363, 365, 366, 367

파

파놀미타누스Panolmitanus   207
파스칼Blaise Pascal   335
파울루스Paulus   60, 61, 62, 63, 92, 104
파피니아누스Papinianus   42, 60, 63, 92
페르Hans Fehr   156
포르탈리스Jean Portalis   353
포이에르바하Ludwig Feuerbach   365, 418, 420
포테스큐Fortesque   233
포티에Robert-Joseph Pothier   353, 524
퐁텐느Pierre de Fontaines   228
푸카르Émile-Victor Foucart   395
푸코Michel Foucault   340
푸펜도르프Samuel von Pufendorf   331, 332, 333, 334, 350, 524
푸흐타Georg Puchta   370, 382, 383, 385, 481, 525
퓌터Johann Pütter   284, 323, 350

프리드리히 1세Friedrich I   161, 170, 171, 176
프리드리히 2세(대왕)Friedrich II   340, 524
프리드리히 2세(황제)Friedrich II   155, 161, 171, 173, 202, 227
프리드리히 3세Friedrich III   238, 239, 240
플라니츠Hans Planitz   129

하

하드리아누스 1세Hadrianus I   54, 59, 93, 105, 198, 521
하워드John Howard   345
하위징아Huizinga   157, 162
하이넥치우스Johann Gottlieb Heineccius   323, 324
하인리히 4세Heinrich IV   154, 155, 160, 175
하인리히 5세Heinrich V   130
하인리히 7세Heinrich VII   161
하인리히 사자공Heinrich der Löwe   161
한니발Hannibal   51
할퉁F. Hartung   238
헤겔Georg Hegel   362, 418, 434, 437
헥크Philipp Heck   386, 387, 428
헨네베르크Berthold von Henneberg   238
헨리 8세Henyr VIII   234, 329
헬러Hermann Heller   433, 436
호노리우스 3세Honorius III   176, 202, 228, 522
호스티엔시스Hostiensis   206
홉스Thomas Hobbes   331, 332, 333, 337, 360, 436, 524
후버Eugen Huber   417, 437
휘튼Henry Wheaton   445
힌덴부르크Paul von Hindenburg   432

사항색인

가

가家 41, 42, 72, 73, 75, 102, 208, 292, 293, 294, 295, 341, 424, 473
가부장(pater familias) 29, 33, 41, 42, 56, 57, 72, 73, 74, 75, 292, 293, 294, 295, 298, 300, 341, 348, 423, 473
가부장권(patria potestas, Munt) 29, 33, 41, 42, 56, 72, 277, 294, 295, 298, 341, 473
가산제家産制(patrimonialism) 298, 300
가인家人 126, 128
가정학家政學(oikonomica) 293, 294, 300
가족법 208, 409
가짜 이시도르 교령집 199
가해자위부加害者委付(noxae deditio) 56
개념법학 382, 384, 386, 387, 388, 410, 418
개혁법전(Reformation) 142, 279, 311, 318
검의 귀족(Noblesse d'épée) 297
게노센샤프트Genossenschaft 68, 223, 307, 308
게르마니스텐 31, 369, 370, 371, 372, 373, 410, 411, 426, 439, 453
『게르마니아』 66, 69, 70, 71, 72, 75, 79, 118, 283, 316

게르만법 28, 29, 31, 145, 369, 372, 409, 410, 426
『게르만법의 기원』 270, 281, 283, 284, 285, 287, 311, 524
게베레Gewere 73, 74, 118, 144, 145
결투재판 20, 147, 152, 153, 162, 229
계몽 219, 338, 339, 340, 343, 348
계몽사상 219, 420
계몽절대주의 305, 335, 340, 341, 349, 351, 417, 426
계몽주의 219, 317, 318, 330, 338, 339, 340, 341, 342, 343, 344, 345, 346, 347, 348, 354, 359
계몽주의자 339, 340, 344
계약 83, 98, 104, 115, 119, 122, 123, 145, 172, 175, 194, 208, 211, 213, 214, 316, 317, 318, 332, 333, 354, 358, 363, 374, 375, 376, 380, 383, 392, 411, 422, 424, 425, 427, 434, 435, 436, 455, 464
『고대법(Ancient Law)』 373, 374
고등법원 229, 297, 478
고등안찰관 59
고문 215, 258, 259, 260, 263, 264, 265, 266, 267, 341, 345, 524
고시告示(edictum) 44, 45, 55, 58, 59, 89, 240

고유법　219, 279, 280, 287, 288, 310, 311, 312, 313, 315, 316, 320, 324, 331, 464
고전장원　119, 120, 128
고전장원제　120, 127
고전학설　66, 67, 69, 70, 74, 109, 119, 133
고전학파　418, 419, 420
고통형　149, 162, 344, 346
공공의 복지　292, 306, 402, 422, 425
공권력　20, 29, 255, 341, 391, 398, 406, 461
공리주의　346, 347
공법실증주의　400, 401, 405, 406
공사이분론公私二分論　300
공지성　313, 314, 315
공지성의 이론　314
공찬서公纂書·共撰書(Authenticum)　93, 179, 180
공통견해(communis opinio)　188
공화정　33, 34, 35, 36, 37, 49, 53, 54, 55, 58, 65, 281, 393
관료제　82, 97, 155, 211, 301, 302, 303, 305, 460
관방학官房學(Kameralistik)　308
관습법(common law)　22, 35, 74, 82, 87, 102, 108, 110, 119, 121, 132, 133, 134, 135, 136, 137, 138, 139, 140, 142, 171, 183, 223, 226, 228, 229, 231, 233, 234, 235, 243, 280, 311, 312, 324, 352, 353, 364, 374, 416, 465, 466, 474, 525
권(Volumen)　180
괴팅겐 7교수　371, 525
교령집 학파　204, 205, 206, 477
교사단체(collegium)　176
교수면허　176
교황　22, 83, 134, 141, 154, 155, 160, 170, 173, 176, 197, 199, 200, 202, 204, 206, 210, 211, 268, 283, 477
교황교령집 학파　206, 477

교황교령집록 5권(Quinque compilationes antiquae decretalium)　202, 203, 206
교황혁명(Papal Revolution)　150, 155, 156, 160, 163, 207
교황훈령서(Dictatus Papae)　154, 209, 210
교회　23, 82, 97, 100, 102, 103, 105, 106, 107, 110, 120, 125, 141, 143, 146, 153, 154, 155, 158, 159, 176, 178, 197, 198, 200, 201, 203, 207, 208, 209, 210, 211, 212, 213, 220, 224, 237, 248, 266, 295, 306, 308, 391, 477, 480
교회법(ius ecclesiasticum)　23, 83, 86, 105, 141, 198, 199, 200, 211, 213, 477, 478, 480
구 유럽(Alteuropa)　292, 293, 294, 295, 296, 298, 300, 302, 303, 305, 307, 341
구별(distinctio)　23, 28, 38, 42, 45, 48, 53, 58, 66, 88, 99, 105, 124, 125, 133, 143, 163, 189, 195, 198, 200, 214, 266, 268, 298, 300, 304, 305, 306, 307, 321, 326, 336, 358, 359, 368, 386, 391, 395, 398, 399, 423, 426, 437, 438
구성법학　379
구체적 질서사고　437
구학설휘찬(Digestum vetus)　180
국왕법원　106, 140, 229, 230, 232, 233, 404
군도바드왕의 법전　89, 98
권리　19, 20, 21, 22, 24, 25, 29, 36, 38, 41, 44, 49, 60, 72, 109, 117, 119, 127, 134, 142, 144, 148, 151, 156, 157, 170, 242, 247, 250, 252, 262, 277, 295, 298, 320, 329, 336, 337, 341, 355, 358, 384, 390, 392, 411, 422, 424, 426, 434, 438, 439, 447, 448, 455, 456, 461, 464, 474, 476
『권리를 위한 투쟁』　383, 525
귀족　70, 71, 85, 102, 109, 110, 118, 119, 121, 122, 123, 124, 125, 126, 128, 136, 137, 141, 156, 158, 172, 214, 250, 296, 307, 363, 391,

396, 475
규문소송糾問訴訟　214, 254, 256, 257, 258, 259, 260, 262, 263, 264, 265, 266, 268, 345
그라가스Grágás　139
그라티아누스 교령집(Gratiani decretum)　200, 201, 202, 203, 204, 205, 477, 522
그라프법원　106, 107
그레고리우스 9세 교황교령집　203, 204, 206, 522
그레고리우스의 칙법집　86, 88
근거 있는 주장　288, 314
근대가족　341
근대 공법이론　393
근대 공법학　389, 390, 391, 392, 393, 398, 404, 437
근대법　19, 21, 92, 99, 100, 134, 358, 359, 360, 391, 421, 422, 423, 425, 432, 459, 462, 463, 466, 467
근대법시스템　358, 360, 408, 421, 422, 438
근대법원리　358, 360, 373, 422
근대법학　19, 21, 92, 168, 358, 359, 361, 422
근대시민법　358, 423, 424, 425
근대시민법원리　354, 446, 456
근대학파　418, 419, 420
금인칙서金印勅書(Bulla Aurea, Goldene Bulle)　126, 141, 227, 523
기사(knight)　37, 69, 124, 125, 126, 156, 157, 158, 159, 160, 239, 256, 307, 363
기사 페데　126, 157
기율　104, 301, 302
긴급명령권　432
꽁세유 데따Conseil d'État　393, 395, 396, 397, 398, 401, 525

나

나치　382, 388, 432, 433, 440
나치법　407, 437, 439, 441
나치 정권　402, 429, 430, 432, 433, 434, 435, 436, 437, 438, 440, 525
나폴레옹 법전　354
낭만주의　368, 371
네 개의 제국이론　319
네덜란드 운동　301, 319, 330
네덜란드 후기인문주의　282
노르망디 대관습법서　138
농민　70, 83, 116, 119, 120, 121, 122, 123, 124, 126, 127, 128, 130, 135, 136, 141, 142, 156, 158, 159, 247, 248, 307, 312, 372, 397, 424, 426

다

당사자소송　148
대권판결大權判決(Machtspruch)　342
대법관부법원大法官府法院(Court of Chancery)　232, 233, 234, 235
대학　15, 83, 168, 173, 176, 177, 186, 202, 204, 220, 221, 222, 226, 231, 232, 260, 272, 285, 286, 287, 313, 314, 319, 323, 330, 365, 393, 398, 440, 443, 452, 479
대학단大學團　175, 176
도시(civitas)　32, 83, 127, 128, 129, 130, 131, 140, 142, 144, 162, 168, 169, 170, 171, 172, 173, 174, 176, 177, 185, 190, 192, 193, 194, 222, 228, 237, 238, 241, 243, 251, 252, 256, 278, 279, 295, 297, 305, 306, 307, 311, 313, 315, 317, 391, 426, 474

도시국가(civitas) 29, 31, 32, 33, 169, 170, 171, 172, 173, 184, 185, 190, 191, 192, 193, 194, 327
도시법圖示法 83, 130, 140, 141, 142, 279, 280, 320
도시자치 170, 171, 190, 191
도이첸슈피겔Deutschenspiegel 137, 138, 523
『독일에서의 일반민법전의 필요성에 대하여』 361
독일 민법전(BGB) 279, 335, 351, 378, 408, 413, 414, 415, 416, 417, 418, 425, 427, 434, 525
독일 민법전 - 제1초안 262, 351, 353, 378, 409, 410, 411, 413, 414, 452
독일 민법전 - 제2위원회 411, 412, 413
독일 민법전 - 제2초안 351, 413, 414, 453
독일 민법전 - 제3초안 415
독일 보통법학 378
독재관獨裁官(dictator) 39, 40, 274
동산 47, 74, 143, 144, 435, 448
동해보복同害報復(talio) 162
등족等族(Stände) 238, 295, 296, 298, 300, 307, 308, 312, 351, 352
디오니시아나Dionysiana 198

라

라이덴대학 281, 282, 301, 319, 330, 331, 445
라인동맹 365
라인동맹시대 366
란트Land 126, 140, 141, 157, 237, 238, 260, 293, 303, 307, 349, 408, 409, 413, 414, 420
란트법 137, 140, 141, 142, 144, 279, 280, 287, 296, 318, 319, 320, 350, 368
란트에 유해한 사람들 256
란트평화령 141, 150, 160, 161, 162, 163, 238, 240, 252, 522
랑고바르드법Lombarda 174, 285

레갈리아regalia 126, 170, 237
레비지오Revisio 242, 244, 251
레엔Lehen 114, 116, 117, 118, 119, 121, 122, 126, 141, 143, 161, 213, 245, 425
레엔법 83, 119, 137, 141, 161, 391
레엔제 116, 117, 118, 119, 121, 122, 125, 455
레케스빈트왕Recceswinth의 서고트법전 88
로마 교황 82, 103, 104, 105, 150, 154, 160, 197, 198, 199, 202, 206, 209, 210, 211, 224, 227, 228, 303
로마-네덜란드법(Roman-Dutch Law) 235, 278
로마-카논법 소송 215, 228, 229, 230
로마니스텐 368, 369, 370, 371, 372, 373, 378, 411, 439
로마법 19, 21, 22, 28, 29, 30, 31, 33, 41, 43, 56, 59, 60, 61, 65, 83, 84, 86, 87, 88, 89, 90, 91, 93, 96, 97, 98, 137, 140, 141, 142, 144, 155, 164, 168, 172, 174, 175, 176, 177, 178, 182, 184, 185, 186, 187, 188, 191, 192, 193, 194, 197, 200, 203, 210, 211, 212, 215, 218, 219, 220, 221, 222, 223, 224, 225, 226, 227, 228, 229, 230, 231, 232, 233, 234, 235, 257, 259, 262, 266, 270, 272, 273, 274, 275, 276, 277, 278, 279, 280, 284, 285, 286, 287, 288, 301, 309, 310, 311, 312, 313, 314, 315, 316, 317, 318, 322, 323, 324, 331, 332, 334, 336, 349, 351, 352, 359, 368, 369, 370, 372, 373, 378, 379, 380, 381, 383, 384, 385, 387, 390, 409, 410, 439, 440, 443, 455, 456, 464, 465, 476, 478, 480, 481, 522
로마법 계수 219, 220, 222, 225, 226, 243, 254, 259, 260, 266, 281, 284, 287, 312, 314, 324, 372, 426, 440, 481
로마법의 효력 285, 288, 314, 322
로타르 전설 281, 285, 286, 287, 288, 314, 319

로타리왕의 고시   521
르네상스   164, 168, 178, 218, 270, 271, 272, 275, 276, 330, 359
『리바이어던Leviathan』   337, 524
리부아리아 법전(Lex Ribuaria)   89

마

『마녀의 망치』   268, 480
마녀재판   148, 254, 264, 265, 266, 267, 268, 269, 302, 320, 334
막대한 손해(laesio enormis)   309
막시밀리안 바이에른 민법전(Codex Maximilianeus bavaricus civilis)   318
만국교수권萬國敎授權(ius ubique docendi)   176, 177
만민법萬民法(ius gentium)   44, 45, 46, 47, 48, 193, 329, 332, 333, 390, 524
매관제   297, 298
명령권(imperium)   33, 34, 38, 40, 41, 45, 50, 51, 52, 53, 54, 274
명예혁명   337, 360, 524
목적법학   383
무장권   156, 157, 159
문답계약問答契約(stipulatio)   47
문명화   304, 344, 355, 417, 418
뮐하우젠 제국법서(Mühlhäuser Reichsrechtsbuch)   138
『민법전 서론(Discours préliminaire)』   353
민족정신(Volksgeist)   368, 373, 376, 399
민중법民衆法(Volksrecht, popular law)   372, 410
민회民會(comita curiata)   29, 34, 35, 36, 37, 38, 40, 41, 50, 52, 53, 69, 70, 71, 79, 172, 284, 296, 473

바

바야돌리드의 대논쟁   329
바이마르 공화국   421, 423, 430, 434
바이마르 헌법   401, 423, 424, 425, 426, 427, 430, 432, 435, 436, 439, 453, 525
바이에른 법전(Lex Baiuvaiorum)   108, 521
박사들의 공통견해(communis opinio doctorum)   222, 273
반영형反映刑   162
밤베르크 형사재판령   261, 523
방식서소송方式書訴訟(litigare per formulas)   45, 62
백관구제伯管區制   105, 108, 109
『범죄와 형벌(Dei delitti e delle pene)』   341, 345, 524
법률소송(legis actio)   44, 45, 62
법무관法務官(praetor)   30, 36, 37, 39, 43, 44, 45, 47, 58, 59, 69
법무관법(ius praetorium)   45, 47
법복귀족(Noblesse de robe)   275, 297
법사회학   230, 231, 384, 385, 433, 453
법생활의 학문화(Wieacker)   223
법실증주의 비판   428, 436
법의 지배(rule of law)   22, 23, 404, 466
『법의 정신(De l'esprit des lois)』   209, 341, 343, 348, 524
법전논쟁法典論爭   361, 362, 364, 365, 366, 367, 375, 525
법전편찬   31, 87, 90, 91, 202, 219, 235, 317, 318, 325, 334, 336, 338, 340, 346, 347, 348, 349, 351, 353, 362, 363, 364, 366, 367, 368, 375, 376, 408, 415, 417, 480, 481
『법정의 거울』   205
법정절차法廷節次(in iure)   43, 44, 45
법조법法曹法(Juristenrecht, jurists' law)   18, 23, 372, 386

법조학원(Inns of Court) 232, 233, 234, 452
법치국가(Rechtsstaat) 24, 350, 402, 403, 404, 406, 429, 437, 439
법관고法判告 134, 135, 136, 141
법학식자 21, 89, 142, 223, 225, 286, 312
『법학제요法學提要(Institutionum commentarii quattuor)』 42, 44, 46, 56, 59, 60, 62, 88
베를린대학 363, 367, 450
베스트에타 법전 139
베스트팔렌조약(Der Westfälische Friede/Westfälische Friedensschluss) 241, 245, 303, 390, 479, 524
보강학설휘찬(Digestum infortiatum) 180
보급본(Littera vulgaris, vulgata) 179, 188
보름스 협약(1122년) 155, 522
보베지 관습법서(Commentaire coutumes de clermont-en-beauvaisis) 138, 147, 523
보베지 관습법서(Coutumes de Beauvaisis) 228
보통법(ius commune) 83, 177, 185, 193, 194, 195, 197, 218, 220, 221, 222, 224, 225, 227, 229, 232, 233, 243, 279, 284, 310, 311, 312, 313, 314, 315, 316, 318, 320, 362, 363, 368, 370, 373, 409, 415, 480, 481
보통법학 222, 312, 325, 363, 373, 378, 390
보통추가 교황교령집 204
보호관계 121, 122, 123
보호자保護者(patronus, patron) 51, 52, 104, 121, 122, 211, 473
복수 19, 56, 71, 75, 76, 77, 102, 107, 126, 146, 156, 212, 254, 255, 258
볼로냐대학 168, 173, 174, 175, 176, 177, 180, 202, 203, 204, 206, 207, 221, 231
볼로냐대학의 4박사 184
볼로냐본(Littera Bononiensis) 179, 180, 188
봉건법서(Libri feudorum) 137, 141, 180
봉건사회 67, 82, 83, 114, 116, 117, 119, 121, 122, 123, 124, 125, 126, 128, 131, 141, 143, 156, 157, 229
봉건제(封建制, feudalism) 23, 82, 83, 109, 114, 115, 116, 120, 123, 128, 157, 169, 296, 391, 421, 425, 426, 444
봉신제(Vasalität, vassalage, 家土制, 主從制) 117, 118, 119, 122
부동산 47, 74, 142, 143, 248, 416, 448, 465
부르구스burgus 128, 129
부르군트 법전(Lex Burgundionum) 89
부르군트의 로마법전(Lex Romana Burgundionum) 88, 521
부르크 69
부족 66, 69, 75, 82, 87, 97, 98, 101, 107, 108, 110
부족 법전 82, 84, 87, 89, 90, 95, 97, 98, 100, 107, 110
부족법 83, 142, 320
분석법학 373
불상소특권 242
불이관 특권 242
불이관·불상소 특권 302
비속 로마법 87, 95
빈대학 293, 351, 383, 385, 412

사

『사명』 364, 365, 366, 368, 369
사비누스학파 55, 57, 58, 60
사용취득使用取得(usucapio) 47
사회계약 337, 345, 374, 402, 403
사회계약론 345, 436, 524
사회법社會法 358, 375, 381, 382, 407, 410, 422, 425, 453

사회법학社會法學　384, 412
사회적 규율화(Sozialdisziplinierung)　292, 302, 303, 304, 305, 307, 318, 338, 340
사회적 소유권　425, 426, 427, 435
사회적 평등　422, 424, 427
사회주의　411, 417, 431, 453, 466
살리카 법전(Lex Salica)　77, 82, 89, 97, 98, 99, 100, 101, 102, 104, 107, 110, 475, 521
삼권분립　360, 392, 393, 396, 437
삼부회　296, 297, 305
상급소유권　426
상비군　53, 301, 302, 303, 305
상인　106, 128, 129, 130, 142, 158, 159, 169, 170, 172, 173, 175, 208, 412
상인법商人法　83, 141
상인정주지(vicus)　128, 129
서고트의 로마 법전(Lex Romana Visigothroum)　87, 521
서약　32, 47, 103, 115, 118, 129, 158, 160, 161, 208, 243
선서(coniuratio, compurgation)　52, 76, 77, 129, 146, 147, 148, 150, 153, 162, 208, 214, 255, 256, 262, 296, 479
선서보조자　76, 147, 224, 255, 256
선제후選帝侯　227, 238, 239, 307, 318
성 루이 법령집　74, 138
성속 분리　24, 150, 154, 155, 163
성실　117, 118, 157, 294, 307, 316, 317, 324
성직서임권 투쟁　150, 175, 176
성직자　105, 138, 140, 141, 153, 154, 158, 159, 160, 197, 199, 201, 203, 208, 209, 212, 214, 215, 226, 229, 233, 248, 250, 251, 296, 328, 522
소권訴權(actio)　43, 44, 45, 57, 60, 316, 332, 449, 455

소송기록송부　313
소유권　22, 46, 47, 118, 142, 143, 144, 145, 250, 298, 332, 354, 358, 380, 393, 422, 425, 426, 427, 432, 434, 435, 438, 464
속인주의屬人主義　87
속죄　158, 160, 162, 199, 212, 254
속죄금贖罪金　77, 90, 98, 99, 100, 102, 103, 145, 146
손이 손을 지켜라(Hand wahre Hand)　145, 316
수공업자　130, 172
수권법授權法(Ermächtigungsgesetz)　432
수사 원칙　257, 258, 264
슈라이만넨Schreimannen　76, 255
슈바벤슈피겔Schwabenspiegel　72, 122, 138, 523
슈타인-하르덴베르크 개혁(Stein-Hardenbergische Reformen)　351
스칸스케 로　139
스코네 법서　139
시공　17, 18, 19, 28, 31, 49, 55, 293, 327, 328, 336, 349, 421, 469
시민(citoyen)　39, 44, 46, 48, 49, 50, 52, 53, 124, 128, 129, 130, 131, 136, 141, 142, 169, 170, 171, 195, 226, 281, 283, 296, 300, 307, 333, 334, 341, 344, 346, 348, 353, 354, 355, 372, 394, 397, 398, 399, 406, 455
시민 담당 법무관(preator urbanus)　39, 44
시민법(ius civile)　43, 44, 45, 46, 47, 48, 57, 61, 203, 300, 335, 358, 390, 524
시민법대전市民法大全(corpus iuris civilis)　82, 91, 93, 94, 95, 137, 178, 271, 276, 332, 363, 370, 373, 378, 418
시민법원리　422, 453
시민사회　340, 341, 346, 348, 355, 358, 370, 373, 399, 422, 424, 437
시민적 가부장제　423

538　　　　　　　　　　　　　　　　　　　　　　　　개설 서양법제사

시장집락   128, 129
신구논쟁(Querelle des Anciens et Modernes)   330
신디카투스 제도   273
신법   155, 183, 202, 210, 299, 300
신분(état)   70, 83, 121, 123, 124, 128, 130, 131, 141, 156, 159, 223, 237, 241, 296, 297, 306, 307, 358, 359, 374, 375, 391, 404, 422
신분에서 계약으로   374, 375
신분제국가   218, 295
신분제사회   304, 358, 359, 423
신분제의회   237, 292, 296, 297, 300, 303, 305, 392
신스토아주의   292, 299, 301, 303, 304, 330
신의 평화   158, 159, 160
신의 휴전   159, 160
신의성실(bona fides)   45, 55, 427, 441
신의칙   427, 428, 429
신체형   149, 150, 160, 161, 162, 163, 420
신칙법휘찬(Novellae)   88, 93, 94, 179, 180, 275
신판神判   146, 147, 148, 150, 151, 153, 215, 220, 223, 229, 476, 522
신학설휘찬(Digestum novum)   180
실체적 진실 원칙   257, 258, 264
심판인審判人(iudex)   43, 44, 62
심판절차審判節次(apud iudicem)   43, 44, 45
쓰인 이성(ratio scripta)   187, 225, 288, 311, 336

아

아놀트 소송(Müller Arnold Prozesse)   349, 350, 524
아라곤 관습법서   139
아에부티우스법(lex Aebutia)   45
아우크스부르크의 종교평화령   250, 523
아이겐Eigen   144
아쥘Asyl(피난소)   146, 159
아하트   161, 242, 252
악취행위握取行爲(mancipatio)   46, 47
악티오actio(소권)   379
안찰관按察官(aediles)   38, 39
알라릭 초전抄典(Breviarium Alarici)   87, 88, 98, 107, 521
알레만넨 법전(Lex Alamannorum)   107, 108, 521
앙시앙 레짐   318, 344, 352, 392
야경국가   395
양법박사   205, 220, 221, 414
엄격법嚴格法(ius strictum)   30, 44
에셀베르트왕 법전   89, 90
에스트에타 법전   139
에우릭왕의 법전(codex Euricianus)   87, 108, 521
에퀴티Equity   230, 232, 233
역사법학   361, 364, 366, 368, 369, 373, 375, 376, 443, 481
『역사법학잡지(Zeitschrift für die geschichtliche Rechtswissenschaft)』   367
역사법학파   325, 351, 361, 364, 367, 368, 369, 373, 374, 376, 410
연장延長(prorogatio)   208
영구고시록(edictum perpetuum)   58, 59, 61, 521
영구란트평화령(Ewige Landfriede)   161, 227, 239, 240, 241, 242, 250, 260, 262, 474, 523
영사재판領事裁判   446
영아살해   343
오래되고 좋은 법   132, 133, 134, 140, 210, 302, 351
오스트리아 일반민법전(ABGB)   336, 351, 352, 417, 525
옥스퍼드대학   231, 331
완전한 가   294
왕법(lex regia)   134, 140
외국인 담당 법무관(praetor peregrinus)   39, 44, 45,

521
요하네스 22세 추가교황교령집   204
원로원元老院(senatus)   34, 36, 39, 40, 41, 50, 52, 53, 275
원로원의결(senatus consultum)   40, 58, 59
원수(princeps)   53, 55, 58, 59, 60, 238
원수정元首政   48, 49, 51, 53, 54, 55, 58, 61, 62
위헌법률심사권   392, 428
유럽경제공동체(EEC)   16, 525
유럽연합(EU)   16
유스티니아누스 법전   36, 59, 82, 83, 84, 88, 90, 91, 94, 95, 96, 174, 177, 178, 180, 181, 183, 184, 211, 222, 223, 266, 276, 521
유스티니아누스법   283
유언   75, 142, 143, 194, 208, 213
유포본   272
율리아누스 초록(Epitome, Epitome Iuliani)   93, 179
은급제恩給制   117, 118, 119
응보형   418
이네왕 법전   90
이성(ratio)   22, 183, 185, 186, 187, 188, 189, 214, 288, 293, 317, 318, 324, 326, 327, 328, 332, 338, 339, 340, 341, 347, 349, 363, 364
이익법학   382, 384, 386, 387, 388, 422, 427, 428, 438
이익형량   386, 438
이탈리아 정책   170
이탈리아 학풍(mos italicus)   222, 226, 266, 273, 274, 279, 313, 477
인간 및 시민의 권리선언   333
인격   54, 73, 147, 211, 358, 363, 403, 422
인권   20, 371, 392, 395, 399, 466
인권선언   355, 360, 392, 524
인명금人命金   99
인문주의   270, 271, 272, 273, 277, 278, 280, 311

인문주의법학   218, 226, 270, 272, 274, 275, 276, 278, 310, 311, 332, 368, 478
인용법引用法(lex citationum)   62, 63, 521
인테르폴라치오interpolatio(修正)   93
일반예방   342
일반조항(Generalklausel)   427, 428, 429, 441
『입법과 법학에 대한 현대의 사명』   363
입헌주의   392, 463, 467
『잉글랜드법 주해(Commentaries on the Laws of England)』   234, 524
『잉글랜드의 법과 관습』   140, 147, 231, 233, 522

자

자권자自權者(sui iuris)   41, 57, 298
자기보존   332, 337
자력구제   29, 62, 73, 82, 99, 126, 147, 157, 292, 295, 298
자백   215, 259, 263, 264, 265, 267, 268
자연권   337, 403
자연법自然法(ius naturae)   44, 155, 183, 193, 225, 288, 299, 300, 311, 327, 328, 331, 332, 333, 334, 335, 336, 337, 353, 385, 390, 441, 460, 524
자연법론自然法論   55, 219, 235, 301, 317, 318, 326, 327, 328, 330, 331, 332, 333, 334, 335, 336, 338, 341, 344, 347, 352, 360, 362, 364, 367, 368, 369, 374, 379, 402, 403, 440
자연상태   333, 337, 402
자유법론   382, 384, 385, 386, 388, 418, 419
자유법론자   382, 384
자유법운동   382, 385, 422, 427, 430, 433
자유법학   385, 387, 438
자유인   48, 66, 67, 68, 70, 71, 72, 73, 79, 98, 99,

102, 103, 106, 109, 115, 117, 118, 120, 121, 123, 124, 128, 129, 142, 147, 149, 156, 163, 277

자유형　162, 345, 346, 420

자유혼　143

자치권　171

자치도시　170, 173, 313, 445

자크 다블레쥬의 프랑스 대관습법서　138, 523

작센 법전(Lex Saxonum)　108, 522

작센슈피겔Sachsenspiegel　125, 137, 138, 140, 142, 144, 147, 152, 202, 228, 317, 319, 320, 476, 522

장원莊園　119, 121, 126, 127, 128

장원莊園제(Grundherrschaft)　114, 116, 117, 119, 120, 121, 123, 124, 128, 444

장원법莊園法　83, 121, 127, 141

재무관財務官(quaestor)　38, 39

재치권裁治權(iurisdictio)　170, 171, 191, 192, 193, 313

재판절차론(ordines iudiciarii)　205

전아법학典雅法學(elegante Jurisprudenz)　274

『전쟁과 평화의 법(De jure belli ac pacis)』　327, 331, 332, 523

전주정專主政　53, 54, 61

전체주의(Totalitarismus)　433, 439

절대주의　20, 218, 298, 299, 302, 304, 305, 437

정당가격　214, 309

정무관政務官(magistratus)　34, 38, 40, 41, 51, 274, 390

정의　17, 22, 58, 82, 95, 97, 104, 106, 107, 172, 183, 186, 212, 254, 277, 283, 321, 369, 384, 390, 406, 429, 436, 440

제6서(Liber Sextus)　203, 207, 523

제국　29, 60, 62, 95, 103, 104, 106, 110, 138, 140, 141, 154, 155, 160, 161, 171, 176, 178, 184, 185, 190, 192, 193, 194, 198, 220, 225, 227, 228, 236, 237, 238, 239, 241, 242, 243, 244, 245, 246, 249, 253, 260, 261, 262, 281, 282, 283, 284, 285, 286, 302, 303, 304, 308, 314, 315, 390, 408, 460

제국 아하트　161, 242, 252

제국 개조계획　227

제국 개조운동　236, 240

제국공법론(Reichspublizistik)　390, 399

제국궁내법원帝國宮內法院(Reichshofrat)　244, 245, 246, 247, 251, 252, 479, 523

제국도시　237, 242, 248, 251, 479

제국등족　237, 238, 239, 240, 241, 242, 244, 245, 247, 249, 251, 252, 253, 261, 283, 284, 287, 303

제국법帝國法　83, 140, 141, 142, 160, 239, 262, 287, 315, 362, 414

제국제후帝國諸侯　141, 227, 247

제국크라이스(Reichskreise)　240

제국통치원(Reichsregiment)　240, 249, 261, 262

제국회의帝國會議　108, 136, 170, 250, 252, 522, 523

제도적 영역국가制度的領域國家(institutioneller Flächenstaat)　295, 296, 460

제실법원帝室法院(Reichskammergericht)　218, 226, 228, 236, 239, 240, 241, 242, 243, 244, 245, 246, 247, 249, 250, 251, 252, 253, 260, 287, 302, 315, 390, 478, 479, 480

제실법원령帝室法院令(Reichskammergerichtsordnung)　227, 241, 242, 243, 245, 287, 324, 523

조례條例(statutum)　171, 184, 185, 186, 191, 192, 193, 194, 195, 196, 229, 243, 287, 313, 315, 324

조례우선이론　193, 222, 243, 313, 315, 324

조례이론　190, 280, 312, 313

조약개정　446, 449, 453, 462

조언 40, 58, 172, 189, 190, 207, 243, 273, 294, 299, 313, 451
조언과 조력(consilium et auxilium) 297
종교개혁 218, 236, 237, 242, 245, 247, 248, 249, 277, 302, 359
종교전쟁 302, 303
종교평화령 241, 249, 250, 252, 523
종사從士(comitatus) 73, 93, 105, 117, 118, 122, 285, 293, 320, 463, 470, 477
종사제從士制 117, 118, 122
죄형균형의 원리 343, 344
죄형법정주의 420, 441
주권(souveraineté) 191, 192, 193, 299, 300, 308
주권국가 227, 302, 303, 337, 362
주석(glossa) 63, 182, 183, 184, 187, 197, 204, 205, 206, 221, 222, 225, 226, 233, 272, 274, 276, 278, 312, 352, 477
주석학파註釋學派(glossatores) 180, 182, 183, 184, 187, 205, 214, 321, 476, 477, 480
주해註解(commetaria) 22, 182, 185, 186, 188, 189, 191, 194, 197, 206, 207, 222, 225, 272, 273, 278
주해학파註解學派(commentatores) 172, 182, 183, 185, 187, 189, 214, 221, 273, 332, 476, 477, 480
중간단체 299, 300
중간적 권력 295, 304, 305
『중세로마법사』 364
중세로마법학 22, 182, 183, 219, 271, 273, 274, 285
증명이론 313
증인(testes) 43, 46, 76, 147, 148, 152, 214, 224, 259
지도 원칙 369, 376
지배권이전 이론(tarnslatio imperii) 282
직권심리절차(cognitio) 61, 62

직권주의 원칙 257, 258, 264
진화론 375, 376
집외법규집集外法規集(Liber extra) 203, 207
집정관執政官(consul) 34, 36, 37, 38, 39, 40, 50, 51, 55, 69
집페Sippe 67, 68, 71, 72, 75, 102, 151, 474
징빙(Anzeigen) 256, 257, 259, 260, 263, 266, 268
징빙이론(Indizienlehre) 259, 260, 263, 264, 266

차

참심원 260
참심인參審人(Schöffe) 107, 126, 135, 137, 223, 257, 262, 266, 319, 320, 321
칙령(Capitularia) 101, 104, 110, 200, 249, 474
칙법勅法(constitutio principis) 48, 55, 82, 84, 86, 91, 92, 93, 95, 102, 108, 141, 202, 225, 521
칙법휘찬勅法彙纂(Codex) 31, 91, 92, 93, 94, 174, 178, 179, 180, 194, 273, 275
친고소송 255
친고절차 263

카

카논법(ius canonicum) 21, 83, 140, 141, 142, 145, 155, 178, 186, 197, 198, 199, 200, 201, 202, 203, 204, 206, 207, 208, 209, 211, 212, 213, 214, 220, 221, 224, 226, 231, 232, 233, 286, 314, 321, 373, 391, 445
카논법 대전(Corpus Iuris Canonici) 204, 276
카논법 소송 224, 225
카롤리나 형사법전(Constitutio Criminalis Carolina) 254, 257, 260, 261, 262, 263, 264, 265, 266, 268,

320, 321, 322, 523
카롤링거 왕조　66, 67, 82, 97, 103
카마비 법전(Lex Francorum Chamavorum)　108
카주이스틱　276, 359
케임브리지대학　231, 234
켄투리아회(comitia centuriata)　37, 38
코르푸스 유리스Corpus iuris　94, 178, 179, 180, 181, 183, 184, 185, 186, 187, 188, 194
코먼로common law　22, 23, 140, 225, 229, 230, 231, 232, 233, 234, 235, 404, 466
코먼로법원　232, 233, 234, 404
콘솔레　170, 171, 172
콘술　85, 86, 91
콘스탄츠의 화약和約　171, 522
콘스탄티누스의 기증서　199
쿠리아회(comitia curiata)　37
클레멘스 5세 교회법령집(Clementinae)　204, 207

타

탁신託身(commendatio)　117, 118
탄핵절차彈劾節次(Rügeverfahren)　148, 254, 255, 256
테레지아 형법전(Constitutio Criminalis Theresiana)　262, 351, 524
테오도릭 왕의 고시법전(Edictum Theodorici)　88, 521
테오도시우스의 칙법휘찬 = 테오도시우스 법전　86, 88, 95, 107, 276, 521
토지보유농　120, 122, 126, 127
『통치론(Two Treatises of Government)』　337, 524
튀링엔 법전(Lex Thuringorum)　108
트리부스회(comitia tributa)　37, 38
특별평화　159

파

파두아대학　173, 204, 272
파리관습법(Coutume de Paris)　229, 352
파리대관습법서　138, 523
파리대학　173, 203, 204, 228, 393, 394, 447, 448, 522
파리학파　394, 395, 397, 406
파비아 법학교　174
파스케스　274
파트리키patricii　34, 35, 36, 37, 38
판결발견인　106, 107, 119, 135, 146, 223, 262
판결인(Assesor, Beisitzer)　223, 241, 243, 249, 250, 251
판고判告　476
판고록(Weistum)　108
판고집　121, 371, 476
판덱타이pandectae　378
판덱텐법학　54, 371, 377, 378, 379, 380, 381, 382, 384, 385, 400, 405, 409, 419, 422, 450, 452
『판덱텐법 교과서』　378, 381, 409, 525
판덱텐의 현대적 관용　219, 280, 288, 289, 309, 310, 311, 312, 313, 314, 316, 317, 318, 319, 320, 322, 323, 324, 326, 334, 335, 347, 349, 378, 524
판례법　18, 102, 233, 234, 379, 452
팔림프세스트palimpsest　59
페데Fehde(私戰)　20, 71, 75, 76, 77, 100, 106, 126, 150, 156, 157, 158, 160, 161, 237, 238, 239, 240, 242, 254, 255, 292, 295, 302, 474, 478
페메　255
페미니즘　424
평가제도(sindicatus)　172
평민회(concilia plebis)　34, 36, 37, 38
평민회 의결　36

평화　68, 69, 71, 72, 78, 79, 97, 100, 101, 103, 104, 106, 118, 129, 135, 158, 159, 160, 161, 172, 215, 227, 239, 240, 250, 295, 341, 456
평화금平和金　99, 100
평화령(Friede)　150, 161, 162, 239, 241, 242, 474
평화상실　75, 77, 78, 79, 100, 146, 242, 474
평화회의　158
포데스타podesta 제도　172, 190, 273
폴리차이Polizei　292, 296, 305, 306, 307, 308, 309, 403, 523
폴리차이 사항　309, 390
폴리차이학(Polizeiwissenschaft)　308, 403, 426
『표준주석(glossa ordinaria)』　184, 185, 186, 196, 477, 522
『표준주석서』　205, 206
푸아티에 학파　394
푸아티에학파　395, 406
풍문소송(Leumundsverfahren)　255, 256, 479
풍평風評　257, 263, 265
프라이부르크 개혁도시법전　279, 311, 523
프랑스 민법(droit civil)　409, 449, 452
프랑스 민법전(Code Civil)　60, 336, 352, 354, 355, 358, 359, 363, 365, 366, 378, 395, 418, 525
프랑스 학풍(mos gallicus)　274, 278, 478
프랑스 혁명　115, 218, 305, 353, 354, 355, 358, 359, 360, 363, 366, 391, 393, 403, 449, 478, 524
프랑크푸르트 국민의회　371, 400, 525
프랑크푸르트헌법　402
프로이센 일반란트법(Allegemeines Landrecht für die Preußischen Staaten(ALR))　262, 336, 348, 350, 355, 359, 362, 409, 415, 420, 480, 524
프로쿨루스학파　55, 56, 57, 58, 60
프리젠 법전(Lex Frisionum)　108
플레브스(plebs)　34, 35, 36, 37, 38

피렌체대학　173
피렌체본(Littera Florentina)　179, 188
피사본(Littera Pisana)　179, 188, 272, 274, 522
피호민被護民(clientes)　51, 121, 122, 473

하

하급소유권　426
하드리아누스 법전(Codex Hadrianus)　105, 198
하비타Habita　176
학설법　92
학설휘찬學說彙纂(Digesta)　31, 58, 59, 61, 92, 93, 94, 174, 178, 179, 180, 185, 191, 193, 222, 272, 274, 275, 277, 278, 284, 312, 322, 323, 335, 353, 359, 362, 378, 390, 474, 522
학식법學識法　18, 22, 83, 141, 218, 220, 222, 226, 229, 243, 410
할레대학　323, 324, 334, 335, 524
합리화　163, 197, 209, 210, 214, 222, 229, 304, 312, 340
해답권解答權(ius respondendi)　55, 58, 59, 64, 92
『해양자유론(Mare Liberum)』　331
행정법원　392, 395, 396, 397, 401, 402
헤르모게니아누스의 칙법집　86, 88
헤르샤프트Herrschaft(지배)　68
헨리 1세의 법률　140
『현대로마법체계』　364, 525
현대법　56, 358, 457, 466
현실주의 법학　382, 387
형벌　78, 79, 99, 160, 162, 163, 212, 252, 268, 307, 321, 337, 343, 344, 345, 346, 418, 419, 420, 444, 449, 453, 474
형법　145, 146, 148, 163, 201, 208, 211, 212, 344, 350, 359, 420, 441, 445, 446, 448, 453, 454,

461, 464, 475
형법학   266, 418, 420, 433
형평(aequitas, equity)   55, 58, 106, 214, 233, 429
형평법衡平法(ius aequum)   30, 45, 232, 233, 235
호구총감戶口總監(censor)   37, 39, 42, 56
호르텐시우스법   36, 38
호민관護民官(tribuni plebis)   34, 40, 41, 53, 54
화해   71, 77, 78, 99, 100, 103, 212, 449
화해의 체계(Eberhard Schmidt)   145, 146, 148, 162
확실한 법적 근거   172, 314, 315, 320
황제   22, 48, 53, 54, 60, 61, 82, 83, 86, 90, 91, 95, 104, 105, 110, 125, 136, 141, 150, 154, 155, 160, 161, 170, 171, 173, 183, 184, 185, 187, 190, 191, 192, 193, 194, 207, 208, 210, 218, 225, 226, 227, 229, 237, 238, 239, 240, 241, 244, 245, 246, 247, 249, 252, 283, 284, 286, 287, 302, 303, 313, 351, 390, 460, 463, 474, 479

기타

12세기 르네상스   164
12표법(lex duodecim tabularum)   31, 34, 35, 36, 42, 43, 44, 46, 521
30년 전쟁   218, 236, 241, 251, 252, 253, 302, 303, 332, 479, 523
3월 혁명   371, 372, 399, 400, 402, 404
7부 법전   139, 522

집필자 소개(소속, 집필분담, 집필순, *는 편저자)

*山内進(야마우치 스스무, Y)
히토츠바시(一橋) 대학 법학연구과 교수, 명예교수
프롤로그, II. 총설, 제3장, 제4장, 제5장, 제6장, 제7장, 제8장, 제11장

屋敷二郎(야시키 지로, R)
히토츠바시 대학 법학연구과 교수
I. 총설, 제1장, 제2장, 제16장, 제18장, 제19장

*森 征一(모리 세이이치, S)
게이오대학 법학부 교수, 명예교수
제9장, 제10장

*勝田有恒(카츠다 아리츠네, K)
히토츠바시대학 법학연구과 교수, 명예교수, 스루가다이 대학 법학부 교수 역임
제12장, 제17장, 에필로그

村上裕(무라카미 유타카, M)
칸토가쿠인(関東学院)대학 법학부 교수
III. 총설, 제13장, 제15장

藤本幸二(후지모토 코우지, F)
이와테(岩手)대학 준교수
제14장

松本尚子(마츠모토 나오코, N)
조우치(上智)대학 법학부 교수
IV. 총설, 제20장, 제22장, 제24장

上田理恵子(우에다 리에코, U)
쿠마모토(熊本)대학 교육학부 교수
제21장, 제23장

편저자 소개

勝田有恒(카츠다 아리츠네)

1931년 쿠마모토(熊本) 출생, 2005년 사망
1960년 히토츠바시(一橋) 대학 법학연구과 수료
   히토츠바시(一橋) 대학 법학연구과 교수, 명예교수, 스루가다이(駿河台)대학 법학부 교수
주요저작:「フリードリイヒ・バルバロッサといわゆる「ローマ」法の理論的継受」,『法学研究』, 一橋大学 6, 1966.
   「紛争処理法制継受の一断面—観解制度の意味するもの」,『国際比較法研究 I』, 1990.
   Japan's grey legal culture: Studies in legal System; Mixed & mixing, Martinus Nijhoff, 1966.
   「法継受論の展開—日本のグレーの法文化の形成」,『比較法文化 11』, 駿河台大学比較法研究所, 2003.

森 征一(모리 세이이치)

1943년 무로란(室蘭) 출생
1967년 게이오(慶應義塾)대학 법학부 법률학과 졸업
   게이오대학 법학부 교수, 명예교수

山内進(야마우치 스스무)

1949년 오타루(小樽) 출생
1972년 히토츠바시(一橋) 대학 법학부 졸업
   히토츠바시(一橋) 대학 법학연구과 교수, 명예교수, 법학박사
주요저작:『掠奪の法観念史』, 東京大学出版会, 1993.
   『北の十字軍』, 講談社, 1997.
   『決闘裁判』, 講談社, 2000.

번역자 소개

문준영文竣暎

서울대학교 법과대학 졸, 동대학원 졸(법학박사)
부산대학교 법학전문대학원 교수
주요저작:『법원과 검찰의 역사: 사법의 역사로 읽는 대한민국』, 역사비평사, 2010.
　　　　「대한제국기 민사재판에서 관습의 규범적 역할―전통 사송의 성격과 관습법에 관한 논쟁에 부쳐―」,『법학논고』52권, 경북대 법학연구원, 2015.
　　　　「대한제국기 민사판결에서 법문 인용의 맥락」,『법사학연구』54호, 2016.
　　　　「19세기 후반 지방사회에서 민소(民訴)와 청송(聽訟)실무―전라도 영광군 민장치부책(民狀置簿册)의 분석―」,『법학연구』60권 1호, 부산대 법학연구소, 2019.

성중모成仲模

서울대학교 법과대학 졸, 독일 본대학교 대학원 졸(법학박사)
서울시립대학교 법학전문대학원 교수
주요저작:『테오도르 몸젠, 몸젠의 로마사1-4』(공역), 푸른역사, 2013-15, 19.
　　　　『키케로, 설득의 정치』(공역), 민음사, 2015.
　　　　「소유권의 본질과 史的 기원―로마의 초기 역사를 예로 하여―」,『법철학연구』21권 1호, 2019.
　　　　「로마 법학탄생에 대한 희랍 학문개념의 영향」,『법학연구』26권 2호, 2018.

조지만趙志晩

서울대학교 법과대학 졸, 동대학원 졸(법학박사)
아주대학교 법학전문대학원 교수
독일 Max-Planck-Institut für ausländisches und internationales Strafrecht 방문연구원
주요저작:『조선시대의 형사법』, 경인문화사, 2007.
　　　　『역주 대전사송유취―잊혀진 법학자 신번』(공역), 민속원, 2012.
　　　　「대한제국기 전율체계의 변화―고등재판소 및 평리원 상소판결선고서를 중심으로―」,『법조』61권 6호, 2012.
　　　　「구한말 이자에 관한 연구―법전규정과 민사판결문을 중심으로―」,『비교사법』22권 3호, 2015.

총서 간행의 취지

1973년 한국법사학회의 창립과 더불어 본격화된 이 땅의 법사학연구는, 이후 30년이 넘는 짧지 않은 역사 속에서 알찬 열매들을 맺어왔다. 아직 풍성한 성과를 자랑하기에는 이르지만, 한국법사는 물론이고 동양법사와 서양법사에 이르기까지 맥이 통하는 책들로 묶어낼 수 있을 만큼의 글들은 쌓였다. 또 체계적인 기획을 통해 새로운 연구를 개척해나갈 역량도 어느 정도 갖추어졌다.

이에 우리 한국법사학회는, 지금까지의 연구 성과를 체계적으로 정리하는 동시에, 앞으로 보다 활발한 연구를 추진해나가기 위해 세 가지 총서를 간행한다. '법사학연구총서', '법사학번역총서', '법사학자료총서'가 그것이다.

'법사학연구총서'는 단일한 주제에 대한 학술저서와 학회지『법사학연구』등에 발표된 논문을 시대별, 주제별로 엄선한 논문집으로 간행한다. '법사학번역총서'는 동양과 서양의 중요한 법사학 연구성과를 역주한 번역서로 간행한다. '법사학자료총서'는 한국은 물론 세계의 법사학에 관한 기본적인 사료를 체계적으로 수집, 정리한 자료집으로 간행한다.

우리 한국법사학회는 이들 총서의 체계적이고 지속적인 간행을 통해 끊임없이 스스로를 돌아보고 또 채찍질함으로써, 이 땅의 법사학 발전을 위해 최선의 노력을 기울여나갈 것이다.

한국법사학회

법사학
번역총서 1

개설 서양법제사

초판1쇄 발행 2020년 3월 20일

편저자 가츠다 아리츠네·모리 세이이치·야마우치 스스무
번역자 문준영·성중모·조지만
펴낸이 홍종화

편집·디자인 오경희·조정화·오성현·신나래
　　　　　 김윤희·박선주·조윤주·최지혜
관리 박정대

펴낸곳 민속원
창업 홍기원
출판등록 제1990-000045호
주소 서울 마포구 토정로25길 41(대흥동 337-25)
전화 02) 804-3320, 805-3320, 806-3320(代)
팩스 02) 802-3346
이메일 minsok1@chollian.net, minsokwon@naver.com
홈페이지 www.minsokwon.com

ISBN 978-89-285-1416-8 94360
SET 978-89-285-1411-3

ⓒ 문준영·성중모·조지만, 2020
ⓒ 민속원, 2020, Printed in Seoul, Korea

저작권법에 의해 한국 내에서 보호를 받는 저작물이므로
무단전재와 복제를 금합니다.
이 책 내용의 전부 또는 일부를 이용하려면
반드시 저작권자와 민속원의 서면동의를 받아야 합니다.
이 도서의 국립중앙도서관 출판시도서목록(CIP)은
서지정보유통지원시스템 홈페이지(http://seoji.nl.go.kr)와
국가자료공동목록시스템(http://www.nl.go.kr/kolisnet)에서 이용하실 수 있습니다.
(CIP제어번호 : CIP2020010173)

책 값은 뒤표지에 있습니다.
잘못된 책은 바꾸어 드립니다.